I0868641

Klaus Tiedemann

Wirtschaftsbetrug

Klaus Tiedemann

Wirtschaftsbetrug

Sondertatbestände bei
Kapitalanlage und Betriebskredit, Subventionen, Transport
und Sachversicherung, EDV und Telekommunikation

1999

Walter de Gruyter · Berlin · New York

Erweiterte und aktualisierte Sonderausgabe der Kommentierung der §§ 263 a–265 b in der 11. Auflage des Leipziger Kommentars zum Strafgesetzbuch

Dr. Dr. h. c. mult. *Klaus Tiedemann*, o. Professor für Strafrecht, Strafprozeßrecht und Kriminologie an der Universität Freiburg i. Br., Direktor des Instituts für Kriminologie und Wirtschaftsstrafrecht

Die Deutsche Bibliothek – CIP-Einheitsaufnahme

Tiedemann, Klaus:
Wirtschaftsbetrug : Sondertatbestände bei Kapitalanlage und Betriebskredit, Subventionen, Transport und Sachversicherung, EDV und Telekommunikation [erweiterte und aktualisierte Sonderausgabe der Kommentierung der §§ 263 a–265 b in der 11. Auflage des Leipziger Kommentars zum Strafgesetzbuch] / Klaus Tiedemann. – Berlin ; New York : de Gruyter, 1999
ISBN 3-11-016298-9

© Copyright 1999 by Walter de Gruyter GmbH & Co. KG, D-10785 Berlin
Dieses Werk einschließlich aller seiner Teile ist urheberrechtlich geschützt. Jede Verwertung außerhalb der engen Grenzen des Urheberrechtsgesetzes ist ohne Zustimmung des Verlages unzulässig und strafbar. Das gilt insbesondere für Vervielfältigungen, Übersetzungen, Mikroverfilmungen und die Einspeicherung und Verarbeitung in elektronischen Systemen.
Printed in Germany
Satz und Druck: Arthur Collignon GmbH, Berlin
Einbandgestaltung: Thomas Beaufort, Hamburg
Buchbinderische Verarbeitung: Lüderitz & Bauer, Berlin

Den Freunden und Kollegen
der Universität Autónoma de Madrid
in bleibender Verbundenheit

Inhaltsverzeichnis

Einführung und Vorwort

Das deutsche Wirtschaftsstrafrecht, welches die Institutionen und Instrumente des Wirtschaftslebens in der Bundesrepublik Deutschland und in der Europäischen Union schützt, stützt sich auf mehrere rechtliche Pfeiler, die teils im Strafgesetzbuch, teils im Nebenstrafrecht verankert sind: Das StGB regelt – im Insolvenzstrafrecht der §§ 283 ff – das pathologische *Ende*, das Kapitalgesellschaftsrecht (AktG, GmbHG, GenG) bekämpft den kriminogenen *Beginn* unternehmerischer Tätigkeit insbesondere bei anonymen und in der zivilrechtlichen Außenhaftung beschränkten Unternehmenstypen[1]. Die aktive (werbende) Geschäftstätigkeit sowie der Gründungsschwindel außerhalb von Kapitalgesellschaften treffen auf strafrechtliche Schranken vor allem in Gestalt des allgemeinen Betrugstatbestandes (§ 263 StGB), der damit Geschäftspartner, infolge der üblichen Gewährung von Zahlungszielen bei den heutigen Geschäftsbeziehungen also allgemein Geld- und Warenkreditgeber, sowie Abnehmer (Kunden und Verbraucher), aber auch Arbeitnehmer und den Staat umfassend gegen Täuschung schützt. Den Strafschutz der Mitbewerber (Konkurrenten) und zugleich der Verbraucher übernimmt insbesondere § 4 UWG, denjenigen der Erhaltung der Haftungsmasse der (rechtlich selbständigen) Unternehmen der allgemeine Untreuetatbestand (§ 266 StGB)[2].

Der einerseits komplizierte und andererseits pauschale, vom Gesetzgeber auf Zweier- und allenfalls Dreier-Beziehungen zugeschnittene Betrugstatbestand hat sich schon früh – wenige Jahrzehnte nach seiner Ausbildung im liberalen Wirtschaftskapitalismus des 19. Jahrhunderts – als nur teilweise geeignet erwiesen, um den vielschichtigen *Interessenkonflikten* im Verhältnis des Wirtschafters zur Öffentlichkeit und den gestuften *Schutzbedürfnissen* in der arbeitsteiligen Industriegesellschaft gerecht zu werden. Die Exzesse der sog. Gründerzeit führten noch vor der Jahrhundertwende zu den schon erwähnten speziellen Straftatbeständen des Gründungsschwindels, anschließend (im UWG) zu solchen der unlauteren Werbung, der Angestelltenbestechung und der Industriespionage. Nach der Weltwirtschaftskrise zu Beginn der 30er Jahre dieses Jahrhunderts traten mehrfach ausgeweitete Spezialtatbestände gegen Bilanz- und Börsen-(Wertpapier-) Manipulationen hinzu. Nach dem 2. Weltkrieg zwang die zunehmende Internationalisierung der Wirtschaft zu einem

---

[1] Zum ersteren *Tiedemann* Insolvenz-Strafrecht, 2. Aufl. (1996); zum letzteren *Otto* Aktien-Strafrecht (1997) und *Tiedemann* Kommentar zum GmbH-Strafrecht, 3. Aufl. (1995). Zur *spanischen* Reform im Código penal von 1996, der beide Materien zutreffend innerhalb der zentralen strafrechtlichen Kodifikation regelt, *Rodriguez Mourullo/Barreiro* (Hrsg.), Comentarios al Código penal (1997), Art. 259 ff, 290 ff (*Suárez González*). Grundlegend zum neueren spanischen Wirtschaftsstrafrecht insgesamt *Bajo Fernández* Derecho penal económico aplicado a la actividad empresarial (1978).

[2] Zu § 4 UWG nunmehr klärend *Hernández Basualto* Strafrechtlicher Vermögensschutz vor irreführender Werbung, Diss. Freiburg 1998; zur Untreue allgemein *Schünemann* LK, 11. Aufl. (27. Lieferung 1998) und speziell zur gesellschaftsrechtlichen Untreue *Tiedemann* Kommentar zum GmbH-Strafrecht, Rdn. 11 vor §§ 82 ff (zur entsprechenden neuen spanischen Rechtslage *Suárez González* aaO Anm. zu Art. 295).

speziellen strafrechtlichen Schutz des Außenwirtschaftsverkehrs mit zusätzlichen wirtschaftspolitischen und internationalen Schutzzielen, die in neuerer Zeit durch Akte und Zwecksetzungen der EG (EU) und des Sicherheitsrats der Vereinten Nationen überlagert werden. Daneben wurde schon früh im 19. Jahrhundert das *öffentliche Vermögen* vor allem durch das Steuer- und Zollstrafrecht außerhalb des § 263 StGB speziell geschützt; der Betrug erschien jener Zeit als ein nicht notwendigerweise kriminelles „gemeines Privatdelikt", während die „Defraudation" von Staatsmitteln ein öffentliches oder Staats-Verbrechen war[3].

Diese Ausbildung spezieller Straftatbestände vollzog sich durchweg im Nebenstrafrecht mit seiner typischen Tatbestandstechnik von abstrakten Gefährdungs- und Sonder(pflicht)delikten, welche zudem die Tendenz zur Ausdehnung der Strafbarkeit von der vorsätzlichen Begehung auch in den Bereich grob fahrlässigen (leichtfertigen) Handelns aufweisen. Die Übernahme und Fortführung dieser legislatorischen Entwicklung in der zentralen Kodifikation des StGB veranlaßte die deutsche Strafrechtswissenschaft gegenüber diesem traditionell kaum zur Kenntnis genommenen Modell verständlicherweise zu Kritik, Widerstand und Ablehnung, die sich auch an dem neueren Lehrsatz[4] entzündeten, daß das Wirtschaftsstrafrecht im Verhältnis zum (Wirtschafts-) Verwaltungsrecht bei makroökonomischer Sicht eine geringere Belastung des Wirtschafters und der Wirtschaft darstellen und damit den tradierten *ultima ratio*-Gedanken in sein Gegenteil verkehren kann.

Innerhalb dieses weitgespannten und insgesamt durchaus neuartigen Systems und Instrumentariums des Wirtschaftsstrafrechts[5] kommt dem *Wirtschaftsbetrug* eine zentrale Rolle zu. Der Ausdruck geht auf kriminologisch-kriminalistische Ansätze zurück und orientiert sich daran, daß ein statistisch großer, ja überwiegender Anteil von Betrügereien auf (individuelle oder massenhafte) Wirtschaftsbeziehungen entfällt[6]. Da der auf einfache, plumpe Täuschungen angelegte Betrug im kriminologischen Sprachgebrauch als „Schwindel" aus diesem Begriff ausgeschieden wird, eignet sich der terminus „Wirtschaftsbetrug" vorzüglich zur Kennzeichnung eines erheblichen Teiles der Wirtschaftskriminalität, deren rechtliche Erfassung zu ca. zwei Dritteln auf den Betrug und betrugsähnliche Tatbestände entfällt[7]. Trotz einer nicht zu übersehenden rechtsdogmatischen Abgrenzungsschwäche im allgemeinen umfaßt der Wirtschaftsbetrug jedenfalls die in §§ 264 ff genannten Erscheinungen der Erschleichung von Betriebskrediten und (Wirtschafts-)Subventionen, der Kapitalanlagebetrügerei und des Versicherungsmißbrauchs[8]. Aber auch die neuerdings zuneh-

---

[3] Zusammenfassend dazu *Berger* Der Schutz öffentlichen Vermögens durch § 263 StGB, Diss. Freiburg 1999, mit Nachw.; zum einschlägigen neueren spanischen Strafrecht grundlegend *Rodriguez Mourullo* Presente y futuro del delito fiscal (1974).

[4] *Tiedemann* Tatbestandsfunktionen im Nebenstrafrecht (1969) S. 145 sowie JZ **1986** 865, 866 und Stree/Wessels-Festschrift (1993) S. 527, 530 f mit weit. Nachw., auch zu der übereinstimmenden Stellungnahme der *Association Internationale de Droit Pénal* 1984, des RegE des *2. WiKG* 1986 und der EG-Kommission (1992). Vgl. auch (mit dem historischen Beispiel des im Text genannten Aktienstrafrechts) *Nelles* Untreue zum Nachteil von Gesellschaften (1991) S. 57 mit Nachw.

[5] Entwurfsskizze zu seinem Besonderen Teil bei *Tiedemann* Verh. 49. DJT (1972) Bd. I S. C 3, 59 ff.

[6] *Geerds* Handbuch der Kriminalistik Bd. I, 10. Aufl. (1977) S. 269 ff; *Geisler/Mohr* in: Poerting (Hrsg.), Wirtschaftskriminalität Teil 1 (1983) S. 6 ff; *Lessner* Betrug als Wirtschaftsdelikt (1984) S. 6 ff.

[7] *Kaiser* Kriminologie, 2. Aufl. (1988) § 92 Rdn. 26 mit Nachw.

[8] Vgl. bes. *Eisenberg* Kriminologie, 4. Aufl. (1995) § 47 Rdn. 24; *Tiedemann* LK, 11. Aufl. (24. Lieferung 1997), § 265 Rdn. 2 mit Nachw. (unten S. 123) sowie Nachtrag zu § 265 Rdn. 9.

mende Schädigung der öffentlichen Telekommunikation (z. B. durch Telefonkarten-Simulatoren und Verwendung wieder aufgeladener Original-Telefonkarten[9]) und sonstige vermögensbezogene Computermanipulationen (§ 263 a!), letztlich sogar die Erschleichung der Massenverkehrsbeförderung (§ 265 a!) können unter dem kriminologischen Gesichtspunkt des Mißbrauchs von Instrumenten des modernen Wirtschaftsverkehrs hierzu gerechnet werden. Dabei liegt nach Erkenntnissen der Schwerpunktstaatsanwaltschaften für Wirtschaftsstrafsachen der gegenwärtige Schwerpunkt der Wirtschaftskriminalität beim Kapitalanlage- und Subventionsmißbrauch[10].

Die im folgenden ausführlich dargestellten und auch in ihrer kriminologischen Eigenart und Häufigkeit sowie mit ihrem kriminalpolitischen Hintergrund gewürdigten *Sondertatbestände des Betruges* weisen teilweise – wie der freilich 1998 grundlegend reformierte Straftatbestand des Versicherungsmißbrauchs – ein beträchtliches Alter auf[11]. Überwiegend geht die Einführung dieser Sondertatbestände aber auf das strukturelle Unvermögen des allgemeinen Betrugstatbestandes zurück, den Mißbrauch neuerer technischer und wirtschaftlicher Entwicklungen zu erfassen: Das *Irrtumserfordernis des § 263 StGB* stellt die Täuschung des Computers bzw. der DV-Anlage straflos, auch wenn diese Anlage selbständig eine Vermögensverfügung trifft und hieraus ein Vermögensschaden entsteht; die auch im ausländischen Strafrecht durchweg bestehende Lücke schließt der 1986 eingeführte § 263 a. Entsprechendes gilt für die „Täuschung" von einfachen (Leistungs-) Automaten und für die Inanspruchnahme von Leistungen öffentlicher Kommunikationsnetze sowie anderer Einrichtungen und Veranstaltungen des modernen Massenverkehrs: Der Wegfall menschlicher Kontrollen infolge Vordringens der Automation zwingt auch insoweit zu einer Ergänzung des Betrugstatbestandes (hier: durch den 1935 eingeführten und 1976 durch das 1. WiKG reformierten § 265 a)[12].

Daneben treten – kriminalpolitisch stärker umstritten, da die Lückenhaftigkeit des geltenden Rechts hier weniger evident und je nach Grundüberzeugung nicht unbedingt zwingend ist – *neue Schutzbedürfnisse* in Wirtschaftsbereichen auf, die ebenfalls weitgehend durch die Gesichtspunkte der Massenhaftigkeit und der Interessenvielfalt gekennzeichnet sind. So erfährt der bereits vom Reichsgericht als zentrales volkswirtschaftliches Instrument gekennzeichnete *kaufmännische Kredit*[13] besonderen Schutz durch den 1976 eingeführten Sondertatbestand des § 265 b, dem eine Sonderregelung im früheren Kreditwesengesetz voraufgegangen war; an diese rechtliche Ordnung durch das (heutige) KWG knüpft § 265 b an, so daß von einer *Institution* gesprochen werden kann, die nicht weniger strafschutzwürdig ist als die

---

[9] *Bundeskriminalamt* Bericht zur IuK-Kriminalität (Kriminalität in Verbindung mit der Informations- und Kommunikationstechnologie) 1997, Mitteilungsblatt **1998** Nr. 1 S. 23 und 34 f; vgl. auch *Tiedemann* LK, 11. Aufl. (27. Lieferung 1998), § 263 a Rdn. 59 mit Nachw. sowie Kaiser-Festschrift (1998) S. 1373 (1374 f).

[10] So das Fazit der Tagung der deutschen Wirtschaftsstaatsanwälte in Erfurt 1998; vgl. FAZ Nr. 117 v. 22.5.1998 S. 10.

[11] Zur Geschichte und zu Vorläufern des § 265 StGB *Wolff* Die Neuregelung des Versicherungsmißbrauchs (§ 265 StGB n. F.), Diss. Freiburg 1999, und *Tiedemann* LK § 265 Rdn. 1 und 2 (unten S. 122 f).

[12] Zur abweichenden Lösung des *französischen* Betrugsstrafrechts, das trotz vergleichbarer gesetzlicher Ausgangslage das Irrtumserfordernis stärker pauschaliert (und ähnlich der deutschen Behandlung des Warenautomaten-Diebstahls auf den Willen des Betreibers abstellt), *Walter* Betrugsstrafrecht in Frankreich und Deutschland, Diss. Freiburg 1999, § 3 II mit Nachw.

[13] RGSt **4** 41, 42; **16** 238, 239; ebenso BVerfGE **48** 48, 61 f; **90** 145, 204; dazu bereits *Tiedemann* Insolvenz-Strafrecht Rdn. 56 vor § 283 und LK § 265 b Rdn. 17 mit weit. Nachw. (unten S. 183).

Rechtspflege, das Urkundenwesen usw.[14] Die *Kapitaleinwerbung* durch Unternehmen und Banken mit Hilfe der Ausgabe von Wertpapieren und Unternehmensbeteiligungen trifft auf ein heute zwar breites, aber weiterhin meist unerfahrenes Anlegerpublikum, dessen Schutz vor Vermögensschäden durch den Betrugstatbestand faktisch zu spät kommt und daher mit dem 1986 eingeführten § 264 a schon bei der Werbung ansetzt[15]. Auch wird die *Wirtschaftssubvention* als zentrales wirtschaftspolitisches Lenkungsinstrument wegen seiner Wichtigkeit und Schadensanfälligkeit – auch und besonders im EU-Bereich[16] – durch § 264 besonders geschützt, wobei die damit mögliche Erfassung immaterieller Planungsschäden den allgemeinen Betrugstatbestand von zweifelhaften Konstruktionen wie der der wirtschaftlichen Zweckverfehlung entlastet. Die 1998 aufgrund einer EG-Konvention erfolgte Ergänzung des 1976 eingeführten § 264 ist Teil einer EU-weiten Harmonisierung der strafrechtlichen Erfassung des Mißbrauchs von EG-rechtlichen Subventionen und stellt vor allem auch den durch den Betrugstatbestand von vornherein nicht zu erfassenden (untreueähnlichen) Tatbestand der nachträglichen Zweckentfremdung rechtmäßig erlangter Subventionen deutlich heraus (§ 264 Abs. 1 Nr. 2 n. F.). Das Sozialvermögen und die Institution *Versicherungswirtschaft* schließlich wird nach der heute überholten Beschränkung des speziellen Strafschutzes auf die Feuer- und Seeversicherung seit dem 6. Strafrechtsreformgesetz von 1998 in allen Sparten der Sachversicherung, freilich nicht in anderen vermögensrelevanten Bereichen wie etwa der Lebensversicherung, durch § 265 n. F. geschützt; durch Ablösung von der Betrugsstrafbarkeit und Schutz des Sozialvermögens gegen künstliche Auslösung des versicherten Risikos ist der überindividuell-soziale Aspekt hier zusätzlich verstärkt worden (vgl. unten Nachtrag 2, § 265 n. F. Rdn. 9).

Diese wirtschaftlichen Sondertatbestände des StGB sehen meist von einem *Schadenserfordernis* ab. Soweit hierin ein historischer Rückschritt gegenüber der Ausbildung des modernen Betrugstatbestandes erblickt wird[17], könnte dies allenfalls dann als relevanter Einwand angesehen werden, wenn die Sondertatbestände wirklich besondere Betrugstatbestände, nämlich zumindest betrugsähnliche Delikte, darstellen, wie es die formale Einordnung in den Zweiundzwanzigsten Abschnitt des StGB anzunehmen nahelegen mag. Jedoch orientieren sich diese „Sondertatbestände" des Betruges von vornherein nur teilweise an kommunikativen Täuschungshandlungen (so §§ 264, 264 a, 265 b) und sind daher nur insoweit betrugsähnlich, nämlich an der Kommunikation ausgerichtet. Andere Sondertatbestände stellen demgegenüber ganz (§§ 265, 265 a) oder teilweise (§ 263 a 1. und 4. Alt., aber auch 3. Alt.) auf die Manipulation eines Objektes ab und können daher kaum sinnvoll in das Betrugssystem eingeordnet werden; sie sind eher diebstahls-ähnlich[18]. Auch enthält § 263 a 3. Alt. mit dem Merkmal unbefugten Handelns eher Elemente der Urkundenfälschung als der

---

[14] Insoweit zustimmend *Vogel* Legitimationsprobleme im Betrugsstrafrecht (1999); **aA** insbes. *Kindhäuser* in: Schünemann/Suárez González (Hrsg.), Bausteine des europäischen Wirtschaftsstrafrechts – Madrid-Kolloquium für Klaus Tiedemann (1994) S. 125, 129.

[15] *Tiedemann* LK § 264 a Rdn. 2 (unten S. 76 ff) mit Nachw. (auch zu der – inzwischen weiter verbesserten – *rechtlichen Ordnung* und damit Instituierung des Kapitalanlagemarktes).

[16] Dazu allgemein BTDrs. 13/10425 S. 1 (Begr. zum EG-FinanzschutzG); Einzelangaben zuletzt in: FAZ Nr. 105 v. 7.5.1998 S. 17 (EG-Jahresbericht 1997 über Betrügereien gegen die Finanzinteressen der EG: aufgedeckte [!] Fälle in Höhe von ca. 2,6 Mrd. DM, also knapp 2% des EG-Haushalts); zuvor *Tiedemann* in: Müller-Dietz (Hrsg.), Festschrift 25 Jahre Kolloquien der Südwestdeutschen Kriminologischen Institute (1989) S. 76 ff (unter Bezugnahme u. a. auf die Berichte der Rechnungshöfe und auf verwaltungsrechtliche Widerrufsverfahren).

[17] Vgl. nur *Schlüchter* Trusen-Festschrift (1994), S. 573, 589.

[18] *Tiedemann* LK § 263 a Rdn. 6, 16 und 44, § 265 a Rdn. 16, je mit weit. Nachw.

Täuschung, die somit keineswegs eine durchgehende Klammer der Sondertatbestände des Betrugs darstellt. Die *Legitimation* der täuschungsfreien Sondertatbestände ergibt sich damit nicht aus ihrer größeren oder geringeren Nähe zum Betrugstatbestand und dessen Erfordernis eines Vermögensschadens, sondern aus anderen oder zusätzlichen Überlegungen und Kriterien:

Teilweise geht es bei den Tatobjekten der Sondertatbestände um *immaterielle Leistungen*, die nur deshalb nicht durch §§ 242 ff erfaßt werden, weil sie als nicht-gegenständliche Tatobjekte typischerweise nicht dem sachgebundenen Wegnahme- und Zueignungselement dieser Eigentumstatbestände unterfallen. Die Legitimation dieser Sondertatbestände folgt jedenfalls aus dem Erfordernis des Vermögensschadens, soweit dieser von dem Sondertatbestand vorausgesetzt wird (so § 263 a). Auch bei § 265 a tritt ein Vermögensschaden ein[19], mag dieser auch nicht vom Gesetz als Tatbestandsmerkmal genannt werden: Die Erschleichung einer vermögenswerten Leistung ohne Erbringung der Gegenleistung stellt notwendigerweise einen Vermögensschaden dar.

Soweit die Sondertatbestände dagegen ganz von einem Vermögensschaden absehen, geht es nach einem verbreiteten Sprachgebrauch um Handlungen im *Vorfeld* des Betruges und der Vermögensschädigung. Diese echte Vorverlagerung des Strafschutzes kann unter Gesichtspunkten des Vermögensschutzes nur entweder aus der Massenhaftigkeit der Begehungsweise (sog. Kumulationsdelikt)[20] und im übrigen vor allem aus der besonderen Bedeutung eines neben oder anstelle des Vermögens geschützten institutionellen Rechtsgutes erklärt werden. Die erstere Begründung ist für ein (verfassungsrechtliches) Schuldstrafrecht problematisch, soweit die Einzelhandlungen als solche ungefährlich sind. Anderes gilt für die gemeingefahrähnliche massenhafte Begehungsweise, wie sie sich – als vom Gesetzgeber aufgegriffenes Tatbestands- und Legitimationsmerkmal – in *publikumsschützenden* Sondertatbeständen wie § 264 a, aber auch § 4 UWG und § 82 GmbHG usw., zeigt, wobei mit dem massenhaften Angriff tendenziell eine Verschlechterung der Abwehrmöglichkeiten der potentiellen Opfer verbunden ist; zugleich hängt das Abschneiden des Tatbestandsmerkmals der (auch nur: versuchten) Vermögensbeschädigung hier mit der Formalisierung und Nichtindividualisierung von *Werbung* zusammen und ist bei Postulierung eines individuellen Schadenseinschlages für § 263 geradezu zwangsläufig[21]. Daneben entspricht es dem Verständnis des 20. Jahrhunderts und seiner Verfassungsrechtsprechung[22], daß nicht nur *hoheitliche Vermögensinteressen* heute als besonders gewichtig eingeschätzt werden (§ 264, §§ 370 ff AO!), sondern daß die Übernahme zentraler Funktionen durch Staat und Gesellschaft auch zu deren strafrechtlicher Bewertung als gewichtig führt. Für die einschlägigen Rechtsgüter liefert insbesondere das Wirtschaftsrecht Modelle und Vorentscheidungen, die zwar – anders als weitgehend im Nebenstrafrecht – für den Strafgesetzgeber nicht ohne weiteres bindend sind, von ihm aber als Vorbild gewählt werden können und dann auch im Strafrecht nicht einfach in individuelle Aspekte zerlegt werden dürfen, ohne die Eigenart der (institutionellen) Rechtsgüter und die Schutzzwecke der Norm zu

---

19 RGSt **42** 40, 41; *Tiedemann* LK § 265 a Rdn. 15 mit weit. Nachw.; aus zivilrechtlicher Sicht zuletzt *Weth* JuS **1998** 795 ff.

20 Dazu i. e.S. *Kuhlen* GA **1986** 389 ff; allgemeiner (und unter Wahrung des verfassungsrechtlichen Schuldgrundsatzes) *Tiedemann* Tatbestandsfunktionen S. 119, 124 f.

21 Näher dazu *Hernández Basualto* aaO, der auch zutreffend darauf hinweist, daß die Täuschungs- oder Irreführungs*eignung* in Sondertatbeständen eine deutliche Qualifikation der Tathandlung im Verhältnis zu § 263 darstellt.

22 Dazu in diesem Zusammenhang *Appel* Verfassung und Strafe (1998) mit weit. Nachw.

zerstören. So ist die „Kreditwirtschaft“ mehr als die Summe der Vermögen der Kreditgeber, und entsprechend ist die Gefährdung der Kreditwirtschaft nicht identisch mit der Gefährdung einzelner Vermögen. Die schon erwähnte enge Anlehnung der Tatbestandsfassung des § 265 b an die rechtliche Garantie des Kreditwesens im KWG indiziert zumindest eine Übereinstimmung der Zweck- und Rechtsgutsbestimmung von KWG und § 265 b StGB. Diese Orientierung an überindividuellen (sozialen) Rechtsgütern des Wirtschaftslebens findet – zusammengefaßt – als strafrechtlicher *Institutionenschutz*[23] eine seit langem anerkannte Parallele bei Straftatbeständen wie §§ 153 ff, 146 ff, 267 ff StGB, also gerade jenen Tatbestandsgruppen, die historisch bis ins 19. Jahrhundert hinein mit dem Betrug eng verbunden waren und nach ihrer Abspaltung von diesem in ihrer Legitimation nicht angezweifelt werden. Wenn Entsprechendes auch für die Sondertatbestände der §§ 264, 264 a, 265, 265 b gilt, wäre es freilich richtiger, diese Tatbestände in anderen Abschnitten des StGB zu regeln oder in einem eigenen Abschnitt zusammenzufassen[24].

Insgesamt kann somit die Systematik des „Betrugsstrafrechts“ im StGB nicht ausnahmslos, ja nicht einmal durchgehend, von dem allgemeinen Betrugstatbestand des § 263 her konzipiert und folglich eine diesem Tatbestand ähnliche *Auslegung* der Sondertatbestände nicht ohne vorherige Prüfung ihrer Betrugsähnlichkeit postuliert werden. Die Einzelheiten der jeweiligen Einordnung einschließlich der verfassungsrechtlichen und kriminalpolitischen Problematik und Legitimation sowie die hiermit zusammenhängenden Auslegungsprobleme sind jeweils bei der Kommentierung der Sondertatbestände dargestellt.

Auch die vorläufig abschließende Frage, ob die (zu) pauschal häufig als Vorfeldtatbestände bezeichneten §§ 264 ff durchgehend *abstrakte Gefährdungsdelikte* darstellen, wird ausführlich bei der Erläuterung der einzelnen Tatbestände behandelt. Vorab ist hier nur festzuhalten, daß eine solche Bezeichnung von der h.M. unter dem alleinigen Bezugspunkt des Vermögensschutzes gebraucht wird. In bezug auf überindividuelle Rechtsgüter verliert demgegenüber die Unterscheidung von Verletzungs- und abstrakten sowie konkreten Gefährdungsdelikten weitgehend ihren Sinn: Die Funktionsbedingungen der einschlägigen Institutionen werden durch jede gegen sie gerichtete Straftat verletzt, und eine reale Gefährdung oder Vernichtung der Institutionen wäre ein Tatbestandserfolg, der auch bei §§ 153 ff, 146 ff, 267 ff StGB nicht verlangt wird. Die „abstrakte“ Gefährdung dieser Rechtsgüter ist somit in jedem Fall ein *Geltungsschaden*, der nach richtiger Ansicht auch bei den individuellen Rechtsgütern maßgebend ist, selbst wenn diese regelmäßig Tatobjekte betreffen, die real vernichtet, verletzt oder gefährdet werden können. Es darf inzwischen wohl als international herrschende Meinung bezeichnet werden, daß über-individuelle Rechtsgüter ihre typische und zutreffende strafrechtliche Form der Ausgestaltung grundsätzlich in der Figur des abstrakten Gefährdungsdelikts finden, auch wenn diese nicht nur der Vorverlegung der Strafbarkeit und bloßer Beweisverbesserung dienen darf[25]. Strafwürdige Beeinträchtigungen etwa des Weltfriedens (§ 34 AWG!) oder wirtschaftspolitischer Zentralziele (§ 1 StabG!) können – um zwei Beispiele außerhalb des StGB anzuführen – sinnvoll und in verfassungsrechtlich zulässiger, nämlich hinreichend bestimmter, Weise nicht als solche straftatbestandlich erfaßt, sondern

---

[23] Eingehend zu diesem Legitimationsgesichtspunkt *Vogel* aaO.

[24] So für § 264 *Amelung* Rechtsgüterschutz und Schutz der Gesellschaft (1972) S. 376 f; allgemein bereits *Tiedemann* ZRP **1970** 256 ff.

[25] Entschließungen des XIII. Internationalen Strafrechtskongresses in Kairo 1984, ZStW **97** (1985), 736.

müssen als konkretere Handlungen umschrieben oder als Pflichten konstruiert werden. Eine „tatbestandsnahe“ Rechtsgutslehre wird insoweit auf Schwierigkeiten stoßen, weil dem geschützten Rechtsgut kein unmittelbares Handlungsobjekt und kein greifbares Opfer entspricht. Deshalb aber Möglichkeit und Existenz abstrakter Gefährdungsdelikte im über-individuellen (sozialen) Wirtschaftsbereich zu leugnen, hieße die Eigenart heutiger Wirtschaft, wie sie im Wirtschaftsrecht entwickelt und anerkannt ist, um einer Ideologie willen verkennen, die so auch im 19. Jahrhundert nicht geherrscht hat.

Bei den im folgenden abgedruckten Kommentierungen der Sondertatbestände habe ich seitens meiner Mitarbeiter tatkräftige Unterstützung erfahren, für die ich auch an dieser Stelle herzlich danke. Zahlreiche inhaltliche Anregungen und technische Hilfen bei der Auswertung von Rechtsprechung und Literatur verdanke ich den Herren Rechtsassessor Dr. Joachim *Vogel* sowie Rechtsreferendaren Dr. Jürgen *Louis* und Dr. Tonio *Walter*. Das umfangreiche Stichwortregister hat mit großer Sorgfalt Herr Rechtsassessor Dr. Martin *Waßmer* angefertigt. Für die genaue Erledigung der Schreibarbeiten habe ich Frau Hildegard *Käppele* zu danken.

Die Gesamtkommentierung befindet sich auf dem Stand der Gesetzgebung von Herbst 1998. Rechtsprechung und Literatur sind bis zu demselben Zeitpunkt berücksichtigt, soweit dies die gestaffelte Drucklegung zuließ. Ausgewertet wurden auch bereits fünf aktuelle, noch ungedruckte Freiburger Dissertationen (*Berger, Hernández, Stein, Walter, Wolff*). Die vor dem Abschluß stehende Habilitationsschrift von *Vogel* leistet eine Vertiefung insbesondere der legitimationstheoretischen Aspekte des Wirtschaftsbetruges.

Freiburg, im November 1998

Klaus Tiedemann

§ 263 a
Computerbetrug

(1) Wer in der Absicht, sich oder einem Dritten einen rechtswidrigen Vermögensvorteil zu verschaffen, das Vermögen eines anderen dadurch beschädigt, daß er das Ergebnis eines Datenverarbeitungsvorgangs durch unrichtige Gestaltung des Programms, durch Verwendung unrichtiger oder unvollständiger Daten, durch unbefugte Verwendung von Daten oder sonst durch unbefugte Einwirkung auf den Ablauf beeinflußt, wird mit Freiheitsstrafe bis zu fünf Jahren oder mit Geldstrafe bestraft.

(2) § 263 Abs. 2 bis 7 gilt entsprechend.

Schrifttum

Allgemeine Literatur zum 2. WiKG *Achenbach* Das Zweite Gesetz zur Bekämpfung der Wirtschaftskriminalität, NJW **1986** 1835; *Frommel* Das Zweite Gesetz zur Bekämpfung der Wirtschaftskriminalität, JuS **1987** 667; *Granderath* Das Zweite Gesetz zur Bekämpfung der Wirtschaftskriminalität, DB **1986** Beil. Nr 18; *Haft* Das Zweite Gesetz zur Bekämpfung der Wirtschaftskriminalität (2. WiKG), NStZ **1987** 6; *Kolz* Zur Aktualität der Bekämpfung der Wirtschaftskriminalität für die Wirtschaft, wistra **1982** 167; *Mitsch* Rechtsprechung zum Wirtschaftsstrafrecht nach dem 2. WiKG, JZ **1994** 877; *Möhrenschlager* Das Zweite Gesetz zur Bekämpfung der Wirtschaftskriminalität (2. WiKG), wistra **1986** 123; *Möhrenschlager* Der Regierungsentwurf eines Zweiten Gesetzes zur Bekämpfung der Wirtschaftskriminalität, wistra **1982** 201; *Schlüchter* Zweites Gesetz zur Bekämpfung der Wirtschaftskriminalität (1987); *Tiedemann* Die Bekämpfung der Wirtschaftskriminalität durch den Gesetzgeber – Ein Überblick aus Anlaß des Inkrafttretens des 2. WiKG am 1. 8. 1986, JZ **1986** 865; *A. Weber* Zweites Gesetz zur Bekämpfung der Wirtschaftskriminalität, WM **1986** 1133; *Weinmann* Gesetzgeberische Maßnahmen zur Bekämpfung der Wirtschaftskriminalität: Besteht nach dem 1. und 2. WiKG ein weiterer Regelungsbedarf? Pfeiffer-Festschrift (1986) S. 87.

Spezielle Literatur zum Computerbetrug *Achenbach* Die „kleine Münze" des sog. Computer-Strafrechts – Zur Strafbarkeit des Leerspielens von Geldspielautomaten, Jura **1991** 225; *Altenhain* Der strafbare Mißbrauch kartengestützter elektronischer Zahlungssysteme, JZ **1997** 752; *Arloth* Computerstrafrecht und Leerspielen von Geldspielautomaten, Jura **1996** 354; *Arloth* Leerspielen von Geldspielautomaten – Ein Beitrag zur Struktur des Computerbetrugs, CR **1996** 359; *Bandekow* Strafbarer Mißbrauch des elektronischen Zahlungsverkehrs (1989); *R. Baumann/Bühler* Strafrecht – Die Bankomat-Kriminellen, JuS **1989** 49; *Berghaus* § 263 a StGB und der Codekartenmißbrauch durch den Kontoinhaber selbst, JuS **1990** 981; *Bernsau* Der Scheck- und Kreditkartenmißbrauch durch den berechtigten Karteninhaber (1990); *Bieber* Noch einmal Strafrecht – Die Bankomat-Kriminellen, JuS **1989** 475; *Bieber* Rechtsprobleme des ec-Geldautomatensystems, WM **1987** Beil. Nr. 6; *Bühler* Die strafrechtliche Erfassung des Mißbrauchs von Geldautomaten (1995); *Bühler* Ein Versuch, Computerkriminellen das Handwerk zu legen, MDR **1987** 448; *Bühler* Geldspielautomatenmißbrauch und Computerstrafrecht, MDR **1991** 14; *Bühler* Manipulation von Geldspielautomaten, wistra **1994** 256; *Bühler* Zum Konkurrenzverhältnis zwischen § 263 a StGB und § 266 b StGB beim Scheck- und Kreditkartenmißbrauch, MDR **1989** 22; *Dannecker* Neuere Entwicklungen im Bereich der Computerkriminalität – Aktuelle Erscheinungsformen und Anforderungen an eine effektive Bekämpfung, BB **1996** 1285; *Eck* Die neuen Straftatbestände zur Bekämpfung der Computerkriminalität und ihre Bedeutung für die Datendienste der Deutschen Bundespost, Archiv für Post- und Fernmeldewesen (ArchivPF) **1987** 105; *Ehrlicher* Der Bankomatenmißbrauch – Seine Erscheinungsformen und seine Bekämpfung (1989); *Engelhard* Computerkriminalität und deren Bekämpfung durch strafrechtliche Reformen, DVR **1985** 165; *Engelhard* Neuere Rechtsprechung zu § 263 a StGB, CR **1991** 484; *Etter* Noch einmal: Systematisches Entleeren von Glückspielautomaten, CR **1988** 1021; *Etter* Neuere Rechtsprechung zu § 263 a StGB – Versuch einer systematischen Einordnung, CR **1991** 484; *Frey* Computerkriminalität in eigentums- und vermögensstrafrechtlicher Sicht (1987); *Füllkrug* Manipuliertes Glück – Spiele an Geldspielautomaten, Kriminalistik **1988** 587; *Geßler* Kapitalanlagebetrug und Computerbetrug nach dem 2. WiKG, Kriminalist **1986** 519; *Gogger* Die Erfassung des Scheck-, Kredit- und Codekartenmißbrauchs nach Einführung der §§ 263 a, 266 b StGB durch das Zweite Gesetz zur Bekämpfung der Wirtschaftskriminalität (1995); *Gutiérrez Francés* Fraude informático y estafa (Madrid 1991); *Haft* Das neue Computer-Strafrecht, DSWR **1986** 255; *Haß* Der strafrechtliche Schutz von Computerprogrammen, in: Lehmann (Hrsg.), Rechtsschutz und Verwertung von Computerprogrammen, 2. Aufl. (1993), S. 467; *Haurand/Vahle* Computerkriminalität, RDV **1990** 128; *Hilgendorf* Grundfälle zum Computerstrafrecht, JuS **1996** 509, 702, 890, 1082, **1997** 130, 323; *Huff* Die mißbräuchliche Benutzung von Geldautomaten, NJW **1987** 815; *Huff* Die Strafbarkeit der mißbräuchlichen Geldautomatenbenutzung durch den Kontoinhaber, NJW **1986** 902; *Huff* Die Strafbarkeit im Zusammenhang mit Geldautomaten, NStZ **1985** 438; *Jungwirth* Diebstahlsvarianten im Zusammenhang mit Geldausgabeautomaten, MDR **1987** 537; *Kleb-Braun* Codekartenmißbrauch und Sparbuchfälle aus „Volljuristischer" Sicht, JA **1986** 249; *Lackner* Zum Stellenwert der Gesetzestechnik – Dargestellt an einem Beispiel aus dem Zweiten Gesetz zur Bekämpfung der Wirtschaftskriminalität, Tröndle-Festschrift (1989) S. 41; *Lampe* Die strafrechtliche Behandlung der sog. Computer-Kriminalität, GA **1975** 1; *Lampe* Erfordert die Bekämpfung der sogenannten Computerkriminalität neue strafrechtliche Tatbestände? in: Bundesminister der Justiz (Hrsg.), Tagungsberichte der Sachverständigenkommission zur Bekämpfung der Wirtschaftskriminalität Bd. XII (1977), Anlage 3 (zit.: Tagungsberichte Bd. XII Anl. 3); *Lenckner* Computerkriminalität und Vermögensdelikte (1981); *Lenckner/Winkelbauer* Computerkriminalität – Möglichkeiten und Grenzen des 2. WiKG, CR **1986** 654; *Lenckner/Winkelbauer* Strafrechtliche Probleme im modernen Zahlungsverkehr, wistra **1984** 83; *Meier* Strafbarkeit des Bankomatenmißbrauchs, JuS **1992** 1017; *Meurer* Die Bekämpfung der Computerkriminalität in der Bundesrepublik Deutschland, Kitagawa-Festschrift (1992) S. 971; *Mitsch* Die Verwendung einer Codekarte durch einen Nichtberechtigten als Diebstahl – AG Kulmbach, NJW 1985, 22, JuS **1986** 767; *Möhrenschlager* Computerstraftaten und ihre Bekämpfung in der Bundesrepublik Deutschland, wistra **1991** 321; *Möhrenschlager* Das neue Computerstrafrecht, wistra **1986** 128; *Neumann* Leerspielen von Geldspielautomaten – Diebstahl und Computerbetrug, CR **1989** 717; *Neumann* Unfaires Spielen am Geldspielautomat – OLG Celle, NStZ 1989, 367, JuS **1990** 535; *Otto* Examinatorium: Probleme des Computerbetrugs, Jura **1993** 612; *Otto* Zum Bankautomatenmißbrauch nach Inkrafttreten des 2. WiKG, JR **1987** 221; *Paul* Gezinkte Karten – Über die vielen Möglichkeiten des Kreditkartenmißbrauchs, NJW-CoR **1994** 284; *Picotti* I reati informatici (Padua 1998); *Ranft* Der Bankomatenmißbrauch, wistra **1987** 79; *Ranft* „Leerspielen" von Glücksspielautomaten – BGHSt. 40, 331, JuS **1997** 19; *Ranft* Zur „betrugsnahen" Auslegung des § 263 a StGB, NJW **1994** 2574; *Richter* Computerkriminalität und Strafrecht, in: Handbuch der modernen Datenverarbeitung (HMD) H. 146 (1989) S. 76; *Richter* Mißbräuchliche Benutzung von Geldautomaten – Verwendung duplizierter und manipulierter Euroscheckkarten, CR **1989** 303; *Richter* Strafbarer Mißbrauch des Btx-Systems, CR **1991** 361; *Rohner* Computerkriminalität (Zürich 1976); *Rossa* Mißbrauch beim electronic cash – Eine strafrechtliche Bewertung, CR **1997** 219; *Sarzana* Informatica e diritto penale (Mailand 1994); *Scheu/Kohler* Der Strafrechtsschutz beim Mißbrauch von computergesteuerten Geldspielautomaten, Der Münzautomat **1987** 56; *Schlüchter* Bankomatenmißbrauch mit Scheckkarten-Blanketten, JR **1993** 493; *Schlüchter* Entschlüsselte Spielprogramme: Schutz für elektronisch gespeicherte geistige Inhalte, CR **1991** 105; *Schlüchter* Zweckentfremdung von Geldspielgeräten durch Computermanipulationen, NStZ **1988** 53; *Schmid* Computer- sowie Check- und Kreditkarten-Kriminalität (Zürich 1994); *Schmidt* Rechtsprechungsübersicht: „Leerspielen" eines Geldautomaten, JuS **1995** 557; *Schmitt* Strafrechtliche Probleme als Folge von Neuerungen im Bankwesen, Jura **1987** 640; *Schulz* Rechtsprechung Strafrecht: Computerbetrug, JA **1995** 538; *Schulz/Tscherwinka* Probleme des Codekartenmißbrauchs, JA **1991** 119; *Schulze-Heiming* Der strafrechtliche Schutz der Computerdaten gegen die Angriffsformen der Spionage, Sabotage und des Zeitdiebstahls (1995); *Sieber* Computerkriminalität und Strafrecht, 2. Aufl. (1980); *Sieber* Der strafrechtliche Schutz der Information, ZStW **103** (1991) S. 779; *Sieber* Informationstechnologie und Strafrechtsreform: Zur Reichweite des künftigen 2. Gesetzes zur Bekämpfung der Wirtschaftskriminalität (1985); *Sieber* The International Handbook on Computer

Crime – Computer-related Economic Crime and the Infringements of Privacy (1986); *Sieg* Strafrechtlicher Schutz gegen Computerkriminalität, Jura **1986** 352; *Sonnen* Wegnahme und Mißbrauch einer codierten eurocheque-Karte, JA **1988** 461; *Spahn* Wegnahme und Mißbrauch codierter Scheckkarten nach altem und neuem Recht, Jura **1989** 513; *Steinhilper* Ist die Bedienung von Bargeldautomaten unter mißbräuchlicher Verwendung fremder Codekarten strafbar? GA **1985** 114; *Steinke* Dem Glück auf die Sprünge geholfen – Überlistung computerisierter Spielautomaten, Kriminalistik **1988** 565; *Steinke* Kriminalität durch Beeinflussung von Rechnerabläufen, NStZ **1984** 295; *Steinke* Mit kleinen Karten an das große Geld – Neue Strafvorschriften zum Schutz gegen moderne Fälscher, Kriminalistik **1987** 62; *Steinke* Verbrecher am Rechner – Was bringen die Gesetze gegen Computer-Kriminalität? Kriminalistik **1987** 73; *Thaeter* Die unendliche Geschichte „Codekarte", JA **1988** 547; *Thaeter* Zur Struktur des Codekartenmißbrauchs, wistra **1988** 339; *Tiedemann* Computerkriminalität und Mißbrauch von Bankomaten, WM **1983** 1326; *Tiedemann* Computerkriminalität und Strafrecht, Kaiser-Festschrift (1998); *Tiedemann* Die deutsche Strafrechtsregelung zur Erfassung der Computerkriminalität im internationalen Vergleich, Fernández Albor-Gedächtnisschrift (Santiago de Compostela 1989) S. 689; *U. Weber* Aktuelle Probleme bei der Anwendung des Zweiten Gesetzes zur Bekämpfung der Wirtschaftskriminalität, Krause-Festschrift (1990) S. 427; *U. Weber* Konkurrenzprobleme bei der strafrechtlichen Erfassung der Euroscheck- und Euroscheckkartenkriminalität durch das 2. WiKG, Küchenhoff-Gedächtnisschrift (1987) S. 485; *U. Weber* Probleme der strafrechtlichen Erfassung des Euroscheck- und Euroscheckkartenmißbrauchs nach Inkrafttreten des 2. WiKG, JZ **1987** 215; *Westpfahl* Strafbarkeit des systematischen Entleerens von Glücksspielautomaten, CR **1987** 515; *Yoo* Codekartenmißbrauch am POS-Kassen-System: Strafrechtliche Überlegungen zur Computerkriminalität (1997).

Einschlägige außerstrafrechtliche Literatur (Auswahl) *Betzel* Sicherung des Rechnungswesens (1974); *Bschorr* Computerkriminalität: Gefahr und Abwehr (1987); *Burhenne/Perband* EDV-Recht (Stand: Juli 1997); *Grosch/Liebl* Computerkriminalität (1994); *Kilian/Heussen* (Hrsg.), Computerrechts-Handbuch – Computertechnologie in der Rechts- und Wirtschaftspraxis (Stand: August 1996); *Poerting/Pott* Computerkriminalität – Ausmaß, Bedrohungspotential, Abwehrmöglichkeiten (1986); *Rossa* Mißbrauch beim electronic cash – Eine zivilrechtliche Bewertung, CR **1997** 138; *Schultz* Computerkriminalität (1993); *Sieber* Computerkriminalität und Informationsstrafrecht, CR **1995** 100; *Sieber* Informationsrecht und Recht der Informationstechnik, NJW **1989** 2569; *Zimmerli/Liebl* (Hrsg.), Computermißbrauch – Computersicherheit (1984).

Materialien

Beschlußempfehlung und Bericht des Rechtsausschusses zu dem Entwurf eines Zweiten Gesetzes zur Bekämpfung der Wirtschaftskriminalität (2. WiKG), BTDrucks. 10/5058 (zit.: Beschlußempfehlung); Bundesminister der Justiz (Hrsg.), Tagungsberichte der Sachverständigenkommission zur Bekämpfung der Wirtschaftskriminalität Bd. XII (1977) (zit.: Tagungsberichte Bd. XII); Protokolle der Sitzungen des Rechtsausschusses, Deutscher Bundestag 10. Wahlperiode Stenographischer Dienst, 26. Sitzung (zit.: Prot.); Regierungsentwurf (RegE) eines Zweiten Gesetzes zur Bekämpfung der Wirtschaftskriminalität, BTDrucks. 10/318 = BRDrucks. 219/82 und BRDrucks. 150/83.

Übersicht

1 **I. Entstehungsgeschichte und kriminalpolitischer Hintergrund; Auslandsrechte.** Der Straftatbestand wurde durch das **2. WiKG** 1986 eingeführt, das zusammen mit weiteren Änderungen (vgl. *Tiedemann* LK § 264 a Rdn. 1) in das StGB das sog. **Computerstrafrecht** einstellte. Dieses betrifft neben dem durch § 263 a geschaffenen Vermögensschutz insbesondere den Schutz der Sicherheit des Beweisverkehrs mit Daten (§ 269), aber auch den Bestand und die Verwendbarkeit (vgl. §§ 303 a, b) sowie die Geheimhaltung von Daten (§ 202 a). Für die letztgenannten Tatbestände wird der Datenbegriff durch § 202 a Abs. 2 im Sinne elektronischer oder magnetischer Speicherung (usw.) legaliter definiert. Eine entsprechende Definition fehlt für § 263 a, allerdings ausweislich der Entstehungsgeschichte nur deshalb, weil hier die Manipulation nicht nur an bereits gespeicherten Daten begangen wird, sondern als sog. Eingabe- oder Input-Manipulation unrichtige Daten in das Verarbeitungssystem eingespeist werden (BTDrucks. 10/5058 S. 30). Bei § 263 a (und § 269) werden daher **Daten** weitergehend als kodierte oder kodierbare (verschlüsselbare) Informationen verstanden (näher und **krit.** unten Rdn. 19 ff). Die bereits durch § 202 a Abs. 2 nahegelegte Weite des Datenbegriffs führt in der Literatur auch zu einer Ausweitung des „klassischen" Begriffs des Computer- oder (E)DV-Strafrechts zum sog. Informationsstrafrecht, das zum Teil noch mit dem „Kommunikationsstrafrecht" zusammengefaßt wird; entsprechend wird im neueren kriminologischen Sprachgebrauch der Begriff „Computer- oder (E)DV-Kriminalität" auch durch „IuK"-(Informations- und Kommunikations-)Kriminalität ersetzt.[1] Jedoch meint § 263 a hauptsächlich Sy-

[1] *BKA* (Hrsg.), Wirtschafts- und Computerkriminalität Mitteilungsblatt Nr. 1/97: Bericht zur IuK-Kriminalität 1996; *Sieber* ZStW **103** (1991) S. 779 (786 ff) und NJW **1989** 2569 ff.

steme der (elektronischen) Datenverarbeitung (unten Rdn. 22) und schließt rein mechanisch wirkende Geräte aus, da sonst § 265 a funktionslos würde.[2] Auch wird die Telekommunikation mittels Netzen, die öffentlichen Zwecken dienen, also die Gesamtheit der öffentlichen Datenübertragungssysteme, von § 265 a 2. Alt. geschützt (*Tiedemann* LK § 265 a Rdn. 24 mit Nachw.), soweit es um die Erbringung der Leistung der Nachrichtenübermittlung geht (näher unten Rdn. 59). Es erscheint daher vorzugswürdig, § 263 a weiterhin – mit seiner Überschrift – als *Computerbetrug* zu bezeichnen und so auf den Einsatz von DV-Systemen zum Zwecke rechtswidriger Erlangung von Vermögensvorteilen, die durch diese Systeme vermittelt werden, abzustellen. Ebenso werden die zugehörigen kriminologischen Erscheinungsformen im folgenden weiterhin als Computer- oder DV-Kriminalität bezeichnet. Diese Terminologie hat rechtlich zugleich den Vorteil, daß nicht die Information und Kommunikation, sondern das **Vermögen** als geschütztes Rechtsgut erscheint (näher dazu unten Rdn. 13 ff).

Die Notwendigkeit zur Einführung des § 263 a ergab sich aus dem zunehmenden 2
Einsatz von Datenverarbeitungssystemen in allen Bereichen von Wirtschaft und Verwaltung, insbesondere auch zwecks Abwicklung des Zahlungsverkehrs bei Banken und der Abrechnungsvorgänge bei Versicherungen (vgl. bereits *Sieber* Computerkriminalität S. 16 ff). Derartige Systeme machen menschliche Entscheidungsprozesse ganz oder teilweise überflüssig und entscheiden automatisch, nämlich „selbsttätig" (vgl. AE § 202 Abs. 1). Ähnlich wie bei den mechanischen Leistungsautomaten (und den massenhaften Verkehrsleistungen) nach § 265 a (dazu *Tiedemann* LK Rdn. 2 ff) führt das Fehlen von entscheidungsbefugten oder Kontroll-Personen dazu, daß der allgemeine Betrugstatbestand nicht einzugreifen vermag, da dieser eine Täuschung und den *Irrtum eines Menschen*, also einen psychologischen Sachverhalt voraussetzt, der kausal zu einer Vermögensverfügung des Irrenden führen muß. Dabei kann im einzelnen zumindest zweifelhaft sein, inwieweit bei fehlender Entscheidungsmacht die bloße Kontrolltätigkeit natürlicher Personen noch eine Vermögensverfügung i. S. d. § 263 darstellt, wenn nur Formalien geprüft oder nur Stichproben vorgenommen werden (BTDrucks. 10/318 S. 18 f). Vor allem im Hinblick auf das von der ganz h. M. anerkannte Irrtumserfordernis bei § 263 ging es damit um die Schließung einer echten **Gesetzeslücke**,[3] während andere gesetzgeberische Neuerungen des (1. und des) 2. WiKG eher auf einer Neubewertung von Schutzinteressen beruhten und mehr praktisch als theoretisch bestehende Schwächen des allgemeinen Betrugstatbestandes ausgleichen sollten (vgl. nur *Tiedemann* LK § 264 Rdn. 5, § 264 a Rdn. 2). – Die Eigentumsstraftatbestände (§§ 242 ff) vermögen die beim Betrugstatbestand offenkundige Lücke regelmäßig nicht zu schließen, da Computermanipulationen häufig nichtkörperliche Tatobjekte wie Buch-(Giral-)Gelder, Geschäftsgeheimnisse, know-how oder sonstige Informationen betreffen (*Tiedemann* WM **1983** 1328 f) und diese entgegen *Haft* (DSWR **1979** 46 und **1986** 256) auch im Wege extensiver Auslegung nicht mehr unter den Sachbegriff des StGB gebracht werden können (*Tiedemann*

---

[2] Vgl. nur *Lackner/Kühl* Rdn. 4 mit Nachw.

[3] Begr. RegE BTDrucks. 10/318 S. 18 f; BT-Rechtsausschuß BTDrucks. 10/5058 S. 29; *Arloth* CR **1996** 363 f; *Arzt/Weber* IV Rdn. 65; *Berghaus* JuS **1990** 982; *Bühler* S. 71, 83 f, 97; *Cramer* JZ **1992** 1032; *Frommel* JuS **1987** 667; *Granderath* DB **1986** Beil. Nr. 18 S. 4; *Günther* SK Rdn. 3; *Haurand/Vahle* RDV **1990** 132; *Krey* 2 Rdn. 512 d, 512 h; *Lackner/Kühl* Rdn. 2; *Lenckner* Computerkriminalität S. 26, 34; *Lenckner/Winkelbauer* CR **1986** 654; *Maurach/Schroeder/Maiwald* 1 § 41 VI 1 Rdn. 227; *Otto* BT § 52 III 1 a, JR **1987** 225 und Jura **1993** 612; *Ranft* NJW **1994** 2574; *Richter* in Müller-Gugenberger § 34, 54; *Sch/Schröder/Cramer* Rdn. 1; *Sieber* Informationstechnologie S. 36 f; *Tiedemann* WM **1983** 1329 f und JZ **1986** 869; *Tröndle* Rdn. 1; *A. Weber* WM **1986** 1134 f.

Fernández Albor-Gedächtnisschrift S. 708; vgl. jetzt auch BVerfGE **92** 1, 16f). Auch der Tatbestand der Untreue (§ 266) scheidet für Datentypisten (früher Locher), Programmierer, Operatoren sowie für betriebsfremde Personen in aller Regel bereits deshalb aus, weil es insoweit an der Selbständigkeit und Eigenverantwortlichkeit wirtschaftlichen Handelns sowie der Verpflichtungs- oder Verfügungsbefugnis fehlt (*Schünemann* LK § 266 Rdn. 109; *Tiedemann* WM **1983** 1330). Im Zuge der weiteren technischen Entwicklung dürfte sich mit der Ausbreitung von Telebanking, Teleshopping usw. sowie der Nutzung globaler Netze (Internet!) eine weitere Zunahme des Kreises externer Täter ergeben. Die Entwicklung hängt vor allem von der Einführung verschlüsselter digitaler Signaturen und sonstigen Fragen gesteigerter Sicherheit der Informationstechnik ab (*Tiedemann* Kaiser-Festschrift 1998).

3 Die Gesetz gewordene Fassung geht auf die Empfehlungen der Sachverständigenkommission zur Bekämpfung der Wirtschaftskriminalität aus dem Jahre 1976 zurück (BTDrucks. 10/318 S. 17) und läßt sich von der Überlegung leiten, daß umfassende wirtschaftsrechtliche Regelungen **präventiver** Art für die betroffenen Wirtschaftskreise nicht akzeptabel sind, nämlich die wirtschaftliche Tätigkeit unangemessen (und schwerer als durch Schaffung von Straftatbeständen) einengen könnten (BTDrucks. aaO S. 16). Diese Sicht des ultima ratio-Prinzips durch den RegE (und *Tiedemann* Tatbestandsfunktionen im Nebenstrafrecht, 1969, S. 145) hat die Zustimmung u. a. des XIII. Internationalen Strafrechtskongresses 1984 gefunden (vgl. *Tiedemann* JZ **1986** 866 u. Stree/Wessels-Festschrift, 1993, S. 530 f; **krit.** *Frey* S. 44f mit weit. Nachw.). – Entsprechend den Empfehlungen der Kommission (Tagungsberichte Bd. XII S. 76ff) und dem Vorschlag des RegE (BTDrucks. 10/318) knüpft der Straftatbestand mit seiner ersten und zweiten Alternative an **kriminologische** Einteilungen, nämlich an Programm- und Input-Manipulationen an (BTDrucks. 10/318 S. 18f; 10/5058 S. 30). Insoweit hat der RegE durch die parlamentarischen Beratungen keine Veränderung erfahren. Die heutige vierte Alternative („sonst unbefugte Einwirkung auf den Ablauf" des DV-Vorgangs) war – ohne das Merkmal „unbefugt" und unter Bezugnahme nur auf den Ablauf des Programms – ebenfalls bereits im RegE enthalten; mit der Gesetz gewordenen Formulierung sollten neue Manipulationstechniken, z. B. Einwirkungen auf den maschinellen Ablauf oder zeitlichen Verlauf, auf den Datenfluß, vor allem auch Konsol- und Hardware-Manipulationen erfaßt werden (BTDrucks. 10/5058 S. 30). Neu eingefügt wurde im Gesetzgebungsverfahren schließlich als dritte Tatbestandsalternative die „unbefugte Verwendung von Daten". Mit ihr sollten wegen Zweifeln, ob insoweit eine Verwendung „unrichtiger" Daten vorliegt, vor allem der Mißbrauch von Geldautomaten (Bankomaten) und die unbefugte Benutzung eines fremden Anschlusses an das Bildschirmtextsystem (Btx-System) inkriminiert werden (BTDrucks. 10/5058 S. 30). – Mit diesen **Ausweitungen** ist allerdings die zunächst im Anschluß an die Vorschläge der Kommission vom RegE gewollte enge Anlehnung des § 263 a an den Tatbestand des Betruges und der alleinige Zweck der Schließung von Lücken, die bei Anwendung des Betrugstatbestandes auftreten würden (BTDrucks. 10/318 S. 19), aufgegeben worden. Zur Sicherstellung einer strikten Anbindung an § 263 und zur Vermeidung einer ungewissen Ausdehnung der Strafbarkeit war zuvor in der Literatur vorgeschlagen worden, anstelle der Schaffung eines neuen Sondertatbestandes nur § 263 selbst zu ergänzen.[4] Diesem Vorschlag ist der Gesetzgeber im wesentlichen deshalb nicht ge-

[4] *Haft* Prot. BT-Rechtsausschuß 10/26 v. 6. 6. 1984 S. 26/164; *Lenckner* Computerkriminalität S. 46ff; *Sieber* Informationstechnologie S. 37.

folgt, weil neben dem zentralen Irrtumserfordernis auch andere personenbezogene Merkmale des § 263 bei Anwendung auf Computerhandeln einer teilweise anderen Interpretation als bei menschlicher Tätigkeit bedürfen (BTDrucks. 10/5058 S. 30): So „entspricht" der Verfügung nach § 263 bei § 263 a der Datenverarbeitungsvorgang (*Lenckner/Winkelbauer* wistra **1984** 88). Und bereits die „manipulative" Tathandlung löst sich zumindest teilweise von dem Modell inhaltlich unrichtiger Kommunikation, wie es § 263 bei dem Täuschungserfordernis zugrunde liegt (vgl. näher unten Rdn. 16 u. 44). Jedoch soll sich nach Ansicht des historischen Gesetzgebers die Auslegung des § 263 a „zu dessen Eingrenzung an der Auslegung des § 263 StGB ... orientieren" (BTDrucks. aaO).

Die **Kritik** an § 263 a ist insoweit verstummt, als sie sich gegen die grundsätzliche **4** Notwendigkeit einer strafrechtlichen Sonderregelung des Computerbetruges[5] richtete. Im Vordergrund stehen heute Bedenken und Zweifel, die zum einen und vor allem unter dem verfassungsrechtlichen Gesichtspunkt der *Unbestimmtheit* insbesondere der dritten Tatbestandsalternative (zusammenfassend *Lackner/Kühl* Rdn. 12 mit Nachw.), aber auch gegenüber der vierten Alternative (*Arzt/Weber* IV Rdn. 70; *Sch/Schröder/Cramer* Rdn. 12) geäußert werden. Insoweit hatten schon *Lenckner/Winkelbauer* (wistra **1984** 87 f) bei ihrem Vorschlag, die einschlägige Lücke im Vermögensstrafrecht bei der „Verschiebung" von Buchgeld durch Ergänzung des damaligen Entwurfes eines § 263 a zu schließen, auf das Erfordernis hingewiesen, im Gesetz zusätzliche Kriterien anzuführen, um nicht jede Pflichtverletzung im Innenverhältnis zum Grund einer „unbefugten" Datenverarbeitung zu machen (zust. *Schlüchter* S. 89 f). Nachdem der Gesetzgeber diesem Rat nicht gefolgt ist, werden einschlägige Argumente und Kriterien in großer Zahl diskutiert (näher dazu unten Rdn. 40 ff). Mit der Tendenz und Anerkennung einer *restriktiven Auslegung* lassen sie im Ergebnis aber den Vorwurf eines Verstoßes gegen Art. 103 Abs. 2 GG entfallen:[6] Die restriktive Normhandhabung zum Zwecke der Normerhaltung ist ein anerkanntes, wenn auch nicht unbestrittenes Mittel zur Vermeidung des Ergebnisses der Annahme von Normnichtigkeit wegen Unbestimmtheit (*Tiedemann* Tatbestandsfunktionen S. 38 ff, 186 ff mit weit. Nachw.).

Zum anderen wird in *kriminalpolitischer* Hinsicht gerügt, daß § 263 a insofern zu **5** weit geht, als bloße zivilrechtliche Vertragsverstöße berechtigter Kontoinhaber (bei Kontoüberziehung durch Benutzung von Bankomaten, vgl. unten Rdn. 50) in Frage stehen (vgl. bereits *Tiedemann* Fernández Albor-Gedächtnisschrift S. 701). Allerdings ist die Einbeziehung dieses als strafwürdig erachteten Falles (vgl. auch § 266 b!) vom Gesetzgeber ausdrücklich gewollt (*Möhrenschlager* wistra **1986** 133; *Tiedemann* JZ **1986** 869). Die Kritik weitet sich daher auch dahin aus, daß der Straftatbestand nicht einschränkend auf zumutbare *Sicherungsvorkehrungen* der Systembetreiber abstellt, wie es z. B. Art. 148 schweizer. StGB hinsichtlich des Mißbrauchs von Scheck- und Kreditkarten vorsieht (vgl. nur *Frey* S. 283; *Meurer* Kitagawa-Festschrift S. 978). Soweit damit viktimologische Gesichtspunkte eigenverantwortlichen Opferschutzes gemeint sind, kann für ihre Entkräftung auf *Tiedemann* LK § 265 b Rdn. 18 mit Nachw. verwiesen werden. Speziell für § 263 a geht es zu weit, bei Computermanipulationen im Vermögensbereich generell von einem hohen Opfer-Mitverschulden

[5] So neben *Haft* aaO vor allem auch *Tröndle* bei *Lenckner* Computerkriminalität S. 24, 37 f; ferner *Sieg* Jura **1986** 362; später *Frey* S. 183 ff.

[6] BGHSt. **38** 120 (122 mit Nachw.); *Bühler* S. 130, 134; *Cramer* JZ **1992** 1032; *Ehrlicher* S. 80 ff, 89; *Berghaus* JuS **1990** 982; *Günther* SK Rdn. 4 a. E.; *Lackner/Kühl* Rdn. 12; *Schlüchter* S. 94; *U. Weber* Krause-Festschrift S. 435; **krit.** aber *Haß* in Lehmann XII, 16; **aA** *Mitsch* JR **1995** 432; *Thaeter* JA **1988** 551.

zu sprechen (so aber *Sieg* Jura **1986** 362). Freilich ist es zutreffend, daß sich vor allem die Hersteller von EDV-Anlagen umfassenden Sicherheitsauflagen des Gesetzgebers widersetzt haben (*Sieber* Computerkriminalität S. 33 f), die aber der RegE vor allem in Form vollständiger Doppelkontrollen aller Daten als unpraktikabel und unökonomisch eingeschätzt hat (BTDrucks. 10/318 S. 16, 18; vgl. bereits oben Rdn. 3). Soweit *Sieber* (Informationstechnologie S. 40 ff) im Gesetzgebungsverfahren hinreichende Sicherung gegen Mißbrauch als Erfordernis des neuen Straftatbestandes forderte und hierfür „die Parallele zum bisherigen Betrugstatbestand" anführte, ist zu bedenken, daß jedenfalls das deutsche Betrugsstrafrecht auch sorglose Opfer schützt (vgl. dazu bereits *Peters* Eb. Schmidt-Festschrift [1961] S. 488 ff). Gerade eine restringierend an § 263 angelehnte Fassung des § 263 a (oben Rdn. 4) muß daher jedenfalls nicht zwingend engere Voraussetzungen der Strafbarkeit aufstellen, mögen solche auch für eine viktimodogmatische Auslegung diskutabel bleiben (vgl. unten Rdn. 14).

6 Unter *dogmatischen* Aspekten wird vor allem bemängelt, daß die vom Gesetzgeber historisch gewollte inhaltliche Anbindung an den allgemeinen Betrugstatbestand mißlungen sei.[7] Nach *Ranft* (NJW **1994** 2574) war es „bereits im Ansatz ein gesetzgeberischer Fehlgriff", eine Entsprechung zur Vermögensverfügung zu konstruieren, da es um einen Vermögensübergang „allein durch einen Zugriff" des Täters gehe. Auch nach *Otto* (BT § 52 III 1 a) unterscheidet sich § 263 a „grundlegend" von § 263, da der Computerbetrug Elemente der Eigentumsdelikte und der Untreue enthalte und folglich nur verbal betrugsähnlich konstruiert sei (zust. *Dannecker* **BB 1996** 1288). In ähnlichem, zugleich kriminalpolitisch ausgerichteten Sinne hatte schon *Sieg* (Jura **1986** 362) darauf hingewiesen, daß § 263 a systemwidrig den Schutz des Vermögens gegen bestimmte Angriffsformen (List, Drohung, Vertrauensbruch) durch die bloße „Manipulierung der EDV-Anlage" ergänze. Ähnlich hatte auch *Tiedemann* (Fernández Albor-Gedächtnisschrift S. 708) in einem internationalen Rechtsvergleich gefragt, ob die bloße Tatsache der DV-Speicherung „eine so besondere Schutzbedürftigkeit der Information begründet, wie es das Strafrecht erfordert". Vor allem im praktischen Rechtsanwendungsvergleich zu § 266 wird deutlich, daß Täter unterhalb der für diesen Straftatbestand erforderlichen Schwelle besonderer Treupflichten durch § 263 a erfaßt werden, der damit eine Art „Computeruntreue" darzustellen scheint.[8] – Auf diese Bedenken und Hinweise, die nicht die Geltung, wohl aber die Legitimität und Einordnung des neuen Straftatbestandes in das Betrugssystem in Frage stellen, wird unten Rdn. 16 zurückzukommen sein. An dieser Stelle sei nur daran erinnert, daß auch andere Spezialtatbestände im Umfeld des Betruges nicht ohne weiteres in das Betrugsstrafrecht passen, vor allem weil und soweit dieses Lücken schließt, die aus der Beschränkung des Eigentumsstrafrechts auf körperliche Gegenstände folgen (vgl. *Tiedemann* LK § 265 a Rdn. 16 mit Nachw.). Auch sei schon hier erwähnt, daß der Reformgesetzgeber das Problem keineswegs übersehen hat: Der Bericht des Rechtsausschusses qualifiziert die Computermanipulation als **neue, zusätzliche Angriffsform** im System des Vermögensstrafrechts (BTDrucks. 10/5058 S. 30; näher unten Rdn. 13).

[7] *Frey* S. 183 f; *Krey* 2 Rdn. 512 g; *Maurach/Schroeder/Maiwald* 1 § 41 VI 3 Rdn. 236 mit Nachw.; *Ranft* NJW **1994** 2574; *Sch/Schröder/Cramer* Rdn. 2; *Tröndle* Rdn. 1 und 10; auch *Schlüchter* S. 85 f. Vgl. ferner die Angaben im folgenden Text.

[8] *Lenckner/Winkelbauer* wistra **1984** 88; *Sieber* Informationstechnologie S. 40; auch *Frommel* JuS **1987** 667; *Schünemann* LK § 266 Rdn. 110 und 167.

Die **praktische** Bedeutung des § 263 a ist beträchtlich, auch wenn der einschlägige Tatvorwurf in Fällen gleichzeitiger Verwirklichung des § 266 nicht selten über § 154 a StPO in Wegfall kommt. Innerhalb des Computerstrafrechts des StGB ist § 263 a das häufigste Computerdelikt (*Dannecker* BB **1996** 1288 mit Nachw.). Allerdings wird der hohe statistische Ausweis (Polizeiliche Kriminalstatistik 1996 S. 250 f: 32128 Fälle; Strafverfolgungsstatistik 1996: 1742 Verurteilungen) zu mehr als 4/5 (PKS 1996: 26802 Fälle) durch Bankomatenmißbräuche begründet, die jedenfalls seit BGHSt. **38** 120 allein durch § 263 a erfaßt werden (vgl. unten Rdn. 47 ff). Einen erheblichen Anteil der sonstigen Fälle des § 263 a machten bis vor einigen Jahren die Geldspielautomatenmißbräuche aus (*Bühler* S. 9; *Möhrenschlager* wistra **1991** 322, je mit Nachw.). Die Polizeiliche Kriminalstatistik trennt daher zutreffend vor allem die Bankomatenfälle vom „Computerbetrug im engeren Sinne". Zu diesem wird aus Rechtsgründen ebenfalls nicht der – statistisch erhebliche – Mißbrauch von (gestohlenen oder gefälschten) Kreditkarten sowie von Calling Chip-Cards (T-Cards) gerechnet (*Dannecker* BB **1996** 1288 mit Nachw.); der erstgenannte Bereich fällt unter § 263, der zweite unter § 265 a (*Bandekow* S. 295; näher zur strafrechtlichen Einordnung des sonstigen Mißbrauchs von Telekommunikationsanlagen, dem sog. Phreaking, unten Rdn. 59). Die praktisch ebenfalls gewichtige Verfälschung von Computer-Prozessoren stellt im Falle des Vertriebs einen Warenbetrug i. S. d. § 263 dar. Nicht unerheblich, aber von der offiziellen Statistik zu § 263 a wiederum nicht gesondert ausgewiesen sind der Mißbrauch von sonstigen Magnetstreifenkarten (Tankkarten, Kunden- und Devisenkarten usw.) sowie Chipkarten nach Art der bei Banken oder am Heim-PC aufladbaren (z. B. W-Sparkassen-)Multicards („elektronische Geldbörse") und die zum Nachteil der Telekom oder von Telefonkunden erfolgenden Praktiken der Geldschöpfung, z. B. mittels Manipulationen des Telefonnetzes als Mittel zur Abrechnung der Dienstleistungen von Südsee-Sex-Telefonen (*Dannecker* aaO: „neue Welle von Computermanipulationen"). – Für die eigentliche Computerkriminalität sieht *Paul* (NJW-CoR **1995** 42) heute insgesamt zu 99% den Bereich der PCs und der PC-Netze als betroffen an, während früher eher Großrechner und die mittlere Datentechnik im Vordergrund standen. Außerhalb des Bereichs der Bankomatenmißbräuche bezeichnet *Möhrenschlager* (aaO S. 323) als **Täter** überwiegend Angestellte des geschädigten Unternehmens und der geschädigten Verwaltung, und zwar Sachbearbeiter und DV-Personal. Vgl. dazu aber auch oben Rdn. 2 a. E. 7

Ausländische Regelungen und internationale Empfehlungen haben für die Handhabung des § 263 a besonderes Gewicht, weil vor dessen endgültiger Gestaltung durch den Gesetzgeber umfangreiche Erhebungen zu den im Ausland getroffenen oder geplanten strafrechtlichen Regelungen der Computerkriminalität vorgenommen wurden (vgl. nur *Möhrenschlager* wistra **1986** 129 f). Der deutsche Straftatbestand ist also eng in eine zeitlich und sachlich parallele internationale Reformbewegung eingebunden. Die Regelungsmodelle, die sich dabei herausbildeten, lassen die Rechtsnatur, aber auch Vor- und Nachteile des § 263 a deutlicher hervortreten als bei isolierter Betrachtung. – Eine wesentliche Sorge des deutschen Gesetzgebers war es, mit der bloßen Schließung einer Lücke des Betrugstatbestandes nicht alle von der Kommunikationstechnik ermöglichten strafwürdigen Manipulationen zu erfassen; dem stand die Befürchtung gegenüber, durch eine weite Gestaltung des Straftatbestandes auch Fälle einzubeziehen, die nicht strafwürdig sind (vgl. bereits oben Rdn. 3). Diese doppelte Skepsis findet in ausländischen Reformdiskussionen ihre 8

Entsprechung.[9] Übrigens hat die deutsche Regelung des 2. WiKG auch ihrerseits ausländische Reformen angeregt (z. B. § 246–2 **japan**. StGB in der Fassung von 1987, vgl. *Sonoda* wistra **1988** 167 ff mit einer allerdings nicht mangelfreien Übersetzung des japanischen Straftatbestandes; die Bankomaten-Fälle werden in Japan aber weiterhin über den Diebstahlstatbestand erfaßt).

9 Die möglichen Regelungsmodelle werden bereits in den wichtigsten **internationalen** Vorschlägen und Empfehlungen sichtbar. So definiert der **OECD**-Bericht von 1986 den Computerbetrug ohne Erfordernis einer Täuschung, eines Irrtums, einer Vermögensverfügung und eines Vermögensschadens in Anlehnung an die kriminologischen Erscheinungsformen (*Sarzana* S. 59) als Eingabe, Änderung, Löschung und/oder Unterdrückung von Computerdaten und/oder Computerprogrammen in der (bloßen!) Absicht einer rechtswidrigen Übertragung von Geldmitteln oder anderen Vermögensvorteilen.[10] Stärker an kontinentale Vorstellungen vom Betrug angelehnt ist die Empfehlung R (89) 9 des **Europarates** von 1989, die bei identischer Handlungsumschreibung objektiv eine Vermögensschädigung fordert, allerdings für den subjektiven Tatbestand den nationalen Gesetzgebern die Möglichkeit offen hält, anstelle der Absicht, sich oder einem Dritten einen rechtswidrigen wirtschaftlichen Vorteil zu verschaffen, auf die Absicht abzustellen, dem anderen rechtswidrig sein Vermögen zu entziehen.[11] Dem haben sich die Empfehlungen der **Association Internationale de Droit Pénal** (AIDP) von 1994 im wesentlichen, aber unter Betonung des Vorranges eines bestimmt gefaßten objektiven Tatbestandes, angeschlossen.[12]

10 Für die erforderliche legislatorische Umsetzung der überwiegend neutralen Formeln von der Einwirkung auf oder Verwendung von Daten lassen diese internationalen Einschätzungen und Stellungnahmen ansatzweise erkennen, daß zur Erfassung des Computer„betruges“ entweder ein **Betrugs- oder** aber ein **Diebstahlsmodell** gewählt werden kann. Ersteres steht vor allem vor der Schwierigkeit, wie die Täuschungshandlung umschrieben bzw. ersetzt werden soll, und nähert sich bei Verwendung von Merkmalen wie „unecht“, „unbefugt“ usw. (wie z. B. auch in Art. 640*ter italien.* Codice Penale und Art. 147 *schweizer.* StGB, das zusätzlich noch Analogie vorsieht)[13] Zurechnungslösungen aus dem Urkunden- und Untreuestrafrecht an. Das zweitgenannte (Diebstahls-)Modell stellt vor die Notwendigkeit, die Tatobjekte auf nichtkörperliche Gegenstände auszudehnen (wie es das *englische* Strafrecht allgemein schon im Theft Act 1968 Art. 4 statuiert: „Property includes … intangible property“, und es das *US*-Strafrecht teilweise speziell für Computerdaten definiert).[14] Daneben existieren abgewandelte Betrugsmodelle, z. B. in Art. 1 Übereinkommen zum Schutz der finanziellen Interessen der EG von 1995:[15] Die Täuschungshandlung wird – im Sinne unrichtiger Erklärungen – durchaus traditionell gestaltet, dagegen von einem Irrtumserfordernis ganz abgesehen und der Schaden relativiert bzw. normativiert (vgl. *Tiedemann* LK § 264 Rdn. 10). Damit dürfte Art. 1 des Übereinkom-

[9] Breite Übersicht in der Sammelveröffentlichung von *Sieber* (Hrsg.), Information Technology Crime – National Legislations and International Initiatives (Köln 1994); ferner *Sarzana* S. 127 ff.

[10] *OECD* Computer-Related Criminality – Analysis of Legal Policy in the OECD-Area (1986).

[11] *Council of Europe* Computer-Related Crime (1990).

[12] *Tiedemann/Möhrenschlager* ZStW **108** (1996) S. 688 (697).

[13] Dazu näher *Hurtado Pozo* Droit pénal Partie spéciale I (3. Aufl. Zürich 1997) § 40, 1058; *Schmid* § 7, 77 ff. Zur Entstehungsgeschichte *Frey* S. 234 f.

[14] *Wise* Revue Internationale de Droit Pénal **1993** 647 (661 f).

[15] ABlEG Nr. C 316/48 v. 27. 11. 1995; dazu bereits *Tiedemann* LK § 264 Rdn. 10 mit weit. Nachw.

mens den Computerbetrug (zum Nachteil von EG-Vermögen) ohne weiteres einschließen, wobei der Verzicht auf das Irrtumserfordernis mit Schwerpunktsetzung bei der Täuschungshandlung englisch-französischer Tradition entspricht (die übrigens auch im *spanischen* Schrifttum vor der Reform von 1995 zu der Frage geführt hatte, ob nicht die Beschränkung des spanischen Betrugstatbestandes auf bloße Täuschungseignung einen eigenen Tatbestand des Computerbetruges überflüssig mache[16]). Als erheblich abgewandeltes Betrugsmodell muß auch Art. 248 Abs. 2 span. Código Penal eingestuft werden, der in unmittelbarem Anschluß an den Betrugstatbestand darauf abstellt, daß die nicht vom Einverständnis (!) des Berechtigten gedeckte Übertragung eines Vermögenswertes erreicht und dadurch eine Person geschädigt wird; Abs. 1 stellt demgegenüber für den allgemeinen Betrugstatbestand darauf ab, daß der Getäuschte eine Verfügung zum eigenen oder zum Schaden eines anderen vornimmt.

Ein zusätzliches Gesetzgebungsmodell wird im anglo-amerikanischen Recht sichtbar, wenn als Basisunrecht („baseline offence")[17] der „unauthorized access to computer material" pönalisiert und durch zusätzliche Merkmale – z. B. zum computer fraud – qualifiziert wird (so z. B. der *englische* Computer Misuse Act 1990; zum statute law US-amerikanischer Bundesstaaten *Gutiérrez* S. 128 ff). Hier ist der Computerbetrug Unterfall des Täter**zugriffs** auf fremdes Vermögen, das gegen den Zugriff (nur) dadurch gesichert ist, daß die Daten „held in any computer" sind (Art. 1 litt. a Computer Misuse Act). Der Zusammenhang mit „data privacy" und „data integrity" und damit die Gesamteinordnung in ein Strafrecht zum Schutz von (Persönlichkeits- und Betriebs-)Geheimnissen ist evident. Nach *Wise* wird hier „exclusive access" zum geschützten Rechtsgut und zu „a form of property";[18] *Gutiérrez* (S. 130) sieht dagegen Funktion und Sicherheit der Computeranlagen als geschützt. Unter den kontinentaleuropäischen Rechtsordnungen folgt vor allem *Frankreich* diesem Trend, indem Art. 323–1 ff Code Pénal 1994 den Computermißbrauch völlig vermögens- und schadensunabhängig definieren (*Gutiérrez* S. 185) und damit einen nur indirekten Vermögensschutz etablieren.[19] Art. 323–1 betrifft den „fraudulösen" Zugang zu (und „Aufenthalt" in) einer DV-Anlage, wobei es auf eine Zugangssperre nicht ankommt und auch der sog. Zeitdiebstahl erfaßt wird.[20] Daneben fallen unkörperliche Gegenstände wie z. B. Dienstleistungen zwar nicht unter den Diebstahls-, wohl aber unter den Unterschlagungstatbestand des französischen Rechts.[21] **11**

Das deutsche Computerstrafrecht, das bekanntlich auf einen eigenen Straftatbestand des Eindringens oder *hacking* verzichtet (vgl. aber *Tiedemann* JZ **1986** 868), steht dieser Entwicklung geradezu konträr gegenüber und lehnt sich an die klassischen Straftatbestände des Betruges, der Urkundenfälschung und der Sachbeschädigung an.[22] Dem folgen und entsprechen andere Strafgesetzbücher innerhalb und außerhalb der Europäischen Union, insbesondere in den nordischen Staaten.[23] Eine **12**

---

[16] *Gutiérrez* S. 404 ff; ablehnend insoweit aber das spanische Tribunal Supremo bei *Tiedemann* Lecciones de Derecho Penal Económico (Barcelona 1993) S. 51. Näher zur Täuschungshandlung nach spanischem Recht *Pérez Manzano*, in: Schünemann/Suárez González (Hrsg.), Bausteine des europäischen Wirtschaftsstrafrechts (1994) S. 213 (217 ff).

[17] *Wise* aaO (o. Fußn. 14) S. 661.

[18] *Wise* aaO.

[19] *Francillon* Revue Internationale de Droit Pénal **1993** 291 (306); *Pradel/Danti-Juan* Droit pénal spécial (Paris 1995) Nr. 779 S. 540.

[20] *Pradel/Danti-Juan* Nr. 930 S. 642.

[21] *Pradel/Danti-Juan* Nr. 779 S. 540 mit Nachw. zur Rechtsprechung der Cour de Cassation.

[22] *Lenckner/Winkelbauer* CR **1986** 654 f; *Möhrenschlager* wistra **1991** 325.

[23] Übersicht bei *Sarzano* S. 253 ff und *Sieber* International Handbook S. 197 ff. – Schweden (1986), Norwegen (1987) und Finnland (1990) regeln den Computerbetrug in Abs. (bzw. Nr.) 2 des Betrugstatbestandes, während Dänemark (1985) einen Sondertatbestand eingeführt hat (Text der Straftatbestände bzw. Entwürfe bei *Sarzano* S. 127 f, 131, 293 ff und *Sieber* aaO).

dem Betrug nahe, aber eigenständige Variante bietet Art. 148 a des *österreichischen* StGB, das als „betrügerischen Datenverarbeitungsmißbrauch" die (nicht notwendigerweise: unrichtige, unvollständige oder unbefugte) Programmgestaltung, Eingabe, Veränderung oder Löschung von Daten sowie die Einwirkung auf den Ablauf des Verarbeitungsvorgangs pönalisiert, sofern dies zu einer Ergebnisbeeinflussung und Vermögensschädigung führt. Diese hinsichtlich der Handlungsumschreibung neutrale Formulierung bedarf allerdings einer Konkretisierung im Wege der Interpretation.[24]

13 **II. Geschütztes Rechtsgut und allgemeine Einordnung des Tatbestandes.** Die ganz h. M. sieht entsprechend der Entstehungsgeschichte des § 263 a (oben Rdn. 3) ebenso wie bei § 263 ausschließlich das **Vermögen** als geschütztes Rechtsgut an.[25] Das Allgemeininteresse am Funktionieren und an der Sicherheit der in Wirtschaft und Verwaltung eingesetzten DV-Systeme wird als bloßer Schutzreflex bezeichnet.[26] Dem entspricht es, daß § 269 als selbständige Abspaltung vom strafrechtlichen Vermögensschutz die Sicherheit und Zuverlässigkeit des Beweisverkehrs mit Daten schützt,[27] die überindividuelle Sicherheitskomponente also – wie beim allgemeinen Betrugstatbestand – in das Urkundenstrafrecht verwiesen ist. Die Benutzung von Computern zur Begehung eines Betruges wird bei dieser Sicht zu einer reinen Frage des *Tatmittels.* Dies führt folgerichtig zu einer *Ausweitung der Angriffsformen* des Vermögensstrafrechts von der Täuschung und Drohung (sowie Gewalt und Treuwidrigkeit) auf das Mittel des Einsatzes von DV-Anlagen bzw. von computergespeicherten Daten (BTDrucks. 10/5058 S. 30; BayObLG NJW **1991** 438, 440; oben Rdn. 6). Wenn *Frey* (S. 183) meint, auch bei § 263 a gehe es insgesamt um „List", so ist dies zwar als Aussage richtig oder doch möglich, entkleidet aber dieses Merkmal des bei § 263 unstreitigen kommunikativen Bezuges der Täuschung (!) auf Menschen. Auch die „materielle Unwahrheit" (*Frey* aaO) ist vor allem in Abgrenzung zu den Urkunden-, aber auch Bilanz- und anderen Fälschungsdelikten zu allgemein, um betrugsspezifische Tathandlungen zu kennzeichnen. Die Daten und/oder die ihnen entsprechenden Informationen sind damit – anders als im US-amerikanischen Recht (oben Rdn. 11) – nicht einmal Tatobjekt des § 263 a. Im System des Eigentums- und Vermögensstrafrechts zeigt dies – neben dem Fälschungsschutz des § 269 – der wiederum verselbständigte Bestandsschutz der §§ 303 a, 303 b. Schließlich scheint die Nichtaufnahme des überindividuellen Sicherheitsaspektes in die Rechtsgutsbestimmung des Computerbetrugs auch durch die Annahme gestützt zu werden, daß andernfalls auch beim allgemeinen Betrugstatbestand neben dem Vermögen Verkehrsprinzipien wie das von Treu und Glauben als Schutzgut angesehen werden müßten.

---

[24] *Kienapfel* Strafrecht Bes. Teil II (3. Aufl. 1993) § 148 a Rdn. 20, 22; *Leukauf/Steininger* Kommentar zum StGB (3. Aufl. 1992) § 148 a Rdn. 12, 19 ff mit weit. Nachw.

[25] BGHSt. **40** 331 (334); *Arzt/Weber* IV Rdn. 66; *Frey* S. 183; *Frommel* JuS **1987** 667; *Gössel* 2 § 22, 1; *Gogger* S. 49; *Günther* SK Rdn. 4; *Haft* NStZ **1987** 7; *Haß* in Lehmann XII, 6 S. 469; *Krey* 2 Rdn. 512 c; *Lackner/Kühl* Rdn. 1; *Maurach/Schroeder/Maiwald* 1 § 41 VI 1 Rdn. 227; *Otto* BT § 52 III 1 b; *Ranft* NJW **1994** 2574; *Rengier* 1 § 14, 1; *Schlüchter* S. 85; *Schulz* JA **1995** 540; *Tröndle* Rdn. 2.

[26] *Haß* aaO; *Krey* aaO; *Lackner/Kühl* aaO; *Otto* aaO und Jura **1989** 33; *Tröndle* aaO. – Nach *Otto* (JR **1987** 225) wird der Schutz des **bargeldlosen Zahlungsverkehrs** in § 263 a „miterfaßt, hat aber keine eigenständige Bedeutung neben dem Vermögensschutz" (weitergehend insoweit *Bandekow* S. 301 ff).

[27] *Lackner/Kühl* § 269 Rdn. 1; *Möhrenschlager* wistra **1991** 326; *Sch/Schröder/Cramer* § 269 Rdn. 4; *Tröndle* § 269 Rdn. 2.

Diese Sichtweise wird allerdings dann relativiert, wenn berücksichtigt wird, daß die Lücke bei § 263 nicht nur durch das Fehlen eines Irrtums der DV-Anlage, sondern innerhalb des Eigentums- und Vermögensstrafrechts insgesamt auch und vor allem durch die Nichteinbeziehung nichtgegenständlicher Objekte und Werte in §§ 242 ff bedingt ist. Wenn daher für das Eigentumsstrafrecht anerkannt wird, daß neben dem Eigentum auch der Gewahrsam rechtlich geschützt ist,[28] liegt es jedenfalls bei wertender Herausnahme des § 263 a aus dem Vermögensstrafrecht und Zuordnung zum Eigentumsstrafrecht (dazu sogleich Rdn. 16) nahe, in Anlehnung an die oben Rdn. 11 dargestellte Auffassung des anglo-amerikanischen Rechtssystems die Befindlichkeit der Daten in einer DV-Anlage nicht als zufällig oder nebensächlich anzusehen. Es kommt hinzu, daß entgegen häufigen Formulierungen nicht diese Daten, sondern erst die ihnen zugrunde liegenden Informationen den Tatsachen bei § 263 entsprechen. 14

Ebenso wie § 263 ist auch § 263 a vom Gesetzgeber als **Erfolgsdelikt** (Vermögensbeschädigung! vgl. nur *Gössel* 2 § 22, 2) und nach wohl überwiegender Auffassung auch als *Vermögensverschiebungs*delikt mit dem Erfordernis der Stoffgleichheit zwischen eingetretenem Schaden und beabsichtigtem Vorteil (unten Rdn. 76) konstruiert (*Arzt/Weber* IV Rdn. 69). Die möglicherweise zusätzlich anzunehmende überindividuelle Schutzkomponente (soeben Rdn. 14) ändert hieran nichts. 15

Ob § 263 a entsprechend dem Willen des Gesetzgebers ein **betrugsähnliches** Delikt ist, erscheint aus den schon oben Rdn. 6 angeführten Gründen zweifelhaft. Allerdings ist der Untreue-Aspekt auf Täter beschränkt, denen eine Befugnis im Verhältnis zum Vermögensinhaber eingeräumt ist, betrifft also nicht externe Täter, die sich unter Überwindung von Sperren Zugang zu dem Vermögen verschaffen. Daß im ersteren Fallbereich bei entsprechender Höhe und Weite der Befugnis Idealkonkurrenz mit § 266 auftreten kann, stellt keine Besonderheit dar (zutr. *Lenckner/Winkelbauer* CR **1986** 655). Gravierender ist der Einwand, daß die in der Codierung liegende und häufig weiter (z. B. durch Paßwörter oder andere Zugangssperren) qualifizierte Sperre vom – jedenfalls externen – Täter durch Anwendung von List überwunden oder ausgeschaltet wird und damit eher ein „von außen kommender" Zugriff auf fremdes Vermögen als eine (durch List und Verfügung des Computers erreichte) Inempfangnahme von Vermögenswerten vorliegt (*Ranft* NJW **1994** 2574; auch *Mitsch* JZ **1994** 884). Besonders deutlich wird dies, wenn erschlichene Paßwörter dazu benutzt werden, um Leistungen wie z. B. Auskünfte oder Computerprogramme widerrechtlich abzurufen. Ähnlich wie bei § 265 a (dazu *Tiedemann* LK Rdn. 16) erscheint die Tat dann eher als ein Leistungsentziehungs- denn als Betrugsdelikt. Maßgebend für die Strafbarkeit nach § 263 a werden bei einer solchen Sicht Gesichtspunkte des (subjektiven) Willens und Einverständnisses des Systembetreibers, was freilich die Integration der deutlich betrugsähnlichen zweiten Tatbestandsalternative vor Schwierigkeiten stellt. 16

Überzeugend wäre dies freilich nur, wenn die **Funktion des Computers** auf die eines bloßen Hilfsmittels menschlicher Tätigkeit und einer eher mechanischen Sperre, die als Sphäre gespeicherter Daten das Vermögen gegen fremden Zugriff sichert, beschränkt werden könnte. Davon kann aber nicht die Rede sein. Zwar geht es zu weit, zwischen elektronischer Datenverarbeitung und menschlichen Denk- und

[28] *Lackner/Kühl* § 242 Rdn. 1; *Ruß* LK Rdn. 3 vor § 242; *Sch/Schröder/Eser* § 242 Rdn. 2; *Tröndle* § 242 Rdn. 1, je mit weit. Nachw.

Entscheidungsvorgängen technologisch-kybernetisch mehr oder weniger vollständige Parallelen herzustellen (so aber insbesondere *Hilgendorf* JuS **1996** 510, der daher die künftige Existenzberechtigung des § 263 a für zweifelhaft hält). Denn da Computer weder Bewußtsein noch Vorstellung von der Wirklichkeit haben, kann die Beeinflussung des Ergebnisses einer Datenverarbeitung weder ontologisch noch wertungsmäßig mit einem Irrtum gleichgesetzt werden (vgl. auch unten Rdn. 26, 65). Deshalb sind auch Versuche, statt an die Daten*manipulation* und deren *Täuschungs*ähnlichkeit an hypothetische *Irrtums*konstellationen anzuknüpfen (vgl. unten Rdn. 49), ebenso problematisch wie der Versuch, § 263 a auf Einwirkungen auf Datenverarbeitungsvorgänge von besonderer Wichtigkeit zu beschränken, welche dem Hervorrufen eines Irrtums bei einem Menschen vergleichbar sind (vgl. unten Rdn. 22). Gleichwohl gingen Vorstellung und Wille des historischen Gesetzgebers nicht von (primitiven) Sperren, sondern von (hoch)komplexen und wenn auch von Menschen programmierten, so doch selbsttätig wirkenden Anlagen (oben Rdn. 2) aus. Insofern begründet zum einen das äußere Bild einer selbsttätigen Weggabe und einer selbständigen vermögensrelevanten Entscheidung, also die bei § 263 a vorausgesetzte **Verfügungsähnlichkeit** der Computerfunktion, die Betrugsähnlichkeit des § 263 a. Zum anderen beruht die Verfügung auf einer Dateneingabe und -verwendung mit manipulativem Charakter. Insofern ist die **Täuschungsähnlichkeit** des Täterverhaltens der Schlüssel insbesondere für die bei der dritten Alternative erforderliche „restringierende" Auslegung:[29] In hinreichender Loslösung von dem menschlichen Interaktionsprozeß muß die Betrugsähnlichkeit des Gesamtverhaltens gewürdigt werden, wobei auch die Manipulation der sächlichen Umwelt – also die für § 263 irrelevante Objektsveränderung – der Handlung und ihrer Bewertung das Gepräge gibt (näher unten Rdn. 44). Daß dies vor allem im Bereich konkludenter Täuschungen zu Unsicherheiten führt,[30] muß ebenso wie bei § 263 in Kauf genommen, kann aber wie dort durch Heranziehung normativ verfestigter Erwartungen und Berücksichtigung des jeweiligen Geschäftstyps konkretisiert werden. Im übrigen betrifft die „Betrugsäquivalenz" freilich entgegen *Günther* (SK Rdn. 4) und *Sch/Schröder/Cramer* (Rdn. 2) nicht alle Tathandlungen des § 263 a, sondern nur diejenigen, die eine Parallele in dem Täuschungsverhalten gegenüber Menschen finden, also insbesondere nicht die erste und die vierte Alternative (zutr. *Lampe* JR **1988** 438; *Wessels* BT-2 Rdn. 575; dazu unten Rdn. 32). Die übrigen Tathandlungen können demgegenüber gerade wegen ihrer Verselbständigung durchaus zu einer Ausdehnung der Strafbarkeit im Vergleich zu § 263 führen; dies ist Folge der vom Gesetzgeber gewollten Erweiterung des strafrechtlichen Vermögensschutzes um eine zusätzliche Angriffsform. Zugleich muß damit die oben Rdn. 14 diskutierte überindividuelle Schutzkomponente endgültig aus § 263 a ausgeschieden werden: Anders als §§ 264, 264 a, 265, 265 b zielt dieser Straftatbestand – ähnlich wie § 263 und § 265 a – allein auf Vermögensschutz und betont auch nicht den instrumentalen Wert von Computern als heute unerläßlichen Mitteln der Wirtschaft und Verwaltung (weitergehend AE BT § 202 Begr. S. 111): Die „Manipulation" von Daten und Informationen ist Tatmittel und löst sich bei den meisten Tatbestandsalternativen des § 263 a in schlichte Unrichtigkeit oder Unwahrheit auf; die Sicherheit der DV-Anlagen bleibt damit im Sinne der ganz h. M. bloßer Reflex

---

[29] So vor allem OLG Köln NJW **1992** 125, 126; *Arzt/Weber* IV Rdn. 79; *Günther* SK Rdn. 4 mit Nachw. und Rdn. 5; *Lackner* Tröndle-Festschrift S. 53 ff; *Schlüchter* NStZ **1988** 59; *Sch/Schröder/Cramer* Rdn. 2; *Tröndle* Rdn. 8; *Wessels* BT-2 Rdn. 576. Näher unten Rdn. 40 ff, aber auch Rdn. 49.

[30] *Gössel* 2 § 22, 16; *Hilgendorf* JuS **1997** 132; *Ranft* NJW **1994** 2575.

des Vermögensschutzes in diesem Bereich. Allerdings führt die bereits oben Rdn. 3 a. E. erwähnte und unten Rdn. 44 a. E. näher behandelte sächliche Manipulation (des Programms, der Konsole, der Hardware usw.) zu einem **Handlungsunwert** (zutr. *Wessels* BT-2 Rdn. 580 a. E.), welcher der (ausdrücklichen) Täuschung beim Betrug entspricht.

§ 263 a ist nicht nur materiellrechtlicher *Auffangtatbestand* im Verhältnis zu § 263, dessen Lücken er schließen soll (vgl. allerdings auch Rdn. 74), sondern – vorbehaltlich des Rdn. 22 erwähnten Unmittelbarkeitsgrundsatzes – zugleich **Sondervorschrift** im Verhältnis zu anderen das Eigentum und Vermögen schützenden Straftatbeständen, die durch den Sondertatbestand ausgeschlossen werden.[31] Greift infolge Täuschung natürlicher Personen der allgemeine Betrugstatbestand (oder z. B. § 264) ein, so tritt § 263 a im Hinblick auf seine Lückenfüllungsfunktion schon aus Tatbestandsgründen zurück. Zweifelhaft kann dies nur in den Fällen sein, in denen zwar ein Mensch getäuscht wird, diese Täuschung aber zu keinem Vermögensschaden führt; in diesen Fällen kann die Manipulation des Computers einen Vermögensschaden des Betreibers begründen, insbesondere wenn dieser dem Getäuschten die Zahlung garantiert (vgl. unten Rdn. 52). 17

III. Täterkreis. § 263 a ist nach unbestrittener Ansicht **kein Sonderdelikt**. Täter kann also jedermann sein (vgl. nur *Sch/Schröder/Cramer* Rdn. 39), auch wenn faktisch insbesondere die Programm- und Ablaufmanipulationen der ersten und vierten Alternative regelmäßig nur von Programmierern, Operatoren und anderen Personen mit spezieller Sachkunde und Zugang zu dem DV-System, also gleichsam von innen, begangen werden können (*Tröndle* Rdn. 4). Eine rechtliche Beschränkung auf betriebsangehörige Personen wird aber von keiner Tatbestandsalternative des § 263 a vorausgesetzt (zutr. *Sch/Schröder/Cramer* aaO), so daß auch die bei Entstehung des Straftatbestandes eher im Hintergrund stehende Täterschaft außenstehender Personen rechtlich möglich ist und einschlägig bleibt (*Tiedemann* Kaiser-Festschrift 1998; *Tröndle* aaO). Einzelfragen sind bei den einzelnen Tatbestandsalternativen, z. B. im Hinblick auf die Tathandlung des „Verwendens" unrichtiger oder unvollständiger Daten, zu klären (unten Rdn. 23 ff). 18

IV. Die Tathandlungen und ihr Gegenstand

1. Daten und Datenverarbeitung. Das Gesetz verwendet beide Begriffe ohne Definition; diejenige des § 202 a Abs. 2 ist wegen ihrer ausdrücklichen Bezugnahme auf Abs. 1 und der fehlenden Verweisung auf § 202 a in § 263 a (anders § 303 a!) hier nicht anwendbar (vgl. bereits Rdn. 1). Für den Begriff des Datums muß daher auf allgemeine Begriffsbestimmungen zurückgegriffen werden. Die des § 3 Abs. 1 BDSG („Einzelangabe") ist zu weit und betrifft jede Information (*Schulze-Heiming* S. 23 f mit Nachw.). Demgegenüber legt die bereits oben Rdn. 1 mitgeteilte Begr. des RegE jedenfalls eine Anknüpfung an § 202 a Abs. 2 nahe. Auch der technische Sprachgebrauch von DIN-Normen ist für das Begriffsverständnis einschlägig (*Schulze-Heiming* S. 20 ff mit Nachw.). 19

[31] BayObLGSt. **1986** 127, 130; *Arzt/Weber* IV Rdn. 77; *Cramer* JZ **1992** 1032; *Gössel* 2 § 22, 40; *Günther* SK Rdn. 24; *Krey* 2 Rdn. 513 d; *Sch/Schröder/Cramer* Rdn. 26; *U. Weber* JZ **1987** 215 f und Küchenhoff-Gedächtnisschrift S. 488 f; *Wessels* BT-2 Rdn. 584; **aA** insbes. *Ranft* JuS **1997** 22 f.

20 a) **Daten** lassen sich als Darstellungen (Repräsentation) von Informationen kennzeichnen, wobei die Darstellung durch Zeichen oder kontinuierliche Funktionen erfolgt (vgl. DIN-Norm 44300–2, deren Hervorhebung des Verarbeitungszwecks aber für § 263 a nicht zwingend ist und seit der Ausgabe 1988–11 zu nur noch „vorrangig" abgeschwächt wird).[32] Unerheblich ist, ob die Informationen in das Ergebnis des jeweiligen Verarbeitungsvorgangs eingehen sollen oder ob sie für andere Zwecke, z. B. zur Kontrolle der Funktion der DV-Anlage oder zur Abschirmung gegen das Eindringen Unbefugter (z. B. Paßwörter!), bestimmt sind (*Möhrenschlager* wistra **1986** 132; *Lackner/Kühl* Rdn. 3). Auch Computer*programme*, nämlich Arbeitsanweisungen an den Computer (vgl. DIN-Norm 44300–4, Ausgabe 1988–11), sind aus Daten zusammengefügt und daher selbst (ein Inbegriff von) Daten.[33]

21 Erhebliche Bedeutung für die Bestimmung der Strafbarkeit hat die meist nicht ausdrücklich diskutierte (und von BGHSt. **40** 331, 334 offen gelassene) Frage, ob die Daten **kodiert** oder nur **kodierbar** sein müssen. So verneint OLG Köln NJW **1992** 125, 127 (mit Anm. *Otto* JR **1992** 252 ff) den Tatbestand des § 263 a bei auftragswidriger Verwendung einer fremden ec-Karte mit der Begründung, die Eingabe des durch den Bankomaten auszuzahlenden Geldbetrags sei mangels Kodierung und Fixierung der Information auf einem Datenträger keine Verwendung von „Daten" (**aA** z. B. *Huff* NJW **1987** 817); die überwiegende Ansicht sieht hierin dagegen erst eine Frage der Unbefugtheit (der Verwendung von Daten, vgl. Rdn. 50). BayObLG NJW **1991** 438, 440 (mit Anm. *Neumann* JR **1991** 302 ff) erblickt demgegenüber bei dem gezielten Leerspielen von Glücksspielautomaten eine „Verwendung von Daten" in der Auswertung eines sog. Manipulationsprogramms, das den Spieler in die Lage versetzt, die „Risikotaste" in dem Moment zu drücken, in dem dies Gewinn verspricht: Hier sind mit „Daten" ersichtlich die aus dem Manipulationsprogramm stammenden (entkodierten) Informationen gemeint (ebenso *Bühler* S. 101 f). – Die Lösung folgt aus teleologischer Auslegung in Verbindung mit der vom Gesetzgeber gewollten Erfassung einer neuen Angriffsform auf das Vermögen (oben Rdn. 13): Nicht jede Information, die für eine DV-Anlage bestimmt ist, in sie eingeht oder aus ihr stammt, ist ein Datum i. S. d. § 263 a. Mag auch der allgemeine Sprachgebrauch weiter gehen und das Datum mit der Information gleichsetzen, so ist computerspezifisch entsprechend der Rdn. 20 genannten DIN-Norm eine **Darstellung** der Information notwendig, damit der Computer die Information „lesen" kann. Daten sind somit Zeichen, die etwas über Tatsachen aussagen (*Haft* Prot. 26/165) oder sie zumindest „darstellen". Daten sind folglich nur **kodierte Informationen** (*Wessels* BT-2 Rdn. 575; **aA** *Achenbach* Jura **1991** 227; *Bühler* S. 102; *Rengier* 1 § 14, 2). Jedoch ist die Form der Repräsentation gleichgültig, und die Auftragung (Fixierung) auf einen Datenträger ist entgegen *Haft* (DSWR **1986** 256 und NStZ **1987** 8) für den Datenbegriff nicht erforderlich (*Schulze-Heiming* S. 24 ff mit weit. Nachw.). Zum Datum wird die Information damit (auch unter zeitlichen Aspekten) erst, wenn sie von der visuell erkennbaren in die kodierte Form überführt ist, die für die Arbeitsweise der DV charakteristisch ist (zutr. *Gössel* 2 § 22, 5; *Schmid* § 2, 17 u. 25). Die Eingabe kann dabei auch durch Eintippen von Zahlen mittels einer Tastatur (also an einem Termi-

---

[32] *Achenbach* Jura **1991** 227; *Frey* S. 26; *Gössel* 2 § 22, 5; *Lackner/Kühl* Rdn. 3; *Maurach/Schroeder/Maiwald* 1 § 41 VI 2 Rdn. 229; *Meurer* Kitagawa-Festschrift S. 977; *Otto* BT § 52 III 2; *Schulze-Heiming* S. 24 ff; *Sieber* Computerkriminalität S. 6 mit weit. Nachw.

[33] *Günther* SK Rdn. 7; *Lackner/Kühl* aaO, je mit weit. Nachw.; ferner *Gössel* 2 § 22, 20; *Maurach/Schroeder/Maiwald* aaO; *Otto* aaO; *Tiedemann* JZ **1986** 869.

nal) erfolgen (*Schmid* § 2, 28). Bei teleologischer Auslegung bestehen keine Bedenken, eine z. B. erst im Bankomaten kodierte Information als neu entstehendes Datum von dem Zeitpunkt der Kodierung an als Datum anzusehen, das vom Täter „verwendet" wird (zu letzterem Begriff näher Rdn. 36 ff). Auch die nicht kodierte Eingabe des auszuzahlenden Geldbetrages durch Drücken von entsprechenden Zahlenknöpfen führt zu einer Darstellung, die als (kodierte) Zahlenreihe die Information „gewünschter Geldbetrag" verkörpert (*Gogger* S. 64). Es reicht ferner aus, daß die eingegebene Information – wie die persönliche Geheimnummer beim Bankomaten – als sog. Berechtigungsdatum im Computer gespeichert ist. Und bei dem gezielten Leerspielen von Glücksspielautomaten braucht nicht auf die ausgedruckte Liste mit Informationen abgestellt zu werden; vielmehr wird durch Drücken der Risikotaste die Anweisung zur Erhöhung der Gewinn- und Verlustchancen gegeben und dieses im Computer enthaltene Datum verwendet (*Bühler* S. 103; *Neumann* aaO S. 304). Nur wenn man dies alles nicht für ausreichend hält, wirkt der Eingebende immerhin auf kodierte Informationen ein und erfüllt daher bei fehlender Befugnis mit BGH aaO jedenfalls die vierte Tatbestandsalternative (*Wessels* BT-2 Rdn. 583).

b) Der Begriff der **Datenverarbeitung** ist im Ausgangspunkt weit zu verstehen und **22**
meint die technischen Vorgänge, die durch Aufnahme von Daten und ihre Verknüpfung nach Programmen zu Arbeitsergebnissen führen.[34] Jedoch ist damit nicht der gesamte Arbeitsbereich gemeint. Anders als in § 303 b werden nur die konkreten, dem jeweiligen Ergebnis vorausliegenden „Vorgänge" der Datenverarbeitung geschützt (*Hilgendorf* JuS **1997** 131; *Lackner/Kühl* Rdn. 4). Nicht vom Gesetzeswortlaut, wohl aber vom Gesetzeszweck und von der Überschrift her geboten ist ferner die Eingrenzung auf *automatische* Datenverarbeitung (*Lenckner/Winkelbauer* CR **1986** 658; *Möhrenschlager* wistra **1986** 133), praktisch vor allem auf elektronische Datenverarbeitung, also *EDV*-Systeme.[35] Einzubeziehen sind aber auch vergleichbar (z. B. akustisch, optisch, biologisch usw.) arbeitende Medien (*Schmid* § 2, 12 für das schweizer. Strafrecht). Dem Begriff unterfallen auch der Personal Computer (**PC**) und der Mikroprozessor (**Chip**), mögen beide auch nicht (ganz) dem Bild eines Computers entsprechen, das der Gesetzgeber bei Einführung des § 263 a vor sich sah (*Altenhain* JZ **1997** 755 Fußn. 31; auch *Schmid* § 2, 18). Bereits nach der Überschrift des Tatbestandes und wegen der Existenz des § 265 a (oben Rdn. 1) ausgeschlossen sind dagegen rein mechanisch wirkende Geräte, und nach dem Schutzbereich des § 263 a scheidet ferner die menschliche Datenverarbeitung aus (§ 263!). Wenn *Otto* (BT § 52 III 2) auch bloße technische Sicherheitseinrichtungen (Wegfahrsperren!) ausschließen will, so ist ein Abgrenzungskriterium innerhalb der Datenverarbeitungseinrichtungen nicht ersichtlich, zumal es auch etwa auf eine „Anlage" von nicht unerheblicher Größe (§§ 325, 325 a!) nicht ankommt. Auch kann entgegen *Hilgendorf* (JR **1997** 347, 350) nicht entscheidend sein, ob der in Rede stehende Datenverarbeitungsvorgang von besonderer Wichtigkeit ist (abgesehen davon, daß bei Anlegung betrugsparalleler Maßstäbe jeder vermögensrelevante Datenverarbeitungsvorgang, der eine schädigende Vermögensverfügung zur Folge hat, „von besonderer Wichtigkeit" ist). Die Ausgrenzung solcher Sicherheitseinrichtungen ergibt sich vielmehr erst aus dem Unmittelbarkeitserfordernis (unten Rdn. 65 ff): Muß die gesicherte Sache (bei fortbestehendem Gewahrsam) noch weggenommen werden, so sind §§ 242, 243

---

[34] BTDrucks. 10/318 S. 21; *Bühler* S. 72; *Gössel* 2 § 22, 6; *Günther* SK Rdn. 8; *Haß* in Lehmann XII, 17; *Hilgendorf* JuS **1997** 131; *Lackner/Kühl* Rdn. 4; *Rengier* 1 § 14, 2; *Sieber* Computerkriminalität S. 6 ff mit weit. Nachw.; *Tröndle* Rdn. 3; *Wessels* BT-2 Rdn. 575.

[35] *Haß* aaO; *Lackner/Kühl* Rdn. 4; *Lenckner/Winkelbauer* CR **1986** 658.

einschlägig (OLG Celle JR **1997** 345, 347 mit Anm. *Hilgendorf*; auch BGHSt. **38** 120, 122 ff). Entsprechend greift § 265 a ein, wenn der Täter eine elektronische Zugangssperre überwindet und die Leistung des Automaten (z. B. Telekommunikation oder auch Waschen von Gegenständen) in Anspruch nimmt (zur Deutung des § 265 a als Leistungsentziehungsdelikt *Tiedemann* LK Rdn. 16 mit Nachw.). Elektronische Geldprüfgeräte in Waren- und Leistungsautomaten und erst recht Geräte zum „Ablesen" von Wertkarten (dazu Rdn. 55) führen dagegen zur Anwendung des § 263 a,[36] wenn die Ware nach der Manipulation mangels Gewahrsam nicht mehr weggenommen oder die Leistung erst durch einen weiteren Akt gewährt werden muß (vgl. auch unten Rdn. 59). Auch die elektronischen Steuerelemente in (neueren) Glücksspielautomaten machen diese zu einer – den Gewahrsam an den gewonnenen Geldstücken aufgebenden – DV-Anlage (BGHSt. **40** 331 ff; *Bühler* S. 70; **aA** für das schweizer. Strafrecht *Schmid* § 2, 63).

2. Die Tathandlungen und ihr Erfolg

23 **a)** Die Beschreibung der Tathandlungen durch Abs. 1 lehnt sich an kriminologische Einteilungen und Bezeichnungen sowie an die zeitliche Abfolge der Datenverarbeitung an (vgl. BTDrucks. 10/5058 S. 30): Die 1. Alt. betrifft Programmanipulationen, die 2. Alt. hat Manipulationen bei der Eingabe (Input) von Daten oder Informationen zum Gegenstand, und die 4. Alt. umfaßt mit den Ablaufmanipulationen Einwirkungen auf den Datenfluß, die Konsole, den Daten-Output und die Hardware, also die technisch-maschinelle Ausstattung des Computers.[37] Der 3. Alt. (unbefugte Verwendung von Daten) entspricht dagegen keine bestimmte kriminologische Erscheinung; zu den vom Gesetzgeber primär gemeinten Fällen (unbefugter Gebrauch einer fremden Geldautomatenkarte und unbefugte Benutzung eines fremden Anschlusses an das Bildschirmtextsystem) bereits Rdn. 3. – Die Umsetzung des kriminologisch-unscharfen, aber international gebräuchlichen Begriffs der Manipulation, der eher auf die Veränderung von realen Zuständen und Lagen abzielt, in täuschungsähnliche Akte mit kommunikativem Bezug hat der Gesetzgeber bei den ersten beiden Handlungsalternativen durch unveränderte Übernahme der aus dem Betrugsstrafrecht bekannten Formulierung für unrichtige (unvollständige) Erklärungen (gegenüber natürlichen Personen) vorgenommen (vgl. §§ 263, 264 Abs. 1 Nr. 1, 264 a, 265 b Abs. 1). Die 3. und die 4. Alt. werden dagegen durch die fehlende Befugnis des Täters (zur Verwendung der Daten oder zur Einwirkung auf den Ablauf der Datenverarbeitung) charakterisiert und lehnen sich insoweit an Gedanken der Untreue, soweit der Täter schon vor der Tat Zugang zu den Daten hatte, aber auch der Unechtheit i. S. d. Fälschungsdelikte (§§ 267 ff usw.) an (*Tiedemann* Kaiser-Festschrift 1998). Verfälschungsaspekte sind jedoch auch bei der Unrichtigkeit der 1. und 2. Alternative vorhanden (näher unten Rdn. 29).

24 **b)** Für das **Verhältnis** der vier Tathandlungen legt das Gesetz durch Verwendung des Wortes „sonst" die Annahme nahe, daß die 4. Alt. Grundtatbestand und Oberbegriff für die übrigen Alternativen ist[38] (vgl. zu einem ähnlichen Problem bei § 283 Abs. 1 Nr. 8 *Tiedemann* LK Rdn. 9 ff). Danach müßten die ersten drei Tathandlun-

[36] *Bühler* S. 70; *Lackner/Kühl* Rdn. 4; *Lenckner/Winkelbauer* aaO S. 659; *Otto* BT § 52 III 2 (alle ohne Einschränkung).

[37] Dazu aus kriminologischer Sicht *Poerting/Pott* S. 49 ff; *Sieber* Computerkriminalität S. 40 ff; *Tiedemann* Wirtschaftsstrafrecht und Wirtschaftskriminalität Bd. 2 (1976) S. 148 ff.

[38] *Gössel* 2 § 22, 3; *Kleb-Braun* JA **1986** 259; *Krey* 2 Rdn. 513 c; *Lackner/Kühl* Rdn. 5; *Ranft* wistra **1987** 83 und JuS **1997** 20.

gen durchgehend als Beispiele der 4. Alt. zu interpretieren sein, also in jedem Fall zu einer unbefugten Einwirkung auf den Ablauf führen. – Zutreffend ist es insoweit noch, jede Programmgestaltung und Dateneingabe sowie -verwendung als Einwirkung auf den Ablauf des Datenverarbeitungsvorgangs zu verstehen. Schwerer konstruierbar ist auf den ersten Blick, daß die Verwendung unrichtiger Daten zugleich unbefugt i. S. d. 4. Alt. ist. Jedenfalls müßte bei einer solchen Konstruktion die Unrichtigkeit und Unvollständigkeit (!) stets zwingend auf die Befugnis zur Einwirkung auf den Ablauf der DV bezogen werden. Dies ist teilweise ohne weiteres möglich, und eine solche Beziehung herzustellen ist durchaus sinnvoll, weil es letztlich z. B. kein „falsches" Programm als solches gibt (vgl. unten Rdn. 29 ff). Wird jedoch vom Sachbearbeiter die unrichtige (unwahre) Angabe, minderjährige Kinder zu haben, in die DV eingegeben, um Kindergeld zu erschleichen, so kann ebenso wie bei der Angabe eines unrichtigen Vertragsdatums im automatisierten Mahnverfahren (unten Rdn. 39) nur mit Schwierigkeiten gesagt werden, die Einwirkung auf die DV zwecks Bezug von Kindergeld oder Erstellung des Mahnbefehls sei „unbefugt". Die überwiegende Meinung hält eine solche Aussage für zwar denkmöglich, aber wenig sachgemäß.[39] Überzeugender und mit dem möglichen Wortsinn durchaus vereinbar ist daher die Annahme, die in der 4. Alt. einen *Auffangtatbestand* für Fälle sieht, die von den übrigen Alternativen nicht erfaßt werden.[40] Dies ermöglicht zugleich eine selbständige und betrugsnahe Auslegung der ersten drei Alternativen (während die Behandlung der 4. Alt. als Grundtatbestand die Ablösung des gesamten Computerbetruges von § 263 begünstigen und damit ihre Unbestimmtheit erhöhen würde: *Achenbach* Jura **1991** 228; *Schulz* JA **1995** 539 mit weit. Nachw.).

Nach jeder Auffassung ist die Aufzählung der vier genannten Mittel der Beeinflussung des Ergebnisses eines Datenverarbeitungsvorgangs **abschließend** und nicht durch Analogie erweiterungsfähig (*Lackner/Kühl* Rdn. 5 mit Nachw.; weitergehend mit einer ausdrücklichen Analogieklausel das schweizer. StGB, vgl. bereits Rdn. 10). Angesichts der weiten Fassung der (4.) Auffangalternative ist auch kein Bedürfnis für eine zusätzliche Erweiterung zu erkennen. Soweit ersichtlich, sind trotz Entwicklung zahlreicher neuer Kommunikationstechniken und Mißbrauchsformen in den mehr als 10 Jahren seit Inkrafttreten des § 263 a keine strafwürdigen Fälle bekanntgeworden, die von § 263 a nicht erfaßt worden wären (*Tiedemann* Kaiser-Festschrift 1998). **25**

c) Der Täter muß durch eine der genannten Tathandlungen den vermögenserheblichen Datenvorgang und sein Ergebnis beeinflussen, ihn also zumindest mitbestimmen[41] (näher unten Rdn. 65 ff). Diese **Beeinflussung** tritt an die Stelle der Erregung eines Irrtums beim Menschen (entspricht ihr aber weder ontologisch noch wertungsmäßig, oben Rdn. 16; mißverständlich BTDrucks. 10/318 S. 19). Sie ist Zwischenerfolg aller Tathandlungen (*Gössel* 2 § 22, 30; *Tröndle* Rdn. 5). Dagegen braucht die Tathandlung nicht schon die bezweckte Vermögensdisposition (Vermögensverfügung) unmittelbar auszulösen (BTDrucks. aaO; *Tiedemann* JZ **1986** 869). – Das Ergebnis des Datenverarbeitungsvorganges ist dann „beeinflußt", wenn es von dem **26**

---

[39] Vgl. unten Rdn. 35 und 48 sowie *Lackner/Kühl* aaO mit weit. Nachw.

[40] BayObLG NJW **1994** 960; *Achenbach* Jura **1991** 228; *Arloth* CR **1996** 363; *Ehrlicher* S. 87; *Gogger* S. 51; *Granderath* DB **1986** Beil. Nr. 18 S. 5; *Günther* SK Rdn. 11; *Haft* BT S. 199 f und DSWR **1986** 256; *Lampe* JR **1988** 438 und **1990** 349; *Lenckner/Winkelbauer* CR **1986** 658; *Otto* BT § 52 III 3 d; *Rengier* 1 § 14, 13; *Sch/Schröder/Cramer* Rdn. 12; *Tröndle* Rdn. 9; auch *Maurach/Schroeder/Maiwald* 1 § 41 VI 2 Rdn. 230.

[41] BTDrucks. 10/318 S. 19 f; *Granderath* DB **1986** Beil. Nr. 18 S. 4; *Lackner/Kühl* Rdn. 22; *Lenckner/Winkelbauer* CR **1986** 659; *Möhrenschlager* wistra **1986** 133; *Otto* BT § 52 III 4; *Rengier* 1 § 14, 2; *Tiedemann* JZ **1986** 869.

Arbeitsergebnis abweicht, das ohne die Tathandlung (vgl. nur *Tröndle* Rdn. 3) bzw. bei einem programmgemäßen Ablauf des Computers (*Sch/Schröder/Cramer* Rdn. 22) erzielt worden wäre. Bei der 3. und 4. Alt. reicht allerdings auch das unbefugte Ingangsetzen einer „richtigen" DV aus (*Lackner/Kühl* Rdn. 22 mit weit. Nachw.). Dies zeigt erneut, daß die Beeinflussung zwar an die Stelle des Irrtums eines Menschen beim Betrug tritt, ihr aber nicht (oder nicht in jeder Hinsicht) entspricht (**aA** *Haft* Prot. 26/166).

27 **d)** Die 1. Alt., die **unrichtige Gestaltung des Programms**, hat nach h. M. nur klarstellende Bedeutung,[42] weil Programme Daten sind (Rdn. 20) und daher im Falle der Unrichtigkeit jedenfalls bei (eigener) „Verwendung" (dazu Rdn. 38) auch unter die allgemeinere 2. Alt. fallen. Die 1. Alt. ist insoweit *lex specialis* (*Otto* BT § 52 III 3 a). Sie ist vom Gesetzgeber wegen ihrer spezifischen Gefährlichkeit (Dauer- und Wiederholungswirkung der Programmanipulation!) besonders hervorgehoben worden (BTDrucks. 10/5058 S. 30). Die Tathandlung führt zu einer unrichtigen Verarbeitung der eingegebenen richtigen Daten und kann daher zugleich die 4. Alt. erfüllen (*Sch/Schröder/Cramer* Rdn. 6), die jedoch subsidiär ist (vgl. Rdn. 24). Unerheblich ist, ob die Manipulation von vornherein – bei Gestaltung des Programms – oder nachträglich vorgenommen, also das zunächst richtige Programm verfälscht wird.[43] Ebenso ist die Art des Programms nicht entscheidend. *Möhrenschlager* (wistra **1986** 132) nennt als Beispiele für unterschiedliche Programme Anwender-, Systemkontroll-, Quell- und Maschinenprogramme.

28 Ähnlich weit ist der Begriff der *Gestaltung*. Er umfaßt sowohl das Neuschreiben ganzer Programme und Programmteile als auch das Hinzufügen (sog. Programmschleife bzw. Programmroutine), die Veränderung und das Löschen einzelner Programmablaufschritte, die Herstellung von Verzweigungen, welche Systemkontrollen umgehen, die Änderung von Bedingungen der Plausibilitätsprüfung und der Einbau sonstiger falscher Funktionen (*Möhrenschlager* aaO; *Schlüchter* S. 87 f). Hierzu kann sich der Täter auch selbsttätig wirkender Programme bedienen (etwa sog. Java- oder Active-X-Programme, die durch Nutzung bestimmter Internetdienste aktiviert werden und die Finanzsoftware des Nutzers – von diesem unbemerkt – manipulieren, nämlich beim Homebanking zu ungewollten Banküberweisungen des Nutzers führen können). Neben diesen im Ansatz systemkonformen gibt es systemkonträre Programmanipulationen, die nicht die dem Programm immanenten Programmablaufschritte ändern, sondern die vorhandenen durch nicht vorgesehene überlagern, insbesondere die zur Verhinderung von Manipulationen eingebauten Kontrollen umgehen (*Sch/Schröder/Cramer* Rdn. 6).

29 Die Bestimmung der **Unrichtigkeit** des Programms ist umstritten. Die Begründung des RegE (BTDrucks. 10/318 S. 20) und ein Teil der Literatur (vgl. nur *Bühler* S. 98 mit Nachw.) stellen darauf ab, ob das Programm dem Willen des (der) Verfügungsberechtigten (**krit.** zu deren Bestimmbarkeit *Frey* S. 192 f) entspricht (*Sch/Schröder/Cramer* Rdn. 6), wobei in Fällen der Täuschung durch den Täter der wahre Wille des Verfügungsberechtigten maßgebend sein soll (*Möhrenschlager* wistra **1986** 132). Die in dem Wort „unrichtig" enthaltene Abweichung von der Wirklichkeit (vgl.

---

[42] *Frey* S. 191 f; *Gössel* 2 § 22, 20; *Granderath* DB **1986** Beil. Nr. 18 S. 4; *Haft* NStZ **1987** 7; *Hilgendorf* JuS **1997** 131; *Lackner/Kühl* Rdn. 6; *Maurach/Schroeder/Maiwald* 1 § 41 VI 2 Rdn. 231; *Möhrenschlager* wistra **1986** 132; *Otto* BT § 52 III 3 a; *Tröndle* Rdn. 6; **aA** *Lenckner/Winkelbauer* CR **1986** 655; **zw.** auch BTDrucks. 10/318 S. 20.

[43] *Günther* SK Rdn. 14; *Lackner/Kühl* Rdn. 6; *Möhrenschlager* wistra **1986** 132; *Richter* in Müller-Gugenberger § 34, 55.

nur *Tiedemann* LK § 264 Rdn. 78) wird hier also auf die subjektive Sicht und Intention des Auftraggebers oder Verwenders (Systembetreibers) bezogen; gerade deshalb soll diese Interpretation der des Betrugstatbestandes entsprechen (BTDrucks. 10/318 S. 20). *Lenckner/Winkelbauer* (CR **1986** 655) deuten diesen – von ihnen geteilten – subjektiven Richtigkeitsbegriff dahin, der Täter handle (auch) bei der 1. Alt. des § 263 a „unbefugt".

Vorherrschend ist demgegenüber eine *objektive* Betrachtungsweise, die sich als betrugsnäher (richtiger: vermögensschützender) versteht, da sie nicht auf den Schutz des über das Programm Verfügungsberechtigten, sondern auf den der an der Datenverarbeitung Beteiligten und damit auf die von der DV zu bewältigende *Aufgabenstellung*[44] abhebt. Maßgebend für die „Täuschung" des Computers soll nach dieser Auffassung sein, ob durch das Programm ein dem Zweck der jeweiligen Datenverarbeitung entsprechendes, objektiv zutreffendes Ergebnis entsteht (so daß z. B. ein vom Arbeitgeber gestaltetes Programm unrichtig ist, wenn es den Lohn der Arbeitnehmer niedriger errechnet als es der Leistung der Arbeitnehmer entspricht: *Otto* BT § 52 III 3 a). Häufig werden damit die gesetzlichen Voraussetzungen der Vermögensverschiebung maßgebend (vgl. nur *Lackner/Kühl* Rdn. 7); der Richtigkeitsbegriff wird also normativiert. Möglich ist auch, daß die unrichtige Programmierung von vornherein die Daten in einen anderen Zusammenhang bringt oder sie unterdrückt (BTDrucks. 10/318 S. 20; *Lackner/Kühl* aaO). Dagegen würde die Einengung der Unrichtigkeit auf betrugs- und schadensrelevante Tatsachen dazu führen, daß derjenige Programmierer straflos bleibt, der gegen den Willen des Verfügungsberechtigten (Systembetreibers) Falschberechnungen korrigiert, die zu Lasten Dritter erfolgen sollen (*Tröndle* Rdn. 6). – Nach dieser herrschenden Auffassung kann also auch der Systembetreiber Täter sein. **30**

Die herrschende Meinung erscheint als zutreffend. Nicht nur aus kriminalpolitischen, sondern auch aus semantischen Gründen muß (auch) derjenige, der das Programm selbst gestaltet, insbesondere es neu schreibt, die Gestaltung „unrichtig" vornehmen können. Der Wille des Gestalters kann also nicht, jedenfalls nicht allein, Ausgangspunkt für die inhaltliche Bestimmung der Richtigkeit des Programms sein. Maßstab für diese Bestimmung ist allgemein – in Anlehnung an das sonstige Betrugsstrafrecht – die objektive Wirklichkeit. Sie besteht primär aus Tatsachen, bei fehlender Beschränkung des Gesetzes auf solche aber auch aus sonstigen Umständen und Gegebenheiten (vgl. nur *Tiedemann* LK § 264 a Rdn. 54). Zu diesen gehört auch das Verhältnis zwischen den Beteiligten mit seinen gesetzlichen, vertraglichen usw. Regelungen und Voraussetzungen. Vermögensschutz dieser Beteiligten kann durch § 263 a (1. Alt.) nur erreicht werden, wenn die Richtigkeit der Arbeitsanweisung auf das ordnungsmäßige Funktionieren der DV als Hilfsmittel zur Erfüllung der Rechte und Pflichten zwischen den Beteiligten bezogen wird. Insoweit ist es zutreffend, von einem (konkreten) Zweck der DV zu sprechen, wie es insbesondere *Lackner* (Tröndle-Festschrift S. 55) vorschlägt. Allerdings entfernt sich § 263 a (entgegen *Lackner* aaO S. 55 f) auch und bereits mit dieser Auslegung von den „falschen" oder entstellten Tatsachen des § 263 Abs. 1, da dieser abgesehen von Ausnahmefällen gerade keine unrichtige „Gestaltung" des menschlichen Denk- und Entscheidungsprozesses kennt, sondern sich gleichsam auf die 2. Alt. des § 263 a, die Mitteilung fal- **31**

---

[44] *Gössel* 2 § 22, 21; *Günther* aaO; *Haft* BT S. 199, DSWR **1986** 255 und NStZ **1987** 7; *Haß* in Lehmann XII, 12; *Hilgendorf* JuS **1997** 131; *Lackner* Tröndle-Festschrift S. 55, *Lackner/Kühl* Rdn. 7; *Maurach/Schroeder/Maiwald* 1 § 41 VI 2 Rdn. 231; *Otto* BT § 52 III 3 a und Jura **1993** 613; *Rengier* 1 § 14, 4; *Schlüchter* S. 87 und JR **1993** 49; *Wessels* BT-2 Rdn. 576.

scher Informationen, beschränkt. (Denkbar und möglich ist bei § 263 allerdings eine Täuschung über Regeln, Konventionen, Gesetze usw.; vgl. *Haft* Prot. 26/165. Ein hauptsächlicher Anwendungsbereich des Betruges ist dies aber nicht, und einschlägige Fälle müssen gerade als Falschinformation über Tatsachen konstruiert werden.) Jedoch hält sich die auch hier favorisierte Auslegung in einem legitimen Rahmen, da dieser durch Kriterien aufgefüllt und abgesteckt wird, wie sie zur (normativen) Bestimmung der Unrichtigkeit bei konkludenten Täuschungen im Rahmen des allgemeinen Betrugstatbestandes verwandt werden (näher dazu Rdn. 44). Zugleich erweist es sich, da die 1. Alt. bei § 263 keine praktisch bedeutsame Parallele findet, als sinnvoll, daß der Gesetzgeber diese Alternative selbständig benannt und vorangestellt hat.

32 e) Die 2. Alt., die **Verwendung unrichtiger oder unvollständiger Daten**, hat nicht nur die bisher häufigste (Eingabe- oder Input-)Manipulation zum Gegenstand, sondern stellt auch am ehesten eine Parallele zur Täuschungshandlung beim Betrug dar (*Sch/Schröder/Cramer* Rdn. 7; vgl. aber auch *Frey* S. 188ff). Anstelle des allgemein für überholt erachteten Wortlauts der Täuschungsbeschreibung bei § 263 orientiert sich der Gesetzgeber am neueren Sprachgebrauch, wie er auch von §§ 264 Abs. 1 Nr. 1, 265b Abs. 1 Nr. 1 verwendet wird (BTDrucks. 10/318 S. 20). In Entsprechung zum menschlichen Denkprozeß, der durch die Täuschungshandlung beeinflußt werden soll, werden dem Computer falsche Tatsachen (Daten) „mitgeteilt", nämlich zur Verarbeitung eingegeben. Das „Verwenden" der unrichtigen oder unvollständigen Daten besteht allgemein und jedenfalls im Einführen der Daten in den Verarbeitungsvorgang, der beginnt oder bereits abläuft[45] (näher unten Rdn. 36).

33 **Unrichtig** sind die Daten damit – wie die Informationen (Tatsachen) bei §§ 263, 264 –, wenn sie nicht mit der Wirklichkeit übereinstimmen (vgl. *Tiedemann* LK § 264 Rdn. 78 mit Nachw.), nämlich den Lebenssachverhalt unzutreffend wiedergeben.[46] Die durch die Daten dargestellten **Informationen** müssen also falsch sein (*Hilgendorf* JuS **1997** 131). Der Begriff der Unrichtigkeit ist – wie auch sonst im Betrugsstrafrecht – *objektiv* auszulegen und auf *Tatsachen* beschränkt (*Schlüchter* S. 88 Fußn. 315a). Prognosen, Werturteile usw. kommen nur insoweit in Betracht, als ihre gegenwärtige Tatsachenbasis in Frage steht.

34 Die Daten sind **unvollständig**, wenn sie den Lebenssachverhalt nicht hinreichend erkennen lassen,[47] seinen Sinn also insbesondere durch Weglassen erheblicher Umstände entstellen (vgl. *Tiedemann* LK § 264 Rdn. 79 mit Nachw.). Der Unterschied der Verwendung unvollständiger Daten zum Unterlassen (vollständiger Angaben, dazu unten Rdn. 64) besteht nach allgemeinen Grundsätzen darin, daß es hier – beim positiven Tun – um das Weglassen von Teilaussagen zu einem einheitlichen Sachverhalt geht (vgl. *Tiedemann* LK § 264a Rdn. 56).

35 Schwierigkeiten können die Fälle bereiten, in denen bei § 263 eine *konkludente* Täuschung von natürlichen Personen angenommen wird, vor allem soweit das Vorhandensein einer Befugnis und/oder das Fehlen von Manipulationen als miterklärt

---

[45] *Lackner* Tröndle-Festschrift S. 54; *Lackner/Kühl* Rdn. 9; *Otto* Jura **1993** 613; *Sch/Schröder/Cramer* Rdn. 7; *Tröndle* Rdn. 7.

[46] *Bandekow* S. 236; *Bühler* S. 71; *Frey* S. 188; *Haft* DSWR **1986** 256; *Lackner/Kühl* Rdn. 10; *Otto* BT § 52 III 3b und Jura **1993** 613; *Sch/Schröder/Cramer* Rdn. 7; *Tröndle* Rdn. 7; auch *Gössel* 2 § 22, 19 und *Günther* SK Rdn. 15.

[47] *Haft* aaO; *Otto* aaO; *Sch/Schröder/Cramer* aaO; *Tröndle* aaO; auch *Gössel* aaO („Information über einen *nicht so* existierenden Gegenstand") und *Lackner/Kühl* aaO mit weit. Nachw. („pflichtwidriges Vorenthalten" wahrer Tatsachen; zust. *Bühler* S. 71 und *Hilgendorf* JuS **1997** 131).

gilt. Für die erstgenannte Konstellation wurde im Gesetzgebungsverfahren bezweifelt, ob insbesondere die Verwendung der ec-Karte an Geldautomaten (Bankomaten) durch nichtberechtigte Dritte (z. B. Diebe oder Finder der Karte) als Verwendung unrichtiger Daten verstanden werden kann, obwohl der Computer die Befugnis nicht prüft (vgl. bereits Rdn. 3); dieser Zweifel hat bekanntlich zur Aufnahme der 3. Alt. in den Tatbestand geführt. Hieraus wird man folgern müssen, daß die Richtigkeit bei der 2. Alt. nicht auch auf die Berechtigung zu beziehen ist, die „betrugsnahe Auslegung" (vgl. bereits Rdn. 3 a. E.) also jedenfalls hier nicht zur Ausweitung führen soll. Im Gegenteil ist bei der 2. Alt. die Auslegung insofern „computerspezifisch" vorzunehmen, als Daten und Informationen, auf die der Computer programmgemäß nicht reagiert (z. B. weil Mißbrauchserkennungsmodule fehlen), nicht als unrichtig oder unvollständig angesehen werden können (vgl. für den Bankomatenmißbrauch *Lackner/Kühl* Rdn. 10; *Schlüchter* JR **1993** 495). Dies gilt auch für sonstige Mißbräuche, soweit das Programm nicht auf ihre Erkennung angelegt ist.

Infolge der nicht untypischen Beteiligung mehrerer Personen bei der Erstellung **36** der Informationen, bei ihrer Kodierung und bei der Eingabe der Daten in die DV kann fraglich sein, wie weit die Tathandlung und der Täterkreis beim **Verwenden** zu ziehen sind. Der Gesetzgeber hat bewußt nicht auf die Eingabe (so noch der Vorschlag der Sachverständigen-Kommission), sondern auf die „Verwendung" falscher Daten abgestellt (BTDrucks. 10/318 S. 20). Daher besteht weitgehend Einigkeit darüber, daß nicht nur der unmittelbare (mechanisch) die Daten Eingebende (z. B. Operator oder Terminalbenutzer) erfaßt wird, sondern auch mittelbar Eingebende bzw. die Eingabe vorbereitende Personen wie das sog. Datenerfassungspersonal (z. B. Datentypisten) sowie Sachbearbeiter, aber auch Außenstehende, die falsche Daten oder noch nicht maschinenlesbare sog. Urbelege (z. B. Rechnungen) liefern und auf diese Weise das Ergebnis des vermögenserheblichen Datenverarbeitungsvorgangs beeinflussen (vgl. BTDrucks. aaO; *Gössel* 2 § 22, 8 mit Nachw. zur Gegenansicht). Umstritten ist allerdings zum einen, ob die Zwischenschaltung von Personen nach den Grundsätzen mittelbarer Täterschaft zu beurteilen, also nur die Einschaltung gutgläubiger Dritter für die Bejahung von § 263 a unschädlich ist. Dies wird von der überwiegenden Ansicht bejaht, so daß vorsätzliches Handeln – insbesondere Kenntnis von der Unrichtigkeit oder Unvollständigkeit – der Zwischenperson den Hintermann, der hiervon Kenntnis hat, zum bloßen Teilnehmer werden läßt.[48] – Streitig ist sodann, ob von dieser Behandlung solche Zwischenpersonen auszunehmen sind, die den Dateninhalt sachlich nachzuprüfen haben, also taugliche Adressaten einer Täuschung i. S. d. § 263 sind. Die überwiegende Auffassung lehnt eine solche Ausnahme ab, da die Prüfungspflicht der Zwischenperson die Annahme mittelbarer Täterschaft des Hintermannes nicht berühre,[49] während eine Gegenauffassung im Hinblick auf die Auffangfunktion des § 263 a ganz grundsätzlich nur § 263 für einschlägig hält, wenn die Zwischenperson selbst getäuscht wird, und § 263 a dann allein auf die die Unrichtigkeit oder Unvollständigkeit erkennende und die Daten verwendende Zwischenperson anwenden will.[50]

Ähnliche Streitfragen zur Auswirkung der Auffangfunktion (auf die Tatbestands- **37** mäßigkeit oder erst auf die Konkurrenzen) sind von § 265 a bekannt (*Tiedemann* LK § 265 a Rdn. 21), und die Frage der Entscheidungs- und Kontrollbefugnis eingeschal-

[48] *Günther* SK Rdn. 15; *Lackner* Tröndle-Festschrift S. 54 f; *Lackner/Kühl* Rdn. 9; wohl auch *Sch/Schröder/Cramer* Rdn. 7 und *Haß* in Lehmann XII, 9.

[49] *Lackner/Kühl* aaO; *Otto* BT § 52 III 3 b und Jura **1993** 613; *Tröndle* Rdn. 7.

[50] *Günther* SK Rdn. 12; *Lenckner/Winkelbauer* CR **1986** 656; *Möhrenschlager* wistra **1986** 132.

teter Personen ist auch bei § 264 – wenngleich in anderem Zusammenhang – umstritten (*Tiedemann* LK § 264 Rdn. 23). Bei § 263 a halten *Lenckner/Winkelbauer* (CR **1986** 656) die Täuschung der entscheidungsbefugten Zwischenperson deshalb für tatbestandsausschließend, weil der Schaden nicht durch die Verwendung unrichtiger oder unvollständiger Daten, sondern durch die Täuschung eines Menschen verursacht werde.

38 Zur Beantwortung dieser Streitfragen um die Auslegung des Verwendungsbegriffes bei § 263 a ist davon auszugehen, daß der Datenbegriff (oben Rdn. 20 f) dazu zwingt, jedenfalls bei Lieferung von Informationen und Unterlagen, die erst noch in maschinenlesbare Daten umgesetzt (kodiert) werden müssen, die Grundsätze mittelbarer Täterschaft anzuwenden, da eine solche Lieferung noch keine Verwendung von „Daten" darstellt (**aA** *Granderath* DB **1986** Beil. Nr. 18 S. 4). Sobald dagegen die Kodierung der Information als Datum erfolgt ist, steht nichts entgegen, jede Weitergabe in Richtung auf die eigentliche Datenverarbeitung als eigene Täterschaft zu verstehen, da der Gesetzgeber diese gerade nicht auf die Eingabe beschränkt hat. Ähnlich wie bei § 264 a (*Tiedemann* LK Rdn. 75) kann allerdings bloße Verursachung der Weitergabe und Eingabe nicht ausreichen; vielmehr ist auch hier begrenzend das Kriterium der Tatherrschaft heranzuziehen. Daher geht die von *Otto* (BT § 52 III 3 b) vertretene Auslegung des „Verwendens" als „Nutzung" der Daten „bei" der DV zu weit, jedenfalls wenn sie nicht als Benutzung, sondern im Sinne von Nutzen-Ziehen verstanden wird (im ersteren Sinne aber zutr. *Gössel* 2 § 22, 8 mit weit. Nachw.). Die h. M. verlangt „Einführung" der Daten gerade in den Datenverarbeitungsprozeß,[51] was nach *Otto* (Jura **1993** 613) bei der hier in Frage stehenden 2. Alt. „nach den relevanten Sachverhalten ... in jedem Fall vorauszusetzen ist". Es muß also für die Vollendung der Tat zu irgendeinem Zeitpunkt zu einer – wenn auch nicht persönlich durch den Täter vorgenommenen – Eingabe der Daten kommen. Die Erkenntnis der Unrichtigkeit oder Unvollständigkeit durch eine Zwischenperson, die die Daten weitergibt und folglich selbst vorsätzlich verwendet, wird die Tatherrschaft des Hintermannes regelmäßig ausschließen bzw. unterbrechen. Die bloße Tatsache dagegen, daß die Zwischenperson entscheidungs- oder kontrollberechtigt ist, ihr gegenüber – bei entsprechender Kenntnis des Hintermannes – also eine Täuschungshandlung und ein Betrug begangen werden kann, könnte die Anwendung des § 263 a nur ausschließen, wenn im Verhältnis zu § 263 tatbestandliche **Exklusivität** besteht. Auch diese Annahme ist umstritten.[52] Die historische Lückenschließungsfunktion des § 263 a spricht für den bereits oben Rdn. 17 bejahten Vorrang des § 263; gegen die Annahme von Exklusivität sprechen die oben Rdn. 2 erwähnten Abgrenzungszweifel bei der Bestimmung des Ausmaßes der Kontrolltätigkeit insbesondere bei bloßer Prüfung von Formalien oder Vornahme von Stichproben. Die Streitfrage hat nur sehr eingeschränkte praktische Bedeutung und kann daher für die praktische Rechtsanwendung ähnlich wie bei § 265 a (*Tiedemann* LK Rdn. 22) letztlich offen bleiben sowie auf die Konkurrenzebene verwiesen werden. Die Fallkonstellation vorhandenen Betrugsvorsatzes bei objektiv fehlendem Irrtum der Kontrollperson wird daher unten Rdn. 73 weiter behandelt und gelöst.

[51] *Arloth* CR **1996** 363 mit Nachw.; *Hilgendorf* JuS **1997** 131; *Lackner/Kühl* Rdn. 9; *Lampe* JR **1990** 348 (nur für die 2. Alt.); *Neumann* CR **1989** 719, JuS **1990** 536 und JR **1991** 304; *Rengier* 1 § 14, 5 (und 7); *Tröndle* Rdn. 7.

[52] Dafür *Günther* SK Rdn. 5; *Lenckner/Winkelbauer* CR **1986** 660; *Möhrenschlager* wistra **1986** 132; dagegen *Haß* in Lehmann XII, 11; *Lackner* Tröndle-Festschrift S. 55; *Lackner/Kühl* Rdn. 2; *Tröndle* Rdn. 7.

39 Vor allem unter Schutzbereichserwägungen umstritten ist schließlich, ob die Unrichtigkeit oder Unvollständigkeit bei der Verwendung einer Angabe (z. B. die unrichtige Behauptung eines Vertragsschlusses) für § 263 a deshalb unbeachtlich ist, weil sie gegenüber einer natürlichen Person irrelevant wäre, nämlich *mangels Prüfung* zu keinem Irrtum führen würde. Praktisch betrifft dies vor allem das **automatisierte Mahnverfahren** nach § 689 Abs. 1 S. 2 ZPO: Seit dem Jahre 1976 prüft das Gericht (Rechtspfleger) im Mahnverfahren den Wahrheitsgehalt der Angaben des Antragstellers zur Schlüssigkeit des Anspruchs nicht (mehr) nach; allerdings ist anstelle einer Substantiierung jedenfalls eine Individualisierung des Anspruchs (zwecks Abgrenzung gegenüber anderen Ansprüchen) erforderlich (vgl. nur BGH[Z] NJW **1981** 876). Hieraus folgt, daß Falschangaben zur Substantiierung des Anspruchs bei Einschaltung eines Rechtspflegers in den Erlaß des Mahnbescheides nicht zu einem (vollendeten) Betrug nach § 263 (und allenfalls zu einem versuchten Betrug wegen billigender Inkaufnahme der ausnahmsweise erfolgenden Prüfung) führen würden (vgl. aber auch OLG Düsseldorf NStZ **1991** 586). Eine verbreitete Ansicht lehnt daher auch für das automatisierte Verfahren einen (vollendeten) Computerbetrug ab, um den Schutzbereich des § 263 a nicht in einen (Wertungs-)Widerspruch zu § 263 zu bringen.[53] Die Gegenansicht[54] kann sich darauf stützen, daß der Computerbetrug vom Gesetzgeber als eine neben Täuschung, Drohung, Gewalt und Treuwidrigkeit neue Angriffsform im Vermögensstrafrecht konzipiert ist (BTDrucks. 10/5058 S. 30; oben Rdn. 13), die daher teilweise durchaus zu Strafbarkeitsausweitungen führen kann. Demgegenüber meint *Günther* (SK Rdn. 16), bei Falschangaben im automatisierten Mahnverfahren liege eine der Täuschung beim Betrug vergleichbare Verwendung unrichtiger Daten nicht vor, da sich der Sachverhalt, der den Erlaß des Mahnbescheides trägt, mit der Wirklichkeit deckt. Damit wird allerdings übersehen, daß einerseits die zivilprozessuale Wahrheitspflicht auch im Mahnverfahren gilt (*Dannecker* BB **1996** 1289 mit Nachw.) und daß andererseits bei den Aussagedelikten (§§ 153 ff) der Umfang der Wahrheitspflicht nur für die Vollständigkeit, nicht dagegen für die Beurteilung der Richtigkeit (freiwillig gemachter Angaben) gilt. Nach *Tröndle* (Rdn. 7 mit weit. Nachw.) schließlich sollen unrichtige Angaben im Mahnverfahren außerhalb des Schutzzwecks des § 263 a bleiben (zust. *Krey* 2 Rdn. 512 f Fußn. 4 j). Liegt der Zweck des Tatbestandes allerdings im Schutz des Vermögens (oben Rdn. 13), so kann dieses durch Falschangaben im Mahnverfahren durchaus gefährdet werden (wenn auch in konkreter Weise erst mit Ablauf der Widerspruchsfrist). Jedenfalls kann die Unrichtigkeit dann schwerlich in Frage gestellt werden, wenn die einschlägige Information vom Computerprogramm erhoben wird. In Wahrheit geht es hier daher um das Problem der Beeinflussung des Ergebnisses der Datenverarbeitung durch die Falschangabe, in der Sprache des § 263 um ihre Kausalität für die Vermögensverfügung (dazu unten Rdn. 68).

40 **f)** Die 3. Alt., die **unbefugte Verwendung von Daten**, geht ausweislich der Entstehungsgeschichte (oben Rdn. 3) davon aus, daß die verwendeten Daten „richtig" im Sinne der vom Computerprogramm zugrunde gelegten Informationen sind und da-

[53] *Bieber* WM **1987** Beil. 6 S. 26; *Günther* SK Rdn. 16; *Haß* in Lehmann XII, 10; *Lackner/Kühl* Rdn. 20; *Lenckner/Winkelbauer* CR **1986** 656; *Maurach/Schroeder/Maiwald* 1 § 41 VI 2 Rdn. 232; *Meurer* Kitagawa-Festschrift S. 978; *Rengier* 1 § 14, 6; *Sch/Schröder/Cramer* Rdn. 2; *Tröndle* Rdn. 7.

[54] RegE BTDrucks. 10/318 S. 20 f; *Dannecker* BB **1996** 1289; *Granderath* DB **1986** Beil. Nr. 18 S. 4; *Haft* NStZ **1987** 8; *Möhrenschlager* wistra **1986** 132; *Otto* BT § 52 III 3 b; *Schlüchter* S. 88.

her den Zugang zum Computer eröffnen. Sie unterscheidet sich also von der 2. Alt. dadurch, daß die Daten objektiv richtig sind und ohne Befugnis verwendet werden (*Frey* S. 194). Das Fehlen der Befugnis gehört zum **Tatbestand** (und stellt kein allgemeines Verbrechensmerkmal dar),[55] da befugtes Handeln hier völlig unrechtsneutral ist, also nicht den Tatbestand als Unrechtsvertypung zu erfüllen vermag.

41 Nach verbreiteter Ansicht soll das „Verwenden" wie bei der 2. Alt. auszulegen sein (vgl. nur BayObLG NJW **1991** 438, 440; *Bühler* S. 99; **aA** *Lampe* JR **1990** 348). Dies ist aber dann zu weit, wenn das Verwenden als Nutzen oder Benutzen verstanden wird (vgl. oben Rdn. 38), würde bei solcher Auslegung doch auch die Verwendung ausgedruckter (entkodierter) Daten tatbestandsmäßig sein (so allerdings *Hilgendorf* JuS **1997** 131; *Lampe* aaO; vgl. aber auch *Haurand/Vahle* RDV **1990** 133). Zwar stellt das zusätzliche Erfordernis der Beeinflussung der Datenverarbeitung sicher, daß die Verwendung gegenüber der DV-Anlage erfolgt (hierauf stellt *Ranft* JuS **1997** 21 auf der Grundlage der Ansicht ab, die 4. Alt. sei Grundtatbestand des gesamten § 263 a; dazu oben Rdn. 24). Dem entspricht die bereits Rdn. 38 angeführte Definition (*Rengiers* 1 § 14, 7) als Einführung „gerade in den Datenverarbeitungsprozeß". Jedoch ist es zufällig und für die Strafwürdigkeit nicht entscheidend, daß gegenüber dem Computer Informationen benutzt werden, die zuvor kodiert waren: Maßgebend ist die (eventuell: erneute) Kodierung unmittelbar vor, während oder nach der Eingabe (vgl. bereits Rdn. 21). – Besonders umstritten ist, was „unbefugt" im einzelnen bedeutet. Dabei zielen die diskutierten Kriterien teilweise auf den allgemeinen Wortsinn, teilweise aber auch auf das geschützte Rechtsgut und andere (die Strafbarkeit einschränkende) Gesichtspunkte ab:

42 Am weitesten gehen die Ansichten, die als „unbefugt" jede **vertragswidrige**, dem wirklichen oder mutmaßlichen Willen des Rechtsgutsinhabers (DV-Betreibers) widersprechende Datenverarbeitung ansehen. Diese Kriterien werden teils gleichgesetzt oder kombiniert,[56] teils einzeln und getrennt benutzt. So will *Otto* unter Berufung auf den Wortsinn jede Verwendung von Daten erfassen, die „nicht zu diesem Zweck verwendet werden dürfen" (BT § 52 III 3c bb). *Maiwald* schließt sich dem an und bezieht die Zweckwidrigkeit der Datenverwendung auf das „vertraglich vereinbarte Dürfen".[57] Nur den „wirklich bestehenden Willen" des Verfügungsberechtigten hält *Gössel* 2 (§ 22, 13) für relevant. BGHSt. **40** 334 f folgert (für die 4. Alt.!) aus dem geschützten Rechtsgut des Individualvermögens, daß dem **subjektiven Willen** seines Trägers maßgebliche Bedeutung zukomme (unter Berufung auf *Mitsch* JZ **1994** 883 f); daher könne „sein Erwartungshorizont, soweit dieser sich an vernünftigen Gründen orientiert und erkennbar in Erscheinung tritt, nicht außer Betracht bleiben", und es sei darauf abzustellen, ob der DV-Betreiber die Benutzung „ausdrücklich oder stillschweigend gestattet hat" oder dieses „seinem mutmaßlichen Willen entspricht" (BGHSt. **40** 335).

43 Diese auf den ersten Blick mehr oder weniger identischen, nämlich auf eine subjektivierende Auslegung hinauslaufenden Argumente (*Hilgendorf* JuS **1997** 132)[58] unterscheiden sich bei näherer Betrachtung nicht unerheblich: *Maiwald* schlägt der

[55] *Gössel* 2 § 22, 13; *Gogger* S. 54; *Granderath* aaO; *Lenckner/Winkelbauer* CR **1986** 657; *Wessels* BT-2 Rdn. 581.

[56] Vgl. auch die Darstellungen bei *Bühler* S. 112 ff und *Günther* SK Rdn. 18.

[57] *Maurach/Schroeder/Maiwald* 1 § 41 VI 2 Rdn. 233.

[58] In diesem Sinne neben den bereits im Text Zitierten auch *Bühler* S. 134 und MDR **1991** 16; *Lenckner/Winkelbauer* CR **1986** 657; *Ranft* JuS **1997** 22.

Sache nach eine zivilrechtsakzessorische Lösung vor und will damit bloßes Vertragsunrecht unter Inkaufnahme einer allgemeinen „Computeruntreue" pönalisieren (zutr. *Günther* SK Rdn. 18). Demgegenüber orientiert sich *Otto* an einem nicht notwendig vertraglich festgelegten Zweck, sieht sich aber auch vor das Erfordernis gestellt, den Zweck der Datenverwendung durch Rückgriff auf weitere Kriterien zu konkretisieren. Die von BGH aaO eingeführte Gestattung nach dem Erwartungshorizont des Berechtigten führt der Sache nach Kriterien der Einwilligung ein, wie sie von § 242 bekannt und auch dem Leistungsentziehungsdelikt des § 265 a eigen sind (vgl. *Tiedemann* LK § 265 a Rdn. 36 ff); die tatsächlich erteilte Einwilligung wird aber durch den Gesichtspunkt der Vernünftigkeit korrigiert und mit dem des mutmaßlichen Willens und der stillschweigenden Gestattung auslegungsbedürftig und -fähig, also stark normativiert (*Neumann* StV **1996** 375): Wer Kenntnis von dem Programm eines Geldspielautomaten rechtswidrig (!) erlangt habe und an einem solchen Automaten einsetze, handele unbefugt, da es (auch) auf die Art der Erlangung der eingesetzten Kenntnisse ankomme (BGH aaO S. 335, wo aber offengelassen wird, ob dieses unbefugte Handeln eine „Verwendung" von „Daten" i. S. d. 3. Alt. darstellt). Bei Einsatz unerlaubter Hilfsmittel werde der Risikobereich des Automatenbetreibers überschritten; dessen Vorbehalt betreffe nicht nur seine Motivation, sondern stelle „eine grundlegende Voraussetzung für befugtes Spielen" dar (BGH aaO gegen *Schlüchter* NStZ **1988** 59). Der Sache nach reicht auch nach dieser Auffassung vertragswidrige Nutzung der Daten für die Annahme der Tatbestandsmäßigkeit aus (*Günter* aaO; zum zivilrechtlichen Vertragsschluß *Ranft* wistra **1987** 80 ff; auch *Tiedemann* LK § 265 a Rdn. 15 mit Nachw.). – Die Richtigkeit dieser subjektivierenden, aber durch objektive Kriterien korrigierten Sicht bestimmt sich letztlich nach der Rechtsnatur des § 263 a, verdient also auf der Grundlage der hier vertretenen Deutung (oben Rdn. 16) keine Unterstützung. Auch muß bezweifelt werden, daß diese Auslegung „klar und einfach handhabbar" ist (so aber *Hilgendorf* aaO). Im übrigen kann schon der Ausgangspunkt bezweifelt werden, daß die Maßgeblichkeit des subjektiven Willens des Rechtsgutsinhabers aus der individualisierenden Rechtsgutsbestimmung des § 263 a folge und daß die Subjektivierung des Schutzes zum Ausschluß illegal erworbener Kenntnisse führe (*Schulz* JA **1995** 540; *Zielinski* NStZ **1995** 346).

Erklärtermaßen mit restriktiver Zielsetzung bei der Auslegung des § 263 a stellt **44**
eine weitere Meinung(sgruppe) darauf ab, ob die Handlung des Täters täuschungsähnlich bzw. täuschungsäquivalent (*Lampe* JR **1988** 437) ist.[59] Dies soll entsprechend der von § 269 ausdrücklich angeordneten Vergleichsmethode danach bestimmt werden, ob bei Einsatz der Daten bzw. Informationen gegenüber einer natürlichen Person eine zumindest konkludente Täuschung oder eine garantenpflichtwidrige Täuschung durch Unterlassen anzunehmen wäre.[60] Angesichts der Unsicherheit bei der Inhaltsbestimmung des Begriffes des Erschleichens bei § 265 a (vgl. dazu *Tiedemann* LK Rdn. 34 ff) sollte allerdings entgegen *Lampe* (aaO S. 438 f) trotz der schon oben Rdn. 16 erwähnten teilweisen Strukturähnlichkeit des § 263 a das Fehlen der Befugnis nicht an jenem Tatbestand (zutr. *Bernsau* S. 164 ff), sondern mit der wohl überwiegenden Ansicht des Schrifttums und einiger Oberlandesgerichte an der Paral-

[59] OLG Köln NJW **1992** 125 (126); OLG Zweibrücken CR **1994** 241; *Altenhain* JZ **1997** 757; *Günther* SK Rdn. 18; *Haß* in Lehmann XII, 14; *Lackner* Tröndle-Festschrift S. 52; *Lackner/Kühl* Rdn. 18; *Meier* JuS **1992** 1019; *Rengier* I § 14, 8; *Schlüchter* S. 90 f und NStZ **1988** 59; *Sch/Schröder/Cramer* Rdn. 11; *Tröndle* Rdn. 8; *Zielinski* CR **1992** 223 und NStZ **1995** 347.

[60] Ausführlich und grundlegend *Lackner* Tröndle-Festschrift S. 53 ff; ebenso bereits *Schlüchter* aaO.

lele zu § 263 ausgerichtet werden (vgl. allerdings auch unten Rdn. 49). Diese **„betrugsspezifische" Auslegung** schränkt entsprechend dem Willen des historischen Gesetzgebers (oben Rdn. 3 a. E.) den natürlichen Wortsinn ein und führt in Anwendung von Kriterien der konkludenten Täuschung beim Betrug (und der Betrugsstrafbarkeit durch Unterlassen) jedenfalls dann zur Bejahung der Tatbestandsmäßigkeit, wenn die Befugnis des Täters zu den Grundlagen des jeweiligen **Geschäftstyps** gehört und nach der Verkehrsanschauung als selbstverständlich vorhanden vorausgesetzt oder aber über das Fehlen der nach dem Geschäftstyp vorausgesetzten Deckung nicht aufgeklärt wird (vgl. insbes. *Lackner* Tröndle-Festschrift S. 49 f, 53; *Lackner/Kühl* Rdn. 13). Daß diese Auffassung zu unbestimmt sei (so vor allem *Achenbach* Jura **1991** 228; *Hilgendorf* JuS **1997** 132), kann gerade im Vergleich zu der vorgenannten subjektivierenden Auffassung nicht ernsthaft behauptet werden (vgl. freilich auch unten Rdn. 49). Allerdings tritt durch Verwendung der zu § 263 anerkannten Kriterien eine weitreichende Normativierung der Täuschungshandlung ein, die jedoch auch von der subjektivierenden Auslegung nicht zu vermeiden ist (oben Rdn. 43). Diese Normativierung vermag gerade auch die von *Lampe* (JR **1990** 349) für entscheidend erachtete „Betrugsähnlichkeit des Gesamtverhaltens" zu erfassen und löst sich hinreichend von dem menschlichen Interaktionsprozeß, um die Täuschung des Computers zu definieren: Neben dem Vergleich mit der Täuschung menschlicher Interaktionspartner gibt die „Manipulation" der sächlichen Umwelt, also die für § 263 irrelevante Objektsveränderung, der Handlung und ihrer Bewertung das Gepräge. Dabei schließt der Betrugsvergleich vor allem bloße Ordnungsverstöße aus. Beispielsweise ist die Datenverwendung in Ausnutzung einer Fehlfunktion der Datenverarbeitung in der Regel nur ein Ordnungsverstoß (etwa wenn der Täter bemerkt, daß der Glücksspielautomat funktionswidrig auf jedes Betätigen der Risikotaste hin hohe Gewinne ausschüttet, und sodann die Risikotaste mehrfach betätigt).

45 Eine ebenfalls restriktive **(„computerspezifische") Auslegung** will schließlich darauf abstellen, ob sich der der Datenverwendung entgegenstehende Wille des Betreibers im Computerprogramm niedergeschlagen hat, also die verwendeten Daten bei der Programmgestaltung berücksichtigt sind.[61] Diese Ansicht ist abzulehnen, da sie den Anwendungsbereich der 3. Alt. übermäßig verengt, nämlich im wesentlichen mit dem der 2. Alt. zusammenfallen läßt (vgl. bereits oben Rdn. 35): Fragt der Computer die Zugangsberechtigung ganz oder teilweise ab, so erfüllt die Eingabe von insoweit unrichtigen Daten die 2. Alt. (Rdn. 35). Enthält das Computerprogramm in diesem Sinne (funktionierende) Mißbrauchserkennungsmodule, so tritt der Automat im übrigen gar nicht in Funktion mit der Folge, daß allenfalls versuchter Computerbetrug nach Abs. 2 vorliegen kann. Die „computerspezifische" Auslegung eröffnet somit der 3. Alt. keinen sinnvollen Anwendungsbereich und ist zu eng (zutr. *Bernsau* S. 163 f), weil sie bereits den vom historischen Gesetzgeber gezielt inkriminierten Mißbrauch des Bankomaten durch eindeutig Nichtberechtigte (Kartendieb!) straflos stellt. Sie trägt freilich viktimodogmatischen Anliegen des Opferselbstschutzes Rechnung und schränkt die Strafbarkeit im Sinne der oben Rdn. 5 mitgeteilten kriminalpolitischen Sichtweise ein.

[61] OLG Celle CR **1989** 1003 mit insoweit zust. Bspr. *Neumann* JuS **1990** 535, 537; LG Duisburg CR **1988** 1027; LG Freiburg NJW **1990** 2635, 2636 f; LG Ravensburg StV **1991** 214, 215 mit Anm. *Herzog* S. 215, 217 (mit fragwürdiger kriminalpolitischer und kriminologischer Begründung); *Achenbach* JR **1994** 295 und bereits Jura **1991** 227 (der dies zu Unrecht als die überwiegend vertretene Ansicht bezeichnet); *Arloth* Jura **1996** 357 f; *Haurand/Vahle* RDV **1990** 133; *Neumann* aaO, JR **1991** 305 sowie StV **1996** 375.

46 Unter Berücksichtigung dieser allgemeinen Auslegungskriterien, insbesondere auf der Grundlage der „betrugsspezifischen" (oder betrugsäquivalenten) Auslegung, ergibt sich für die wichtigsten Fallgruppen:

47 **aa)** Der weiterhin praktisch besonders wichtige Bereich des Mißbrauchs von **ec-Bankautomaten(karten)** ist für die strafrechtliche Behandlung danach zu differenzieren, ob der Automat von dem Kontoinhaber selbst oder von einem Dritten in Anspruch genommen wird; der Dritte kann im Verhältnis zum Kontoinhaber berechtigt, z. B. als Bevollmächtigter, oder nicht berechtigt, z. B. als Fälscher oder Dieb der Karte, aber auch in Überschreitung des Auftrages des Kontoinhabers handeln; der Kontoinhaber schließlich kann im Verhältnis zu seiner Bank je nach Kontostand bzw. ihm eingeräumten Kredit berechtigt oder aber deshalb unberechtigt handeln, weil er das Kreditlimit überschreitet (vgl. zu diesen Fallgestaltungen auch *Meier* JuS **1992** 1017 ff). Im einzelnen ist zusätzlich danach zu differenzieren, ob der Täter den Bankautomaten der kartenausstellenden Bank, einer Zweigstelle derselben oder dritter Banken in Anspruch nimmt (vgl. *Zielinski* CR **1992** 224 ff).

48 Der **nichtberechtigte Dritte** kann sich entweder einer (von ihm oder anderen) manipulierten, also gefälschten Karte oder aber einer (von ihm oder anderen) rechtswidrig erlangten Original-Karte bedienen. Unstreitig ist nur die Strafbarkeit im ersten Fall, in dem z. B. der Magnetstreifen der Karte umgruppiert (so die Fälle BayObLGSt. **1993** 86 mit Anm. *Hilgendorf* JR **1994** 478 ff; AG Böblingen WM **1990** 64) oder vom Täter durch Kodierung von Scheckkarten-Blanketten eigenmächtig gestaltet worden ist (so der Fall BGHSt. **38** 120). In derartigen Fällen liegt nach allen vertretenen Auslegungsvarianten (oben Rdn. 41 ff) Strafbarkeit vor, da die Benutzung derart **manipulierter Karten** sowohl dem Willen der Bank und des Kontoinhabers widerspricht und bei fiktiver Übertragung auf das Verhalten gegenüber einem Bankangestellten über die Berechtigung getäuscht würde als auch die im Computerprogramm spezifisch enthaltenen Sicherungen außer Kraft gesetzt werden; nur nach der letzteren „computerspezifischen" Auslegung ist die Strafbarkeit dann zweifelhaft, wenn – wie im Fall BGHSt. **38** 120 – das MM-Sicherheitssystem ganz fehlt oder diese Sicherung defekt ist. Entgegen *Ranft* (wistra **1987** 84) kommt in diesen Fällen der manipulierten Karte keine Verwendung unrichtiger Daten (so aber auch *Zielinski* CR **1992** 224) und keine unrichtige Gestaltung des Programms (so aber auch *Ehrlicher* S. 92) in Betracht, da die Täter gerade die richtigen, den Zugang zum Bankomaten eröffnenden Daten auf den Magnetstreifen auftragen (zutr. *Schlüchter* JR **1993** 495).

49 Auch der zweite Fallbereich der durch verbotene Eigenmacht oder sonstwie **rechtswidrig erlangten** Original-Karte (so der Fall BayObLGSt. **1986** 127 und ein Teil der von OLG Köln NJW **1992** 125 ff beurteilten Fälle) wird von der ganz h. M. entsprechend der Zielsetzung des historischen Gesetzgebers (oben Rdn. 3) für strafbar gehalten: Die subjektivierende Auslegung stellt darauf ab, daß der Täter gegen den Willen des berechtigten Kontoinhabers (*Hilgendorf* JuS **1997** 134) oder gegen die Bankbedingungen und damit den Willen der Bank[62] handelt. Nach der betrugsspezifischen Auslegung soll das Tun bei fiktivem Handeln gegenüber einem Bankangestellten eine Täuschung darstellen, nämlich in der Einreichung eines Euroschecks unter falschem Namen und Vorlage der dem Täter nicht gehörenden ec-Karte bestehen und daher eine konkludente Täuschung über die Berechtigung zur Nutzung von

[62] *Gössel* 2 § 22, 17; *Maurach/Schroeder/Maiwald* 1 § 41 VI 2 Rdn. 233.

Karte und Scheck sein (*Arzt/Weber* IV Rdn. 80; *Meier* JuS **1992** 1019). Allerdings zeigt dieser (zweite) Lösungsansatz zugleich eine allgemeine Schwäche der „betrugsspezifischen" oder „betrugsäquivalenten" Auslegung auf (dazu auch *Altenhain* JZ **1997** 758; *Ranft* NJW **1994** 2579): Die Herstellung einer Parallele zur Täuschung eines Menschen (*U. Weber* Krause-Festschrift S. 435: „Personifizierung der Fallgestaltung") verschiebt nicht selten den äußeren und inneren Gehalt der Handlungsweise (vgl. auch BGHSt. **38** 123), da im Verhältnis von kontoführender Bank und Kontoinhaber der Scheck seine Funktion verliert und zum bloßen Auszahlungsbeleg wird (dazu *Bernsau* S. 196ff). Der fiktive Sachverhalt muß also zunächst an eine Zweigstelle der Bank verlegt werden (bei welcher der Scheck aber ebenfalls seine Garantiefunktion einbüßt: *Bernsau* S. 194). Weiter ist die Doppelfunktion der ec-Karte als Scheckeinlösungsgarantie und als Bankomatenkarte eher zufällig, wie Existenz und Gebrauch institutsinterner Bankomatenkarten (z. B. der S-Karte bei den Sparkassen) zeigen. Die Parallele zur Verwendung der Bankomatenkarte liegt daher im Verkehr mit einem fiktiven Bankangestellten eher in der Vorlage eines Ausweises, der den Vorlegenden im Sinne eines schlichten Beweispapiers als Kontoinhaber legitimiert, und in der schlichten Abhebung (Auszahlung) von Bargeld (gegen nachgeahmte Unterschrift des Berechtigten: *Zielinski* CR **1992** 224). Die Vorlage der Eurochequekarte kann als solcher Ausweis **und** als Nachweis der Bonität des Kunden bis zur Garantiesumme angesehen werden (*Bernsau* S. 196f). Die Überprüfung der Unterschrift und der Kontodeckung bei Bargeldauszahlung durch einen Bankangestellten (*Bernsau* S. 197) verschiebt die Parallele jedoch erneut. Bei Benutzung von Geldautomaten dritter Banken kann dagegen ein Vergleich mit der Begebung eines scheinbar garantierten Euroschecks durch einen Nichtberechtigten vorgenommen werden (*Zielinski* aaO). Die hier Rdn. 44 vorgeschlagene Gesamtbewertung orientiert sich daran, daß der Dieb (usw.) der Karte keine Befugnis zur Abhebung eines Geldbetrages hat und sein Verhalten am Bankomaten damit betrugsähnlich ist. – Zweifelhaft bleibt, wie die „computerspezifische" Auslegung das vom Gesetzgeber gewollte Ergebnis der Strafbarkeit (des Diebes der echten Karte) begründen sollte, da die Identität und Berechtigung des Automatenbedieners gerade keinen Niederschlag im Computerprogramm findet (vgl. nur *Altenhain* JZ **1997** 758; *Lenckner/Winkelbauer* CR **1986** 857f): Für den Automaten sind Identität und Berechtigung durch Eingabe der richtigen (echten) Karte und der zugehörigen PIN-Nummer hinreichend festgestellt. Zu der umstrittenen Frage einer Beeinflussung des Ergebnisses des Datenverarbeitungsvorgangs vgl. unten Rdn. 69.

50 Die Nichtberechtigung des Dritten kann sich vor allem nach der subjektivierenden Auslegung auch daraus ergeben, daß dieser zwar von dem Konto- und berechtigten Karteninhaber unter Überlassung der Karte und Bekanntgabe der PIN-Nummer *beauftragt* worden ist, diese Bevollmächtigung aber den AGB (unten Rdn. 94 Nr. 1 II 7.4) und damit dem Willen der Bank widerspricht (vgl. *Ehrlicher* S. 91; *Mitsch* JZ **1994** 882). Nach der betrugsspezifischen Auslegung ist die Strafbarkeit dagegen hier zu verneinen, da die erteilte Vollmacht im Außenverhältnis wirksam ist und der Täter damit gegenüber einem Bankangestellten nicht über eine von seiner eigenen Person abhängende Wirksamkeitsvoraussetzung täuschen würde (*Meier* JuS **1992** 1019; *Sch/Schröder/Cramer* Rdn. 19). Die Handlung hat hier deshalb keinen Täuschungswert, weil das vertragliche Verbot, die Karte Dritten zu überlassen, nur der Verhinderung ihrer mißbräuchlichen Benutzung dient und den Karteninhaber nicht daran hindert, durch einen Dritten rechtswirksam Geld von seinem Konto abheben zu lassen (OLG Köln NJW **1992** 126f mit abl. Anm. *Otto* JR **1992** 252ff). Dasselbe gilt aber entgegen *Möhrenschlager* (wistra **1986** 133), *Lackner/Kühl* Rdn. 14 und *Rengier* 1 § 14, 11 auch bei **Überschreitung des Auftrags** durch den Dritten, z. B. durch Abheben eines höheren Geldbetrages und Verbrauch für sich selbst (so einer der von OLG Köln aaO beurteilten Fälle). OLG Köln (aaO S. 127) verneint das Vorliegen einer täuschungsgleichen Handlung vor allem mit der Begründung, es liege hier wie bei der Erteilung einer Bankvollmacht, bei der dem Auftreten eines Bevollmächtigten ebenfalls keine konkludenten Erklärungen über seine Befugnisse im Innenverhältnis zu entnehmen sind. Das OLG begründet so insbesondere die Straflosigkeit auftragswidriger mehrfacher Benutzung der Karte, will dagegen die absprachewidrige einmalige Benutzung mit der Annahme straflos stellen, die Eingabe des auszuzahlenden Geldbetrags in den Bankomaten sei keine Verwendung von „Daten", da es sich insoweit um keine kodierte Information handele (dazu bereits oben Rdn. 21). Erreicht der Dritte übrigens die Überlassung von Karte und Geheimnummer durch Täuschung des Kontoinhabers, so liegt (nur) Betrug nach § 263 vor (BGHR § 263 Abs. 1 Konkurrenzen 6 [T]; *Sch/Schröder/Cramer* Rdn. 19).

Der **Kontoinhaber** selbst kann nach der subjektivierenden Auslegung im Verhält- 51
nis zu seiner Bank unberechtigt (vertragswidrig) handeln, wenn er das Konto überzieht und den ihm eingeräumten Kreditrahmen überschreitet (so die Fälle OLG Schleswig NJW **1986** 2652; OLG Stuttgart NJW **1988** 981).[63] Der lebhaft umstrittenen Frage kommt angesichts der Tatsache, daß die h. M. insoweit trotz der Doppelfunktionalität der Karte Strafbarkeit nach § 266 b bejaht,[64] praktisch nur für das Strafmaß und die (unterschiedliche) Versuchsstrafbarkeit Bedeutung zu. Ein Wertungswiderspruch liegt hierin entgegen *Tröndle* (Rdn. 10) nicht, da der berechtigte Karteninhaber keinen Anspruch darauf hat, nur nach § 266 b bestraft zu werden; eher ist es eine Fehlannahme, den Mißbrauch der Bargeldfunktion der ec-Karte auch unter einen Straftatbestand zu subsumieren, der den Mißbrauch der Scheckgarantiefunktion zum Gegenstand hat (zutr. *Gribbohm* LK § 266 b Rdn. 10 f). – Die betrugsspezifische Auslegung gelangt überwiegend wegen der Parallele zur Täuschung des Bankangestellten über die Deckung des Kontos zur Bejahung der Strafbarkeit nach § 263 a[65] (wobei *Meier* JuS **1992** 1021 auch hier zu Unrecht auf die angebliche Parallele der Scheckvorlage gegenüber einem Bankangestellten abhebt und dadurch unnötige Probleme des Scheckkartenbetruges aufwirft sowie den erwähnten Wertungswiderspruch zu § 266 b annimmt). Der Einwand, daß der Bankomat den Kontostand nicht überprüft (*Berghaus* JuS **1990** 982), trifft nicht so sehr die betrugsäquivalente als vielmehr die „computerspezifische" Auslegung. Strafwürdigkeitsüberlegungen dahingehend, daß die überwiegende Auffassung hier ziviles Vertragsunrecht

[63] Vgl. dazu Anhang unten Rdn. 94 (Nr. 1 II 3); *Bandekow* S. 239; *Gössel* 2 § 22, 17; *Gogger* S. 55 ff; *Granderath* DB **1986** Beil. Nr. 18 S. 4 f; *Hilgendorf* JuS **1997** 134; *Maurach/Schroeder/Maiwald* 1 § 41 VI 2 Rdn. 233; *Otto* BT § 52 III 3 c cc (S. 248); **krit.** *Frey* S. 197 f; **aA** *Huff* NJW **1987** 817; *Schulz/Tscherwinka* JA **1991** 125. Für Vorrang des § 266 b auf Konkurrenzebene *Mitsch* JZ **1994** 881 mit weit. Nachw.; für Vorrang (Sperre) schon auf Tatbestandsebene *Arzt/Weber* IV Rdn. 256 und *U. Weber* JZ **1987** 217 sowie Küchenhoff-Gedächtnisschrift S. 490 ff. – Zu dem weiteren Fall, daß der Kontoinhaber von seiner Bank aufgefordert wurde, die Karte zurückzugeben, *Berghaus* JuS **1990** 982 mit weit. Nachw. (insoweit für Strafbarkeit auch *Huff* aaO).

[64] OLG Stuttgart NJW **1988** 981; *Ehrlicher* S. 96, 98; *Mitsch* aaO mit Nachw.; **krit.** *Günther* SK Rdn. 19 mit Nachw.; **aA** (und insgesamt für Straflosigkeit) insbes. *Berghaus* aaO mit Nachw. – Für Strafbarkeit nur nach § 263 a *Gribbohm* LK § 266 b Rdn. 10 f mit weit. Nachw.

[65] *Bernsau* S. 166 ff; *Haß* in Lehmann § XII, 14; *Lackner* Tröndle-Festschrift S. 54; *Lackner/Kühl* Rdn. 14; *Rengier* 1 § 14, 12; *Schlüchter* S. 91; *Tröndle* Rdn. 8 a; *Wessels* BT-2 Rdn. 579; ebenso *Ehrlicher* S. 89 f; *Tiedemann* JZ **1986** 869; wohl auch *Küper* BT S. 30; **aA** OLG Stuttgart aaO; *Arzt/Weber* IV Rdn. 81; *Günther* SK Rdn. 19; *Sch/Schröder/Cramer* Rdn. 19; *U. Weber* JZ **1987** 217 und Krause-Festschrift S. 436; *Zielinski* CR **1992** 227.

pönalisiere,[66] übersehen, daß die Benutzung eines Computers vom Strafgesetzgeber als neues Angriffsmittel auf das Vermögen gesehen wird (oben Rdn. 13). Gerade weil der Bankangestellte in aller Regel den Kontostand überprüft, ist die Geldabhebung über den Automaten für den Täter einfacher und eher geeignet, zu Bargeld zu kommen. Die Strafwürdigkeit seines Verhaltens könnte daher nur durch die Überlegung in Frage gestellt werden, daß der Berechtigte – die Bank – sich hier nicht hinreichend schützt. Jedoch widerspricht diesem viktimologischen Argument die historisch gewollte Unabhängigkeit des Schutzes der Computersphäre von Selbstschutzerwägungen (oben Rdn. 5).

52 **bb)** Der Mißbrauch der Scheckkarte kann sich auch auf ihre Zahlungsfunktion im **point of sale (POS)-System** beziehen, bei dem der Händler aufgrund der Kartenüberprüfung eine sog. Autorisierung seitens der Bank (Garantie oder abstraktes Schuldversprechen) mit späterer Verrechnung im Lastschriftverfahren erhält (vgl. *Altenhain* JZ **1997** 752 mit Nachw.). Wegen der direkten Bezahlung (durch Plastikgeld) wird hier auch von „electronic cash" gesprochen (vgl. Anhang Nr. 2 unten Rdn. 94). Da der Händler selbst dann unmittelbar einen vollwertigen Anspruch gegen das Kreditinstitut erlangt, wenn ein Nichtberechtigter die Karte benutzt,[67] scheidet ein Betrug zum Nachteil des Händlers aus (*Yoo* S. 62; **aA** *Bandekow* S. 209). Jedoch liegt in der Eingabe der Karte in das Lesegerät des Kassenterminals beim Händler durch den Nichtberechtigten eine unbefugte Verwendung von Daten, die bei der Bank oder dem berechtigten Karteninhaber einen Vermögensschaden verursacht (*Altenhain* aaO S. 755 f; *Bandekow* S. 295; *Yoo* aaO). Problematisch bleibt allerdings die Stoffgleichheit zwischen diesem Schaden und dem Vorteil, der in dem Eigentumserwerb vom Händler liegt (dazu unten Rdn. 76). – Verwendet der Karteninhaber selbst die Karte mißbräuchlich, nämlich unter Überschreitung des Kreditrahmens, zum Einkauf, so ergibt sich für die Frage nach der Unbefugtheit dieser Datenverwendung dieselbe Antwort wie oben Rdn. 51.[68]

53 Bei Fehlen einer automatischen Online-Kartenüberprüfung und damit einer Zahlungsgarantie der Bank (*POZ-System*, unten Rdn. 94 Nrn. 1, 3 u. 4) liegt sowohl bei Handeln eines Nichtberechtigten als auch bei Einkauf durch den berechtigten Karteninhaber ohne Kontodeckung Betrug zum Nachteil des Händlers vor (*Altenhain* JZ **1997** 759; *Rossa* CR **1997** 228). § 263 a scheidet schon deshalb aus, weil die Bank nicht geschädigt wird.

54 **cc)** Die Scheckkarte kann schließlich als **Geldkarte** unmittelbar bargeldersetzende Funktion übernehmen, indem am Ladeterminal der Bank ein Geldbetrag auf der Karte gespeichert wird und der Händler eine entsprechende Garantie gegen die Bank erhält. (Unabhängig von Scheckkarten können auch Paycards und Kreditkarten in derselben Weise verwendet werden und unterliegen derselben strafrechtlichen Beurteilung: *Bernsau* S. 221). Die unbefugte Aufladung durch Nichtberechtigte stellt einen Computerbetrug zu Lasten der Bank oder des Karteninhabers dar (*Altenhain* JZ **1997** 760). Ob die Verwendung einer (z. B. gefundenen oder gestohlenen) Geldkarte durch den Nichtberechtigten § 263 a zum Nachteil des Berechtigten verwirklicht – ein Computerbetrug zum Nachteil des Kreditinstituts scheidet aus, da dieses schon

---

[66] So insbes. *Haurand/Vahle* RDV **1990** 133; *Meurer* Kitagawa-Festschrift S. 978; *Sch/Schröder/Cramer* aaO.

[67] *Altenhain* JZ **1997** 754 mit Nachw.; **aA** *Bandekow* S. 208 f, 295.

[68] Für Strafbarkeit *Bernsau* S. 219 f; für Straflosigkeit *Altenhain* JZ **1997** 758 und *Rossa* CR **1997** 221 f.

bei dem Vorgang der Aufladung eine Kompensation erhalten hat –, hängt davon ab, wie die Frage des Dreiecksbetrugs bei § 263 a gelöst wird (dazu unten Rdn. 71). Zum Verhältnis zu §§ 242 ff, 246 unten Rdn. 84.

dd) Gegenwärtig werden die manipulationsanfälligen Magnetstreifen- durch weitgehend sichere Chipkarten (Speicherkarten) ersetzt (Aufzählung solcher Karten, z. B. Telefonkarten, bei *Dannecker* BB **1996** 1288). Soweit der Inhaber dieser **Wertkarten** dem Emittenten den Gegenwert der auf die Karte (z. B. Geldkarte von Banken) gespeicherten Einheiten im voraus zu bezahlen hat, und da die Fälschung dieser Karten außerordentlich aufwendig ist, dürfte der Anwendungsbereich des § 263 a gering sein (zur Fälschung von Telefonkarten unten Rdn. 59). Rechtlich ist ihr Mißbrauch im Verhältnis zum Kartenberechtigten (Dreiecksbetrug?) wie der von Geldkarten zu beurteilen (vgl. nur *Altenhain* JZ **1997** 759 f). **55**

ee) Der Mißbrauch auch des früheren Bildschirmtext-(Btx-)Systems beim **Homebanking** ist der zweite vom historischen Gesetzgeber bei Einführung der dritten Tatbestandsalternative des § 263 a anvisierte Fallbereich (oben Rdn. 3), dessen praktische Bedeutung allerdings erheblich geringer ist als die vorgenannten Konstellationen des Mißbrauchs der ec-Karte und anderer Karten. Die strafrechtliche Problematik ist insofern dem ec-Kartenmißbrauch ähnlich, als es auch beim Homebanking, nämlich bei der Vornahme von **Online-**Überweisungen im unbaren Zahlungsverkehr mittels Heim-Computer, darum geht, die Identität des Verwenders zum Nachteil des Berechtigten zu fälschen und die Erkennung durch den Bank-Computer zu umgehen. Die Vornahme einer Überweisung (z. B. auf das eigene Konto) ohne Einwilligung des Kontoinhabers unter Vorspiegelung von dessen Identität ist daher tatbestandsmäßig (*Bandekow* S. 297; *Sch/Schröder/Cramer* Rdn. 20). Wenn es für die Kontoverfügung zusätzlicher Datenangaben, z. B. je nach Höhe der Verfügung verschieden lautender Paßwörter, bedarf, erweitert sich der Anwendungsbereich des § 263 a entsprechend (*Lenckner/Winkelbauer* CR **1986** 657 f für die subjektivierende Auslegung), und zwar auch nach der betrugs- und der computerspezifischen Auslegung. Die nur absprachewidrige, vom berechtigten Inhaber grundsätzlich gestattete Benutzung des (fremden) Anschlusses ist dagegen ebenso wie bei der Überlassung der ec-Karte (oben Rdn. 50) straflos (OLG Zweibrücken CR **1994** 241 f; *Sch/Schröder/Cramer* aaO). Der bloße „Besitz" der Identifikations- und Transaktionsnummer ist also strafrechtlich nicht geschützt (*Sch/Schröder/Cramer* aaO). **56**

Geschlossene Online-Systeme wie z. B. T-Online (früher Btx) werden auch zum Angebot von entgeltlichen *Dienstleistungen* (z. B. Datenbankauskünften: OLG Zweibrücken aaO) eingesetzt, die nach Übermittlung einer Identifizierungsnummer („Anschlußkennung") abgerufen werden können (*Richter* CR **1991** 362 f). Gelingt es dem Täter, mittels technischer oder anderer Manipulationen die Berechtigungsdaten in Erfahrung zu bringen und durch ihre Verwendung auf Kosten des Berechtigten des Anschlusses Leistungen abzurufen, so ist die Anwendung der 3. Alt. unproblematisch gegeben (*Möhrenschlager* wistra **1986** 133; *Richter* aaO S. 364). Da zum Abruf der Leistungen nach den Vertragsbedingungen nur berechtigt ist, wer willens und in der Lage ist, die geforderten Entgelte zu erbringen, handelt auch der zahlungsunfähige oder zahlungsunwillige Online-Teilnehmer bei Abruf von Leistungen unbefugt i. S. d. § 263 a (AG Stuttgart bei *Richter* aaO S. 363; *Rengier* 1 § 14, 16). Allerdings liegt dies nur für die subjektivierende Auslegung auf der Hand (**aA** *Gössel* 2 § 22, 17). Da aber auch beim Betrug die Zahlungsfähigkeit und -willigkeit Gegenstand konkludenter Erklärung bei Eingehung vertraglicher Verpflichtungen mit Vorleistung des anderen Vertragspartners ist (BGHSt. **15** 24; *Lackner/Kühl* § 263 Rdn. 8), **57** ist das Ergebnis nach der betrugsspezifischen – nicht dagegen nach der computerspezifischen – Auslegung dasselbe (*Otto* Jura **1993** 615 und *Ranft* NJW **1994** 2579 gegen OLG Zweibrücken aaO).

58 Zunehmend wird auch das **Internet** als Vertriebsweg für Dienstleistungen und Waren, insbesondere für *Teleshopping* und Homebanking, eingesetzt. Die Lieferung der Waren erfolgt auf dem Postweg, die Bezahlung per Vorkasse oder Überweisung nach Rechnungsstellung; möglich ist auch die Abbuchung des Rechnungsbetrages von einem Girokonto des Bestellers im Rahmen des Lastschriftverfahrens oder von einem Kreditkartenkonto. Die hierzu erforderlichen Daten, nämlich die Nennung der Bankverbindung nebst Einzugsermächtigung bzw. der Kreditkartennummer nebst Verfallsdatum der Karte, werden in der Regel zusammen mit der Bestellung online übermittelt. Kostenpflichtige Informationsprodukte werden bisher nur im Abonnement mit vertraglich geregelten Zugriffskonditionen des Anbieters vertrieben. Der Ausbau dieser elektronischen Vertriebswege und der elektronischen Bankleistungen hängt wesentlich von der Fortentwicklung der elektronischen Verschlüsselung (Kryptographie) und der Einführung der „elektronischen Unterschrift" (digitalen Signatur) ab (vgl. *Tiedemann* Kaiser-Festschrift 1998). Gelangt ein Täter in den Besitz des geheimen Schlüssels des Absenders, so sind Manipulationen möglich, die tatsächlich und rechtlich den bisher genannten entsprechen. Besonderheiten ergeben sich durch das Erfordernis, daß die Teilnehmer über private Signier- und Entschlüsselungs-Software bzw. -geräte verfügen. Diese können Ausgangs- und Ansatzpunkt für Entwendung, unbefugte Benutzung und andere Manipulationen sein.

59 **ff)** Der Mißbrauch von **Netzen der Telekommunikation** („Phreaking") verdient im Hinblick auf das Verhältnis zu § 265 a Hervorhebung. Er richtet sich z. T. gegen den Netzbetreiber (z. B. blue boxing, Fälschung von calling cards und Herstellung von Telefonkartensimulatoren: *Sieber* CR **1995** 102) oder besteht in der Inanspruchnahme der Telekommunikationsleistung auf Kosten berechtigter Anschlußinhaber (z. B. Manipulation von Mobilfunkgeräten, Erbringung und Abrechnung von Südsee-Sexdienstleistungen über das öffentliche Telefonnetz: *Dannecker* **BB 1996** 1288 f; *Sieber* aaO). Für diese Fälle ist zu beachten, daß § 263 a nur die Vermittlung der (Ware oder) Leistung durch den Computer, nicht dagegen dessen **eigene Leistung** (der Kommunikation) meint (vgl. bereits oben Rdn. 7 und 22). Nur dann, wenn der Inhalt der Telekommunikation selbst eine (zusätzliche) vermögenswerte (Dienst-)Leistung darstellt, greift § 263 a ein; andernfalls, also für die bloße Erschleichung der Telekommunikation, ist § 265 a einschlägig (**aA** *Eck* Archiv PF **1987** 106). Eine solche zusätzliche Leistung stellen etwa die erwähnten Sexdienste dar, deren Abruf auf Kosten des Inhabers eines Telefonanschlusses daher unter § 263 a fällt, jedenfalls soweit über erhöhte Telefongebühren ein besonderes Entgelt verlangt wird. Gleiches gilt für den Zuschauer, dem es gelingt, die verschlüsselt ausgestrahlten Sendungen des Pay-TV durch Manipulation des Decoders und/oder der Berechtigungskarte zu empfangen (zur Tatbestandsmäßigkeit nach § 265 a, der in solchen Fällen subsidiär ist, *Tiedemann* LK Rdn. 44 mit Nachw.).

60 Aus ähnlichen Gründen ist auch der **Zeitdiebstahl** durch unbefugte Inanspruchnahme der DV nicht tatbestandsmäßig:[69] § 263 a betrifft nur den durch Einsatz von Computern erreichten (und durch ihre Manipulation beeinträchtigten) Vermögens-

---

[69] *Frey* S. 316 (ff); *Haß* in Lehmann XII, 17; *Möhrenschlager* wistra **1986** 133; *Schlüchter* S. 73; *Sch/Schröder/Cramer* Rdn. 11; *Schulze-Heiming* S. 260 ff; *Tröndle* Rdn. 8 b; **aA** *Kleb-Braun* JA **1986** 259 und wohl auch *Bieber* WM **1987** Beil. 6 S. 25 f.

schutz, nicht dagegen den Schutz des Computers selbst. Der Vermögenswert der Computerleistung als solcher kann nur Gegenstand des § 265 a sein, der daher auch für die Strafbarkeit des Zeitdiebstahls maßgebend ist. Für § 263 a gilt: Zwar kann z. B. die Erschleichung eines Paßwortes, also der Zugangsberechtigung, Ausfluß des Ergebnisses eines Datenverarbeitungsvorgangs sein; jedoch wird die Kenntnis des Paßwortes in aller Regel die eigentliche Vermögensschädigung (z. B. durch Abruf von Informationen oder auch durch Inanspruchnahme der Computerleistung) lediglich vorbereiten, stellt also selbst keine konkrete Vermögensgefährdung dar. Für die Erfassung des Zeitdiebstahls als unbefugter Benutzung des Computers fehlt damit – je nach Computertyp und Verkehrssitte – nicht nur der Vermögensschaden (wenn die Leistung der DV nicht kommerzialisierbar ist), sondern vor allem die *Verfügung* des Computers über das Vermögen des Berechtigten (vgl. bereits Rdn. 22). Es geht somit nicht um Fragen der Befugnis bei der Verwendung von Daten, sondern um zusätzliche Tatbestandsmerkmale des § 263 a (vgl. dazu abschließend unten Rdn. 66).

gg) An praktischer Bedeutung verloren hat wegen der Weiterentwicklung techni- **61**
scher Sicherungen das mißbräuchliche **Leerspielen von Geldspielautomaten** durch einen Spieler mit (rechtswidrig erlangten) Systemkenntnissen. BGHSt. **40** 331 ff (mit Anm. *Mitsch* JR **1995** 432 f, *Neumann* StV **1996** 375 und *Zielinski* NStZ **1995** 345 ff) bejaht – auf Vorlage des BayObLG – insoweit „jedenfalls" die 4. Alt. und läßt offen, ob das Auswerten des vom Täter mitgebrachten rechtswidrig erlangten Computerprogramms oder des in dem Spielautomaten enthaltenen Programms eine „Verwendung" von „Daten" im Sinne der 3. Alt. ist (vgl. bereits oben Rdn. 21). Letzteres wird von BayObLG NJW **1991** 438, 440 (mit Anm. *Neumann* JR **1991** 302 ff) bejaht, da die Betätigung der Risikotaste, mit der das Spiel von außen beeinflußt werden kann, auf der Auswertung eines sog. Manipulationsprogramms beruht (ebenso *Bühler* S. 101 ff und der Vorlagebeschluß BayObLG NJW **1994** 960 mit Anm. *Achenbach* JR **1994** 293 ff). Für die Bestimmung der Unbefugtheit des Handelns verbindet BGH aaO S. 335 f die subjektivierende Auslegung (nach dem Erwartungshorizont des Automatenbetreibers) mit der betrugsspezifischen, da es bei rechtswidriger Erlangung der Kenntnis vom Computerprogramm des Spielautomaten an „einer grundlegenden Voraussetzung für befugtes Spielen" fehle, das „nicht mehr im Risikobereich des Automatenbetreibers" liege (oben Rdn. 42). In Anlehnung an die Rechtsprechung zum Wettbetrug (RGSt. **62** 415; BGHSt. **29** 165; **aA** aber BGHSt. **16** 120) wird man in der Tat entsprechend der Rechtslage bei § 263 eine konkludente Vorspiegelung dahingehend bejahen müssen, daß der Spieler nicht auf rechtswidrige (!) Weise Kenntnis vom Programm des Spielautomaten erlangt (oder rechtswidrig auf dieses Programm eingewirkt) hat:[70] Beim Spiel bildet die Unkenntnis von seinem Ausgang die Geschäftsgrundlage. Bei computerspezifischer Auslegung, die auf ein „systemwidriges" Vorgehen abstellt, dürfte § 263 a dagegen zu verneinen sein.[71]

---

[70] BayObLG NJW **1994** 960 mit Anm. *Achenbach* JR **1994** 293 ff; LG Saarbrücken NJW **1989** 2272; AG Ansbach CR **1989** 415; AG Aschaffenburg CR **1988** 1030; AG Augsburg CR **1989** 1004; AG Fürth CR **1989** 1007; AG Neunkirchen CR **1988** 1028; *Lackner/Kühl* Rdn. 14 a; *Mitsch* JZ **1994** 882 und JR **1995** 433; *Rengier* 1 § 14, 14; *Wessels* BT-2 Rdn. 583; ebenso *Gössel* 2 § 22, 17; **aA** OLG Hamm CR **1991** 233; LG Duisburg wistra **1988** 278 f; LG Stuttgart NJW **1991** 441 mit Anm. *Bühler* MDR **1991** 14; *Achenbach* JR **1994** 293; *Maurach/Schroeder/Maiwald* 1 § 41 VI 2 Rdn. 234; *Schlüchter* NStZ **1988** 59; *Sch/Schröder/Cramer* Rdn. 20 a; wohl auch *Tröndle* Rdn. 8 c, je mit weit. Nachw.

[71] OLG Celle CR **1989** 1002 mit Anm. *Etter* und Anm. *Lampe* JR **1990** 347 ff; OLG Karlsruhe Rpfleger **1992** 268 (LS; ausführlicher *Bühler* S. 86 ff); LG Aachen JR **1988** 436 f mit Anm. *Lampe*; LG Freiburg NJW **1990** 2635 mit Anm. *Otto* CR **1990** 797 f; LG Ravensburg StV **1994** 214 f mit Anm. *Herzog*; *Arloth* CR **1996** 364 f; *Ranft* NJW **1994** 2579. – Übersicht zur sonstigen LG- und AG-Rechtsprechung bei *Bühler* S. 110 f, 116 f.

§ 263 a ist dagegen nicht einschlägig, wenn der Täter in einer mitgeführten Computeranlage die am Spielautomaten angezeigten Daten mit dem Ziel verarbeitet, Informationen für eine gewinnsichere Betätigung der Risikotaste zu gewinnen (LG Göttingen NJW **1988** 2488). Nicht tatbestandsmäßig ist auch die Vorausberechnung der Spielkonstellationen ohne Einwirkung auf den Spielautomaten (LG Aachen JR **1988** 436 f) und die Benutzung von Zahlenlisten zu demselben Zweck (StA beim LG Ellwangen CR **1988** 750).

62 g) Die 4. Alt. erfaßt mit der **unbefugten Einwirkung auf den Ablauf** des Datenverarbeitungsvorgangs in Anlehnung an das österreichische Recht (BTDrucks. 10/5058 S. 30; vgl. oben Rdn. 12) alle verbleibenden, also nicht unter die voraufgehenden Alternativen fallenden Manipulationen unter Einschluß der Output-Manipulationen, z. B. durch Verhinderung des Ausdrucks (*Lackner/Kühl* Rdn. 15; **aA** *Sch/Schröder/Cramer* Rdn. 5). Gemeint sind damit vor allem Konsolmanipulationen, soweit sie nicht Input-Manipulationen sind (dazu bereits *Tiedemann* Wirtschaftsstrafrecht 2 S. 150 f), und Hardware-Manipulationen, aber auch störende Einwirkungen auf den Aufzeichnungsvorgang i. S. d. § 268 Abs. 3 und von der 1. Alt. nicht erfaßte, insbesondere nachträgliche Einwirkungen auf das Programm, z. B. auf dessen zeitlichen oder maschinellen Ablauf (BTDrucks. 10/318 S. 20).[72] Erforderlich ist nicht, daß die Einwirkung zu einem „falschen" Ergebnis des Datenverarbeitungsvorgangs führt (oben Rdn. 26; **aA** *Lenckner/Winkelbauer* CR **1986** 658). Nach *Lackner* (Tröndle-Festschrift S. 56) liegt in der „betrugsspezifisch" ausgelegten Unbefugtheit der „Täuschungswert" des Verhaltens. Dieser ist allerdings ähnlich wie bei der 1. Alt. (oben Rdn. 31) deshalb fiktiv, weil beim Menschen eine Einwirkung auf den Ablauf des Denk- und Entscheidungsprozesses außerhalb von unrichtigen Angaben (Input-Manipulation!) nur durch täuschungsfremde Einwirkungen, z. B. durch Herbeiführen von Übermüdung, Trunkenheit usw. möglich ist. Eine Täuschungs„ähnlichkeit" der Handlung ist hier daher entgegen *Haft* (NStZ **1987** 8) und *Ranft* (NJW **1994** 2574) nicht erforderlich (vgl. auch *Frey* S. 198 f). Vor allem können Hardware-Manipulationen auch in Sachbeschädigungen bestehen, sofern es dadurch zu unrichtigen Abläufen des Datenverarbeitungsvorgangs kommt. Der Ausschluß gewaltsamer Einwirkungen bei § 265 a (*Tiedemann* LK Rdn. 37) ist dort durch die Tathandlung des Erschleichens bedingt. Demgegenüber ist die „Einwirkung auf den Ablauf" als Begriff überaus weit[73] und wird im wesentlichen nur durch das zusätzliche Merkmal „unbefugt" begrenzt. Ihr wesentliches Moment ist die Manipulation, und ein Betrugsvergleich dient im wesentlichen nur dem Ausschluß bloßer Ordnungsverstöße (vgl. auch oben Rdn. 44 a. E.).

63 Die Frage der *Unbefugtheit*, die auch hier zum Tatbestand zählt (vgl. nur *Neumann* JuS **1990** 536), wird teilweise ebenso wie bei der 3. Alt. behandelt.[74] Zutreffend erscheint es demgegenüber, an die 1. und 2. Alt. anzuknüpfen und einschränkend auf die unrichtige Verarbeitung der richtig eingegebenen Informationen abzustellen.[75] Entgegen BGHSt. **40** 331, 335 beseitigt die ausdrückliche oder stillschweigende Gestattung durch den Betreiber nicht ohne weiteres die Unbefugtheit. Vielmehr be-

---

[72] *Lackner/Kühl* Rdn. 15; *Möhrenschlager* wistra **1986** 133; *Tiedemann* JZ **1986** 869; *Tröndle* Rdn. 9; auch *Günther* SK Rdn. 21; **krit.** *Haft* NStZ **1987** 8.

[73] Vgl. nur *Gössel* 2 § 22, 26 (mit dem Beispiel des Überspielens von sog. Viren, die zur Behinderung der Verarbeitungsvorgänge oder zur teilweisen Zerstörung der Datenbestände führen können).

[74] *Gössel* aaO; *Günther* SK Rdn. 22; wohl auch *Tröndle* Rdn. 9.

[75] *Lackner/Kühl* Rdn. 15; *Maurach/Schroeder/Maiwald* 1 § 41 VI 2 Rdn. 235; *Otto* BT § 52 III 3 d.

stimmt sich die Richtigkeit des Ergebnisses der DV-Anlage teilweise unabhängig vom Willen des Betreibers nach Aufgabe und Zweck des konkreten Programms (vgl. oben Rdn. 30 f). Diese Auslegung ist auch geeignet, die gesetzliche Bestimmtheit der weitgefaßten 4. Alt. zu verbessern bzw. herzustellen.

h) Die vorstehend erläuterten Tathandlungen können auch durch **Unterlassen** begangen werden. Dies setzt allerdings voraus, daß tatsächlich ein DV-Vorgang stattfindet (*Frey* S. 191; *Lenckner/Winkelbauer* CR **1986** 657; *Tröndle* Rdn. 7 für die 2. Alt.). Die garantenpflichtwidrige Nichteingabe von Daten in die DV-Anlage (z. B. durch einen Steuerbeamten: Schw. BGE **96** IV 185) kann unter dieser Voraussetzung entsprechend der Behandlung des Unterlassens beim Betrug strafbar sein, und zwar nicht nur als (aktive) Verwendung unvollständiger Daten (*Lenckner/Winkelbauer* aaO S. 656 f mit Nachw.). Daneben kann § 263 a – in allen Alternativen – durch Unterlassen in der Weise begangen werden, daß z. B. der Betriebsinhaber oder ein anderer Garant (z. B. Vorgesetzter) die Verwendung unrichtiger Daten usw. durch seinen Angestellten (Nachgeordneten) vorsätzlich duldet (vgl. auch *Tiedemann* LK § 264 Rdn. 76 mit Nachw.). 64

i) Die **Beeinflussung des Ergebnisses** eines Datenverarbeitungsvorgangs wird vom Tatbestand als (Zwischen-)*Folge* der Tathandlung erfordert (vgl. bereits Rdn. 26). Der DV-Vorgang und dessen Beeinflussung treten an die Stelle von Irrtum und Verfügung beim Betrug. – Aus der Charakterisierung des Tatbestandes als Betrug ergibt sich zunächst, daß der DV-Vorgang *vermögenserheblich* sein muß (BTDrucks. 10/318 S. 19; *Sch/Schröder/Cramer* Rdn. 23). Er muß sodann wie bei § 263 *unmittelbar*, nämlich ohne weitere deliktische Zwischenhandlungen des Täters, vermögensmindernd wirken,[76] also eine Vermögensverfügung darstellen. Auch wenn elektronische Türschlösser und Wegfahrsperren als DV-Anlagen i. S. d. § 263 a angesehen werden (dazu oben Rdn. 22), ist die Manipulation daher nicht tatbestandsmäßig, wenn sie dem Täter nur die Möglichkeit zur Wegnahme von Sachen oder des Kraftfahrzeuges eröffnet (*Lackner/Kühl* Rdn. 19 mit Nachw.). Verfügung und Wegnahme schließen sich aus: Zwischen § 263 a und § 242 (sowie anderen Fremdschädigungsdelikten) besteht ein **Verhältnis der Exklusivität** (vgl. bereits oben Rdn. 17).[77] 65

An der Vermögensdisposition des Computers fehlt es trotz vermögensschädigender Auswirkungen in Fällen von Computersabotage (z. B. durch Fehlprogrammierung seitens des von der Konkurrenz bestochenen Operators) oder Lahmlegung der DV mit der Folge mangelnder oder mangelhafter Verwertbarkeit der Arbeitsergebnisse des Computers.[78] Mit diesem Kriterium wird auch die bereits oben Rdn. 60 erwähnte Straflosigkeit des sog. **Zeitdiebstahls**, also der unbefugten Inanspruchnahme eines fremden DV-Systems für eigene Zwecke ohne Entrichtung eines Entgelts, begründet: Insoweit werden keine Ergebnisse der DV manipuliert.[79] 66

---

[76] OLG Celle JR **1997** 345, 347 mit Anm. *Hilgendorf*; *Gössel* 2 § 22, 33; *Günther* SK Rdn. 24; *Lackner/Kühl* Rdn. 17; *Lenckner/Winkelbauer* CR **1986** 659; *Maurach/Schroeder/Maiwald* § 41 VI 3 Rdn. 237; Möhrenschlager wistra **1986** 133; *Otto* BT § 52 III 4; *Rengier* 1 § 14, 2; *Schlüchter* S. 93; *Sch/Schröder/Cramer* Rdn. 24; *Tröndle* Rdn. 9 a. Übereinstimmend auch BGHSt. **38** 120, 122 ff.

[77] *Lenckner/Winkelbauer* CR **1986** 660; *Sch/Schröder/Cramer* Rdn. 26; *Schulz/Tscherwinka* JA **1991** 123.

[78] *Lackner/Kühl* Rdn. 25; *Lenckner/Winkelbauer* CR **1986** 659; *Möhrenschlager* wistra **1986** 133; *Sch/Schröder/Cramer* Rdn. 24; *Tröndle* Rdn. 11.

[79] *Günther* SK Rdn. 26; *Möhrenschlager* wistra **1986** 133 Fußn. 53 a; *Schlüchter* S. 93; *Schulze-Heiming* S. 262; *Tröndle* Rdn. 8 b; **krit.** *Richter* in Müller-Gugenberger § 34, 57.

67 An der erforderlichen Unmittelbarkeit der Vermögensminderung fehlt es ferner dann, wenn der DV-Vorgang erst noch von einem Menschen in eine Vermögensdisposition umgesetzt werden muß (*Tröndle* Rdn. 9 a mit Nachw.). Allerdings ist es unschädlich, daß zur Herbeiführung des Vermögensschadens noch eine nachgeordnete Person ohne eigene Entscheidungsbefugnis, also ohne Vornahme einer Inhaltskontrolle, tätig werden muß oder das Arbeitsergebnis der DV-Anlage sonst Teilstück einer mehraktigen (mehrstufigen) Verfügung ist (*Lenckner/Winkelbauer* CR **1986** 659; *Sch/Schröder/Cramer* Rdn. 24). Während aber die Einschaltung von Kontrollpersonen mit inhaltlichen Entscheidungsbefugnissen zur Anwendung des vorrangigen § 263 führt (vgl. nur *Sch/Schröder/Cramer* aaO), kann zweifelhaft sein, wie die inhaltliche Stichproben-Kontrolle des Ausdrucks zu behandeln ist. Nach *Lackner/Kühl* (Rdn. 18) soll § 263 a hier anwendbar sein, da es vom Zufall abhänge, ob die Manipulation bei der Kontrolle entdeckt wird, und die Ausdrucke „meist" schon als solche die Voraussetzungen einer schadensgleichen konkreten Vermögensgefährdung erfüllen (wohl strenger *Arzt/Weber* IV Rdn. 72). Indessen löst sich diese Gesamtbetrachtung des DV-Vorgangs von der im Strafrecht unausweichlichen Individualisierung der Tathandlung und des Taterfolges, so daß es auf die Situation in jedem konkreten Einzelfall ankommt. Sind entsprechende tatsächliche Feststellungen nicht möglich, so entsteht das Problem der Wahlfeststellung (dazu unten Rdn. 74).

68 Das Beeinflussen setzt voraus, daß die Tathandlung den Arbeitsvorgang der DV-Anlage – sei es auch nur in zeitlicher Hinsicht – zumindest **mitbestimmt**, also jedenfalls mitursächlich ist, und dadurch mindestens mittelbar eine **Vermögensdisposition** des Computers auslöst.[80] Vor allem wegen des Kausalitätserfordernisses ist zweifelhaft und streitig, ob die Verwendung allgemein unrichtiger Daten (z. B. Behauptung eines Vertragsschlusses) im *automatisierten Mahnverfahren* tatbestandsmäßig ist (vgl. bereits oben Rdn. 39). Die bejahende Ansicht[81] begründet die Strafbarkeitserweiterung im Vergleich zu § 263, der wegen Wegfalls der Schlüssigkeitsprüfung durch das Gericht nicht einzugreifen vermag, mit der selbständigen Benennung der Tatmittel in § 263 a und schwächt das strikte Kausalitätserfordernis durch die Formel ab, daß die manipulierten Daten „in den Verarbeitungsvorgang Eingang finden und ihn mitbestimmen müssen" (BTDrucks. 10/318 S. 19 f). Die verneinende Auffassung beruft sich auf die Parallelität zu § 263, also auf das Fehlen der Kausalität, und postuliert eine Überschreitung des Schutzzwecks der Norm bzw. Richtigkeit der relevanten Angaben.[82] Insoweit zutreffend weisen *Lenckner/Winkelbauer* (CR **1986** 656) darauf hin, daß es entgegen der von BTDrucks. aaO S. 21 angenommenen Parallelisierung beim automatisierten *Lastschrifteinzugsverfahren* der Banken nicht um die Geltendmachung angeblicher, sondern wirklicher Zahlungsansprüche geht (und einschlägige Falschangaben daher zweifelsfrei zur Anwendung des § 263 a führen). Da im gerichtlichen Mahnverfahren erst der Vollstreckungsbescheid eine konkrete Vermögensgefährdung darstellt und hierfür ein neuer Antrag des Vollstreckungsgläubigers erforderlich ist (§ 699 Abs. 1 ZPO), kann freilich erst dieser Antrag einen Versuch nach § 263 a darstellen (**aA** OLG Düsseldorf NStZ **1991** 586), dessen Begehung dann mit Erlaß des Vollstreckungsbescheides vollendet werden kann. Wegen der möglichen und ausnahmsweise auch erfolgenden Vornahme einer Schlüssigkeitsprüfung durch

---

[80] BTDrucks. 10/318 S. 19 f; *Bühler* S. 106; *Möhrenschlager* aaO; *Lenckner/Winkelbauer* CR **1986** 659; *Otto* BT § 52 III 4; *Schulz/Tscherwinka* JA **1991** 122 f; *Tiedemann* JZ **1986** 869; *Tröndle* Rdn. 5; *Wessels* BT-2 Rdn. 575.

[81] BTDrucks. 10/318 S. 20 f; *Granderath* DB **1986** Beil. 18 S. 4; *Haft* NStZ **1987** 8; *Möhrenschlager* wistra **1986** 132. Vgl. bereits oben Rdn. 39.

[82] *Haß* in Lehmann XII, 10; *Lackner/Kühl* Rdn. 20; *Lenckner/Winkelbauer* CR **1986** 656; *Tröndle* Rdn. 7. Vgl. schon oben Rdn. 39.

den Rechtspfleger liegt aber an sich bei Behauptung eines nicht bestehenden Anspruchs wohl stets ein mit dolus eventualis unternommener Betrugsversuch nach § 263 vor. Dies zeigt, daß es kriminalpolitisch um den Schutz angeblicher Schuldner vor „Übertölpelung" geht. Da dogmatisch die Betrugsähnlichkeit des § 263 a keine völlige Identität der Beeinflussung des DV-Vorgangs mit der Vermögensverfügung beim Betrug erfordert, erscheint im Ergebnis die Bejahung des § 263 a bzw. des Versuchsbeginns mit Stellung des Antrags auf Erlaß des Vollstreckungsbescheids zutreffend, sofern die allgemein unrichtigen Angaben Eingang in den DV-Vorgang finden.

Die Beeinflussung erfordert im einzelnen nicht, daß der DV-Vorgang bei Vor- **69**
nahme der Tathandlung bereits in Gang befindlich war. Vielmehr reicht aus, daß er – wie bei der Datenverwendung gegenüber Bankomaten – durch sie erst in Gang gesetzt oder sonstwie gesteuert wird.[83]

j) Die für die Vollendung des Tatbestands erforderliche **Vermögensbeschädigung** **70**
entspricht in jeder Hinsicht der bei § 263.[84] Sie muß entsprechend dem Wortlaut des § 263 a ursächliche Folge der Beeinflussung des Ergebnisses eines Datenverarbeitungsvorgangs sein, so daß nicht die Tathandlung als solche, sondern das durch sie manipulierte Arbeitsergebnis des Computers zur Schadensfolge in Beziehung zu setzen ist (*Schlüchter* S. 93; *Tröndle* Rdn. 11). Nach ganz h. M. (zu § 263) kann der Schaden auch in der Begründung einer Verbindlichkeit liegen, z. B. bei der sog. Autorisierungserklärung des Betreibers von kartengestützten elektronischen Zahlungssystemen (oben Rdn. 51 u. 53). Zu dem Vermögensschaden gehört dagegen nicht der Aufwand, der erforderlich ist, um Schäden zu beheben, die durch die Manipulation am Computer, seinem Programm oder seiner Hardware entstanden sind (*Tröndle* aaO mit Nachw.); insofern fehlt es an der erforderlichen Stoffgleichheit zwischen erstrebtem Vermögensvorteil und eingetretenem Schaden (vgl. nur *Lackner/Kühl* Rdn. 25; näher unten Rdn. 76).

Die Vermögensdisposition der DV-Anlage muß nicht notwendigerweise das Ver- **71**
mögen des Betreibers, sondern kann unter bestimmten Voraussetzungen auch das Vermögen Dritter betreffen. Nach ganz h. M. finden insoweit die zu § 263 entwickelten Grundsätze über den **Dreiecksbetrug** sinngemäß Anwendung.[85] Greifen diese Grundsätze und Kriterien (insbesondere Näheverhältnis oder Rechtsscheinmacht des Verfügenden im Verhältnis zum Geschädigten) nicht ein, so kann Diebstahl oder ein anderes Fremdschädigungsdelikt in mittelbarer Täterschaft vorliegen (*Günther* SK Rdn. 24 a. E.). – Demgegenüber meint *Haft* (NStZ **1987** 8), nur in den (seltenen) Fällen, in denen der Geschädigte auch der Betreiber des Computers ist, bestehe die nach allgemeinen Betrugsgrundsätzen erforderliche besondere Beziehung zwischen Computer und geschädigtem Betreiber: Der Computerbetrug sei „strukturell ein Dreiecksbetrug" (zust. *Gogger* S. 77). In allen anderen – den meisten – Fällen fehle

[83] Vgl. bereits oben Rdn. 26 a. E.; BGHSt. **38** 121; BayObLG JR **1994** 289; OLG Köln NJW **1992** 125 f; *Berghaus* JuS **1990** 981; *Bieber* WR **1987** Beil. 6 S. 23; *Bühler* S. 73 („Die Auslösung ist die stärkste Form der Beeinflussung."); *Cramer* JZ **1992** 1032; *Ehrlicher* S. 80 ff; *Gogger* S. 66 f; *Günther* SK Rdn. 23; *Haft* NStZ **1987** 8; *Huff* NJW **1987** 817; *Lackner* Tröndle-Festschrift S. 58; *Otto* JR **1987** 224; *Schlüchter* S. 92; *Schulz/Tscherwinka* JA **1991** 122 f; *Thaeter* JA **1988** 550; *U. Weber* Krause-Festschrift S. 432; **aA** LG Wiesbaden NJW **1989** 2551 f; *Etter* CR **1991** 487; *Gössel* 2 § 22, 24 (aber auch Rdn. 25); *Jungwirth* MDR **1987** 543; *Kleb-Braun* JA **1986** 259; *Ranft* wistra **1987** 83.

[84] *Gössel* 2 § 22, 35; *Günther* SK Rdn. 27; *Lackner/Kühl* Rdn. 23; *Lenckner/Winkelbauer* CR **1986** 660; *Maurach/Schroeder/Maiwald* 1 § 41 VI 3 Rdn. 238; *Möhrenschlager* wistra **1986** 133; *Otto* BT § 52 III 4; *Sch/Schröder/Cramer* Rdn. 27.

[85] *Günther* SK Rdn. 24; *Lackner/Kühl* Rdn. 21; *Lenckner/Winkelbauer* CR **1986** 659 f; *Sch/Schröder/Cramer* Rdn. 25; *Tröndle* Rdn. 9 a.

dagegen ein Näheverhältnis, z. B. zwischen Bankcomputer und Bankkunden; auch an dieser Systemstelle müßten daher allgemeine Betrugsgrundsätze aufgegeben werden. Diese Sicht ist auch nicht dann folgerichtig, wenn man wie hier (oben Rdn. 16) in dem Arbeitsergebnis der DV-Anlage eine eigene Verfügung des Computers und daher in § 263 a ein betrugsähnliches Delikt sieht. Auch der an den angeblichen Bankkunden Geld der Bank auszahlende Bankangestellte wirkt als Vertreter der Bank, die damit eine Verfügung über das Konto des Kontoinhabers vornimmt; dabei steht sowohl der Angestellte zur Bank als auch diese zum Kontoinhaber in einem Näheverhältnis. Ersetzt man den Angestellten der Bank durch einen Bankomaten, so bleibt der Computer ein Hilfsmittel des Systembetreibers; die Verfügung des Computers über das Bargeld der Bank ist insoweit als Selbstschädigung des Betreibers anzusehen: Der Systembetreiber tritt an die Stelle des (Getäuschten und) Verfügenden beim Betrug (zutr. *Altenhain* JZ **1997** 754 f; *Lenckner/Winkelbauer* CR **1986** 659). Im Verhältnis von Bank und Kontoinhaber ändert sich dagegen durch die Automatisierung nichts. Vor allem muß weder zwischen Angestelltem und Bankkunden noch zwischen Computer und Kunden ein Näheverhältnis vorhanden sein. Damit steht nichts entgegen, für die Beurteilung der Schädigung anderer als des Verfügenden die Grundsätze des Dreiecksbetruges insgesamt „sinngemäß" heranzuziehen.

V. Vorsatz und Absicht

72 **1. Der Vorsatz** – unstreitig auch als nur *bedingter* – muß sich gemäß § 16 Abs. 1 auf alle Tatbestandsmerkmale, also insbesondere auch auf die Unrichtigkeit oder Unvollständigkeit der Daten und auf die Unbefugtheit ihrer Verwendung oder der Einwirkung auf den Ablauf beziehen. Bei „betrugsspezifischer" Bestimmung der Unbefugtheit (oben Rdn. 44) zählen jedenfalls die tatsächlichen Voraussetzungen, die den Mangel der Befugnis begründen, zum Tatbestand.[86] Ähnlich wie der Täter aber bei der „subjektivierenden" Auslegung die Vertrags- oder Zweckwidrigkeit seines Tuns bzw. den entgegenstehenden Willen des Betreibers (oben Rdn. 43) kennen muß, um vorsätzlich zu handeln, ist Tatsachenkenntnis auch bei der betrugsspezifischen Auslegung nicht ohne weiteres ausreichend. Da das Fehlen der Befugnis gerade den Unrechtsgehalt des im übrigen neutralen Handelns ausmacht (insoweit zutr. *Sch/Schröder/Cramer* Rdn. 33), vermag der Tatbestand seine „Appellfunktion" für das Unrechtsbewußtsein nur zu erfüllen, wenn zum Vorsatz auch die laienhafte Kenntnis oder Wertung gerechnet wird, daß das Handeln nicht erlaubt ist. Es liegt hier ähnlich wie bei der fehlenden Befugnis nach § 132 a und dem Genehmigungserfordernis der §§ 327, 328 (sowie im Nebenstrafrecht; dazu *Tiedemann* Tatbestandsfunktionen S. 321 ff). Gestattet etwa der berechtigte ec-Karteninhaber einem Dritten die Geldabhebung, so ist nach der subjektivierenden Auslegung, die auf die Vertragswidrigkeit im Verhältnis zum Kreditinstitut abstellt, Kenntnis des Täters von dieser Vertragswidrigkeit, also der Sache nach Rechtskenntnis erforderlich; nach der betrugsspezifischen Auslegung entfällt dagegen schon der objektive Tatbestand (oben Rdn. 50). Für die Annahme einer rechtfertigenden Einwilligung (und einen Irrtum hierüber) bleibt entgegen *Sch/Schröder/Cramer* (aaO) kein Raum.

73 Im **Verhältnis zum Betrugsvorsatz** ist zwar davon auszugehen, daß sich § 263 und § 263 a gegenseitig ausschließen, da letztere Vorschrift (nur) zur Anwendung kommt, wenn die eigentliche (schädigende) Vermögensverfügung ausschließlich vom Compu-

[86] *Günther* SK Rdn. 30; *Lackner/Kühl* Rdn. 24; *Sch/Schröder/Cramer* Rdn. 33; *Tröndle* Rdn. 12.

ter getroffen wird (vgl. nur *Lenckner/Winkelbauer* CR **1986** 660; oben Rdn. 17). Jedoch kann sich der Täter irrig vorstellen, ein Mensch sei mit inhaltlicher Prüfungskompetenz eingeschaltet und treffe die schädigende Verfügung, oder er kann zu Unrecht davon ausgehen, der gesamte Vorgang werde maschinell erledigt; im ersten Fall hat der Täter Betrugsvorsatz, im zweiten auf § 263 a gerichteten Vorsatz. Die unbestrittene h. M. bestraft hier wegen der Gleichwertigkeit des Unrechts und nur unwesentlicher *Abweichung im Kausalverlauf* jedenfalls nach dem Tatbestand, der objektiv verwirklicht ist (Vollendung).[87] Zusätzlich Versuch des anderen Tatbestandes anzunehmen (so *Lackner/Kühl* Rdn. 24; *Tröndle* Rdn. 12), widerspricht der von diesen Autoren selbst hervorgehobenen Gleichwertigkeit des Unrechts sowie bei Annahme von §§ 263 a, 22 der gesetzgeberisch gewollten Auffangfunktion des § 263 a (vgl. oben Rdn. 17). Allerdings soll der Versuch entsprechend allgemeinen Grundsätzen subsidiär sein (*Lackner* Tröndle-Festschrift S. 57), so daß der Streit ähnlich wie oben Rdn. 38 im Ergebnis nur selten relevant wird. Vor allem gilt auch für **Teilnehmer** das für Täter Ausgeführte entsprechend: Stellt der Gehilfe dem späteren Täter eine gefälschte ec-Karte in der Vorstellung zur Verfügung, dieser werde mit der Karte Bankomaten ausplündern, so wird der Gehilfe aus §§ 263, 27 bestraft, wenn der Täter bei einem POS (oben Rdn. 52) einkauft und mit der Karte „bezahlt", also gegenüber dem Händler einen Betrug begeht. Faßt der Täter mit *Alternativvorsatz* die Verwirklichung beider Straftatbestände ins Auge, während objektiv nur einer verwirklicht wird, so liegt in Bezug auf diesen Vollendung vor; bezüglich des anderen Tatbestandes ist begrifflich wiederum Versuch gegeben,[88] der aber unter Konkurrenzerwägungen ebenfalls (als subsidiär) in Wegfall kommt (zutr. *Günther* SK Rdn. 29; *Lenckner/Winkelbauer* aaO S. 661, die aber für die Konstellation, daß die Verwirklichung beider Tatbestände im Versuch stecken bleibt, wegen ihrer Selbständigkeit Tateinheit annehmen und dieses Ergebnis als wenig einleuchtend bezeichnen; das Ergebnis ist jedoch bei Zusammentreffen etwa von §§ 246, 263 nicht anders und läßt sich im Rahmen des § 263 a dadurch vermeiden, daß die Auffangfunktion dieser Strafvorschrift bereits auf Tatbestandsebene berücksichtigt wird: *Günther* aaO).

Weiter ist möglich, daß sich im Strafverfahren nicht aufklären läßt, ob die für **74**
das Datenverarbeitungsergebnis vorgesehene menschliche Stichproben-Kontrolle im konkreten Einzelfall vorgenommen worden ist oder nicht. Steht insoweit fest, daß entweder der Tatbestand des § 263 oder der des § 263 a vorliegt, so ist im Wege der *Wahlfeststellung* eine alternative Verurteilung möglich (*Lenckner/Winkelbauer* aaO S. 660).

2. Sonstige **Irrtumsfälle** betreffen überwiegend Verbots- und insbesondere Sub- **75**
sumtionsirrtümer. Dies gilt etwa für die Annahme, ein vom Programmierer auftragsgemäß entworfenes Programm sei stets richtig (vgl. dazu oben Rdn. 29), ebenso wie für die Auffassung, die Verwendung einer entwendeten ec-Karte sei nicht unbefugt, da der Computer die Befugnis (nur) nach den Daten des Magnetstreifens und der PIN-Nummer bestimmt („computerspezifische" Auslegung, oben Rdn. 49). Umgekehrt ist die Annahme, jede Vertragswidrigkeit lasse die Datenverwendung unbefugt werden (subjektivierende Auslegung, oben Rdn. 42), ein strafloses Wahndelikt (*Sch/Schröder/Cramer* Rdn. 34).

3. Die **Absicht**, sich oder einem Dritten einen rechtswidrigen Vermögensvorteil **76**
zu verschaffen, ist unstreitig ebenso wie bei § 263 zu bestimmen. An ihr fehlt es,

[87] *Günther* SK Rdn. 29; *Lenckner/Winkelbauer* CR **1986** 660 f; *Sch/Schröder/Cramer* Rdn. 35.

[88] *Lackner/Kühl* Rdn. 24.

wenn der entgegen den AGB beauftragte Dritte auftragsgemäß Geld am Bankomaten abhebt und so nach der subjektivierenden Auslegung (oben Rdn. 50) den Tatbestand des § 263 a erfüllt (*Ehrlicher* S. 91). – Ebenso wie beim allgemeinen Betrugstatbestand ist auch *Stoffgleichheit* zwischen dem objektiv eingetretenen Vermögensschaden und dem subjektiv erstrebten Vorteil erforderlich.[89] Der Wille des Täters muß also dahin gehen, gerade durch das Ergebnis des manipulierten schädigenden DV-Vorgangs einen Vorteil zu erlangen.[90] Dies ist z. B. für den Mißbrauch einer echten Karte durch einen Nichtberechtigten im POS-System (oben Rdn. 52) zu bejahen, da der Täter zwar die gekaufte Ware aus dem Vermögen des Händlers erhält und der Vermögensschaden beim kartenausgebenden Kreditinstitut oder beim berechtigten Karteninhaber eintritt, aber dieselbe (wirtschaftliche) Vermögensverfügung den Vorteil und den Schaden herbeiführt (*Altenhain* JZ **1997** 756). Folgeschäden an der Soft- oder Hardware reichen dagegen nicht aus (*Lackner/Kühl* Rdn. 25; *Tröndle* Rdn. 13; vgl. bereits oben Rdn. 70).

VI. Vollendung, Beendigung und Versuch

77 **1. Vollendung** der Tat ist mit dem zumindest teilweisen Eintritt des Vermögensschadens (*Tröndle* Rdn. 14) oder der ihm gleichzustellenden konkreten Vermögensgefährdung (*Sch/Schröder/Cramer* Rdn. 38) gegeben. Beim (automatisierten) Mahnverfahren ist letztere erst mit Ablauf der für den Mahnbescheid geltenden Widerspruchsfrist anzunehmen (vgl. bereits oben Rdn. 68). Auch die Autorisierungsabfrage des Händlers im POS-Verfahren ist noch keine schadensgleiche Gefährdung des Vermögens des Kreditinstituts, das erst durch die Autorisierungserklärung eine Vermögensminderung erfährt (*Altenhain* JZ **1997** 754 f).

78 Die für die Verjährung (§ 78 a) maßgebende **Beendigung** der Tat tritt wie bei § 263 mit der Erlangung des letzten Vermögensvorteils ein (vgl. nur *Gössel* 2 § 22, 38). Dies führt vor allem bei Programmanipulationen (1. Alt.) zu einem späten Zeitpunkt der Beendigung („Dauerwirkung“ der Programmanipulationen, vgl. *Tiedemann* Wirtschaftsstrafrecht 2 S. 152 mit Nachw.).

79 **2.** Der **Versuch** ist strafbar, wie sich aus der Verweisung des Abs. 2 auf § 263 Abs. 2 ergibt. Ein Ansetzen zur Tatbestandsverwirklichung i. S. d. § 22 liegt vor allem dann vor, wenn die unrichtigen oder unvollständigen Daten „verwendet“ oder die richtigen Daten unbefugt verwendet und in den Computer eingegeben werden, der Erfolg der Vermögensbeschädigung aber ausbleibt, z. B. weil der Bankomat die vom Täter manipulierte und zwecks Erlangung von Bargeld in den Automaten eingeführte ec-Karte nicht annimmt (BayObLGSt. **1993** 86, 88; *Sch/Schröder/Cramer* Rdn. 38). Die Verwendung von Daten vor Eingabe in die DV-Anlage kann vor allem in den oben Rdn. 36 ff genannten Konstellationen mittelbarer Täterschaft einen strafbaren Versuch darstellen. Für die unrichtige Programmgestaltung (1. Alt.) gewinnt die heute vordringende Auffassung Bedeutung, daß die Ansatzformel des § 22 bei mehrgliedrigen Tatbeständen nicht auf die Verwirklichung eines einzigen tatbe-

[89] *Arzt/Weber* IV Rdn. 69; *Günther* SK Rdn. 28; *Lackner/Kühl* Rdn. 25; *Lenckner/Winkelbauer* CR **1986** 660; *Möhrenschlager* wistra **1986** 133; *Rengier* 1 § 14, 1; *Schlüchter* S. 93; *Sch/Schröder/Cramer* Rdn. 36; *Schulz/Tscherwinka* JA **1991** 123; *Tröndle* Rdn. 13; *Wessels* BT-2 Rdn. 575.

[90] *Altenhain* JZ **1997** 756; *Haß* in Lehmann XII, 18; *Möhrenschlager* wistra **1986** 133; *Sch/Schröder/Cramer* Rdn. 36.

standlichen Handlungsmerkmals, sondern auf die Tatbestandsverwirklichung im ganzen zu beziehen ist (vgl. nur BGHSt. **31** 178). Demgegenüber wird sich bereits aus der Eigenart der Tathandlung der unbefugten Einwirkung auf den Ablauf (4. Alt.) eine enge zeitliche Grenzziehung zu und Verbindung mit der Beeinflussung des Ergebnisses des Datenverarbeitungsvorgangs ergeben.

VII. Konkurrenzen

1. Innerhalb des Tatbestandes nach Abs. 1 geht die **1. Alt.** der zweiten vor, auch **80** wenn die unterschiedliche Inhaltsbestimmung der Unrichtigkeit (oben Rdn. 29 ff) es ausschließt, Spezialität i. e. S. anzunehmen. Die **4. Alt.** bildet entgegen ihrem Wortlaut nicht den Grund-, sondern einen Auffangtatbestand für Fälle, die durch die ersten drei Alternativen nicht erfaßt werden (vgl. oben Rdn. 24; methodisch bedenklich daher der „jedenfalls"-Zugriff von BGHSt. **40** 331, 334 auf die 4. Alt.; vgl. *Schulz* JA **1995** 539). Sie ist also *subsidiär.* Dagegen können die übrigen Tatbestandsalternativen tateinheitlich oder tatmehrheitlich zusammentreffen, wenn teils richtige Daten unbefugt, teils unrichtige Daten oder unrichtige Programme verwendet werden.

2. Im **Verhältnis zu § 263**, also bei Einschaltung und Täuschung menschlicher **81** Entscheidungsträger oder Inhaber inhaltlicher Kontrollbefugnisse, ist § 263 a wegen seiner historischen Auffangfunktion *subsidiär,*[91] wenn und soweit nicht schon die Tatbestandsmäßigkeit verneint, nämlich Exklusivität beider Tatbestände (im Bereich der Vermögensverfügung) angenommen wird (vgl. oben Rdn. 17). Trotz teilweise unterschiedlicher Tatbestandskonstruktion und tatbestandlicher Verselbständigung des § 263 a besteht bezüglich des Unrechts *Wertgleichheit* zwischen Betrug und Computerbetrug. Ist daher einer der Tatbestände vollendet und der andere nur versucht, so zehrt das vollendete das versuchte Delikt auf (*Lackner/Kühl* Rdn. 27 gegen *Lenckner/Winkelbauer* CR **1986** 661; vgl. bereits oben Rdn. 73). Dasselbe gilt für die sonstwie stufenweise Erlangung des Vermögensvorteils, z. B. bei Realisierung der nach § 263 a erschlichenen Verpflichtungserklärung durch Betrug (Zurücktreten des § 263 a: *Lackner/Kühl* aaO).

Im Verhältnis zu **§ 370 AO**, also bei Erschleichung von Steuervorteilen und Hin- **82** terziehung von Abgaben, gilt das zu § 263 Ausgeführte entsprechend,[92] da § 370 AO seinerseits Spezialregelung gegenüber § 263 ist. Die von *Tröndle* (Rdn. 16) erwähnte Konstellation, daß durch dieselbe Tathandlung – unrichtige Angaben gegenüber der Steuerverwaltung – neben der Steuerverkürzung auch Vermögensvorteile zu Lasten anderer erstrebt werden (Tateinheit!), dürfte praktisch selten sein, vor allem da bei gleichzeitiger Erschleichung von Wirtschaftssubventionen § 264 eingreift (vgl. sogleich Rdn. 83).

Bei unrichtigen (unvollständigen) Angaben im Wirtschaftssubventionsverfahren **83** und bei der Beantragung von Betriebskrediten ist das Verhältnis zu *§§ 264, 265 b* ebenso zu bestimmen wie das von § 263, dem § 263 a nachgebildet und wertgleich ist: Vorrang des § 264 (vgl. *Tiedemann* LK Rdn. 161) und Idealkonkurrenz mit § 265 b (vgl. *Tiedemann* LK Rdn. 115). Da bei § 264 nicht die entscheidungsbefugte Person

---

[91] *Gössel* 2 § 22, 40; *Lackner/Kühl* Rdn. 27; *Maurach/Schroeder/Maiwald* 1 § 41 VI 3 Rdn. 239; *Otto* BT § 52 III 6; *Rengier* 1 § 14, 17; *Sch/Schröder/Cramer* Rdn. 41; *Tröndle* Rdn. 15.

[92] BTDrucks. 10/5058 S. 30; *Günther* SK Rdn. 33; *Lackner/Kühl* Rdn. 28; *Tröndle* Rdn. 15 b.

getäuscht oder in Unkenntnis gelassen werden muß (*Tiedemann* LK § 264 Rdn. 86, 91) und auch bei § 265 b Vorlage der Falschangaben gegenüber dem Kreditunternehmen ausreicht (*Tiedemann* LK Rdn. 62), steht die Vornahme der Verfügung durch eine DV-Anlage der Bejahung jener Tatbestände nicht entgegen.

84 Im **Verhältnis zu §§ 242 ff, 246** geht § 263 a insbesondere bei Mißbrauch von ec-Karten zwecks Erlangung von Bargeld ausweislich der Entstehungsgeschichte (oben Rdn. 3) als Sondervorschrift vor,[93] soweit nicht der Täter ohnehin Eigentum an dem Bargeld erlangt und die Eigentumsschutzstraftatbestände daher schon aus diesem Grund ausscheiden; der nachfolgende Verbrauch des fremden Geldes ist entweder tatbestandslos (BGHSt. **38** 120, 124; *Lackner/Kühl* Rdn. 28) oder als mitbestrafte Nachtat straflos (*Bandekow* S. 255; *Ehrlicher* S. 95; *Otto* JZ **1993** 567). Bei Diebstahl und anschließender Benutzung der Karte nach § 263 a ist der Diebstahl (auch bei Eingreifen von §§ 243 ff!) mitbestrafte Vortat,[94] wenn und soweit der berechtigte Kontoinhaber Karteneigentümer ist und den durch Abhebung des Geldes entstehenden Verlust zu tragen hat. Die Beantwortung der letzteren Frage richtet sich nach Nr. III der Bedingungen für ec-Karten (unten Anhang Rdn. 94) und wird für eine wirtschaftliche Betrachtungsweise nicht dadurch in Frage gestellt, daß der Computerbetrug zunächst nur zur Schädigung des Kreditinstituts führt, dessen Eigentum an dem im ec-Automaten befindlichen Bargeld gemindert wird. Bei der Verwendung gestohlener Karten im POS-System (oben Rdn. 52) gilt Entsprechendes (*Rossa* CR **1997** 226 mit Nachw.), zumal der Vermögensschaden der Bank hier zunächst nur in der Eingehung einer Verpflichtung (durch die sog. Autorisierung) besteht (**aA** anscheinend *Altenhain* JZ **1997** 753 ff). – Der beim Bezahlen mit einer zuvor gestohlenen oder unterschlagenen **Geldkarte** begangene Computerbetrug (oben Rdn. 54) dürfte hingegen als mitbestrafte Nachtat zurücktreten. Denn im Unterschied zur ec-Karte ist der Geldbetrag auf der bargeldfunktionellen Geldkarte verkörpert, also bereits taugliches Zueignungsobjekt, und es liegt ähnlich wie bei den Sparbuchfällen, in denen der möglicherweise durch das Abheben begangene Betrug mitbestrafte Nachtat ist (*Ruß* LK § 242 Rdn. 60).

85 Im **Verhältnis zu anderen Straftatbeständen** kommt mit Blick auf die Erlangung und Verwertung fremder Betriebsgeheimnisse (Computerprogramme!) *Tateinheit* oder Tatmehrheit von § 263 a mit §§ 202 a StGB, 17 UWG in Betracht.[95] Die letztere Bestimmung hat vor allem für die Beurteilung des Leerspielens von Geldspielautomaten mittels rechtswidrig erlangter Computerprogramme Bedeutung.[96] – Im Verhältnis zur rechtswidrigen Datenveränderung (§ 303 a) und Computersabotage (§ 303 b) ist ebenfalls Tateinheit anzunehmen,[97] sofern der Tatbestand des § 263 a erfüllt wird. Dasselbe gilt für den ebenfalls auf Daten bezogenen Fälschungstatbestand des § 269,[98] aber auch in Bezug auf § 268, dessen Tathandlung nach Abs. 3

---

[93] Vgl. oben Rdn. 17; ferner *Bühler* S. 75; *Otto* BT § 52 III 6; *Rengier* 1 § 14, 17; *Schulz/Tscherwinka* JA **1991** 123 f mit weit. Nachw.; **aA** insbes. *Ranft* wistra **1987** 84 ff und JuS **1997** 23.

[94] *Günther* SK Rdn. 32; *Schlüchter* S. 94; *Sch/Schröder/Cramer* Rdn. 18; **aA** *Arzt/Weber* IV Rdn. 86 und *U. Weber* JZ **1987** 216 f sowie Küchenhoff-Gedächtnisschrift S. 489 (Tatmehrheit); *Ranft aaO sowie* JR **1989** 165 (Vorrang der Eigentumsdelikte; vgl. aber auch JuS **1997** 23: Idealkonkurrenz!); *Schulz/Tscherwinka* aaO S. 124 (Tateinheit).

[95] *Günther* SK Rdn. 33; *Lackner/Kühl* Rdn. 29; *Sch/Schröder/Cramer* Rdn. 42; *Schulz* JA **1995** 542.

[96] Ausführlich und zusammenfassend dazu *Bühler* S. 141 ff mit Nachw.

[97] *Arzt/Weber* IV Rdn. 85; *Gössel* 2 § 22, 40; *Günther* SK Rdn. 33; *Lackner/Kühl* Rdn. 29; *Otto* BT § 52 III 6; *Rengier* 1 § 17, 17.

[98] *Arzt/Weber* IV Rdn. 84; *Gössel* aaO; *Günther* aaO; *Lackner/Kühl* aaO; *Otto* aaO; *Rengier* aaO; *Schlüchter* JR **1993** 495.

nicht selten eine Ablauf-Manipulation nach § 263 a darstellen wird.[99] Insbesondere *Tröndle* (Rdn. 17, zust. und übereinstimmend *Sch/Schröder/Cramer* Rdn. 42) rügt die angeblich wenig durchdachte weiträumige Überschneidung von § 263 a mit § 268 (und empfiehlt für die Praxis großzügige Anwendung von § 154 a Abs. 1 StPO), da praktisch die gesamte Datenverarbeitung als „technisches Gerät ganz oder zum Teil selbsttätig bewirkt", daß i. S. d. § 268 Abs. 2 Daten dargestellt werden, soweit die DV-Anlagen nicht für schlichte (Druck-)Programme eingesetzt werden (unter Berufung auf *Sieber* Computerkriminalität S. 313; dieser weist aber S. 316 darauf hin, daß mangels der von § 268 Abs. 2 geforderten Erkennbarkeit der Input-Informationen und der Verarbeitungsregeln ein großer Teil der Computerprodukte gerade aus § 268 ausscheidet).

Schließlich besteht Tateinheit mit *§ 266*, wenn der Täter (z. B. als Bankangestell- **86**
ter) gegenüber dem geschädigten Vermögen i. S. d. Tatbestandes treupflichtig ist.[100] Der gemeinsame Zweck des Vermögensschutzes hindert nicht, im Urteilstenor durch Annahme von Tateinheit zum Ausdruck zu bringen, daß die Vermögensbeschädigung sowohl durch eine Treupflichtverletzung als auch durch Einsatz eines Computers herbeigeführt worden ist. Die von *Schünemann* (LK § 266 Rdn. 167) für die Gegenansicht angeführte lückenschließende Funktion des § 263 a existiert im Verhältnis zu § 266 allenfalls in einem tatsächlichen Sinn; die Gegenansicht ist auch schwerlich mit der von *Schünemann* favorisierten Annahme von Tateinheit zwischen Betrug und Untreue vereinbar.

VIII. Internationales Strafrecht. Internationale Bezüge können sich bei § 263 a **87**
bislang aufgrund des Auslandstourismus und internationalen Geschäftsverkehrs vor allem daraus ergeben, daß Betrüger, Diebe und Fälscher in anderen Staaten mißbräuchlich von echten oder nachgemachten Karten (oben Rdn. 46 ff) Gebrauch machen und dadurch unmittelbar oder im Rückgriffswege deutsche Kreditinstitute, Kontoinhaber usw. schädigen (vgl. bereits *Ehrlicher* S. 28). Ähnlich können ausländische (Karten-)Unternehmen durch deutsche Täter mittels im In- oder Ausland begangener Taten geschädigt werden. Bei künftiger Zunahme von Telebanking, Teleshopping und des sonstigen elektronischen Handels („electronic commerce") kommt auch ein wachsender Anteil aus dem Ausland mittels Computernetzen (z. B. Internet) begangener Betrügereien zum Nachteil deutscher Unternehmen in Betracht (vgl. bereits *Tiedemann* LK § 265 a Rdn. 59 u. Kaiser-Festschrift 1998).

Die Beurteilung derartiger Fälle folgt den allgemeinen Regeln der **§§ 3 ff**, da **88**
§ 263 a nur das Individualrechtsgut des Vermögens schützt (oben Rdn. 13 ff). Derartige Individualrechtsgüter werden ohne Rücksicht auf die Nationalität des Rechtsgutsinhabers oder die Belegenheit des Rechtsgutes vom deutschen Straftatbestand geschützt (vgl. *Gribbohm* LK Rdn. 162 vor § 3, auch *Tiedemann* LK § 265 b Rdn. 117, je mit Nachw.). § 263 a als Erfolgsdelikt (oben Rdn. 15) findet daher insbesondere bei Schädigung eines deutschen Unternehmens vom Ausland aus Anwendung (§ 9). Entsprechendes gilt für Deutsche, die die Tat in einem anderen Staat gegen ausländische Computerbetreiber begehen, sofern die Tat im Ausland als Computer- oder auch nur allgemein als Betrug (oder sonstwie: *Gribbohm* LK § 7 Rdn. 18 ff mit Nachw.) unter Strafe gestellt ist (§ 7 Abs. 2 Nr. 1). — Streitig und noch ungeklärt ist,

---

[99] *Arzt/Weber* aaO; *Gössel* aaO; *Otto* aaO; *Rengier* aaO.

[100] *Günther* SK Rdn. 33; *Lackner/Kühl* § 266 Rdn. 23; *Schlüchter* S. 90. Vgl. auch bereits oben Rdn. 16.

ob der internationale Datenverkehr bei jeder Berührung deutschen Hoheitsgebietes, insbesondere bei bloßem Datentransport durch deutsche Netze, eine Allzuständigkeit der deutschen Strafrechtspflege nach § 9 Abs. 1 1. Alt. begründet (Beispiel: Verfolgung eines von Rußland aus bewerkstelligten Einbruchs in das System einer westeuropäischen Großbank mit der Folge der Vornahme von Überweisungen über mehr als 10 Mio. Dollar, vgl. FAZ Nr. 289 v. 12. 12. 1997 S. 5). Die auf einen sinnvollen Anknüpfungspunkt abstellende einschränkende Ansicht (*Hilgendorf* NJW **1997** 1873 ff mit weit. Nachw.) kann sich für § 263 a auf dessen besonderen Handlungsunwert (oben Rdn. 16) stützen, der nur dem Einspeisen, nicht aber dem Transport der Daten zukommt. Sie verdient den Vorzug.

IX. Strafantrag, Strafverfolgung, Strafzumessung

89 1. **Strafantrag** Bei geringem (Vermögens-)Schaden – nach aktuellem Maßstab regelmäßig unter 50,– DM! – ist nach Abs. 2 i. V. m. § 263 Abs. 4 ebenso wie bei Schädigung von Haus- und Familienangehörigen (usw.) ein Strafantrag erforderlich. Vgl. dazu §§ 77 ff. Für Zusammenrechnung der Schäden bei Abbuchung geringer Beträge von zahlreichen Konten plädiert *Geßler* Kriminalist **1986** 523; jedenfalls dürfte in derartigen Fällen ein besonderes öffentliches Interesse an der Strafverfolgung zu bejahen sein. – Der nach § 77 b Abs. 2 erforderliche Zeitpunkt der Erlangung der Kenntnis von der Tat kann infolge der Computerisierung der Vorgänge im Einzelfall relativ spät liegen. Dasselbe gilt von der erforderlichen Kenntnis von der Person des Täters (dazu im einzelnen *Jähnke* LK § 77 b Rdn. 9).

90 2. **Strafverfolgung.** Auch die Strafverfolgung, die abgesehen von den Rdn. 89 genannten Fällen keinen Strafantrag voraussetzt, trifft infolge der Computerisierung der Vorgänge häufig auf Schwierigkeiten, da die Durchführung von Ermittlungen ohne Mitwirkung des Systembetreibers nur schwer möglich ist. Da dieser allerdings bei § 263 a nicht Beschuldigter, sondern Opfer (und häufig Zeuge) ist, sind die Schwierigkeiten hier im Unterschied zu anderen Verfahren wegen des Einsatzes von DV-Systemen (als Tatmittel) meist nicht so sehr rechtlicher als vielmehr tatsächlicher Art (Gesamtübersicht bei *Bär* Der Zugriff auf Computerdaten im Strafverfahren, 1992, S. 36 ff und *Möhrenschlager* wistra **1991** 328 ff). Rechtlich ist insbesondere umstritten, ob eine aktive Mitwirkungspflicht des Systembetreibers bei der Aufbereitung von Dateien, insbesondere zum Ausdruck von Daten, besteht (vgl. *Lemcke* Die Sicherstellung gem. § 94 StPO und deren Förderung durch die Inpflichtnahme Dritter als Mittel des Zugriffs auf elektronisch gespeicherte Daten, 1995; *Möhrenschlager* aaO S. 329; je mit weit. Nachw.). Schwierig gestalten sich die Ermittlungen teilweise ebenfalls aus Rechtsgründen, wenn die Daten ins Ausland verlagert sind (dazu *Bär* CR **1995** 232 ff; *Dannecker* BB **1996** 1293).

91 Für die Aburteilung des Computerbetruges ist gemäß § 74 c Abs. 1 Nr. 5 GVG die **Wirtschaftsstrafkammer** zuständig, wenn die Staatsanwaltschaft wegen der besonderen Bedeutung des Falles gemäß § 24 Abs. 1 Nr. 3 GVG Anklage zum Landgericht erhebt (§ 74 Abs. 1 GVG). Dies wird vor allem bei großer Schadenshöhe, wiederholter Tatbegehung und besonderen Schwierigkeiten der Beweisführung zutreffen (vgl. auch *Tiedemann* LK § 264 a Rdn. 96).

92 3. **Strafzumessung.** In **besonders schweren Fällen** erhöht sich der Strafrahmen für das vollendete Delikt infolge der Verweisung des Abs. 2 auf § 263 Abs. 3 auf Freiheitsstrafe von sechs Monaten bis zu zehn Jahren. Diese Strafänderung wird vor allem bei großer Schadenshöhe (vgl. § 263 Abs. 3 Nr. 2!) und/oder langer Dauer der Schädigung (Programmanipulation, 2. Alternative!) und bei besonderer Raffinesse der Tatbegehung eingreifen (vgl. auch *Schl/Schröder/Cramer* Rdn. 43; *Tröndle* Rdn. 19). Einschlägig ist auch die Verweisung auf § 263 Abs. 3 Nr. 1, insbesondere wenn es sich um gewerbs- oder bandenmäßig begangene Herstellung von Magnetstreifen- oder Chipkarten handelt, und Nr. 2, etwa wenn durch Einbringung von Java- oder Active-X-Programmen in das Internet eine große Zahl von Menschen in die Gefahr des Verlustes von Vermögenswerten gebracht wird. Eine weitere Erhöhung der (Mindest-)Strafe (ein Jahr bis zu zehn Jahren Freiheitsstrafe) droht demjenigen, der den Computerbetrug gewerbsmäßig als Mitglied einer Bande begeht, die sich zur fortgesetzten Begehung von Computerbetrug (oder anderen in § 263 Abs. 5 genannten Straftaten) verbunden hat.

Nach dem entsprechend anwendbaren § 263 Abs. 6 kann das Gericht zwecks Ver- **93**
hütung künftiger Straftaten die Maßregel der **Führungsaufsicht** anordnen. Sie kommt für besonders gefährliche Täter in Betracht. Zu den Voraussetzungen im einzelnen *Hanack* LK § 68 Rdn. 9 ff.

X. Anhang: Auszug aus den Bedingungen für ec-Karten (Banken), aus der Vereinbarung über ein institutsübergreifendes System zur bargeldlosen Zahlung an automatisierten Kassen (electronic cash-System), aus der Vereinbarung zum POZ-System und aus den Bedingungen für die Teilnahme am POZ-System (Händlerbedingungen)[101]

1. Bedingungen für ec-Karten (in Kraft seit 1. 1. 1995) **94**

I. Geltungsbereich

Der Kunde kann die ec-Karte für folgende Dienstleistungen nutzen:

...

2. in Verbindung mit der persönlichen Geheimzahl (= PIN)
   a) zur Abhebung an in- und ausländischen Geldautomaten, die mit dem ec-Zeichen gekennzeichnet sind;
   b) zur bargeldlosen Zahlung an automatisierten Kassen im Rahmen des
      – inländischen electronic cash-Systems
      – internationalen edc-Systems (electronic debit card) im Ausland.

...

II. Allgemeine Regeln

...

3. Finanzielle Nutzungsgrenze

Der Karteninhaber darf Verfügungen mit seiner ec-Karte nur im Rahmen des Kontoguthabens oder eines vorher für das Konto eingeräumten Kredits vornehmen.

...

7. Sorgfalts- und Mitwirkungspflichten des Karteninhabers

...

7.4 Geheimhaltung der persönlichen Geheimzahl (PIN)

Der Karteninhaber hat dafür Sorge zu tragen, daß keine andere Person Kenntnis von der persönlichen Geheimzahl erlangt. Die Geheimzahl darf insbesondere nicht

---

[101] Der Text folgt dem Abdruck in *Hopt/Reiser* Vertrags- und Formularbuch zum Handels-, Gesellschafts-, Bank- und Transportrecht (1995) S. 792 ff.

auf der Karte vermerkt oder in anderer Weise zusammen mit dieser aufbewahrt werden. Denn jede Person, die die persönliche Geheimzahl kennt und in den Besitz der Karte kommt, hat die Möglichkeit, zu Lasten des auf der ec-Karte angegebenen Kontos Verfügungen zu tätigen (zum Beispiel Geld an ec-Geldautomaten abzuheben).

7.5 Unterrichtungs- und Anzeigepflichten

Stellt der Karteninhaber den Verlust seiner ec-Karte, von eurocheque-Vordrucken oder ausgestellten eurocheques oder mißbräuchliche Verfügungen mit seiner ec-Karte fest, so ist die Bank, und zwar möglichst die kontoführende Stelle, unverzüglich zu benachrichtigen. Den Verlust der ec-Karte kann der Karteninhaber auch gegenüber dem Zentralen Sperrannahmedienst anzeigen. In diesem Fall ist eine Kartensperre nur möglich, wenn der Name der Bank – möglichst mit Bankleitzahl – und die Kontonummer angegeben werden. Der Zentrale Sperrannahmedienst sperrt alle für das betreffende Konto ausgegebenen ec-Karten für die weitere Nutzung an ec-Geldautomaten und automatisierten Kassen.

...

III. Besondere Regeln für einzelne Nutzungsarten

...

2. ec-Geldautomaten-Service und bargeldloses Bezahlen an automatisierten Kassen im electronic cash- und edc-System

2.1 Verfügungsrahmen

Für Verfügungen an ec-Geldautomaten und automatisierten Kassen teilt die Bank dem Kontoinhaber einen jeweils für einen bestimmen Zeitraum geltenden Verfügungsrahmen mit. Bei jeder Nutzung der ec-Karte an ec-Geldautomaten und automatisierten Kassen wird geprüft, ob der Verfügungsrahmen durch vorangegangene Verfügungen bereits ausgeschöpft ist. Verfügungen, mit denen der Verfügungsrahmen überschritten würde, werden unabhängig vom aktuellen Kontostand und einem etwa vorher zum Konto eingeräumten Kredit abgewiesen.

Der Karteninhaber darf den Verfügungsrahmen nur im Rahmen des Kontoguthabens oder eines vorher für das Konto eingeräumten Kredits in Anspruch nehmen.

Der Kontoinhaber kann mit der kontoführenden Stelle eine Änderung des Verfügungsrahmens für alle zu seinem Konto ausgegebenen ec-Karten vereinbaren. Ein Bevollmächtigter, der eine ec-Karte erhalten hat, kann nur eine Herabsetzung für diese Karte vereinbaren.

2.2. Fehleingabe der Geheimzahl

Die ec-Karte kann an ec-Geldautomaten sowie an automatisierten Kassen nicht mehr eingesetzt werden, wenn die persönliche Geheimzahl dreimal hintereinander falsch eingegeben wurde. Der Karteninhaber sollte sich in diesem Fall mit seiner Bank, möglichst mit der kontoführenden Stelle, in Verbindung setzen.

2.3. Zahlungsverpflichtung der Bank; Reklamationen

Die Bank hat sich gegenüber den Betreibern von ec-Geldautomaten und automatisierten Kassen vertraglich verpflichtet, die Beträge, über die unter Verwendung der an den Karteninhaber ausgegebenen ec-Karte verfügt wurde, an die Betreiber zu vergüten.

Einwendungen und sonstige Beanstandungen des Karteninhabers aus dem Vertragsverhältnis zu dem Unternehmen, bei dem bargeldlos an einer automatisierten Kasse bezahlt worden ist, sind unmittelbar gegenüber diesem Unternehmen geltend zu machen.

2.4. Haftung für Schäden durch mißbräuchliche Verwendung der ec-Karte an ec-Geldautomaten und automatisierten Kassen

Die Bank haftet für die Erfüllung ihrer Verpflichtungen aus dem ec-Kartenvertrag. Sobald der Bank oder dem Zentralen Sperrannahmedienst der Verlust der ec-Karte angezeigt wurde, übernimmt die Bank alle danach durch Verfügungen an ec-Geldautomaten und automatisierten Kassen entstehenden Schäden.

Sie übernimmt auch die bis zum Eingang der Verlustanzeige entstehenden Schäden, wenn der Karteninhaber die ihm nach diesen Bedingungen obliegenden Pflichten erfüllt hat.

Hat der Karteninhaber durch ein schuldhaftes Verhalten zur Entstehung des Schadens beigetragen, bestimmt sich nach den Grundsätzen des Mitverschuldens, in welchem Umfang Bank und Kontoinhaber den Schaden zu tragen haben.

Hat der Karteninhaber seine Pflichten lediglich leicht fahrlässig verletzt, so stellt die Bank den Kontoinhaber von seiner Verpflichtung, einen Teil des Schadens zu übernehmen, in jedem Fall in Höhe von 90 Prozent des Gesamtschadens frei.

Hat die Bank ihre Verpflichtungen erfüllt und der Karteninhaber seine Pflichten grob fahrlässig verletzt, trägt der Kontoinhaber den entstandenen Schaden in vollem Umfang. Grobe Fahrlässigkeit des Karteninhabers kann insbesondere dann vorliegen, wenn

- er den Kartenverlust der Bank oder dem Zentralen Sperrannahmedienst schuldhaft nicht unverzüglich mitgeteilt hat,
- die persönliche Geheimzahl auf der Karte vermerkt oder zusammen mit der ec-Karte verwahrt war (zum Beispiel im Originalbrief, in dem sie dem Karteninhabers mitgeteilt wurde),
- die persönliche Geheimzahl einer anderen Person mitgeteilt und der Mißbrauch dadurch verursacht wurde.

Die Haftung beschränkt sich stets auf den mitgeteilten Verfügungsrahmen.

Bargeldloses Bezahlen ohne Zahlungsgarantie an automatisierten Kassen mittels Lastschrift (POZ-System)

1. Service-Beschreibung

Die ec-Karte ermöglicht im Inland im Rahmen des POZ-Systems die bargeldlose Zahlung an automatisierten Kassen mittels Lastschriften ohne gleichzeitige Verwendung der persönlichen Geheimzahl. Auf die Kassen, an denen diese Zahlungsmöglichkeit besteht, wird durch ein entsprechendes Zeichen hingewiesen. Das Unternehmen zieht die Forderungen gegen den Karteninhaber mit Lastschrift ein. Hierfür erteilt der Karteninhaber dem Unternehmen jeweils auf dem Kassenbeleg eine schriftliche Einzugsermächtigung. Die Bank übernimmt für diese Zahlungen keine Garantie.

2. Adressenbekanntgabe

Wird eine POZ-Lastschrift nicht bezahlt oder wegen Widerspruchs zurückgegeben, so ist die Bank berechtigt, dem Unternehmen, das die Lastschrift erstellt hat, auf Anfrage den Namen und die Adresse des Karteninhabers mitzuteilen, sofern der Karteninhaber dem Unternehmen hierzu eine wirksame Einwilligung auf dem

Kassenbeleg erteilt hat, die Sperrdatei abgefragt wurde und ein ec-Kartenverlust der Bank nicht angezeigt wurde.

...

2. Vereinbarung über ein institutsübergreifendes System zur bargeldlosen Zahlung an automatisierten Kassen (electronic cash-System) vom Mai 1990

1. Die Vertragspartner vereinbaren den Aufbau und den Betrieb eines institutsübergreifenden Systems zur bargeldlosen Zahlung an automatisierten Kassen (electronic cash-System), das den Kunden der Kreditinstitute, die diese Vereinbarung anerkannt haben (angeschlossene Kreditinstitute), bargeldlose Zahlungen mittels der ec-Karte und der sonstigen in Anlage 1 aufgelisteten Karten zu Lasten ihres Kontos an automatisierten Kassen – electronic cash-Terminals – ermöglicht.

...

9. Die kartenausgebenden Kreditinstitute werden gegenüber Unternehmen, die die „Bedingungen der Deutschen Kreditwirtschaft für die Teilnahme am electronic cash-System" anerkannt haben, ein Zahlungsversprechen in Höhe des am electronic cash-Terminal autorisierten Betrages abgeben. Voraussetzung hierfür ist, daß das electronic cash-Terminal zugelassen und nach den mit dem Netzbetreiber vereinbarten Verfahren betrieben wurde, die vom Unternehmen zu beachtenden Anforderungen eingehalten wurden sowie der Umsatz dem Inkassoinstitut innerhalb von 8 Tagen eingereicht wurde. Durch eine vom Unternehmen veranlaßte Stornierung eines autorisierten Betrages entfällt das Zahlungsversprechen.

10. Das Inkassoinstitut wickelt für den Inhaber der Forderung aus dem electronic cash-Umsatz den Einzug der Forderung per Lastschrift im Einzugsermächtigungsverfahren ab. Durch die Ausgabe von ec-Karten bzw. von in der Anlage 1 aufgelisteten Karten ermächtigen die angeschlossenen Kreditinstitute jedes andere Kreditinstitut zur Einziehung von electronic cash-Umsätzen, die durch eine Benutzung dieser Karten an electronic cash-Terminals getätigt worden sind.

Die Institute lösen Lastschriften, mit denen die POS-Umsätze eingezogen werden, unverzüglich ein. Eine Rückgabe dieser Lastschriften durch das kartenausgebende Kreditinstitut wegen Widerspruchs, fehlender Deckung oder aus anderen Gründen im Sinne des Abkommens über den Lastschriftverkehr ist nicht möglich.

...

12. Wurden Fälschungen oder Verfälschungen von ec-Karten oder anderer in Anlage 1 aufgeführter Karten verwendet, so bezahlt das im Datensatz der Lastschrift benannte Kreditinstitut die Forderung des Unternehmens. Schäden, die im Interesse des electronic cash-Systems abgedeckt werden müssen und deren Übernahme dem einzelnen angeschlossenen Kreditinstitut nicht zugemutet werden kann, insbesondere Schäden aus dem Einsatz von gefälschten ec-Karten, werden zwischen den Vertragspartnern ausgeglichen. Die näheren Einzelheiten sowie insbesondere der Schlüssel zur Umlage derartiger Schäden werden vom Arbeitsstab festgelegt. Die Verteilung auf die einzelnen angeschlossenen Kreditinstitute bleibt internen Regelungen durch die einzelnen Vertragspartner vorbehalten.

...

3. Vereinbarung zum POZ-System

...

1. Die Vertragspartner vereinbaren den Aufbau und den Betrieb eines institutsübergreifenden Point-of-Sale-Systems ohne Zahlungsgarantie (POZ-System). Das

POZ-System ermöglicht Handels- und Dienstleistungsunternehmen (Unternehmen) für die Kunden, deren Kreditinstitute diese Vereinbarung anerkannt haben, die Erstellung von Lastschriften an automatisierten Kassen (POZ-Terminals) mittels der im Magnetstreifen der ec-Karte gespeicherten Daten. Nach positiver Sperrdateiabfrage, Einholung einer schriftlichen Einzugsermächtigung des Karteninhabers und dessen schriftlichem Einverständnis mit der Übermittlung seines Namens sowie seiner Adresse vom kartenausgebenden Kreditinstitut an das Unternehmen können diese Lastschriften eingezogen werden. Eine Einlösungsgarantie besteht für diese Lastschriften nicht.

...

4. Bedingungen für die Teilnahme am POZ-System (Händlerbedingungen)

...

1. Das Unternehmen ist berechtigt, am POZ-System nach Maßgabe dieser Bedingungen teilzunehmen. Das POZ-System ermöglicht Handels- und Dienstleistungsunternehmen (Unternehmen) für die Kunden, deren Kreditinstitute die POZ-Vereinbarung anerkannt haben, die Erstellung von Lastschriften an automatisierten Kassen (POZ-Terminals) mittels der im Magnetstreifen der ec-Karte gespeicherten Daten. Nach positiver Sperrdateiabfrage und Einholung der Einzugsermächtigung des Karteninhabers können diese Lastschriften eingezogen werden. Eine Einlösungsgarantie besteht für diese Lastschriften nicht.

...

4. Als Teilnehmer am POZ-System ist das Unternehmen berechtigt,
- die Daten aus dem Magnetstreifen der ec-Karte zur automatisierten Erstellung einer POZ-Lastschrift zu verwenden und
- diese Lastschrift nach Einholung einer schriftlichen Einzugsermächtigung (Anlage 1) einzureichen. Im Datensatz der Lastschrift (Feld 16) muß das Unternehmen die Textkonstante „POZ“ einstellen.

5. Das Unternehmen ist verpflichtet, bei jedem Zahlungsvorgang im POZ-System die Sperrdateiabfrage durchzuführen. Dies gilt nicht bei Beträgen bis zu 60,– DM. Mit einer positiv verlaufenden Sperrabfrage wird bestätigt, daß die betroffene ec-Karte in der Sperrdatei des kartenausgebenden Kreditinstitutes nicht als gesperrt gemeldet ist. Hiermit ist weder eine Bonitätsprüfung verbunden noch wird eine Zahlungsgarantie oder sonstige Einlösungszusage seitens des kartenausgebenden Kreditinstituts abgegeben.

...

9. Das Unternehmen hat bei der Einholung der Einzugsermächtigung nach Nr. 4 und der Einwilligung nach Nr. 8 sorgfältig zu prüfen, ob die dem Unternehmen erteilte Unterschrift mit der Unterschrift auf der ec-Karte übereinstimmt. Das Unternehmen trägt dafür Sorge, daß die Mitarbeiter an den Terminals ihren Kontrollpflichten hinsichtlich der Überprüfung der Unterschriften auf der ec-Karte einerseits und der Einzugsermächtigung sowie der Einwilligungserklärung andererseits mit größter Sorgfalt nachkommen.

...

§ 264

Subventionsbetrug

(1) Mit Freiheitsstrafe bis zu fünf Jahren oder mit Geldstrafe wird bestraft, wer

1. einer für die Bewilligung einer Subvention zuständigen Behörde oder einer anderen in das Subventionsverfahren eingeschalteten Stelle oder Person (Subventionsgeber) über subventionserhebliche Tatsachen für sich oder einen anderen unrichtige oder unvollständige Angaben macht, die für ihn oder den anderen vorteilhaft sind,

2. den Subventionsgeber entgegen den Rechtsvorschriften über die Subventionsvergabe über subventionserhebliche Tatsachen in Unkenntnis läßt oder

3. in einem Subventionsverfahren eine durch unrichtige oder unvollständige Angaben erlangte Bescheinigung über eine Subventionsberechtigung oder über subventionserhebliche Tatsachen gebraucht.

(2) In besonders schweren Fällen ist die Strafe Freiheitsstrafe von sechs Monaten bis zu zehn Jahren. Ein besonders schwerer Fall liegt in der Regel vor, wenn der Täter

1. aus grobem Eigennutz oder unter Verwendung nachgemachter oder verfälschter Belege für sich oder einen anderen eine nicht gerechtfertigte Subvention großen Ausmaßes erlangt,

2. seine Befugnisse oder seine Stellung als Amtsträger mißbraucht oder

3. die Mithilfe eines Amtsträgers ausnutzt, der seine Befugnisse oder seine Stellung mißbraucht.

(3) Wer in den Fällen des Absatzes 1 Nr. 1 oder 2 leichtfertig handelt, wird mit Freiheitsstrafe bis zu drei Jahren oder mit Geldstrafe bestraft.

(4) Nach den Absätzen 1 und 3 wird nicht bestraft, wer freiwillig verhindert, daß aufgrund der Tat die Subvention gewährt wird. Wird die Subvention ohne Zutun des Täters nicht gewährt, so wird er straflos, wenn er sich freiwillig und ernsthaft bemüht, das Gewähren der Subvention zu verhindern.

(5) Neben einer Freiheitsstrafe von mindestens einem Jahr wegen einer Straftat nach den Absätzen 1 und 2 kann das Gericht die Fähigkeit, öffentliche Ämter zu bekleiden, und die Fähigkeit, Rechte aus öffentlichen Wahlen zu erlangen, aberkennen (§ 45 Abs. 2). Gegenstände, auf die sich die Tat bezieht, können eingezogen werden; § 74 a ist anzuwenden.

(6) Subvention im Sinne dieser Vorschrift ist eine Leistung aus öffentlichen Mitteln nach Bundes- oder Landesrecht oder nach dem Recht der Europäischen Gemeinschaften an Betriebe oder Unternehmen, die wenigstens zum Teil

1. ohne marktmäßige Gegenleistung gewährt wird und

2. der Förderung der Wirtschaft dienen soll.

Betrieb oder Unternehmen im Sinne des Satzes 1 ist auch das öffentliche Unternehmen.

(7) Subventionserheblich im Sinne des Absatzes 1 sind Tatsachen,

1. die durch Gesetz oder aufgrund eines Gesetzes von dem Subventionsgeber als subventionserheblich bezeichnet sind oder

2. von denen die Bewilligung, Gewährung, Rückforderung, Weitergewährung oder das Belassen einer Subvention oder eines Subventionsvorteils gesetzlich abhängig ist.

Schrifttum

Allgemeine Literatur zum 1. WiKG *Achenbach* Die Rolle des Strafgesetzes bei der sozialen Kontrolle der Wirtschaftsdevianz, in: Recht und Wirtschaft (1985) S. 147; *Baumann* Strafrecht und Wirtschaftskriminalität, JZ **1983** 935; *Beitlich* Sind die Schwerpunktstaatsanwaltschaften zu ineffektiv und für ihre Aufgaben zur Bekämpfung der Wirtschaftskriminalität ungeeignet? wistra **1987** 279; *Berz* Das Erste Gesetz zur Bekämpfung der Wirtschaftskriminalität, BB **1976** 1435; *Biener* Gesetz zur Bekämpfung der Wirtschaftskriminalität, in: Bundessteuerberaterkammer (Hrsg.), Steuerberaterkongreß-Report 1977 (1977) S. 367; *Blei* Das Erste Gesetz zur Bekämpfung der Wirtschaftskriminalität vom 20. Juli 1976 (BGBl. I 2034), JA **1976** 741; *Bottke* Das Wirtschaftsstrafrecht in der Bundesrepublik Deutschland — Lösungen und Defizite, wistra **1991** 1; *Bottke* Zur Legitimität des Wirtschaftsstrafrechts (usw.), in: Schünemann/Suárez (Hrsg.), Bausteine des europäischen Wirtschaftsstrafrechts (1994) S. 109; *Dreiss/Eitel-Dreiss* Erstes Gesetz zur Bekämpfung der Wirtschaftskriminalität mit Erläuterungen (1977); *Friemel* Das neue Subventions- und Wirtschaftsrecht (1976); *Göhler/Wilts* Das Erste Gesetz zur Bekämpfung der Wirtschaftskriminalität, DB **1976** 1609, 1657; *Heinz* Die Bekämpfung der Wirtschaftskriminalität mit strafrechtlichen Mitteln — unter besonderer Berücksichtigung des 1. WiKG, GA **1977** 193, 225; *Heinz* Konzeption und Grundsätze des Wirtschaftsstrafrechts (einschließlich Verbraucherschutz), Kriminologischer Teil, ZStW **96** (1984) S. 418; *Herzog* Gesellschaftliche Unsicherheit und strafrechtliche Daseinsvorsorge (1991); *Hillenkamp* Beweisprobleme im Wirtschaftsstrafrecht, in: Recht und Wirtschaft (1985) S. 221; *Hirsch* Strafrecht als Mittel zur Bekämpfung neuer Kriminalitätsformen? in: Kühne/Miyazawa (Hrsg.), Neue Strafrechtsentwicklungen im deutsch-japanischen Vergleich (1995) S. 11; *Jung* Das Erste Gesetz zur Bekämpfung der Wirtschaftskriminalität (1. WiKG), JuS **1976** 757; *Jung* Die Bekämpfung der Wirtschaftskriminalität als Prüfstein des Strafrechtssystems (1979); *Kaiser* Kriminalisierung und Entkriminalisierung in Strafrecht und Kriminalpolitik, Klug-Festschrift (1983) S. 579; *Kindhäuser* Zur Legitimität der abstrakten Gefährdungsdelikte im Wirtschaftsstrafrecht, in: Schünemann/Suárez (Hrsg.), Bausteine des europäischen Wirtschaftsstrafrechts (1994) S. 125; P. *Krauß* Das Erste Gesetz zur Bekämpfung der Wirtschaftskriminalität, DStR **1977** 566; *Liebl* Schwerpunktstaatsanwaltschaften zur Bekämpfung der Wirtschaftskriminalität, wistra **1987** 13; *Liebl* Nochmals: Zur Effektivität der Schwerpunktstaatsanwaltschaften zur Bekämpfung der Wirtschaftskriminalität, wistra **1987** 324; *Löwer* Rechtspolitische und verfassungsrechtliche Bedenken gegenüber dem Ersten Wirtschaftskriminalitätsgesetz, JZ **1979** 621; *Lohmeyer* Das erste Gesetz zur Bekämpfung der Wirtschaftskriminalität (1978); *Loos* Grenzen der Umsetzung der Strafrechtsdogmatik in der Praxis, in: Rechtswissenschaft und Rechtsentwicklung (1980) S. 261; *Möhrenschlager* Wirtschaftsstrafrecht, NStZ **1981** 19; *Mühlberger* Die strafrechtliche Problematik aus dem Ersten Gesetz zur Bekämpfung der Wirtschaftskriminalität für den Berufsstand, DStR **1978** 211; *Müller-Emmert/Maier* Das Erste Gesetz zur Bekämpfung der Wirtschaftskriminalität, NJW **1976** 1657; *Otto* Die Tatbestände gegen Wirtschaftskriminalität im Strafgesetzbuch, Jura **1989** 24; *Otto* Konzeption und Grundsätze des Wirtschaftsstrafrechts (einschließlich Verbraucherschutz), Dogmatischer Teil I, ZStW **96** (1984) S. 339; *Otto* Strafrecht als Instrument der Wirtschaftspolitik, MschrKrim **1980** 397; *Schubarth* Das Verhältnis von Strafrechtswissenschaft und Gesetzgebung im Wirtschaftsstrafrecht, ZStW **92** (1980) S. 80; *Schünemann* Alternative Kontrolle der Wirtschaftskriminalität, Kaufmann-Gedächtnisschrift (1989) S. 629; *Seelmann* Grundfälle zu den Straftaten gegen das Vermögen als Ganzes, JuS **1982** 748; *Speiser* Zur Problematik des Entwurfes eines 1. Wirtschaftskriminalitätsgesetzes (1. WiKG), Deutsche Wohnungswirtschaft **1975** 208; *Tiedemann* Der Entwurf eines Ersten Gesetzes zur Bekämpfung der Wirtschaftskriminalität, ZStW **87** (1975) S. 253; *Tiedemann* Die Bekämpfung der Wirtschaftskriminalität durch den Gesetzgeber, JZ **1986** 865; *Tiedemann* Handhabung und Kritik des neuen Wirtschaftsstrafrechts — Versuch einer Zwischenbilanz, Dünnebier-Festschrift (1982) S. 519; *Tiedemann* Plädoyer für ein neues Wirtschaftsstrafrecht, ZRP **1976** 49; *Tiedemann* Wirtschaftsstrafrecht — Einführung und Übersicht, JuS **1989** 689; *Tiedemann* Wirtschaftsstrafrecht und Wirtschaftskriminalität, 2 Bde. (1976) (zit.: Wirtschaftsstrafrecht I/II); *Turner/Gallandi* Forum: Die Leistungsfähigkeit des Betrugstatbestandes, oder: Bedarf es immer spezialisierterer Vorschriften im Wirtschaftsstrafrecht? JuS **1988** S. 258; *Vest* Zur Beweisfunktion des materiellen Strafrechts, ZStW **103** (1991) S. 584; *Volk* Strafrecht und Wirtschaftskriminalität, JZ **1982** 85; *Weber* Konzeption und Grundsätze des Wirtschaftsstrafrechts (einschließlich Verbraucherschutz), Dogmatischer Teil II, ZStW **96** (1984) S. 376; *Wei-*

gend Bewältigung von Beweisschwierigkeiten durch Ausdehnung des materiellen Strafrechts? Triffterer-Festschrift (1996) S. 695; *Weinmann* Gesetzgeberische Maßnahmen zur Bekämpfung der Wirtschaftskriminalität: Besteht nach dem 1. und 2. WiKG ein weiterer Regelungsbedarf? Pfeiffer-Festschrift (1988) S. 88.

Spezielle Literatur zum Subventionsbetrug *Allkemper* Betrugsbekämpfung bei EG-Agrarsubventionen — Delegation von Kontrollbefugnissen im EAGFL-Rechnungsabschlußverfahren, RIW **1992** 121; *Baumann* Die Subventionskriminalität, NJW **1974** 1364; W. *Bruns* Der strafrechtliche Schutz der europäischen Marktordnungen für die Landwirtschaft (1980); *Carlsen* Subventionsbetrug und Subventionsgesetze, AgrarR **1978** 267 und 297; *Dannecker* Strafrechtlicher Schutz der Finanzinteressen der Europäischen Gemeinschaft gegen Täuschung, ZStW **108** (1996) S. 577; *Dannecker* (Hrsg.), Die Bekämpfung des Subventionsbetrugs im EG-Bereich (1993); *Dieblich* Der strafrechtliche Schutz der Rechtsgüter der Europäischen Gemeinschaften, Diss. Köln 1985; *Diemer-Nicolaus* Der Subventionsbetrug, Schmidt-Leichner-Festschrift (1977) S. 31; *Dörn* Leichtfertige Steuerverkürzung (§ 378 AO) und leichtfertiger Subventionsbetrug (§ 264 Abs. 1, Abs. 3 StGB) durch den Steuerberater, wistra **1994** 215; *Eberle* Der Subventionsbetrug nach § 264 StGB (1983); *Findeisen* Betrug und Subventionsbetrug durch unberechtigte Inanspruchnahme von Investitionszulagen nach § 4 b InvZulG 1975, JZ **1980** 710 = JR **1981** 225; *Flechsig* Filmwirtschaft und neues Wirtschaftsstrafrecht, Film und Recht **1977** 165; *Fuhr* Subventionsbetrug und Subventionsgesetz, in: Poerting (Hrsg.), Wirtschaftskriminalität Teil I (1983) S. 305; *Fuhrhop* Die Abgrenzung der Steuervorteilserschleichung von Betrug und Subventionsbetrug, NJW **1980** 1261; *Garz-Holzmann* Die strafrechtliche Erfassung des Mißbrauchs der Berlinförderung durch Abschreibungsgesellschaften (1984); *Gerhold* Zweckverfehlung und Vermögensschaden (1988); *Geuenich-Cremer* Subventionserhebliche Tatsachen im Strafrecht — § 264 StGB, Diss. Köln 1985; *Gössel* Probleme notwendiger Teilnahme bei Betrug, Steuerhinterziehung und Subventionsbetrug, wistra **1985** 125; *Götz* Bekämpfung der Subventionserschleichung (1974); *Götz* Subvention und subventionserhebliche Tatsachen, Schad-Festschrift (1978) S. 225; *Graßmück* Die Subventionserschleichung, Diss. Frankfurt a.M. 1988; *Hack* Probleme des Tatbestands Subventionsbetrug, § 264 StGB (1982); *Heitzer* Punitive Sanktionen im Europäischen Gemeinschaftsrecht (1997); *Kießner/Liebl/Scherer* Subventions- und Kreditbetrug (1984); *Kindhäuser* Zur Auslegung des Merkmals „vorteilhaft“ in § 264 Abs. 1 Nr. 1 StGB, JZ **1991** 492; *Kohlmann/Brauns* Investitionszulage 1982 — wiederum kriminogen? wistra **1982** 61; D. *Krauss* Die strafrechtliche Problematik der Erschleichung kantonaler Subventionen, Vischer-Festschrift (Zürich 1983) S. 47; *Laumann* Die Maßnahmen gegen den Subventionsbetrug im Ersten Gesetz zur Bekämpfung der Wirtschaftskriminalität, Zeitschrift für Zölle und Verbrauchssteuern (ZfZ) **1977** 166; *Lohmeyer* Zur Strafbarkeit des Subventionsbetrugs i. S. d. § 264 StGB, Wirtschaftsprüfung (WPg) **1982** 479; *Lüderssen* Das Merkmal „vorteilhaft“ in § 264 Abs. 1 S. 1 StGB, wistra **1988** 43; *Meine* Der Vorteilsausgleich beim Subventionsbetrug, wistra **1988** 13; *Nieto Martín* Fraudes Comunitarios (Barcelona 1996); *Nippoldt* Die Strafbarkeit von Umgehungshandlungen, dargestellt am Beispiel der Erschleichung von Agrarsubventionen, Diss. Gießen 1974; *Odersky* Die Probleme der Rechtsprechung bei der Verfolgung des europäischen Subventionsbetruges und der grenzüberschreitenden Kriminalität, in: Sieber (Hrsg.), Europäische Einigung und europäisches Strafrecht (1993) S. 91; *Pache* Der Schutz der finanziellen Interessen der Europäischen Gemeinschaften (1994); *Ranft* Die Rechtsprechung zum sogenannten Subventionsbetrug (§ 264 StGB), NJW **1986** 3163; *Ranft* Täterschaft beim Subventionsbetrug i.S. des § 264 I Nr. 1 StGB — BGHSt **32** 203, JuS **1986** 445; *Reisner* Die Strafbarkeit von Schein- und Umgehungshandlungen in der EG (1995); *Rump* EG-Marktordnungsstraftaten — Steuerhinterziehung und Subventionsbetrug —, Politische Studien **1992** Heft 326 S. 62; *Sannwald* Rechtsgut und Subventionsbegriff, § 264 StGB (1982); T. *Schmid* Die Vergabe von Wirtschaftssubventionen und strafrechtliche Verantwortlichkeit gem. § 264 StGB (Subventionsbetrug) (1994); G. *Schmidt* Zum neuen strafrechtlichen Begriff der „Subvention“ in § 264 StGB, GA **1979** 121; *Schmidt-Hieber* Verfolgung der Subventionserschleichungen nach Einführung des § 264, NJW **1980** 322; *Schmoller* Betrug bei bewußt unentgeltlichen Leistungen, JZ **1991** 117; *Schulz* Der Begriff der Vorteilhaftigkeit in § 264 StGB (Subventionsbetrug), Diss. Kiel 1983; *Sieber* Subventionsbetrug und Steuerhinterziehung zum Nachteil der Europäischen Gemeinschaft, SchwZStrafR **114** (1996) S. 357; *Spannowsky* Schutz der Finanzinteressen der EG zur Steigerung der Effizienz des Mitteleinsatzes, JZ **1992** 1160; *Stöckel* Bekämpfung der Gesetzesumgehung mit Mitteln des Strafrechts, ZRP **1977** 134; *Stoffers* Der Schutz der EU-Finanzinteressen durch das deutsche Straf- und Ordnungswidrigkeitenrecht, EuZW **1994** 304; *Stoffers* Maßnahmen zur Bekämpfung des Subventionsbetrugs im EG-Bereich, Europa-Blätter **1993/4** S. 6; *Tiedemann* Der Strafschutz der Finanzinteressen der Europäischen Gemeinschaft, NJW **1990** 2222; *Tiedemann* Der Subventionsbetrug, ZStW **86** (1974) S. 897; *Tiedemann* (Hrsg.), Die Verbrechen in der Wirtschaft, 2. Aufl. (1972); *Tiedemann* Europäisches Gemeinschaftsrecht und Strafrecht, NJW **1993** 23; *Tiedemann* Kriminologische und kriminalistische Aspekte der Subventionserschleichung, in: Schäfer (Hrsg.), Wirtschaftskriminalität — Weiße-Kragen-Kriminalität (1974) S. 19 ff; *Tiedemann* La fraude au budget communautaire: Droit pénal et administratif-pénal de la République Fédérale d'Allemagne, unveröff. Gutachten für die EG-Kommission (1993); *Tiedemann* (Hrsg.), Multinationale Unternehmen und Strafrecht (1980); *Tiedemann* Reform des Sanktionswesens auf dem Gebiete des Agrarmarktes der Europäischen Wirtschaftsgemeinschaft, Pfeiffer-Festschrift (1988) S. 101; *Tiedemann* Strafbare Erschleichung von Investitionszulagen durch Aufhebung und Neuabschluß von Lieferverträgen? NJW **1980** 1557; *Tiedemann* Subventionskriminalität in der Bundesrepublik (1974); *J. Vogel* Schein- und Umgehungshandlungen im Strafrecht, insbesondere im europäischen Recht, in: Schünemann/Suárez (Hrsg.), Bausteine des europäischen Wirtschaftsstrafrechts (1994) S. 151; *Volk* Der Subventionsbetrug, in: Belke/Oehmichen (Hrsg.), Wirtschaftskriminalität (1983) S. 76; *Wassmann* Strafrechtliche Risiken bei Subventionen (1995).

Einschlägige außerstrafrechtliche Literatur (Auswahl) *Achterberg/Püttner* Besonderes Verwaltungsrecht Bd. I (1990) bes. Rdn. 133; *Alewell* Subventionen als betriebswirtschaftliche Frage (1965); *v. Arnim* Gemeinwohl und Gruppeninteressen (1977); *Badura* Das Subventionsverhältnis, Wirtschaft und Verwaltung **1978** 137; *v. Bargen* Subventionen und Subventionspolitik (1987); *Bleckmann* Ordnungsrahmen für das Recht der Subventionen, Verh. 55. DJT Bd. I (1984) S. D 7; *Bleckmann* Subventionsrecht (1978); *Börner/Bullinger* (Hrsg.), Subventionen im Gemeinsamen Markt (1978); *Bohling* Wirtschaftspolitische und wirtschaftsverfassungsrechtliche Probleme staatlicher und kommunaler Subventionen (1989); *Dickertmann* Öffentliche Finanzierungshilfen (1980); *Dieckmann/König* (Hrsg.), Kommunale Wirtschaftsförderung (1994); *Ehlers* (Hrsg.), Kommunale Wirtschaftsförderung (1990); *Götz* Das Recht der Wirtschaftssubventionen (1966); *Gusy* Subventionsrecht, JR **1991** 286 und 327; *Hansmeyer* Der öffentliche Kredit (1965); *Henke* Das Recht der Wirtschaftssubventionen als öffentliches Vertragsrecht (1979); *Ipsen* Öffentliche Subventionierung Privater, DVBl **1956** 461, 498 und 602; *Ipsen* Verwaltung durch Subventionen, VVDStRL **25** (1967) S. 257; *Kirchhoff* Subventionen als Instrumente der Lenkung und Koordinierung (1973); *Möller* Kommunale Wirtschaftsförderung (1963); *Nieder-Eichholz* Die Subventionsordnung (1995); *Richter* Die Zinssubventionen in der Bundesrepublik Deutschland (1970); *Schetting* Die Rechtspraxis der Subventionierung (1973); G. *Schmidt* Zum neuen Subventionsvergabegesetz, DVBl **1978** 200; *Stahl* Kommunale Wirtschaftsförderung (1970); *Stober* Wirtschaftsverwaltungsrecht, 9. Aufl. (1994) bes. § 50; K. *Vogel* Begrenzung von Subventionen durch ihren Zweck, Ipsen-Festschrift (1977) S. 539; *Wolff/Bachof* Verwaltungsrecht III, 4. Aufl. (1978) bes. § 154; *v. Wysocki* Öffentliche Finanzierungshilfen (1961); *Zacher* Verwaltung durch Subventionen VVDStRL **25** (1967) S. 308; *Zuleeg* Die Rechtsform der Subventionen (1965).

Materialien

Bericht und Antrag des Sonderausschusses für die Strafrechtsreform zu dem von der Bundesregierung eingebrachten Entwurf eines Ersten Gesetzes zur Bekämpfung der Wirtschaftskriminalität, BT-Drucks. 7/5291 (zit.: Bericht Sonderausschuß); Bundesminister der Justiz (Hrsg.), Tagungsberichte der Sachverständigenkommission zur Bekämpfung der Wirtschaftskriminalität Bd. IV (1974) (zit.: Tagungsberichte Bd. IV); Protokolle der Sitzungen des Sonderausschusses für die Strafrechtsreform, Deutscher Bundestag 7. Wahlperiode Stenographischer Dienst, 79. bis 90. Sitzung, S. 2467 ff (zit.: Prot. 7); Regierungsentwurf (RegE) eines Ersten Gesetzes zur Bekämpfung der Wirtschaftskriminalität, BT-Drucks. 7/3441 = BR-Drucks. 5/75.

Übersicht

I. Entstehungsgeschichte und kriminalpolitischer Hintergrund; Auslandsrechte. 1
Die staatliche oder sonstwie öffentliche Subventionierung Privater insbesondere im wirtschaftlichen Bereich war eine dem deutschen **Liberalismus** des 19. Jahrhunderts „so gut wie unbekannte Methode" (*Koettgen* DVBl **1953** 485, 487; aber auch *Graßmück* S. 44 ff). Für den Gesetzgeber bestand daher bei Schaffung des Preußischen und des Reichs-Straf-

gesetzbuches kein Anlaß, an Mißstände im Subventionswesen[1] und dessen speziellen strafrechtlichen Schutz zu denken. Unter dem Druck von Interessengruppen erreichten aber bereits in der Zeit um die Jahrhundertwende bis zum Ersten Weltkrieg Ausfuhrprämien sowie gezielte Begünstigungen bei der Vergabe öffentlicher Aufträge und im Verkehrswesen erhebliche Bedeutung.

2 Die teilweise Beibehaltung zentralverwaltungswirtschaftlicher Formen nach dem Ersten Weltkrieg ließ zusammen mit dem gewandelten Verständnis des Verhältnisses von Staat und Wirtschaft die Subventionierung in der Weimarer Zeit zu einem selbstverständlichen und insgesamt relativ schonenden, da primär begünstigenden (nämlich nur im Verhältnis zum Konkurrenten Eingriffscharakter tragenden) **Instrument der Wirtschaftslenkung** werden. Die finanzielle Förderung des Wiederaufbaus seitens der öffentlichen Hand nach dem Zweiten Weltkrieg erwies sich sodann als unerläßliche und richtige Voraussetzung für die Funktionsfähigkeit der wiedererstehenden Volkswirtschaft, wobei das ständige Anwachsen der Subventionen und Steuervergünstigungen den Gesetzgeber allerdings auch dazu veranlaßte, in § 12 Stabilitätsgesetz vom 8. 6. 1967 (BGBl. I S. 582) zumindest rahmenhaft Rechtspflichten des Bundes – insbesondere im Hinblick auf den Abbau dieser Vergünstigungen – aufzustellen. In mißverständlicher Enge wurde (und wird) die Subvention dabei als „Finanzhilfe" bezeichnet (näher dazu unten Rdn. 26) und der Steuervergünstigung gegenübergestellt. Auch seit der damit eingeführten Verpflichtung der Bundesregierung zur Erstellung von Berichten über die Entwicklung der Finanzhilfen und Steuervergünstigungen (sog. Subventionsberichten, zuletzt Fünfzehnter Subventionsbericht vom 1. 9. 1995 BTDrs. 13/2230) sind die Subventionen ständig weiter gestiegen. Sie belaufen sich allein hinsichtlich der Bundesmittel außerhalb der nationalen EG-Agrarmarktfinanzierung auf jährlich ca. 25 Milliarden DM, wobei seit Beginn der 90er Jahre eine Umschichtung von den alten Bundesländern in die neuen Länder zu verzeichnen ist.

3 **Schwerpunkte** dieser Subventionierung aus Bundesmitteln sind neben der Agrarwirtschaft vor allem die gewerbliche Wirtschaft und das Verkehrswesen, aber auch die Sparförderung und das Wohnungswesen (vgl. nur *Graßmück* S. 72 ff). Die Finanzhilfen der Bundesländer beliefen sich nach dem Fünfzehnten Subventionsbericht 1995 (Anlage 5) ebenfalls auf ca. 25 Milliarden DM, die vor allem wiederum auf das Wohnungswesen sowie auf Strukturverbesserungsmaßnahmen im landwirtschaftlichen und gewerblichen Bereich entfielen. Auf kommunalem Gebiet überwiegt die sog. Realförderung, die sich zahlenmäßiger Erfassung weitgehend entzieht.

4 Im Gesamtbereich dieser weitgefächerten Subventionspalette haben sich, soweit ersichtlich, vor allem der Agrarsektor (auf der Erzeuger- und auf der Handelsstufe), die Bau- und die Schrottwirtschaft, die Investitionsgüterindustrie sowie das Arbeitsförderungs- und das Wohnungswesen als anfällig für Manipulationen erwiesen. Zu diesen reizt die Subventionierung als einseitige und häufig nur mangelhaft kontrollierte Leistungsgewährung freilich generell an (**kriminogene Wirkung der Subventionierung**)[2]. Vor allem

[1] Zu Betrügereien im Zusammenhang mit Subventionen im merkantilistischen Handelssystem Englands, das sich des wirtschaftspolitischen Mittels der Subventionierung mit Nachdruck bediente, *Diemer-Nicolaus* Schmidt-Leichner-Festschrift S. 34.

[2] Dazu aus der Sicht der vergleichenden Wirtschaftskriminologie *Tiedemann* Subventionskriminalität S. 357 f sowie: Wirtschaftskriminalität und Wirtschaftsstrafrecht in den USA und in der Bundesrepublik Deutschland (1978) S. 19 f, 41; vgl. auch RegE Begr. BTDrucks. 7/3441 S. 15. Zustimmend *Achenbach* in: Recht und Wirtschaft Bd. 1 S. 155; W. *Bruns* S. 22; *Eisenberg* Kriminologie § 47 Rdn. 21; *Garz-Holzmann* S. 134; *Sieber* in: Schünemann/Suárez S. 350; *Schünemann* Armin Kaufmann-Gedächtnisschrift S. 635.

spektakuläre Mißbräuche bei der EG-Exportsubventionierung von Agrarprodukten haben nach Ausmaß und Schadenssumme gemäß dem sachkundigen Urteil von *Götz* (Bekämpfung S. 12) „alles in den Schatten" gestellt, zugleich aber seit Beginn der 70er Jahre auch ein öffentliches Bewußtsein für Ausmaß und Gefährlichkeit der latenten Subventionsdelinquenz geschaffen (vgl. auch *Bleckmann* S. 4). Über Subventionserschleichungen in diesem (Agrar-)Bereich, aber auch bei den Ausgaben für die Struktur-, Forschungs-, Energie-, Umwelt- und Entwicklungspolitik unterrichten die Betrugsbekämpfungsberichte der Europäischen Kommission (z. B. Jahresbericht 1995 vom 8. Mai 1996 S. 76 ff; zusammenfassend *Sieber* SchwZStrafR **114** [1996] S. 365 ff) sowie die Berichte des Europäischen Rechnungshofs (dort auch verläßliche Angaben zur Schadenshöhe). In neuester Zeit haben Subventionsbetrügereien im Verlaufe des deutschen Vereinigungs-Prozesses „traurige Bedeutung erlangt" (*Dörn* wistra **1994** 216).

Eine Analyse der auffindbaren Strafverfahren wegen Subventionserschleichung ergab 5
die praktische Unzulänglichkeit der Ahndung mit Hilfe des allgemeinen Betrugstatbestandes jedenfalls im Bereich der Wirtschaftssubventionen. Neben den Schwierigkeiten des Nachweises von Täuschungshandlung, Irrtumserregung und Vermögensschaden sowie des Kausalzusammenhangs zwischen diesen Merkmalen stand dabei die weitgehende Unmöglichkeit im Vordergrund, den **Vorsatz** der Täuschung und die *Absicht*, sich *rechtswidrig* zu bereichern, festzustellen[3]. Daneben kritisierte die Rechtslehre auch das theoretische Ungenügen des gängigen Vermögensschadensbegriffes im Hinblick auf die Erfassung von **Planungsschäden**[4], deren strafrechtliche Erfassung nach üblicher Terminologie auf den von § 263 gerade nicht intendierten und mit dem Merkmal der Stoffgleichheit nicht zu vereinbarenden Schutz der Dispositionsfreiheit hinausläuft (zust. insbes. D. *Krauss* Vischer-Festschrift S. 63). Da die Zweckbindung dem öffentlichen Vermögen eigen ist und dessen wirtschaftlichen Wert in den Hintergrund treten läßt, liegt es nahe, den Strafschutz der Subventionspolitik in Parallele zu dem des *Abgabenwesens* zu gestalten. Der eher untreueähnliche Fall des nachträglichen Mißbrauchs eines rechtmäßig erlangten Subventionsvorteils ist mit § 263 überhaupt nicht zu erfassen[5]. – Entsprechend dem Vorschlag von *Tiedemann* (Subventionskriminalität S. 369) und der Erweiterung dieses Vorschlages durch die *Sachverständigenkommission zur Bekämpfung der Wirtschaftskriminalität* (Tagungsberichte Bd. IV S. 130 ff) sowie in grundsätzlicher Übereinstimmung auch mit dem Alternativ-Entwurf (§ 201 AE) führte der Gesetzgeber daher als zentrale Strafvorschrift des **1. Gesetzes zur Bekämpfung der Wirtschaftskriminalität** vom 29. 7. 1976 den neuen Tatbestand des Subventionsbetruges (§ 264) ein. Dieser Tatbestand weicht vom RegE (BTDrucks. 7/3441 S. 4) vor allem darin ab, daß das Gesetz nunmehr den Begriff der Subvention näher umschreibt und – auf Anregung des AE – seine Anwendbarkeit nicht davon abhängig macht, daß die Subvention durch Gesetz formell als Subvention im Sinne des § 264 bezeichnet worden ist (materieller Subventionsbegriff). Außerdem schränkt Absatz 6 Nr. 2 die für § 264 relevanten Subventionen auf solche ein, die der Förderung der Wirtschaft dienen sollen, und nimmt damit außer dem breiten Feld der sog. Sozialsubventionen (einschließlich Sozialleistungen) auch die vom RegE noch

[3] *Tiedemann* Subventionskriminalität S. 299 ff; RegE Begr. S. 15 ff; dazu *Gössel* BT 2 S. 459 f; *Graßmück* S. 5 f; *Kaiser* Kriminologie § 92 Rdn. 28; *Schmid* S. 54 ff; *Sieber* aaO; *Wassmann* Rdn. 1.

[4] *Tiedemann* Subventionskriminalität S. 308 ff und ZStW **86** (1974) S. 908 ff sowie Prot. 7/2469; *Blei* Prot. 7/2504; *Lampe* Prot. 7/2511; krit. aber *Dreher/Tröndle* Rdn. 3 sowie *Lackner/Kühl* Rdn. 1; vermittelnd *Sch/Schröder/Lenckner* Rdn. 1.

[5] *Arzt/Weber* LH 4 Rdn. 16 ff; *Dreher/Tröndle* Rdn. 3; *Ranft* NJW **1986** 3169 f; *Volk* in: Belke/Oehmichen S. 87 f.

einbezogenen Kultur- und Forschungssubventionen aus, da sich insoweit kein hinreichendes praktisches Bedürfnis für einen besonderen Strafschutz ergeben habe[6].

6 Die **Kritik** an § 264 faßt *Samson* (SK Rdn. 11 ff) zusammen: Zwar wird meist nicht in Abrede gestellt, daß dieser Straftatbestand erhebliche praktische Bedeutung hat[7]. Jedoch sei er insgesamt zu *perfektionistisch* gefaßt (*Lenckner* Tübingen-Festschrift S. 257 f Fußn. 67; *Tiedemann* ZStW **87** [1975] S. 292 f) und in einzelnen Merkmalen zu *unbestimmt* (vgl. *Götz* Schad-Festschrift S. 232 f mit Nachw.). Folgen für die Rechtsanwendung ergeben sich hieraus allerdings nicht, da der Tatbestand nicht verfassungswidrig und auch in Einzelpunkten nicht so unbestimmt ist, daß eine verfassungskonform-einschränkende Auslegung geboten wäre (vgl. näher *Tiedemann* LK § 265 b Rdn. 20 mit weit. Nachw.). Neben der Beschränkung auf die Täuschungshandlung (*Volk* JZ **1982** 90) und dem damit verbundenen allgemeinen Problem der abstrakten Gefährdung (dazu Vorbem. Vor § 263) wird aus kriminalpolitischer und dogmatischer Sicht vor allem die *Leichtfertigkeitsklausel* des Abs. 3 kritisiert, die in Wahrheit eine Verdachtsstrafe (für nicht bewiesene vorsätzliche Begehung) vorsehe und daher dem verfassungsrechtlichen Schuldprinzip widerspreche[8]. Diese Auffassung kann allenfalls bei der verfehlten Einordnung des § 264 als bloßes Vermögensdelikt (unten Rdn. 11 ff, 14) überzeugen. Insbesondere *Maurach/Schroeder/Maiwald* (1 § 41 III B Rdn. 173) begründen ihre Kritik mit der Vorstellung, dem 1. WiKG liege das Bestreben zugrunde, „ein angeblich spezifisches Wirtschaftsstrafrecht zu schaffen" (aaO Rdn. 160). Mit dieser Frontstellung gegen ein neues Rechtsgebiet wird übersehen, daß auch das klassische Vermögensstrafrecht Sonderpflichten (z. B. bei § 266) anerkennt und als Verkehrspflichten mit Strafe schützt. Ebenso wie die Inanspruchnahme von Kredit sogar für den privaten Schuldner besondere Pflichten begründet, deren Verletzung selbst bei leicht fahrlässiger Begehungsweise strafbar ist (§ 283 Abs. 4 u. 5!), schafft auch die Inanspruchnahme von öffentlichen Subventionsmitteln (ohne Gegenleistung!) *Pflichtpositionen*, die über diejenigen bei privatem Austausch von Leistung und Gegenleistung hinausgehen. Diese erhöhte Verantwortung legitimiert die Pönalisierung der Leichtfertigkeit (zust. *Sch/Schröder/Lenckner* Rdn. 2 mit umfassenden Nachw.). Es ist zwar historisch zutreffend, daß erst die oben Rdn. 5 erwähnten Beweisschwierigkeiten bei der Anwendung des allgemeinen Betrugstatbestandes auf dieses Rechtsgebiet dessen Besonderheiten haben hervortreten lassen. Diese Tatsache begründet aber ebensowenig wie etwa bei § 316 Abs. 2 die Illegitimität des neuen Straftatbestandes, der diesen Besonderheiten Rechnung trägt und Anwendungsschwierigkeiten des § 263 vermeidet. Daß die leichtfertige Subventionserschleichung eine Straftat und die leichtfertige Steuerverkürzung nur eine Ordnungswidrigkeit ist (vgl. § 378 AO), stellt zwar einen Wertungswiderspruch dar[9], dessen Erkenntnis aber schon deshalb nicht zur Unanwendbarkeit (Unwirksamkeit) des § 264 (Abs. 3) führt, weil es hier um die Inanspruchnahme fremder Mittel, bei der Steuerverkürzung dagegen um die Nichtabführung eigener Mittel an den Staat geht (*Tiedemann* NJW **1990** 2228 mit weit. Nachw.). Bedenk-

---

[6] Bericht Sonderausschuß S. 10 f; *Götz* Prot. 7/2496; vgl. demgegenüber aber auch *Tiedemann* Subventionskriminalität S. 17 und 34 f sowie AE § 201 Abs. 5 S. 1.

[7] Vgl. *Graßmück* S. 56 ff; *Kießner/Liebl/Scherer* S. 33 ff, 106 f; *Maurach/Schroeder/Maiwald* 1 § 41 III B 5; Polizeiliche Kriminalstatistik 1995 (1996) Bl. 10 (1993 1284, 1995 522 erfaßte Fälle); Strafverfolgung 1993 (1996) S. 22 (1993 559 Aburteilungen); **aA** aber *Albrecht* KritV **1993** 169.

[8] *Albrecht* aaO S. 168; *Dreher/Tröndle* Rdn. 24; *Eberle* S. 148 ff; *Hack* S. 125 ff; *Herzog* S. 133; *Hillenkamp* in: Recht und Wirtschaft S. 237 ff; *Loos* in: Rechtswissenschaft und Rechtsentwicklung S. 276; *Maurach/Schroeder/Maiwald* 1 § 41 III B 4; *Samson* SK Rdn. 18; *Schubarth* ZStW **92** (1980) S. 100; *Wassmann* Rdn. 15; auch *Volk* in: Belke/Oehmichen S. 81 f und *Weigend* Triffterer-Festschrift S. 702 mit weit. Nachw.

[9] *Eberle* S. 167 ff; *Hack* S. 143 ff; *Maurach/Schroeder/Maiwald* aaO; *Samson* SK Rdn. 20; *Tiedemann* NJW **1990** 2227 f mit weit. Nachw.

licher, aber letztlich ebenfalls keine Verfassungswidrigkeit begründender Streitpunkt bleibt daher nur die Einbeziehung der Erschleichung von Steuervorteilen in den Bußgeldtatbestand der Steuerverkürzung; funktional kann nämlich keine sinnvolle Abgrenzung zwischen der Erschleichung von Subventionen und Steuervorteilen gefunden werden (*Tiedemann* aaO; unten Rdn. 27). Die geltende Rechtslage läßt sich insoweit nur mit der Wesensbestimmung der Steuervorteile (mit Blick auf ihre Einbettung in ein Besteuerungsverfahren, unten Rdn. 27) rechtfertigen. In der Sprache der verwaltungsrechtlichen Pflichtenlehre ist das Steuerrechtsverhältnis Teil des allgemeinen, das Subventionsverfahren dagegen Teil des besonderen „Gewaltverhältnisses" zwischen Bürger und Staat; in zivilrechtlicher Diktion geht es um das Vertrauens- und Näheverhältnis, wie es die culpa in contrahendo voraussetzt (F. *Peters* JR **1989** 242, Anm. zu BGHZ **106** 204 ff).

Von Bedeutung sowohl für die Subventionsvergabepraxis und ihre (präventive) Kontrolle als auch für die Auslegung und (repressive) Handhabung des § 264 ist das ebenfalls durch das 1. WiKG (Art. 2) eingeführte „Gesetz gegen mißbräuchliche Inanspruchnahme von Subventionen" (**Subventionsgesetz**), welches allerdings unmittelbar und uneingeschränkt nur Subventionen nach *Bundesrecht* betrifft und primär unter strafrechtlichen Gesichtspunkten gesehen wird (vgl. nur *Bleckmann* S. 9; *Stober* § 50 I S. 295). Dieses unten Rdn. 9 im Wortlaut abgedruckte Gesetz statuiert insbesondere eine Offenbarungspflicht des Subventionsnehmers bei und nach der Inanspruchnahme von Subventionen (§ 3 SubvG) und erfaßt Schein- und Umgehungshandlungen durch eine besondere Vorschrift (§ 4 SubvG). Es regelt ferner die in § 264 Abs. 7 Nr. 1 vorausgesetzte ausdrückliche Bezeichnung der subventionserheblichen Tatsachen (§ 2 SubvG). Der letzteren Einschränkung kommt besondere Bedeutung zu, da für die Subventionierung zahlreiche Unklarheiten der normativen oder auch nur rein praktischen Subventionsvergabevoraussetzungen typisch sind; diese Unklarheiten wurzeln in dem politisch-kompromißhaften Wesen der Subvention. Die gesetzgeberische Bezugnahme auf den — häufig ebenfalls unklaren — „Subventionszweck" (§ 2 Abs. 1 Nr. 1, vgl. auch § 4 Abs. 2 S. 2 SubvG) entwertet die gesetzgeberische Entscheidung allerdings erheblich (näher dazu unten Rdn. 48 ff). — Für Subventionen nach *Landesrecht* gelten §§ 2—6 SubvG in fast allen Bundesländern entsprechend (vgl. unten Rdn. 103). **7**

Auf Subventionen, die nach **EG-Recht** gewährt werden, ist das Subventionsgesetz dagegen nur anwendbar, soweit es Verfahrensregeln enthält *und* deutsche Stellen tätig werden[10]. Vor allem die Regel über Umgehungshandlungen (§ 4 Abs. 2 SubvG) gilt daher wegen des Vorrangs des Europarechts für EG-Subventionen nicht (vgl. im einzelnen unten Rdn. 110), so daß gerade jener spektakuläre Fallbereich eklatanter Manipulationen, welcher wesentliches Motiv für die Einführung des § 264 war, vom Gesetz zunächst nicht erfaßt wurde. Auf Vorschlag von *Tiedemann* (Pfeiffer-Festschrift S. 109 ff und NJW **1990** 2231) ist aber Ende 1995 für den Bereich der EG- und Euratom-Subventionen eine Vorschrift eingeführt worden, welche die Unbeachtlichkeit von Umgehungshandlungen regelt (Art. 4 Abs. 3 **VO Nr. 2988/95 des Rates vom 18.12.1995 über den Schutz der finanziellen Interessen der Europäischen Gemeinschaft**, ABlEG v. 23.12.1995 Nr. L 312/1 ff [zur Entwurfsfassung *Reisner* S. 303 ff]). Diese verwaltungsrechtliche Norm lautet: *„Handlungen, die nachgewiesenermaßen die Erlangung eines Vorteils, der den Zielsetzungen der einschlägigen Gemeinschaftsvorschriften zuwiderläuft, zum Ziel haben, indem* **8**

---

[10] *Tiedemann* Prot. 7/2471 und NJW **1990** 2231; *Götz* Prot. 7/2501; Bericht Sonderausschuß S. 21; *Dreher/Tröndle* Rdn. 1. Vgl. nunmehr auch Art. 2 Abs. 4 der sogleich im Text zitierten EG-VO Nr. 2988/95: „Vorbehaltlich des anwendbaren Gemeinschaftsrechts unterliegen die Verfahren für die Anwendung der gemeinschaftlichen Kontrollen, Maßnahmen und Sanktionen dem Recht der Mitgliedstaaten."

künstlich die Voraussetzungen für die Erlangung dieses Vorteils geschaffen werden, haben zur Folge, daß der betreffende Vorteil nicht gewährt bzw. entzogen wird." Sie gilt nach Art. 1 Absatz 1 als Teil einer „*Rahmenlegung ... für verwaltungsrechtliche Maßnahmen und Sanktionen bei Unregelmäßigkeiten in bezug auf das Gemeinschaftsrecht*". Absatz 2 definiert den „*Tatbestand der Unregelmäßigkeit*": Dieser ist „bei jedem Verstoß gegen eine Gemeinschaftsbestimmung als Folge einer Handlung oder Unterlassung eines Wirtschaftsteilnehmers gegeben, die einen Schaden für den Gesamthaushaltsplan der Gemeinschaften oder die Haushalte, die von den Gemeinschaften verwaltet werden, bewirkt hat bzw. haben würde ...". Nach ihren Eingangserwägungen gilt diese VO „unbeschadet der Anwendung des Strafrechts der Mitgliedstaaten", wobei „geeignete Bestimmungen vorzusehen" seien, „um eine Kumulierung finanzieller Sanktionen der Gemeinschaft", wie sie in Art. 5 Absatz 1 aufgezählt werden, „und einzelstaatlicher Sanktionen bei ein und derselben Person für dieselbe Tat zu verhindern". Eingehend und **krit.** zum Gesamtinhalt der VO *Dannecker* ZStW **108** (1996) S. 604 ff.

9 Das deutsche **Subventionsgesetz** hat folgenden Wortlaut:

§ 1
Geltungsbereich

(1) Dieses Gesetz gilt, soweit Absatz 2 nichts anderes bestimmt, für Leistungen, die Subventionen im Sinne des § 264 des Strafgesetzbuches sind.

(2) Für Leistungen nach Landesrecht, die Subventionen im Sinne des § 264 des Strafgesetzbuches sind, gelten die §§ 2 bis 6 nur, soweit das Landesrecht dies bestimmt.

§ 2
Bezeichnung der subventionserheblichen Tatsachen

(1) Die für die Bewilligung einer Subvention zuständige Behörde oder andere in das Subventionsverfahren eingeschaltete Stelle oder Person (Subventionsgeber) hat vor der Bewilligung oder Gewährung einer Subvention demjenigen, der für sich oder einen anderen eine Subvention beantragt oder eine Subvention oder einen Subventionsvorteil in Anspruch nimmt (Subventionsnehmer), die Tatsachen als subventionserheblich im Sinne des § 264 des Strafgesetzbuches zu bezeichnen, die nach

1. dem Subventionszweck,
2. den Rechtsvorschriften, Verwaltungsvorschriften und Richtlinien über die Subventionsvergabe sowie
3. den sonstigen Vergabevoraussetzungen

für die Bewilligung, Gewährung, Rückforderung, Weitergewährung oder das Belassen einer Subvention oder eines Subventionsvorteils erheblich sind.

(2) Ergeben sich aus den im Subventionsverfahren gemachten Angaben oder aus sonstigen Umständen Zweifel, ob die beantragte oder in Anspruch genommene Subvention oder der in Anspruch genommene Subventionsvorteil mit dem Subventionszweck oder den Vergabevoraussetzungen nach Absatz 1 Nr. 2, 3 im Einklang steht, so hat der Subventionsgeber dem Subventionsnehmer die Tatsachen, deren Aufklärung zur Beseitigung der Zweifel notwendig erscheint, nachträglich als subventionserheblich im Sinne des § 264 des Strafgesetzbuches zu bezeichnen.

§ 3
Offenbarungspflicht bei der Inanspruchnahme von Subventionen

(1) Der Subventionsnehmer ist verpflichtet, dem Subventionsgeber unverzüglich alle Tatsachen mitzuteilen, die der Bewilligung, Gewährung, Weitergewährung, Inanspruchnahme oder dem Belassen der Subvention oder des Subventionsvorteils entgegenstehen oder für die Rückforderung der Subvention oder des Subventionsvorteils erheblich sind. Besonders bestehende Pflichten zur Offenbarung bleiben unberührt.

(2) Wer einen Gegenstand oder eine Geldleistung, deren Verwendung durch Gesetz oder durch den Subventionsgeber im Hinblick auf eine Subvention beschränkt ist, entge-

gen der Verwendungsbeschränkung verwenden will, hat dies rechtzeitig vorher dem Subventionsgeber anzuzeigen.

§ 4

Scheingeschäfte, Mißbrauch von Gestaltungsmöglichkeiten

(1) Scheingeschäfte und Scheinhandlungen sind für die Bewilligung, Gewährung, Rückforderung und Weitergewährung oder das Belassen einer Subvention oder eines Subventionsvorteils unerheblich. Wird durch ein Scheingeschäft oder eine Scheinhandlung ein anderer Sachverhalt verdeckt, so ist der verdeckte Sachverhalt für die Bewilligung, Gewährung, Rückforderung, Weitergewährung oder das Belassen der Subvention oder des Subventionsvorteils maßgebend.

(2) Die Bewilligung oder Gewährung einer Subvention oder eines Subventionsvorteils ist ausgeschlossen, wenn im Zusammenhang mit einer beantragten Subvention ein Rechtsgeschäft oder eine Handlung unter Mißbrauch von Gestaltungsmöglichkeiten vorgenommen wird. Ein Mißbrauch liegt vor, wenn jemand eine den gegebenen Tatsachen und Verhältnissen unangemessene Gestaltungsmöglichkeit benutzt, um eine Subvention oder einen Subventionsvorteil für sich oder einen anderen in Anspruch zu nehmen oder zu nutzen, obwohl dies dem Subventionszweck widerspricht. Dies ist namentlich dann anzunehmen, wenn die förmlichen Voraussetzungen einer Subvention oder eines Subventionsvorteils in einer dem Subventionszweck widersprechenden Weise künstlich geschaffen werden.

§ 5

Herausgabe von Subventionsvorteilen

(1) Wer einen Gegenstand oder eine Geldleistung, deren Verwendung durch Gesetz oder durch den Subventionsgeber im Hinblick auf eine Subvention beschränkt ist, entgegen der Verwendungsbeschränkung verwendet und dadurch einen Vorteil erlangt, hat diesen dem Subventionsgeber herauszugeben.

(2) Für den Umfang der Herausgabe gelten die Vorschriften des Bürgerlichen Gesetzbuches über die Herausgabe einer ungerechtfertigten Bereicherung entsprechend. Auf den Wegfall der Bereicherung kann sich der Herausgabepflichtige nicht berufen, soweit er die Verwendungsbeschränkung kannte oder infolge grober Fahrlässigkeit nicht kannte.

(3) Besonders bestehende Verpflichtungen zur Herausgabe bleiben unberührt.

§ 6

Anzeige bei Verdacht eines Subventionsbetrugs

Gerichte und Behörden von Bund, Ländern und kommunalen Trägern der öffentlichen Verwaltung haben Tatsachen, die sie dienstlich erfahren und die den Verdacht eines Subventionsbetrugs begründen, den Strafverfolgungsbehörden mitzuteilen.

§ 7

Berlin-Klausel

Dieses Gesetz gilt nach Maßgabe des § 13 Abs. 1 des Dritten Überleitungsgesetzes vom 4. Januar 1952 (Bundesgesetzbl. I S. 1) auch im Land Berlin.

§ 8

Inkrafttreten

Dieses Gesetz tritt am ersten Tage des auf die Verkündung folgenden Monats in Kraft.

Insbesondere mehrere **romanische** Rechtsordnungen haben das Modell des § 264 mit mehr oder weniger großen Abweichungen übernommen. Außerhalb des Strafgesetzbuches sieht **Portugal** in dem Gesetzesdekret Nr. 28 von 1984 (Art. 36 und 37) eine eng an das deutsche Vorbild angelehnte Regelung vor, welche die Leichtfertigkeitsklausel sogar bis zur Bestrafung einfacher Fahrlässigkeit ausweitet und die Zweckentfremdung der Subventionsleistung (unter Hervorhebung von Kreditsubventionen) in einem eigenen Straftatbe- **10** stand (Art. 37) regelt. Dagegen schwieg der 1985 von **Spanien** eingeführte Sondertatbestand des Art. 350 Código Penal (auch in der Neufassung von 1995) zur Schuldform, die daher in der Lehre umstritten und von der Rechtsprechung nicht geklärt war (vgl. *Arroyo Zapatero* Delitos contra la Hacienda Pública en materia de subvenciones, 1987, S. 117). Das neue, 1996 in Kraft getretene spanische Strafgesetzbuch enthält in Art. 308 einen Sondertatbestand, der nach der allgemeinen Regel des Art. 12 eindeutig auf vorsätzliche Erschleichung sowie Zweckentfremdung von Subventionen beschränkt ist, aber nur bei Erhalt einer Subvention in Höhe von mehr als 10 Mio. Peseten gilt; unterhalb dieser Wertgrenze gilt ein Übertretungstatbestand mit Geldstrafenandrohung (Art. 627 Código Penal), und für Subventionen unter 4.000 Ecu greifen Verwaltungssanktionen des Haushaltsgesetzes ein (vgl. *Nieto Martín* S. 319 ff; *Tiedemann* Lecciones de Derecho Penal Económico, 1993, S. 42). Auf den Betrugstatbestand kann insoweit nicht zurückgegriffen werden (*Muñoz Conde* Derecho Penal Parte Especial, 11. Aufl. 1996, S. 904; dort S. 902 auch zum überindividuellen Rechtsgut der einschlägigen Tatbestände). Art. 309 Código penal ergänzt diese Regeln durch einen Spezialtatbestand für EG-Subventionen in Höhe von mehr als 50.000 Ecu, jedoch ohne Anordnung der in Art. 308 Absatz 3 vorgesehenen zusätzlichen Strafen (Subventionssperre und Ausschluß von steuerlichen Vergünstigungen für einen Zeitraum von 3 bis 6 Jahren); Art. 306 betrifft u. a. die Zweckentfremdung gemeinschaftsrechtlicher Subventionen, und Art. 628 erfaßt Übertretungen unterhalb der genannten Wertgrenze (ausführlich dazu *Gómez Rivero* El fraude de subvenciones, 1996, S. 302 ff). In **Italien** hat der Gesetzgeber nach einem ersten strafbewehrten Sondergesetz (von 1967) über Subventionen für Olivenöl den Strafschutz durch Gesetz Nr. 898 von 1986 zunächst auf die vorsätzliche Erschleichung von Leistungen der Abteilung Ausrichtung und Garantie des Europäischen Agrarfonds ausgeweitet. Seit 1990 stellt die Erschleichung nationaler und supranationaler Subventionen auch einen schweren Fall des Betruges dar (Art. 640 *bis* Codice Penale). Zusätzlich wurde im Jahre 1990 Art. 316 *bis* in den Codice Penale eingefügt, der jede Abweichung von den Bedingungen einer von der öffentlichen Hand gewährten Finanzleistung inkriminiert; jedoch war umstritten, ob damit auch Leistungen der EG erfaßt und geschützt wurden. Die bejahende Ansicht hat 1992 zu einer gesetzgeberischen Klarstellung geführt (vgl. *Nieto Martín* S. 302 f). Hervorhebung verdient ferner die Rechtslage in **Belgien**, das seit 1994 außerhalb des Strafgesetzbuches in dem *Arrêté royal* 31 MEY 1933 (Art. 2) einen Straftatbestand der Erschleichung und Zweckentfremdung von Subventionen kennt, in die ausdrücklich auch solche der EG einbezogen sind (Art. 1). Während die außerstrafrechtlichen Mitteilungspflichten auch bei Fahrlässigkeit aus Anlaß des Subventionsantrages eingreifen, beschränkt sich der Straftatbestand ausdrücklich auf Handeln in Kenntnis der Unrichtigkeit oder Unvollständigkeit der Angaben sowie der fehlenden Subventionsberechtigung. Schließlich hat **Luxemburg** durch Gesetz vom 15. Juli 1993 sein Strafgesetzbuch u. a. durch Art. 496-1 ergänzt, der die Strafdrohung des Betrugstatbestandes (Art. 496) auf Personen erstreckt, die wissentlich falsche oder unvollständige Erklärungen abgeben, um eine Subvention des Staates (usw.) oder einer internationalen Einrichtung zu erlangen oder zu behalten. In **Frankreich** läßt neben Art. 441-6 Abs. 2 Code pénal 1994 ein unübersichtliches Nebenstrafrecht das Prinzip erkennen, falsche schriftliche Erklärungen gegenüber Behörden zu inkriminieren, soweit der Täter öffentliche Finanzleistungen erschleichen will (vgl. *Merle/Vitu*, Traité de droit criminel, Droit pénal spécial Bd. II, 1982, Nr. 2363). Das **skandinavische Recht** erfaßt den Subventionsbetrug überwiegend mit dem allgemeinen Betrugstatbestand. Eine eigenständige, im wesentlichen dem deutschen Modell entsprechende Regelung enthält freilich das finnische Strafgesetz (§§ 29-5 ff), das zwar keine Fahrlässigkeitsstrafbarkeit kennt, jedoch die mißbräuchliche Subventionsverwendung ausdrücklich inkriminiert. –

Im Jahre 1994 legte die **EG-Kommission** aufgrund einer Entschließung des Rates vom 30.11.1993 den Entwurf eines Übereinkommens über den Schutz der finanziellen Interessen der Gemeinschaften vor, um die einschlägigen strafrechtlichen Schutznormen in den Mitgliedstaaten weitgehend zu harmonisieren. Dem auf Art. K 3 Absatz 2 lit. c EUV gestützten Entwurf lag ein Gutachten von *Bacigalupo/Delmas-Marty/Grasso/Smith/Tiedemann* zugrunde, das – zusammen mit den einschlägigen Landesberichten – auch eine umfassende Bestandsaufnahme aller zum Schutze von Subventionen erlassenen allgemeinen und speziellen Straf- und Verwaltungsvorschriften der Mitgliedstaaten der EU enthält. Der Entwurf ist nach erheblichen Veränderungen auf dem EU-Gipfeltreffen von Cannes im Juli 1995 von den Regierungen aller Mitgliedstaaten unterzeichnet worden, bisher aber mangels Ratifizierung durch diese noch nicht in Kraft getreten. Der Text des **„Übereinkommens über den Schutz der finanziellen Interessen der Europäischen Gemeinschaften"** ist in ABlEG v. 27.11.1995 Nr. C 316/48 ff veröffentlicht und enthält u. a. die Verpflichtung der Mitgliedstaaten, die vorsätzliche Erschleichung und Zweckentfremdung von EG-Subventionen unter „wirksame, angemessene und abschreckende Strafen" zu stellen, die auch für Teilnehmer und den Versuch gelten, wobei Strafschärfungen (Freiheitsstrafe!) für schweren Betrug ab 50.000 Ecu vorzusehen sind (Art. 2); Art. 3 verpflichtet – mit einer nicht eindeutigen, wohl im Sinne von „Systemgerechtigkeit" zu verstehenden Verweisung auf die „Grundsätze" des jeweiligen nationalen Rechts – zur Einführung der Strafbarkeit von Leitern, Entscheidungsträgern und Trägern von Kontrollbefugnissen von und in Unternehmen, wenn ihnen unterstellte Personen Subventionsbetrügereien zum Nachteil der EG und zum Vorteil des Unternehmens begehen. An Art. 1 des Übereinkommens ist neben der Parallelbehandlung der Schädigung von Ausgaben und Einnahmen interessant die normativierende Umschreibung des Schadens als „unrechtmäßige Erlangung" bzw. „rechtswidrige Verminderung" von Mitteln und die Hervorhebung der mißbräuchlichen Verwendung von Mitteln „zu anderen Zwecken" als denen, für welche die Mittel gewährt worden sind. Für das deutsche Strafrecht und seine **Reform** stellt sich damit die Frage, ob ein Sondertatbestand für die Erschleichung von EG-Subventionen zu schaffen ist (der wegen § 264 Abs. 3 und Art. 209 a EGV jedenfalls in Bezug auf Wirtschaftssubventionen für Unternehmen auch Leichtfertigkeit unter Strafe stellen müßte) *oder* ob § 264 um den Tatbestand der Erschleichung von EG-Subventionen durch Private (ohne Bestrafung der Leichtfertigkeit) erweitert werden soll; ferner liegt jedenfalls für den letzteren Bereich eine (im übrigen klarstellende) Ausdehnung des Straftatbestandes auf vorsätzliche Zweckentfremdung von (EG-)Subventionen nahe (dazu de lege lata unten Rdn. 66, 92 u. 93). Insgesamt **krit.** zu dem Übereinkommen *Dannecker* ZStW **108** (1996) S. 596 ff, der aber die Harmonisierungsimpulse wohl zu skeptisch einschätzt (dazu näher *Tiedemann* in: Kreuzer/Scheuing/Sieber [Hrsg.], Die Europäisierung der mitgliedstaatlichen Rechtsordnungen in der Europäischen Union, 1997).

Außerhalb der EU ist vor allem das **polnische** Gesetz über den Schutz des Wirtschaftsverkehrs und die Änderung einiger Vorschriften des Strafrechts vom 12. Oktober 1994 erwähnenswert, das in Art. 3 einheitlich die Kredit- und Subventionserschleichung regelt und mit Freiheitsstrafe bis zu 5 Jahren bedroht. Tatbestandsmäßig handelt, wer in der Absicht der Kredit- oder Subventionserlangung über erhebliche Umstände unredliche Erklärungen abgibt oder falsche Urkunden vorlegt oder wer entgegen der ihm obliegenden Pflicht Umstände nicht mitteilt, die Einfluß auf die Gewährung oder Höhe des Kredites oder der Subvention haben können (deutsche Übersetzung in Jahrbuch für Ostrecht **1995** II 276 f).

II. Geschütztes Rechtsgut und allgemeine Einordnung des Tatbestandes

11 **1.** Hinsichtlich des Schutzgutes des § 264 herrscht nach der insoweit eindeutigen Entstehungsgeschichte weitgehend Einigkeit darüber, daß die **Planungs- und Dispositionsfreiheit** des Subventionsgebers im Vordergrund steht: Die Verfehlung der mit der Subventionierung angestrebten wirtschaftspolitischen (wirtschaftsfördernden) Zwecke, nicht der Verlust der ohnehin zur Ausgabe bestimmten Finanzmittel, prägt den Unrechtskern des Subventionsbetruges[11]. Zu Recht weisen allerdings *Sch/Schröder/Lenckner* (Rdn. 4) darauf hin, daß hier ebenso wie bei § 263 die Deutung und Bezeichnung als „Dispositionsfreiheit" nicht ganz exakt ist, da die „Freiheit" bei der Verwaltung öffentlichen Vermögens häufig eine normativ gebundene und keineswegs um ihrer selbst willen geschützte ist (zust. D. *Geerds* S. 247 f). Richtiger ist es daher, mit *Sch/Schröder/Lenckner* (aaO) von dem Schutz der Subventionierung als eines besonders wichtigen **Instrumentes** der staatlichen Wirtschaftslenkung und von dem Schutz der mit dieser Lenkung verfolgten **wirtschaftspolitischen Zwecke** zu sprechen (zust. D. *Geerds* S. 248 ff und *Krey* BT 2 Rdn. 520), wobei *Sch/Schröder/Lenckner* diesen Schutzzweck allerdings nur dem von ihnen für primär erachteten Vermögensschutz hinzufügen wollen (ebenso *Sannwald* S. 59 ff). Daß der Subventionszweck in § 264 überhaupt nicht (vielmehr nur im SubvG, vgl. insbes. § 2 Abs. 1 Nr. 1) erwähnt wird, besagt nichts dagegen, denn die Begriffe der Unrechtsmaterie müssen sich nicht notwendig auch als Tatbestandsmerkmale niederschlagen. Im Gegenteil macht § 264 durch seine Tatbestandsfassung die Anwendung der (bei § 263 umstrittenen, vgl. unten Rdn. 13) Zweckverfehlungslehre überflüssig.

12 Wohl aber ist zu fragen, ob § 264 neben der staatlichen (oder sonstwie öffentlichen) Planungsentscheidung im Bereich der Wirtschaftsförderung **auch** das **Vermögen** des Subventionsgebers schützt. Dieser Frage wird – neben ihrer zivilrechtlichen Auswirkung bei § 823 Abs. 2 BGB (dazu BGHZ **106** 204, 207 mit Anm. F. *Peters* JR **1989** 241 und *Ranft* EWiR **1989** 245) – vor allem im Hinblick auf die weitere Frage Bedeutung beigemessen, ob die Erschleichung sonstiger, nicht-wirtschaftsfördernder Subventionen überhaupt noch unter § 263 fallen kann, der anerkanntermaßen ausschließlich oder doch vorrangig Vermögensschutz bezweckt. Die Antwort ergibt sich aus folgenden Überlegungen:

13 Zunächst ist der Vermögensschutz des Subventionsgebers nach § 263 unzweifelhaft dort zu bejahen (und die sog. Zweckverfehlungstheorie entsprechend überflüssig), wo die Subventionsgewährung außer dem allgemeinen Zweck der Einkommensmehrung, der jeder ohne Gegenleistung erfolgenden subventiven Zuwendung finanzieller Mittel innewohnt, keine spezifischen Zwecke verfolgt. Dies gilt vor allem für die meisten **Sozialsubventionen** (vgl. nur *Achterberg/Püttner/Schmidt* Rdn. 135). Soweit dagegen – wie bei den reinen **Kultursubventionen** – spezifische Zwecke verwirklicht werden sollen, ist § 263 jedenfalls dort anwendbar, wo die Subventionsvoraussetzungen normativ geregelt sind und somit die Rechtswidrigkeit des vom Täter angestrebten Vermögensvorteils außer Streit ist; in diesen Fällen entspricht nach dem Grundsatz der Stoffgleichheit dem vom Täter angestrebten rechtswidrigen Vermögensvorteil ein rechtswidriger Schaden auf der Opferseite (*Tiedemann* Subventionskriminalität S. 309 sowie Wirtschaftsstrafrecht Bd. II

[11] Bericht Sonderausschuß S. 3; OLG Hamburg NStZ **1984** 218 (f); OLG Karlsruhe NJW **1981** 1383; *Arzt/Weber* LH 4 Rdn. 18; *Diemer/Nicolaus* Schmidt-Leichner-Festschrift S. 42; D. *Geerds* S. 244 ff; *Göhler/Wilts* DB **1976** 1610; *Heinz* GA **1977** 225 f; *Jung* JuS **1976** 758; *Krey* BT 2 Rdn. 520; *Lackner/Kühl* Rdn. 1; *Lohmeyer* S. 55; *Lüderssen* wistra **1988** 45 f; *Otto* BT § 61 II 1; *Schmid* S. 66; *Schmidt-Hieber* in: Müller-Gugenberger § 42 D; *Wessels* BT 2 § 16 I 1 Rdn. 648; **aA** *Gössel* BT 2 S. 459 und bereits Prot. 7/2614 f sowie wistra **1985** 129; *Hack* S. 63; *Maurach/Schroeder/Maiwald* 1 § 41 III A 3 (Rdn. 165); *Ranft* JuS **1986** 449; *Schmidhäuser* BT 11/97; *Wassmann* Rdn. 4.

S. 96 ff mit weit. Nachw.; vgl. auch Art. 1 EG-Konvention 1995, oben Rdn. 10). Es bleiben somit nur diejenigen Fälle zweifelhaft, in denen die Vergabevoraussetzungen nicht normativ festliegen, der Subventionsgeber also nach („freiem") Ermessen entscheidet und folglich seine Entscheidung ohne rechtssatzmäßige Konkretisierung unmittelbar am Subventionszweck ausgerichtet ist. Hier wird die Erlangung von Vermögensvorteilen offenbar dann rechtswidrig im Sinne des § 263, wenn die Vergabe im Widerspruch zu dem verwaltungsmäßig konkretisierten Subventionszweck steht, und es liegt nahe, den entsprechenden Vermögensschaden (!) eben im Hinblick auf diese Zweckverfehlung zu begreifen. Wie bereits an anderer Stelle dargelegt[12], ist dies auch einigermaßen zwanglos infolge der Einsicht möglich, daß sich die **öffentlichen Haushalte** als bloßes Durchlaufvermögen und infolge der engen sowie zwingenden Planbindung wesensmäßig von den privaten Haushalten unterscheiden, die zwar auch nach Möglichkeit, aber gerade nicht notwendig, plangebunden sind und vor allem nicht rechtlich-zweckhaft eingesetzt werden müssen. Nur die öffentlichen Haushalte sind, mit anderen Worten, **zweckgebundenes Umlaufvermögen** mit der Funktion, die Finanzmittel optimal zugunsten der Allgemeinheit einzusetzen, und der Wirkung, daß die unrechtmäßige Inanspruchnahme dieser Mittel den Vermögensverteilungsprozeß in einer auch rechtlich unmittelbar relevanten Weise stört. Auch im Rahmen des § 263 ist Schaden der öffentlichen Hand somit primär Beeinträchtigung der staatlichen Planung („Disposition"), wenn auch bezogen auf das staatliche Vermögen. Mit der h. M. ist daher davon auszugehen, daß die **nichtwirtschaftsfördernden Subventionen von § 263 erfaßt** bleiben[13]. Ebenso zutreffend aber ist die Feststellung im Bericht des Sonderausschusses (S. 3), daß durch die Zweckverfehlungstheorie „die Einheit des Vermögensbegriffs gesprengt und die Konturen des § 263 verwischt werden", so daß diese Theorie besser fallengelassen und durch den Rückgriff auf das „Wesen" der in Frage stehenden Haushalte ersetzt werden sollte (zust. D. *Krauss* Vischer-Festschrift S. 62 f). Nach der Konzeption der Rechtsprechung, die für § 263 eine bewußte Selbstschädigung ausreichen läßt, wäre der Schaden ohnehin schlicht in der Ausreichung der Finanzmittel zu sehen und die Heranziehung der Lehre von der Zweckverfehlung überflüssig (vgl. *Gerhold* S. 20). Die Entlastung des allgemeinen Betrugstatbestandes von der Ausweitung durch die Zweckverfehlungslehre ist durch die Einführung des § 264 als solche mit seiner Beschränkung auf Wirtschaftssubventionen (dazu im einzelnen unten Rdn. 45 ff) nicht erreicht worden. § 263 muß daher weiterhin die Funktion des Schutzes auch des Vermögens öffentlicher („überindividueller") Träger gegen Erschleichungshandlungen insbesondere im Bereich der nichtwirtschaftsfördernden Subventionen mit übernehmen. BGHSt **31** 93, 95 läßt freilich offen, ob die hier vertretene Aufspaltung des Vermögensbegriffes als zutreffend anzuerkennen ist (dagegen *Hack* S. 63 f Fußn. 28; vgl. auch BGH NJW **1995** 603 ff). Wohl aber lehnen BGHSt **34** 265, 268 ff sowie **36** 373, 374 ff für § 264 eine *Schadenskompensation* ähnlich wie bei § 370 (Abs. 4 S. 3) AO ab (vgl. auch BGHSt **32** 203, 206 f sowie unten Rdn. 84) und bekennen sich damit zu der Auffassung, daß dieser Tatbestand jedenfalls nicht primär oder allein das Vermögen schützt (vgl. auch *Tiedemann* ZStW **107** [1995] S. 640). Insgesamt läuft die Ansicht des BGH auf einen Schutz des *Subventionsverfahrens* als Bedingung für die Erreichung der wirtschaftspolitischen Subventionszwecke hinaus. Damit ergibt sich eine deutliche Parallele zu dem Schutz der Rechtspflege bei den Aussagedelikten (*Achenbach* JR **1988** 253), vor allem wenn das Sonderpflicht(vertrauens)verhältnis des Subventionsnehmers in die Betrachtung einbezogen wird (vgl. näher unten Rdn. 17).

[12] *Tiedemann* Subventionskriminalität S. 314 ff sowie ZStW **86** 910 ff; zust. *Samson* SK § 263 Rdn. 157 sowie *Sch/Schröder/Lenckner* § 264 Rdn. 1.

[13] Übereinstimmend insbes. *Arzt/Weber* LH 4 Rdn. 39; *Krey* BT 2 Rdn. 527; *Lackner* LK[10] § 263 Rdn. 164; *Laumann* ZfZ **1977** 167; *Samson* SK Rdn. 103; *Sch/Schröder/Lenckner* Rdn. 87.

14 Für § 264 ergibt sich aus den vorstehenden Darlegungen keinerlei Notwendigkeit, den Gesichtspunkt des Vermögensschutzes innerhalb der Rechtgutsbestimmung gesondert auszuweisen. Wenn dieser Tatbestand vielmehr die Planungshoheit in Bezug auf öffentliche Finanzmittel schützt und vom Eintritt eines Vermögensschadens absieht, so verwandelt das Bezugsobjekt der Planung das einschlägige Delikt *nicht* etwa in eine *Vermögensstraftat* – ähnlich wie eine Brandstiftung nach § 306 nicht dadurch zum Eigentumsdelikt wird, daß sie sich auf fremde Sachen bezieht. (Ähnliches gilt für die Urkundenunterdrükkung gemäß § 274 Abs. 1 Nr. 1.) Richtig ist zwar, daß bei § 253 der Bezug der Beeinträchtigung der Entschließungsfreiheit auf das Vermögen die Tat nach ganz herrschender Auffassung *auch* zu einem Vermögensdelikt werden läßt, wobei sogar der Schwerpunkt auf dem Vermögensschutz liegen soll (*Lackner/Kühl* § 253 Rdn. 1 mit Nachw.). Diese für § 253 sinnvolle Addition verschiedener Aspekte kann aber nicht auf § 264 übertragen werden, da es strafrechtlich keinen „Schutz staatlicher Planungshoheit" als Grundtatbestand gibt, der hier durch die Spezialität der Beziehung auf das Finanzvermögen ergänzt würde: § 264 kennt nur die staatliche bzw. sonstwie öffentliche **Vermögensplanungshoheit** als einheitliches und alleiniges Rechtsgut (ebenso bereits *Blei* JA **1976** 194).

15 **2.** Überwiegend wird § 264 als **abstraktes Gefährdungsdelikt** eingeordnet[14]. Jedoch wird auch die Auffassung vertreten, es liege ein abstrakt-konkretes Gefährdungsdelikt[15] oder sogar ein Fall konkreter Gefährdung vor[16].

16 Unstreitig ist also nur, daß § 264 **kein Erfolgsdelikt** darstellt. Die Vergabe oder Bewilligung der Subvention oder auch nur eine erfolgreiche Täuschung des zuständigen Amtswalters wird vom Tatbestand nicht gefordert. Vielmehr soll gerade auch der Fall erfaßt werden, daß der Amtswalter den wahren Sachverhalt (er)kennt oder mit dem Antragsteller kollusiv zusammenwirkt (vgl. hier nur BGHSt **32** 203, 205 ff; näher unten Rdn. 23 f mit Nachw.). Die offenbar um der Eindringlichkeit willen gewählte **Bezeichnung** als *Subventionsbetrug* ist daher mißverständlich (*Lackner/Kühl* Rdn. 2; *Tiedemann* Wirtschaftsstrafrecht II S. 76), da § 264 die Voraussetzungen des § 263 gerade nicht erfordert und ein wie auch immer zu bewertender tatsächlicher Erfolg (z. B. die Erlangung oder auch nur die Bewilligung der Subvention) nur für die Strafzumessung relevant ist. Besser würde von „Subventionserschleichung" gesprochen (so *Hack* S. 78), richtiger – im Hinblick auf § 264 Abs. 1 Nr. 2 (Zweckentfremdung der rechtmäßig erlangten Subvention!) und die Täterschaft von Amtsträgern (unten Rdn. 23) – von *Subventionsmißbrauch* (*Tiedemann* Subventionskriminalität S. 369). Allerdings wird der tatsächliche Erfolg der Subventionserlangung angesichts des weiten Strafrahmens von Absatz 1 (Nr. 1) bewußt mit erfaßt, wie das Regelbeispiel des Absatzes 2 Nr. 1 ergibt (näher unten Rdn. 139).

17 Kann der Tatbestand somit in der gängigen Sprache der Strafrechtsdogmatik nur ein Gefährdungsdelikt darstellen, so ist der potentielle Gesichtspunkt der **Gefährdung** entweder auf das Vermögen oder aber auf die Sachentscheidung des Subventionsgebers, also auf die Maßnahme der Wirtschaftslenkung, zu beziehen. Nur wenn **allein** auf das Vermögen als geschütztes Rechtsgut abgestellt wird, ist die Annahme eines abstrakten (Vermögens-)Gefährdungsdeliktes zwingend. Aber auch wenn man zusätzlich oder – richtiger-

[14] *Arzt/Weber* aaO Rdn. 21; *Berz* BB **1976** 1436; *Dreher/Tröndle* Rdn. 4; *Flechsig* Film und Recht **1977** 168; *Gössel* BT 2 S. 459 und bereits Prot. 7/2615; *Graßmück* S. 20; *Hack* S. 87 ff; *Heinz* GA **1977** 210; *Jung* JuS **1976** 758; *Krey* BT 2 Rdn. 521; *Lackner/Kühl* Rdn. 2; *Lohmeyer* S. 56 f; *Maurach/Schroeder/Maiwald* 1 § 41 III A 1; *Otto* aaO; *Samson* SK Rdn. 7; *Schmidhäuser* BT 11/96; *Sch/Schröder/Lenckner* Rdn. 5; *Weigend* Triffterer-Festschrift S. 702; *Wessels* BT 2 § 16 I 1 Rdn. 649; *Wilts* Prot. 7/2751.

[15] *Göhler* Prot. 7/2659; *Ranft* JuS **1986** 449.

[16] Im letzteren Sinn insbes. Bericht Sonderausschuß S. 5 und für Abs. 1 Nr. 2 *Ranft* aaO; vgl. dazu aber auch *Göhler* aaO.

weise – ausschließlich auf die Planungsentscheidung abstellt, liegt die Einordnung als abstraktes Gefährdungsdelikt nahe, da der Tatbestand (des Absatzes 1, vgl. insbes. auch Nr. 2!) Handlungen (im weiteren Sinne) umschreibt, die typischerweise geeignet sind, eine richtige Planungsentscheidung zu verhindern oder zu beeinträchtigen, ohne daß aber diese Gefährdung zum Tatbestandsmerkmal erhoben worden wäre (anders noch der RefE, vgl. *Göhler* Prot. 7/2659). Indessen weist der Bericht des Sonderausschusses (S. 5) im Anschluß an *Göhler* (Prot. 7/2659) am Beispiel der Pönalisierung sonstiger „bloßer Täuschungshandlungen" (etwa in §§ 399, 400 AktG, 82 GmbHG, 147, 150 GenG) zutreffend darauf hin, daß die Charakterisierung als abstraktes Gefährdungsdelikt „der Situation nicht oder jedenfalls nicht uneingeschränkt gerecht wird", da – so ist zu ergänzen – im Bereich überindividueller (sozialer) Rechtsgüter die Unterscheidung von konkreter und abstrakter Gefährdung mangels greifbarer Tatobjekte, die gefährdet werden können, in aller Regel ihren Sinn verliert[17]. Es erscheint daher richtiger, nur von einem Gefährdungsdelikt zu sprechen und zusätzlich – wegen des Fehlens eines Erfolges – § 264 (Abs. 1 Nr. 1 und Nr. 3) als **Tätigkeitsdelikt** (und Abs. 1 Nr. 2 als echtes Unterlassungsdelikt) einzuordnen (ebenso *Arzt/Weber* IV Rdn. 21; zust. *Wassmann* Rdn. 12). – Im einzelnen: Zwar gefährden unrichtige Angaben (usw.) im Subventionsverfahren zugleich die Erreichung des Subventionszweckes und das Funktionieren des Subventionsverfahrens in ähnlicher Weise wie falsche Aussagen vor Gericht die Rechtspflege gefährden. Als abstrakt oder konkret gefährlich kann die unrichtige Angabe aber nur in Bezug auf die konkrete Einzelfallentscheidung (des Richters oder der Subventionsvergabestelle) bezeichnet werden. Die Beziehung zu den Zwecken der Subventionierung bzw. der Rechtspflege legitimiert zwar den Strafschutz, ist aber dogmatisch unergiebig: Vor allem die Verletzung der Verkehrspflichten des Subventionsnehmers in Bezug auf die Erreichung des Subventionszwecks und auf das Subventionsverfahren kennzeichnet das Unrecht (ähnlich der Gesichtspunkt des Verfahrensschutzes bei BGHSt **34** 265, 267 ff; **36** 373, 374 ff; *Achenbach* JR **1988** 253; vgl. oben Rdn. 13). Dogmatisch steht daher die Pflichtverletzung im Vordergrund, und es erscheint somit richtig, den Schwerpunkt auf den *Handlungsunwert* zu legen. Entgegen *Kindhäuser* (JZ **1991** 494) kann angesichts der Sonderpflichtenstellung des Subventionsnehmers keine Rede davon sein, daß das Handlungsunrecht des vollendeten Subventionsbetrugs „allenfalls" dem eines Betrugsversuchs entspreche. Als nicht überzeugend erscheint auch die Kritik *Kindhäusers* an *Achenbachs* Konzeption des Verfahrensschutzes, soweit sie sich darauf stützt, daß § 264 „eindeutig" im Vermögensstrafrecht loziert sei. Abgesehen davon, daß die h. M. § 264 (zumindest auch) als Wirtschaftsstraftat einordnet (vgl. nur *Arzt/Weber* IV Rdn. 18 mit Nachw.), ist die Ausrichtung des Rechtsgüterschutzes am Verfahren auch für § 283 durchaus diskutabel (*Tiedemann* LK Rdn. 46 vor § 283). Und die an der „Lozierung" ausgerichtete Kritik verwundert bei einem Autor, der den Betrug als Freiheitsdelikt begreift (aaO S. 495 Fußn. 22 mit Nachw.) und im Subventionsbetrug die Verletzung eines „Rechtes auf Wahrheit" erblickt (aaO S. 495): Die von *Kindhäuser* gerügte Parallelität zu § 153 ff liegt damit geradezu auf der Hand. Allerdings ist das Vergabeverfahren ebensowenig ein Selbstzweck wie die Dispositionsfreiheit, so daß der Bezug auf die Subventionszwecke (und über diese mittelbar auf das Vermögen des Subventionsgebers) zum entscheidenden und verbindenden Element aller Auffassungen wird, die sich nicht auf reinen Vermögensschutz beschränken.

Sachliche Konsequenzen ergeben sich aus diesem Problem jedenfalls unmittelbar nur **18**
für die Auslegung des Merkmales der Vorteilhaftigkeit der Angaben (dazu unten

[17] Näher *Tiedemann* Wirtschaftsstrafrecht I S. 83 ff sowie Prot. 7/2468 f, 2477, auch LK § 265 b Rdn. 13; zust. *Göhler* Prot. 7/2658 und *Lüderssen* wistra **1988** 46 f sowie *Wassmann* Rdn. 12 und *Weigend* aaO, bes. Fn. 42.

Rdn. 82 ff, 84), allgemein aber auch für die Legitimation der Leichtfertigkeitsklausel des Abs. 3. Dagegen käme auch bei Annahme eines abstrakten Gefährdungsdelikts nach h. M. nicht die Zulassung des **Beweises der Ungefährlichkeit** der Handlung im Einzelfall in Betracht, da diese Lehre allein für individuelle Rechtsgutsbeeinträchtigungen bzw. nur für das Vorhandensein von (gefährdeten) Tatobjekten erwogen und vertreten wird (BGHSt **26** 121, 124 f; *Tiedemann* Tatbestandsfunktionen im Nebenstrafrecht [1969] S. 165 ff; D. *Geerds* S. 252 mit weit. Nachw.). Die Frage hat übrigens im Rahmen der §§ 263, 264 keineswegs nur theoretische Bedeutung, da sich Subventionsnehmer nicht selten darauf berufen, daß ihre Täuschungshandlung „materiell" den Subventionszweck nicht gefährdet oder vereitelt, ja daß im Einzelfall entsprechende Vorkehrungen des Täters erheblich besser als die von Gesetzgeber und Verwaltung vorgesehenen Kontrollen und sonstigen Maßnahmen eine Erreichung des Subventionszweckes sichergestellt hätten (Beispiele bei *Tiedemann* Wirtschaftsstrafrecht II S. 100). Im Hinblick auf die Tatbestandskonstruktion des § 264 kann diesem Einwand, sofern er sich als tatsächlich zutreffend erweist, nur im Rahmen der Strafzumessung oder über den Weg der §§ 153 ff StPO Rechnung getragen werden. Die an und für sich diskutable Maßgeblichkeit der **materiellen Zweckerreichung** (trotz Verstoßes gegen die Vergabevoraussetzungen) und der Zweckverfehlung (z. B. auch: trotz Vorliegens der Vergabevoraussetzungen) ist für § 264 de lege lata ausgeschlossen bzw. im Hinblick auf § 4 Abs. 2 SubvG nur für die Zweckverfehlung durch Umgehungshandlungen sichergestellt (**krit.** *Lüderssen* wistra **1988** 47 Fußn. 40, der aber zu Unrecht die Zweckerreichung mit dem unten Rdn. 84 behandelten Problem der Kompensation vermengt, ja identifiziert). Im Rahmen des § 263, also insbesondere auch bei nicht-wirtschaftsfördernden Subventionen, stößt die Berücksichtigung der Zweckerreichung dagegen auf das eher praktische Bedenken, daß die Feststellung der Realisierung spezifischer, für das Subventionsrecht maßgebender Zwecke außerhalb der sog. Primärzwecke[18] häufig schwierig ist, selbst wenn diese Feststellung nicht mit einer ökonomischen Erfolgskontrolle identifiziert wird, deren Durchführbarkeit von der wirtschaftswissenschaftlichen Lehre mit guten Gründen bezweifelt wird. (Bei den Sozialsubventionen entfällt das Problem mangels spezifischer Zwecke meist ganz, während die Feststellung der Zweckrealisierung bei den Kultursubventionen ganz besonders schwierig ist.) Gerade wenn im übrigen, auch im Rahmen des § 263, der „materielle" Schaden in der Verletzung der staatlichen Planung gesehen wird, ist die Abgrenzung von Zielplanung und konkreter Durchführung problematisch, vor allem soweit Subventionen nach Ermessen vergeben werden. *Zusammengefaßt* ist die Berücksichtigung der „Zweckerreichung" also bei § 264 abzulehnen und bei § 263 auf Ausnahmefälle zu beschränken, obwohl die grundsätzliche Trennung von Anspruchsnormen und Beweis(recht) sowohl im Wirtschaftsverwaltungsrecht als auch im Rahmen der Rechtswidrigkeit des vom Täter erstrebten Vermögensvorteils bei § 263 wiederkehrt und somit nicht schlechthin für unbeachtlich erklärt werden kann[19].

19 **III. Täterkreis und Begriff der Wirtschaftssubvention (Absatz 6) (Anwendungsbereich des Tatbestandes).** Der Tatbestand betrifft, wie Absatz 6 ergibt, nur solche Subventionen, die der Förderung der Wirtschaft dienen sollen und die aus öffentlichen Mitteln nach Bundes- oder Landesrecht oder nach EG-Recht an Betriebe oder Unternehmen gewährt werden. Die damit angestrebten Einschränkungen des Anwendungsbereiches betreffen sowohl die Zwecke als auch die Adressaten der Subvention.

---

[18] Dazu RegE Begr. S. 22; *Bleckmann* S. 15 f; *Götz* Bekämpfung S. 7; *Henke* S. 71 ff; *Schetting* S. 8 ff; *Stober* § 50 II 1; K. *Vogel* Ipsen-Festschrift S. 545 f.

[19] *Tiedemann* Wirtschaftsstrafrecht II S. 101, 102 sowie Subventionskriminalität S. 307, 316 ff mit weit. Nachw.; zustimmend *Lackner* LK[10] § 263 Rdn. 176.

1. Gleichwohl kann **Täter** der Handlung nach **Absatz 1 Nr. 1 und Nr. 3** gemäß dem eindeutigen Wortlaut des Absatzes 1 grundsätzlich **jedermann** sein. Zwar muß der Täter – ähnlich wie in § 265 b (dort Rdn. 24) – bei Nr. 1 Angaben machen, die für die Gewährung einer Subventionsleistung an einen Betrieb oder an ein Unternehmen erheblich sind. Dies bedeutet, daß der Täter die Ausreichung einer Subvention für seinen Betrieb (Unternehmen) oder den Betrieb (Unternehmen) eines Dritten anstrebt. Auch wenn dies inhaltlich weitgehend identisch ist mit dem Handeln als Betriebsinhaber (Unternehmensinhaber) bzw. für den Betriebsinhaber (Unternehmensinhaber), stellt § 264 doch *kein Sonderdelikt* dar: Die angedeutete interpretatorische Umwandlung des Tatbestandes würde mit der Änderung seiner formalen Struktur auch seinen Inhalt in unzulässiger Weise verändern[20]. Die Weite täterschaftlicher Verwirklichung des Tatbestandes ist vom Gesetzgeber gezielt gewählt worden, um die Arbeitsteiligkeit des Wirtschaftslebens besser in den Griff zu bekommen (*Tiedemann* Dünnebier-Festschrift S. 535; vgl. auch unten Rdn. 135 f). 20

Als Täter kommen somit neben dem Betriebsinhaber (Unternehmensinhaber) vor allem seine Angestellten, aber auch außerhalb des Betriebes stehende Personen wie Rechtsanwälte, Steuerberater, Wirtschaftsprüfer und Berater der Landwirtschaftskammer in Betracht, sofern sie (für sich oder) „für" den Betrieb bzw. das Unternehmen Angaben über subventionserhebliche Tatsachen machen (dazu im einzelnen unten Rdn. 71 f; zust. *Graßmück* S. 16). Das Vorliegen von **Vertretungsmacht** ist hierzu nicht erforderlich, da es sogar ausreicht, daß der Täter überhaupt nur für einen vorgetäuschten Betrieb handelt (unten Rdn. 44 sowie § 265 b Rdn. 25). Auch die täterschaftliche Begehung durch Angestellte setzt keine Selbständigkeit des Angestellten voraus (zust. *Geuenich-Cremer* S. 93 f; **aA** *Eberle* S. 136; *Graßmück* aaO; *Sch/Schröder/Lenckner* Rdn. 49; vgl. unten Rdn. 135 f). 21

Dagegen kann Täter der (echten) Unterlassung nach **Absatz 1 Nr. 2** grundsätzlich nur der Subventionsnehmer sein[21], da § 3 SubvG als in Bezug genommene „Rechtsvorschrift über die Subventionsvergabe" nur den „Subventionsnehmer" verpflichtet, dem Subventionsgeber unverzüglich alle Tatsachen mitzuteilen, die der Bewilligung, Gewährung, Weitergewährung, Inanspruchnahme oder dem Belassen der Subvention oder des Subventionsvorteils entgegenstehen oder für die Rückforderung der Subvention oder des Subventionsvorteils erheblich sind. Dieses Unterlassungsdelikt ist somit **Sonderdelikt** (zust. BayObLG NJW **1982** 2202 [f]). Andere Personen als der Subventionsnehmer können nur unter den Voraussetzungen des § 14 tatbestandsmäßig handeln (*Gössel* BT 2 S. 468). – Verwaltungsrichtlinien sind zwar keine zur Aufklärung verpflichtenden Rechtsvorschriften; sie können aber die im SubvG (§ 3) allgemein begründete Offenbarungspflicht konkretisieren (vgl. § 2 Abs. 1 Nr. 2 SubvG; BayObLG aaO mit abl. Bspr. *Ranft* NJW **1986** 3170 f; *Lackner/Kühl* Rdn. 21). Zu beachten ist, daß § 2 Abs. 1 SubvG den Begriff des Subventionsnehmers teilweise formalisiert, nämlich mit dem des Antragstellers identifiziert; daneben ist Subventionsnehmer aber auch, wer die Subvention „oder einen Subventionsvorteil in Anspruch nimmt" (näher dazu unten Rdn. 71). Es steht allerdings auch nichts entgegen, daß Spezialgesetze abweichend von § 3 SubvG auch andere Personen als den Subventionsnehmer als mitteilungspflichtig bezeichnen; dieser Personenkreis kann dann ebenfalls Täter einer Straftat nach Absatz 1 Nr. 2 sein. 22

---

[20] Allgemein zu diesem Problem des Verhältnisses von Gesetzestechnik und Gesetzesinhalt *Tiedemann* Tatbestandsfunktionen im Nebenstrafrecht (1969) S. 74 ff.

[21] BayObLG NJW **1982** 2202; *Dreher/Tröndle* Rdn. 21; *Göhler/Wilts* DB **1976** 1615; *Gössel* BT 2 S. 461; *Sch/Schröder/Lenckner* Rdn. 56 und 70; *Tiedemann* JR **1981** 470.

23 Als Sonderproblem vor allem für den im Vordergrund stehenden Tatbestand des Absatzes 1 Nr. 1 tritt die Frage auf, ob und inwieweit auch ein **Amtsträger** tauglicher Täter sein kann, was praktisch vor allem für die Fälle kollusiven Zusammenwirkens mit dem Antragsteller (Subventionsnehmer) von Bedeutung ist (dazu sogleich Rdn. 24; *Göhler* Prot. 7/2700; *Tiedemann* Subventionskriminalität S. 305; zum Begriff des Amtsträgers in diesem Zusammenhang *Schmid* S. 38 ff).

Die grundsätzliche Bejahung dieser Frage[22] ergibt sich aus Absatz 2 Nr. 2, der vor allem in das Subventionsverfahren eingeschaltete Amtsträger meint (unten Rdn. 149; *Sch/Schröder/Lenckner* Rdn. 49 mit weit. Nachw.). Jedoch nimmt die h. M. von diesem tauglichen Täterkreis denjenigen Amtsträger aus, der auf der Grundlage der von anderen Amtsträgern vorgenommenen Prüfung ausschließlich den Bewilligungsbescheid zu erteilen hat, da die in der Bewilligung liegende Verfügung für sich allein keine unrichtige oder unvollständige Angabe über subventionserhebliche Tatsachen beinhalte (Bericht Sonderausschuß S. 7 f; *Sch/Schröder/Lenckner* Rdn. 77 mit weit. Nachw.); in Betracht kommt insoweit – neben einer Beihilfe zu § 264 – nur Täterschaft nach § 266. Auch ohne die Einschränkung, daß ein anderer Amtsträger die Prüfung der (oder einzelner) Subventionsvoraussetzungen vorgenommen hat, wird man jedoch Täterschaft des **entscheidungsbefugten** Amtsträgers nach § 264 verneinen müssen (zust. *Eberle* S. 137). Einschlägig ist hierfür sowohl der materielle Gesichtspunkt, daß dieser Amtsträger den Subventionsgeber und damit gleichsam den Betrogenen repräsentiert (*Arzt/Weber* LH 4 Rdn. 34; *Wilts* Prot. 7/2701), als auch die mehr formale Überlegung, daß dieser Amtsträger keine unrichtigen oder unvollständigen Angaben über subventionserhebliche Tatsachen gegenüber dem Subventionsgeber macht, und zwar auch nicht durch seine Anweisung gegenüber der Kasse (*Göhler* Prot. 7/2700, 2701; *Schmid* S. 121 ff; auch RegE S. 26 f).

24 Zum Teil wird angenommen, daß der entscheidungsbefugte Amtsträger **bei Zusammenwirken mit dem Antragsteller** durchaus (Mit-)Täter der Handlung nach Absatz 1 Nr. 1 sein könne (*Göhler* und *Wilts* Prot. 7/2702; vgl. auch unten Rdn. 87). Da insoweit eine volle Zurechnung der gegenseitigen Tatbeiträge erfolgt, scheint dies auf den ersten Blick zutreffend zu sein. Auch scheint für diese Annahme zu sprechen, daß die öffentlich-rechtliche Zurechnung des Amtsträgerhandelns aus der Sicht des Strafrechts, für welches (z. B. bei § 263) grundsätzlich bereits tatsächliche Verfügungsmacht ausreicht, letztlich eine Fiktion ist, die weder sprachlich noch begrifflich die Annahme ausschließt, es könne trotz fehlenden Irrtums des Amtsträgers der Staat um Leistungen „betrogen" werden (*Tiedemann* Subventionskriminalität S. 323). Die bloße Tatsache, daß der Amtsträger die Unwahrheit der Angaben erkennt und gleichwohl zugunsten des Antragstellers entscheidet[23], würde allerdings eine derartige (Mit-)Täterschaft wegen Subventionsbetruges noch nicht begründen. Jedoch widerspricht der Annahme von Mittäterschaft auch in den Fällen kollusiven Zusammenwirkens, daß Mittäter nur sein kann, wer als tauglicher Täter in Frage kommt (vgl. nur *Lackner* § 25 Rdn. 9). Da dies für den entscheidungsbefugten Amtsträger ausscheidet (oben Rdn. 23), kann er nach richtiger Ansicht überhaupt nur als Anstifter oder Gehilfe zu § 264 strafbar sein (ebenso *Schmid* S. 128 f). – Zur (Allein-)Täterschaft des nur vorprüfenden Amtswalters näher unten Rdn. 87.

---

[22] BGHSt **32** 203, 205 ff mit Anm. *Otto* JR **1984** 475 und *Schünemann* NStZ **1985** 73; *Arzt/Weber* IV Rdn. 34; *Dreher/Tröndle* Rdn. 32; *Eberle* S. 136 f; *Geuenich-Cremer* S. 116 ff; *Graßmück* S. 17; *Krey* BT 2 Rdn. 526; *Maurach/Schroeder/Maiwald* 1 § 41 III B 3 (Rdn. 172); *Ranft* NJW **1986** 3172 und JuS **1986** 445 ff; *Samson* SK Rdn. 53; *Schmid* S. 42 ff, 67 f, 69 ff; *Schünemann* aaO; *Wagner* JZ **1987** 712; *Wessels* BT 2 § 16 I 3 Rdn. 654; zweifelnd *Lackner/Kühl* Rdn. 19; **aA** *Gössel* BT 2 S. 467 und *Otto* aaO sowie BT § 61 II 3 a.

[23] Dazu etwa Fall Nr. 1 bei *Tiedemann* Subventionskriminalität S. 49 ff.

2. Absatz 6 Nr. 1 definiert die **Subvention** als Leistung, die auf bundes-, landes- oder EG-rechtlicher Grundlage aus öffentlichen Mitteln an Betriebe oder Unternehmen wenigstens zum Teil ohne marktmäßige Gegenleistung gewährt wird. Infolge des hinzutretenden Erfordernisses, daß die Leistung wenigstens teilweise der **Wirtschaftsförderung** dienen soll (Absatz 6 Nr. 2), ergibt sich inmitten der Vielfalt der Begriffsbestimmungen der Wirtschaftswissenschaften, des Staats- und Verwaltungsrechts sowie der Finanzwirtschaft[24] eine unter strafrechtlichen Gesichtspunkten hinreichend bestimmte Umschreibung des intendierten Schutzbereiches. Diese „materielle" Definition ist insbesondere im Vergleich zu dem abweichenden Vorschlag des RegE mit seiner formalisierten Verweisungstechnik – § 264 sollte nur anwendbar sein, wenn die Leistung ausdrücklich „durch Gesetz als Subvention im Sinne dieser Vorschrift bezeichnet" worden ist – sachgerecht und dient der Verwirklichung einer von Interessengruppen nicht korrigierten Gleichmäßigkeit des Strafrechtsschutzes. Zuzugeben ist, daß die Erkennbarkeit der Zugehörigkeit einer Subvention zu diesem besonderen Schutzbereich durch eine entsprechend formelle, nämlich ausdrückliche, gesetzliche Bezeichnung gesteigert und auf diese Weise dem Gebot des Art. 103 Abs. 2 GG besser Rechnung getragen worden wäre. Die Spannung von Gleichheit und Bestimmtheit ist dem (Wirtschafts-)Strafrecht aber auch sonst eigen und unter sozialstaatlichen Gesichtspunkten in rechtsstaatlich vertretbarer Weise durchaus zugunsten der Gleichheit lösbar (zutr. *Samson* SK Rdn. 26), zumal die Gleichheit zur Gesetzesbestimmtheit auch innere Verwandtschaft aufweist[25]. **25**

a) Mit der gesetzgeberischen Entscheidung für einen **materiellen Subventionsbegriff** ist im einzelnen zunächst zum Ausdruck gebracht, daß es auf die außerstrafrechtliche **Wortwahl** nicht ankommt (zust. *Sch/Schröder/Lenckner* Rdn. 12). In der Subventionierungspraxis sind Bezeichnungen wie Beihilfe, Beitrag, Erstattung, Finanzhilfe, Prämie, Strukturhilfe, Unterstützung, Zuschuß, Zuwendung u. a. m. üblich (*Tiedemann* Subventionskriminalität S. 16 mit Nachw.). Das offenbar affektbeladene (oder doch weithin so empfundene) Wort „Subvention" wird in dieser Praxis eher vermieden. Insbesondere spricht § 12 StabG von „Finanzhilfen", Art. 92 EG-Vertrag von „Beihilfen gleich welcher Art", Art. 4 lit. c EGKS-Vertrag von „Subventionen oder Beihilfen", und § 6 MOG erwähnt „Erstattungen", „Prämien" und „Beihilfen". Derartige Bezeichnungen können im Hinblick auf § 264 allenfalls Indizcharakter haben, wobei vor allem „Vergütungen" und „Erstattungen" die Grenze zu steuerlichen Vergünstigungen (z. B. Mehrwertsteuererstattung, Ausfuhr- und Ausfuhrhändlervergütung) verwischen. **26**

b) Es bedarf daher der Hervorhebung, daß § 264 nur sog. **direkte Subventionen** betrifft, während die meist verdeckt (indirekt) gewährten Steuervergünstigungen („Verschonungssubventionen"), vor allem in der Form der Steuererleichterung, der Tarifermäßigung, der Abschreibungsvergünstigung und des Zinsverzichts, von vornherein aus seinem Anwendungsbereich ausscheiden[26]. Die damit erforderliche Unterscheidung von direkten und indirekten (steuerlichen) Subventionen ist grundsätzlich nach der **Form** der Unterstützung, nämlich nach der Vergabetechnik, vorzunehmen, denn der wirtschaftliche **27**

---

[24] Übersichten bei *Bleckmann* S. 9 ff und in: Verh. 55. DJT Bd. I S. D 8 ff; *Eberle* S. 23 ff; *Götz* Wirtschaftssubventionen S. 13 ff; *Tiedemann* Subventionskriminalität S. 22 ff; *Wolff/Bachof* Verwaltungsrecht III § 154 I a 1 Rdn. 1; *Zuleeg* Rechtsform S. 14 ff; auch RegE Begr. S. 22.

[25] Rechtsvergleichend *Tiedemann* Tatbestandsfunktionen S. 192 f mit Nachw. – Für Verfassungsmäßigkeit des § 264 daher im Ergebnis zutreffend *Hack* S. 148 ff; *Sannwald* S. 139 f; G. *Schmidt* GA **1979** 121 ff; **aA** *Löwer* JZ **1979** 625; *Samson* SK Rdn. 34 ff.

[26] Bericht Sonderausschuß S. 11 f, der aber wohl mehr einer Konkurrenzlösung zuneigt; ebenso *Dreher/Tröndle* Rdn. 10; *Göhler* Prot. 7/2718; *Otto* BT § 61 II 2 a bb; wie hier dagegen *Eberle* S. 62; *Garz-Holzmann* S. 139; *Gössel* BT 2 S. 462; *Sch/Schröder/Lenckner* Rdn. 10 und vor allem *Samson* SK Rdn. 30: „tatbestandliche Exklusivität".

Effekt von positiver Vermögensgewährung (durch Subventionen) und negativem Verzicht auf Vermögensminderung (durch Steuervorteile) ist im Ergebnis gleich (*Tiedemann* Subventionskriminalität S. 15, 19). Es kommt also vor allem darauf an, ob die Geldzahlung oder Freistellung von einer Leistungspflicht in einem Besteuerungsverfahren als Ergebnis einer **Verrechnung mit der Steuer** gewährt wird oder nicht (*Sch/Schröder/Lenckner* Rdn. 10). Die von *Lackner/Kühl* (Rdn. 5) im Anschluß an Bericht Sonderausschuß S. 11 und in Übereinstimmung mit *Samson* (SK Rdn. 30) gewählte Formel, daß die Leistung „aufgrund steuerrechtlicher Vorschriften" erbracht wird, präzisiert die Abgrenzung weiter (**krit.** aber *Fuhrhop* NJW **1980** 1263) und dürfte zwar meist auf dieselben Ergebnisse hinauslaufen, ist aber in Grenzfällen genauer und daher vorzugswürdig. Da der Gesetzgeber überhaupt die Kompetenzabgrenzung von Finanzbehörde und Staatsanwaltschaft auf dem Gebiet der Strafverfolgung nicht tangieren wollte (Prot. 7/2718) und § 264 im Verhältnis zum Steuerstrafrecht als bloße Ergänzung für die Fälle angesehen wurde, in denen nicht bereits die steuerstrafrechtlichen Tatbestände eingreifen (Bericht Sonderausschuß S. 11), bleibt schließlich im Zweifel die *historische* Abgrenzung von Steuerstraftat und Betrug auch für das Verhältnis von Steuerstraftat und § 264 maßgebend[27], soweit ausdrückliche gesetzgeberische Klarstellungen fehlen (Übersicht zu diesen bei *Sannwald* S. 94, 100; vgl. auch sogleich Rdn. 28).

28 Insbesondere stellt damit die **Ausfuhr- und Ausfuhrhändlervergütung** (Umsatzsteuervergütung) nach der schon zur RAO entstandenen h. M.[28] grundsätzlich eine steuerliche Leistung dar (vgl. jetzt § 370 Absatz 4 S. 2 AO 1977; BGHSt **36** 102 ff; zur älteren Einschränkung *Tiedemann* Subventionskriminalität S. 273 f mit weit. Nachw.: Behandlung „wie" eine Subventionserschleichung, wenn überhaupt keine Exporte getätigt wurden und damit auch wirtschaftlich gesehen keine Vorbelastung entstanden war, die auszugleichen wäre). Dagegen sind die **Investitionszulagen** nach § 19 BerlinförderungsG 1990 der Form nach eine direkte Subvention, auch wenn sie als staatlicher Zuschuß (zu den Anschaffungs- und Herstellungskosten der zum Anlagevermögen Westberliner Betriebe gehörenden beweglichen Wirtschaftsgüter) vom Finanzamt aus den Einnahmen an Einkommensteuer oder Körperschaftsteuer gewährt werden[29]; für sie gilt gem. § 20 BerlinförderungsG § 264[30]. Für die sonstigen Investitionszulagen ergibt sich die Anwendbarkeit des § 264 ebenfalls ausdrücklich aus der Verfahrensrechtsvorschrift des § 9 InvestitionszulagenG 1993 (unten Rdn. 52). Die kriminelle Ausnutzung der **Abschreibungsmöglichkeiten** nach § 14 BerlinförderungsG durch Herbeiführung zu hoher Verlustbescheinigungen ist dagegen wiederum Steuerstraftat (zum früheren Recht ebenso *Garz-Holzmann* S. 136 ff; *Tiedemann* Subventionskriminalität S. 253), die übrigens häufig mit Betrug und Untreue gegenüber den Gesellschaftern (Kommanditisten) und nicht selten auch mit Subventionsbetrug (z. B. Erschleichung von Investitionszulagen oder Realförderung) einhergeht (*Garz-Holzmann* S. 69 ff, 110 ff). Der Aufwertungsausgleich nach dem früheren AufwertungsausgleichsG war ebenfalls eine steuerrechtliche Leistung, deren Erschleichung nicht unter § 264 fiel, obwohl es auch hier um direkte Geldzahlungen ging (*Carlsen* AgrarR **1978** 268; *Sch/Schröder/Lenckner* Rdn. 10).

---

[27] Kritisch und z. T. **aA** *Franzen/Gast/Samson/Joecks* Steuerstrafrecht mit Steuerordnungswidrigkeiten § 370 Rdn. 58 ff; *Klein/Orlopp* Abgabenordnung 1977 § 370 Anm. 5.

[28] BGH NJW **1962** 2311; *Franzen/Gast* Steuerstrafrecht mit Ordnungswidrigkeiten, 1. Aufl. (1965) § 392 Rdn. 34, 114, 176; *Kohlmann* Steuerstraf- und Steuerordnungswidrigkeitenrecht einschließlich Verfahrensrecht, 2. Aufl. (1978) § 370 Rdn. 192 mit weit. Nachw.

[29] Allgemein zum subventiven Charakter der Investitionszulage K. *Vogel* Ipsen-Festschrift S. 542, 544 ff.

[30] Vgl. auch *Eberle* S. 61; *Fuhrhop* NJW **1980** 1264; *Garz-Holzmann* S. 130 ff; *Sannwald* S. 94, 99 f; *Sch/Schröder/Lenckner* Rdn. 10.

c) Für das Vorliegen einer Subvention im Sinne des § 264 ist nach Absatz 6 sodann erforderlich, daß die (geldwerte) Leistung des Subventionsgebers **aus öffentlichen Mitteln** gewährt wird. Da Subventionspolitik Teil der (öffentlichen) Wirtschaftspolitik ist, sind Subjekte (Geber) der Subventionierung notwendigerweise die Träger öffentlicher Finanzwirtschaften. Es kommen somit vor allem die öffentlichen Haushalte in Betracht, also die Haushalte des Bundes, der Länder, der Gemeinden und sonstigen öffentlich-rechtlichen Körperschaften sowie zwischenstaatlicher Einrichtungen einschließlich der Sondervermögen dieser Träger. Ausgeschieden werden vor allem die eigenen Mittel privatrechtlicher Einrichtungen, auch wenn diese als gemeinnützig anerkannt sind oder von der öffentlichen Hand unterstützt werden; leisten derartige Einrichtungen aber für Rechnung der öffentlichen Hand oder reichen sie öffentliche Mittel (Fremdmittel) aus, so ist § 264 anwendbar (zur Abgrenzung vgl. auch *Tiedemann* LK § 265 b Rdn. 29). Darüber hinaus sollen aber durch § 264 auch solche Leistungen erfaßt werden, die nur **mittelbar** aus einem öffentlichen Haushalt stammen (z. B. Abgabe verbilligter Ware zu bestimmten Verwendungszwecken), sowie solche privaten Leistungen, die von Unternehmen und Betrieben aufgrund einer öffentlich-rechtlichen Regelung in einem besonderen **Fonds** aufgebracht und zur Förderung näher bezeichneter Zwecke in einzelnen Bereichen (z. B. Investitionshilfe, Mühlenstillegung, Schiffsabwrackung, Schrottausgleich innerhalb der Montanunion) gewährt werden[31]. Wenn der RegE (S. 27) insbesondere die letzteren, ebenfalls nur mittelbaren und in der Praxis durchaus bedeutsamen Subventionen in den Strafschutz einbezieht, so ist dies sicher der Sache nach zutreffend und entspricht der Intention des Straftatbestandes, sind doch bei derartigen staatlich erzwungenen oder angeregten Unterstützungsleistungen durch *Ausgleichseinrichtungen der Privatwirtschaft* ähnliche Mißbrauchsmöglichkeiten wie bei einer unmittelbar staatlich durchgeführten Subventionierung gegeben (übereinstimmend, aber klarer formuliert, § 201 Abs. 5 AE: „Jede aus öffentlichen Mitteln erbrachte oder öffentlich-rechtlich geregelte Leistung“). Ob jedoch mit dem RegE (aaO) wegen der öffentlich-rechtlichen Pflicht der privaten Unternehmen zur Leistung die derart aufgebrachten Fonds als „Ansammlung von öffentlichen Mitteln“ angesehen werden können, erscheint durchaus zweifelhaft[32] und wäre unter finanzrechtlichen Aspekten eher zu verneinen. Die ausweitende bzw. berichtigende Auslegung der h. M. dürfte aber mit dem Wortlaut noch zu vereinbaren sein, da das Wort „öffentlich“ keinen feststehenden, vielmehr einen funktionsgemäß wechselnden Sinn hat und die Einbeziehung der hier in Rede stehenden Erscheinungen in den Subventionsbegriff auch sonst üblich ist[33]. Zutreffend weist *Sannwald* S. 89 ff darauf hin, daß die in Frage stehenden Sonderfonds häufig als Anstalten des öffentlichen Rechts oder als rechtsfähige Sondervermögen organisiert oder ihre Mittel in einem Staatshaushalt ausgewiesen sind; die ausweitende Auslegung wird folglich nur für die sonstigen Konstellationen relevant. Wirtschaftssubventionen sind daher eindeutig die den Arbeitgebern des Baugewerbes gewährten Zuschüsse der Bundesanstalt für Arbeit im Rahmen der sog. produktiven Winterbauförderung (§§ 76 ff ArbeitsförderungsG), auch wenn diese durch eine von den Arbeitgebern erbrachte Umlage (§ 186 a AFG) finanziert wird; die Umlage stellt als Son- 29

[31] RegE S. 27; *Dreher/Tröndle* Rdn. 7; *Göhler/Wilts* DB **1976** 1612; *Lackner/Kühl* Rdn. 4; *Sch/Schröder/Lenckner* Rdn. 8. — Weitere Beispiele bei *Carlsen* AgrarR **1978** 268 und *Götz* Wirtschaftssubventionen S. 63 ff.

[32] *Eberle* S. 51 ff; *Heinz* GA **1977** 211; *Sch/Schröder/Lenckner* Rdn. 4; *Tiedemann* ZStW **87** (1975) S. 261; differenzierend *Sannwald* S. 89 f.

[33] *Götz* Wirtschaftssubventionen S. 65; *Meinhold* HDSW Bd. 10 S. 238; *Tiedemann* Subventionskriminalität S. 18, 25 f mit weit. Nachw.; einschränkend (für das Verwaltungsrecht) *Wolff/Bachof* Verwaltungsrecht III § 154 I a 2 Rdn. 2.

derabgabe nicht etwa eine „marktmäßige Gegenleistung" i. S. d. Absatz 6 Nr. 1 dar (vgl. unten Rdn. 31 ff).

30 **d)** Die zusätzliche Voraussetzung, daß sich die Leistungsgewährung auf eine **Rechtsgrundlage** stützt, ist weit zu verstehen (zust. *Eberle* S. 46 u. *Sannwald* S. 105). Der Strafgesetzgeber wollte hier nicht den Streit darüber entscheiden, ob Subventionen ebenso wie hoheitliche Eingriffe in die Freiheitssphäre einer Ermächtigungsgrundlage bedürfen. (Unzweifelhaft besteht nach dem Grundsatz vom Vorbehalt des Gesetzes dieses Erfordernis für die Begründung der oben Rdn. 29 erwähnten privatwirtschaftlichen Ausgleichseinrichtungen und der entsprechenden Leistungspflichten privater Wirtschaftsunternehmen.)

Als Rechtsgrundlage reichen daher auch lediglich formellgesetzliche Festlegungen, insbesondere ein globaler Ansatz in dem durch Haushaltsgesetz festgestellten Haushaltsplan aus, und zwar auch für die durch Haushaltsansatz der Gemeinden und Gemeindeverbände (und damit landesrechtlich) ausgewiesenen Subventionen[34]. Jedoch ist für die Einbeziehung der Subvention in den Strafschutz des § 264 stets ihre Rückführbarkeit auf formelles oder materielles **Bundes-, Landes- oder EG-Recht** erforderlich (und ausreichend). Die nach dem Recht der Europäischen Gemeinschaft gewährten Leistungen sind folglich Subventionen unabhängig davon, ob die Mittel von der Gemeinschaft selbst oder von den Mitgliedstaaten verwaltet werden[35]. Unerheblich ist es in diesem Zusammenhang auch, welche Stelle (z. B. ein privatrechtliches Kreditinstitut) die Subvention ausreicht oder vermittelt (zust. *Sch/Schröder/Lenckner* Rdn. 8). Dies ergibt sich aus einer wirtschaftlichen Betrachtungsweise, welche die verwaltungsrechtliche Einordnung teilweise korrigiert (zutr. *Sannwald* S. 102 ff, der folgerichtig aus ERP-Mitteln gewährte Refinanzierungsdarlehen ausgrenzt, da Darlehensgeber und Risikoträger insoweit die Hausbank ist).

31 **e)** Des weiteren wird die Subvention dadurch gekennzeichnet, daß sie ganz oder teilweise ohne **marktmäßige Gegenleistung** gewährt wird, nämlich als Leistung, welche „auf dem in Frage stehenden Markt in dieser Weise nicht erhältlich wäre" (Tagungsberichte der Sachverständigenkommission Bd. IV S. 137). Durch die Verweisung auf den Vergleich mit dem marktmäßigen Leistungsaustausch entschärft die Legaldefinition den weitläufigen theoretischen Streit insbesondere der Verwaltungsrechtslehre um den Begriff der Gegenleistung bei der Subvention und verwirft auch die im öffentlichen Recht diskutierte Ersetzung der Gegenleistung durch die Verwirklichung der vom Subventionsgeber (bzw. vom Gesetzgeber) angestrebten Zwecke oder durch einen „Kooperationsbeitrag" des Subventionsnehmers[36].

32 Hauptform der Subvention ist damit der **verlorene Zuschuß**, bei dem eine Geld- oder geldwerte Leistung ohne Verpflichtung des Empfängers zur Rückzahlung erbracht wird. Eine Gegenleistung im rechtlich relevanten Sinne fehlt hier ganz. Der verlorene Zuschuß wird daher auch nicht selten als *die* Subvention schlechthin angesehen. Er findet sich vor allem dort, wo es nicht um die individuelle Prüfung und Lenkung der Empfängerbelange, sondern um Unterstützung eines großen Personenkreises geht (z. B. agrarpolitische Subventionen, insbes. *Erstattungen nach EG-Recht*; zust. BGHR § 264 Abs. 1 Nr. 1 Subvention 1).

---

[34] Bericht Sonderausschuß S. 10; *Dreher/Tröndle* Rdn. 8; *Eberle* S. 46; *Göhler* Prot. 7/2717; *Lackner/Kühl* Rdn. 5; *Otto* BT § 61 II 2 a bb; *Sannwald* S. 106 f; *Sch/Schröder/Lenckner* Rdn. 8; zum Umfang gesetzlicher Regelungen K. *Vogel* Ipsen-Festschrift S. 542.

[35] Bericht Sonderausschuß aaO: *Dreher/Tröndle* Rdn. 8; *Göhler* aaO; *Graßmück* S. 12; *Lackner/Kühl* aaO; *Sch/Schröder/Lenckner* aaO.

[36] BGHR § 264 Abs. 1 Nr. 1 Subvention 1; *Dreher/Tröndle* Rdn. 9; *Eberle* S. 77 f; *Lackner/Kühl* Rdn. 6; *Sannwald* S. 113 f; *Sch/Schröder/Lenckner* Rdn. 11; **aA** *Hack* S. 55.

33 Schwieriger ist die Subventionseigenschaft bei solchen Leistungen zu bestimmen, die jedenfalls mit einer gewissen (teilweisen) Gegenleistung verknüpft sind (sog. verdeckte Subventionen). Hier muß der Vergleich mit dem Markt dartun, ob die Leistung zu einem – wenn auch geringen – Teil, der aber immerhin von einer gewissen Erheblichkeit sein muß, unentgeltlich ist, nämlich unter dem marktüblichen Preis erbracht wird (*Otto* BT § 61 II 2 a cc; vgl. aber auch *Bleckmann* S. 17). Dies gilt insbesondere für die **Kredithilfen**, bei denen der Vergleich mit dem jeweiligen Kreditmarkt meist hinreichend eindeutig ergeben wird, ob die Leistung infolge einer Zinsverbilligung, eines Zinszuschusses (der aber häufig verlorener Zuschuß ist: *Henke* S. 217; *Schetting* S. 52) oder einer Stundung Subventionsfunktionen übernimmt (zust. *Sannwald* S. 123). Die Übernahme oder Absicherung besonderer Risiken kann allerdings auch bei äußerlich marktmäßiger Verzinsung einem Kredit subventiven Charakter verleihen (*Henke* S. 218). Entsprechend ist vor allem für die volkswirtschaftlich wichtige mittel- und langfristige *Exportfinanzierung* durch Gewährung zinsgünstiger Darlehen von seiten der Kreditanstalt für Wiederaufbau umstritten, ob es sich um eine Subventionierung der Exporteure handelt, vor allem wenn erst die staatliche Gewährübernahme (Kreditversicherung) die eigentliche Begünstigung darstellt und durch die Deckung von Lieferkrediten zugleich den Entwicklungsländern geholfen wird[37]. Während der Entstehungsgeschichte des § 264 wurde die Frage diskutiert, ob die Übernahme der Deckung des Exportgeschäftes durch den Bund, vertreten durch die Hermes-Kreditversicherungs-AG, eine Subvention i. S. d. § 264 darstellt. Da die vom Bund für diese sog. Hermes-Garantien erlangten Gegenleistungen jedenfalls bis zum Jahre 1978 nicht nur kostendeckend, sondern gewinnbringend waren (*Götz* Wirtschaftssubventionen S. 201; Prot. 7/2717 f), soll nach dem Bericht des Sonderausschusses (S. 10) das Fehlen der Gegenleistung und damit das Vorliegen einer Subvention zu verneinen sein (ebenso *Dreher/Tröndle* Rdn. 9; *Eberle* S. 87; *Sannwald* S. 122 f mit weit. Nachw.).

34 Dieses Beispiel zeigt die allgemeine Problematik der Behandlung von **Bürgschaftsübernahmen, Garantien** und sonstigen **Gewährleistungen,** für die häufig außerhalb des zu beurteilenden Geschäftes kein Markt existiert (zu diesen Formen näher *Achterberg/Püttner/Schmidt* Rdn. 138; *Schetting* S. 45 ff, 57 ff). Hieraus zu folgern, daß angesichts des Wortlauts der Vorschrift § 264 von vornherein nicht eingreifen könne (so *Samson* SK Rdn. 31 u. 32), hieße aber die allgemeinen Markt- und Preistheorien übersehen, wie sie sich insbesondere im Kartell- und Preisordnungswidrigkeitenrecht niederschlagen (dazu *Tiedemann* Tatbestandsfunktionen S. 221 ff sowie: Kartellrechtsverstöße und Strafrecht [1976] S. 142 ff mit Nachw.; zust. *Eberle* S. 85 f). Entsprechend diesen Regelungsmaterien kann dort, wo ein Markt tatsächlich fehlt, entweder auf die Kosten (so Bericht Sonderausschuß S. 10; *Dreher/Tröndle* Rdn. 9) oder auf den hypothetischen Marktpreis eines fiktiven Vergleichsmarktes (*Dreiss/Eitel-Dreiss* S. 53 f; *Göhler* Prot. 7/2717) abgestellt werden (vgl. auch *Sch/Schröder/Lenckner* Rdn. 11). Angesichts der vor allem aus dem Kartellrecht bekannten Schwierigkeiten bei der Ermittlung eines hypothetischen Marktpreises wird hier, soweit es an substituierbaren Parallelmärkten, Teilmärkten und ausländischen Vergleichsmärkten wirklich fehlt, um der Praktikabilität der Strafvorschrift willen grundsätzlich – trotz seines Widerspruches zum Marktkonzept – das **Kostenprinzip** zugrunde gelegt werden müssen (zust. *Graßmück* S. 13 u. *Wassmann* Rdn. 20). Jedoch ist zu beachten, daß damit bereits objektiv – und erst recht subjektiv für den Tätervorsatz – eine *erhebliche Bandbreite zugunsten des Täters* in Kauf genommen und Eindeutigkeit der Differenz von Leistung und Gegenleistung gefordert werden muß, da der eigentlich

[37] Vgl. *Götz* Wirtschaftssubventionen S. 200 f; *Tiedemann* Subventionskriminalität S. 278, je mit weit. Nachw.

maßgebende (reale oder hypothetische) Marktpreis eben kein Kostenpreis ist[38]. – Auch bei der **staatlichen Beteiligung an privaten Unternehmen** sowie bei staatlicher **Kapitalzufuhr** zugunsten privater oder öffentlicher Unternehmen kann eine Subvention vorliegen, sofern diese Maßnahmen „zu Bedingungen erfolgen, die ein wirtschaftlich denkender Unternehmer so nicht auf sich nehmen würde, z. B. unter Verzicht auf Gewinnbeteiligung" (*Bullinger* in: *Börner/Bullinger* S. 180, der zutreffend auch die Schwierigkeiten dieser Abgrenzung hervorhebt; gegen ihn freilich *Eberle* S. 84). Dagegen sind die sog. **Interventionen** im Agrarbereich (Verpflichtung des Staates zum Ankauf landwirtschaftlicher Erzeugnisse) keine Subventionen, da (und auch wenn) die Marktmacht des Staates insoweit den Marktpreis dem Interventionspreis anpaßt (*Sannwald* S. 120 f mit Nachw.; **aA** *Dieblich* S. 110 ff). Bei der von den Interventionsstellen ebenfalls geförderten privaten Einlagerung von Agrarprodukten zwecks (zeitweiser) Marktentlastung ist die *Lagerbeihilfe* zur Deckung der Lagerkosten grundsätzlich eine marktmäßige Gegenleistung, da auch außerhalb des Vergleichsmaßstabes sonstiger Lagermärkte über das (vorgeschriebene oder mögliche) Ausschreibungsverfahren ein Markt gebildet wird (oder werden kann) und der Vertrag mit der Interventionsstelle ein Austauschverhältnis begründet (*Heitzer* S. 58, 168; **aA** *Dieblich* S. 116 ff). § 264 findet also dann Anwendung, wenn die Beihilfe nicht die (marktmäßigen) Lagerkosten des (die Produkte selbst lagernden) Händlers oder Produzenten deckt; andernfalls greift nur § 263 ein (*Tiedemann* NJW **1990** 2227).

35 Bei den **Realförderungen**, insbesondere auf kommunaler Ebene, ist die Entscheidung über den Subventionscharakter der Leistung eindeutig, wenn die Bevorzugung bei der Vergabe öffentlicher Aufträge auf Kosten der Wirtschaftlichkeit vorgenommen wird (so §§ 68 BundesentschädigungsG, 12 a BundesevakuiertenG, 18 bad.-württ. MittelstandsförderungsG, Art. 12 bayer. MittelstandsförderungsG) oder wenn Leistungen durch die öffentliche Hand an Private zwar gegen Entgelt, aber unter dem Marktpreis („verbilligt") erbracht werden (z. B. Abgabe von Siedlungsland; Sondertarif für Wasser, Abwasserbeseitigung oder Energie; Privatisierungsaktionen Preussag, Volkswagenwerk und Veba). Die damit insbesondere von den Gemeinden angestrebte Stärkung ihrer Steuer- und Wirtschaftskraft hat für die Ermittlung des Vorliegens einer (vollwertigen) Gegenleistung außer Betracht zu bleiben.

36 Eine problematische „Grenz- und Gemengelage" kann sich schließlich bei den sog. **Schadenssubventionen**, nämlich in den Fällen *öffentlich-rechtlicher Entschädigung* bzw. entschädigungsähnlicher Leistungen ergeben (dazu vor allem *Götz* Bekämpfung S. 53 ff sowie Prot. 7/2500). Es kann etwa eine indirekte Subvention in Gestalt von Zollschutz durch eine direkte Subvention ersetzt werden (vgl. den Fall BGHZ **45**, 83: Knäckebrot-Hersteller), oder es können nach schädigenden Eingriffen Ausgleichsmaßnahmen mit entschädigungsartigen Zügen getroffen werden. Soll die Entscheidung über den Subventionscharakter der Leistungen in diesem Bereich nicht völlig willkürlich werden, so muß sowohl die subjektive Sicht des Betroffenen als auch die Tendenz zur Einbeziehung des Zweckes der Leistung in die Bestimmung des Geldwertes des Leistungsverhältnisses ausscheiden. Die Subventionseigenschaft der Leistung entfällt hier daher nur dann, wenn der Entschädigungscharakter der Leistung so sehr überwiegt, daß es sich quasi um die Erfüllung eines Anspruches (auf Entschädigung, z. B. aus enteignungsgleichem Eingriff) handelt (im Erg. ebenso *Sannwald* S. 115). Dadurch, daß dem Destinatär ein gesetzlicher

[38] *Dreiss/Eitel-Dreiss* S. 53 f; *Eberle* S. 88; *Sch/Schröder/Lenckner* Rdn. 11; *Tiedemann* Tatbestandsfunktionen S. 222 f mit weit. Nachw.; im Ergebnis ähnlich — und unter Hinweis auf Art. 103 Absatz 2 GG mit Anspruch auf Gültigkeit für den gesamten strafrechtlichen Subventionsbegriff — G. *Schmidt* GA **1979** 141 f, der aber zu Unrecht ein *auffälliges* Mißverhältnis verlangt; ihm zustimmend *Sannwald* S. 119 f; dagegen zutreffend *Lackner/Kühl* Rdn. 6.

Anspruch auf die Leistung eingeräumt wird, verliert diese aber selbstverständlich nicht ihren subventiven Charakter. Entschädigungen auf Grund von Rechtsverletzungen, die von Behörden verursacht wurden, sind dagegen keine Subventionen.

Hinzuweisen ist in diesem Zusammenhang auch auf die streitige Frage, ob bei Erbrin- **37** gung einer öffentlichen Leistung unter dem Marktpreis (oder dem fiktiven Marktpreis) die **gesamte** öffentliche Leistung oder nur die Differenz als Subvention anzusehen ist (vgl. *Zacher* VVDStRL H. 25 [1967] S. 330 f mit Nachw.) oder ob – im Sinne der Kreditsubventionspraxis – hier mit „Subventionswerten" zu rechnen ist, die sich aus zahlreichen mathematischen Einzelfaktoren ergeben und zwischen der Gesamtleistung und der reinen Differenz liegen. Für die Strafzumessung (unten Rdn. 138) sollte entsprechend der BGH-Rechtsprechung zum Steuerstrafrecht (JZ **1975** 183 mit Anm. *Tiedemann*) darauf abgestellt werden, daß der Vorsatz des Täters hier nur auf Erlangung der Differenz gerichtet (und daher diese maßgebend) ist.

f) Als **Empfänger** (Destinatäre) der Subvention kommen nur Unternehmen und (oder) **38** Betriebe in Betracht. Es scheiden somit kraft ausdrücklicher Regelung des Gesetzes und in weitgehender Übereinstimmung mit dem wirtschaftswissenschaftlichen Subventionsverständnis, das freilich auf einer anderen Grundlage beruht (*Tiedemann* Subventionskriminalität S. 22), die privaten Haushalte aus. Auf diese Weise werden zwingend vor allem die sog. **Sozialsubventionen,** deren Empfänger die unterstützungsbedürftige Einzelperson (Arbeitsloser, Sparer, für eine kinderreiche Familie Unterhaltspflichtiger usw.) ist, aus dem Anwendungsbereich des Tatbestandes ausgeschlossen, auch wenn diese Subventionen teilweise zugleich der Wirtschaftsförderung dienen sollen (Bericht Sonderausschuß S. 12; *Sch/Schröder/Lenckner* Rdn. 21): § 264 meint nur Subventionen, die *ausschließlich* für Betriebe und Unternehmen bestimmt sind.

Allerdings ist es – insoweit entgegen der wirtschaftswissenschaftlichen Begriffsbe- **39** stimmung – nicht erforderlich, daß die Zuwendung an ein Unternehmen der Erwerbswirtschaft erfolgt (*Sch/Schröder/Lenckner* Rdn. 23). Entsprechend dem weiten Unternehmens- und Betriebsbegriff der §§ 11 Abs. 1 Nr. 4 b, 14 Abs. 2 zählen zu den Unternehmen und Betrieben vielmehr auch Krankenhäuser, Theater, Forschungseinrichtungen und die sog. freien Berufe (Arzt-, Anwaltspraxis usw.; vgl. aber auch unten Rdn. 47!) sowie Unternehmen und Betriebe der Land- und Forstwirtschaft und der (sonstigen) Urproduktion (zust. *Graßmück* S. 14). Ausreichend ist jede auf eine gewisse Dauer angelegte organisatorische Zusammenfassung von sächlichen und persönlichen Mitteln mit dem Zweck der Hervorbringung von Gütern oder Leistungen materieller oder immaterieller Art (*Schünemann* LK § 14 Rdn. 54). Entgegen *Samson* (SK Rdn. 38) ist weder die Absicht der Gewinnerzielung noch die Teilnahme am Wettbewerb erforderlich: Auch karitative Unternehmen und Monopolisten, die keinem Wettbewerb ausgesetzt sind, können Unternehmen sein (vgl. auch BGHZ 36, 91, 102 ff: Sozialversicherungsträger).

Öffentliche Unternehmen sind den Unternehmen und Betrieben gem. Absatz 6 S. 2 **40** ausdrücklich gleichgestellt (vgl. auch § 130 Abs. 2 OWiG), da Unternehmen der öffentlichen Hand häufig – z. B. im Bereich der Daseinsvorsorge (kommunale Verkehrsbetriebe, Gas- und Elektrizitätswerke, Wohnungsbaugesellschaften usw.) – nach denselben Grundsätzen sowie in denselben Rechtsformen geführt werden wie private Unternehmen und mit diesen nicht selten in Konkurrenz stehen. Es kommt daher auch nicht darauf an, ob das Unternehmen in privatrechtlicher oder als Eigenbetrieb (Regiebetrieb) in öffentlich-rechtlicher Form betrieben wird[39]. Zutreffend heben *Sch/Schröder/Lenckner* (Rdn. 23) hierzu

[39] Bericht Sonderausschuß S. 12; *Dreher/Tröndle* Rdn. 11; *Eberle* S. 68; *Lackner/Kühl* Rdn. 8; *Sch/Schröder/Lenckner* Rdn. 23; vgl. auch *Bleckmann* S. 14.

aber hervor, daß die vom Gesetzgeber nur für die öffentlichen Unternehmen ausgesprochene Gleichstellung selbstverständlich auch für **öffentliche Betriebe** gelten muß, zumal der Strafgesetzgeber keinen scharfen Unterschied zwischen Unternehmen und Betrieben kennt (zust. *Eberle* S. 67 f; *Sannwald* S. 129). Erfaßt werden daher alle von der öffentlichen Hand getragenen Einrichtungen, mit denen diese als Erzeuger oder Verteiler von Gütern (oder sonstigen Leistungen) am Wirtschaftsleben teilnimmt. Ausgeschlossen sind damit neben der Tätigkeit von Behörden vor allem die Zuweisung von Finanzmitteln an Stellen der Hoheitsverwaltung und insbesondere die Finanzzuweisungen an Länder und Gemeinden (Bericht Sonderausschuß S. 12; *Eberle* aaO; *Sannwald* aaO). Da der Unternehmensbegriff in seiner besonderen, im Aktien- und Kartellrecht wiederkehrenden Weite letztlich nur eine irgendwie organisierte Beteiligung an der Erzeugung oder Verteilung von Gütern und Leistungen voraussetzt, *kann* ganz allgemein auch der **Staat** als Unternehmen auftreten (vgl. hier nur BGHZ 69, 334 [ff]; *Rittner* Wirtschaftsrecht § 14 Rdn. 13 ff mit weit. Nachw.). Die Frage hat u. a. auch Bedeutung für die Erschleichung von *Entwicklungshilfe*, sofern diese – in der Form der Technischen Hilfe oder der Darlehensgewährung – nicht an einzelne Unternehmer, sondern an ausländische Staaten geleistet wird (näher dazu *Tiedemann* Subventionskriminalität S. 279 ff). Trotz der völkerrechtlichen Implikationen in diesem Sonderfall der Erschleichung von Entwicklungshilfe dürfte es der neueren Tendenz des Wirtschaftsrechts entsprechen, die wirtschaftliche Betätigung der öffentlichen Hand bei entsprechender Organisiertheit zum Zwecke der Güterproduktion oder der Leistungserbringung (z. B. Kreditgewährung in Form der Bürgschaftsübernahme, vgl. *Tiedemann* LK § 265 b Rdn. 31) als unternehmerische Tätigkeit anzusehen. Bedenken aus der Wortlaut-Grenze ergeben sich für die strafrechtliche Auslegung nicht, auch wenn eine ausdrückliche Regelung im Gesetz gegenüber den Unsicherheiten der Auslegung vorzugswürdig wäre. Es können daher im Einzelfall durchaus auch Gemeinden, Gemeindeverbände und Körperschaften des öffentlichen Rechts (z. B. Wasser- und Bodenverbände, Forstbetriebsverbände) als Unternehmen begriffen werden (zust. *Sannwald* S. 129; **aA** *Carlsen* AgrarR **1978**, 269), und zwar nicht so sehr deshalb, weil sie auch die Individualinteressen der angeschlossenen Mitglieder repräsentieren oder sich „wie" vergleichbare private Unternehmen gerieren. Vielmehr kann eine unternehmerische Tätigkeit der öffentlichen Hand auch dann vorliegen, wenn eine vergleichbare privatwirtschaftliche Tätigkeit fehlt oder sogar ausgeschlossen ist. Wie § 9 Abs. 2 Satz 3 OWiG für eine andere Fallgestaltung zeigt, ist die Einordnung insgesamt *funktional* vorzunehmen. Festzuhalten bleibt daher, daß der Staat als solcher nicht schlechthin einem (Wirtschafts-) Unternehmen gleichzustellen ist, so daß insbesondere die Empfangnahme von Kreditsubventionen durch Staaten (oder ihre Untergliederungen) nicht ohne weiteres die Anwendung des § 264 eröffnen kann. Die Erschleichung von Entwicklungshilfe durch Organe fremder Staaten wird somit regelmäßig ebenso wie eine etwaige Erschleichung von Subventionen durch Länder, Gemeinden, Gemeindeverbände und sonstige Körperschaften des öffentlichen Rechts nur unter den Voraussetzungen des § 263 strafbar sein. Übrigens können die zahlreichen öffentlich-rechtlichen Bundesämter und Behörden von vornherein nicht in § 264 einbezogen werden (zutr. *Dreiss/Eitel-Dreiss* S. 59). Daneben verdient Beachtung, daß der haushaltsmäßige Ausgleich eines defizitären öffentlichen Unternehmens keine *Sonderunterstützung* (und damit keine Subvention) darstellt und daß zahlreiche (insbesondere landwirtschaftliche) Verbände die Leistungen mit der Auflage der Weiterleitung oder Verrechnung erhalten und daher ebenfalls schon aus anderen Gründen aus dem Täterkreis des § 264 ausscheiden (dazu sogleich Rdn. 41). In dem (schmalen) verbleibenden Bereich vermag § 264 aber einzugreifen.

Abgrenzungsschwierigkeiten können auch die Fälle der **Subventionsvermittlung** bereiten (dazu näher *Henke* S. 85 ff; *Zacher* VVDStRL H. 25 [1967] S. 370 ff). Diese Schwierigkeiten folgen daraus, daß Subventionen vielfach nicht oder nicht nur den unmittelbaren Empfänger begünstigen sollen. Ist das Unternehmen oder der Betrieb nur technisch in die Subventionierung eingeschaltet, um ohne eigene Verwendungsbefugnis die Subvention weiterzureichen (z. B. beim früheren *Schlechtwettergeld,* das – ebenso wie das heutige *Winter- und Winterausfallgeld,* vgl. §§ 74 Abs. 2, 80, 86 ArbeitsförderungsG – für die Arbeitnehmer des Baugewerbes an den Arbeitgeber auf dessen Antrag hin ausgezahlt wurde; siehe auch unten Rdn. 51), so ist das Unternehmen bzw. der Betrieb nicht Subventionsempfänger (ebenso im Erg. BGH bei *Holtz* MDR **1981** 268; *Dreher/Tröndle* Rdn. 9 u. 12; **aA** Eberle S. 69 ff). 41

Insbesondere bei **Preissubventionen** wird der Zuschuß häufig bestimmten Unternehmen und Betrieben in der Erwartung gewährt, daß diese die sich aus der Einkommensmehrung ergebenden Vorteile an ihre Marktpartner (Erzeuger oder Konsumenten) weitergeben. Bekanntes Beispiel hierfür ist die Anfang der 50er Jahre durchgeführte Konsumbrotsubventionierung, mit der an die Mühlen und Bäcker Zuschüsse gezahlt wurden, um die Konsumbrotmehltypen zu verbilligen und dem Verbraucher auf diese Weise trotz Steigens der Weltmarktpreise für Getreide ein hochwertiges und gleichwohl preisgünstiges Brot zur Verfügung stellen zu können[40]. Entsprechend sollen heute zahlreiche Subventionen für Agrarprodukte den Erzeugern dadurch zugute kommen, daß die Zuschüsse an die Händler- oder Verarbeiterstufe ausgezahlt werden (dazu im einzelnen *Mändle* Agrarpolitik [1971] S. 91 mit weit. Beispielen). Hier liegt eine Primärbegünstigung der Zahlungsempfänger und folglich eine Subvention vor. 42

Grenzfälle ergeben sich wiederum im Bereich der **Entwicklungshilfe,** wenn etwa an einzelne Unternehmer (Investoren) für Rechnung des ausländischen Staates zinsgünstige Darlehen ausgezahlt werden (*Tiedemann* Subventionskriminalität S. 280). Im einzelnen kann für die Abgrenzung und Einordnung auf § 265 b Rdn. 29 verwiesen werden; das dort Ausgeführte gilt insoweit sinngemäß. Insbes. zur Einschaltung von **Hausbanken** bei der Ausreichung von Kreditsubventionen *Henke* S. 90 ff. 43

§ 264 greift schließlich auch ein, wenn die Existenz des Unternehmens oder Betriebes nur **vorgetäuscht** wird. Obwohl eine dem § 265 b Abs. 1 entsprechende ausdrückliche Klarstellung im Gesetz fehlt, ist bei Subventionen, die nach ihren normativen Voraussetzungen ausschließlich für Betriebe und Unternehmen bestimmt sind, die Existenz des Betriebes oder Unternehmens tauglicher Gegenstand einer Täuschungshandlung im Sinne des Abs. 1[41]. 44

g) Stellt die Beschränkung auf Betriebe und Unternehmen als Destinatäre bereits eine gewichtige Eingrenzung des Subventionsbegriffs dar, so wird die endgültige Verengung dieses Begriffs durch das Erfordernis erreicht, daß die Subvention wenigstens zum Teil **zur Förderung der Wirtschaft bestimmt** sein muß. Damit werden entgegen dem RegE eines § 2 Abs. 1 Satz 1 SubventionsG vor allem auch Leistungen zur Förderung von Forschung und Technologie sowie von kulturellen Einrichtungen ausgeschlossen. Allerdings reicht es nach Wortlaut und Entstehungsgeschichte aus, daß der Zweck der Wirtschaftsförderung ein **untergeordneter Zweck** neben anderen Zwecken ist[42]. Hieraus wird gefol- 45

---

[40] Zu dieser Aktion und ihrem Scheitern eingehend *Pechtold* in: Hansmeyer Subventionen in der Bundesrepublik Deutschland (1963) S. 33 ff.

[41] Bericht Sonderausschuß S. 12; *Sannwald* S. 125; *Sch/Schröder/Lenckner* Rdn. 21; **aA** *Eberle* S. 71 ff.

[42] Bericht Sonderausschuß S. 11; *Gössel* BT 2 S. 462; *Lackner/Kühl* Rdn. 7; *Otto* BT § 61 II 2 a dd; *Sannwald* S. 141; *Sch/Schröder/Lenckner* Rdn. 17, 19; vgl. auch *Samson* SK Rdn. 34 ff, der die damit sich ergebenden Probleme für „unlösbar" hält.

gert, daß z. B. die finanzielle Unterstützung von *Forschungsvorhaben* dann als Subventionsleistung anzusehen ist, wenn es sich um marktnahe (wirtschaftsorientierte) Forschung handelt; dies soll insbesondere dann anzunehmen sein, wenn die Subvention davon abhängig ist, daß die subventionsempfangenden Wirtschaftskreise mit eigenen Mitteln Forschungsvorhaben (etwa zur Produktionsverbesserung) ausführen. Das Vorliegen einer Subvention wird dagegen verneint bei der Förderung der marktfernen („reinen") Grundlagenforschung, die die Frage, welche Ergebnisse erzielt werden sowie wann und in welcher Form diese gegebenenfalls der Wirtschaft zugute kommen können, offen läßt[43]. – Aus der Weite des Begriffes der Wirtschaft und aus der Einbeziehung auch untergeordneter Nebenzwecke in ihrer Abgrenzung zu lediglich faktischen Wirkungen ergeben sich eine Reihe von Unbestimmtheiten, die aber – entgegen *Samson* SK Rdn. 34 – im Wege der Auslegung zu beheben sind:

46 Der **Begriff der Wirtschaft** ist in seinem Umfang nicht etwa nach dem erklärten Motiv des Gesetzgebers zu bestimmen, daß auf diesem Sektor – anders als bei den Sozialsubventionen – besondere Beweisschwierigkeiten (dazu Bericht Sonderausschuß S. 11) bestehen. Eine Abgrenzung in dieser Richtung müßte den jeweils zu entscheidenden Fall in einen kriminalistisch-kriminologischen Gesamtzusammenhang einordnen, der in dieser umfassenden Form bisher nicht erkennbar ist. Jedoch bleibt die Delinquenzphänomenologie, an der sich der Gesetzgeber bei seiner Suche nach einem sachgerechten Sondertatbestand entsprechend dem Verhältnismäßigkeitsprinzip ausgerichtet hat, insofern maßgebend, als hier jedenfalls nicht eine staatsrechtliche (vgl. Art. 74 Nr. 11 GG) oder wirtschafts- bzw. sozialwissenschaftliche Auffassung vom Begriff der Wirtschaft zugrunde zu legen ist (ebenso *Sch/Schröder/Lenckner* Rdn. 14). In Anlehnung an allgemeine, durch die Verkehrsanschauung und auch von der Rechtsprechung des Bundesverfassungsgerichts (BVerfGE **4** 7, 13; **8** 143, 148 ff) geprägte Vorstellungen wird man unter „Wirtschaft" vielmehr zu verstehen haben: den gesamten Prozeß der Erzeugung, Herstellung und Verteilung von Gütern des menschlichen Bedarfs sowie des Erbringens von Leistungen, die der Deckung des materiellen menschlichen Bedarfs dienen (vgl. dazu auch *Tiedemann* GA **1969** 71, 80). Bereits aus der sonstigen Beschränkung der Subventionsdestinatäre (oben Rdn. 38 ff) folgt, daß hier allerdings nur diejenigen Maßnahmen und Einrichtungen in Betracht kommen, die in unternehmerischer Form betrieben werden.

47 Zur Wirtschaft zählen unter diesen Gesichtspunkten vor allem: Urproduktion (Land- und Forstwirtschaft, Fischerei, Bergbau), Industrie, Handwerk, Gewerbe und Handel sowie spezielle Zweige wie Kredit- und Versicherungswirtschaft, Verkehrswirtschaft, Energiewirtschaft, Verlagswesen, Filmwirtschaft[44]. Auf der anderen Seite scheiden folgende Bereiche aus, selbst wenn die einschlägigen Einrichtungen wie Unternehmen betrieben und finanziell gefördert (subventioniert) werden: Wissenschaft, Forschung und Technologie (soweit nicht „marktnah" betrieben, oben Rdn. 45), Kultur- und Bildungswesen (insbes. für Subventionen an Privatschulen und Theater sowie im Rahmen des internationalen Jugendaustausches von Bedeutung!), Gesundheitspflege (z. B. Krankenhäuser, vgl. BGH NJW **1983** 2646, 2649; *Sch/Schröder/Lenckner* Rdn. 15), höhere freie Berufe (Ärzte, Anwälte usw.), sofern ihre Ausübung nicht zugleich dem Gewerbebegriff unterfällt (Apothekenwesen! BVerfGE **5**, 25, 29; **aA** *Eberle* S. 90).

---

[43] Bericht Sonderausschuß S. 11; *Dreher/Tröndle* Rdn. 10; *Göhler* Prot. 7/2664 f; *Göhler/Wilts* DB **1976** 1612; *Gössel* aaO; *Lackner/Kühl* aaO; *Maurach/Schroeder/Maiwald* 1 § 41 III B 1; *Sch/Schröder/Lenckner* Rdn. 18. Vgl. auch *Bleckmann* S. 17.

[44] Dazu BGHSt **34** 111, 113; *Dreher/Tröndle* Rdn. 10; *Eberle* S. 90; *Sannwald* S. 141; *Sch/Schröder/Lenckner* Rdn. 15; *Flechsig* Film und Recht **1977** 168 ff; *Tiedemann* Subventionskriminalität S. 284 mit weit. Nachw.

48 Der **Zweck** bzw. Teilzweck der Wirtschaftsförderung ist nicht mit dem subventionsrechtlichen Primärzweck (oben Rdn. 18) identisch. Gemeint ist hier vielmehr der sich unter Berücksichtigung der Primärzwecke ergebende Endzweck[45], also z. B. die sich aus der Summe der Stillegungen von Binnenschiffen, Mühlen usw. ergebende Verringerung der (Über-)Kapazität und damit die Beseitigung der wirtschaftlichen Schwierigkeiten sowie die Verbesserung der Struktur in der Binnenschiffahrt, Mühlenwirtschaft usw. Dies ist das eigentliche wirtschaftspolitische Ziel der Subventionierung, für welches die Primärzwecke (Abwrackung, Einstellung der Produktion usw.) nur eine – für die Anspruchsvoraussetzungen freilich zentrale – Bedingung darstellen. (Näher zu den genannten Beispielen *Tiedemann* Subventionskriminalität S. 210 ff.) Hieraus folgt zugleich, daß auch ein nicht der Wirtschaft angehöriges Unternehmen (bzw. Betrieb) als Subventionsempfänger ausreicht, sofern nur die Leistung dieses Unternehmens (Betriebes) unmittelbar dem Endzweck der Wirtschaftsförderung dient (dazu noch einmal das oben Rdn. 45 erwähnte Beispiel der Forschung, die etwa von einem selbständigen Forschungsinstitut für die Wirtschaft durchgeführt wird).

49 Schwierigkeiten bereitet auch hier die während des Gesetzgebungsverfahrens ausführlich diskutierte und für die Kompromißhaftigkeit des Subventionswesens typische **Gemengelage von mehreren (End-)Zwecken** (dazu insbes. *Götz* Bekämpfung S. 55 f sowie Prot. 7/2500). So kommt die Zahlung von Wohnungsbauprämien an private Bauwillige mittelbar auch der Bauwirtschaft zugute; Ausbildungsförderung ist zugleich Wirtschaftsförderung; Bergmannsprämien, Abfindungen und Umschulungsbeihilfen an ehemalige Bergleute entlasten den Steinkohlenbergbau; Umweltschutzsubventionen an die Wirtschaft fördern auch diese selbst, sollen aber zunächst und vor allem der Reinhaltung der Umwelt dienen; Leistungen nach dem 2. WohnungsbauG und dem StädtebauförderungsG wurden von RegE Art. 6 Nr. 1 und 2 als Wirtschaftssubventionen angesehen, während der Rechtsausschuß des Bundesverbandes Privater Wohnungsunternehmen hierin Leistungen im Sozial- bzw. Planungsbereich, nämlich zur Förderung des sozialen Wohnungsbaues mit dem Ziel der Bereitstellung von Wohnungen für breite Schichten des Volkes bzw. städtebauliche Sanierungs- und Entwicklungsmaßnahmen sah (*Speiser* Deutsche Wohnungswirtschaft **1975** 210).

50 Das Gesetz sucht die Lösung dieses Problems darin, daß es – wie bereits oben Rdn. 45 erwähnt und ähnlich wie bei dem Problem der Gegenleistung (vgl. Rdn. 31 ff) – ausdrücklich bestimmt, eine **teilweise**, also auch nur nachrangig mitbezweckte, Wirtschaftsförderung reiche aus; nur ein „ganz entfernter Bezug zur Wirtschaft" genügt nicht (Bericht Sonderausschuß S. 11). Mit dieser Ausweitung, die den (politischen) Schwerpunkt der Subventionszielsetzung verläßt, tritt vor allem das methodische Problem in den Vordergrund, wie die – eventuell mehrfache – Zwecksetzung und ihre Gewichtung oder Reihung *festgestellt* werden soll (zu diesen Schwierigkeiten eindringlich *Bullinger* in: *Börner/Bullinger* S. 185 ff, 194 f; *Schetting* S. 19 ff, der zutreffend darauf hinweist, daß normative Subventionsregelungen häufig über die Zwecksetzungen schweigen und daß die Zwecke meist von den politischen Motiven verdeckt werden). Eine gewisse Hilfe für den Rechtsanwender kann sich aus den Agrarberichten und den Subventionsberichten der Bundesregierung ergeben, da hier – insbesondere unter dem Gesichtspunkt des Abbaus und der Einschränkung von Subventionsmaßnahmen – nicht selten auch (aus der Sicht der Bundesregierung) auf den Subventionszweck eingegangen wird. Auch hat die EG-Kommission bei ihrer fortlaufenden Überprüfung nationaler Beihilferegelungen auf ihre Zulässig-

---

[45] Zustimmend *Eberle* S. 96 f; *Sannwald* S. 136 f; *Sch/Schröder/Lenckner* Rdn. 18; *Volk* in: Belke/Oehmichen S. 85.

keit hin (Art. 93 Abs. 1 S. 1 EG-Vertrag) die Zwecke der nationalen Subventionen zu untersuchen; hierzu haben die Mitgliedstaaten entsprechende Mitteilungen zu machen, die ebenfalls zur Aufhellung der Zwecksetzung nützlich sein können. Im Hinblick auf das sog. Bepackungsverbot des Art. 110 Abs. 4 S. 1 GG und der entsprechenden Vorschriften des Landesrechts schließlich läßt sich zwar aus dem Haushaltsgesetz in aller Regel nichts, aus den Haushaltsplänen bei hinreichender Enge der Titel aber doch eine gewisse Aussage zum Zweck der Subvention entnehmen.

51 Muß bei Fehlen ausdrücklicher Aussagen in der Subventionsregelung oder den erwähnten Hilfsquellen eine allgemeine **teleologische Auslegung** einsetzen, so hat sich diese vor allem an der Tradition der §§ 823 Abs. 2 BGB, 35 GWB auszurichten. Danach kommt als Schutzzweck nur der normativ gewollte, nicht dagegen der faktisch erzielte in Betracht[46]: *Der Zweck, nicht die Wirkung des Gesetzes ist entscheidend* (zust. *Sannwald* S. 137 f). So wurde beispielsweise das frühere Schlechtwettergeld üblicherweise als Fall des Arbeitslosengeldes bzw. als Maßnahme zur Verhütung der Arbeitslosigkeit eingeordnet (*Wolff/Bachof* Verwaltungsrecht III § 143 II a Rdn. 2); es sicherte aber auch die Aufrechterhaltung eines hohen Beschäftigungsstandes in der Bauwirtschaft und kam damit, nicht zuletzt im Hinblick auf die Höhe der aufgewandten Mittel, einer fortlaufenden Subventionierung dieses Wirtschaftssektors gleich[47]. Das Beispiel soll hier nicht im einzelnen weiterverfolgt werden, da das Schlechtwettergeld keine Leistung an Betriebe war, also bereits aus diesem Grunde aus § 264 ausschied (oben Rdn. 41). Jedoch treten Notwendigkeit und Schwierigkeit der Zweckbestimmung in ihrer Abgrenzung von der faktischen Wirkung deutlich mit diesem Beispiel hervor, für das es übrigens angesichts der Gesamtsystematik des Arbeitsförderungsgesetzes (vgl. insbes. §§ 74 Abs. 3, 77 ff AFG) wohl bei der Einordnung des Schlechtwettergeldes als Sozialsubvention bleiben mußte. Zugleich wird erneut ersichtlich, daß bei den Sozialsubventionen in aller Regel § 264 schon deshalb entfällt, weil diese Subventionen nicht an Betriebe oder Unternehmen ausgereicht werden. Dies gilt vor allem auch für die oben Rdn. 49 erwähnten Beispiele der Wohnungsbauprämie, der Ausbildungsförderung und der Bergmannsprämie (vgl. jetzt ausdrücklich § 8 Abs. 2 Wohnungsbau-PrämienG und § 5 a BergmannsprämienG, die eine entsprechende Anwendung der AO 1977 vorschreiben). Dagegen sind Fördermittel für den *Wohnungsbau* (BGH BB **1991** 98) und die landwirtschaftlichen *Abschlachtprämien* ebenso wie die mehrfach erwähnten Abwrackhilfen und Stillegungsprämien sowie bestimmte *Umweltschutzleistungen* durchaus als Wirtschaftssubventionen einzuordnen (näher *Carlsen* AgrarR **1978** 268 mit Nachw.). – Sind eindeutige Aussagen zu den Subventionszwecken nicht zu ermitteln, so ist § 264 mit Rücksicht auf Art. 103 Abs. 2 GG nicht anwendbar (*Eberle* S. 99; *Sannwald* S. 142; *Sch/Schröder/Lenckner* Rdn. 19).

52 **h)** Nachfolgend werden ohne Anspruch auf Vollständigkeit einige **Beispiele** besonders wichtiger bundesrechtlicher Subventionen erwähnt, die teilweise bereits in Art. 6 RegE als erheblich im Sinne des § 264 bezeichnet wurden und insgesamt als Wirtschaftssubventionen zu verstehen sind (dazu auch *Göhler/Wilts* DB **1976** 1612 f):

Investitionszulagen nach § 19 BerlinförderungsG vom 7. 3. 1950 i. d. F. vom 2. 2. 1990 und 24. 4. 1991 (Investitionsbeginn bis 30. 6. 1991, vgl. § 31 Abs. 14) sowie §§ 1 ff InvestitionszulagenG 1993 und Zuschüsse für betriebliche Investitionen nach § 3 Gesetz über die Gemeinschaftsaufgabe „Verbesserung der regionalen Wirtschaftsstruktur" vom 6. 10. 1969;

---

[46] *Schmiedel* Deliktsobligationen nach deutschem Kartellrecht (1974) S. 106 ff; *Staudinger/Schäfer* Kommentar zum BGB § 823 Rdn. 580 ff, je mit Nachw. Ebenso für das Subventions(verwaltungs)recht *Bleckmann* S. 15 f.

[47] *Eberle* S. 105 f mit Nachw.; *Tiedemann* Subventionskriminalität S. 288; auch *Maier* Prot. 7/2655.

Maßnahmen zur einzelbetrieblichen Förderung nach § 3 Gesetz über die Gemeinschaftsaufgabe „Verbesserung der Agrarstruktur und des Küstenschutzes" vom 3. 9. 1969 i. d. F. vom 21. 7. 1988;
Leistungen nach §§ 42, 45, 88 des Zweiten WohnungsbauG vom 27. 6. 1956 i. d. F. vom 19. 8. 1994;
Leistungen nach § 2 Abs. 2 FilmförderungsG vom 26. 5. 1979 i. d. F. vom 25. 1. 1993;
Leistungen nach §§ 2 Nr. 2, 5 ZonenrandförderungsG vom 5. 8. 1971 (letztmals für die Haushaltsjahre 1990/91);
Vergünstigungen und Leistungen nach §§ 6, 7 Gesetz zur Durchführung der gemeinsamen Marktorganisationen (MOG) vom 31. 8. 1972 sowie nach den einzelnen ERP-Gesetzen;
Leistungen nach § 2 a Gesetz zur Förderung des Bergarbeiterwohnungsbaues im Kohlenbergbau vom 23. 10. 1951 i. d. F. vom 4. 5. 1957;
Zuschüsse nach § 1 Gesetz zur Sicherung des Steinkohleneinsatzes in der Elektrizitätswirtschaft vom 5. 9. 1966;
Leistungen nach § 2 Abs. 2 des Dritten VerstromungsG vom 13. 12. 1974 i. d. F. v. 19. 4. 1990;
Staatliche Beihilfen und Investitionshilfen nach §§ 5, 6 MarktstrukturG i. d. F. vom 26. 9. 1990;
Staatliche Zuwendungen nach § 41 Abs. 5 BundeswaldG vom 2. 5. 1975;
Betriebsbeihilfen nach Art. 2 § 1 VerkehrsfinanzG 1971 vom 28. 2. 1972 sowie nach Art. 4 VerkehrsfinanzG 1955 vom 6. 4. 1955 und Art. 9 StraßenbaufinanzierungsG 1960 vom 28. 3. 1960 i. d. F. v. 22. 12. 1983.

In den *neuen Bundesländern* ist Rechtsgrundlage für betriebliche Investitionsbeihilfen Art. 28 Abs. 2 Einigungsvertrag i. V. m. dem vorgenannten Gesetz über die Gemeinschaftsaufgabe „Verbesserung der regionalen Wirtschaftsstruktur". Grundlage des Eigenkapitalhilfeprogramms für die Länder ist die Programmrichtlinie vom 9. 4. 1990 (BAnz. Nr. 72 v. 12. 4. 1990) i. d. F. vom 15. 9. 1994 (BAnz. Nr. 181 vom 23. 9. 1994). Umfangreiche Agrarsubventionen werden in den neuen Ländern nach dem ebenfalls bereits genannten Gesetz über die Gemeinschaftsaufgabe „Verbesserung der Agrarstruktur und des Küstenschutzes" vergeben. – Zahlreiche sonstige Finanzhilfen in den alten wie in den neuen Bundesländern ergehen aufgrund von Richtlinien der Bundesminister (z. B. des Bundesministers für Wirtschaft im Hinblick auf Hilfen für die Werftindustrie).

IV. Die Tathandlungen und ihr Gegenstand

1. Sämtliche Tathandlungen des Absatzes 1 müssen sich auf **subventionserhebliche Tatsachen** im Sinne der Legaldefinition des **Absatzes 7** beziehen. Hinsichtlich des Begriffes der **Tatsachen** wird auf § 263 verwiesen. Beachtung verdient vor allem, daß auch einfache Rechtsbegriffe (z. B. Eigentum, Kauf) als Tatsachen gelten können bzw. Tatsachen enthalten. Wie bei § 263 genügen innere Tatsachen (z. B. die Absicht, den zu fördernden Film nicht mit pornographischen oder grob brutalen Szenen zu versehen: BGHSt **34** 111, 114; *Sch/Schröder/Lenckner* Rdn. 27). Schwierigkeiten kann die Abgrenzung von Tatsachenangabe und Werturteil vor allem bei Vorlage von Bilanzen sowie sonstigen Vermögensbewertungen und Prognosen, insbesondere bei der Bewilligung von Kreditsubventionen (dazu auch *Tiedemann* LK § 265 b Rdn. 67 f) bereiten. **53**

Angesichts der zahlreichen Normativbegriffe des Subventionsrechts (z. B. Ausfuhr, Abwrackung, Bearbeitung, Frachtkosten) kommt der **Pflicht des Subventionsgebers zur ausdrücklichen Bezeichnung der subventionserheblichen Tatsachen** gemäß Absatz 7 **54**

Nr. 1 größte Bedeutung zu, damit einerseits der Antragsteller die Vergabevoraussetzungen klar erkennen kann und andererseits der Subventionsgeber und die Strafverfolgungsorgane etwaige Täuschungshandlungen schnell und eindeutig feststellen können (Bericht Sonderausschuß S. 12 f; OLG München NJW **1982** 457 f). § 2 Abs. 1 SubvG verpflichtet daher den Subventionsgeber zu dieser ausdrücklichen Bezeichnung als subventionserheblich, wobei die Verpflichtung entsprechend der Reichweite der Gesetzgebungskompetenz des Bundes nicht für Vergabestellen der EG (BayObLG NJW **1982** 2202, 2203) und nicht für Subventionen nach Landesrecht (vgl. insoweit aber § 1 Abs. 2 SubvG sowie hier Rdn. 7 u. 103) gilt und ferner nur gegenüber dem Subventionsnehmer (dazu näher Rdn. 55 u. 71), nicht dagegen gegenüber jedem potentiellen Täter des § 264 besteht. § 2 Abs. 2 SubvG erweitert die Bezeichnungspflicht auch auf den Fall, daß sich aus den im Subventionsverfahren gemachten Angaben oder aus sonstigen Umständen Zweifel darüber ergeben, ob die beantragte oder in Anspruch genommene Subvention oder der in Anspruch genommene Subventionsvorteil mit dem Subventionszweck oder den Vergabevoraussetzungen nach § 2 Abs. 1 Nr. 2, 3 SubvG in Einklang steht; strafrechtlich kann diese nachträgliche Bezeichnung selbstverständlich nur ex nunc wirken (*Samson* SK Rdn. 45; *Sch/Schröder/Lenckner* Rdn. 29). — Bei fehlender ausdrücklicher Bezeichnung durch Gesetz oder durch den Subventionsgeber kann die Subventionserheblichkeit aber grundsätzlich auch im Wege der **Auslegung** des Subventionsgesetzes gefunden werden (Nr. 2). Beide Alternativen, die eine mehr oder weniger weitgehende Formalisierung der Täuschungshandlung zum Ziele haben, werfen eine Reihe von Zweifelsfragen auf:

55 a) Die **ausdrückliche Bezeichnung**, wie sie **Nr. 1** vorsieht und § 2 SubvG vorschreibt, braucht nicht den terminus „subventionserheblich“ zu benutzen[48], muß aber zumindest einen gleichbedeutenden Ausdruck verwenden. Daß sich die Subventionserheblichkeit eindeutig aus dem Zusammenhang ergibt, genügt für Nr. 1 nicht[49]. Ebenso reichen pauschale oder formelhafte Bezeichnungen nicht aus; vielmehr müssen sich die Hinweise auf den konkreten Fall beziehen[50]. Nach ihrem Zweck (oben Rdn. 54) muß die Bezeichnung ferner, sofern sie nicht „durch Gesetz“, sondern „auf Grund eines Gesetzes“ durch den Subventionsgeber erfolgt, durch eine dem — richtiger: wenigstens einem[51] — Subventionsnehmer zugegangene Erklärung in dem konkreten Subventionsverfahren erfolgen. Eine allgemeine Bekanntmachung (z. B. durch Anschlag) reicht ebenso wie die Bezeichnung in einem früheren Subventionsverfahren nicht aus[52]. Infolge des Auseinanderfallens von Täterkreis (i. S. d. § 264) und Begriff des Subventionsnehmers (i. S. d. § 2 SubvG) ist freilich die Verwirklichung des oben Rdn. 54 hervorgehobenen Schutzzweckes nicht unmittelbar gewährleistet. Da die Bezeichnung als subventionserheblich jedoch echtes Tatbestandsmerkmal ist (*Maurach/Schroeder/Maiwald* 1 § 41 III B 2 gegen G. *Schmidt* DVBl **1978** 203 sowie GA **1979** 124 ff), muß sich der **Vorsatz** des Täters auch darauf beziehen, daß diese Bezeichnung gegenüber dem Subventionsnehmer erfolgt ist. Auf diesem Umweg wird letztlich doch eine Gleichschaltung von § 264 und § 2 SubvG hergestellt.

[48] BayObLG NJW **1982** 2202, 2203; OLG München NJW **1982** 457 f; *Carlsen* AgrarR **1978** 268; *Schmidt-Hieber* in: Müller-Gugenberger § 42 II a; *Sch/Schröder/Lenckner* Rdn. 30 und 31.

[49] LG Düsseldorf NStZ **1981** 223; *Ranft* NJW **1986** 3164; *Schmidt-Hieber* aaO; *Sch/Schröder/Lenckner* Rdn. 30.

[50] LG Düsseldorf aaO; *Eberle* S. 125; *Maurach/Schroeder/Maiwald* 1 § 41 III B 2; *Lackner/Kühl* Rdn. 11; *Otto* BT § 61 II 2 b; *Ranft* aaO; *Samson* SK Rdn. 44 a.

[51] *Carlsen* aaO S. 270; *Dreher/Tröndle* Rdn. 18; *Samson* SK Rdn. 42; *Sch/Schröder/Lenckner* Rdn. 34; **aA** *Geuenich-Cremer* S. 47 ff.

[52] Vgl. Prot. 7/2722; *Geuenich-Cremer* S. 63 ff; *Samson* aaO; *Sch/Schröder/Lenckner* aaO.

Entsprechend der üblichen staatsrechtlichen Terminologie bedeutet die Bezeichnung *„durch Gesetz"* die Benennung durch formelles oder materielles Gesetz, also auch durch Rechtsverordnung (unklar *Samson* SK Rdn. 43) und EG-Vorschriften (Bericht Sonderausschuß S. 13), aber auch durch kommunale Satzung (*Sch/Schröder/Lenckner* Rdn. 33). 56

Demgegenüber wird das Erfordernis der Benennung *„auf Grund eines Gesetzes"* infolge der Anlehnung an die staatsrechtliche Terminologie z. T. als Entsprechung zu dem Grundsatz vom Vorbehalt des Gesetzes verstanden, wobei § 2 SubvG als einschlägige Ermächtigung (an die Verwaltung) angesehen wird[53]. Selbstverständlich kann § 2 aber nicht als Ermächtigung zum Erlaß von Rechtsnormen oder auch nur von Verwaltungsrichtlinien dienen, da diese Vorschrift deutlich auf bereits vorhandene Normen und Richtlinien verweist und darüber hinaus nur eine Verpflichtung, nicht aber eine Befugnis des Subventionsgesetzgebers begründet. Da ferner Subventionsgeber auch eine privatwirtschaftliche Stelle sein kann (oben Rdn. 29), wird die Ausrichtung der Auslegung von § 264 Abs. 7 und § 2 SubvG an den Kategorien des Gesetzesvorbehalts und der Ermächtigung (zur Rechtsetzung) insgesamt fragwürdig (zust. *Hack* S. 153). 57

Für eine positive Deutung des § 2 SubvG ist davon auszugehen, daß diese Vorschrift nicht die Konstituierung, sondern ausschließlich die *Bezeichnung* der Vergabevoraussetzungen regeln will (zust. *Hack* aaO). Die Problematik ist daher keine solche des Art. 20 Abs. 3 GG, sondern gehört in den Zusammenhang des Art. 103 Abs. 2 GG, der allerdings seinerseits nur eine Ausprägung von Art. 20 Abs. 3 GG darstellt. Die Lösung ergibt sich aus folgender Überlegung: Die Verwendung des „materiellen" Subventionsbegriffs in § 264 (oben Rdn. 25 f) verstößt auch *ohne* die Bezeichnung durch die Verwaltung nicht gegen Art. 103 Abs. 2 GG (zusammenfassend *Hack* S. 148 ff; *Sannwald* S. 143 f); daher wird durch die Bezeichnungstechnik des § 264 Abs. 7 in Verbindung mit § 2 SubvG der Kreis der als Subventionsbetrug strafbaren Fälle nur faktisch besser erkennbar: Bereits aufgrund der *gesetzlichen* Regelungen ist für den Täter „hinreichend überschaubar, welche Fälle vom Straftatbestand abgedeckt sind" (RegE S. 28). Bezeichnung „auf Grund eines Gesetzes" bedeutet daher lediglich: „in den Grenzen des gesetzlich Zulässigen" (vgl. LG Hamburg wistra **1988** 362 [f]; *Sch/Schröder/Lenckner* Rdn. 34). Primär ist also die Gültigkeit der Rechts- und Verwaltungsvorschriften sowie sonstigen Richtlinien über die Subventionsvergabe und der „sonstigen Vergabevoraussetzungen" (vgl. § 2 Abs. 1 Nr. 3 SubvG) – anhand außerstrafrechtlicher Maßstäbe – nachzuprüfen. Sind derartige Vergabevoraussetzungen im Rechtssinne nichtig, so sind sie auch nicht subventionserheblich, und die gleichwohl erfolgende Bezeichnung als subventionserheblich stößt ins Leere. 58

Der Subventionsgeber kann den von der h. M. überaus weit gezogenen **Bezeichnungsrahmen** aber auch dadurch überschreiten, daß er Voraussetzungen bezeichnet, die für die Subventionsvergabe überhaupt nicht vorgesehen sind (weil sie z. B. zu statistischen Zwecken abgefragt werden). Auch in diesem Fall ist die von ihm vorgenommene Benennung **unverbindlich**[54], ohne daß – wie etwa nach h. M. zu § 113 Abs. 3 StGB – Raum für eine eigene strafrechtliche Bestimmung der Rechtmäßigkeit oder Zulässigkeit der Bezeichnung bliebe. Vielmehr wird die Frage der Einhaltung oder Überschreitung des Bezeichnungsrahmens ebenso wie die Absteckung dieses Rahmens nach außerstrafrechtlichen Kriterien entschieden. Strafrechtlich fragt sich allerdings sogleich, ob bei Über- 59

[53] *Dreher/Tröndle* Rdn. 18; *Göhler* Prot. 7/2672; **aA** zutreffend *Sch/Schröder/Lenckner* Rdn. 34.

[54] *Dreher/Tröndle* Rdn. 18; *Eberle* S. 126; *Göhler* Prot. 7/2673; *Maurach/Schroeder/Maiwald* 1 § 41 III B 2; *Samson* SK Rdn. 44; *Sch/Schröder/Lenckner* Rdn. 34; *Schmidt-Hieber* aaO § 42 II a; im Ergebnis auch *Geuenich-Cremer* S. 74 ff (die hier die Vorteilhaftigkeit der Angaben verneint).

schreiten des Rahmens auf Absatz 7 Nr. 2 zurückgegriffen werden kann[55], was von der Funktion der Nr. 2 abhängt (dazu unten Rdn. 63).

60 Schwierigkeiten können sich in der Praxis vor allem daraus ergeben, daß der Täter die Bezeichnung und ihre Verbindlichkeit kennen muß, also umgekehrt die irrige Annahme der Unverbindlichkeit einen **Tatbestandsirrtum** darstellt (ebenso *Sch/Schröder/Lenckner* Rdn. 62). Hierzu ist auch die oben Rdn. 18 erwähnte Fallgestaltung zu zählen, daß der Täter die Beweis- und Kontrollmaßnahmen der Verwaltung (oder des sonstigen Subventionsgebers) durch wirklich oder vermeintlich bessere eigene Maßnahmen ersetzt: Der Täter handelt dann nur vorsätzlich, wenn er zumindest in laienhafter Parallelwertung sowohl die Existenz als auch die Berechtigung von Verwaltungsermessen als Quelle verbindlicher Rechtsgestaltung kennt.

61 b) Nach Streichung des Absatzes 7 Nr. 3 RegE, der als subventionserheblich im Sinne des § 264 auch die nach dem Subventionszweck für die Bewilligung usw. bedeutsamen Tatsachen aufführte und damit auch die bloße Zweckumschreibung im Haushaltsansatz genügen lassen wollte, spricht **Nr. 2** nunmehr nur noch von der Subventionserheblichkeit solcher Tatsachen, von denen die Bewilligung usw. **„gesetzlich abhängig"** ist.

62 Zur **Form** der damit vorausgesetzten Vergaberegelung steht fest, daß mit dem Ausdruck „gesetzlich" auch hier jedes formelle Gesetz und jeder materielle Rechtssatz einschließlich EG-Recht gemeint ist (ebenso *Sch/Schröder/Lenckner* Rdn. 36); bloße Verwaltungsrichtlinien scheiden aus. Bei Subventionsvorschriften der EG ist der deutsche Wortlaut maßgebend, es sei denn daß ein Übersetzungsfehler vorliegt (BGH NStZ **1990** 35, 36).

63 Zum **Inhalt** der Vorschrift meinte der RegE (S. 28), es gehe um „die materiellen Voraussetzungen für die Vergabe und Rückforderung" (ebenso *Lackner/Kühl* Rdn. 12; *Otto* BT § 61 II 2 b), während nach dem Bericht Sonderausschuß (S. 13) nur diejenigen Fälle gemeint sein sollen, „in denen ein Gesetz hinreichend deutlich zum Ausdruck bringt, was es als Voraussetzung für die Subventionsgewährung betrachtet"; diese Regelung stelle an den Betroffenen „keine höheren Anforderungen, als dies bei Gesetzen allgemein üblich ist". Damit entsteht die Frage, ob die materiellen Vergabe- und Rückforderungsvoraussetzungen im Rahmen von Nr. 2 im Wege der üblichen **Auslegung**, vor allem unter Heranziehung des Subventionszweckes bzw. des Zweckes der die Vergabe regelnden Norm, bestimmt werden dürfen oder ob nur als solche – wenn auch nicht förmlich und ausdrücklich, aber doch „deutlich" – bezeichnete Vergabevoraussetzungen (die aber selbst wiederum auslegungsbedürftig sein können!) ausreichen (im letzteren Sinne *Samson* SK Rdn. 49 wegen der angeblichen Parallele zu Nr. 1). Da die Rechtsgeschichte hinreichend die Unhaltbarkeit von Auslegungsverboten ergeben hat und da weiter in der heutigen juristischen Methodenlehre nicht bezweifelt wird, daß es keine absolut eindeutigen Rechtsregeln gibt, muß in der Tat jede „gesetzliche" Regelung außer der auf die Benennung der Höhe und der Zwecksetzung der Subvention beschränkten Angabe im Haushaltsgesetz oder Haushaltsplan, also jede – auch unvollständige und im Wege der Auslegung ergänzungsbedürftige – rechtssatzmäßige „Vergabe"-Regelung genügen (so insbes. auch *Sch/Schröder/Lenckner* Rdn. 36 mit weit. Nachw.). Im Rahmen dieser Auslegung wird man auch den Rückgriff auf die Zweckbestimmung im Haushaltsgesetz und Haushaltsplan zulassen müssen. Nicht ausreichend für die Auslegung ist – bei Fehlen einer rechtssatzmäßigen Vergaberegelung – außer der bloßen Existenz dieser Zweckbenennung im Haus-

---

[55] Bejahend OLG München NJW **1982** 457, 458; *Dreher/Tröndle* Rdn. 19; *Lackner/Kühl* Rdn. 12; *Samson* SK Rdn. 47; *Sch/Schröder/Lenckner* Rdn. 36; **aA** *Ranft* NJW **1986** 3165 f und anscheinend auch Bericht Sonderausschuß S. 13.

haltsansatz auch die (z. T. ausführliche) **vertragliche Regelung** der Bedingungen für die Gewährung und Verwendung z. B. bei Kreditsubventionen, Bürgschaften und sonstigen Gewährleistungen.

Darüber hinaus ergibt sich das bereits oben Rdn. 59 angedeutete Problem, ob Nr. 2 nur dort anzuwenden ist, wo aus Rechtsgründen die Bezeichnungsverpflichtung des § 2 SubvG nicht eingreift (EG-Behörden; Landessubventionen, vgl. insoweit aber auch unten Rdn. 103), *oder* ob Nr. 2 – eventuell hilfsweise – stets, also auch bei faktischem Versagen des zur Bezeichnung verpflichteten Subventionsgebers, gilt. Auch diese Frage ist entsprechend allgemeinen Auslegungs- und Methodengesichtspunkten zu beantworten. Für die erstere Auffassung spricht der gezielte Schutz, den der Gesetzgeber dem Betroffenen (Subventionsnehmer) mit der Bezeichnungspflicht des Subventionsgebers angesichts der Unklarheit weiter Teile des Subventionsrechts zukommen lassen will. Die zweite Ansicht wird demgegenüber durch den Wortlaut und die Entstehungsgeschichte getragen, derzufolge die Kombination der Möglichkeiten nach Nr. 1 und Nr. 2 das Ergebnis eines Kompromisses innerhalb der Sachverständigenkommission zur Bekämpfung der Wirtschaftskriminalität war. Bedenkt man, daß der erforderliche Schutz des Betroffenen bei Nr. 2 in hinreichender Weise durch § 16 gewährleistet wird (vgl. bereits oben Rdn. 55), so verdient die weite, eine Exklusivität von Nr. 1 ablehnende Ansicht den Vorzug. Sie ist nunmehr herrschende Meinung[56]. Nr. 2 ist daher stets anzuwenden, wenn – gleich aus welchen Gründen – keine oder keine wirksame Bezeichnung nach Nr. 1 erfolgt ist. Ist die Bezeichnung unwirksam oder unvollständig, so wird dabei die Feststellung des Vorsatzes nach Nr. 2 besonderer Sorgfalt bedürfen (dazu *Eberle* S. 129 f mit Nachw.; auch *Volk* Arth. Kaufmann-Festschrift S. 622 f). **64**

c) Hinsichtlich der sonstigen Begriffe des Abs. 7 bleibt darauf hinzuweisen, daß die **Bewilligung** (als die verbindliche Zusage der Subvention), die **Gewährung** (als das tatsächliche Zurverfügungstellen der Subvention aufgrund der Bewilligung), die **Weitergewährung**, das **Belassen** und die **Rückforderung** einer Subvention oder eines Subventionsvorteils sich zum Teil überschneiden. Der Gesetzgeber hat dies als unschädlich hingenommen, um möglichst alle Vorgänge zu erfassen, die dazu führen können, daß Subventionen oder Subventionsvorteile im Ergebnis zu Unrecht gewährt oder belassen werden (RegE S. 29). **65**

Mit der ausdrücklichen Erwähnung des **Subventionsvorteils** sollen die Fälle einbezogen werden, in denen dem Täter oder einem Dritten nicht unmittelbar eine Subvention gewährt oder belassen wird, der Täter oder Dritte aber mittelbar einen Vorteil aus der Subventionierung zieht, z. B. die durch Subvention verbilligte Ware erwirbt (RegE aaO). In diesen Fällen können im Hinblick auf die Subvention Verwendungsbeschränkungen (z. B. die Ware nur bestimmten Käuferkreisen zugänglich zu machen) bestehen; sie führen bei Absicht zweckwidriger Verwendung zu der Anzeigepflicht nach § 3 Abs. 2 SubvG und bei Vornahme der zweckwidrigen Verwendung gemäß § 5 Abs. 1 SubvG zu der Verpflichtung, den durch die Verwendung erlangten Vorteil an den Subventionsgeber herauszugeben. Übrigens ist der derart mittelbar Begünstigte ebenfalls Subventionsnehmer im Sinne des § 2 SubvG. Während aber die Materialien den Begriff des Subventionsvorteils offenbar undifferenziert einheitlich im Sinne des § 5 SubvG verstehen (vgl. insbes. *Göhler* Prot. 7/2729), weisen *Sch/Schröder/Lenckner* (Rdn. 37) zutreffend darauf hin, daß der Begriff des Subventionsvorteils in Absatz 7 Nr. 2 dem des § 2 Abs. 1 SubvG und *nicht* **66**

---

[56] OLG München NJW **1982** 457 f; *Dreher/Tröndle* Rdn. 19; *Eberle* S. 129; *Gössel* BT 2 S. 463; *Lackner/Kühl* Rdn. 12; *Schmidt-Hieber* aaO; *Sch/Schröder/Lenckner* Rdn. 36; **aA** *Geuenich-Cremer* S. 14 ff; *Maurach/Schroeder/Maiwald* aaO; *Samson* SK Rdn. 47; differenzierend *Ranft* aaO S. 3165.

dem des § 5 SubvG entspricht. § 5 SubvG meint den Vorteil, den etwa der Großhändler aus dem bestimmungswidrigen Verkauf der verbilligten (Sozial-)Butter an bösgläubige Einzelhändler zieht; die Einzelhändler haben durch den Erwerb der Butter unter Marktpreis einen (anderen) Subventionsvorteil im Sinne des § 2 Abs. 1 SubvG in Anspruch genommen (und sind dadurch Subventionsnehmer geworden). Der eigentliche, vom Subventionsgeber intendierte Subventionsvorteil ist mit Erlangung der Subvention (des subventionierten Gegenstandes) beim Subventionsnehmer vorhanden; § 5 zielt dagegen auf sonstige (zusätzliche) Vorteile, die der Subventionsnehmer aus der zweckwidrigen (!) Verwendung des subventionierten Gegenstandes zieht. Die Bezeichnung dieser verschiedenen Vorteile mit demselben Ausdruck ist irreführend. Bereits der Bundesrat hatte im Gesetzgebungsverfahren die Unklarheit des Begriffes Subventionsvorteil gerügt (vgl. *Göhler* Prot. 7/2701).

67 2. Bewilligung, Gewährung, Weitergewährung, Belassen und Rückforderung einer Subvention oder eines Subventionsvorteils in dem beschriebenen Sinne konstituieren das **Subventionsverfahren**, das als Kooperationsverhältnis zwischen **Subventionsgeber** und **Subventionsnehmer** zu verstehen ist.

68 a) **Subventionsgeber** ist nach der Legaldefinition des Absatzes 1 Nr. 1 zunächst eine für die Bewilligung der Subvention sachlich und örtlich zuständige Behörde (dazu § 11 Abs. 1 Nr. 2 c), aber auch eine andere in das Subventionsverfahren eingeschaltete Stelle oder Person. Mit der Ausweitung wird der Tatsache Rechnung getragen, daß in der Praxis neben der Bewilligungsbehörde in vielfältiger Weise auch andere Stellen oder Personen (z. B. Kreditinstitute und Treuhandgesellschaften) in die Subventionsvergabe eingeschaltet sind (mehrstufige Subventionsvergabe; Übersicht dazu bei *Schetting* S. 73 ff; *Schmid* S. 29 f). Dabei reicht es aus, wenn die Stelle oder Person nur eine Vorprüfung vorzunehmen oder eine Teilentscheidung auszusprechen hat (*Sch/Schröder/Lenckner* Rdn. 40 mit Nachw.). Weitergehend wird man angesichts des Gesetzeszweckes, möglichst keine Lükken zu lassen, auch die Einschaltung bloßer Hilfsfunktionsträger bis hin zu rein mechanischen Tätigkeiten ausreichen lassen, sofern diese Tätigkeiten nicht ohnehin *rechtlich* einer vorprüfenden oder teilentscheidenden Stelle oder Person zuzurechnen sind.

69 Als *Stelle* kommt – ohne feste Abgrenzung – auch eine Behörde, die nicht für die Subventionsbewilligung zuständig ist, und im übrigen jede sonstige, den Organisationsgrad einer Behörde nicht erreichende öffentliche Einrichtung, ja sogar ein einzelner Beamter mit bestimmten Funktionen im Subventionsverfahren in Betracht (*Göhler* Prot. 7/2674; *Sch/Schröder/Lenckner* Rdn. 41). *Person* ist vor allem die Privatperson (natürliche oder juristische Person des Privatrechts), angesichts der für das Strafrecht irrelevanten Zufälligkeit der Rechtsform von eingeschalteten Kreditinstituten aber auch die juristische Person des öffentlichen Rechts. Ob die „Einschaltung" auf Gesetz, behördlicher Anordnung oder Vertrag beruht, ist gleichgültig (Bericht Sonderausschuß S. 6).

70 Die Legaldefinition des Absatzes 1 Nr. 1 ermöglicht einmal eine sprachliche Vereinfachung des Absatzes 1 Nr. 2 und des Absatzes 7 Nr. 1 sowie des SubvG. Sodann enthebt die ausdrückliche Einbeziehung der sonstigen Stellen und Personen in den Begriff des Subventionsgebers den Rechtsanwender auch der Notwendigkeit, im Wege der Auslegung die Täuschung dieser Erklärungsadressaten als Täuschung des „eigentlichen" Subventionsgebers (Subventionsträgers) zu deuten (*Tiedemann* ZStW **87** [1975] S. 292), sowie des Erfordernisses, festzustellen, welche Funktionen entbehrlich oder abspaltbar sind, ohne daß ein Rechtssubjekt die Eigenschaft als Subventionsträger verliert (dazu *Schetting* S. 67). Die erstere Frage bleibt allerdings im Ansatz letztlich doch bestehen (und im Wege der Auslegung lösungsbedürftig), wenn der Täter die unrichtigen Angaben gegenüber einer Stelle macht, die nach ihrer Funktion im Subventionsverfahren mit dem unrichtigen Teil der Angaben gar nicht befaßt ist. Hier wird die tatsächliche Entgegennahme und Weiterleitung (!) ausreichen, sofern die Stelle wenigstens zur Entgegennahme entsprechender Erklärungen zuständig ist (*Sch/Schröder/Lenckner* Rdn. 41, die das Tatbestandsmerkmal der Zuständigkeit zutreffend auch auf die genannten Stellen und Personen ausdehnen; vgl. auch *Geuenich-Cremer* S. 109 ff; *Samson* SK Rdn. 50).

Dem Subventionsgeber steht der (von § 264 nicht ausdrücklich genannte) **Subventionsnehmer** gegenüber, als welchen § 2 Abs. 1 SubvG denjenigen bezeichnet, „der für sich oder einen anderen eine Subvention beantragt oder eine Subvention oder einen Subventionsvorteil in Anspruch nimmt". Dieser Begriff, der im Rahmen des § 264 vor allem für Absatz 1 Nr. 2 sowie für Absatz 7 relevant ist, wird vom Gesetz recht weit gefaßt, denn neben der förmlichen Antragstellung reicht auch jedes sonstige (tatsächliche) Erlangen der Subvention oder eines Subventionsvorteils aus, sofern der derart Begünstigte sich nur eines Rechtes auf diese Begünstigung berühmt. Da als Subventionsnehmer auch derjenige anzusehen ist, der eine Subvention „für einen anderen" beantragt, ist Subventionsnehmer auch der Vertreter ohne Vertretungsmacht, aber auch derjenige, für den der Antrag ohne Vertretungsmacht gestellt wurde, sobald er die Subvention tatsächlich in Anspruch nimmt (*Samson* SK Rdn. 52). Neben den Angestellten eines Betriebes oder Unternehmens zählen zum Begriff des Subventionsnehmers insbesondere aufgrund eigener Antragstellung („für einen anderen") auch Steuerberater, Wirtschaftsprüfer, Rechtsanwälte usw. (ebenso *Samson* aaO). Der strafrechtlich für § 264 Abs. 1 Nr. 1 relevante Täterkreis reicht allerdings noch weiter (vgl. bereits oben Rdn. 20; *Dreher/Tröndle* Rdn. 15), so daß Subventionsnehmer im Sinne des § 2 Abs. 1 SubvG und Täterkreis des Absatzes 1 Nr. 1 nicht identisch sind. Immerhin decken sich die beiden Begriffskreise für den praktisch im Vordergrund stehenden Fall der Antragstellung. 71

Probleme, die sich aus der Einschaltung *dritter Personen* (z. B. Anwalt, Bankangestellte) auf der Subventionsnehmerseite ergeben, sind über die allgemeinen Täterlehren zu lösen (dazu im einzelnen unten Rdn. 135 ff): Die dritten Personen können bei Bösgläubigkeit (Nr. 1 bis 3) oder Leichtfertigkeit (Nr. 1 und Nr. 2) Täter sein, während bei Gutgläubigkeit oder nur leichter Fahrlässigkeit (mittelbare) Täterschaft des Subventionsnehmers in Betracht kommt. 72

b) Subventionsverfahren (Absatz 1 Nr. 1 und Nr. 3) ist das verwaltungsmäßige Verfahren der Subventionierung. Es beginnt im strafrechtlich relevanten Sinne erst mit dem Antrag auf Bewilligung der Subvention (§ 2 Abs. 1 SubvG) und endet grundsätzlich mit der Gewährung der Subvention (*Schmid* S. 37) oder dem endgültig ablehnenden Bescheid des Subventionsgebers (*Dreher/Tröndle* Rdn. 13). Ein gerichtliches Verfahren, in dem etwa die Rechtmäßigkeit der ablehnenden Entscheidung der Behörde überprüft wird, zählt nicht mehr zum Subventions(verwaltungs)verfahren (*Sch/Schröder/Lenckner* Rdn. 40). 73

Ein zeitlich früherer Beginn wäre an und für sich denkbar und vielleicht auch zweckmäßig (Beispiel: der Täter macht vor Antragstellung durch den Subventionsnehmer im Hinblick auf einen zu erwartenden Antrag unrichtige Angaben, die der Antragsteller selbst nicht kennt). Jedoch setzen auch Nr. 1 und Nr. 2 sachlich voraus, daß (bereits) ein Subventionsverfahren in Gang gesetzt ist, und dies geschieht regelmäßig nur auf **Antrag**. (Für Nr. 2 ist allerdings im Hinblick auf § 3 SubvG zutreffend, daß das Subventionsverfahren häufig bereits abgeschlossen sein wird.) Bloße Erkundigungen insbesondere des potentiellen Subventionsnehmers, z. B. nach den Aussichten eines späteren Antrages, reichen 74 ebenso wie bei § 265 b (vgl. dort Rdn. 55) nicht aus[57]. Der Gegenansicht (*Dreher/Tröndle* Rdn. 13) ist zuzugeben, daß – wie hier wiederholt dargelegt – sich auch beim Täterkreis Antragsteller (Subventionsnehmer) und unrichtig Erklärender nicht decken. Jedoch sollte diese konstruktiv wenig glückliche Diskrepanz nicht auch noch für eine Strafbarkeitsausweitung in typische Vorbereitungsstadien hinein ausgenutzt werden.

75 Zweifelhaft kann im Einzelfall der **Endzeitpunkt** sein, zumal wenn eine laufende oder periodische Verwendungskontrolle nach Subventionsgewährung vorgenommen wird oder wenn es – nach Kontrolle, Anzeige oder sonstwie – zur Rückforderung der Subvention kommt. Das vom Subventionsgeber eingeleitete Rückforderungsverfahren wird man indessen in Übereinstimmung mit der verwaltungsrechtlichen Terminologie (§ 9 VerwaltungsverfahrensG) als neues, eigenes Subventionsverfahren ansehen müssen (ebenso *Dreher/Tröndle* Rdn. 13), um nicht das Vergabeverfahren entgegen allen gängigen Verfahrensvorstellungen unendlich andauern zu lassen. Jedoch ist hier und auch im übrigen das Verwaltungsrecht und insbesondere das Verwaltungsverfahrensgesetz nicht schlechthin maßgebend. Bei Einschaltung privatwirtschaftlicher Stellen als Subventionsgeber (oben Rdn. 29) können verwaltungsrechtliche Regeln jedenfalls nicht unmittelbar gelten, und auch das Subventionsverwaltungsverfahren kann mehrere eigenständige Verwaltungsverfahren enthalten. Es erscheint daher zutreffend, von einem **eigenständig strafrechtlichen Begriff des Subventionsverfahrens** auszugehen. Bei der Weitergewährung einer Subvention endet dieses Verfahren nicht vor Erbringung der letzten Leistung des Subventionsgebers (zust. *Gössel* BT 2 S. 463). Auch die Überwachung der Einhaltung etwaiger Verwendungsbeschränkungen zählt noch zum Subventionsverfahren (*Carlsen* AgrarR **1978** 297 Fußn. 22 b; *Sch/Schröder/Lenckner* Rdn. 40), jedenfalls wenn die Kontrolle bereits bei Bewilligung oder Ausreichung der Subvention intendiert war; im letzteren Fall wird man sogar das auf Grund der Kontrolltätigkeit eingeleitete Rückforderungsverfahren noch als Teil des (bisherigen) Subventionsverfahrens ansehen können.

76 **3.** Die Tathandlung nach **Absatz 1 Nr. 1** umfaßt das – ausdrückliche oder konkludente – Machen von schriftlichen oder mündlichen **unrichtigen Angaben**, die für den Täter oder für den Begünstigten vorteilhaft sind. Im Hinblick auf Existenz und Inhalt von Nr. 2 (dazu unten Rdn. 88 ff) ist Nr. 1 primär auf positives Tun beschränkt. Jedoch kann der Tatbestand mittäterschaftlich oder nebentäterschaftlich auch durch Unterlassen erfüllt werden, z. B. wenn der Betriebsinhaber die unrichtigen Angaben seines Angestellten duldet (*Sch/Schröder/Lenckner* Rdn. 48).

77 **a) Angaben** sind alle schriftlichen und mündlichen Erklärungen über das Vorliegen oder Nichtvorliegen subventionserheblicher Tatsachen. § 264 ist ein Äußerungsdelikt (*Eberle* S. 130), das zumindest eine konkludente Gedankenerklärung voraussetzt (ebenso *Sch/Schröder/Lenckner* Rdn. 43). Daher reichen bloße Manipulationen der Außenwelt selbst dann nicht aus, wenn dadurch auf die Vorstellung des Subventionsgebers eingewirkt wird[58]. Auch das bloße Dulden der Entnahme einer Probe landwirtschaftlicher Erzeugnisse durch einen Amtsträger zwecks Überprüfung der Qualität der Ware enthält keine Erklärung gegenüber dem Amtsträger (BGH NJW **1981** 1744 mit zust. Anm. *Tiedemann* JR **1981** 470, der allerdings auf die Möglichkeit hinweist, in einem Hinführen zu dem Aufbewahrungsort der Ware eine konkludente Erklärung zu sehen); in Betracht kommt hier aber eine Tat nach Nr. 2. Dagegen erfaßt Nr. 1 die Vorlage verfälschter

[57] *Geuenich-Cremer* S. 102 ff; *Lackner/Kühl* Rdn. 16; *Müller-Emmert/Maier* NJW **1976** 1660; *Sch/Schröder/Lenckner* Rdn. 48; vgl. auch *Henke* S. 159 f. Zur Praxis vor Antragstellung sowie zu Form und Inhalt des Antrags *Schmid* S. 25 ff.

[58] *Carlsen* AgrarR **1978** 297; *Eberle* S. 130 f; *Samson* SK Rdn. 54; *Sch/Schröder/Lenckner* Rdn. 43.

Augenscheinsobjekte als Erklärung, da hier – zum Teil anders als bei § 265 b – Schriftlichkeit der Angabe nicht erforderlich ist.

b) Die vom Täter gemachten Angaben sind **unrichtig**, wenn sie nicht mit der Wirklichkeit der subventionserheblichen Tatsachen übereinstimmen (zust. BGHSt **34** 111, 115). Die Entscheidung hierüber ist objektiv, also losgelöst von der Vorstellung des Täters, zu treffen (*Lackner/Kühl* Rdn. 17). Bereits in diesem objektiven Sinne wird häufig bei Bilanzen und Prognosen, die etwa im Zusammenhang mit der Beantragung von Kreditsubventionen vorgelegt werden, ein Spielraum bestehen, innerhalb dessen mehrere Aussagen vertretbar sind (dazu näher *Tiedemann* LK § 265 b Rdn. 68 ff). Der Tatbestand entfällt auch, wenn sich die Unrichtigkeit der Angaben auf solche Tatsachen bezieht, die für die Entscheidung über die Subvention rechtlich nicht erheblich sind. Dies kann z. B. je nach Gestaltung des materiellen Subventionsrechts für den Ausschluß des Subventionsbewerbers von der Subventionsmaßnahme wegen früherer Täuschungshandlungen der Fall sein (*Henke* S. 144 ff). Eine konkludent unrichtige Angabe liegt etwa darin, daß ein vorprüfender Amtsträger (vgl. oben Rdn. 23) die Unterlagen seinem Vorgesetzten zur Unterschriftsleistung vorlegt (BGHSt **32** 203, 205 ff). Zur Erfassung von Schein- und Umgehungshandlungen unten Rdn. 102 ff. **78**

c) Unvollständig sind solche Angaben, die einen einheitlichen Lebenssachverhalt nur teilweise und dadurch in seinem Sinn entstellt wiedergeben (*Lackner/Kühl* Rdn. 17). In diesem Sinne ist tatbestandsmäßig z. B. das Verschweigen einer Provision bzw. eines Preisnachlasses (BGHR § 264 Abs. 1 Nr. 1 Subventionserhebliche Tatsache 2; AG Hamburg wistra **1984** 151 [f]). Dasselbe gilt, wenn zum Nachweis einer Zahlung die Hingabe eines Schecks unter Verschweigen einer Stundungsabrede angeführt wird (LG Hamburg wistra **1988** 326; *Sch/Schröder/Lenckner* Rdn. 44). Schwierigkeiten ergeben sich daraus, daß der hypothetische Bezugspunkt: die Einheitlichkeit des Lebenssachverhalts, nicht stets sicher zu umreißen ist. Die natürlich-soziale Betrachtungsweise läßt sich nicht unabhängig von der konkreten Normenordnung durchführen; sie ist in Wahrheit eine normativ-soziale (was Auswirkungen auf die Bestimmung des Tätervorsatzes hat). Die Unvollständigkeit kann sich insbesondere aus dem Subventionszweck ergeben, sofern dieser hinreichend deutlich im Gesetz umschrieben ist (*Lackner/Kühl* Rdn. 17; AG Alsfeld NJW **1981** 2588 [f] mit weit. Nachw.). **79**

Unter den Straftatbestand fallen solche Angaben nicht, die „erkennbar unvollständig" sind oder „deren Überprüfung sich der Mitteilende noch vorbehalten hat"[59]. Jedoch bedarf der Hervorhebung, daß die Erkennbarkeit der Unvollständigkeit sich objektiv nach der Einheitlichkeit des Lebenssachverhalts bestimmt und daß der **Überprüfungsvorbehalt** deutlich erklärt sein muß (vgl. auch unten Rdn. 86). **80**

Gelegentlich wird angenommen, die unvollständige Angabe verwirkliche in der Regel zugleich den Tatbestand der Nr. 2 (*Göhler* Prot. 7/2680). Dies ist nicht zutreffend. Wenn der Täter einzelne (richtige oder unrichtige) Angaben macht und dabei weitere Angaben, die für die Entscheidung über die Subventionsbewilligung (usw.) erheblich sind, wegläßt, verwirklicht er nur eine Begehungstat nach Nr. 1, sofern die Angaben insgesamt einen einheitlichen Lebenssachverhalt betreffen, nämlich ein enger Zusammenhang der positiven Angaben mit den verschwiegenen Umständen besteht[60]. In diesem Fall liegt schon **81**

[59] *Carlsen* AgrarR **1978** 297; ebenso *Dreher/Tröndle* Rdn. 20; *Eberle* S. 131 f; *Maurach/Schroeder/Maiwald* 1 § 41 III B 3 („teleologische Reduktion").

[60] Zustimmend *Dreher/Tröndle* Rdn. 20; *Eberle* S. 131; *Gössel* BT 2 S. 468; *Lackner/Kühl* Rdn. 17; vgl. auch AE „Straftaten gegen die Wirtschaft" Begr. S. 71; *Tiedemann* Wirtschaftsstrafrecht II S. 36 und JR **1973** 429 f; wohl auch *Sch/Schröder/Lenckner* Rdn. 44.

kein (relevantes) Unterlassen vor, so daß es auf die für Nr. 1 und Nr. 2 identische Höhe der Strafdrohung und die dadurch indizierte Gleichwertigkeit von Tun und Unterlassen nicht ankommt.

82 **d)** Das Erfordernis der **Vorteilhaftigkeit** der unrichtigen oder unvollständigen Angaben ist praktisch überflüssig bzw. dient nur der Klarstellung, da es sich bereits aus dem im übrigen richtig verstandenen Tatbestand und dem geschützten Rechtsgut ergibt[61]: Nr. 1 erfaßt nicht solche Angaben, die zur Nichtgewährung (oder Verringerung) der Subvention führen müssen, die also dem Subventionsnehmer ungünstig sind; Gleiches gilt für völlig indifferente Angaben (BayObLG MDR **1989** 1014). Es handelt sich allerdings um ein Tatbestandsmerkmal, das vom Vorsatz (bzw. nach Abs. 3 von der Leichtfertigkeit) umfaßt sein muß (vgl. nur *Geuenich-Cremer* S. 126 ff).

83 Vorteilhaft ist damit jede Angabe, die als Gesichtspunkt für die Gewährung oder das Belassen einer Subvention oder eines Subventionsvorteils positiv erheblich ist, also die Aussichten auf Bewilligung der Subvention verbessert[62]. Mit der ausdrücklichen Klarstellung dieses Erfordernisses sollten u. a. die Fälle eliminiert werden, in denen durch unzutreffende Tatsachenbehauptungen die Subventionierungschancen eines Mitbewerbers verschlechtert werden[63].

84 Umstritten ist die Behandlung der Fälle, in denen die Unrichtigkeit oder Unvollständigkeit der Angaben im Ergebnis die rechtliche Situation des Täters deshalb nicht verbessert, weil er oder der begünstigte Dritte unter anderen tatsächlichen Gesichtspunkten als den falsch vorgetragenen subventionsberechtigt ist. Es geht also um die lügenhafte Verbesserung der Beweislage (*Volk* in: Belke/Oehmichen S. 80) bzw. um eine **Kompensation**, die allerdings nach übereinstimmender Auffassung dann ausscheidet, wenn es sich um die Subvention für ein anderes Förderungsobjekt, für einen anderen Subventionszeitraum, auf anderer rechtlicher Grundlage, durch einen anderen Subventionsgeber oder für einen anderen Subventionsnehmer handelt (*Meine* wistra **1988** 16; *Sch/Schröder/Lenckner* Rdn. 47 mit weit. Nachw.). Mit dieser Einschränkung soll nach h. L. – wie bei § 263 – relevant sein, ob der „wahre Sachverhalt" die Subventionsbewilligung rechtfertigen, nämlich die Subventionsvoraussetzungen erfüllen würde; für diese Ansicht wird vor allem auch auf § 264 Abs. 2 Nr. 1 verwiesen[64]. Dagegen wollen BGHSt **36** 373, 374 ff und bereits BGHSt **34** 265, 267 ff sowie BayObLGSt **1989** 31 f in bewußter Abkehr von § 263 durch § 264 die (folgenlose) Täuschung als solche erfassen, da sie unabhängig von der hypothetischen Kausalität die Gefahr falscher Entscheidungen im Subventionsverfahren und damit der Fehlleitung von Subventionen begründe[65]. Diese Ansicht der höchstrichterlichen Rechtsprechung, welche die Vorteilhaftigkeit als Eignung der Angaben zur günstigen Beeinflussung der Subventionsentscheidung versteht (vgl. *Wessels* BT 2 § 16 I 3 Rdn. 655), läuft auf einen strafrechtlichen *Schutz der Wahrheit im Subventionsverfahren* und damit des Subventionsverfahrens selbst hinaus. Sie ist mit der oben Rdn. 14 vorge-

---

[61] Zustimmend D. *Geerds* S. 253 Fußn. 286; *Samson* SK Rdn. 56; *Sch/Schröder/Lenckner* Rdn. 47; ebenso schon *Tiedemann* Prot. 7/2471 und ZStW **87** (1975) S. 292.

[62] *Berz* BB **1976** 1437; *Dreher/Tröndle* Rdn. 20; D. *Geerds* S. 253; *Lackner/Kühl* Rdn. 18; vgl. auch *Tiedemann* LK § 265 b Rdn. 83.

[63] *Göhler* Prot. 7/2678; *Müller-Emmert/Maier* NJW **1976** 1660; *Sch/Schröder/Lenckner* Rdn. 47; *Schulz* S. 45 f; *Volk* in: Belke/Oehmichen S. 80.

[64] *Sch/Schröder/Lenckner* Rdn. 47 mit zahlreichen Nachw.; ebenso insbes. OLG Karlsruhe MDR **1981** 159 und *Lackner/Kühl* Rdn. 18. Nach *Geuenich-Cremer* S. 123 ff soll das Merkmal der Vorteilhaftigkeit bei § 264 das des Vermögensschadens bei § 263 ersetzen.

[65] Zustimmend *Achenbach* JR **1988** 251; *Gössel* BT 2 S. 466; *Meine* wistra **1988** 13; *Otto* BT § 61 II 3 a.

nommenen Rechtsgutsbestimmung nicht vereinbar (zutr. D. *Geerds* S. 254 f). Richtig und angemessen ist demgegenüber eine Behandlung der Kompensationsfrage entsprechend § 370 Abs. 4 S. 3 AO (zutr. *Meine* aaO S. 15), wo der Beweismittelbetrug gegenüber der Verwaltung öffentlichen Vermögens jedenfalls dann strafbar ist, wenn er zum Ausschluß des Ermessens der Finanzbehörde führt (vgl. BGH BStBl 1961 I 459 u. MDR **1979** 772). Demgegenüber müßte die weitreichende Zulassung der Berücksichtigung hypothetischer Sachverhalte durch die h. L. in der Praxis zu einer relativ häufigen Anwendung von Abs. 3 führen, da die Vorteilhaftigkeit echtes Tatbestandsmerkmal ist und daher vom Vorsatz umfaßt sein muß (oben Rdn. 82). Die weitreichende Formalisierung der Anspruchsvoraussetzungen im Subventionswesen und die damit einhergehende Einbeziehung des Beweises in den Subventionsanspruch verringern die Bedeutung der Streitfrage allerdings erheblich (insoweit zutr. *Kindhäuser* JZ **1991** 495 f).

e) Die Angaben sind **gemacht** und die Tat ist **vollendet**, wenn sie im Rahmen eines Subventionsverfahrens (dazu oben Rdn. 73 ff) der zuständigen Behörde, Stelle oder Person zugegangen sind (*Müller-Emmert/Maier* NJW **1976** 1660; *Sch/Schröder/Lenckner* Rdn. 48; auch BGHSt **34** 265, 267). Nach dem Gesetzeswortlaut wäre an sich eine Tatbegehung auch noch nach Bewilligung oder Gewährung der Subvention möglich, zumal auch das Subventionsverfahren begrifflich nicht mit diesen Zeitpunkten endet (oben Rdn. 75). Jedoch ergibt sich sowohl aus der Entstehungsgeschichte als auch aus dem systematischen Zusammenhang mit Absatz 1 Nr. 2 und Absatz 4, daß mit Bewilligung bzw. Gewährung der Subvention die Möglichkeit der Begehung einer Tat nach Absatz 1 endet. Der Wortlaut des Absatzes 1 Nr. 1 spricht dafür, entscheidend auf die Bewilligung abzustellen. **85**

Nicht erforderlich für die Vollendung ist ein Irrtum oder das Ergehen einer Entscheidung des Subventionsgebers. Auch setzt der Zugang bei schriftlichen Angaben lediglich voraus, daß die Erklärung auf Veranlassung des Täters in den Machtbereich des Empfängers gelangt und nach den Umständen zu erwarten ist, daß der Empfänger von ihr Kenntnis nimmt (vgl. im einzelnen *Tiedemann* LK § 265 b Rdn. 87 ff). Bei mündlichen Angaben ist dagegen Kenntnisnahme des Amtswalters der – zumindest für die Empfangnahme – zuständigen Stelle (bzw. Person) erforderlich. Zutreffend weisen im übrigen *Dreher/Tröndle* (Rdn. 20) darauf hin, daß der Täter hier ebenso wie bei § 263 mit seiner Erklärung **vorspiegeln** muß, daß die Angaben richtig und vollständig seien. Der Tatbestand entfällt also, wenn der Täter erklärt, er müsse die Angaben noch auf ihre Richtigkeit hin überprüfen (vgl. bereits oben Rdn. 80) oder überlasse diese Überprüfung dem Subventionsgeber. Entsprechendes gilt, wenn er erklärt, die Angaben seien unvollständig und daher noch ergänzungsbedürftig. **86**

f) Die Einschränkung schließlich, daß der Täter **für sich oder einen anderen** handeln muß, hat zu Auslegungszweifeln geführt, soweit der Täter **fremdnützig** handelt: Während *Sch/Schröder/Lenckner* (Rdn. 49) es ausreichen lassen, daß der Erklärende als Vertreter eines Dritten oder „jedenfalls zu dessen Gunsten" handelt, bezweifeln *Lackner/Kühl* (Rdn. 19), ob nicht „die zweckhafte Verfolgung des Interesses" eines (bestimmten) anderen erforderlich sei. Der Abgrenzung kommt Bedeutung insbesondere für die bereits oben Rdn. 23 f erwähnte Frage der Strafbarkeit von Amtsträgern zu, die im Subventionsverfahren mit dem Subventionsnehmer kollusiv zusammenwirken oder auch ohne solches Zusammenwirken von sich aus Unregelmäßigkeiten begehen. Im Gesetzgebungsverfahren wurde insoweit vor allem der Fall diskutiert, daß ein Amtsträger im Subventionsverfahren die Richtigkeit von Anträgen vorzuprüfen und zu bestätigen hat; die bewußt unrichtige Bestätigung soll hier nach überwiegender Ansicht Täterschaft des Amtsträgers begrün- **87**

den[66]. Die Gegen- und Minderheitsauffassung, wonach regelmäßig nur Beihilfe vorliege, soll auch dadurch gestützt werden, daß Absatz 1 Nr. 1 nur eine Tat gegenüber dem Subventionsgeber „von außen", nicht dagegen interne Vorgänge innerhalb der Organisation des Subventionsgebers selbst meine (*Otto* BT § 51 II 3 a u. JR **1984** 475 ff). Dem ist entgegenzuhalten, daß der weite Täterbegriff des Absatzes 1 Nr. 1 und insbesondere die möglichst umfassende Einbeziehung von Amtsträgern ausweislich der gesamten Entstehungsgeschichte vom Gesetzgeber ausdrücklich gewollt (RegE S. 26 f; Bericht Sonderausschuß S. 7; oben Rdn. 23) und nicht nur mit dem Wortlaut des Gesetzes vereinbar, sondern in Absatz 2 Nr. 2 auch hinlänglich zum Ausdruck gelangt ist. Das Merkmal „für sich oder einen anderen" ist daher ähnlich wie auch sonst (vgl. § 263 StGB, § 370 Abs. 1 AO) **weit** auszulegen (*Wessels* BT 2 § 16 I 3 Rdn. 654). Die h. M. verdient somit Zustimmung.

88 **4.** Das echte Unterlassungsdelikt nach **Absatz 1 Nr. 2** setzt Unkenntnis des Subventionsgebers über eine subventionserhebliche Tatsache sowie **Unterlassen der Aufklärung** durch den hierzu verpflichteten Täter voraus.

89 **a)** Die **Unkenntnis des Subventionsgebers** beinhaltet begrifflich, daß der Subventionsgeber (im Sinne der Legaldefinition des Absatzes 1 Nr. 1) eine relevante Tatsache im Zeitpunkt der Verletzung der Mitteilungspflicht (OLG Stuttgart MDR **1982** 788) nicht kennt. Bei positiver Kenntnis des Subventionsgebers entfällt also jede Strafbarkeit nach Nr. 2, auch wenn der Täter irrig von der Unkenntnis des Subventionsgebers ausgeht (Versuch des § 264 ist straflos!). Diese Fallkonstellation kann sich vor allem auch deshalb ergeben, weil § 3 Abs. 1 SubvG nicht sofortige, sondern „unverzügliche" Mitteilung fordert (vgl. dazu auch BGH NStZ **1995** 46, 47). Zur Frage des Versuchs nach § 263 in diesen Fällen (bei Bestehen einer Garantenstellung) unten Rdn. 162 a.E. Ebenso scheidet – mangels Vorsatzes – eine Strafbarkeit nach Nr. 2 aus, wenn der Täter irrig annimmt, der Subventionsgeber sei über die subventionserhebliche Tatsache bereits informiert (zust. *Samson* SK Rdn. 65).

90 Kenntnis und Verdacht oder Zweifel sind nicht identisch. Kenntnis bedeutet volles Wissen von der (relevanten) Wirklichkeit. Damit wird vor allem konkretes Wissen von den subventionserheblichen Umständen des Einzelfalles gefordert; andernfalls liegt Unkenntnis vor. Die Unkenntnis wird also nicht beseitigt durch das Wissen, daß auf einem bestimmten Gebiet **Mißstände an der Tagesordnung** sind (*Tiedemann* Subventionskriminalität S. 305 und ZStW **107** [1995] S. 635 ff mit weit. Nachw.), oder durch den **Verdacht**, daß der Subventionsnehmer Manipulationen vorgenommen hat. Andererseits ist aber volle subjektive Gewißheit des Subventionsgebers zum Ausschluß der Strafbarkeit nicht erforderlich.

91 Soweit mehrere Stellen oder Personen als Subventionsgeber in das Subventionsverfahren eingeschaltet sind, greift der Tatbestand bereits dann nicht ein, wenn die erforderliche Mitteilung auch nur an eine – jedenfalls zur Entgegennahme solcher Erklärungen zuständige – Stelle oder Person erfolgt (*Sch/Schröder/Lenckner* Rdn. 51).

92 **b)** Die in Nr. 2 vorausgesetzte **gesetzliche Pflicht zur Aufklärung** betrifft vor allem die Fälle des nachträglichen Wegfalls von Vergabevoraussetzungen und der zweckwidrigen Verwendung der Subvention, z. B. die Fehlleitung einer verbilligt erhaltenen Ware (*Müller-Emmert/Maier* NJW **1976** 1660; oben Rdn. 66), aber auch die Konstellation, daß der Subventionsnehmer nachträglich erkennt, daß die von ihm oder einem anderen

[66] BGHSt **32** 203, 205 ff mit Anm. *Otto* JR **1984** 475 ff und *Schünemann* NStZ **1985** 73 ff; OLG Hamburg MDR **1984** 423; *Dreher/Tröndle* Rdn. 32; *Ranft* JuS **1986** 445 ff und NJW **1986** 3163, 3171; *Sch/Schröder/Lenckner* Rdn. 77; weit. Nachw. Voraufl. Rdn. 70.

gemachten Angaben unrichtig sind (zust. *Sch/Schröder/Lenckner* Rdn. 53). Entgegen dem durch die Legaldefinition des Absatzes 1 Nr. 1 erzeugten Anschein ist für Nr. 2 nicht erforderlich, daß dasselbe Subventionsverfahren (im Sinne von oben Rdn. 73) noch andauert. Vielmehr kann die Aufklärungspflicht auch Fallgestaltungen betreffen, in denen die Subvention bereits gewährt ist und die Aufklärung die Grundlage für den Widerruf der Subvention schafft (vgl. auch unten Rdn. 128 u. 130 f).

Entsprechend der Rechtsnatur als **echtes Unterlassungsdelikt** ergibt sich die Mittei- **93**
lungspflicht aus besonderen Rechtsvorschriften[67]. In Betracht kommen insbesondere einzelne gesetzliche Vergabevorschriften (einschließlich EG-Recht), wie § 3 Abs. 1 Satz 2 SubvG klarstellt (z. B. § 5 Abs. 3 GasölverwendungsG – Landwirtschaft –). Ist die Offenbarungspflicht dagegen in vertraglichen Vereinbarungen, Verwaltungsrichtlinien oder behördlichen Auflagen oder Bedingungen festgelegt, so wird die in Frage stehende Rechtspflicht nur dann hinreichend gesetzlich konkretisiert und für Nr. 2 erheblich, wenn die Angaben entscheidungsrelevant im Sinne des § 3 Abs. 1 Satz 1 SubvG sind (RegE S. 26; BayObLG NJW **1982** 2202 f; **krit.** *Ranft* NJW **1986** 3170). Diese Vorschrift begründet aber auch eine *generelle Mitteilungspflicht* im Hinblick auf alle Tatsachen, „die der Bewilligung, Gewährung, Weitergewährung, Inanspruchnahme oder dem Belassen der Subvention oder des Subventionsvorteils entgegenstehen oder für die Rückforderung der Subvention oder des Subventionsvorteils erheblich sind". Damit wird der **„Grundsatz der Subventionsehrlichkeit"** für das Bundesrecht gesetzlich festgelegt; er darf und braucht daher nicht erst aus Treu und Glauben oder sonstigen Gesichtspunkten hergeleitet zu werden (*Göhler/Wilts* DB **1976** 1614). Allerdings ist § 3 Abs. 1 S. 1 SubvG bisher außerhalb des Bundesrechts zwar auf Landes-, nicht dagegen auf EG-Recht anwendbar (oben Rdn. 8). Auch die EG-VO Nr. 2988/95 (oben Rdn. 8) hat keinen vergleichbaren Grundsatz eingeführt. – § 3 Abs. 1 SubvG betrifft neben vertraglichen Verpflichtungen auch die Fälle der Ingerenz (nachfolgende Erkenntnis der Unrichtigkeit von Angaben) und der Aufsicht über Mitarbeiter, so daß weithin kein Bedarf dafür besteht, § 13 StGB in § 3 SubvG einzubeziehen (zust. *Gössel* BT 2 S. 468). Ausdrücklich statuiert § 3 Abs. 2 SubvG auch eine Mitteilungspflicht für denjenigen, der einen Gegenstand oder eine Geldleistung, deren Verwendung durch Gesetz oder durch den Subventionsgeber im Hinblick auf eine Subvention beschränkt ist, entgegen der Verwendungsbeschränkung verwenden will. Nach *Samson* (SK Rdn. 75) soll diese Mitteilungspflicht freilich nicht gem. § 264 strafbewehrt sein, weil erst die tatsächliche Zweckentfremdung einen Rückforderungsanspruch nach § 5 SubvG begründe und daher die bloße Zweckentfremdungsabsicht nicht subventionserheblich i. S. d. § 264 Abs. 7 sei. Diese Auffassung trifft nicht zu. § 5 SubvG regelt allein die Herausgabe der (weiteren) Vorteile, die durch Zweckentfremdung einer Subvention erlangt worden sind, ermöglicht also eine Gewinnabschöpfung. Demgegenüber richtet sich die Rückforderung der Subvention als solcher nach dem einschlägigen Verwaltungs- und Verwaltungsverfahrensrecht (z. B. § 44 a BHO). Hiernach rechtfertigt aber u. a. bereits die Nichterfüllung von Auflagen die Rückforderung (z. B. § 44 a Abs. 1 Satz 1 Alt. 2 BHO; *Tiedemann* Gutachten S. 84 ff. mit Nachw. zu weiteren Vorschriften); dies muß erst recht für die Nichterfüllung gesetzlich auferlegter Pflichten wie der Mitteilungspflicht nach § 3 Abs. 2 SubvG gelten. Gerade wegen dieser Vorschrift ist die Zweckentfremdungsabsicht nach § 264 Abs. 7 Nr. 1 subventionserheblich, aber auch nach Nr. 2, weil sie materiell eine (konkrete) Gefährdung der Subvention(szwecke) darstellt und des-

[67] *Samson* SK Rdn. 69; *Sch/Schröder/Lenckner* Rdn. 52; weitergehend *Ranft* NJW **1986** 3171, der einerseits § 3 SubvG auf die oben Rdn. 92 genannten Fälle einengt, andererseits aber ergänzend auf allgemeine Garantenpflichten abstellt (z. B. Garantenstellung aus Übernahme bei vertraglich vereinbarten Mitteilungspflichten; dazu sogleich im Text).

halb verwaltungsrechtlich der Gewährung oder Belassung der Subvention entgegensteht. Soweit *Samson* (SK aaO und bereits Rdn. 74) weiterhin auf Beweisprobleme hinweist, ist dies zwar wie bei allen Absichtsmerkmalen zutreffend. Unzutreffend ist es aber, daß eine Subvention im (Regel-)Fall der unbaren Geldleistung auf Bankkonten des Subventionsempfängers nicht mehr individualisierbar in dessen Vermögen vorhanden und eine hierauf bezogene Absicht nicht nachweisbar sei; jedenfalls bei kaufmännischen Subventionsempfängern wird die Individualisierung durch Buchführung und sonstige Rechnungslegung sichergestellt. Insoweit dürfte bereits die Nicht- oder Falschbuchung der Subvention, zumindest in Verbindung mit fehlender oder nicht werthaltiger Bildung einer Rückstellung, entsprechend den insoweit zur Untreue anerkannten Grundsätzen (hierzu *Tiedemann* Kommentar zum GmbH-Strafrecht, 3. Aufl. [1995] Rdn. 20 vor §§ 82 ff „Buchführung" mit Nachw.) die Zweckentfremdung(sabsicht) begründen, z. B. wenn Subventionsgelder ohne Zweckbindungs- und Sperrvermerke und nicht wertgesichert in ein zentrales „Cash-Management" eingebracht werden. Auch kann es wegen des Gebots „alsbaldiger" Subventionsverwendung (vgl. §§ 49 Abs. 3 Satz 1 Nr. 1, 49 a Abs. 4 VwVfG) zumindest als indiziell für die Zweckentfremdung(sabsicht) herangezogen werden, daß aus dem Vermögen, in das die Subvention geflossen ist, über längere Zeit keine zweckentsprechenden Abflüsse erfolgen, sondern das Vermögen zu anderweitigen Zwecken eingesetzt wird. Schließlich kann die Subventionsverwaltung Vorsorge treffen, indem sie dem Subventionsempfänger die als subventionserheblich bezeichnete Auflage erteilt, unbare Geldleistungen bis zur zweckentsprechenden Verwendung auf einem selbständigen (Ander-) Konto zu belassen.

94 Da Nr. 2 ein **Sonderdelikt** darstellt (oben Rdn. 22), richtet sich die Möglichkeit einer Täterschaft anderer Personen als des Subventionsnehmers nach § 14 (zust. BayObLG NJW **1982** 2202 f). Das Erfordernis eines ausdrücklichen Auftrages zur Wahrnehmung von Aufgaben, die dem Inhaber des Betriebes obliegen (§ 14 Abs. 2 Nr. 2), wird in der Praxis häufig fehlen (vgl. *Tiedemann* JR **1981** 470 zu BGH NJW **1981** 1744: Verpflichtung zur Duldung der Entnahme von Proben von zum Export bestimmten landwirtschaftlichen Erzeugnissen). Die Eigenschaft als Subventionsnehmer endet für solche Personen, die diese Eigenschaft nur infolge ihrer Antragstellung für einen Dritten erlangt haben (z. B. Rechtsanwalt, Wirtschaftsprüfer, Steuerberater, landwirtschaftlicher Berater), mit dem konkreten Mandat; Entsprechendes gilt für Angestellte des begünstigten Betriebes[68].

95 **c)** Sinngemäß kann sich die Mitteilungspflicht nur auf Umstände beziehen, die der Gewährung, Weitergewährung, Inanspruchnahme oder dem Belassen der Subvention entgegenstehen oder die für die Rückforderung der Subvention von Bedeutung sind. Relevant sind hier also von vornherein (und ohne daß es einer ausdrücklichen Klarstellung des Gesetzgebers oder einer Analogie zu Nr. 1 bedürfte) nur solche Umstände, die zu einer Versagung oder Rückforderung der Subvention führen können[69]. Das Merkmal der **Vorteilhaftigkeit** ist also auch auf Nr. 2 zu erstrecken.

96 **5.** Die zusätzliche Erfassung der **Täuschung durch Gebrauch von Bescheinigungen** in Absatz 1 Nr. 3 dient erklärtermaßen der Lückenschließung[70], ist in Sinngehalt und Tragweite aber zweifelhaft, ja verunglückt[71].

---

[68] *Geuenich-Cremer* S. 156 ff; *Samson* SK Rdn. 72; *Sch/Schröder/Lenckner* Rdn. 56; **zw.** *Carlsen* AgrarR **1978** 298.

[69] BayObLG NJW **1982** 2202 (f); *Geuenich-Cremer* S. 141; *Göhler* Prot. 7/2725 f; *Ranft* NJW **1986** 3171; *Samson* SK Rdn. 71; für Analogie (zugunsten des Täters) *Berz* BB **1976** 1437.

[70] RegE S. 26; *Berz* BB **1976** 1437; *Göhler* Prot. 7/2681; *Lackner/Kühl* Rdn. 22; *Sch/Schröder/Lenckner* Rdn. 58.

[71] *Berz* aaO 1437 f; *Sch/Schröder/Lenckner* Rdn. 57 und 58.

97 Der Tatbestand setzt voraus, daß die Bescheinigung durch unrichtige oder unvollständige Angaben erlangt, der Aussteller der Bescheinigung also tatsächlich getäuscht worden ist; andernfalls, also auch für die Fälle des kollusiven Zusammenwirkens, entfällt Nr. 3 (zutr. *Sch/Schröder/Lenckner* Rdn. 60). Gedacht ist vor allem an die (seltenen) Fälle, in denen eine andere Stelle als die Bewilligungsstelle eine Bescheinigung ausstellt, aufgrund derer die Subvention ohne zusätzliche Nachprüfung bewilligt wird (*Göhler* Prot. 7/2681). Sodann sollen jene Fälle erfaßt werden, in denen ein Dritter (z. B. ein Angestellter) die Falschangaben vorsätzlich, aber ohne Beteiligung des Täters, gemacht hat[72]. Bei der ersteren Fallgestaltung ist allerdings praktisch stets Absatz 1 Nr. 1, bei der zweiten regelmäßig Absatz 1 Nr. 2 anwendbar (*Lackner/Kühl* Rdn. 22; *Sch/Schröder/Lenckner* Rdn. 58). Streitig ist dagegen, ob in Absatz 1 Nr. 3 auch der Fall einzubeziehen ist, daß der Täter selbst die Bescheinigung durch unvorsätzliche und auch nicht leichtfertig gemachte Falschangaben erlangt hat und dies erst nachträglich erkennt[73]. Regelmäßig enthält hier jedenfalls die Vorlage der Bescheinigung im Subventionsverfahren (in Kenntnis der Unrichtigkeit der zugrundeliegenden Tatsachen) eine Straftat nach Nr. 1; jedoch bleibt Raum für Nr. 3, wenn die Vorlage nicht als eigene Erklärung des Vorlegenden zu deuten ist, weil z. B. die Vorlage auf ein Verlangen der Behörde zurückgeht (*Sch/Schröder/Lenckner* Rdn. 58). In Betracht kommt hier freilich auch eine Strafbarkeit aus Nr. 2 in Verb. mit § 3 SubvG. – Zur Beseitigung wenigstens eines Teiles dieser Überschneidungen wollen *Lackner/Kühl* (aaO) Nr. 3 auf Bescheinigungen einer nicht in das Subventionsverfahren eingeschalteten Stelle beschränken. Sie lassen damit aber den erwähnten Fall des bösgläubigen Angestellten straflos und wollen diesen Fall anscheinend durch das Merkmal der Subventionsberechtigung erfassen.

98 Da Leichtfertigkeit im Sinne des Absatzes 3 für Absatz 1 Nr. 3 in keinem Fall ausreicht, ist stets erforderlich, daß der Täter die Unrichtigkeit oder Unvollständigkeit der von ihm oder von einem anderen bei Erlangung der Bescheinigung gemachten Angaben (er)**kennt**.

99 **Bescheinigung** im Sinne der Nr. 3 ist auch der **Bewilligungsbescheid** (zust. *Dreher/Tröndle* Rdn. 22), obwohl sich diese Auslegung mit der verwaltungsrechtlichen Terminologie kaum in Übereinstimmung bringen läßt (*Sch/Schröder/Lenckner* Rdn. 59). Ausweislich der Entstehungsgeschichte (Bericht Sonderausschuß S. 6; *Göhler* Prot. 7/2681) soll die Einführung des Merkmals „Subventionsberechtigung" als Gegenstand der Bescheinigung dieses Ergebnis jedoch hinreichend zum Ausdruck bringen. Besser wäre es gewesen, die Bewilligung ausdrücklich und zusätzlich aufzuführen. Jedoch wird man das vom Gesetzgeber Gewollte als Inhalt eines strafrechtlich-eigenständigen Sprachgebrauchs hinnehmen müssen. – Im übrigen ist Bescheinigung nicht jedes schriftliche Zeugnis, sondern nur eine (amtliche oder private) Bestätigung mit der Wirkung der Bindung oder doch der Maßgeblichkeit für den Subventionsgeber (*Samson* SK Rdn. 63). Als Maßgeblichkeit reicht aber die Eignung zur Beeinflussung der Entscheidung des Subventionsgebers aus. Vom Subventionsgeber ausdrücklich angeforderte private Gutachten, Zeugnisse und eidesstattliche Versicherungen eröffnen daher den Anwendungsbereich des Tatbestandes, wenn diese Schriftstücke in Kenntnis ihrer Unrichtigkeit weitergeleitet werden (zutr. *Carlsen* AgrarR **1978** 298). Auch bei Nr. 3 ergibt sich schließlich im Wege der Auslegung, daß die Bescheinigung für den Subventionsnehmer **vorteilhaft** sein muß[74].

---

[72] Bericht Sonderausschuß S. 6; *Göhler/Wilts* DB **1976** 1614; *Müller-Emmert/Maier* NJW **1976** 1660; *Lackner/Kühl* Rdn. 22.

[73] Bejahend *Berz* aaO sowie *Sch/Schröder/Lenckner* Rdn. 58, insbes. gegen *Göhler* Prot. 7/2691.

[74] *Berz* BB **1976** 1437; *Geuenich-Cremer* S. 141 f; *Göhler/Wilts* DB **1976** 1613 Fußn. 28; *Samson* SK Rdn. 64.

100 Die **unrichtigen oder unvollständigen Angaben**, durch welche die Bescheinigung über eine Subventionsberechtigung erlangt worden ist, müssen sich entgegen *Sch/Schröder/Lenckner* (Rdn. 60) nicht auf subventionserhebliche Tatsachen im Sinne des Absatzes 7 beziehen, da die Schutzfunktion der dort vorgesehenen Formalisierung hier weitgehend durch die Beschränkung der Nr. 3 auf vorsätzliches Handeln übernommen wird und der Wortlaut keine einschränkende Interpretation nahelegt. Auch daß die falschen Angaben vorsätzlich oder zumindest leichtfertig gemacht worden sein müßten (so *Dreher/Tröndle* Rdn. 22), ist nicht einzusehen, da Nr. 3 keine Anschlußstraftat im engeren Sinne darstellt, sich vielmehr mit (erfolgreichen) Täuschungen des Erst„täters" begnügt: Herbeiführen der falschen Bescheinigung (insbesondere Bewilligung) und Vorsatz bzw. Leichtfertigkeit hinsichtlich der Unrichtigkeit oder Unvollständigkeit brauchen nicht in derselben Person zusammenzutreffen. Der Tatbestand ist vielmehr so aufgebaut, daß ein bösgläubiger Täter die von einem anderen – sei es auch gutgläubig – geschaffene rechtswidrige Lage ausnutzt.

101 Der Begriff **Gebrauchmachen** ist identisch mit dem in § 267 (ebenso *Lackner/Kühl* Rdn. 22). Als Adressat kommt hier aber nur der Subventionsgeber in Betracht (*Berz* BB **1976** 1437 f; *Sch/Schröder/Lenckner* Rdn. 61), da die Bescheinigung „in einem Subventionsverfahren" gebraucht werden muß. Der Gebrauch gegenüber etwaigen Hilfspersonen auf seiten des Subventionsnehmers weist keinen entsprechenden Gefährdungsgehalt auf (eventuell mittelbare Täterschaft des Subventionsnehmers bei Weitervorlage gegenüber dem Subventionsgeber durch die Hilfsperson!).

102 **6.** Entsprechend §§ 41 Abs. 2, 42 AO 1977 enthält § 4 SubvG ausdrückliche Regelungen über **Schein- und Umgehungshandlungen**, wobei aufgrund einer für das Subventionsrecht gewichtigen Reformforderung (*Götz* Bekämpfung S. 61; *Tiedemann* Subventionskriminalität S. 339) neben den Rechtsgeschäften auch Realakte einbezogen sind. Die Vorschrift ist sowohl für Nr. 1 als auch für Nr. 2 des § 264 Abs. 1 von Bedeutung (**aA** wohl *Stöckel* ZRP **1977** 137).

103 **a) Scheingeschäfte und Scheinhandlungen** finden sich bei den Subventionserschleichungen in großer Zahl. Neben fiktiven Exporten zur Erlangung von EG-Barerstattung (dazu oben Rdn. 32) und Mehrwertsteuererstattung (dazu oben Rdn. 28) spielen vor allem auch Scheinfirmen eine Rolle (Beispiele dazu bei *Tiedemann* Subventionskriminalität S. 341 sowie Wirtschaftsstrafrecht I S. 183 ff und NJW **1990** 2230, auch: Multinationale Unternehmen S. 50 f; vgl. ferner unten Rdn. 106). Die Regelung, daß Scheingeschäfte und Scheinhandlungen für das Subventionsrecht „unerheblich" sind und daß der verdeckte Sachverhalt „maßgebend" ist (§ 4 Abs. 1 SubvG), stimmt mit der in § 117 BGB für die Rechtsgeschäftslehre verankerten Betrachtungsweise überein und drückt deklaratorisch einen *allgemeinen Rechtsgedanken* aus (RegE S. 44), der folglich auch für landesrechtliche Subventionen gilt. Überdies ordnen die meisten **Landessubventionsgesetze** global die Anwendbarkeit der §§ 2–6 SubvG an (Baden-Württemberg Ges. v. 1. 3. 1977, GBl. S. 42; Bayern Ges. v. 23. 12. 1976, GVoBl. S. 586; Berlin Ges. v. 20. 6. 1977, GVoBl. S. 1126; Bremen Ges. v. 15. 11. 1976, GBl. S. 267; Hamburg Ges. v. 30. 11. 1976, GVoBl. S. 221; Hessen Ges. v. 18. 5. 1977, GVoBl. S. 199; Mecklenburg-Vorpommern Ges. v. 12. 7. 1995, GVBl. S. 330; Niedersachsen Ges. v. 22. 6. 1977, GVoBl. S. 189; Nordrhein-Westfalen Ges. v. 24. 3. 1977, GVoBl. S. 136; Rheinland-Pfalz Ges. v. 7. 6. 1977, GVoBl. S. 168; Saarland Ges. v. 20. 6. 1977, ABl. S. 598; Sachsen-Anhalt Ges. v. 9. 10. 1992, GVBl. S. 724; Schleswig-Holstein Ges. v. 11. 11. 1977, GVoBl. S. 489). Für das **EG-Recht** ist davon auszugehen, daß die rechtliche Unerheblichkeit von Scheingeschäften und Scheinhandlungen (anders als von Umgehungsgeschäften und Umgehungs-

handlungen!) ein allgemeiner Rechtsgedanke der Mitgliedstaaten ist und daher auch einen gemeinschaftsrechtlichen Rechtsgrundsatz darstellt[75].

Von besonderer Wichtigkeit ist der Zusammenhang mit § 3 SubvG, wonach der Subventionsnehmer, also insbesondere der Antragsteller, verpflichtet ist, auch den verdeckten („wahren") Sachverhalt mitzuteilen. Unterläßt der Täter dies vorsätzlich oder leichtfertig, so macht er – bei Antragstellung – unrichtige bzw. unvollständige Angaben im Sinne des § 264 Abs. 1 Nr. 1 oder er läßt – sofern er die einschlägigen Tatsachen erst nach Antragstellung erkennt oder im Sinne des Absatzes 3 erkennen mußte – den Subventionsgeber gemäß § 264 Abs. 1 Nr. 2 in ebenfalls strafbarer Weise in Unkenntnis[76]. 104

Die **rechtlichen Voraussetzungen** für die Annahme eines Scheingeschäftes werden in der Praxis nicht selten verkannt (dazu mit Nachw. bereits *Staudinger/Dilcher* Kommentar zum Bürgerlichen Gesetzbuch, 12. Aufl. [1979] § 117 Rdn. 5 f). Insbesondere zählen Strohmann-Verträge nicht ohne weiteres zu den Scheingeschäften, da und soweit derartige Verträge wirklich gewollt sind[77]. Vielmehr liegt ein **Scheingeschäft** nur vor, wenn eine Willenserklärung einem anderen gegenüber abzugeben ist und beide Teile sich darüber einig sind, daß das Erklärte in Wahrheit nicht gewollt ist (zusammenfassend J. *Vogel* in: Schünemann/Suárez S. 159 mit weit. Nachw.). Die erforderliche subjektive Übereinstimmung der Beteiligten über die Scheinnatur des Rechtsgeschäfts besteht somit nur, wenn alle Beteiligten einverständlich „gemeinsame Sache machen" (*Flume* Allgemeiner Teil des Bürgerlichen Rechts Bd. 2, 3. Aufl. [1979] S. 404 f; *Staudiger/Dilcher* aaO Rdn. 12). Ein Täuschungszweck (welcher freilich meist verfolgt werden wird) reicht ebensowenig aus wie vorsätzlich falsche Angaben (z. B. Vordatierung eines Vertrages: RG Recht **1930** Nr. 1482). 105

Der Oberbegriff der **Scheinhandlung** umfaßt neben streng einseitigen Willenserklärungen vor allem auch tatsächliche Akte, deren Vornahme nicht ernstlich gemeint ist und durch die ein Sachverhalt („Tatbestand") vorgetäuscht werden soll, der in Wirklichkeit nicht besteht und nicht gewollt ist: Das Verhalten ist nur als Scheinverhalten gewollt (J. *Vogel* aaO S. 156 f). Zentrale Beispiele sind die Begründung oder Beibehaltung eines Wohnsitzes, eines Standortes (im Güterkraftverkehr) oder einer Betriebsstätte (i. S. d. § 12 AO), ohne daß der Ort der räumliche Schwerpunkt der privaten Lebensverhältnisse wäre (J. *Vogel* aaO S. 159) oder einen geschäftlichen Mittelpunkt der Unternehmenstätigkeit im Sinne einer „festen Geschäftseinrichtung" bildete (OLG Koblenz wistra **1985** 82 f für Investitionszulagen nach dem BerlinförderungsG). 106

Ob diese rechtlichen Voraussetzungen gegeben sind, kann in der Praxis nur aus äußeren Tatsachen geschlossen werden. Wichtigstes Kriterium bei Rechtsgeschäften ist die Feststellung, ob die Abmachungen im Verhältnis der Beteiligten untereinander tatsächlich **verwirklicht** worden sind (BVerfGE **9** 237, 245 f; *Franzen/Gast/Samson/Joecks* Steuerstrafrecht mit Steuerordnungswidrigkeiten § 370 Rdn. 102). Weitergehend wendet insbesondere die steuerliche Betriebsprüfung bei Geschäften zwischen verbundenen Unternehmen das in § 1 AußensteuerG verankerte „dealing at arm's length"-Prinzip an und untersucht, ob bei Geschäften zwischen verbundenen Unternehmen ein dem Geschäft unter Fremden entsprechender **angemessener** Leistungsaustausch stattgefunden hat (vgl. *Tiedemann* Multinationale Unternehmen S. 54 ff, 57, 59; auch BVerfGE **13** 290, 314 ff 107

[75] *Reisner* S. 289 f; J. *Vogel* in: Schünemann/Suárez S. 175; *Tiedemann* NJW **1990** 2230 und **1993** 28, je mit weit. Nachw.

[76] Übereinstimmend *Dreher/Tröndle* Rdn. 20; *Lackner/Kühl* Rdn. 21; *Sch/Schröder/Lenckner* Rdn. 46 und 53; auch *Gössel* BT 2 S. 465.

[77] BGH v. 7. 11. 1978 – 5 StR 314/78; BGHZ **21**, 378, 381; BGH NJW **1959** 332, 333; RGZ **69**, 44, 46 f; *Staudinger/Dilcher* Kommentar zum Bürgerlichen Gesetzbuch, 12. Aufl. 1979 § 117 Rdn. 5 f; *Siegmann/J. Vogel* ZIP **1994** 1821.

für das Gewerbesteuerrecht). Für eine solche Heranziehung der Angemessenheit lassen das Zivilrecht ebenso wie das Strafrecht keinen Raum. Dies deutlich hervorzuheben besteht vor allem im Hinblick darauf Anlaß, daß die auf eine im Ausgangspunkt durchaus übereinstimmende Rechtslage gestützte Steuerrechtspraxis bei der Annahme von Scheingeschäften und anderen Scheinhandlungen wesentlich extensiver als die zivilistische Doktrin vorgeht[78]. Demgegenüber hat bereits der Reichsfinanzhof das Erfordernis einer Trennung von Schein- und Umgehungsgeschäft hervorgehoben und darauf hingewiesen, daß das Vorhandensein der Absicht der Steuerumgehung gerade für die Ernstlichkeit und damit Wirksamkeit der vorgenommenen Geschäfte und Vertragsgestaltungen spreche (RFH **5** 247, 260; **6** 118, 120). Die im Steuerrecht durch die sog. wirtschaftliche Betrachtungsweise verwischte Grenzziehung ist für das Strafrecht von größter Bedeutung, da die Grundsätze über Scheinhandlungen jedenfalls auch im Landesrecht gelten (oben Rdn. 103) und die Strafbarkeit wegen Umgehungshandlungen vor zusätzliche, besondere Anforderungen stellt (dazu unten Rdn. 113 u. 116). Die Praxis des internationalen Steuerrechts läßt freilich erkennen, daß die Täter mit zunehmender Rechtskenntnis die Vornahme reiner Scheinakte (z. B. Gründung von Briefkastenfirmen) vermeiden und die vorgeschobenen Geschäfte und Firmen mit einem gewissen Minimum an Realität anfüllen, um dem Vorwurf der Scheinnatur zu entgehen (*Tiedemann* aaO S. 54). In diesen Fällen bleibt meist nur die schwierigere Feststellung des Umgehungshandelns (*Tiedemann* Mallmann-Festschrift [1978] S. 368 f).

108 b) Als **Umgehung** umschreibt § 4 Abs. 2 SubvG den **Mißbrauch von Gestaltungsmöglichkeiten** im Zusammenhang mit einer beantragten Subvention. Das Gesetz stellt ausdrücklich klar, daß neben rechtsgeschäftlichen auch tatsächliche Handlungen ausreichen (ebenso der Sache nach § 42 S. 1 AO 1977 und Art. 4 Abs. 3 EG-VO Nr. 2988/95, oben Rdn. 8).

109 Im neueren Zivilrecht wird der theoretischen Behandlung und Abgrenzung der Gesetzesumgehung nur geringe Bedeutung beigemessen. Die Umgehungsfrage wird meist als bloßes Problem richtiger Auslegung der Rechtsnorm verstanden[79]. Entsprechend wird auch die steuerrechtliche Regelung des § 42 AO 1977 (bzw. früher § 6 StAnpG) teils als überflüssig, teils als Sonderregelung für einen Teilbereich des öffentlichen Rechts gesehen[80]. Der ersteren Auffassung kann allerdings für den Geltungsbereich des Strafrechts nicht zugestimmt werden: Zutreffend ist, daß alle durch Auslegung lösbaren Fragen des Rechts keine eigentlichen Umgehungsprobleme darstellen[81]. Wo jedoch die im Strafrecht maßgebende **Grenze des Wortlauts** erreicht ist, also für Auslegung kein Raum bleibt, tritt Straflosigkeit ein, auch wenn der Täter dem Zweck des Strafgesetzes zuwiderhandelt (RG JW **1918** 451 mit Anm. *Köhler*; noch enger BVerfGE **92** 1 ff). Dies hat vor allem für Tatbestände mit mehr oder weniger deskriptiven Begriffen Bedeutung, während bei *normativen Tatbestandsmerkmalen* eine – notfalls extensive, aber BVerfG aaO beachtende – *Auslegung* häufig weiterhelfen und ausreichen wird, um Manipulationen zu erfassen; dabei ist allerdings insbesondere im Bereich der teleologischen Reduktion von normativen

---

[78] Zusammenfassend *Kramer* in: MünchKomm-BGB, 3. Aufl. (1993) § 117 Rdn. 15; auch *Fischer* in: *Hübschmann/Hepp/Spitaler* Abgabenordnung – Finanzgerichtsordnung, 10. Aufl. (1995) § 41 AO Rdn. 161, 180 und 186 f; *Tipke/Kruse* Abgabenordnung, 15. Aufl. (1994) § 41 Rdn. 30, auch 28.

[79] Vgl. nur *Flume* Allgemeiner Teil des Bürgerlichen Rechts Bd. 2, 3. Aufl. (1979) S. 408 f; *Hefermehl* in: Soergel/Siebert Kommentar zum Bürgerlichen Gesetzbuch, 12. Aufl. (1987) § 134 Rdn. 37; eingehend zur Entwicklung *Teichmann* Die Gesetzesumgehung (1962) S. 9 ff.

[80] *Flume* aaO und S. 350 f; *Kramer* aaO („strenggenommen überflüssig"); *Teichmann* aaO S. 105; **aA** aber *Mayer-Maly* in: MünchKomm aaO § 134 Rdn. 13 („spezifische Problematik").

[81] *Sch/Schröder/Lenckner* Rdn. 46; *Tiedemann* Art. Umgehung, in: HWiStR, und Subventionskriminalität S. 341 sowie Wirtschaftsstrafrecht I S. 183 f mit weit. Nachw. und Beispielen.

Anspruchsvoraussetzungen nicht selten zweifelhaft, wann die Grenze des Verbotes der („Gegen"-)Analogie überschritten wird[82]. Damit wird zugleich deutlich, daß die Anwendung des Umgehungsgedankens methodisch der Analogie entspricht und daher im Strafrecht – außer im Falle eigener Inkriminierung von typischen Umgehungshandlungen in selbständigen Straftatbeständen – nur bei Eingreifen ausdrücklicher Gesetzesklauseln nach Art des § 4 Abs. 2 SubvG zulässig sein kann. Da sich diese Klausel hier auf das „verwaltungsrechtliche Vorfeld" bezieht und keine „vage Generalklausel" darstellt, steht das strafrechtliche Analogieverbot und Bestimmtheitsgebot ihrer Geltung nicht grundsätzlich entgegen[83]. Zu den aus Art. 103 Abs. 2 GG folgenden Konsequenzen für die Rechtsanwendung unten Rdn. 116.

Ob § 4 Abs. 2 SubvG über seinen bundesrechtlichen Anwendungsbereich hinaus auch **110**
auf sonstige Subventionserschleichungen Anwendung finden kann, ist für das **Landesrecht** eindeutig zu bejahen, soweit eine ausdrückliche Anordnung der Landesgesetzgeber vorliegt (vgl. oben Rdn. 103). Bei Fehlen einer solchen ist davon auszugehen, daß entgegen der früher herrschenden Auffassung[84] im Steuerrecht (als Recht der Eingriffsverwaltung) gesetzliche Umgehungsvorschriften (wie § 42 AO) aus Gründen des Gesetzesvorbehalts heute regelmäßig für erforderlich gehalten werden (vgl. J. *Vogel* aaO S. 163 f), während im Subventionsrecht der Grundsatz der Gesetzesbindung nicht mit gleicher Strenge gilt. Für den letzteren Bereich können daher die Normen zur Gesetzesumgehung möglicherweise noch als Ausdruck eines im gesamten öffentlichen (Finanz-)Recht geltenden Rechtsgedankens aufgefaßt werden (vgl. auch *Hanau/Kappus* ZiP **1988** 885 ff). Allerdings haben die Gerichte nur relativ selten von dieser Auffassung Gebrauch gemacht (zu den Ursachen *Nippoldt* S. 258 ff), so daß die Schaffung ausdrücklicher landesrechtlicher Gesetzesnormen jedenfalls aus Gründen der Klarstellung zu begrüßen ist. – Hinsichtlich des **EG-Rechts** kann dagegen, solange der „Grundsatz der Subventionsehrlichkeit" (oben Rdn. 93) in diesem Rechtsbereich nicht ausdrücklich verankert worden ist, keine Rede davon sein, daß die Unzulässigkeit der Gesetzesumgehung Ausdruck eines allgemeinen, von der Positivierung unabhängigen Rechtsgedankens sei (*Dannecker* ZStW **108** [1996] S. 582 f mit Nachw.). Vor allem spricht die überaus detaillierte Technik der EG-Verordnungsgesetzgebung und die zunächst nur ganz vereinzelte Anordnung der Nichtbeachtlichkeit von Umgehungen (Art. 6 EWG-VO Nr. 802/68, ABl. EG 1968 Nr. L 148 S. 1) gegen die zusätzliche Geltung einer stillschweigenden Generalklausel des Verbotes von Subventionserschleichungen.

§ 4 Abs. 2 SubvG ist daher auch als Ausdruck eines allgemeinen Rechtsgedankens auf EG-Recht nicht anwendbar, da er dessen materiellrechtliche Anspruchsnormierungen verändern würde[85]. Seit Ende 1995 ermöglicht aber der bereits oben Rdn. 8 im Wortlaut mit-

[82] Dazu (am Beispiel des § 4 b InvestitionszulagenG 1975 mit dem Begriff der „Bestellung") AG Alsfeld NJW **1981** 2588 f und OLG Hamm NJW **1982** 1405 einerseits, BGHSt **31** 93 mit Anm. *Tiedemann* JR **1983** 212, **32** 256 und NJW **1983** 2151, OLG Koblenz JZ **1980** 736 sowie OLG Frankfurt JZ **1982** 477 andererseits; *Ranft* NJW **1986** 3169; *Schmidt-Hieber* NJW **1980** 326; *Tiedemann* NJW **1980** 1559. Das InvestitionszulagenG 1993 (§ 6) verwendet in stärkerem Maße deskriptiv-faktische Begriffe („Abschluß" der Investition, „Leistung" von Anzahlungen, „Entstehen" von Herstellungskosten) und ist daher weniger anfällig für Manipulationen, die überdies durch § 4 SubvG 1976 zu erfassen sind.

[83] BVerfG wistra **1991** 175, 176; BGH wistra **1982** 108, 109; OLG Koblenz aaO; AG Alsfeld aaO; *Stöckel* ZRP **1977** 137; *Tiedemann* Verh. 49. DJT (1972) Bd. I S. C 53 f mit weit. Nachw.; grundsätzliche Bedenken aber bei *Faller* DB **1972** 1757 (ff).

[84] BGH RdL **1957** 173, 176; *Riedel* Die Steuerumgehung, iur. Diss. Münster 1968, S. 105 ff mit Nachw.; *Tiedemann* Subventionskriminalität S. 339 und Wirtschaftsstrafrecht I S. 181 f.

[85] Vgl. bereits oben Rdn. 8. Ferner *Götz* Bekämpfung S. 64, 67 f, Prot. 7/2501 sowie in: Börner/Bullinger S. 405 ff; *Tiedemann* ZStW **87** (1975) S. 286 mit Nachw. sowie Prot. 7/2471; J. *Vogel* in: Schünemann/Suárez S. 175 ff; **aA** *Laumann* ZfZ **1977** 169; wohl auch *Krey* BT 2 Rdn. 525 für durch Bundesbehörden nach EG-Recht vergebene Subventionen.

geteilte Art. 4 Absatz 3 EG-VO Nr. 2988/95 die EG-rechtliche Erfassung von Umgehungshandlungen. Die Technik dieser Ratsverordnung lehnt sich an § 4 Abs. 2 SubvG an (vgl. auch *Reisner* S. 304), regelt nämlich die normzweckwidrige „künstliche" Schaffung von Vergabevoraussetzungen als verwaltungsrechtlichen Subventionsausschlußgrund; dieser wird durch Art. 4 Abs. 4 ausdrücklich als Nicht-Sanktion bezeichnet.

111 Wann – im Rahmen des Anwendungsbereiches des § 4 Abs. 2 SubvG – in diesem Sinne eine Umgehung vorliegt, sucht das Gesetz in Satz 2 ausdrücklich zu bestimmen. Dabei geht es mit der heute h. M. davon aus, daß auch die rechtlichen Voraussetzungen von (direkten) Subventionen, also gewährende Rechtssätze, „umgangen" werden können, obwohl dies terminologisch und begrifflich nicht ohne weiteres vorstellbar ist. Da der Begriff der Umgehung primär an Gebote und Verbote anknüpft, ist die Auffassung im Vordringen begriffen, die Umgehung eines gewährenden Rechtssatzes als **Erschleichung** der Gewährungsvoraussetzungen zu verstehen und zu bezeichnen[86].

112 Bei der Inhaltsbestimmung des Begriffes der Erschleichung (oder Umgehung) greift § 4 Abs. 2 SubvG zutreffend auf die zum Steuerrecht entwickelten Lehren zurück. Satz 2 vereinigt gemeinsam mit der Exemplifizierung in Satz 3 die verschiedenen, z. T. gegensätzlichen Kriterien, die in der steuerrechtlichen Rechtsprechung und Lehre zum Vorliegen einer Umgehungshandlung entwickelt worden sind. Maßgebend ist danach vor allem, ob angesichts des wirtschaftlichen Zweckes des Geschäfts ein offensichtlich **unangemessener**, „künstlicher" Weg gewählt wird, ohne daß sachliche Gründe für die Wahl des ungewöhnlichen Weges vorliegen[87]. § 4 Abs. 2 SubvG verbindet diese unscharfen Merkmale mit dem Erfordernis, daß die Gestaltung dem Subventionszweck widerspricht. Allerdings büßt § 4 Abs. 2 SubvG damit einen erheblichen Teil seiner Praktikabilität ein, da und soweit der Subventionszweck nicht oder nur schwierig zu ermitteln ist (oben Rdn. 48 ff). Die oben Rdn. 108 u. 110 genannte EG-VO Nr. 2988/95 stellt einfacher auf die „Zielsetzungen der einschlägigen Gemeinschaftsvorschriften" ab, erfordert also nur die übliche teleologische Auslegung in Verbindung mit der Feststellung einer „künstlichen" Schaffung der Subventionsvoraussetzungen.

113 Für die Auslegung des § 4 Abs. 2 SubvG und damit für die **rechtlichen Voraussetzungen** des Vorliegens einer Umgehung oder Erschleichung im Sinne dieser Vorschrift fragt sich zunächst wiederum, ob unter dem *Subventionszweck* etwa nur der Primärzweck zu verstehen ist (vgl. oben Rdn. 18). Hierfür scheint zu sprechen, daß der Staat auch sonst üblicherweise den Subventionsempfänger nur zur Erreichung des Primärzweckes verpflichtet (*Schetting* S. 10, 13). Auch gibt der Gesetzgeber durch die „Vertatbestandlichung" des Subventionswesens zu erkennen, daß er die Sachverhalte weitgehend pauschaliert und typisiert und folglich auch in Kauf nimmt, daß die Eignung der subventionierten Handlung zur Zweckerreichung nicht in jedem Einzelfall gegeben ist (*Götz* Bekämpfung S. 66). Jedoch wäre andererseits die Begrenzung auf den bzw. einen Primärzweck gerade im Rahmen einer Regelung zur Erfassung von Umgehungsverhalten sinnwidrig, vereitelt der Umgehungstäter doch ganz bewußt gerade den „eigentlichen" Zweck der Subventionierung, indem er die Subventionierungsvoraussetzung nur „formal" oder „förmlich" (so § 4 Abs. 2 S. 3 SubvG) erfüllt. Der Mechanismus, auf den der Gesetzgeber bzw. der Subventionsgeber vertraut: daß der angestrebte Endzweck durch Erfüllung der Primärzwecke geradezu automatisch verwirklicht wird, wird vom Umgehungstäter gezielt durchbrochen.

---

[86] Vgl. nur *Teichmann* Die Gesetzesumgehung (1962) S. 48 f mit Nachw.; *Tiedemann* Subventionskriminalität S. 337 sowie Wirtschaftsstrafrecht I S. 180.

[87] BGH NJW **1960** 1057 f; RGSt **77** 87, 93; *Kühn/Hofmann* Abgabenordnung, 17. Aufl. (1995) § 42 Anm. 2; *Tiedemann* Subventionskriminalität S. 340 und Wirtschaftsstrafrecht I S. 183; J. *Vogel* in: Schünemann/Suárez S. 165, je mit weit. Nachw.

Als Maßstab für die Beurteilung des Täterverhaltens kommt daher nur der – freilich erforderlichenfalls im Wege der teleologischen Auslegung zu konkretisierende – **Endzweck** in Betracht (zust. *Sch/Schröder/Lenckner* Rdn. 45; vgl. auch *Schetting* S. 20 f). Daß dieser Endzweck vom Täter beeinträchtigt (oder jedenfalls nicht gefördert) würde, braucht jedoch nicht festgestellt zu werden. Erheblich ist allein, daß der (End-)Zweck der Subventionierung der Subventionsgewährung an den Antragsteller (usw.) widerspricht, obwohl die Anspruchsvoraussetzungen „an sich" gegeben sind.

Der Verstoß gegen den Subventionszweck ist keinesfalls ausreichend für die Versagung der Subvention, sondern nur *ein* Kriterium für das Vorliegen der Umgehung. (Auch die legale Steuervermeidung verstößt gegen den Steuerzweck, und selbst die Steuerumgehung ist nicht verboten, sondern wird nur steuerrechtlich zum Anlaß genommen, eine angemessene, den zugrundeliegenden Wirtschaftsverhältnissen entsprechende Gestaltung zu fingieren! Vgl. nur *Tiedemann* Multinationale Unternehmen S. 56, 60 f.) Entscheidend kommt es vielmehr jedenfalls für § 4 Absatz 2 SubvG auf die weitere, bereits oben Rdn. 107 hervorgehobene Frage an, wann die vorgenommene oder in Aussicht genommene Gestaltung angesichts der wirtschaftlichen Tatsachen und der wirtschaftlichen Zielsetzung sowie Motivierung des Täters **unangemessen** und damit **mißbräuchlich** ist. Hier führt kein Weg an der bereits mitgeteilten Erkenntnis vorbei, daß der steuerrechtliche Mißbrauchsbegriff weit weniger genau als der zivilistische ist. Daher bedarf es einer fallgruppenartigen Konkretisierung, um § 4 Abs. 2 SubvG wirklich praktikabel und vor allem: im Strafrecht und Strafverfahren wirklich anwendbar werden zu lassen. 114

Einen beachtlichen Beitrag zu dieser Typisierungsarbeit leistet § 201 Abs. 3 S. 2 AE, der im Anschluß an *Tiedemann* (Subventionskriminalität S. 369) als Subventionserschleichung durch Gesetzesumgehung namentlich die Fallgestaltung aufführt, daß der Täter Handlungen oder Geschäfte „in einer dem Subventionszweck widersprechenden Weise ausschließlich zur Erlangung der Subvention vorgenommen oder in Aussicht genommen hat". Die Begründung (S. 107) erläutert dies durch das zusätzliche Merkmal, daß die Durchführung der subventionierten Handlung „wirtschaftlich gesehen unvernünftig ist und allein zum Zwecke der Subventionserlangung geschieht" (zust. *Sch/Schröder/Lenckner* Rdn. 45). Hiergegen kann auch nicht eingewandt werden, daß es Subventionen gibt, die zu Handlungen stimulieren sollen, welche ohne die Subventionierung möglicherweise unterbleiben würden („Anreizsubventionen": *Götz* Bekämpfung S. 60). Vielmehr widerspricht hier die Herbeiführung der Subventionierung durch den „Täter" *nicht* dem Subventionszweck. – Durch die genannte Fallgruppe werden insbesondere Gestaltungen erfaßt, in denen Exportware im Bestimmungsland keine oder nur eine unwirtschaftliche, der Art des Verkehrsgutes nicht entsprechende Verwendung findet, z. B. Brotgetreide nach Vergällung im Niemandsland nur als Futtermittel oder Wurst wegen ihrer gezielt schlechten Qualität, deren Anforderungen in keiner Rechtsnorm festgelegt sind, nur zur Seifenherstellung verwendbar ist[88]. Ist bei künstlich zusammengesetzten Produkten (z. B. Mayonnaise, Mehl- oder Zuckergemische) die spätere Entmischung und Zerlegung in die Ausgangsprodukte von vornherein vorgesehen, so handelt es sich nur um Scheinprodukte, die nach ihrer eigentlichen Zusammensetzung einzustufen sind. Ist die Entmischung dagegen vom Täter nicht oder nicht nachweisbar beabsichtigt, so liegt eine Umgehungshandlung vor, wenn das Produkt entsprechend der Kenntnis des Täters nur zum Zwecke der entsprechenden Einstufung hergestellt wurde und als Produkt dieser Art handelsüblicher- 115

[88] *Tiedemann* Subventionskriminalität S. 345 sowie Wirtschaftsstrafrecht I S. 187; zu diesen Fällen im einzelnen *Borchers* Prot. 7/2609; *Nippoldt* S. 162 ff. Übereinstimmend in der rechtlichen Beurteilung *Sch/Schröder/Lenckner* Rdn. 45.

weise nicht gebraucht werden kann[89]. Zu diesen Ergebnissen dürfte nunmehr auch das von Art. 4 Absatz 3 EG-VO Nr. 2988/95 benutzte Kriterium der Künstlichkeit führen.

116 Solange im übrigen eine weitere Typisierung der in Betracht kommenden Mißbräuche nicht erreicht ist, empfiehlt sich im Strafverfahren eine **restriktive** Handhabung des § 4 Abs. 2 SubvG im Sinne einer Begrenzung auf eindeutige Fälle des Mißbrauchs (*Tiedemann* Dünnebier-Festschrift S. 533; zust. AG Alsfeld NJW **1981** 2588 f), zumal auch die Zahl der Bestrafungen wegen Steuerumgehung stets gering geblieben ist (*Götz* Bekämpfung S. 61; *Tiedemann* Multinationale Unternehmen S. 54; *Tipke/Kruse* AO § 42 Rdn. 1 u. 21). Neben den subjektiven Anforderungen (dazu sogleich Rdn. 117 f u. unten Rdn. 120) folgt diese Empfehlung daraus, daß die Verweisung auf einen wirtschaftlichen Maßstab der angemessenen Geschäftsgestaltung angesichts der Unsicherheit dieses Kriteriums eng verstanden werden muß (*Tiedemann* Wirtschaftsstrafrecht I S. 199 f mit Nachw.; vgl. auch *Tiedemann* LK Rdn. 117 vor § 283 mit weit. Nachw.). Dies gilt um so mehr, als die Unangemessenheit oder Künstlichkeit der Gestaltung entgegen dem ersten Anschein (und vor allem entgegen dem Anschein des Hilfsbegriffes „Mißbrauch“) letztlich wertneutral ist: die Umgehung wird nicht bereits als solche mißbilligt, sondern vom Gesetzgeber nur in ihrem Erfolg beschnitten (*Götz* Bekämpfung S. 65; *Tiedemann* Multinationale Unternehmen S. 60 f.; oben Rdn. 110: Art. 4 Abs. 4 EG-VO Nr. 2988/95!). Auch wirkt § 4 Abs. 2 SubvG inmitten der sonstigen rechtlichen Subventionierungsvoraussetzungen letztlich wie ein Eingriff, dessen Tatbestand daher ähnlich wie die steuerrechtliche Umgehungsregelung eng gehandhabt werden sollte[90]. – Im einzelnen wird sich die Anwendung des § 4 Abs. 2 SubvG vor allem auf die Tatbestandsmerkmale der unrichtigen oder unvollständigen Angaben sowie der subventionserheblichen Tatsachen beziehen. Die Auffüllung dieser normativen Tatbestandsmerkmale durch die Generalklausel des § 4 Abs. 2 SubvG muß sich in besonderem Maße an dem Grundsatz der Bestimmtheit und Vorhersehbarkeit des Art. 103 Abs. 2 GG messen lassen (so nunmehr dezidiert auch BVerfGE **92** 1, 16 ff). Die Empfehlung restriktiver Handhabung ergibt sich insoweit also aus dem Verfassungsrecht.

117 Nicht abschließend geklärt ist de lege lata schließlich auch, ob die Subventionserschleichung i. S. d. § 4 Abs. 2 SubvG in Verb. mit § 264 Abs. 1 neben dem *Vorsatz*, der insbesondere den entgegenstehenden Subventionszweck und die Verheimlichung gegenüber dem Subventionsgeber umfassen muß, auch eine besondere **Absicht der Umgehung** bzw. der Erschleichung voraussetzt. Während insoweit in der zivilistischen Doktrin von der Gesetzesumgehung meist eine rein objektive Theorie vertreten wird (vgl. nur J. *Vogel* in: Schünemann/Suárez S. 160 mit weit. Nachw.), wird für das Steuerrecht eine derartige Absicht ganz überwiegend zur tatbestandlichen Voraussetzung der (Steuer-)Umgehung erklärt[91]. Dies ist auch für die strafrechtliche (und subventionsrechtliche) Betrachtungsweise zutreffend. Das Absichtserfordernis ergibt sich nicht nur aus dem finalen Charakter des historischen „in fraudem legis agere“. Vielmehr kann sowohl für das Steuerrecht als öffentliches Recht (Eingriffsrecht) im allgemeinen als auch für das Strafrecht im besonderen erst das Vorliegen und der Nachweis der Umgehungsabsicht als bewußter Herbeiführung einer Vereitelung der gesetzlichen Zwecksetzung es rechtfertigen, diejenigen

---

[89] *Tiedemann* Subventionskriminalität S. 344 f und Wirtschaftsstrafrecht I S. 186 f; vgl. auch *Göhler/Wilts* DB **1976** 1614; *Nippoldt* S. 147 ff; *Sch/Schröder/Lenckner* aaO.

[90] Vgl. insoweit zur steuerrechtlichen Rechtslage *Kühn/Hofmann* aaO (o. Fußn. 87) § 42 Anm. 1 a.E.; *Riedel* Die Steuerumgehung, iur. Diss. Münster 1968, S. 79 f; *Fischer* aaO (o. Fußn. 78) § 42 AO Rdn. 22, 25, 76 ff und 143 ff mit weit. Nachw.

[91] Vgl. nur BFH **86** 396, 401; *Franzen/Gast/Samson/Joecks* Steuerstrafrecht mit Steuerordnungswidrigkeiten § 370 Rdn. 104; *Fischer* aaO (o. Fußn. 78) § 42 AO Rdn. 103 ff; *Tipke/Kruse* aaO (o. Fußn. 78) § 42 Rdn. 18; J. *Vogel* in: Schünemann/Suárez S. 160 mit weit. Nachw.

Rechtssicherheitsgarantien zu durchbrechen, die in der üblichen Formalisierung der Gesetzeszwecke durch Benennung punktueller Voraussetzungen der Zweckerreichung bzw. Verhinderung der Zweckvereitelung liegen[92].

Die somit erforderliche Absicht ist allerdings nicht mit dem Motiv des Täters gleichzu- **118** setzen. Vielmehr genügt das sichere Wissen insbesondere darüber, daß die Subventionierung im Gegensatz zur gesetzlichen Zwecksetzung steht (dolus directus 2. Grades; enger J. *Vogel* aaO S. 172 f: dolus directus 1. Grades). Art. 103 Abs. 2 GG gilt selbstverständlich auch für den „Umgehungstäter". Entsprechend hat dieser einen grundrechtlichen Anspruch darauf, zu wissen, wo die Grenzen strafbarer Umgehung beginnen. Aus der Gesamteinschätzung dieser Garantie ergibt sich allerdings auch, daß eine Strafbarkeit wegen Umgehungshandelns gemäß § 264 Abs. 1 stets nur und allenfalls dann einsetzen kann, wenn der Täter Teile des relevanten Sachverhalts **nicht mitteilt** (*Sch/Schröder/Lenckner* Rdn. 46; J. *Vogel* aaO S. 172). Dies entspricht der Rechtslage im Steuerstrafrecht (*Tiedemann* Multinationale Unternehmen S. 61 mit Nachw.). Durch volle Aufklärung des Subventionsgebers über die der Subventionierung zugrundeliegenden Tatsachen kann der Subventionsnehmer daher das Risiko der Strafbarkeit stets ausschließen. Verheimlicht er einen Teil des relevanten Sachverhalts und weiß er positiv, daß sein Handeln im Widerspruch zu dem Subventionierungszweck steht, so trägt er das Risiko, sich strafbar zu machen.

V. Vorsatz, Leichtfertigkeit und Irrtum

1. Absatz 1 verlangt für alle Tathandlungen (Nr. 1–3) **Vorsatz** des Täters. Bedingter **119** Vorsatz genügt (unstr.).

Der Vorsatz hat sich bei Nr. 1 insbesondere auf die Subventionserheblichkeit der Tat- **120** sachen (vgl. Absatz 7) sowie auf die Unrichtigkeit und Unvollständigkeit, aber auch auf die Vorteilhaftigkeit der Tatsachenangaben zu erstrecken (oben Rdn. 82). Gerade hieraus ergeben sich Bedenken gegenüber einer zu starken Annäherung der Auslegung des Merkmals der Vorteilhaftigkeit an die Tatbestandselemente des Betruges nach § 263. Zur irrigen Annahme unrichtiger Bezeichnung durch den Subventionsgeber vgl. bereits oben Rdn. 60. – Nimmt der Täter irrig an, er (oder ein Dritter als Antragsteller) brauche einzelne Tatsachen, z. B. solche nach § 4 Abs. 2 SubvG, nicht mitzuteilen, so handelt er im Rahmen von Nr. 1 und Nr. 3 nicht vorsätzlich (§ 16)[93]. Es liegt nicht etwa nur ein Verbots- bzw. Gebotsirrtum (§ 17) vor, da vollständige Angaben nur machen kann, wer den Soll-Zustand vollständiger Angaben kennt (vgl. dazu im einzelnen auch *Tiedemann* LK § 265 b Rdn. 100). Allerdings ist derselbe Irrtum im Rahmen von Nr. 2 nach h. M. bloßer Gebotsirrtum[94], was jedoch den Rechtsanwender nicht dazu führen darf, hier von dem objektiv vorliegenden Begehungsdelikt nur aus Gründen der subjektiven Tatseite auf das Unterlassungsdelikt auszuweichen (vgl. bereits oben Rdn. 81)! Ferner setzt der Vorsatz hinsichtlich der Unrichtigkeit der Angaben bei Nr. 1 und Nr. 3 voraus, daß der Täter einschlägige Rechtsbegriffe und Rechtsnormen in ihrem sozialen Sinngehalt (und damit vor allem auch in ihrer Existenz) erfaßt („Parallelwertung in der Laiensphäre"). Insoweit bestehen im Vergleich zu dem Täuschungsvorsatz bei § 263 praktisch keine Unterschiede.

---

[92] Dazu mit weit Nachw. *Nippoldt* S. 27 f; *Tiedemann* Wirtschaftsstrafrecht I S. 182 f; J. *Vogel* aaO S. 172 f.

[93] *Tiedemann* JR **1983** 213 mit Nachw.; zust. *Wassmann* Rdn. 49; **aA** *Schmidt-Hieber* NJW **1980** 326 f, der zu Unrecht von einem Blankettstraftatbestand ausgeht.

[94] *Samson* SK Rdn. 90; *Sch/Schröder/Lenckner* Rdn. 62; **aA** *Dreher/Tröndle* Rdn. 23; *Lackner/Kühl* Rdn. 23; *Tiedemann* Tatbestandsfunktionen S. 373 ff mit weit Nachw.

Dies ist auch der wesentliche Grund dafür, daß gemäß Absatz 3 für die Delikte nach Absatz 1 Nr. 1 und 2 Leichtfertigkeit genügt (näher dazu Rdn. 122 ff).

121 Auch die Zuständigkeit der Behörde, Stelle oder Person als Subventionsgeber und der (Haupt- oder Neben-)Zweck der Wirtschaftsförderung müssen als echte Tatbestandsmerkmale vom Vorsatz umfaßt sein (ebenso *Lackner/Kühl* Rdn. 23). Die irrige Annahme, eine Bürgschaft sei keine Subvention (dazu oben Rdn. 34), ist dagegen bloßer Subsumtionsirrtum (übereinstimmend *Dreher/Tröndle* Rdn. 23; *Sch/Schröder/Lenckner* Rdn. 63). Die irrige Annahme eines in Wirklichkeit nicht gegebenen Tatbestandsmerkmals führt demgegenüber zu einem untauglichen, hier aber straflosen Versuch, was im Hinblick auf §§ 263, 22 von Bedeutung sein kann (dazu unten Rdn. 162 a.E.).

122 **2.** Für Handlungen und Unterlassungen nach Absatz 1 Nr. 1 und 2 läßt Absatz 3 **Leichtfertigkeit** ausreichen. Gegenstand der Leichtfertigkeit wird vor allem die Unrichtigkeit oder Unvollständigkeit der Angaben sowie die Subventionserheblichkeit der Tatsachen sein. Ihr Vorliegen richtet sich auch nach der Höhe der Subvention (vgl. auch Abs. 2 Nr. 1; *Eberle* S. 162 f). Diese Bestimmung ist das strafrechtliche Kernstück der Reform (*Schmidhäuser* BT 11/96; im wesentlichen übereinstimmend AE § 201 Abs. 2), da der bloße Verzicht auf Schadenseintritt und Absicht rechtswidriger Bereicherung die Nachweisprobleme beim Subventionsbetrug im Sinne des § 263 nicht gelöst hätte (vgl. oben Rdn. 5; zust. *Schmidt-Hieber* NJW **1980** 322).

123 Inhaltlich stellt sich die Leichtfertigkeit als Entsprechung zur **groben Fahrlässigkeit** des Zivilrechts dar, wobei jedoch auf die persönlichen Fähigkeiten und Verhältnisse des Täters abzuheben ist (zust. OLG Hamburg NStZ **1984** 218, 219 und *Eberle* S. 157, 164 mit weit. Nachw.). Die grobe Fahrlässigkeit ist folglich vor allem von der leichten Fahrlässigkeit abzugrenzen. Hierbei sollte insofern **restriktiv** vorgegangen werden, als nur eindeutig grobe Verstöße als strafrechtlich relevant zu behandeln sind; sachlich geht es also um Fälle „auf der Grenze zum Vorsatz" (*Tiedemann* Prot. 7/2479; zust. *Friemel* S. 31, *Wassmann* Rdn. 50 und *Graßmück* S. 29 mit weit. Nachw.). Dieses wertende Kriterium der *Vorsatznähe* wird bekanntlich generell bei der Bestimmung des Inhalts der Leichtfertigkeit diskutiert (vgl. *Schroeder* LK § 16 Rdn. 210 mit Nachw., der Rdn. 213 mit BGHSt **33** 66, 67 darauf abstellt, ob sich die Möglichkeit des Erfolgseintritts dem Täter „aufdrängt"). Es ist insoweit zwar umstritten, kann aber – vor allem für den Bereich der bewußten Leichtfertigkeit – nicht nur deshalb fallen gelassen werden, weil es einige Autoren zu der Behauptung verführt hat, es gehe bei § 264 Abs. 3 nach Art einer Verdachtsstrafe in Wahrheit um Fälle vorsätzlicher Tatbegehung (oben Rdn. 6). Die Wertung der Vorsatznähe (*recklessness*!) ist entschieden restriktiver als die Gegenauffassung, die objektiv auf das „Aufdrängen" abstellt und zusätzlich subjektiv „besonderen Leichtsinn oder besondere Gleichgültigkeit" fordert (vgl. nur BGH NJW **1989** 974, 976). Die hier vertretene Ansicht will vor allem im Bereich der Rechtsunkenntnis klarstellen, daß die Anforderungen nicht zu hoch gesteckt werden dürfen (und erheblich hinter denen zurückbleiben müssen, welche die sog. Schuldtheorie für die Verbotskenntnis, nach h. M. z. B. auch bei blankettausfüllenden Rechtsvorschriften postuliert!). Auch im Bereich der modernen betrieblichen Arbeitsteilung soll Absatz 3 dem Verantwortlichen keineswegs das strafrechtliche Risiko aufbürden, sondern insbesondere Fälle der bewußten Fahrlässigkeit erfassen (vgl. *Eberle* S. 160; *Hack* S. 128, je mit weit. Nachw.). Eine gröbliche Vernachlässigung der Überprüfungs- und Überwachungspflicht des Antragstellers im Hinblick auf Vorarbeiten seiner Angestellten wird daher – insoweit mit der h. M. – nur bei unzuverlässigen oder unerprobten Mitarbeitern (*Dreher/Tröndle* Rdn. 24; *Gössel* BT 2 S. 469) oder bei solchen mit fehlenden Kenntnissen und Erfahrungen in einer für sie

neuen Materie (BGH NJW **1989** 975 f, insoweit in BGHZ **106** 204, 211 f nicht abgedruckt), nicht dagegen bei zuverlässigen Angestellten mit langjähriger einwandfreier Tätigkeit (LG München I 4 KLs 317 Js 14159/90 v. 19. 4. 1996 UA S. 125, 127 f) oder seriösen externen Beratern in Betracht kommen (*Eberle* S. 163 f; *Sch/Schröder/Lenckner* Rdn. 65). Sind Angestellte selbst Antragsteller (oben Rdn. 21), so wird mangels einer Aufsichtspflicht Leichtfertigkeit häufig entfallen, wenn das für die Antragstellung erforderliche Zahlenmaterial aus einer anderen Abteilung des Betriebes geliefert wird (*Geuenich-Cremer* S. 172). Einschränkungen müssen auch für solche Täter gelten, die nicht Subventionsnehmer und daher nicht Adressat der formalisierten Klarstellung nach § 2 SubvG sind, zumal diese Täter nicht die für Subventionsempfänger kennzeichnende erhöhte soziale Pflichtenstellung (RegE S. 27) trifft: Absatz 3 kommt hier nur zur Anwendung, wenn sich einem solchen Täter die Unrichtigkeit oder Unvollständigkeit der Angaben oder das Vorliegen der die Pflicht zur nachträglichen Mitteilung begründenden Umstände „auch ohne besondere Nachprüfung ohne weiteres aufdrängen mußte" (*Sch/Schröder/Lenckner* Rdn. 65; *Wassmann* Rdn. 50). Für den Subventionsnehmer (i. S. d. § 2 SubvG), der nicht zugleich tatsächlicher Empfänger der Subvention ist, wird man diese weitreichende Restriktion allerdings nur dann gelten lassen können, wenn eine Bezeichnung nach § 2 SubvG unterblieben ist. Speziell zur Überprüfungspflicht landwirtschaftlicher Berater *Carlsen* AgrarR **1978** 298; zur Leichtfertigkeit von Amtsträgern als Tätern eingehend *Schmid* S. 145 ff.

Entlastend und zugunsten des Täters wirkt es auch, wenn der Subventionsgeber verse- **124**
hentlich die **Bezeichnung** nach § 2 SubvG unvollständig gestaltet und der Täter sich auf diese Gestaltung verlassen hat (ebenso *Eberle* S. 163). Fehlt es dagegen an jeder Bezeichnung, so muß der Täter sich (z. B. bei EG-Subventionen) einem Minimum an Überlegung und Prüfung unterziehen, sofern ihm wenigstens klar ist, daß es sich um eine Wirtschaftssubvention i. S. d. Absatzes 6 handelt (zust. *Sch/Schröder/Lenckner* Rdn. 65; auch *Samson* SK Rdn. 92, 93). Im übrigen, insbesondere bei Rechtsirrtümern, hängt die Beurteilung von den Umständen des Einzelfalles ab.

Zweifelhaft ist, inwieweit auch eine Handlung nach **Absatz 1 Nr. 3** leichtfertig began- **125**
gen werden kann. Zwar nimmt der Gesetzgeber in Absatz 3 den Absatz 1 Nr. 3 ausdrücklich von dieser Ausdehnung strafrechtlicher Haftung aus, da dem Täter nicht zuzumuten ist, die Bescheinigung auf ihre inhaltliche Richtigkeit zu überprüfen (*Göhler* Prot. 7/2702; *Müller-Emmert/Maier* NJW **1976** 1661). Jedoch kann die Vorlage einer Bescheinigung nach Nr. 3 zugleich den Tatbestand der Nr. 1 erfüllen (vgl. oben Rdn. 97). Leichtfertigkeit im Sinne des Absatzes 3 kann dann, freilich auch hier nur unter besonders engen Voraussetzungen, in Betracht kommen, da der Täter jedenfalls im Hinblick auf amtliche Bescheinigungen nur höchst ausnahmsweise zur Überprüfung verpflichtet ist (zutr. *Sch/Schröder/Lenckner* Rdn. 64).

VI. Tätige Reue (Absatz 4). Im Hinblick auf die relativ weitgehende Vorverlegung **126**
der Deliktsvollendung in Bereiche hinein, die im Rahmen des § 263 nur für Versuchshandlungen Raum lassen würden, sieht Abs. 4 einen **persönlichen Strafaufhebungsgrund** vor. Seine gesetzliche Ausgestaltung entspricht konstruktiv den Voraussetzungen des Rücktritts vom beendigten Versuch im Sinne des § 24 („tätige Reue"). An die Stelle der Vollendung der Tat bei § 24 tritt hier allerdings die Gewährung der Subvention: Nach Gewährung derselben ist für tätige Reue kein Platz mehr. Da § 264 keine Versuchsstrafbarkeit kennt (vgl. § 23 Abs. 1), kommt vor der (formellen) Vollendung des Subventionsbetruges § 24 nicht zum Zuge (zust. nunmehr *Samson* SK Rdn. 96). Das auf Täuschung gerichtete Verhalten ist vielmehr vor Zugang der Erklärung (oben Rdn. 85) straflos.

127 Aus der Strukturgleichheit mit der „tätigen Reue" sowie der engen Anlehnung des Wortlauts von Absatz 4 an den des § 24 Abs. 1 ergibt sich, daß bei **Beteiligung mehrerer** für den „Rücktritt" des einzelnen Beteiligten die Grundsätze des § 24 Abs. 2 entsprechend anzuwenden sind[95]. Somit ist erforderlich, daß der Täter entweder die Gewährung der Subvention an einen Beteiligten verhindert oder sich – bei Nichtgewährung der Subvention – freiwillig und ernsthaft hierum bemüht.

128 Der **Anwendungsbereich** des Absatzes 4 ist insoweit eindeutig, als vom Gesetz ausdrücklich auch die leichtfertig begangene Tat nach *Absatz 3* einbezogen ist. Stellt also der Täter nachträglich die Unrichtigkeit seiner Angaben fest, so befreit ihn die durch § 3 SubvG gebotene Mitteilung von der bereits eingetretenen Strafbarkeit nach Absatz 3; das vorsätzliche Unterlassen dieser Mitteilung macht ihn freilich zusätzlich nach Absatz 1 Nr. 2 strafbar (oben Rdn. 92).

129 Das Vorliegen eines besonders schweren Falles nach *Absatz 2* steht der tätigen Reue nicht entgegen, da Absatz 2 nur eine Strafzumessungsregel und keine tatbestandlich selbständige Ausformung einer besonderen (Un-)Wertstufe darstellt[96].

130 Nach der vom Sonderausschuß (Bericht S. 9) mit Erfolg vorgeschlagenen Änderung ergibt sich schließlich auch, daß – entgegen dem RegE – grundsätzlich alle Tathandlungen nach *Absatz 1* tauglicher Gegenstand tätiger Reue sind. Jedoch soll nach dem Bericht des Sonderausschusses[97] die Verletzung der durch § 3 SubvG statuierten Mitteilungs- und Anzeigepflichten und damit im wesentlichen der Bereich des Absatzes 1 *Nr. 2* von der Vergünstigung des Absatzes 4 ausgenommen sein, da das Erfordernis „unverzüglicher", nämlich ohne schuldhafte Verzögerung erfolgender Mitteilung bzw. Anzeige dem Täter nach Eintritt der mitzuteilenden Veränderung angemessene Zeit lasse, innerhalb derer er den Tatbestand noch gar nicht erfüllt. Während für diesen Zeitraum eine Vorschrift über tätige Reue gegenstandslos wäre, soll sie nach Auffassung des Sonderausschusses für den Zeitpunkt nach Vollendung der Unterlassung „nicht sachgerecht" sein: „Bereits die Regelung des Subventionsgesetzes trägt den Bedürfnissen des Subventionsnehmers angemessen Rechnung, zumal zu erwarten ist, daß bei Erfüllung der Mitteilungspflicht das Merkmal unverzüglich nicht kleinlich ausgelegt werden wird." (Entsprechendes gilt für die Rechtzeitigkeit der Anzeige bei § 3 Abs. 2 SubvG.) *Göhler* und *Wilts* (Prot. 7/2705 f, 2707) weisen zusätzlich darauf hin, daß die zeitliche Grenzziehung hier nicht in einer praktikablen Weise erfolgen könne und im Vergleichsfall des Betruges, bei dem die Täuschung durch Unterlassen begangen werde, bereits Vollendung anzunehmen wäre.

131 In der Tat schließt es bereits der Gesetzeswortlaut mit seiner zeitlichen Grenzziehung (Subventionsgewährung) regelmäßig aus, Absatz 4 auf Absatz 1 Nr. 2 anzuwenden, betrifft Nr. 2 doch vor allem die Fälle des nachträglichen Wegfalls von Voraussetzungen der bereits erfolgten Subventionsgewährung und der zweckwidrigen Verwendung der ausgezahlten Subvention oder übergebenen Ware (oben Rdn. 92 f). Jedoch kann der ebenfalls von Absatz 1 Nr. 2 erfaßte Fall nachträglicher Kenntnis von der Unrichtigkeit der gemachten Angaben (oben Rdn. 92) durchaus *vor* der Gewährung der Subvention eintreten, und bei Unterlassen der dann gebotenen Mitteilung würde die Subvention auch „aufgrund der Tat" (nach Absatz 1 Nr. 2) gewährt; es besteht nämlich kein Anlaß, die Kausali-

[95] Bericht Sonderausschuß S. 9; *Dreher/Tröndle* Rdn. 28; *Göhler/Wilts* DB **1976** 1615; *Müller-Emmert/Maier* NJW **1976** 1661; *Lackner/Kühl* Rdn. 28; *Sch/Schröder/Lenckner* Rdn. 69; *Wessels* BT 2 § 16 I 3 Rdn. 656.

[96] Zustimmend *Dreher/Tröndle* Rdn. 25; *Gössel* BT 2 S. 471; *Lackner/Kühl* aaO; *Müller-Emmert* Prot. 7/2703; *Sch/Schröder/Lenckner* aaO.

[97] S. 9; zustimmend *Dreher/Tröndle* Rdn. 26; *Lackner/Kühl* aaO; *Müller-Emmert/Maier* aaO; *Sch/Schröder/Lenckner* aaO; **aA** OLG Stuttgart MDR **1992** 788.

tät hier anders als sonst zu bestimmen und insbesondere die hypothetische Kausalität der Unterlassung nicht als Kausalität anzuerkennen. Der Wortlaut von Absatz 4 läßt also seine Anwendung auf Absatz 1 Nr. 2 durchaus zu. Dogmatisch steht freilich fest, daß mit dem Unterlassen der rechtzeitigen Anzeige bzw. Mitteilung das echte Unterlassungsdelikt *vollendet* ist (*Tiedemann* Wirtschaftsstrafrecht I S. 226), so daß sich die Frage stellt, inwieweit hier überhaupt Raum für die Anwendung von Absatz 4 bleibt. Bei der Lösung dieses Problems ergibt sich zunächst, daß – in Übereinstimmung mit dem RegE – der eigentlich entscheidende Zeitpunkt die **Bewilligung** der Subvention bzw. bei bereits erfolgter Gewährung: der Widerruf, ist. (Daß die Gesetz gewordene Fassung nunmehr auf die *Gewährung* der Subvention abstellt, ist selbstverständlich als verbindliche Entscheidung des Gesetzgebers zugunsten des Täters zu berücksichtigen.) Bereits die Bewilligung stellt nämlich die Planwidrigkeit bei dem Einsatz öffentlicher Mittel dar, und der planwidrigen Bewilligung vor tatsächlicher Gewährung entspricht der rechtliche Widerruf vor tatsächlicher Rückgewähr der Leistung. Besteht hierüber Klarheit, so ergibt sich weiter, daß die Mitteilung bzw. Anzeige gemäß § 3 SubvG nur dann rechtzeitig erfolgt, wenn dem Subventionsgeber noch *vor* der Subventionsverwendung Zeit zur Ermittlung des Sachverhalts, Ausspruch des Widerrufs und Durchführung der Rückforderung verbleibt (*Tiedemann* aaO S. 225). Eine Handlung des Täters *nach* diesem Zeitpunkt vermag die (vorsätzliche) Rechtsgutsverletzung nicht mehr zu verhindern, sondern kann sie allenfalls ausgleichen und den Schaden wiedergutmachen. Der herrschenden Auffassung, welche Absatz 1 Nr. 2 von der Anwendung des Absatzes 4 gänzlich ausnimmt, ist daher zuzustimmen.

Hinsichtlich der **Voraussetzungen** des Absatzes 4 ist vor allem noch einmal hervorzu- **132**
heben, daß es in keinem Fall zur Gewährung der Subvention gekommen sein darf[98]; die Bewilligung ist dagegen – abweichend vom RegE – unschädlich. Dieses im Gesetz hinreichend zum Ausdruck gebrachte Erfordernis ergibt sich vor allem aus der Parallelität zur allgemeinen Rücktrittsregelung des § 24, dessen Vergünstigung – im Bereich eines Betrugsversuches – ebenfalls in dem Augenblick endet, in dem die mittels Täuschung erstrebte Leistung tatsächlich gewährt wird. In beiden Fallbereichen ist es in Übereinstimmung mit allgemeinen Grundsätzen (vgl. *Tiedemann* LK § 265 b Rdn. 108) unbeachtlich, daß der Täter sich zwischenzeitlich erfolglos bemüht hat, die Leistungsgewährung zu verhindern. Im Hinblick auf den Schwerpunkt der Tat im Handlungsunrecht der Täuschung (des Subventionsgebers) ist dieses Ergebnis folgerichtig, auch wenn die Strafbarkeit des Täters im Falle der in Kenntnis der Unrichtigkeit seiner Angaben erfolgten Subventionierung für eine am Erfolgsdelikt geschulte Denkweise nicht befriedigend erscheinen mag. Hinsichtlich der Voraussetzungen und insbesondere des Zeitpunktes der **Gewährung** (z. B. bei Darlehen, Bürgschaften usw.) kann ebenfalls im einzelnen auf die Darlegungen zu § 265 b (dort Rdn. 107) verwiesen werden.

Kommt es dagegen objektiv nicht zur Gewährung der Subvention, so ist nach Absatz 4 **133**
zu prüfen, ob das Verhalten des Täters (z. B. die Rücknahme des Antrages, die Berichtigung oder Vervollständigung der Angaben, das Nachholen einer Mitteilung oder Anzeige) für die Nichtgewährung (mit)ursächlich war. Bejahendenfalls wird der Täter straffrei, wenn sein Verhalten **freiwillig** im Sinne des § 24 Abs. 1 war. Verneinendenfalls tritt – entsprechend § 24 Abs. 1 S. 2 – Straffreiheit auch dann ein, wenn sich der Täter **freiwillig und ernsthaft** bemüht hat, das Gewähren der Subvention zu verhindern; das Erfordernis der Ernsthaftigkeit schließt ein Handeln „bloß zum Schein" aus (*Friemel* S. 34) und setzt voraus, daß der Täter das nach seiner Kenntnis Notwendige und Mögliche tut (vgl. Bay-

[98] Bericht Sonderausschuß S. 9; *Lackner/Kühl* aaO; *Samson* SK Rdn. 97; *Sch/Schröder/Lenckner* Rdn. 67.

ObLG JR **1961** 269, 270). In *beiden* Fällen wird man als Handlung des Täters ein Unterlassen dann ausreichen lassen müssen, wenn zur Subventionsgewährung bzw. -bewilligung noch weitere Handlungen (z. B. zusätzliche Angaben) erforderlich waren[99]. Dies ergibt sich daraus, daß der Grundtatbestand des Absatzes 1 auch insofern außerordentlich weit geht, als bereits die Unrichtigkeit bruchstückhaft gemachter Angaben für die Strafbarkeit des Täters ausreicht; diese weitreichende Vorverlegung der Strafbarkeit ist im Rahmen der Handhabung des Absatzes 4 zu korrigieren. Für Absatz 4 S. 2 wird damit allerdings allgemein vorausgesetzt, daß der Täter noch nicht weiß, daß die Subvention nicht gewährt werden wird.

134 Entsprechend der Rechtslage bei dem sog. qualifizierten Versuch im Rahmen der §§ 263, 24 wirkt auch die tätige Reue bei § 264 nur für den Subventionsbetrug (Sonderausschuß Bericht S. 9). Die Strafbarkeit wegen Urkundenfälschung, Steuerhinterziehung und anderer Delikte wird durch den strafbefreienden Rücktritt von § 264 also nicht berührt. Jedoch kann bei Wirtschaftssubventionen nicht auf § 263 zurückgegriffen werden, wenn dieser Tatbestand – etwa durch Abschluß eines Vertrages mit dem Subventionsgeber oder durch Zugang des Bewilligungsbescheides – formell wegen einer konkreten Vermögensgefährdung bereits als vollendet anzusehen ist; die Notwendigkeit zur Beseitigung des sonst auftretenden Wertungswiderspruches ergibt sich allgemein aus der Fragwürdigkeit der Lehre vom Eingehungsbetrug (im Ergebnis übereinstimmend *Dreher/Tröndle* § 264 Rdn. 25).

135 **VII. Täterschaft und Teilnahme.** Der Täterkreis ist, wie bereits oben Rdn. 20 f dargelegt, bei Absatz 1 Nr. 1 und Nr. 3 sehr weit gezogen. Nach *Dreher/Tröndle* (Rdn. 38) sind hier „gewisse Beihilfeformen" (z. B. Handeln von Angestellten für den Betrieb) zur selbständigen Tat erhoben. Damit werden zugleich die üblicherweise aus der Akzessorietät der Teilnahme folgenden Nachweisschwierigkeiten – insbesondere in Bezug auf das Erfordernis einer vorsätzlichen Haupttat – ausgeräumt. Dieses als positiv zu wertende und gewollte Ergebnis gesetzgeberischer Gestaltungsfreiheit darf angesichts der heutigen Fassung des § 25 nicht durch einen Rückgriff auf mangelndes eigenes Tatinteresse oder ähnliche subjektive Kriterien umgestoßen werden (zust. *Graßmück* S. 33; bedenklich daher *Maurach/Schroeder/Maiwald* 1 § 41 III B 3 [Rdn. 171]). Vielmehr ist die Verselbständigung der Tathandlung eine Sachentscheidung des Gesetzgebers, die verbindlich ist und nicht durch vorrangige Orientierung am Allgemeinen Teil rückgängig gemacht oder eingeschränkt werden darf (*Tiedemann* Baumann-Festschrift S. 16 f). Richtigerweise ist die Abgrenzung von Täterschaft und Teilnahme eher der Dogmatik der Aussagedelikte anzugleichen (vgl. bereits oben Rdn. 13; **krit.** *Geuenich-Cremer* S. 95 ff).

136 Im Rahmen des § 265 b (vgl. dort Rdn. 111) ermöglicht die insoweit vorausgesetzte Schriftlichkeit der Angaben eine der Rechtssicherheit dienliche Formalisierung auch des Täterkreises, die bei § 264 fehlt und nur teilweise durch allgemeine Zurechnungskriterien ersetzt werden kann. Wo allerdings die (Falsch-)Angaben schriftlich gemacht werden, ist Täter des § 264 regelmäßig derjenige, der die Angaben unterschrieben hat. Ist der Unterschreibende nicht vertretungs- und zeichnungsberechtigt, so kommt neben ihm als Täter *auch* der rechtlich für derartige Angaben Verantwortliche in Betracht (*Tiedemann* Subventionskriminalität S. 351). Bei fehlender individueller Kenntnis der Betriebsleitung von dem Subventionsantrag und seinem Inhalt können jedenfalls schwere Aufsichtspflichtverletzungen und Organisationsmängel auf seiten des Verantwortlichen durch die Einbezie-

[99] OLG Stuttgart MDR **1992** 788; *Gössel* BT 2 S. 471; *Lackner/Kühl* Rdn. 28; *Samson* SK Rdn. 98; *Sch/Schröder/Lenckner* Rdn. 67 und 68.

hung der Leichtfertigkeit (Absatz 3) aufgefangen werden, da leichtfertig insbesondere auch derjenige – durch Unterlassen – falsche Angaben macht, der es im Einzelfall grob pflichtwidrig nicht verhindert, daß ein anderer, ihm untergeordneter Erklärender vorsätzlich (oder leichtfertig) Falsches erklärt (*Tiedemann* aaO). – Aber auch im übrigen ist selbstverständlich eine *Unterschrift* selbst bei schriftlichen Angaben für die Annahme von Täterschaft nicht erforderlich. Täter des Subventionsbetruges kann vielmehr z. B. auch sein, wer die Grundlagen und Einzeldaten der Angaben im Subventionsantrag innerbetrieblich manipuliert, ohne nach außen als Antragsteller hervorzutreten. Zwar wird seine Handlung strafrechtlich erst relevant, wenn der Subventionsantrag bzw. die Angabe über subventionserhebliche Tatsachen den Betrieb verlassen hat und bei dem Subventionsgeber eingeht. Jedoch betrifft diese Einschränkung eher den Tatzeitpunkt und präjudiziert nicht die Täterfrage: Zwar wird primär Täter stets derjenige sein, der durch seine Unterschrift oder kraft sonstiger rechtlicher Zurechnung nach außen die Verantwortung für den Erklärungsinhalt übernimmt. Bei Gutgläubigkeit dieses unmittelbar Erklärenden steht aber nichts entgegen, auch denjenigen als Täter anzusehen, der Urheber der Falschangaben ist. Stellt der Urheber die Gutgläubigkeit des unmittelbar Erklärenden in Rechnung, so ist er nach allgemeinen Grundsätzen als *mittelbarer Täter* anzusehen[100]; dies gilt auch, wenn er die Gutgläubigkeit irrig voraussetzt. Rechnet er dagegen mit der Bösgläubigkeit des unmittelbar Erklärenden, so kommt Strafbarkeit wegen Beihilfe in Betracht, mag dem Erklärenden dieser vorsätzliche Tatbeitrag als solcher auch verborgen bleiben. Entsprechend allgemeinen Prinzipien der strafrechtlichen Täterlehre bleibt eine Lücke somit im wesentlichen nur in den (wenigen) Fällen bestehen, in denen der eigentliche Urheber der Falschangaben zu Unrecht von der Bösgläubigkeit des unmittelbar Erklärenden ausgeht (zusammenfassend *Tiedemann* Subventionskriminalität S. 351 f). – Zur Täterschaft von *Amtsträgern* vgl. ebenfalls bereits oben Rdn. 23 f u. 87.

Während bei Absatz 1 Nr. 1 und Nr. 3 die Eigenschaft als Täter des Subventionsbetru- **137**
ges und als (eventuell betrügerischer) Subventionsnehmer nicht selten und gewolltermaßen auseinanderfällt, freilich infolge dieser Diskrepanz bei der Beurteilung des Vorliegens grober Fahrlässigkeit auch der Korrektur oder doch der Berücksichtigung bedarf (vgl. oben Rdn. 123), kann Täter der Unterlassung nach *Absatz 1 Nr. 2* nur der Mitteilungspflichtige sein. Dies ist bei Fehlen sonstiger gesetzlicher Vorschriften gemäß § 3 SubvG nur der Subventionsnehmer oder eine für ihn nach § 14 handelnde Person (vgl. oben Rdn. 22; *Sch/Schröder/Lenckner* Rdn. 70). Ein besonderes persönliches Merkmal im Sinne des § 28 ist die Eigenschaft als Subventionsnehmer bzw. sonst Mitteilungspflichtiger aber nicht. Für Anstifter und Gehilfen kommt daher eine Strafmilderung nach § 49 Abs. 1 nicht in Betracht.

VIII. Strafdrohung und Strafbemessung, insbesondere die besonders schweren Fälle (Absatz 2)

1. Bei der Vorsatztat ist die **Strafe** grundsätzlich dem gesetzlichen Regelstrafrahmen **138**
des Absatzes 1, bei Leichtfertigkeit stets dem Rahmen des Absatzes 3 zu entnehmen.

Für die **Strafbemessung** muß insbesondere der weite Strafrahmen des **Absatzes 1** **139**
durch Berücksichtigung der Tatsache konkretisiert werden, daß der nach h. M. formell als Gefährdungsdelikt konzipierte Tatbestand auch den Eintritt des materiellen Erfolges (unberechtigte Subventionserlangung) mit abgelten soll, wie aus Absatz 2 Nr. 1, aber auch

[100] BGH NJW **1981** 1744, 1745 mit Anm. *Tiedemann* JR **1981** 470; *Blei* II § 62 III 1 b; *Dreher/Tröndle* Rdn. 38; *Gössel* BT 2 S. 467; *Lackner/Kühl* Rdn. 20; *Maurach/Schroeder/Maiwald* 1 § 41 III B 3 (Rdn. 172); *Samson* SK Rdn. 54; *Sch/Schröder/Lenckner* Rdn. 70; **krit.** *Ranft* NJW **1986** 3173.

aus Absatz 1 Nr. 2 sowie aus den Absätzen 4 und 5 hervorgeht (vgl. bereits oben Rdn. 16 und BGHSt **34** 265, 270). Gerade hiermit wird die mit dem Betrugstatbestand (§ 263) und dem Tatbestand der Steuerhinterziehung (§ 370 AO) übereinstimmende Strafdrohung erklärt[101]. Die Strafzumessung hat sich also u. a. daran zu orientieren, ob es zu einer erfolgreichen Subventionserschleichung gekommen ist oder nicht (ebenso *Dreher/Tröndle* Rdn. 29; *Sch/Schröder/Lenckner* Rdn. 71). Auch die Höhe bzw. der Umfang der erschlichenen Leistung wird eine erhebliche Rolle spielen. Zu berücksichtigen ist ferner, daß im Rahmen des § 264 Handlungen tatbestandsmäßig sein können, die materiell den Charakter untauglicher, aber strafbarer Versuchshandlungen haben (wenngleich insoweit das Merkmal der Vorteilhaftigkeit der Angaben die Strafbarkeit wegen grob untauglicher Täuschungshandlungen auszuschließen vermag). Bei der Strafzumessung zu berücksichtigen ist schließlich auch der Eintritt oder Nichteintritt des primären Täuschungserfolges (Irrtum des Subventionsgebers) bei tauglichen Täterhandlungen. Für Absatz 1 **Nr. 2** wollen *Sch/Schröder/Lenckner* (Rdn. 71) innerhalb des Regelstrafrahmens zutreffend den Grundgedanken des § 13 Abs. 2 anwenden. Dies entspricht der doppelten Überlegung, daß eine Unterlassung oft weniger strafwürdig ist als ein entsprechendes Tun und daß das Behaltenwollen eines Wertes selbst unter Einsatz krimineller Mittel psychologisch näher liegt als der kriminelle Zugriff auf fremdes Vermögen.

140 **2.** Absatz 3 droht – entsprechend § 370 Abs. 3 Nrn. 1–3 AO (vgl. auch § 263 Abs. 3) – für **besonders schwere Fälle** eine erhöhte Strafe an und typisiert diese Strafzumessungsregel zum Zwecke der stärkeren Bindung des richterlichen Ermessens sowie der Erleichterung der Findung der „richtigen" Strafe nach der **Regel-Beispiel-Technik** (zu ihrer Bedeutung für die richterliche Praxis zusammenfassend *Lackner* § 46 Rdn. 11 ff mit Nachw.). Diese Strafänderung gilt nur für Vorsatztaten nach Absatz 1; die Merkmale der Regel-Beispiele müssen nach ihrer gesetzlichen Ausgestaltung trotz Zugehörigkeit zum Bereich der Strafzumessung vom *Vorsatz* des Täters umfaßt sein (*Dreher/Tröndle* Rdn. 30).

141 Ein besonders schwerer Fall im Sinne des Absatzes 2 kommt außer bei den Regel-Beispielen bei Nrn. 1–3 vor allem auch dann in Betracht, wenn **extrem hohe Subventionen** erschlichen werden (*Dreher/Tröndle* Rdn. 34; *Sch/Schröder/Lenckner* Rdn. 72). Die Grenze muß insoweit erheblich über dem „großen Ausmaß" im Sinne der Nr. 1 (dazu sogleich Rdn. 147) liegen. Umgekehrt wird bei besonders geringen Subventionen, deren Vorkommen im wirtschaftlichen Bereich *Sch/Schröder/Lenckner* (aaO) aber bezweifeln, trotz Fehlens einer dem § 263 Abs. 4 entsprechenden Klausel die Annahme eines besonders schweren Falles (nach Nrn. 2 und 3) ausgeschlossen sein (mißverstanden bei *Samson* SK Rdn. 20).

142 Entsprechend § 370 Abs. 3 Nr. 4 AO sowie RegE Abs. 2 Nr. 4 (dazu Bericht Sonderausschuß S. 7) kommt die Annahme eines besonders schweren Falles ferner dann in Betracht, wenn der Täter unter Verwendung nachgemachter oder verfälschter Belege *fortgesetzt* oder wiederholt nicht gerechtfertigte Subventionen erlangt, ohne daß diese ein großes Ausmaß erreichen (dazu sogleich Rdn. 147). Dabei liegt der Schwerpunkt des erhöhten Vorwurfs typischerweise nicht bereits in der (von vornherein ins Auge gefaßten oder stets erneuten) Tatwiederholung, sondern in der auf besondere Raffinesse deutenden Benutzung verkörperter und vom Täter oder Dritten ge- oder verfälschter Täuschungsmittel. – Bei bestimmungswidriger Verwendung einer Subvention kann ein besonders schwerer Fall vor allem dann gegeben sein, wenn der Täter durch die Handlung die Versorgung

[101] RegE S. 25 f; *Dreher/Tröndle* Rdn. 4; *Lackner/Kühl* Rdn. 30; *Müller-Emmert/Maier* NJW **1976** 1661; *Samson* SK Rdn. 102; *Sch/Schröder/Lenckner* Rdn. 5.

auf einem bestimmten Gebiet, sei es auch nur in einem engeren örtlichen Bereich, erheblich gefährdet (vgl. §§ 1 Abs. 3 Nr. 1 a, 2 Abs. 1 Nr. 1 WiStG; *Sch/Schröder/Lenckner* Rdn. 72).

a) Absatz 2 Nr. 1 kombiniert alternativ subjektive und objektive Gesichtspunkte, die im Grunde schon jeder für sich eine Unrechts- und (oder) Schuldsteigerung indizieren: Der grobe Eigennutz knüpft – anders als die Gewinnsucht (vgl. §§ 235, 283 a Nr. 1, 283 d Abs. 3 Nr. 1 StGB, auch § 1 Abs. 3 Nr. 2 c WiStG 1975) – an die Verantwortung des Täters innerhalb der Rechts- und Wirtschaftsgemeinschaft an; dieses Merkmal kehrte traditionellerweise in der klassischen Abgrenzungsformel des § 6 Abs. 2 Nr. 2 WiStG 1949 (§ 3 Abs. 1 Nr. 2 WiStG 1954) gleichrangig neben dem Handeln aus Verantwortungslosigkeit und der hartnäckigen Tatwiederholung wieder. Die Höhe des erlangten Vorteils bzw. der diesem Vorteil unmittelbar entsprechende Umfang des Schadens war der für § 6 Abs. 2 Nr. 1 WiStG 1949 (§ 3 Abs. 1 Nr. 1 WiStG 1954) entscheidende Gesichtspunkt. Die Technik der Kombination mehrerer derartiger Merkmale liegt heute auch der Abgrenzung von Straftat und Ordnungswidrigkeit in §§ 1, 2 WiStG 1975 zugrunde. **143**

Grober Eigennutz ist identisch mit verwerflichem Eigennutz im Sinne des § 6 Abs. 2 Nr. 2 WiStG 1949. Er wird durch das **besonders anstößige Vorteilsstreben** charakterisiert[102]. Der Bericht des Sonderausschusses (S. 7) hält den Begriff für im wesentlichen gleichbedeutend mit dem noch vom RegE vorgeschlagenen Begriff der Gewinnsucht (**aA** RegE S. 26), während insbesondere *Dreher/Tröndle* (Rdn. 31) ein Gewinnstreben ausreichen lassen wollen, das deutlich über dem üblichen kaufmännischen Maß liegt. Jedoch braucht der Adressat der Strafnorm nicht Kaufmann zu sein und ein Standard des Üblichen wird nicht immer festzustellen sein. Es erscheint daher richtiger, auf eine allgemeine *Wertung* abzustellen, als deren Grundlage selbstverständlich auch die feststellbare Verkehrsübung eine Rolle spielen wird. – Enger und ohne Begründung will *Samson* (SK Rdn. 82; vgl. auch *Sch/Schröder/Lenckner* Rdn. 75, die aber zusätzlich „Skrupellosigkeit" fordern) den Eigennutz auf diejenigen Fälle beschränken, in denen es dem Täter ausschließlich um seine Bereicherung geht. Diese Aussage vereinfacht die Wirklichkeit etwaiger Motivbündel allzu sehr (vgl. auch BGHR § 264 Abs. 3 Strafrahmenwahl 1). Selbst bei Erschleichung einer Subvention zugunsten eines anderen ist Eigennutz begrifflich keineswegs ausgeschlossen (so aber wohl *Samson* SK Rdn. 82; gegen ihn zutr. *Sch/Schröder/Lenckner* aaO mit dem Beispiel der Beteiligung am Gewinn des anderen), zumal sich das Merkmal „für sich oder einen anderen" nicht nur auf die zweite Alternative der Nr. 1 bezieht. *Meist* wird freilich bei Erschleichung einer Subvention zugunsten eines anderen Eigennutz nicht anzunehmen sein. **144**

Das Handeln unter **Verwendung nachgemachter oder verfälschter Belege** knüpft an § 370 Abs. 3 Nr. 4 AO an. Der Begriff des **Beleges** ist aber nicht etwa spezifisch steuerrechtlich, sondern in einem weiten Sinne zu verstehen. Das Vorliegen einer Urkunde oder einer technischen Aufzeichnung im Sinne des § 268 reicht aus. Da andere körperliche Gegenstände für § 264 als Beweismittel eine ähnliche Rolle wie urkundliche Erklärungen spielen können (vgl. oben Rdn. 77), kommen diese Gegenstände regelmäßig für die Annahme eines *unbenannten* schweren Falles in Betracht. Unerheblich ist, wer die Belege nachgemacht oder verfälscht hat (zum Vorsatzerfordernis beim Täter bereits oben Rdn. 140). **145**

---

[102] BGH StV **1992** 117 f und bereits BGHR § 264 Abs. 3 Strafrahmenwahl 1 unter Bezugnahme auf RGSt. **75** 237, 240 (zu § 170 a StGB a.F.); *Graßmück* S. 23; *Lackner/Kühl* Rdn. 25; *Sch/Schröder/Lenckner* Rdn. 75.

146 **Nachgemacht oder verfälscht** sind die Belege nur, wenn sie im Sinne des § 267 unecht sind[103]. Die (z. B. auch auf Initiative des Täters zurückgehende) inhaltliche Unrichtigkeit etwa einer Gefälligkeitsrechnung reicht nicht aus, um die durch körperliche Einwirkung auf den Beleg zum Ausdruck kommende besondere kriminelle Energie zu dokumentieren. – Weiter einengend wollen *Dreher/Tröndle* (Rdn. 31) als Nachmachen nicht jedes Herstellen einer unechten Urkunde (Fälschen), sondern nur den Fall verstanden wissen, daß echte Belege *imitiert* werden. Die Frage ist aber praktisch ohne Belang, da *Dreher/Tröndle* (aaO) einräumen, auch die Verwendung eines „nur" gefälschten Beleges könne zur Annahme eines besonders schweren Falles außerhalb des Regel-Beispiels nach Nr. 1 führen. Gewichtiger ist die von *Sch/Schröder/Lenckner* (Rdn. 75) zutreffend vorgeschlagene Einschränkung, daß der nachgemachte oder verfälschte Beleg „ein unrichtiges oder unvollständiges Bild über subventionserhebliche Tatsachen ergeben muß". Die bloße Verwendung von unechten Beweismitteln (z. B. hinsichtlich neutraler Umstände) reicht also nicht aus.

147 Zusätzlich zu dem Motiv des groben Eigennutzes oder der Tatbegehung mittels nachgemachter bzw. verfälschter Belege ist für Nr. 1 erforderlich, daß der Täter für sich oder einen anderen eine nicht gerechtfertigte, nämlich entgegen den Vergabevoraussetzungen gewährte **Subvention großen Ausmaßes** erlangt. Dieses Merkmal, das in § 370 Abs. 3 Nr. 1 AO wiederkehrt, ist zwar reichlich unbestimmt, aber entgegen *Samson* (SK Rdn. 78) doch keine reine Leerformel. Die Höhe des angerichteten Schadens sowie des vom Täter aus der Tat erlangten Vorteils war vielmehr schon immer ein wesentlicher Faktor der Strafzumessung (vgl. auch § 46 Abs. 2), der im Finanzstrafrecht früher kraft Gesetzes und heute teilweise wieder kraft Übung nicht selten sogar zur unmittelbaren Ausrichtung der Höhe der Geldstrafe an der Höhe des Schadens bzw. Vorteils geführt hat. *Sch/Schröder/Lenckner* (Rdn. 74) wollen zur Ermittlung des großen Ausmaßes Durchschnittswerte, die erheblich überschritten sein müssen, zugrundelegen. Jedoch fragt sich dabei, ob der Durchschnittswert der jeweiligen Subventionsart oder der Subventionsaktion oder aber der Durchschnittswert der deliktisch erlangten Subventionen maßgebend sein soll. Darüber hinaus sind beide Werte hinsichtlich ihrer Feststellung häufig dem Richter kaum zugänglich. Wenig sinnvoll wäre es auch, die Ausgangs- und Vergleichswerte zu subjektivieren, nämlich sie von der Größe des Betriebes, der Höhe des Umsatzes oder Einkommens bzw. Gewinnes des Subventionsnehmers usw. abhängig zu machen. Unter vergleichender Heranziehung anderweitiger gesetzlicher Grenzziehungen (z. B. § 13 KWG), denen freilich häufig eine andere Funktion zukommt, wird man vielmehr mit BGHR § 264 Abs. 3 Strafrahmenwahl 1 als Faustregel Subventionserschleichungen in einer **Größenordnung ab etwa 100.000 DM** hierher rechnen können (zust. *Gössel* BT 2 S. 470; vgl. auch Art. 2 Abs. 1 Übereinkommen über den Schutz der finanziellen Interessen der Europäischen Gemeinschaften, ABlEG 1995 Nr. C 316 S. 50: 50.000 ECU als Untergrenze schweren, nämlich mit Freiheitsstrafe zu ahndenden Subventionsbetruges). Für die Bestimmung dieses Umfanges fragt sich, ob bei *Fortsetzungszusammenhang* eine Zusammenrechnung noch statthaft ist, obwohl nach den nunmehr geltenden Grundsätzen tatbestandlich ein Fortsetzungszusammenhang nicht mehr in Betracht kommen dürfte (Rdn. 164). Hieraus ergibt sich aber nichts Zwingendes für § 264 Abs. 2, der – wenn auch in gewisser Hinsicht tatbestandsähnlich, so doch im Kern – Strafzumessungsregel ist (Rdn. 140). Deshalb dürfte es zumindest in Fällen, in denen von Anfang an Gesamtvorsatz besteht, weiterhin möglich sein, den Gesamtvorsatz zur Begründung eines besonders

[103] *Lackner/Kühl* Rdn. 25; *Samson* SK Rdn. 83; *Sch/Schröder/Lenckner* Rdn. 75; auch *Gössel* BT 2 S. 470.

schweren Falles für jeden Einzelakt heranzuziehen, auch wenn die zuvor genannte Größenordnung nur durch sämtliche vom Gesamtvorsatz getragene Einzelakte überschritten ist. Zu beachten ist freilich, daß die Einzelakte entweder aus grobem Eigennutz oder unter Verwendung nachgemachter bzw. verfälschter Belege begangen worden sein müssen, da die Tat insgesamt nur unter dieser Voraussetzung erhöht strafwürdig im Sinne von Nr. 1 ist (ebenso zur bisherigen Rechtslage BGHR aaO). Mit Blick auf *Kreditsubventionen* ist die Frage bedeutsam, ob auf die gewährte Gesamtleistung oder nur auf denjenigen Teil, der die eigentliche (unentgeltliche!) Subvention darstellt, abzuheben ist. Entsprechend dem Hinweis oben Rdn. 37 ergibt sich hier aus Sinn und Zweck von Nr. 1, daß die letztere Auffassung zutrifft (zust. *Lackner/Kühl* Rdn. 25; *Sch/Schröder/Lenckner* aaO). Andernfalls würde bei Kreditsubventionen der besonders schwere Fall der Subventionserschleichung allzu sehr in die Nähe des Regelfalles gerückt werden.

b) Absatz 2 Nr. 2 setzt – wörtlich mit § 370 Abs. 3 Nr. 2 AO übereinstimmend – voraus, daß der Täter seine Befugnisse oder seine Stellung als Amtsträger mißbraucht. Da die Eigenschaft als Amtsträger (Legaldefinition in § 11 Abs. 1 Nr. 2!) ein besonderes persönliches Merkmal darstellt, kann entsprechend § 28 Abs. 2 aber auch der seine Amtsbefugnisse oder Stellung mißbrauchende **Teilnehmer** das Regelbeispiel verwirklichen (*Lackner/Kühl* Rdn. 26; *Sch/Schröder/Lenckner* Rdn. 76). **148**

Nach dem Bericht des Sonderausschusses (S. 7; ebenso RegE S. 26 f) ist bei Nr. 2 primär der in das Vergabeverfahren nur **eingeschaltete Amtsträger** gemeint, der also nicht selbständig über die Subventionsvergabe entscheidet, sondern innerhalb der Behörde einem anderen gegenüber oder auch gegenüber einer anderen Behörde oder Stelle falsche Angaben macht; der entscheidungsbefugte Amtsträger ist gar nicht tauglicher Täter des Absatzes 1 (oben Rdn. 24) und kann folglich auch nicht Absatz 2 Nr. 2 erfüllen (zust. *Graßmück* S. 24). Der nur eingeschaltete Amtsträger soll nach dem Bericht des Sonderausschusses (aaO) bei Mißbrauch seiner Stellung oder seiner Befugnisse allerdings auch dann regelmäßig einen besonders schweren Fall verwirklichen, wenn er ausschließlich zum Vorteil eines anderen, insbesondere des Antragstellers, handelt. Hiergegen melden *Dreher/Tröndle* (Rdn. 32) unter Hinweis auf § 27 Abs. 2 Satz 2 berechtigte Bedenken an, wenn der Amtsträger nur als Gehilfe tätig wird. Allerdings ziehen *Dreher/Tröndle* (aaO) den Kreis der Beihilfehandlungen auf Kosten der Täterschaft des Amtsträgers zu weit: Bei Absatz 1 Nr. 1 ist der Amtsträger, der die Tatbestandsmerkmale vorsätzlich verwirklicht, stets Täter oder Mittäter (oben Rdn. 87). Auch bei Absatz 1 Nr. 3 ist Täterschaft jedenfalls möglich, obwohl häufiger Beihilfe zum Gebrauchmachen vorliegen wird. Ausgeschlossen ist Täterschaft dagegen bei dem eingeschalteten Amtsträger im Hinblick auf Absatz 1 Nr. 2, da der Amtsträger (bisher) nicht nach speziellen Rechtsvorschriften über die Subventionsvergabe zur Mitteilung unberechtigter Inanspruchnahme von Subventionen und Subventionsvorteilen gegenüber dem Subventionsgeber verpflichtet ist. **149**

Ein **Mißbrauch** liegt vor, wenn der Amtsträger vorsätzlich rechtswidrig, insbesondere vorsätzlich ermessenswidrig, handelt (zust. *Graßmück* S. 24; *Schmid* S. 138). Liegt dieses Handeln innerhalb seiner an sich gegebenen Zuständigkeit, so mißbraucht er seine **Befugnisse**, während bei Handeln außerhalb des Zuständigkeitsbereiches, aber unter Ausnutzung der ihm durch sein Amt gegebenen Möglichkeiten, Mißbrauch seiner **Stellung** vorliegt (zutr. *Sch/Schröder/Lenckner* Rdn. 76). Bei eigener Täterschaft des Amtsträgers nach Absatz 1 Nr. 1 genügt für die Annahme von Mißbrauch die Verwirklichung der Täuschungshandlung (*Sch/Schröder/Lenckner* aaO). Die weitergehende Annahme *Samsons* (SK Rdn. 86), die Stellung des Täters müsse ihm die Täuschung „erleichtert" haben, ist für nur eingeschaltete Amtsträger gegenstandslos, da insoweit stets gegeben. Dagegen **150** wird in Beihilfehandlungen des Amtsträgers ein Mißbrauch nur dann zu erblicken sein, wenn sie gerade durch seine Stellung oder Befugnisse als Amtsträger möglich werden (vgl. auch *Dreher/Tröndle* Rdn. 32).

151 Vorteilsannahme und Bestechlichkeit (§§ 331, 332) stellen zwar einen Mißbrauch dar, begründen aber nicht notwendigerweise Täterschaft oder auch nur Beihilfe zu Handlungen nach Absatz 1. Dagegen liegt an sich ein Mißbrauch (und täterschaftliche Begehung der Tat nach Absatz 1) auch vor, wenn ein Amtsträger nicht als eingeschalteter Organwalter, sondern als Vertreter eines öffentlichen und öffentlich-rechtlich organisierten Betriebes oder eines entsprechenden Unternehmens mit Falschangaben Subventionen beantragt. Jedoch erheben *Dreher/Tröndle* (Rdn. 32 a.E.) hier zutreffend Bedenken gegen die regelmäßige Einordnung dieses Falles als besonders schwer, wäre der Unrechtsgehalt der Tat bei privatrechtlicher Organisation desselben Betriebes oder Unternehmens und Handeln eines Angestellten doch kaum ein anderer. – Dagegen kann Täter nach Absatz 1 Nr. 1 im regelmäßig besonders schweren Fall nach Absatz 2 Nr. 2 schließlich derjenige Amtsträger sein, der nicht in das Subventionsverfahren eingeschaltet ist und ohne eigene Antragstellung falsche Angaben macht, z. B. eine unrichtige Bescheinigung in Kenntnis ihrer späteren Verwendung im Subventionsverfahren ausstellt (*Sch/Schröder/Lenckner* Rdn. 76).

152 c) **Absatz 2 Nr. 3** bezeichnet – in wörtlicher Übereinstimmung mit § 370 Abs. 3 AO – das Ausnutzen der Mithilfe eines mißbräuchlich handelnden Amtsträgers als Regelbeispiel eines besonders schweren Falles von Subventionsbetrug. Der praktisch wichtigste Anwendungsfall ist – wenngleich rechtlich nicht zwingend erforderlich – hierbei das kollusive Zusammenwirken von Amtsträger und Täter (zust. *Schmid* S. 139). Für die Einordnung dieses Zusammenwirkens als besonders schweren Fall auch im Hinblick auf den Nicht-Amtsträger war angesichts der entsprechenden Geltung des § 28 Abs. 2 (oben Rdn. 148) eine spezielle Regelung wenn nicht erforderlich, so doch zweckmäßig.

153 Nr. 3 setzt das Vorliegen eines besonders schweren Falles auf seiten des Amtsträgers nach Nr. 2 voraus (*Dreher/Tröndle* Rdn. 33; *Samson* SK Rdn. 88) und verlangt außerdem **Kenntnis** des Täters von diesem mißbräuchlichen Verhalten des Amtsträgers. Mehr als diese Kenntnis, die die Wertung als mißbräuchlich nicht zu umfassen braucht, fordert das „Ausnutzen" nicht. Insbesondere ist rechtlich unerheblich, ob Amtsträger und Täter nach Absatz 1, Absatz 2 Nr. 3 kollusiv zusammenwirken oder nicht, ob der Amtsträger bestochen oder zu seiner Handlung gezwungen wird oder nicht, ob der Amtsträger Mittäter oder Gehilfe oder an der Tat rechtlich unbeteiligt ist (Nebentäterschaft; zust. *Graßmück* S. 25; **aA** *Sch/Schröder/Lenckner* Rdn. 78, die stets Mittäter- oder Gehilfenschaft fordern). In dem typischen Fall, daß der Amtsträger Beihilfe zur Tat leistet und der Täter dies weiß, liegt stets ein Ausnutzen im Sinne von Nr. 3 vor (*Dreher/Tröndle* Rdn. 33).

154 **IX. Nebenfolgen (Absatz 5).** Entsprechend § 375 AO sieht Absatz 5 bestimmte Nebenfolgen der Verurteilung vor, stellt die Verhängung dieser Nebenfolgen aber in das Ermessen des Gerichts. Satz 1 gewährt die in § 45 Abs. 2 vorgesehene Möglichkeit der Aberkennung der Amtsfähigkeit und der Wählbarkeit (passives Wahlrecht). Satz 2 erstreckt die Möglichkeit der Einziehung sachlich auf sog. Beziehungsgegenstände und persönlich auf solche Dritte, die als Eigentümer oder Inhaber von Gegenständen der Tat vorwerfbar im Sinne des § 74 a gehandelt haben.

155 **1.** Der Möglichkeit der **Aberkennung der Amtsfähigkeit und der Wählbarkeit** nach § 45 Abs. 2 liegt der Gedanke zugrunde, denjenigen, der sich vorsätzlich (Absatz 1 und 2!) zu Unrecht öffentliche Mittel verschafft, für eine gewisse Zeit von der Ausübung

öffentlicher Ämter und von Rechten aus öffentlichen Wahlen auszuschließen (*Göhler* Prot. 7/2709). Da diese Möglichkeit bei Verurteilung aus §§ 263, 266 nicht besteht, ist der Grundgedanke allerdings vom Gesetz nicht konsequent durchgehalten (*v. Schoeler* Prot. 7/2709; *Sch/Schröder/Lenckner* Rdn. 80). Der Gesetzgeber hatte eine Überprüfung und Bereinigung dieser wenig befriedigenden Unterschiedlichkeit ins Auge gefaßt (*Göhler* aaO). Bis zur Verwirklichung einer solchen Reform wird von der Möglichkeit des Absatzes 5 Satz 1 um der Gleichmäßigkeit der Strafrechtspflege willen nur zurückhaltend und insbesondere bei umfangreichen Subventionserschleichungen Gebrauch zu machen sein.

Die Aberkennung der Amtsfähigkeit und der Wählbarkeit ist **Nebenstrafe**, nicht Sicherungsmaßregel (*Dreher/Tröndle* Rdn. 35). Die Bezeichnung als „Nebenfolge" in § 45 dient allerdings der Abschwächung des Strafgedankens (Brandmarkung!). Ihre Anordnung liegt im **Ermessen** des Gerichts. Bei der Ermessensausübung sind die allgemeinen Zumessungsregeln des § 46 zu beachten (**aA** *Horn* SK § 45 Rdn. 12). Insbesondere die Höhe der erschlichenen Subvention wird eine gewichtige Rolle spielen (*Göhler* aaO; oben Rdn. 147). **156**

Die Entscheidung bezieht sich trotz des Wortlautes von Satz 1 nicht notwendigerweise einheitlich auf die Fähigkeit, öffentliche Ämter zu bekleiden, und die Fähigkeit, Rechte aus öffentlichen Wahlen zu erlangen[104]. Zwar ist eine genaue Grenze zwischen Amtsfähigkeit und (passiver) Wählbarkeit nicht zu ziehen, da nicht wenige öffentliche Ämter aus Wahlen erlangt werden. Jedoch geht das Gesetz – z. B. in §§ 108 c, 358 – auch im übrigen von einer Trennbarkeit der Begriffe aus. Bei der Ermessensausübung nach Satz 1 wird der Richter freilich *regelmäßig* zu einer **einheitlichen** Aberkennung gelangen, da Amtsfähigkeit und Wählbarkeit etwa gleichrangig sind. **157**

2. Satz 2 gibt vor allem die Möglichkeit, auch solche Gegenstände einzuziehen, die nicht zur Begehung oder Vorbereitung des Subventionsbetruges gebraucht worden oder bestimmt gewesen und auch nicht durch ihn „hervorgebracht" worden sind. Satz 2 ist damit eine besondere Vorschrift im Sinne des § 74 Abs. 4. Folglich ist die **Einziehung** nur unter den Voraussetzungen des § 74 Abs. 2 und 3 oder des ausdrücklich in Bezug genommenen § 74 a zulässig. Während allerdings § 74 eine vorsätzliche Tat voraussetzt, können die in Satz 2 angesprochenen „Beziehungsgegenstände" auch dann eingezogen werden, wenn der Subventionsbetrug nur leichtfertig (Absatz 3) begangen worden ist. **158**

Der **Begriff des Beziehungsgegenstandes** ist bei § 264 besonders schwierig abzugrenzen und ausweislich der Entstehungsgeschichte des Gesetzes (vgl. Prot. 7/2710 ff) *weit* zu verstehen. Gedacht ist vor allem an solche Gegenstände (Waren), die im Hinblick auf einen bestimmten Verwendungszweck verbilligt abgegeben und anschließend der Beschränkung zuwider verwendet werden[105]. Nach *Göhler* (Prot. 7/2710 f) soll aber auch die Geldsumme, welche als Subvention aufgrund falscher Angaben gewährt worden ist und einem Konto des Täters gutgeschrieben wurde, als Beziehungsgegenstand eingezogen werden können. Hieran ist zutreffend, daß „Gegenstand" im Sinne der §§ 74, 74 a, 264 Abs. 5 gemäß der ausdrücklichen Klarstellung durch § 74 a Nr. 1 nicht nur körperliche Sachen, sondern auch Rechte sind. Jedoch hat der Subventionsgeber im Falle der Subventionserschleichung einen Anspruch auf Rückgewähr, dessen Erfüllung im Sinne des § 73 Abs. 1 S. 2 den aus der Tat erlangten Vermögensvorteil beseitigen oder mindern würde. **159**

---

[104] *Horn* SK § 45 Rdn. 11; *Lackner/Kühl* Rdn. 29; **aA** zu der entsprechenden Vorschrift der AO *Franzen/Gast/Samson/Joecks* Steuerstrafrecht mit Steuerordnungswidrigkeiten § 375 Rdn. 11, die die hier vertretene Ansicht aber als überwiegend bezeichnen.

[105] Bericht Sonderausschuß S. 9; *Göhler* Prot. 7/2710; *Dreher/Tröndle* Rdn. 36; *Lackner/Kühl* Rdn. 29; *Sch/Schröder/Lenckner* Rdn. 82.

Es darf daher – ähnlich wie bei einer gestohlenen Sache – regelmäßig weder ein Verfall gemäß § 73 noch eine Einziehung gemäß § 74 angeordnet werden (übereinstimmend *Sch/ Schröder/ Lenckner* Rdn. 83 und 84).

160 Trotz der ausdrücklich gewollten Weite der Einziehungsmöglichkeit bleibt daher ein sinnvoller **Anwendungsbereich für Satz 2** neben dem Fall der verwendungsbeschränkten Waren nur im Hinblick auf die Bescheinigungen nach Absatz 1 Nr. 3, die aber auch schon Tatwerkzeug im Sinne des § 74 Abs. 1 sein können. Hinsichtlich der verwendungsbeschränkten Waren ist Satz 2 bereits anwendbar, wenn der Täter die Ware nach Absatz 1 Nr. 1 erschleicht (*Göhler* Prot. 7/2710; *Sch/Schröder/Lenckner* Rdn. 84), da die Subvention hier nicht in der Überlassung der Ware, sondern in der Verbilligung liegt und die Ware daher nur Beziehungsgegenstand des Subventionsbetruges, nicht aber aus diesem erlangt ist.

161 **X. Konkurrenzen.** Innerhalb der Konkurrenzen ist vor allem das Verhältnis von § 264 zu § 263 einerseits und zu § 370 AO andererseits bedeutsam. Als Ausgangspunkt ist insoweit festzuhalten, daß § 264 im Verhältnis zu § 263 als **Sondertatbestand** konzipiert ist, der dem allgemeinen Betrugstatbestand vorgeht, diesen also subsidiär werden läßt (*Gössel* wistra **1985** 128). Dies folgt daraus, daß die Strafdrohung des Absatzes 1 mit der des § 263 Abs. 1 übereinstimmt, Absatz 1 auch die erfolgreiche Subventionserschleichung mit umfaßt (oben Rdn. 139) und schließlich die Obergrenze für besonders schwere Fälle in §§ 263 Abs. 3, 264 Abs. 2 identisch ist. Während aber dieses Ergebnis der ganz h. M. entspricht[106], herrscht im Verhältnis des § 264 zu § 370 AO die bereits oben Rdn. 27 angedeutete Unklarheit, ob die Erschleichung von Steuervorteilen bereits aus tatbestandlichen oder erst aus Konkurrenzgründen aus § 264 ausscheidet. Zutreffend ist die erstere Ansicht.

162 Praktisch bedeutet dies: Unter dem terminologisch wenig exakten Begriff der „Spezialregelung" (vgl. *Gössel* aaO mit Nachw.) ist stets zunächst zu untersuchen, ob der in Frage stehende Sachverhalt einer **steuerrechtlichen** Regelung unterliegt, da in diesem Fall nur §§ 370 ff AO eingreifen. Im Verhältnis zu § 264 betrifft dieser Vorrang der steuerstrafrechtlichen Regelung vor allem die sogenannten indirekten (Verschonungs-)Subventionen (oben Rdn. 27). Handelt es sich dagegen um eine direkte Subvention, so ist § 264 einschlägig, sofern im Sinne von Absatz 6 Nr. 2 eine **Wirtschaftssubvention** in Frage steht. Problematisch ist dann freilich, ob bei Wirtschaftssubventionen als Tatobjekt eine **Exklusivität** des § 264 in dem Sinne besteht, daß auf § 263 auch dann nicht zurückgegriffen werden kann, wenn § 264 im Ergebnis entfällt, weil es z. B. an der Kennzeichnung oder hinreichenden Erkennbarkeit der Subventionserheblichkeit (Absatz 7) oder am Vorsatz des Täters fehlt oder ein nach § 264 nicht mit Strafe bedrohter untauglicher Versuch vorliegt. Während jedenfalls für die erstere Fallgestaltung *Göhler* (Prot. 7/2671) Straflosigkeit anzunehmen scheint (ebenso deutlicher *Maurach/Schroeder/Maiwald* 1 § 41 III B 2), wird eine allgemeine Exklusivität des § 264 nur von *Biener* (Steuerberaterkongreß-Report 1977 S. 371) vertreten. Die Gegenansicht ist indessen ganz vorherrschend[107]. Sie beruft sich vor allem auf den Zweck des § 264, eine möglichst lückenlose

---

[106] Vgl. Bericht Sonderausschuß S. 6; BGHSt **32** 203, 206 f; BayObLG NJW **1982** 2202, 2203; *Arzt/Weber* LH 4 Rdn. 38; *Blei* II § 62 III 1 f; *Dreher/Tröndle* Rdn. 5; *Göhler/Wilts* DB **1976** 1615; *Krey* BT 2 Rdn. 527; *Lackner/Kühl* Rdn. 30; *Müller-Emmert/Maier* NJW **1976** 1661; *Otto* BT § 61 II 6 c; *Samson* SK Rdn. 101 und 102; *Sch/Schröder/ Lenckner* Rdn. 87; *Wessels* BT 2 Rdn. 657; **aA** (Idealkonkurrenz) *Berz* BB **1976** 1438; *Eberle* S. 179 ff; *Gössel* BT 2 S. 471; *Maurach/Schroeder/ Maiwald* 1 § 41 III B 5; *Schmidt-Hieber* NJW **1980** 323 f; für Vorrang des § 263 bei vollendetem Betrug *Schmidhäuser* BT 11/99.

[107] BGH BB **1991** 98 und NJW **1982** 2453 (f) (insoweit in BGHSt **31** 94 ff nicht abgedruckt); BGHR Konkurrenzen 1; OLG München NJW **1982** 457 f; *Arzt/Weber* aaO Rdn. 39; *Dreher/Tröndle* Rdn. 39; *Heinz* GA **1977** 212, 213 f; *Krey* aaO; *Lackner/ Kühl* Rdn. 31; *Otto* BT § 61 II 6 c; *Ranft* NJW **1986** 3164; *Samson* SK Rdn. 103; *Sch/Schröder/Lenckner* aaO; *Schmidt-Hieber* in: Müller-Gugenberger § 42 D; *Wassmann* Rdn. 66.

Vorverlegung des Strafrechtsschutzes zu erreichen. Damit wird zwar nicht hinreichend berücksichtigt, daß insbesondere die weitgehende Formalisierung der Täuschungshandlung und das Absehen des Gesetzgebers von einer Versuchsstrafbarkeit innerhalb des § 264 zugleich eine gewollte Privilegierung des Täters darstellen, ohne welche die durch § 264 insgesamt vorgesehene Verschärfung kaum zu rechtfertigen wäre. Es spricht daher auf der Grundlage der h. M., die durch § 264 auch Vermögensschutz bezweckt sieht, einiges dafür, § 264 nicht nur als Sondertatbestand anzusehen, sondern ihm auch *Sperrwirkung* gegenüber § 263 beizumessen. Einen Anhalt hierfür gibt auch die im Verhältnis zu § 263 Abs. 3 niedrigere Strafrahmenuntergrenze für besonders schwere Fälle von Subventionsbetrug. § 263 bliebe nach dieser Ansicht nur – was *insoweit* unstreitig ist – in den Fällen anwendbar, in denen der Vermögensvorteil keine Subvention im Sinne des Absatzes 6 ist. Jedoch ist der Hinweis der h. M. auf schwer erträgliche und kaum verständliche Strafbarkeitslücken bei Annahme von Exklusivität des § 264 letztlich durchschlagend und vor allem auf dem Boden der hier vertretenen Rechtsgutsbestimmung (oben Rdn. 14) ohne weiteres akzeptabel. Es sei nur an die Möglichkeit der Subventionsgewährung durch staatliche Bürgschaften (oben Rdn. 34) erinnert, bei der trotz genauer vertraglicher Festlegung der Vergabe- und Widerrufsbedingungen eine relevante, nämlich durch Gesetz usw. vorgenommene Bezeichnung der Subventionserheblichkeit fehlt. Hier trotz eindeutiger Täuschungshandlungen Straflosigkeit (wegen Unanwendbarkeit des § 263) anzunehmen, wäre ebenso verfehlt wie in dem umfänglichen Bereich solcher Wirtschaftssubventionen, die ohne rechtssatzmäßige Regelung nach Verwaltungsrichtlinien vergeben werden. Folgerichtig wird man dann auch eine Sperrwirkung ablehnen und die Anwendung des § 263 bzw. der §§ 263, 22 für alle Handlungen zulassen müssen, die einen nach § 264 straflosen (z. B. auch untauglichen) Versuch darstellen (zust. BGH NJW **1982** 2453; eingehend *Sch/Schröder/Lenckner* Rdn. 87 mit weit. Nachw.; vgl. aber auch oben Rdn. 134).

Sind Steuervorteile, direkte Wirtschaftssubventionen und andere Vermögensvorteile (z. B. Sozialsubventionen) Gegenstand derselben Tathandlung, so ist **Tateinheit** anzunehmen. Auch im Verhältnis zur Urkundenfälschung (§§ 267 ff) liegt trotz Absatz 2 Nr. 1 Tateinheit vor (*Dreher/Tröndle* Rdn. 39; *Sch/Schröder/Lenckner* Rdn. 86; **aA** *Samson* SK Rdn. 104: Konsumtion von §§ 267, 268 bei Gebrauchen unechter Unterlagen). Tatmehrheit dürfte in der Regel im Verhältnis zu Bestechlichkeit (*Dreher/Tröndle* aaO), Tateinheit im Verhältnis zu Bestechung (vgl. Abs. 2 Nr. 3!) vorliegen (*Penner* Prot. 7/2686). Bei Erschleichung einer Kreditsubvention ist Tateinheit im Verhältnis von § 264 und § 265 b anzunehmen (*Tiedemann* LK § 265 b Rdn. 29; zust. *Samson* SK aaO; *Sch/Schröder/Lenckner* Rdn. 86; **aA** für den Regelfall *Dreher/Tröndle* aaO). **163**

Hinsichtlich der einzelnen Tathandlungen nach **Absatz 1** geht Nr. 1 der **Nr. 2** vor, wenn der Täter unvollständige Angaben macht (ebenso *Gössel* BT 2 S. 471). Jedoch handelt es sich hier um ein Tatbestands- und nicht erst um ein Konkurrenzproblem (vgl. oben Rdn. 81; **aA** *Dreher/Tröndle* Rdn. 39; vgl. auch BGHR § 264 Abs. 1 Konkurrenz). Wohl aber können Nr. 1 und Nr. 2 bei Bezug auf unterschiedliche Sachverhalte und (Teil-)Beträge tatmehrheitlich zusammentreffen (BGH aaO). Erlangt der Täter durch vorsätzlich oder leichtfertig falsche Angaben eine Bescheinigung über eine Subventionsberechtigung oder über subventionserhebliche Tatsachen und macht er selbst in einem Subventionsverfahren von dieser Bescheinigung in Kenntnis ihrer Unrichtigkeit Gebrauch, so tritt Nr. 3 gegenüber Nr. 1 zurück (*Dreher/Tröndle* Rdn. 22; *Otto* BT § 61 II 6 a). Die praktisch nicht seltene fortgesetzte Begehung von Subventionsbetrügereien dürfte nach den Maßstäben von BGHSt **40** 138 (§ 263) und 195 (§ 370 AO) rechtlich **nicht** mehr als **Fortsetzungszusammenhang** zu erfassen sein, da der Tatbestand des § 264 – ähnlich wie **164** der des Betruges und der Steuerhinterziehung – „jeweils hinreichend voneinander abgrenzbar" einzelne Verhaltensweisen beschreibt.

165 Bei nach europäischem **Gemeinschaftsrecht** gewährten Subventionen können unrichtige Angaben zugleich § 264 und Tatbestände gemeinschaftsrechtlicher punitiver Sanktionsvorschriften erfüllen (z. B. Strafzuschläge bei der Wiedereinziehung von Einkommensbeihilfen, die von Landwirten durch unrichtige Angaben erwirkt worden waren: Art. 13 Abs. 3 lit. b VO [EWG] 1279/90, ABlEG 1990 Nr. L 371 S. 17 ff; *Tiedemann* NJW **1993** 27; *Heitzer* S. 84 ff, 167 f). In diesen Fällen bleibt § 264 trotz des grundsätzlich bestehenden Vorrangs des Gemeinschaftsrechts anwendbar: Gemeinschaftsrechtliche Sanktionsvorschriften sollen nur einen Mindeststandard darstellen und lassen deshalb weitergehende mitgliedstaatliche Strafvorschriften unberührt[108]. Der Vorrang des Gemeinschaftsrechts wirkt sich jedoch dahin aus, daß selbst dann, wenn die gemeinschaftsrechtliche Sanktionsvorschrift dasselbe Rechtsgut schützen sollte wie § 264, keine Gesetzes-, sondern Idealkonkurrenz anzunehmen ist, § 84 Abs. 1 OWiG also keine entsprechende Anwendung findet (*Heitzer* S. 174 f). Zum Verfahren bestimmt Art. 6 VO (EG, EURATOM) Nr. 2988/95 (oben Rdn. 8), daß das Verwaltungsverfahren bei Einleitung eines dieselbe Tat betreffenden Strafverfahrens ausgesetzt werden kann (Abs. 1) und nach Abschluß des Strafverfahrens wieder aufgenommen wird, „sofern allgemeine Rechtsgrundsätze nicht entgegenstehen" (Abs. 3). Da der Grundsatz „ne bis in idem" (Art. 103 Abs. 3 GG) auch gemeinschaftsrechtlich als allgemeiner Rechtsgrundsatz anerkannt werden muß, ist die Wiederaufnahme ausgeschlossen, wenn im Strafverfahren – auch – eine rechtskräftige Entscheidung hinsichtlich der gemeinschaftsrechtlichen Sanktion getroffen worden ist. Im übrigen und für den Fall, daß eine Wiederaufnahme möglich und geboten ist, bestimmt Art. 6 Abs. 4 VO, daß von Justizbehörden bereits verhängte Sanktionen bei der Ahndung nach Gemeinschaftsrecht berücksichtigt werden „können". Selbst wenn dies als Einräumung eines Ermessens zu verstehen wäre, gebietet der auch gemeinschaftsrechtlich anerkannte Verhältnismäßigkeitsgrundsatz in der Regel eine Berücksichtigung.

XI. Internationales Strafrecht

166 **1.** Daß § 264 auch **EG-rechtliche Subventionen** schützt – und zwar unabhängig davon, ob diese unmittelbar von der EG oder (so meist) von deutschen Stellen gewährt werden –, ergibt sich unmittelbar aus § 264 Abs. 6 (oben Rdn. 25 u. 30 mit Fußn. 35), der für EG-rechtliche Abgaben seine Entsprechung in § 370 Abs. 7 AO bzw. §§ 1 Abs. 1, 3 Abs. 1 Satz 2 AO findet (*Tiedemann/Otto* ZStW **107** [1995] S. 598). Diesen Schutz erweitert § 6 Nr. 8 dahingehend, daß § 264 unabhängig vom Recht des Tatorts auch im Ausland begangene Taten erfaßt; dabei führt die Legaldefinition des § 264 Abs. 6 allerdings dazu, daß dies – wie in § 370 Abs. 7 AO für Abgaben ausdrücklich formuliert – nur für Taten in *Mitgliedstaaten der EU* gilt („Europarechtsprinzip": *Jescheck/Weigend* § 18 III 4). Begeht allerdings der deutsche Täter (z. B. als Inhaber eines deutschen Tochterunternehmens) die Tat im EU-Ausland, so findet § 264 bereits nach § 7 Abs. 2 Nr. 1 Anwendung, wenn die Tat am ausländischen Tatort mit (Kriminal-)Strafe bedroht ist. Letzteres ist innerhalb der EU freilich keineswegs durchgehend der Fall (vgl. etwa für Spanien die oben Rdn. 10 genannte Wertgrenze und die nach h. M. bestehende Exklusivität des derart eingeschränkten Spezialtatbestandes[109]). Art. 7 Übereinkommen über den Schutz der

[108] GA *Jacobs* in EuGH Rs. C 217/88, Slg. **1990** I, 2879, 2892; *Heitzer* S. 169 f, 176; vgl. nunmehr Eingangserwägung der EG-Verordnung Nr. 2988/95 über den Schutz der finanziellen Interessen der Gemeinschaften vom 18. 12. 1995 (oben Rdn. 8).

[109] *Bajo Fernández/Suárez González* Manual de Derecho Penal (Parte Especial) Bd. II, 2. Aufl. (1993), S. 629 f (Rdn. 109 und 116); *Muñoz Conde* Derecho Penal Parte Especial, 10. Aufl. (1995), S. 876.

finanziellen Interessen der Europäischen Gemeinschaften (ABlEG 1995 Nr. C 316 S. 51) sieht im Verhältnis der Mitgliedstaaten die Anwendung des Prinzips **„ne bis in idem“** vor, ist aber noch nicht in Kraft gesetzt (vgl. Art. 11).

2. Angesichts der häufigen Auslandsberührung von Subventionssachverhalten kommt der **Amts- und Rechtshilfe** Bedeutung zu. Das einschlägige Gesetz über die internationale Rechtshilfe in Strafsachen vom 23.12.1982 (BGBl 1982 I S. 2071) gilt subsidiär, soweit nicht völkerrechtliche Konventionen eingreifen; Art. 6 des vorgenannten Übereinkommens ist noch nicht in Kraft (Rdn. 166). Da der „Subventionsbetrug“ trotz gewisser Berührungspunkte mit der Steuerhinterziehung (und der Erschleichung von Steuervorteilen, vgl. oben Rdn. 6) kein Fiskaldelikt im herkömmlichen Sinne ist, greifen die traditionell weitreichenden Beschränkungen des Amts- und Rechtshilfeverkehrs in Besteuerungs- und Steuerstrafrechtsangelegenheiten nicht ein (vgl. auch Art. 5 Abs. 3 des erwähnten Übereinkommens). Hinweise insbesondere zum Verhältnis von verwaltungsrechtlichen Auskünften und Strafverfahren sowie zur Umgehung von Amts- und Rechtshilfebeschränkungen durch „privatdienstliche“ Ermittlungen bei *Dreiss/Eitel-Dreiss* S. 80 f und bei *Tiedemann* Bockelmann Festschrift (1979) S. 819 ff. 167

XII. Strafanzeige und Strafverfolgung

1. Gemäß § 6 SubvG haben Gerichte und Behörden von Bund, Ländern und kommunalen Trägern der öffentlichen Verwaltung Tatsachen, die sie dienstlich erfahren und die den Verdacht eines Subventionsbetruges begründen, den Strafverfolgungsbehörden mitzuteilen (dazu *Volk* JZ **1982** 89). Diese in der Steuerpraxis seit langem bekannte **Verpflichtung zur Erstattung von Strafanzeigen** findet im deutschen – anders als im ausländischen – Recht nur wenige Parallelen (vgl. neben § 116 AO insbesondere § 183 GVG). Sie wurde im Gesetzgebungsverfahren mit der Erwägung bekämpft, diese Verpflichtung störe das Kooperationsverhältnis zwischen Subventionsgeber und Subventionsnehmer (vgl. *Tiedemann* ZStW **88** [1976] S. 260). Diese Erwägung wurde jedoch zutreffend mit dem Hinweis darauf ausgeräumt, daß bei vorsätzlich oder leichtfertig gemachten Falschangaben des Antragstellers oder Subventionsnehmers, also bei „Subventionsunehrlichkeit“ eines Kooperationspartners, dieses Kooperationsverhältnis ohnehin gestört sei und daß zudem das öffentliche Interesse an einer Strafverfolgung im Hinblick auf die Effektivität der Generalprävention höherrangig sei (*Friemel* S. 94). 168

Mitteilungspflichtig in diesem Sinne ist einerseits nicht nur eine solche Stelle, die speziell mit Prüfungsaufgaben betraut ist, andererseits aber auch nicht jeder einzelne Amtsträger, sondern nur der für die Behörde **Vertretungsbefugte**. Dem letzteren sollen Unregelmäßigkeiten von den übrigen Behördenangehörigen gemäß „den allgemeinen dienstlichen Vorschriften“ mitgeteilt werden (Bericht Sonderausschuß S. 21). Ein *Bagatellvorbehalt* wurde in § 6 SubvG nicht eingefügt, da sich eine allgemein gültige Wertgrenze nicht finden lasse; auch wurde der Vorschlag einer partiellen Formalisierung der Anzeigepflicht – z. B. in Fällen der Einleitung verwaltungsrechtlicher Widerrufsverfahren – abgelehnt, da die Einleitung eines solchen Verfahrens gelegentlich aus Umständen unterbleiben könne, die an dem Strafbedürfnis nichts ändern (Bericht aaO S. 22). Insoweit wurde allerdings in Anlehnung an ausländische Erfahrungen (*Delmas-Marty* Recueil Dalloz **1978** 91) schon in der Voraufl. (Rdn. 138) die Befürchtung geäußert, daß die gesetzlich normierte Strafanzeigeverpflichtung in der Praxis weitgehend unerfüllt bleibt, zumal entsprechende Aufklärungspflichten der Gerichte und Behörden nur ausnahmsweise existieren (vgl. *Tiedemann* JR **1964** 5, 7; auch *Carlsen* AgrarR **1978** 299). Jedoch ist keineswegs erforder- 169 lich, daß das Vorliegen eines Subventionsbetruges feststeht oder mit einer an Sicherheit grenzenden Wahrscheinlichkeit anzunehmen ist (übereinstimmend § 116 AO). Es wäre wünschenswert, daß im Wege von Verwaltungserlassen konkretisiert würde, wann ein zur Anzeige verpflichtender Verdacht des Subventionsbetruges vorliegt (vgl. etwa für das französische Strafrecht Circulaire du Ministère de la Justice vom 13. 2. 1973). Immerhin ist bereits nach geltendem Recht darauf hinzuweisen, daß der zur Mitteilung Verpflichtete im Falle des Unterlassens der Mitteilung wegen **Strafvereitelung** (§ 258) oder Begünstigung (§ 257) strafbar ist (*Sch/Schröder/Stree* § 258 Rdn. 19).

170 Übrigens verpflichtet das europäische *Gemeinschaftsrecht* die Mitgliedstaaten (und deren Behörden), der Europäischen Kommission über Betrügereien und Unregelmäßigkeiten im Rahmen der Finanzierung der gemeinsamen Agrar- und Strukturpolitik sowie der Erhebung von Zöllen und Agrarabgaben Mitteilung zu machen (Art. 3 u. 5 VO 595/91, ABlEG 1991 Nr. L 67 S. 11 ff; Art. 23 Abs. 1 VO 2083/93, ABlEG 1993 Nr. L 193 S. 1 ff; Art. 6 Abs. 3 VO 1552/89, ABlEG 1989 Nr. L 155 S. 1 ff). Hierzu sind regelmäßig Aufstellungen der ermittelten Fälle (mit der Angabe, gegen welche Vorschriften jeweils verstoßen und welcher Betrag zu Unrecht erlangt wurde) zu übermitteln, und es ist auch über die Verfahrenseinleitung und die Wiedereinziehung zu Unrecht ausgezahlter Beträge zu berichten. Die Kommission wertet die Meldungen aus, um die Verfolgung von Betrügereien zum Nachteil der finanziellen Interessen der Gemeinschaften in den Mitgliedstaaten zu koordinieren und zu überwachen. Eine Sanktion ist mit der Verletzung der Mitteilungspflicht nicht verbunden.

171 **2.** Die **RiStBV** erwähnen in dem Abschnitt über „Betrug“ den Subventionsbetrug bisher nicht, so daß insoweit keine gezielten kriminalistischen Hinweise und Hilfen für die Verfolgung dieser Straftat vorliegen (ausführlich dazu aber *Graßmück* S. 135 ff). Der Strafverfolgungsbeamte sollte jedoch jedenfalls die weitreichende *Verfilzung* von Subventionsvergabestellen und Subventionsdestinatären beachten und der verbreiteten *fiskalischen* Auffassung entgegentreten, daß mit der Rückgewähr der erschlichenen Subventionsleistung der Schaden beglichen und für eine Strafverfolgung kein Raum mehr sei. Auch bei der im übrigen empfohlenen Kontaktaufnahme mit den zuständigen Fachbehörden ist die Erfahrung zu berücksichtigen, daß Mißbräuche im Subventionswesen zu einem erheblichen Teil durch das Fehlverhalten dieser Behörden mitverursacht werden und die Mitwirkungsfreudigkeit der Behörden bei der Strafverfolgung häufig entsprechend gering ist.

172 **3.** Der Subventionsbetrug nach § 264 fällt gemäß § 74 c Abs. 1 Nr. 5 GVG in die **Zuständigkeit der Wirtschaftsstrafkammer**, sofern die Staatsanwaltschaft wegen der besonderen Bedeutung des Falles, vor allem im Hinblick auf die Höhe der erschlichenen Subvention (vgl. Absatz 2 Nr. 1!), nach § 24 Abs. 1 Nr. 3 GVG Anklage zum Landgericht erhebt.

173 Für das sonstige **Verfahrensrecht** ist hervorzuheben, daß gemäß Art. 6 Nr. 7 b 1. WiKG auf dem Gebiet des *EG-Marktordnungsrechts* für strafrechtliche Ermittlungsverfahren nicht mehr die Oberfinanzdirektion, sondern die Staatsanwaltschaft zuständig ist; jedoch kann die Staatsanwaltschaft die Ermittlungen durch die Hauptzollämter oder die Zollfahndungsämter vornehmen lassen (§ 37 Abs. 1 Nr. 2 MOG). Das InvestitionszulagenG 1993 (§ 9) und das BerlinförderungsG 1990 (§ 20) schreiben für die Verfolgung einer Straftat nach § 264 die entsprechende Anwendung der Verfahrensvorschriften der AO vor. Insoweit besteht also insbesondere eine eigene Ermittlungskompetenz der

Finanzbehörden einschließlich des Rechtes, einen Strafbefehl nach § 400 AO zu beantragen (vgl. bereits *Henneberg* BB **1977** 940 mit Nachw.).

Die früher vom Gesetz ausdrücklich vorgesehenen *Rechte von Verwaltungsbehörden auf Teilnahme am Strafverfahren* wegen Subventionsbetruges (vgl. Voraufl. Rdn. 141) sind aus Gründen der Vereinheitlichung des Strafverfahrensrechts beseitigt worden (vgl. *Tiedemann/Otto* ZStW **107** [1995] S. 597). Sie haben aber dadurch an Aktualität wiedergewonnen, daß die **EG-Kommission** innerhalb der Mitgliedstaaten der EU gezielt versucht, eine Beteiligung am Strafverfahren zu erlangen, auch um die Realisierung der verwaltungsrechtlichen Erstattungsansprüche zu verbessern. Da § 403 Abs. 1 StPO keine Beteiligung im Hinblick auf öffentlich-rechtliche Erstattungsansprüche kennt und abgesehen von dem Spezialfall des § 395 Abs. 1 Nr. 3 StPO auch eine Nebenklägerstellung ausscheidet, kommen insoweit nur die in §§ 406 d, 406 e StPO gewährleisteten Informationsrechte in Betracht. Auf der Grundlage einer weiten Auslegung des Verletztenbegriffes kann allerdings die durch Subventionsbetrug geschädigte Stelle (einschließlich der EG-Kommission) das Klageerzwingungsverfahren nach §§ 172 ff StPO – mit der Folge des erwähnten § 395 Abs. 1 Nr. 3 StPO – betreiben (vgl. *Löwe/Rosenberg/Rieß* § 172 Rdn. 59). Für eine weite Auslegung der Vorschriften der StPO zugunsten der EG-Kommission spricht insoweit der in Art. 5 EGV niedergelegte Grundsatz der Gemeinschaftstreue (vgl. *Tiedemann* Gutachten S. 90 ff). 174

§ 264 a

Kapitalanlagebetrug

(1) Wer im Zusammenhang mit

1. dem Vertrieb von Wertpapieren, Bezugsrechten oder von Anteilen, die eine Beteiligung an dem Ergebnis eines Unternehmens gewähren sollen, oder

2. dem Angebot, die Einlage auf solche Anteile zu erhöhen,

in Prospekten oder in Darstellungen oder Übersichten über den Vermögensstand hinsichtlich der für die Entscheidung über den Erwerb oder die Erhöhung erheblichen Umstände gegenüber einem größeren Kreis von Personen unrichtige vorteilhafte Angaben macht oder nachteilige Tatsachen verschweigt, wird mit Freiheitsstrafe bis zu drei Jahren oder mit Geldstrafe bestraft.

(2) Absatz 1 gilt entsprechend, wenn sich die Tat auf Anteile an einem Vermögen bezieht, das ein Unternehmen im eigenen Namen, jedoch für fremde Rechnung verwaltet.

(3) Nach den Absätzen 1 und 2 wird nicht bestraft, wer freiwillig verhindert, daß auf Grund der Tat die durch den Erwerb oder die Erhöhung bedingte Leistung erbracht wird. Wird die Leistung ohne Zutun des Täters nicht erbracht, so wird er straflos, wenn er sich freiwillig und ernsthaft bemüht, das Erbringen der Leistung zu verhindern.

Schrifttum

Vgl. zunächst die Angaben über die **Materialien** und die **allgemeine Literatur** zum 2. WiKG bei § 263 a sowie die Angaben zu § 265 b.

Speziell zum Kapitalanlagebetrug *Alessandri* Offerta di investimenti finanziari e tutela penale del risparmiatore, in: Centro Nazionale di Prevenzione e Difesa Sociale (Hrsg.), Mercato finanziario e disciplina penale (Mailand 1993) S. 201; *Backes* Zum strafrechtlichen Risiko der unternehmerischen Tätigkeit im Zusammenhang mit steuergünstigen Kapitalanlagen, RPK (Recht und Praxis der Kapitalanlage) Nr. 9/1981 S. 1; *Brenner* Kapitalanlagebetrug, Kriminalistik **1987** 66; *Cerny* § 264 a StGB – Kapitalanlagebetrug, Gesetzlicher Anlegerschutz mit Lücken, MDR **1987** 271; *Flanderka/Heydel* Strafbarkeit des Vertriebs von Bauherren-, Bauträger- und Erwerbermodellen gem. § 264 a StGB, wistra **1990** 256; *Franzheim* Probleme der Wirtschaftskriminalität aus der Sicht des Staatsanwalts, in: Tiedemann (Hrsg.), Die Verbrechen in der Wirtschaft, 2. Aufl. (1972) S. 111; *Gäbhard* Das Tatbestandsmerkmal der „wesentlichen Umstände" beim Kapitalanlagebetrug § 264 a StGB, Diss. Freiburg i.Br. 1993; *Gallandi* § 264 a StGB – Der Wirkung nach ein Mißgriff? wistra **1987** 316; *Garz-Holzmann* Die strafrechtliche Erfassung des Mißbrauchs der Berlinförderung durch Abschreibungsgesellschaften (1984); *Geilen* Aktienstrafrecht (1984); *Grotherr* Der neue Straftatbestand des Kapitalanlagebetrugs (§ 264 a StGB) als Problem des Prospektinhalts und der Prospektgestaltung, DB **1986** 2584; *Jaath* Zur Strafbarkeit der Verbreitung unvollständiger Prospekte über Vermögensanlagen, Dünnebier-Festschrift (1982) S. 583; *Jehl* Die allgemeine vertrauensrechtliche und die deliktsrechtliche Prospekthaftung der Banken und Versicherungen unter dem Blickwinkel des neuen § 264 a StGB, DB **1987** 1772; *Joecks* Anleger- und Verbraucherschutz durch das 2. WiKG, wistra **1986** 142; *Joecks* Der Kapitalanlagebetrug, in: Praxis der steuerbegünstigten Kapitalanlagen XVII (1987); *Joecks* Strafrechtliche Risiken durch den Tatbestand des Kapitalanlagebetrugs, in: Praxis der steuerbegünstigten Kaiptalanlagen Bd. XVI (1986); *Kaligin* Die Konzeption und der Vertrieb von (steuerbegünstigten) Kapitalanlagen im Blickwinkel des § 264 a StGB, WPg **1987** 354; *Kaligin* Strafrechtliche Risiken bei der Konzipierung und beim Vertrieb von steuerbegünstigten Kapitalanlagen, WPg **1985** 194; *Knauth* Kapitalanlagebetrug und Börsendelikte im zweiten Gesetz zur Bekämpfung der Wirtschaftskriminalität, NJW **1987** 28; *Kriegelsteiner* Anlegerbetrug, in: Poerting (Hrsg.), Wirtschaftskriminalität Bd. II (1985) S. 9; *Liebel/Oehmichen* Motivanalyse bei Opfern von Kapitalanlagebetrug (1992); *Machunsky* Zur Anwendung von § 264 a StGB auf Lebensversicherungen, KaRS Kapitalanlagen **1990** 350; *Martin* Aktuelle Probleme bei der Bekämpfung des Kapitalanlageschwindels, wistra **1994** 127; *Martin* Criminal Securities and Commodities Fraud, Kapitalanlagebetrug im US-amerikanischen und deutschen Recht (1993); *Mutter* § 264 a StGB: Ausgewählte Probleme rund um ein verkanntes Delikt, NStZ **1991** 421; *Otto* Die strafrechtliche Bekämpfung unseriöser Geschäftstätigkeit (1990); *Otto* Neue und erneut aktuelle Formen betrügerischer Anlageberatung und ihre strafrechtliche Ahndung, Pfeiffer-Festschrift (1988) S. 69; *Otto* Strafrechtliche Aspekte der Anlageberatung, WM **1988** 729; *Pabst* Rechtliche Risiken bei Konzeption und Vertrieb von Kapitalanlagen (1989); *Richter* Kapitalanlagebetrug, in: Krekeler/Tiedemann/Ulsenheimer/Weinmann (Hrsg.), HWiStR (1988); *Richter* Strafbare Werbung beim Vertrieb von Kapitalanlagen, wistra **1987** 117; *Richter* Strafrechtliche Neuregelungen zur Bekämpfung der Wirtschaftskriminalität, insbesondere: Unrichtige Angaben in Prospekten über Kapitalanlagen, in: Bihr/Jahrmarkt/Knapp (Hrsg.), Vorteilhafte Geldanlagen (VG) Jg. 9 (1986) H. 9 Gr. 4 S. 1305; *Richter* Strafrechtliche Risiken bei der Abwicklung von Bauherren- und Erwerbermodellen, in: VG Jg. 8 (1985) H. 7 Gr. 4 S. 1193; *Rössner/Worms* Welche Änderungen bringt § 264 a StGB für den Anlegerschutz? BB **1988** 93; *Scheu* Das Börsenstrafrecht und seine Reform, Diss. Gießen 1974; *Schmidt-Lademann* Zum neuen Straftatbestand „Kapitalanlagebetrug" (§ 264 a StGB), WM **1986** 1241; *Schniewind/Hausmann* Anlegerschutz durch Strafrecht, BB **1986** Beil. Nr. 16, 26; *Tiedemann* Kommentar zum GmbH-Strafrecht, 3. Aufl. (1995); *Tiedemann* Wirtschaftskriminalität und Wirtschaftsstrafrecht in den USA und in der Bundesrepublik Deutschland (1978); *v. Ungern-Sternberg* Wirtschaftskriminalität beim Handel mit ausländischen Aktien, ZStW **88** (1976) S. 653; *Winkelbauer* Art. Warentermingeschäfte, in: HWiStR (1988); *Worms* Anlegerschutz durch Strafrecht (1987); *Worms* § 264 a StGB – ein wirksames Remedium gegen den Anlageschwindel? wistra **1987** 242, 271.

Aus der nichtstrafrechtlichen Literatur *Assmann/Schneider* (Hrsg.), Wertpapierhandelsgesetz (Kommentar) (1995); *Assmann/Schütze* (Hrsg.), Handbuch des Kapitalanlagerechts (1990); *v. Heymann* Haftung für unrichtige Prospektangaben, DStR **1993** 840; *Holler* Kapitalanlegerschutz in Abschreibungsgesellschaften, Diss. Mainz 1996; *Hopt* Inwieweit empfiehlt sich eine allgemeine gesetzliche Regelung des Anlegerschutzes? Verh. 51. DJT Bd. I (1976) S. G 1; *Hueck/Canaris* Recht der Wertpapiere, 12. Aufl. (1986); *Imo* Börsentermin- und Börsenoptionsgeschäfte (1988); *Kümpel*

Börsenrecht (1996); K. *Müller* Prospektpflicht für öffentliche Wertpapier-Angebote ab 1991, WM **1991** 213; *Pleyer/Hegel* Die Bedeutung des neuen § 264 a StGB für die zivilrechtliche Prospekthaftung bei der Publikums-KG, ZIP **1987** 79; *Schwark* Börsengesetz (Kommentar), 2. Aufl. (1994); *Schwark* Die Haftung aus dem Prospekt über Kapitalanlagen, BB **1979** 897; *Stenzel* Außerbörslicher Aktienhandel (1995); *Werner/Machunsky* Rechte und Ansprüche geschädigter Kapitalanleger, 3. Aufl. (1991).

Übersicht

I. Entstehungsgeschichte und kriminalpolitischer Hintergrund; Auslandsrechte. 1
Der Straftatbestand wurde durch das **2. WiKG** 1986 eingeführt, ist aber nicht ohne Vorläufer. Die Lauterkeit der Werbung auf dem Kapitalmarkt wurde klassischerweise durch das Aktien- und Börsenstrafrecht gewährleistet (*Tiedemann* Wirtschaftsstrafrecht I S. 133). Bereits das BörsenG 1896 (§ 75 Abs. 3; seit 1908 § 88 Abs. 3) stellte den *Prospektbetrug* bei Wertpapieren (auch außerhalb des Börsenhandels, vgl. *Worms* S. 212 mit Nachw.) strafbar: Mit Strafe wurde bedroht, „*wer in der Absicht, sich oder einen anderen zu bereichern, … in Prospekten (§ 38) oder öffentlichen Mitteilungen, durch welche die Zeichnung oder der Ankauf von Wertpapieren herbeigeführt werden soll, unrichtige Angaben macht*“ (§ 88 Abs. 1 Nr. 2 BörsenG). Obwohl durch das EGStGB 1974 zahlreiche Straftatbestände des BörsenG gestrichen wurden, blieb der Tatbestand in der Strafrechtsreform unangetastet. In der Erkenntnis, daß dem Anlegerpublikum Gefahren eher

durch nichtbörsennotierte Kapitalanlageformen (wie Kommanditbeteiligungen usw.) als durch börsennotierte und kontrollierte Wertpapiere (wie Aktien usw.) drohen, schlug die Sachverständigenkommission zur Bekämpfung der Wirtschaftskriminalität einen Straftatbestand der „schwindelhaften Angebote von Gesellschaftsbeteiligungen" vor, der sich in ähnlicher Form in § 188 AE 1977 fand (weitergehend dessen § 189: „unrichtige Anlageberatung"). Trotz erheblichen Widerstandes der Interessengruppen (*Kaligin* Kriminalistik **1981** 65) entschloß sich der Gesetzgeber, die herkömmliche Strafbarkeit des Wertpapier-Prospektbetrugs und die Reformvorschläge zu einem einheitlichen Tatbestand des **Kapitalanlagebetruges** zusammenzufassen (vgl. BTDrucks. 10/5058 S. 31). Die Tatbestandsformulierung war bereits in den Regierungsentwürfen zum 2. WiKG (BTDrucks. 9/2008 S. 4; 10/318 S. 4) enthalten und wurde durch die parlamentarischen Beratungen (Sonderausschuß für die Strafrechtsreform, BTDrucks. 7/5291 S. 16; Rechtsausschuß, BTDrucks. 10/5058 S. 31) nicht verändert. Mit dem Inkrafttreten dieses Tatbestandes am 1.8.1986 wurde § 88 Abs. 1 Nr. 2 BörsenG a.F. außer Kraft gesetzt.

2 Die Vorschrift geht davon aus, daß sich die Versorgung der Wirtschaft mit langfristigen Geldern nicht nur durch Kreditaufnahme (sogleich Rdn. 3), sondern vor allem auch durch Eigenkapitaleinwerbung mit dem technischen Mittel der **Emission von Wertpapieren** und durch **Beteiligung an Unternehmen** vollzieht. Neue Formen der Kapitalanlage einerseits und das seit Mitte der 60er Jahre entstandene Interesse breiter Bevölkerungskreise an diesen (teilweise hochriskanten) neuen Formen der Kapitalbildung andererseits führten zu dem Bedürfnis, die meist unerfahrenen Anleger gegenüber trügerischen Angeboten auf dem außerbörslichen sog. freien (Neben)Kapitalmarkt in einer Weise zu schützen, die von der Rechtsform des Unternehmens (z. B. als AG) unabhängig ist. Der zunächst von der Zivilrechtsprechung (vor allem seit BGHZ **71** 284 ff) durch Annahme von Aufklärungspflichten gesteigerte *Anlegerschutz* in Gestalt der sog. zivilrechtlichen Prospekthaftung kommt häufig zu spät oder greift ins Leere, vor allem wenn es um ausländische Beteiligungen oder in Konkurs geratene Unternehmen geht. Die verwaltungsrechtlichen Zulassungsvoraussetzungen für den Handel mit Beteiligungen decken nur Teilbereiche ab (*Dreher/Tröndle* Rdn. 2). Auch der allgemeine Betrugstatbestand erwies sich als unzureichend: Er erfordert u. a. eine für den Zeitpunkt des Erwerbs der Beteiligung erfolgende Bewertung der Kapitalanlage und damit der wirtschaftlichen Lage des Unternehmens, was rückblickend vom Zeitpunkt des Unternehmenszusammenbruchs vor allem bei ausländischen Firmen faktisch meist nicht hinreichend möglich ist[1]; unter rechtlichen Gesichtspunkten fehlt in aller Regel eine strafrechtliche Garantenpflicht zur Aufklärung über nicht mitgeteilte Umstände und Risiken[2]. Von den speziellen Straftatbeständen erweist sich § 4 UWG – auch abgesehen von seinem Absichtserfordernis – ebenfalls als ungeeignet, um die Nichtunterrichtung des Anlegers über wichtige Umstände zu erfassen[3]. Auch § 88 BörsenG macht § 264 a nicht überflüssig[4]. Abgesehen davon, daß der Gesetzgeber den in jener Vorschrift früher geregelten Prospektbetrug in § 264 a überführen

---

[1] *Cerny* MDR **1987** 272; *Dreher/Tröndle* Rdn. 2; D. *Geerds* S. 98 f; *Jaath* Dünnebier-Festschrift S. 592; *Joecks* wistra **1986** 143; *Martin* S. 190; *Möhrenschlager* wistra **1982** 205; *Otto* WM **1988** 732 und Jura **1989** 31; *Samson* SK Rdn. 4; *Tiedemann* Wirtschaftsstrafrecht II S. 136 f und JZ **1986** 872; *Worms* S. 191 f mit weit. Nachw. – Zu Vorsatzproblemen *Garz-Holzmann* S. 98 f; D. *Geerds* S. 101 f; *Jaath* aaO S. 591.

[2] Vgl. nur D. *Geerds* S. 84 ff; *Möhrenschlager* wistra **1986** 123; *Worms* S. 175 ff; aber auch BGHSt **30** 177, 181 f (für den Optionshandel) und *Garz-Holzmann* S. 78 ff.

[3] *Garz-Holzmann* S. 100 f; *Jaath* Dünnebier-Festschrift S. 595 ff; *Worms* S. 207 f; **aA** *Otto* Pfeiffer-Festschrift S. 84.

[4] BTDrucks. 10/318 S. 21; *Jaath* aaO S. 593; *Martin* S. 184; *Möhrenschlager* wistra **1982** 205; *Otto* Pfeiffer-Festschrift S. 83; *Schlüchter* S. 155 ff; *Worms* S. 212.

wollte (oben Rdn. 1) und dem in § 88 BörsenG nur noch geregelten *Kursbetrug* ersichtlich einen eigenständigen Anwendungsbereich zumaß, kann nicht die Rede davon sein, daß jeder Kapitalanlage- zugleich einen Kursbetrug darstellt. Zwar sind die Tatobjekte (Wertpapiere, Bezugsrechte, Unternehmensbeteiligungen) in § 88 BörsenG einerseits und § 264 a andererseits seit dem 2. WiKG identisch. Jedoch kann nicht in jedem Vertrieb eines unrichtigen Prospekts eine gezielte Einwirkung des Täters auf den Börsen- oder Marktpreis, also eine Kursmanipulation, erblickt werden (**aA** *Weber* NStZ **1986** 486), und überdies erklärt § 88 (Nr. 1 zweite Alternative) BörsenG ein Verschweigen erheblicher Umstände nur für relevant, wenn es „entgegen bestehenden Rechtsvorschriften" erfolgt.

Im übrigen stellt § 264 a eine **Ergänzung** und ein Gegenstück zu § 265 b dar, dem er **3**
in der tatbestandlichen Konstruktion nachgebildet ist. Beide Tatbestände dienen dazu, die Versorgung der Wirtschaft mit Kapital sicherzustellen, und halten die Wirtschaft im Interesse der Kapitalgeber, aber auch im Interesse eines funktionierenden Kapitalmarkts (unten Rdn. 13), zur wahrheitsgemäßen und vollständigen Information der Kapitalgeber an. Dabei ist § 265 b auf Kredite und damit auf *Fremd*kapital des Unternehmens bezogen. Demgegenüber betrifft § 264 a im Ausgangspunkt das von Unternehmen eingeworbene *Eigen*kapital, insbesondere bei Unternehmensbeteiligungen und Neuemissionen von Wertpapieren wie Aktien, die eine Unternehmensbeteiligung repräsentieren. Allerdings läßt sich diese Unterscheidung nicht bruchlos durchführen: Zahlreiche Wertpapiere – wie etwa verzinsliche Inhaberschuldverschreibungen – haben der Sache nach Kreditierungsfunktion; und der Handel mit bereits emittierten Aktien (usw.) betrifft nicht mehr unmittelbar die Eigenkapitalschöpfung des Unternehmens. Diese Brüche führen zu Auslegungsschwierigkeiten, etwa beim Begriff des „Wertpapiers" oder des „Bezugsrechts" (unten Rdn. 21 u. 27).

Solange eine umfassende außerstrafrechtliche Gesetzgebung zum Inhalt (und zur Kon- **4**
trolle) von Verkaufsprospekten über Wertpapiere, Unternehmensbeteiligungen und andere Objekte der Kapitalanlage, also eine kapitalmarktrechtliche (vertriebsrechtliche) Lösung fehlte, mußte § 264 a in einer wegen Art. 103 Abs. 2 GG nicht unbedenklichen Weise durch den unbestimmten Rechtsbegriff der „erheblichen Umstände" die Funktion einer **autonomen strafrechtlichen Rahmenregelung** des Vertriebs und Inhalts von Prospekten und der sonstigen Werbung zum Zwecke der Kapitalanlage übernehmen – ähnlich wie § 266 über längere Zeit die Aufgabe einer Regelung vermögensrechtlicher Beziehungen im Konzernverhältnis hatte und teilweise weiterhin hat, solange und soweit ein ausdrückliches Konzernrecht fehlt(e) (vgl. *Tiedemann* GmbH-Strafrecht Rdn. 22 vor § 82). In Umsetzung der EG-Richtlinie 89/298 vom 17.4.1989 „zur Koordinierung der Bedingungen für die Erstellung, Kontrolle und Verbreitung des Prospekts, der im Falle öffentlicher Angebote von Wertpapieren zu veröffentlichen ist" (ABlEG Nr. 1, 124/8 vom 5. 5. 1989), wurde aber 1990 das Wertpapier-Verkaufsprospektgesetz (BGBl I S. 2749) mit einer von der Bundesregierung erlassenen *VerkaufsprospektVO* (BGBl I S. 2869) verabschiedet, die beide am 1. 1. 1991 in Kraft getreten sind (vgl. Anhang unten Rdn. 99). Danach müssen Prospekte zum Verkauf von Aktien, Schuldverschreibungen und anderen Wertpapieren, die nicht zur amtlichen Notierung an einer inländischen Börse zugelassen, sondern auf dem freien Kapitalmarkt gehandelt werden sollen, „*über die tatsächlichen und rechtlichen Verhältnisse, die für die Beurteilung der angebotenen Wertpapiere notwendig sind, Auskunft geben und richtig und vollständig sein*" (§ 2 Satz 1 VerkaufsprospektVO) bzw. diejenigen Angaben enthalten, „die notwendig sind, um dem Publikum ein zutreffendes Urteil über den Emittenten und die Wertpapiere zu ermöglichen" (§ 7 Abs. 1 VerkaufsprospektG). In Konkretisierung dieser Generalklauseln verlangt die auf § 7 Abs. 2 des Gesetzes gestützte Rechtsverordnung Einzelangaben u. a. über den Emittenten und dessen

Kapital, Geschäftstätigkeit, Vermögens-, Finanz- und Ertragslage, Jahresabschluß, Geschäftsführungs- und Aufsichtsorgane sowie über den jüngsten Geschäftsgang und die Geschäftsaussichten. Diese Einzelanforderungen sind allerdings geringer als die an börsennotierte Wertpapiere nach der BörsenzulassungsVO (*Martin* S. 196 mit Nachw.; vgl. Anhang Rdn. 99) und nicht abschließend, so daß je nach Anlageobjekt weitere Informationen des Anlegers erforderlich sein können (*Werner/Machunsky* S. 316; auch *Müller* WM **1991** 215). Auch unterliegt der Verkaufsprospekt – anders als nach dem Entwurf eines Vermögensanlagengesetzes 1978 (dazu *Martin* S. 197) – grundsätzlich (vgl. aber § 6 VerkaufsprospektG) keiner amtlichen Prüfung oder Genehmigung. Die inhaltliche Richtigkeit und Vollständigkeit der Prospekte wird somit weiterhin nur durch die zivilrechtliche Prospekthaftung (vgl. jetzt § 13 VerkaufsprospektG) und durch das Strafrecht (§ 264 a und § 88 BörsenG) garantiert. Die Einzelangaben der VerkaufsprospektVO schränken aber die Unbestimmtheit des § 264 a entscheidend ein und konkretisieren die Erheblichkeit der für die Anlageentscheidung für Wertpapiere wesentlichen Umstände (vgl. im einzelnen unten Rdn. 47 ff).

5 Die **Kritik** an § 264 a entspricht zum Teil derjenigen an § 265 b (vgl. dazu *Tiedemann* LK § 265 b Rdn. 17 ff). Es geht einmal um das allgemeine Problem des Einsatzes von Strafrecht zum Schutz von Opferkreisen, die nach verbreiteter Ansicht vorwiegend aus gut Verdienenden bestehen und scheinbar bereit sind, um des Gewinnes oder der Steuerersparnis willen ein erhöhtes Risiko einzugehen (vgl. *Garz-Holzmann* S. 83 f; *Worms* S. 245 ff, je mit Nachw.). Dieses Bild von der Zusammensetzung und Motivation der betroffenen Opfer ist aber jedenfalls für die neuere Zeit unrichtig[5], und regelmäßig weiß der Anleger wohl auch nicht, daß er ein hohes Risiko eingeht[6]. Zutreffend (und in der Tendenz zustimmend) halten zudem *Maurach/Schroeder/Maiwald* 1 § 41 III C (Rdn. 180) fest, daß der Selbstschutz der Anleger häufig infolge der Intransparenz des Marktes und der meist fehlenden Kontrollmöglichkeiten nicht greift. Auch wird angesichts der oben Rdn. 2 geschilderten Entwicklung Anlegerschutz heute wesentlich im Zusammenhang mit Verbraucherschutz und dem Sozialstaatsprinzip gesehen (*Worms* S. 255 f mit Nachw.). – Ähnlich grundsätzlich, wenngleich weniger ideologisch ausgerichtet ist der Einwand, daß es „vermessen" sei, Anlegerschutz primär durch das Strafrecht zu betreiben (so z. B. *Martin* S. 207; ähnlich unter Hinweis auf den Subsidiaritätsgrundsatz *Garz-Holzmann* S. 107 ff). Dem ist entgegenzuhalten, daß eine strafbewehrte außerstrafrechtliche Regelung in der Tat vorzugswürdig ist, da sie besser zu differenzieren und präventiv zu wirken vermag, während das Strafrecht und seine praktische Anwendung von vornherein auf grobe und eindeutige Fälle beschränkt ist (*Tiedemann* NJW **1972** 657 ff; zust. *Hopt* Verh. 51. DJT Bd. I S. G 62). Solange aber eine zivilrechtliche Regelung des Prospektinhalts und sonstiger Werbeangaben am Unvermögen des Gesetzgebers und/oder am Widerstand der Interessengruppen scheitert(e), erscheint es nicht als tadelnswert, daß der Gesetzgeber jedenfalls zur Erfassung der groben und eindeutigen Fälle die zweitbeste, nämlich eine strafrechtliche Lösung gewählt hat (*Cerny* MDR **1987** 217). Seit der außerstrafrechtlichen Gesetzgebung von 1990 (oben Rdn. 3) ergänzen sich für alle Wertpapiere (dazu unten Rdn. 19 ff) Straftatbestand und außerstrafrechtliche Prävention.

6 Weiterhin wird gerügt, daß § 264 a trotz seiner Tendenz zur Generalisierung bestimmte Anlageformen wie die *Immobilienmodelle* und die *Warentermingeschäfte* nicht betrifft (zusammenfassend D. *Geerds* S. 324 f; vgl. näher unten Rdn. 29 u. 32). Die letzteren werden aber jedenfalls durch § 89 BörsenG erfaßt (vgl. auch unten Rdn. 32), und die

---

[5] Vgl. bereits *Franzheim* in: Tiedemann (Hrsg.) S. 117; *Gäbhard* S. 100; *Liebel/Oehmichen* S. 105 f, 110, 169 f, 215; *Worms* S. 248 f.

[6] *Liebel/Oehmichen* S. 173, 197 f; *Worms* S. 250; einschränkend *Cerny* MDR **1987** 271.

im übrigen erst im Laufe des Gesetzgebungsverfahrens offenbar gewordene Lückenhaftigkeit hat der Gesetzgeber in Kauf genommen, da nur eine schnelle Verabschiedung der Teil-Lösung der Gefahr begegnen konnte, daß die wachsende Einflußnahme von Interessengruppen die Verwirklichung der Reform ganz verhinderte (*Tiedemann* JZ **1986** 873 u. bei *Kaligin* WPg **1987** 357). Auch die weitere Kritik, der Gesetzgeber habe sich an einem falschen „Kommunikationsmodell" orientiert, da Prospekte bei der Information von Kapitalanlegern nur untergeordnete Bedeutung hätten (so *Gallandi* wistra **1987** 316 ff), läßt außer acht, daß neben der mündlichen Beratung und dem *Telefon-Handel* der Prospekt weiterhin sowohl kriminalistisch – als schriftliches Beweismittel – als auch zivilrechtlich der „klassische" und weiterhin gültige Ansatzpunkt für die Haftung des Emittenten und des Vertreibers ist (*Schünemann* GA **1995** 212 ff mit Nachw.). Allerdings erscheint es mit AE § 189 nach wie vor empfehlenswert, auch die *mündliche Anlageberatung* über § 89 BörsenG hinaus in den Strafschutz einzubeziehen (vgl. sogleich Rdn. 11).

Soweit schließlich die weitgehende **Unbestimmtheit** der Tatbestandsmerkmale, vor allem des Verschweigens nachteiliger Tatsachen, kritisiert wird[7], übersehen diejenigen Autoren, welche diese Rüge auch noch nach 1990 aufrechterhalten[8], die oben Rdn. 3 mitgeteilte außerstrafrechtliche Gesetzgebung, die vor allem durch die VerkaufsprospektVO die Unschärfe des § 264 a entscheidend vermindert hat. Bei anderen Anlageformen als Wertpapieren ist der fortbestehenden Unbestimmtheit durch eine verfassungskonform-restriktive Auslegung Rechnung zu tragen (*Cerny* MDR **1987** 275 f; vgl. im einzelnen unten Rdn. 48). **7**

Zur **praktischen Bedeutung** des Straftatbestandes wird meist kritisch darauf hingewiesen, daß sie sehr gering sei[9]. In der Tat verzeichnet zwar die Polizeiliche Kriminalstatistik jährlich bis zu 25.000 Fälle von „Beteiligungs- und Kapitalanlagebetrug" (PKS Berichtsjahr 1995 S. 203). Offenbar werden aber die meisten dieser Verfahren nach dem allgemeinen Betrugstatbestand abgewickelt und abgeschlossen, denn die Strafverfolgungsstatistik weist pro Jahr weniger als 10 Aburteilungen nach § 264 a aus (zur Erklärung der früher sehr viel höheren Zahlen *Martin* S. 176 f). Jedoch ist zum einen – ähnlich wie bei § 265 b – die *prozessuale Aufgreiffunktion* des Tatbestandes bemerkenswert (*Albrecht* KritV **1993** 170 mit Nachw.) und keineswegs illegitim (vgl. *Tiedemann* LK § 265 b Rdn. 21; **aA** *Worms* S. 359). Zum anderen ist die *präventive* Wirkung der Norm offenbar erheblich: Am Tage ihres Inkrafttretens waren praktisch sämtliche Wertpapierprospekte vom Markt zurückgezogen (vgl. Kapitalmarkt intern Nr. 18/86 S. 1 ff). Selbstverständlich ist aber nicht auszuschließen, daß dies auch auf einem Verunsicherungseffekt beruhte (*Gäbhard* S. 177). **8**

Im **ausländischen Recht** verdient das hochtechnische Kapitalmarktrecht der **USA** Hervorhebung, da dieses Modell die neueren europäischen Rechtsordnungen maßgeblich beeinflußt hat und innerhalb eines komplexen Instrumentariums gezielt auch kriminalstrafrechtliche Mittel einsetzt (vgl. bereits *Tiedemann* Wirtschaftskriminalität und Wirtschaftsstrafrecht in den USA usw. S. 30, 38 f mit Nachw.). Es beruht auf dem Prinzip der Offenlegung (*disclosure*) von Informationen in behördlichen Registerunterlagen und in Prospekten. Neben zahlreichen Straftatbeständen, die auf die Verletzung der spezifischen **9**

---

[7] *Arzt/Weber* LH 4 Rdn. 46 ff (48); *Joecks* wistra **1986** 145; *Samson* SK Rdn. 6; *Weber* NStZ **1986** 485.

[8] Vgl. etwa *Maurach/Schroeder/Maiwald* 1 § 41 III C 1.

[9] *Albrecht* KritV **1993** 170; *Martin* S. 176 ff, 179. – LG Wiesbaden BB **1994** 2098, 2099 f (mit Anm. *Hoffmann*) weist aber darauf hin, daß das „faktische Leerlaufen" des Straftatbestandes mit der kurzen presserechtlichen Verjährung zusammenhängen könne (deren Annahme erst durch BGHSt **40** 385 ff, also ab Anfang 1995, korrigiert worden ist; vgl. unten Rdn. 96).

Regelungen der einzelnen Gesetze abstellen und auch eine Beweislastumkehr kennen (vgl. *Tiedemann* Wirtschaftsstrafrecht II S. 137), gibt es weit gefaßte Betrugstatbestände (*criminal securities and commodities fraud*), deren entscheidendes Merkmal die Täuschungsabsicht ist. Tatsachenbehauptungen und Schadenseintritt sind nicht erforderlich (ausführlich *Martin* S. 19, 35 ff, 155, der hierin aus deutscher Sicht eine Versuchskonstellation erblickt).

10 Die neueren europäischen Rechtsordnungen folgen überwiegend der *Dualität* von kapitalmarktrechtlicher (verwaltungsrechtlicher) Lösung (mit meist pauschaler und relativ schwacher Strafbewehrung in Form von Verwaltungssanktionen) und speziellen Kriminalstraftatbeständen, die entsprechend der historischen Entwicklung teilweise rechtsformabhängig und insoweit in ihrem Anwendungsbereich begrenzt sind.

11 Das **französische** Recht kombiniert in diesem Sinne die Strafbarkeit wegen irreführender Werbung mit dem präventiven Erfordernis, die Börsenaufsichtskommission (*COB*) unter Androhung von Verwaltungsstrafe über alle zu vertreibenden Wertpapiere zu informieren. Der erstere Bereich ist für Güter und Dienstleistungen seit 1993 im Code de la consommation vereinheitlicht und zusammengefaßt, dessen Art. L 121-1 die Werbung mit falschen oder irreführenden Angaben verbietet und mit Gefängnis- oder Geldstrafe bestraft. Für die Werbung zwecks Vertrieb von Wertpapieren existiert eine Reihe von wenig homogenen Spezialgesetzen (vgl. *Alessandri* S. 212 f; *Delmas-Marty* Droit pénal des affaires Bd. 2 S. 444). Die Tätigkeit der COB geht zurück auf die Ordonnance 67-833 von 1967, deren Art. 6, 7-1 die Veröffentlichung eines Informationsberichts über öffentlich zu vertreibende Wertpapiere und die Kontrolle dieses Berichtes durch die COB vorschreibt. Die Verwaltungsstrafbefugnis dieser Aufsichtskommission ist in Art. 9-2 festgelegt. – Ähnlich ist die Rechtslage in **Italien**, wo neben Spezialgesetzen (dazu *Alessandri* S. 214 ff) das Kapitalmarktgesetz 1996 („decreto Eurosim") in Art. 42 einen Blankettatbestand enthält, der Kriminalstrafen für die Verletzung der Anzeige- und Meldepflichten bei dem Vorhaben öffentlichen Vertriebs von Kapitalanlagen gegenüber der Aufsichtskommission (CONSOB) androht und damit auch Falschangaben in den mitgeteilten Prospekten erfaßt (vgl. zuvor Art. 18 des Börsen- und Wertpapiergesetzes Nr. 216 von 1974, der aber nur Verwaltungs[geld]strafen androhte). Daneben wendet die höchstrichterliche Rechtsprechung den allgemeinen Straftatbestand des Art. 2621 Nr. 1 Codice civile (false communicazioni sociali) auch auf unrichtige Prospekte über Wertpapiere an (Cassazione penale 1991 Nr. 1406), obwohl dieser Tatbestand primär auf Gesellschaftsbilanzen, Geschäftsberichte u. ä. zugeschnitten ist. Der Tatbestand erfaßt zwar nur einen beschränkten Täterkreis (Vorstandsmitglieder, Generaldirektoren usw.), betrifft aber auch das Verschweigen wichtiger Umstände. – Vergleichbar ist auch die Rechtslage in **Spanien**. Art. 282 Código Penal 1996 bestraft Kaufleute, die in ihren Angeboten oder in der Werbung für Produkte oder Dienstleistungen falsche oder ungewisse Angaben machen. Dieser für Spanien neue „Supertatbestand" (*Gonzáles Rus* in: Schünemann/Suárez S. 102) betrifft aber nicht Wertpapiere, wie die ähnliche, aber Wertpapiere ausdrücklich benennende Aufzählung im Straftatbestand des Kursbetruges (Art. 284) deutlich macht. Letzterer Tatbestand setzt wie im deutschen Recht die Absicht der Preisbeeinflussung voraus. Daneben kennt das Gesetz zur Regelung des Wertpapiermarktes von 1988 mit der Errichtung einer Kommission für den Wertpapiermarkt (NMV, dazu *Arroyo* in: Schünemann/Suárez S. 387 f) Verwaltungssanktionen, die in besonders schweren Fällen nur vom Wirtschafts- und Finanzministerium verhängt werden können. Wie in Italien ist aber auch der Straftatbestand des Art. 290 Código Penal anwendbar, der die unrichtige Darstellung der rechtlichen oder wirtschaftlichen Lage von (gegründeten oder in Gründung befindlichen) Handelsgesellschaften in „Dokumenten" für den Fall unter Strafe stellt, daß dadurch

Gesellschafter oder Dritte geschädigt werden können (zur Entwurfsfassung und ihrer Geschichte *Díaz-Maroto* in: Schünemann/Suárez S. 186 ff; die Gesetz gewordene Fassung hat entsprechend der Kritik von *Tiedemann* Lecciones de Derecho Penal Económico, 1993, S. 242 f das unpraktikable Erfordernis der Schädigungsabsicht in die objektive Schädigungseignung umgewandelt). – Der **englische** Financial Services Act von 1986 bestraft falsche oder irreführende Angaben sowie die Nichtmitteilung relevanter Umstände mit dem Zweck, jemanden zu einer positiven oder negativen Anlageentscheidung zu bringen (sec. 47). Die weite Fassung hat auch mit Blick auf die Einbeziehung grob fahrlässiger Begehungsweisen (*recklessness*) Tradition (vgl. *Tiedemann* Wirtschaftsstrafrecht II S. 140 mit Nachw.). Allerdings wirkt der Einwand strafbefreiend, daß der Täter „reasonably" davon ausgehen konnte, sein Verhalten werde nicht zu einer Täuschung führen. Auf der anderen Seite sind auch individuelle Angaben, die nicht an die Öffentlichkeit gerichtet sind, ausreichend; damit wird bei Nichtoffenlegung der Tatsache, daß ein Wertpapiergeschäft aufgrund von vertraulichen Informationen abgewickelt wird, auch der – in anderen Staaten gesondert erfaßte – Insider-Handel strafbar (*Alessandri* S. 210 f). Ähnlich ist die Rechtslage in den **skandinavischen** Staaten, die durchgehend die öffentliche Verbreitung unrichtiger Angaben über Wertpapiere in Sondertatbeständen der Strafgesetzbücher unter Strafe stellen und die Strafbarkeit bei Angaben durch Leiter und Vertreter von Kapitalgesellschaften auch auf den Bereich der groben Fahrlässigkeit ausdehnen (§ 296 stk 2 *dänisches* Strafgesetz, Kap. 9 § 2st *schwedischer* Brottsbalken, § 274 *norwegisches* Strafgesetz). Das dänische Strafgesetz (§ 297) stellt bei Täterschaft von Leitern und Vertretern von Gesellschaften auch Falschangaben gegenüber Einzelpersonen unter Strafe.

Reformüberlegungen zum deutschen Strafrecht gehen in Anlehnung u. a. an das 12
US-Recht in Richtung einer weiteren Generalisierung der strafrechtlichen Prospekthaftung sowie einer Erfassung sonstiger Falschangaben im Zusammenhang mit der Einführung und dem Vertrieb von Wertpapieren und anderen Anlage- und Beteiligungsarten einschließlich der *mündlichen* Anlageberatung (vgl. bereits *Tiedemann* Wirtschaftsstrafrecht II S. 140 f.; zust. *Otto* Pfeiffer-Festschrift S. 85; *Worms* S. 299 mit weit. Nachw.; vgl. auch D. *Geerds* S. 323 f u. *Martin* S. 181).

II. Geschütztes Rechtsgut und allgemeine Einordnung des Tatbestandes. Der Tat- 13
bestand schützt zunächst – und nach einer Mindermeinung ausschließlich[10] – das **Vermögen** der Kapitalanleger im Vorfeld der eigentlichen Schädigung. Dabei geht es – wie bei § 4 UWG – um die auf Vermögenswerte, nämlich Kapitalanlagen, bezogene *Dispositionsfreiheit* der Kapitalanleger. Daneben oder sogar an die erste Stelle tritt bereits nach der amtl. Begr. (BTDrucks. 10/318 S. 22) das überindividuelle Rechtsgut des **Kapitalmarkts** und seiner Funktionsfähigkeit[11]. Diese Doppelung des Rechtsgutes wird einerseits durch die parallele Lösung bei §§ 264, 265, 265 b nahegelegt. Für sie spricht andererseits das Erfordernis der Prospektwerbung „gegenüber einem größeren Kreis von Personen", also das Tatbestandserfordernis einer Tendenz zur Massenhaftigkeit der Tathandlung mit dem Ausschluß der Individualtäuschung (vgl. amtl. Begr. aaO). Auch § 88 BörsenG a.F. wurde

[10] *Gössel* BT-2 S. 472; *Haft* BT S. 200; *Joecks* wistra **1986** 143 f; *Martin* S. 173 f; *Maurach/Schroeder/Maiwald* 1 § 41 III A 3 (Rdn. 166); *Samson* SK Rdn. 7; *Worms* S. 312 ff und wistra **1987** 245.

[11] BTDrucks. 10/318 S. 22; ebenso: *Arzt/Weber* LH 4 Rdn. 41; *Brenner* Kriminalistik **1987** 66; *Cerny* MDR **1987** 272; *Dreher/Tröndle* Rdn. 4; *Jaath* Dünnebier-Festschrift S. 607; *Knauth* NJW **1987** 28; *Krey* 2 Rdn. 534 a; *Lackner/Kühl* Rdn. 1; *Möhrenschlager* wistra **1982** 205; *Otto* BT § 61 IV 1; *Schmid* in: Müller-Gugenberger § 23 F I; *Sch/Schröder/Cramer* Rdn. 1; *Schwark* Einl. § 88 Rdn. 3; *Tiedemann* JZ **1986** 872; *Weber* NStZ **1986** 486; *Wessels* BT 2 Rdn. 658. Statt des Kapitalmarkts sieht dagegen *Reischel* S. 205 f die Chancengleichheit als (mit) geschützt an.

bereits in diesem Sinn verstanden (vgl. nur *Meyer/Bremer* Börsengesetz, 4. Aufl. [1957] § 88 Anm. 3); allein durch die Ausweitung dieses Straftatbestandes und seine Einstellung in das StGB kann sich die Rechtsgutsbestimmung kaum geändert haben. In dieselbe Richtung weist die Einordnung des Straftatbestandes des heutigen § 88 BörsenG[12] sowie des Insider-Handelsverbotes nach §§ 14, 38 WertpapierhandelsG (WpHG) 1994. In letzterer Hinsicht geht eine verbreitete Ansicht, die vereinzelt auch für § 264 a vertreten wird[13], sogar von einem alleinigen Zweck des Kapitalmarktschutzes (durch die Tätigkeit der Aufsichtsbehörde) aus[14]. Dies entspricht der gesetzlichen Festlegung durch § 1 Abs. 4 BörsenG für den Börsenhandel (vgl. Anhang unten Rdn. 99). Daß insgesamt „der Kapitalmarkt" keine Erfindung der Lehre vom Wirtschaftsstrafrecht ist, zeigt schon die Einrichtung eines über diesen Markt kraft Gesetzes wachenden Bundesaufsichtsamtes für den Wertpapierhandel, das gemäß § 4 WpHG – ähnlich wie das Bundesaufsichtsamt für das Kreditwesen im Bereich des Geldkreditmarktes und das Bundesaufsichtsamt für das Versicherungswesen im Bereich der Versicherungswirtschaft – „den Wertpapiermarkt" zu beaufsichtigen, „Mißständen entgegenzuwirken" und „Nachteile für den Wertpapiermarkt" zu beseitigen oder zu verhindern hat. Der damit schwerlich fiktive Kapital-, insbesondere Wertpapiermarkt erfüllt wichtige volkswirtschaftliche Funktionen (vor allem der Versorgung der Wirtschaft mit langfristigen Geldern, oben Rdn. 2) und dient nicht etwa nur der Bereicherung der Kapitalanleger und dem Schutz ihres Vermögens. Dieser Markt ist zwar nur für den börslichen Handel (mit Wertpapieren und Waren, auch im sog. geregelten Freiverkehr: § 78 BörsenG) instituiert und von dem (übrigen) „grauen" Kapitalmarkt unterschieden (vgl. *Assmann/Schneider* § 2 Rdn. 4 u. 8; *Schwark* § 78 Rdn. 1). Allenfalls für die nicht fungiblen und zirkulationsfähigen Anlageformen, bei denen sogar eine erhöhte Schutzbedürftigkeit der Anleger bestehen mag, und für Risikokapitalanlagen, bei denen das besondere Schutzbedürfnis aus der Intransparenz der Anlagen und ihres Marktes folgt, könnte aber mit Blick auf das Fehlen einer außerstrafrechtlichen Regelung und Überwachung davon gesprochen werden, daß es – ähnlich wie beim Warenkredit nach § 265 b – nur um die Summe vermögensrechtlicher Beziehungen und Interessen der Marktteilnehmer geht. Jedoch erscheint die Marktregelung durch das WpHG für eine normative Sicht als Charakteristikum des Kapitalanlagemarktes, dessen Regelung auf den „grauen" Markt der (Risiko-)Kapitalanlagen unschwer ausgedehnt werden kann und soll (*Assmann/Schneider* Einl. Rdn. 10 u. 11; vgl. jetzt BRDrucks. 963/96). Es ist daher – wiederum ähnlich wie beim Warenkredit nach § 265 b – unter teleologischen Aspekten nicht sinnvoll, dieses zusätzliche Marktsegment von der auch überindividuellen Schutzrichtung der einheitlichen Strafvorschrift des § 264 a auszunehmen. Vielmehr prägen die rechtsnormativen Grundsätze des (geregelten) Wertpapiermarktes auch den übrigen Anlagemarkt, für den § 264 a als zentrale Regelungsnorm erscheint, solange die dringend erforderliche außerstrafrechtliche Gesetzgebung fehlt. – Wenig durchgreifend ist im übrigen der Hinweis von *Joecks* (wistra **1986** 144) und *Worms* (S. 313) auf das Fehlen eines streng definierten Begriffs des Kapitalmarktes: Für § 264 a geht es exakt um die von diesem Straftatbestand genannten Kapitalanlagen und deren Markt (zutr. *Cerny* MDR **1987** 272 f), vor allem um Unternehmensanteile und Wertpapiere. Es mag also umständlicher, aber korrekter, vom Schutz des *Kapitalanlagemarktes* gesprochen werden. Ein solcher sektorieller Schutz ist entgegen *Samson* (SK Rdn. 7 a.E.) in seiner Beschränkung unbedenklich, da und wenn er nicht geradezu willkürlich ist (vgl. BVerfGE **71** 213). Nahezu abwegig ist schließlich das an die Kritik zu § 265 b (vgl. dort Rdn. 19) angelehnte Argu-

[12] BTDrucks. 10/318 S. 45; *Schwark* § 88 Rdn. 1; *Weber* aaO.

[13] *Knauth* NJW **1987** 28.

[14] Vgl. *Assmann/Schneider/Cramer* § 14 Rdn. 89; *Otto* in: Schünemann/Suárez S. 453; dazu *Tiedemann* StV **1996** 699 f.

ment von *Worms* (S. 315), die Anerkennung eines überindividuellen Rechtsgutes des Kapitalmarktes und seines Funktionierens setze eine Erweiterung des § 264 a auf leichtsinniges Verhalten von Anlegern voraus, da auch dieses Verhalten zu einer Fehlallokation von Risikokapital und damit ebenfalls zu einer Funktionsstörung des Kapitalmarktes führe.

Zusammengefaßt schützt § 264 a sowohl das individuelle Vermögen der Kapitalanleger und deren hierauf bezogene Dispositionsfreiheit als auch das überindividuelle Rechtsgut des (Funktionierens des) Kapital(anlage)markts. Da der Individualschutz vom Gesetzgeber mit intendiert und nicht nur Reflexwirkung des Institutionenschutzes ist, stellt § 264 a ein **Schutzgesetz** im Sinne von § 823 Abs. 2 BGB dar[15]. 14

Unstreitig setzt § 264 a tatbestandlich keinen Eintritt eines Vermögensschadens oder auch nur einen Irrtum der Anleger voraus. Die **Bezeichnung** als Kapitalanlage*betrug* ist daher wenig glücklich. Richtiger würde – wie bei § 88 BörsenG a.F. – von Prospektbetrug, besser von *Kapitalanlageschwindel* gesprochen. 15

Die verbreitete Bezeichnung des § 264 a als **abstraktes Gefährdungsdelikt**[16] ist nur mit Blick auf den von dem Straftatbestand mit intendierten Vermögensschutz zutreffend; insoweit liegt ein Eignungsdelikt vor (näher unten Rdn. 49). Schwindelhafte Verkaufsprospekte mit der Zwecksetzung einer Werbung für Kapitalanlagen gefährden aber nicht nur das Vertrauen (der Anleger und der Allgemeinheit) in den Kapitalmarkt, sondern verletzen dessen Funktionsbedingungen (*Bottke* in: Schünemann/Suárez S. 121 f) und stören somit – vor allem bei massenhaftem Auftreten – sein Funktionieren (zutr. *Schünemann* GA **1995** 212 ff). Im Hinblick auf das Täuschungsmittel des Verkaufsprospekts, der ein normativ geschütztes Instrument des Wirtschaftsverkehrs ist (vgl. §§ 5 ff VerkaufsprospektG, 19 BörsenzulassungsVO, 19 KAGG, 3 AuslandinvestmentG), betrifft § 264 a zugleich den Mißbrauch eines *Instruments des Wirtschaftsverkehrs* und wird damit als Tätigkeitsdelikt durch den **Aktunwert** geprägt, der zusätzlich in der Verletzung der außerstrafrechtlichen *Informationspflicht* (*Dreher/Tröndle* Rdn. 10 mit Nachw.) zum Ausdruck kommt. 16

III. Täterkreis und Anlageobjekte

1. Obwohl der Tatbestand kapitalanlagebezogene Wahrheits- und Aufklärungspflichten begründet, enthält er **kein Sonder(pflicht)delikt**[17]. Täter kann vielmehr jedermann sein, der in den Werbeträgern und im Zusammenhang mit dem Vertrieb von Kapitalanlagen unrichtige Angaben macht (oder nachteilige Tatsachen verschweigt). Der Täterkreis ist damit insbesondere nicht auf die Emittenten der Prospekte und sonstigen Werbeträger beschränkt, sondern gestattet im Grundsatz die tatbestandliche Einbeziehung zahlreicher weiterer für den Prospekt(usw.)inhalt verantwortlicher Personen (Rechtsanwälte, Steuerberater, Wirtschaftsprüfer) oder solcher Personen, die sich den Prospekt(usw.)inhalt im Zusammenhang mit dem Vertrieb von Kapitalanlagen zu eigen machen. Näher und zu Einschränkungen unten Rdn. 74 ff. 17

2. Hinsichtlich der tauglichen **Anlageobjekte** trifft § 264 a eine Auswahl, die sich trotz ihrer Generalisierungstendenz entsprechend der historischen Entwicklung (oben 18

[15] BGHZ **116** 7, 13 f; OLG Frankfurt/M. WM **1992** 572, 576; *Kaligin* WPg **1987** 363; *Jehl* DB **1987** 1773; *Pleyer/Hegel* ZIP **1987** 80; *Schniewind/Hausmann* BB **1986** Beil. 16 S. 32; *Schwark* Einl. § 88 Rdn. 3.

[16] *Achenbach* NJW **1986** 1839; *Cerny* MDR **1987** 272; *Dreher/Tröndle* Rdn. 3; *Haft* BT S. 200; *Kaligin* WPg **1987** 355; *Knauth* NJW **1987** 28; *Krey* 2 Rdn. 534 a; *Otto* BT § 61 IV 1; *Samson* SK Rdn. 5; *Schlüchter* S. 156; *Sch/Schröder/Cramer* Rdn. 1; *Schwark* aaO Rdn. 2.

[17] *Gössel* BT 2 S. 478; *Joecks* wistra **1986** 147 f; *Lackner/Kühl* Rdn. 6; *Otto* WM **1988** 739; *Pabst* S. 39; *Sch/Schröder/Cramer* Rdn. 38.

Rdn. 2) und der neueren Gesetzgebung vor allem am Begriff des Wertpapiers (dazu sogleich Rdn. 19 ff) und der Unternehmensbeteiligung (vgl. Rdn. 28 f) orientiert und zwar rechtsformunabhängig ist, aber erhebliche Lücken läßt (unten Rdn. 29). Im einzelnen geht es um folgende Formen der Kapitalanlage:

19 **a) Wertpapiere** sind typisch für den rechtlich geordneten („organisierten") Kapitalmarkt und stehen daher im Vordergrund der Aufzählung des § 264 a. Nach dem zivilrechtlichen „klassischen" Wertpapierbegriff sind sie Urkunden, die ein (privates) Recht in der Weise verbriefen, daß zur Geltendmachung des Rechts die Innehabung der Urkunde erforderlich ist (vgl. nur *Hueck/Canaris* S. 1). Dieser Begriff, der neben Inhaber- und Orderpapieren auch Rektapapiere (unten Rdn. 25) erfaßt, soll nach h. M. im Strafrecht auch für § 264 a maßgeblich sein[18]. Damit wird aber der Anwendungsbereich des § 264 a einerseits zu stark ausgeweitet, weil der zivilrechtliche Wertpapierbegriff auch die Papiere des Zahlungs- und (kurzfristigen) Kreditverkehrs (Scheck, Wechsel) sowie des Güterumlaufs (Traditionspapiere wie Lade-, Lager- und Lieferschein sowie Konnossement) umfaßt. Andererseits erscheint die Anknüpfung der h. M. an das Zivilrecht kriminalpolitisch bedenklich eng, weil sich der moderne Effektenverkehr zunehmend von dem Erfordernis der Verbriefung (Verkörperung in einer Urkunde) gelöst und den Schritt vom Wertpapier zum körperlosen „Wertrecht" vollzogen hat (vgl. zu dieser Entwicklung der „Entbriefung" *Roth* in: Assmann/Schütze § 11, 8 ff; unten Rdn. 22); diese Entwicklung hat im Zivilrecht Rückwirkungen auf den Wertpapierbegriff gehabt und dessen Ausweitung bewirkt (vgl. *Hueck/Canaris* S. 18 f mit Nachw.).

20 Für den „klassischen" Wertpapierbegriff hat bereits *Möhrenschlager* (wistra **1986** 206) darauf hingewiesen, daß er in § 264 a „durch den Charakter der Vorschrift begrenzt" wird (und sich im übrigen mit den „Anteilen" begrifflich überschneidet). In der Tat kann es nach dem Schutzzweck des § 264 a (oben Rdn. 13) nur um solche Wertpapiere gehen, die als sog. **Kapitalmarktpapiere** für den Emittenten der Kapitalaufbringung und für den Erwerber der Kapitalanlage dienen. Diese Unterscheidung nach wirtschaftlichen Funktionen ist auch dem Zivilrecht geläufig (vgl. nur *Hueck/Canaris* S. 19 f). Damit scheiden von vornherein Wertpapiere des Güterumlaufs aus. Dasselbe gilt für Wertpapiere des Zahlungs- und kurzfristigen Kreditverkehrs (Schecks und Wechsel), zumal insoweit § 265 b teleologisch einschlägig ist (oben Rdn. 3); nur nach dieser Vorschrift oder nach § 263, nicht aber nach § 264 a kann sich strafbar machen, wer gegenüber dem Anlegerpublikum mit unrichtigen Darstellungen über ein Immobilienprojekt Kapital für das Projekt einwirbt und hierfür verzinsliche Eigenwechsel ausgibt, oder wer Wechsel eines von der Zahlungsunfähigkeit bedrohten Unternehmens aufkauft und für deren Erwerb mit unrichtigen Darstellungen über die Lage des Unternehmens wirbt. Kennzeichnend für „Kapitalmarktpapiere" ist es weiterhin, daß sie typischerweise massenhaft ausgegeben werden, vertretbare Sachen darstellen (vgl. § 1 DepotG) und in besonderem Maße auf raschen Umsatz angelegt sowie teilweise börsengängig sind (*Hueck/Canaris* aaO). Auch dies unterscheidet sie scharf von Schecks und Wechseln, die zwar ebenfalls insgesamt massenhaft zirkulieren und übertragbar sind, aber nicht massenhaft und nicht zum Zwecke des Handels, sondern als unvertretbare Papiere begeben werden.

21 Zur näheren Begriffsbestimmung scheint es sich zunächst anzubieten, auf das *WpHG* abzustellen, dessen Schutzzweck mit dem des § 264 a weitgehend identisch ist und das in § 2 Abs. 1 eine eigenständige *Definition* von Wertpapieren enthält, die nicht zwingend

[18] *Cerny* MDR **1987** 273; *Dreher/Tröndle* Rdn. 5 (unter mißverständlichem Hinweis auf § 2 WpHG); *Joecks* wistra **1986** 144; *Kaligin* WPg **1987** 356; *Lackner/Kühl* Rdn. 3; *Möhrenschlager* wistra **1982** 206; *Otto* BT § 61 IV 2 b; *Samson* SK Rdn. 9; *Sch/Schröder/Cramer* Rdn. 5; *Worms* S. 319.

eine Verbriefung des Rechts voraussetzt und Rektapapiere, die nur durch Forderungsabtretung nach § 398 BGB übertragen werden können, ausschließt (vgl. *Assmann/Schneider* § 2 Rdn. 2 u. 4) sowie das Erfordernis einer Umlaufeignung zugrunde legt (vgl. § 2 Abs. 2 WpHG). Gegen eine uneingeschränkte Übertragung der Definition des WpHG auf § 264 a (so aber anscheinend *Dreher/Tröndle* Rdn. 5) spricht freilich nicht nur, daß der historische Gesetzgeber des § 264 a den Wertpapierbegriff des erst 1995 in Kraft getretenen WpHG nicht kennen konnte. Vielmehr ist es zum einen angesichts des für § 264 a maßgeblichen Analogieverbots des Art. 103 Abs. 2 GG zweifelhaft, ob als Wert*papiere* auch Rechte angesehen werden können, für die „keine Urkunden ausgestellt sind" (§ 2 Abs. 1 WpHG). Zum anderen findet die Einschränkung der WpHG-Definition hinsichtlich des in Frage stehenden Marktes in der weitergehenden Teleologie des § 264 a keine Entsprechung. Auch die Definition bzw. Aufzählung der Wertpapiere in § 151 StGB kann – entgegen *Cerny* MDR **1987** 273 – für § 264 a nicht maßgeblich sein. § 151 stellt auf Fälschungsschutz ab und orientiert sich nicht nur an dem massenhaften Vorkommen der Papiere im Wirtschaftsverkehr, sondern auch an der dem Papiergeld ähnlichen tatsächlichen Ausstattung (vgl. BTDrucks. 7/550 S. 229). Die Vorschrift kann deshalb lediglich Anhaltspunkte für den Inhalt des klassischen Wertpapierbegriffs (des Wertpapierrechts) abgeben.

Insgesamt können daher sowohl der „klassische" Wertpapierbegriff als auch die Definitionen in §§ 2 WpHG, 151 StGB sowie 1 DepotG lediglich Anhaltspunkte für die Auslegung des § 264 a liefern. Dessen Wertpapierbegriff ist vielmehr **eigenständig**, am *Zweck* des Anlegerschutzes orientiert und – im Rahmen des Art. 103 Abs. 2 GG – *extensiv* (*Knauth* NJW **1987** 29) zu bestimmen. Wertpapiere i. S. d. § 264 a sind danach **Urkunden über Rechte, die der Kapitalanlage (und Kapitalschöpfung durch den Emittenten) dienen und bei massenhafter Ausgabe und Vertretbarkeit handelbar (umlauffähig), insbesondere mit Gutglaubensschutz versehen und nicht bloße Beweisurkunden** sind. Diese Definition ist einerseits enger als diejenige des „klassischen" Wertpapierbegriffs, denn sie schließt Wertpapiere mit Zahlungs- und (kurzfristiger) Kreditfunktion sowie solche des Güterumlaufs aus (oben Rdn. 19) und umfaßt weder Rektapapiere noch andere nicht auf einmal massenhaft ausgegebene und unvertretbare Papiere (unten Rdn. 26). Andererseits ist die hier vorgeschlagene Definition weiter, weil zwar eine urkundliche – „papiermäßige" – Verkörperung verlangt wird, die Geltendmachung des verbrieften Rechts aber nicht im klassischen Sinne an die Innehabung des Wertpapiers gebunden sein muß. Mit umfaßt sind vielmehr zunächst Verbriefungsformen, welche die Innehabung des eigentlichen Wertpapiers ersetzen und rechtlich vertreten. Wertpapier i. S. d. § 264 a sind deshalb insbesondere die *Sammelurkunde* (§ 9 Abs. 1 DepotG) bei Sammelverwahrung von Aktien, auch wenn der Anspruch auf Einzelurkunden ausgeschlossen ist (§ 9 a DepotG); die *Buchung im Verwahrungsbuch der Bank* beim sog. stükkelosen Effektengiroverkehr, da sie wertpapiertypisch mit Gutglaubensschutz versehen, also nicht bloße Beweisurkunde ist (*Hueck/Canaris* S. 16); und die *Eintragung im Bundesschuldbuch* bei Bundesschatzbriefen und Inhaberschuldverschreibungen des Bundes, da sie nach dem Anleihegesetz einer Inhaberschuldverschreibung gleichgestellt wird (näher *Hueck/Canaris* S. 17 f). Zudem sollten gewisse nur deklaratorische Verbriefungen von Rechten (in Gestalt qualifizierter Legitimationspapiere) einbezogen werden, wenn sie der Sache nach Wertpapierfunktion haben und insbesondere Gutglaubensschutz vermitteln. Das dürfte entgegen *Worms* (S. 319) auch für verbriefte Beteiligungen an geschlossenen Immobilienfonds gelten; jedoch kann diese Frage wegen der unstreitigen Eigenschaft als „Anteile" (unten Rdn. 29) letztlich offen bleiben. Eine noch weitergehende Lockerung des Papier-Begriffs stößt im Strafrecht dagegen an die Grenze des Art. 103 Abs. 2 GG. Echte „brieflose" Rechte (vgl. § 2 Abs. 1 WpHG) wie unverbriefte Optionsrechte und **22** andere Derivate können deshalb nicht als Wertpapiere aufgefaßt werden, mögen sie auch börsenmäßig gehandelt werden. Ähnlich wie bei der Ersetzung von Urkunden durch (elektronische) Daten oder bei der Ersetzung der klassischen durch Verfahren der EDV-Buchführung (*Tiedemann* LK § 283 Rdn. 95) kann die Tendenz zur „Entbriefung" nicht mehr durch eine die Grenzen des Analogieverbots berührende technisch-faktische oder wirtschaftliche Betrachtungsweise beim Wertpapierbegriff aufgefangen werden. Im Rahmen des § 264 a können schlechthin unverbriefte Rechte vielmehr allein über den Begriff der *Bezugsrechte* erfaßt werden (unten Rdn. 27).

23 *Unstreitig* umfaßt § 264 a solche **Inhaberpapiere**, die als „Kapitalmarktpapiere" (oben Rdn. 20) anzusehen, also umlauffähig (handelbar) sind und normalerweise einen Anspruch auf regelmäßig wiederkehrende Leistungen verbriefen, also „Effekten" i. S. d. § 1 Abs. 1 Satz 2 Nr. 4 KWG (abgedruckt bei § 265 b Rdn. 128) sind. Dazu gehören neben *Inhaberaktien* (vgl. § 10 AktG) als wichtigstem Beispiel eines mitgliedschaftlichen Wertpapiers (*Hueck/Canaris* S. 215) insbesondere die auf Geld gerichteten *Inhaberschuldverschreibungen* des sog. Rentenmarkts, nämlich die sog. *Rentenpapiere*, die Ansprüche auf wiederkehrende Leistungen verbriefen (vgl. § 804 BGB), vor allem: *Anleihen* des Bundes und der Länder (*Staatsanleihen*), *Wandelanleihen* (§ 221 Abs. 1 AktG; näher unten Rdn. 26), *Obligationen* der Kommunen und der Industrie, *Pfandbriefe* der Hypothekenbanken und *Schatzanweisungen*. Handelbare, börsenfähige Wertpapiere sind auch die zwischen Aktien und Rentenpapieren angesiedelten *Genußscheine*. Weiterhin sind *Inhaber-Investmentanteilscheine* zu nennen, die als „Umlaufpapiere" gestaltet sind, mag auch wegen des sog. open-end-Prinzips ein Umlauf selten (und ein Börsenhandel nicht existent) sein (näher *Hueck/Canaris* S. 225). Zu *Inhaber-Optionsscheinen* unten Rdn. 31.

24 Zu den echten Inhaberpapieren gehören ferner **Nebenpapiere** wie *Zinsscheine* (Kupons, vgl. § 803 BGB) zu langfristigen Inhaberschuldverschreibungen und Gewinnanteilscheine (*Dividendenscheine*) zu mitgliedschaftlichen Papieren. Zu Finanzinnovationen wie Null-Kupon-Anleihen (zero bonds), DM-Einlagen-Zertifikaten (CD) usw. *Roth* in: Assmann/Schütze § 11, 28.

25 Zu den „Kapitalmarktpapieren" können auch **Orderpapiere** zählen, die auf Namen lauten, aber indossabel sind, soweit sie nur umlauffähig (handelbar) sind (zum Ausschluß des Wechsels als des „klassischen" Orderpapiers oben Rdn. 20). Hierzu rechnen insbesondere *Namensaktien* (§ 68 Abs. 1 AktG) sowie *Zwischenscheine* (§§ 8 Abs. 4, 10 Abs. 3 AktG), jedenfalls soweit sie nicht vinkuliert sind (§ 68 Abs. 2 AktG), *Orderschuldverschreibungen* (die selten sind, aber als an Order gestellte Schuldverschreibungen des Bundes und der Länder vorkommen) sowie *auf Namen lautende Investmentanteilscheine* (vgl. § 18 Abs. 1 S. 2 KAGG).

26 *Streitig* ist die Behandlung der **Rektapapiere** (Namenspapiere), die auf Namen lauten und nur durch Abtretung der Forderung übertragen werden können. Im einzelnen geht es um *Hypotheken- und Grundschuldbriefe* sowie *Schiffspfandbriefe*; daneben gibt es im Kapitalanlagebereich auch als Namenspapiere ausgestaltete *Namensschuldverschreibungen*, etwa *Namens-Hypothekenpfandbriefe* oder *Namens-Kommunalobligationen*. Nach *Sch/Schröder/Cramer* (Rdn. 5) sind Rektapapiere in den Wertpapierbegriff des § 264 a einzubeziehen (**zw.** *Knauth* NJW **1987** 29). Dem ist für solche Rektapapiere zu widersprechen, die – wie Grund- und Hypothekenbriefe – nicht massenhaft ausgegeben und gehandelt werden und deshalb keine „Kapitalmarktpapiere" darstellen (oben Rdn. 20 u. 22). Aus demselben Grund trifft es im Ergebnis auch zu, daß verbriefte Beteiligungen an *geschlossenen Inhaberfonds* keine Wertpapiere (wohl aber Unternehmensanteile, unten Rdn. 28!) darstellen (*Sch/Schröder/Cramer* Rdn. 7; *Worms* S. 319 f; beide freilich mit der

– zu engen – Begründung, das Recht sei nicht an die Innehabung der Urkunde geknüpft; hierzu Rdn. 22); ebenso liegt es bei verbrieften Anteilen an *Lebensversicherungen* (*Machunsky* Kapitalanlagen **1990** 350 f; *Werner/Machunsky* S. 311 Fußn. 66). Massenhaft emittierte und (wenn auch: durch Abtretung) übertrag- und handelbare Namensschuldverschreibungen dürften hingegen vom Wertpapierbegriff des § 264 a umfaßt sein, insbesondere wenn nach den Emissionsbedingungen oder konkludent durch Bezeichnung als „Schuldverschreibung" ein Vorlageerfordernis besteht (hierzu *Hueck/Canaris* S. 213 f).

b) Wenig geklärt ist, was unter **Bezugsrechten** i. S. d. § 264 a zu verstehen ist. In der amtl. Begr. heißt es: „Bezugsrechte sind weder Anteile im Sinne des Tatbestandes noch Wertpapiere, bedürfen aber der Gleichstellung" (BTDrucks. 10/318 S. 22). Diese Formulierung läßt offen, ob der aus dem Gesellschaftsrecht stammende Begriff des Bezugsrechts zugrunde gelegt wird oder ob unter Bezugsrechten – unabhängig von der zivilrechtlichen Terminologie – solche Rechte zu verstehen sind, die weder Anteile noch Wertpapiere sind, jedoch der Gleichstellung mit ihnen bedürfen. Die wohl h.L. steht auf dem erstgenannten Standpunkt und lehnt die strafrechtliche an die gesellschaftsrechtliche Begriffsbestimmung an (besonders deutlich *Samson* SK Rdn. 10). Im Gesellschaftsrecht werden unter Bezugsrechten Leistungsrechte verstanden, die aus der Mitgliedschaft als solcher folgen, etwa das Gewinnbezugsrecht des GmbH-Gesellschafters im Unterschied zu dessen einzelnen Gewinnansprüchen (*Emmerich* in: Scholz § 29 Rdn. 43 mit Nachw.). Spezieller begreift das AktG (zur entsprechenden Anwendung auf die GmbH K. *Schmidt* Gesellschaftsrecht, 2. Aufl. [1991] S. 973 f) als Bezugsrecht das mitgliedschaftliche Recht des Aktionärs auf Anteilhabe bei Kapitalerhöhungen der Aktiengesellschaft, vor allem bei der Ausgabe von neuen („jungen") Aktien (§ 186 Abs. 1 AktG – dieses Recht kann freilich auch als Gewinnanteil- oder Erneuerungsschein verbrieft sein und stellt dann ein Wertpapier dar: *Roth* in: Assmann/Schütze § 11, 21), oder von Wandel- und Gewinnschuldverschreibungen sowie Genußrechten (§ 221 Abs. 4 AktG). Daher werden von der h.L. insbesondere die unverbrieften Aktionärsrechte aus §§ 186, 221 AktG zu den Bezugsrechten i. S. d. § 264 a gezählt[19]. Dies ist wenig sinnvoll. „Vertrieben" werden in den Fällen der §§ 186, 221 AktG allein die neuen („jungen") Aktien, die Wandel- oder Gewinnschuldverschreibungen oder die Genußrechte, also in der Regel Wertpapiere[20]; die mit der Mitgliedschaft des Aktionärs verbundenen Bezugsrechte bestehen bereits und werden weder „vertrieben" noch erworben. Überhaupt können Bezugsrechte im gesellschaftsrechtlichen Sinne als solche grundsätzlich nicht „vertrieben" werden, da sie untrennbar mit der Mitgliedschaft verbunden sind und nicht ohne das Mitgliedschaftsrecht, also den Anteil bzw. dessen Verkörperung in einem Wertpapier, insbesondere in einer Aktie, übertragen werden können (eine Ausnahme gilt nur für Wandelschuldverschreibungen, die selbst ein Bezugsrecht beinhalten; vgl. § 221 Abs. 1 Satz 1 zweite Alternative AktG). Deshalb ist richtigerweise und ähnlich wie beim Wertpapierbegriff (oben Rdn. 22) von einer **eigenständigen** und vom Zivilrecht gelösten Begriffsbestimmung auszugehen, die wiederum am *Zweck* des Anlegerschutzes zu orientieren und *nicht eng* zu fassen ist. Die besondere Erwähnung der Bezugsrechte in § 264 a soll insbesondere im Verhältnis zu den Wertpapieren sicherstellen, daß derartige Rechte auch dann Strafschutz genießen, wenn sie nicht verbrieft sind (*Möhrenschlager* wistra **1982** 206). Daraus ergibt sich innerhalb der Syste- 27

[19] *Joecks* Kapitalanlagebetrug Rdn. 74; *Knauth* NJW **1987** 29; *Otto* BT § 61 IV 2 c; *Samson* SK Rdn. 10; *Schmid* in: Müller-Gugenberger § 23 F II 1 a; *Sch/Schröder/Cramer* Rdn. 8; *Worms* in: Assmann/Schütze § 8, 59.

[20] *Worms* in: Assmann/Schütze § 8, 59 (für Wandel- und Gewinnschuldverschreibungen); *Roth* ebda. § 11, 25 mit weit. Nachw. (für Genußscheine).

matik des § 264 a zunächst (und unstreitig), daß es sich um **unverbriefte Rechte** handeln muß[21] (mögen auch beispielsweise Rentenpapiere wegen des aus ihnen folgenden Anspruchs auf wiederkehrende Leistungen nicht nur als Wertpapiere, sondern zugleich als Bezugsrechte anzusehen sein). Ihrem Inhalt nach müssen sie den von § 264 a erfaßten Wertpapieren (oben Rdn. 19 ff) einerseits, den Unternehmensanteilen (unten Rdn. 28 f) andererseits unter dem leitenden teleologischen Gesichtspunkt der Kapitalanlage gleichzustellen sein. Der Begriff „Bezugsrechte" hat also eine Auffangfunktion und stellt eine Art gesetzlicher Analogieermächtigung (ähnlich wie bei § 315 b Abs. 1 Nr. 3) dar. Es geht daher um Rechte, bei denen **durch Leistung von Kapital (Kapitalanlage) eine Art Stammrecht erworben wird, aus dem sich ein Recht auf den Bezug von Leistungen ableitet**. Negativ sind Bezugsrechte damit von *schlichten Forderungsrechten* abzugrenzen; zu diesen zählen auch Darlehensansprüche, da der Anspruch auf Darlehenszinsen neben dem Anspruch auf Rückzahlung des Darlehenskapitals steht, sich aber nicht aus diesem als Stammrecht ableitet. Positiv umfassen Bezugsrechte insbesondere „*Wertrechte*" (oben Rdn. 19 u. 21), die mangels Verbriefung nicht unter den Wertpapierbegriff fallen. Dazu gehören folglich – wenn man entgegen oben Rdn. 21 die Eintragung ins Bundesschuldbuch nicht genügen läßt – insbesondere *unverbriefte Bundesanleihen und -schatzbriefe*, aber auch *unverbriefte Schuldverschreibungen* der Länder. Weiterhin können unverbriefte *Fondsbeteiligungen* („community pools") mit festen oder variablen Gewinnbeteiligungen als Bezugsrechte verstanden werden, sofern sie nicht bereits Anteile am Ergebnis eines Unternehmens darstellen (vgl. insoweit auch BTDrucks. 10/318 S. 49; *Imo* Rdn. 1499 Fußn. 3132). Zur Sonderfrage unverbriefter Optionsrechte, insbesondere bei Wertpapier- und Warentermingeschäften, unten Rdn. 32.

28 **c) Anteile**, die eine Beteiligung an dem Ergebnis eines Unternehmens gewähren sollen, sind zunächst Geschäfts- und Gesellschaftsanteile (z. B. Kommanditanteile) an dem Unternehmen (z. B. KG). In ihrer Einbeziehung in den speziellen Strafschutz lag der entscheidende rechtspolitische Fortschritt gegenüber der früheren Rechtslage (oben Rdn. 1). Erfaßt werden nach h. M. aber auch sonstige unmittelbare Rechtsbeziehungen zu dem Unternehmen, die eine Beteiligung am Gewinn und Verlust verschaffen. Die amtl. Begr. (BTDrucks. 10/318 S. 22) führt insbesondere die Beteiligung an *Abschreibungsgesellschaften* an, die als KG oder als GmbH & Co. KG betrieben werden (dazu *Garz-Holzmann* S. 22 ff; *Knauth* NJW **1987** 29), inzwischen infolge der Änderung des Steuerrechts allerdings weniger attraktiv sind, und nennt auch das Beispiel des *partiarischen Darlehens*[22]. Zu Unrecht meint *Cerny* (MDR **1987** 274), daß letzteres deshalb keinen „Anteil" darstelle, weil es nicht i. S. d. Abs. 1 Nr. 2 als „Einlage" erhöht werden könne. Zwar ist der Begriff der Einlage vor allem im Gesellschaftsrecht gebräuchlich und bezieht sich dort auf die Mitgliedschaftsstellung (*Tiedemann* GmbH-Strafrecht § 82 Rdn. 64 ff). Jedoch dient Nr. 2 eindeutig der Erweiterung von Nr. 1 (vgl. unten Rdn. 42) und kann nicht zur Einschränkung der von Abs. 1 benutzten unbestimmten Gesetzesbegriffe benutzt werden. Allerdings weisen die von *Cerny* geäußerten Bedenken insgesamt auf das Problem hin, daß die h. M. den Begriff des Anteils durch die Definition als „unmittelbare Rechtsbeziehung zu dem Unternehmen" in einer Weise ausdehnt, die nach dem Maßstab von BVerfGE **92** 1, 16 f zumindest die Grenze des Art. 103 Abs. 2 GG berührt. „Anteil" ist im zivilrechtlichen Sprachgebrauch eindeutig mit Mitgliedschaft und Vermögensteilhabe

---

[21] *Dreher/Tröndle* Rdn. 5; *Möhrenschlager* wistra **1982** 206; *Schmid* in: Müller-Gugenberger § 23 F II 1; *Schwark* Einl. § 88 Rdn. 2.

[22] Ebenso *Dreher/Tröndle* Rdn. 5; *Garz-Holzmann* S. 102; *Joecks* wistra **1986** 144; *Lackner/Kühl* Rdn. 3; *Möhrenschlager* wistra **1982** 205; *Otto* BT § 61 IV 2 a; *Schmid* in: Müller-Gugenberger § 23 F II 1 a; *Schniewind/Hausmann* BB **1986** Beil. 16 S. 27; *Sch/Schröder/Cramer* Rdn. 10; *Worms* S. 317 und wistra **1987** 246.

verbunden; beides fehlt beim partiarischen Darlehen (vgl. nur K. *Schmidt* Gesellschaftsrecht, 2. Aufl. S. 1545 f). Diese Bedenken betreffen allerdings nicht die Darleheneinwerbung in der Form der sog. gesplitteten Einlage bei Publikumskommanditgesellschaften, da die gesplittete Einlage zivilrechtlich und nach der Verkehrsanschauung insgesamt als Einlage und Anteil anzusehen ist (K. *Schmidt* aaO S. 1304 mit Nachw.).

Unstreitig fallen stille Beteiligungen[23] sowie Beteiligungen an geschlossenen Immobilienfonds, die der Finanzierung einzelner festgelegter Projekte dienen und nur einer begrenzten Zahl von Anlegern offenstehen[24], unter den Anteilsbegriff. Umstritten ist dagegen, ob der Tatbestand auch **Bauherren-, Bauträger- und Erwerbermodelle** erfaßt. Der Frage kommt angesichts der steuerrechtlichen Attraktivität solcher Modelle erhebliche Bedeutung zu (vgl. bereits *Tiedemann* JZ **1986** 873). Eine Minderansicht des Schrifttums[25] will bereits den insoweit intendierten Immobilienerwerb erfassen, da die Begriffe „Anteil" und „Unternehmen" weit auszulegen seien. Jedoch sprengt es den Sinn des (wirtschaftsrechtlichen) Begriffs des Unternehmens, dieses mit jeder (wirtschaftlichen) Unternehmung gleichzusetzen, vor allem wenn diese nur als Innengesellschaft konzipiert und nicht am Markt tätig ist, um dort ein „Ergebnis" zu erwirtschaften (*Flanderka/Heydel* wistra **1990** 257 f); der Begriff des „Ergebnisses" ist i. S. v. BVerfGE **92** 1, 16 f ein terminus technicus (vgl. auch soeben Rdn. 28), der nach den Handels- und Gesellschaftsgesetzen Gewinn und Verlust (näher *Budde/Raff* in: Beck'scher Bilanzkommentar, 2. Aufl. [1990], § 268 Rdn. 2), nicht dagegen jeden Wirtschaftsvorgang wie insbesondere die Errichtung von Wohnungseigentum oder die Übertragung des Eigentums meint. Wenn also die Fondsbeteiligung nur auf gemeinsame Durchführung des Bauvorhabens und Eigentumserwerb, nicht dagegen (auch) auf Vermietung angelegt ist, scheidet § 264 a mit der überwiegenden Ansicht aus[26]. Entgegen *Sch/Schröder/Cramer* (Rdn. 12) kommt hier auch den anderen Tatbestandsalternativen keine Bedeutung zu. Ob dagegen die Bildung eines Mietpools an dem genannten Ergebnis etwas ändert, erscheint zweifelhaft (**abl.** *Cerny* MDR **1987** 273; *Rössner/Worms* BB **1988** 94). Entscheidend dürfte sein, ob die Gesellschaft bzw. Gemeinschaft als solche oder aber jeder Beteiligte selbst als Vermieter auftritt (*Flanderka/Heydel* aaO; auch *Richter* wistra **1987** 118; **aA** *Kaligin* WPg **1987** 358, der auch bei einer Poolung der Mietverträge keine Leistung einer „Einlage in ein gemeinsames Vermögen" sieht und der Gegenauffassung einen Verstoß gegen Art. 103 Abs. 2 GG vorwirft, dabei aber übersieht, daß der Gesetzeswortlaut auf eine „Beteiligung an dem Ergebnis eines Unternehmens" abstellt). 29

d) Anteile an Treuhandvermögen werden durch den nicht besonders klaren Abs. 2 ebenfalls in den Strafschutz einbezogen. Es geht insoweit nicht nur um die zu c) genannten Fälle, sondern auch um Anteile an einem treuhänderisch von einem Unternehmen gehaltenen Vermögen, das aus Wertpapieren oder Bezugsrechten besteht. Abs. 2 meint nur Fälle der zwischen Anleger und Unternehmen bestehenden *echten Treuhand*, bei welcher der Treuhänder und nicht der Anleger den Anteil erwirbt und verwaltet[27]. Für die 30

---

[23] *Flanderka/Heydel* wistra **1990** 256; *Kaligin* WPg **1987** 356; *Lackner/Kühl* Rdn. 3; *Möhrenschlager* aaO; *Otto* aaO; *Schmid* aaO; *Schniewind/Hausmann* aaO; *Sch/Schröder/Cramer* aaO; *Worms* S. 317.

[24] *Cerny* MDR **1987** 273; *Kaligin* aaO; *Schmid* aaO; *Worms* S. 318 f.

[25] *Richter* wistra **1987** 118; *Schmidt-Lademann* WM **1986** 1242; wohl auch *Schmid* in: Müller-Gugenberger § 23 F II 1 a.

[26] *Cerny* MDR **1987** 273; *Granderath* DB **1986** Beil. 18 S. 6 ff; *Joecks* wistra **1986** 144; *Kaligin* WPg **1987** 358; *Otto* BT § 61 IV 2 a; *Pabst* S. 36; *Samson* SK Rdn. 15; *Sch/Schröder/Cramer* Rdn. 12; *Schniewind/Hausmann* BB **1986** Beil. 16 S. 28; *Tiedemann* JZ **1986** 873; *Worms* S. 318.

[27] *Garz-Holzmann* S. 103; *Joecks* aaO; *Knauth* NJW **1987** 31; *Sch/Schröder/Cramer* Rdn. 34; *Worms* S. 320.

unechte (sog. Verwaltungs-)Treuhand gilt dagegen Abs. 1, der (nur) die unmittelbare Beteiligung betrifft[28].

31 Mit „Unternehmen" meint Abs. 2 etwas anderes als Abs. 1, nämlich das Unternehmen des Treuhänders, selbst wenn dieser Vermögensanteile verwaltet, die aus Beteiligungen an anderen Unternehmen bestehen (BTDrucks. 10/318 S. 23). Der Unternehmensbegriff des Abs. 2 ist weiter und umfaßt auch Steuerberatungs- und Rechtsanwaltskanzleien[29]. Das Treuhandvermögen kann entweder aus Vermögenswerten bestehen, zu deren unmittelbarem Erwerb die von den Anlegern eingezahlten Mittel bestimmt sind, oder in Rechten, kraft derer sich der Treuhänder für die Anleger eine Beteiligung am Ergebnis eines anderen Vermögens verschafft (BTDrucks. aaO S. 22). Erfaßt werden damit vor allem sog. Treuhandbeteiligungen an *Immobilienfonds* (*Knauth* NJW **1987** 31; *Tiedemann* JZ **1986** 873), aber auch echte Treuhandbeteiligungen bei Abschreibungsgesellschaften und anderen wirtschaftlichen Unternehmungen, z. B. Fluggesellschaften und Reedereien. Der Anleger ist hier steuerrechtlich, nicht dagegen zivilrechtlich Mitunternehmer (BTDrucks. aaO S. 23).

32 e) *Zusammenfassend* sind **zweifelhafte Fälle** zum einen die Bauherren-, Bauträger- und Erwerbermodelle, bei denen die Art der Mietpoolgestaltung für die Erfassung durch § 264 a ausschlaggebend ist (oben Rdn. 29). Zum anderen ist die Behandlung der *Termin-(Options-)Geschäfte* problematisch. Bei diesen erwirbt der Berechtigte gegen Zahlung einer Optionsprämie das Recht, während einer bestimmten Laufzeit an den Kontrahenten (Stillhalter) zu einem bestimmten Preis (börsengängige) Wertpapiere oder Waren zu verkaufen (put-Option) oder von dem Stillhalter zu kaufen (call-Option), wobei der Berechtigte bei put-Optionen auf einen Preisverfall und bei call-Optionen auf einen Preisanstieg spekuliert (*Winkelbauer* Art. Warentermingeschäfte, in: HWiStR). Grundsätzlich unterliegen derartige Geschäfte als spiel- oder wettähnliche Spekulationsgeschäfte dem Differenzeinwand nach § 764 BGB, soweit sie nicht als Börsentermingeschäfte nach §§ 50 ff BörsenG verbindlich sind. Nach der im Strafrecht wohl h.L. sollen sie nicht von § 264 a erfaßt sein, da § 89 Abs. 1, Abs. 2 Nr. 2 BörsenG vorrangig sei und Termin- als Differenz- und Spekulationsgeschäfte nicht auf Kapitalanlage abzielten[30]. Teilweise wird aber auch zwischen Wertpapier- und Warenterminoptionen unterschieden; bei den erstgenannten komme Tateinheit mit § 264 a in Betracht[31], und nur die letztgenannten unterfielen nicht § 264 a, da es sich weder um den Vertrieb von Wertpapieren noch um den von Bezugsrechten oder Anteilen an Unternehmen handele. Beide Auffassungen vermögen nicht zu überzeugen. Richtigerweise sind — unter Aufgabe der Einschränkung bei *Tiedemann* JZ **1986** 873 — alle Termin-(Options-)Geschäfte in den Schutzbereich des § 264 a einzubeziehen. Daß § 264 a nur nicht-spekulative Kapitalanlagen schütze, kann weder dem Wortlaut noch dem Zweck der Vorschrift entnommen werden; im Gegenteil ist gerade bei Termin-(Options-)Geschäften die Schutzbedürftigkeit der Anleger besonders groß (vgl. *Otto* Bekämpfung unseriöser Geschäftstätigkeit S. 31 ff). Es kann auch keine Rede davon sein, daß die Optionsprämie — die für den Optionsberechtigten von vornherein verloren ist — kein angelegtes (Risiko-)Kapital und das Termingeschäft somit keine Kapitalanlage darstelle; es handelt sich vielmehr um eine — wenn auch hochspekulative

---

28 *Sch/Schröder/Cramer* aaO; *Worms* aaO.

29 *Granderath* DB **1986** Beil. 18 S. 6; *Kaligin* WPg **1987** 357; *Schniewind/Hausmann* BB **1986** Beil. 16 S. 28.

30 Amtl. Begr. zu § 89 BörsenG, BTDrucks. 10/318 S. 46; *Haft* BT S. 200; *Imo* Rdn. 1499; *Joecks* wistra **1986** 149; *Knauth* NJW **1987** 30; *Richter* wistra **1987** 117; *Sch/Schröder/Cramer* Rdn. 2 u. 11; *Schwark* Einl. § 88 Rdn. 4, auch § 88 Rdn. 2; *Tiedemann* JZ **1986** 873.

31 *Dreher/Tröndle* Rdn. 18; auch — aber letztlich inkonsequent — *Sch/Schröder/Cramer* aaO; *Schwark* Einl. § 88 Rdn. 14.

und risikoreiche – Kapitalanlageform (*Worms* S. 23 ff), die nach dem Willen des Gesetzgebers seit 1989 auch dem breiten Anlegerpublikum an der Börse offen steht (Börsenterminfähigkeit kraft Aufklärung: § 53 Abs. 2 BörsenG). Auch aus der Struktur des § 89 BörsenG läßt sich dessen Vorrang nicht begründen, da dieser zum einen ein wucher- und kein betrugsähnliches Delikt ist und zum anderen voraussetzt, daß es zum Abschluß eines Börsenspekulationsgeschäfts kommt. Soweit die Optionsrechte nach Maßgabe des oben Rdn. 22 Ausgeführten verbrieft sind, steht nichts entgegen, sie als *Wertpapiere* anzusehen (**aA** *Knauth* NJW **1987** 30; *Sch/Schröder/Cramer* Rdn. 11). Bei unverbrieften Optionsrechten liegt zwar keine Beteiligung am Ergebnis eines Unternehmens, wohl aber ein *Bezugsrecht* vor (oben Rdn. 27), und zwar auch bei den auf den Bezug von Waren gerichteten Warenterminoptionen. Im übrigen vermag die Unterscheidung zwischen Wertpapier- und Warenoptionsgeschäften auch in sich nicht zu überzeugen, weil bei Wertpapieroptionsgeschäften nicht unmittelbar Wertpapiere, sondern nur Optionsrechte auf Wertpapiere „vertrieben" werden.

Unstreitig fällt demgegenüber der Vertrieb von Vermögensanlagen in *physischer* **33** *Ware*, z. B. in Gold, unverzinslichen Goldkonten oder Zertifikaten über Goldanlagen im Ausland, nicht unter § 264 a[32]. Einschlägige Gutschriften sind als bloße Beweisurkunden trotz der Weite des Begriffs (oben Rdn. 22) keine Wertpapiere i. S. d. § 264 a.

IV. Tatmittel: Werbeträger und mündliche Angaben. Der Tatbestand macht die **34** Strafbarkeit von der Benutzung bestimmter Tatmittel abhängig, die häufig verkürzend als *Werbeträger* bezeichnet werden[33]. Dies ist zwar der Tendenz nach (typologisch) zutreffend, klammert aber vorschnell die Frage aus, ob und unter welchen Umständen auch mündliche Angaben ausreichen (dazu im einzelnen unten Rdn. 37 u. 39).

1. Das Gesetz nennt an erster Stelle **Prospekte** und meint damit nach h. M. jedes **35** Schriftstück, das zum Zwecke der Information oder Werbung die für die Beurteilung der Kapitalanlage erheblichen Angaben enthält oder zumindest den Eindruck eines solchen Inhalts erwecken soll[34]. Hieraus wird – unter unrichtiger Bezugnahme auf *Möhrenschlager* (wistra **1982** 206) – gefolgert, daß bei erkennbar lückenhafter Information kein Prospekt vorliege[35], also z. B. Anzeigen, Werbebriefe und „Kurzprospekte" dem Tatbestand nicht unterfallen (vgl. nur *Pabst* S. 30). Diese Auffassung führt zu schwierigen Abgrenzungsfragen, insbesondere bei dem nicht seltenen Hinweis, daß sich weitere Informationen in anderen Unterlagen befinden, die auf Wunsch zugesandt werden oder sonst einsehbar sind (vgl. D. *Geerds* S. 323). Zutreffend bejaht *Richter* (VG 9/86 Gr. 4 S. 1313) für den letzteren Fall trotz erkennbarer Unvollständigkeit das Vorliegen eines Prospektes. Demgegenüber bezeichnet die wohl überwiegende Meinung Schriftstücke, in denen ausdrücklich oder doch deutlich auf die Unvollständigkeit und das Vorhandensein wesentlicher Zusatzinformationen in weiteren Unterlagen hingewiesen wird, als bloße Werbe-

---

32 D. *Geerds* S. 324 f; *Knauth* NJW **1987** 30; *Richter* wistra **1987** 118; *Sch/Schröder/Cramer* Rdn. 11.

33 So etwa *Gössel* BT 2 S. 475; *Pabst* S. 31; *Sch/Schröder/Cramer* Rdn. 17.

34 Im wesentlichen übereinstimmend BTDrucks. 10/318 S. 23; *Cerny* MDR **1987** 274; *Dreher/Tröndle* Rdn. 9; *Gössel* aaO; *Joecks* wistra **1986** 144; *Knauth* NJW **1987** 31; *Lackner/Kühl* Rdn. 10; *Martin* S. 166; *Möhrenschlager* wistra **1982** 206; *Otto* BT § 61 IV 4 c; *Pabst* S. 30; *Samson* SK Rdn. 23; *Schmid* in: Müller-Gugenberger § 23 F II 2 a; *Sch/Schröder/Cramer* Rdn. 18 (mit Bedenken); *Schwark* Einl. § 88 Rdn. 5; *Worms* S. 338 f; weitergehend (ohne Begründung) *Schmidt-Lademann* WM **1986** 1241 („jede Werbeschrift, die dem Verkauf dient").

35 *Gössel* BT 2 S. 475; *Joecks* aaO; *Kaligin* Wpg **1987** 358; *Lackner/Kühl* aaO; *Otto* aaO und WM **1988** 73; *Pabst* aaO; *Schwark* aaO; *Worms* S. 339.

schreiben[36], die ausschließlich unter § 4 UWG fallen sollen. Richtiger erscheint es demgegenüber, die Vollständigkeit oder den Anspruch auf Vollständigkeit nicht zum konstituierenden Merkmal des Prospektbegriffes zu machen, sondern für diesen ein Minimum wesentlicher Informationen als ausreichend anzusehen, wenn diese erkennbar darauf abzielen, Anlageentscheidungen unmittelbar herbeizuführen. Der ausdrückliche oder deutlich erkennbare Vorbehalt der Ergänzungsbedürftigkeit wird dann zum Maßstab für die Beurteilung der Richtigkeit der Angaben und das Verschweigen nachteiliger Tatsachen. Dies entspricht insbesondere der Rechtslage bei § 265 b (vgl. *Tiedemann* LK Rdn. 69, auch § 264 Rdn. 80), bei dem der Kreditantrag nach der Verkehrsanschauung oder normativer Erwartung ebenfalls alle für die Beurteilung der Kreditwürdigkeit wesentlichen Umstände enthalten soll. Kein Prospekt liegt damit vor allem dann vor, wenn „erkennbar nur ein Grundinteresse des Anlegers erweckt" werden soll (*Samson* SK Rdn. 23). Umgekehrt reicht jede Werbeschrift aus, „die Grundlage für die Anlegerentscheidung sein soll" (*Samson* aaO mit Nachw.; *Richter* aaO).

36 Unstreitig sind die für den börslichen und außerbörslichen Handel mit Wertpapieren vorgeschriebenen Prospekte i. S. d. § 38 Abs. 2 BörsenG, §§ 1 ff VerkaufsprospektG in § 264 a eingeschlossen. Der Prospektbegriff in dieser Strafvorschrift ist aber weiter (vgl. nur *Samson* aaO mit weit. Nachw.). Unerheblich ist daher auch, ob das Schriftstück vom Emittenten oder von einem selbständigen Vertreiber herrührt (BTDrucks. 10/318 S. 23). Auch der *Zwischenbericht* nach § 44 b BörsenG, der in bezug auf bereits eingeführte Aktien in jedem Geschäftsjahr zu erstellen und zu veröffentlichen ist, stellt einen Prospekt i. S. d. § 264 a dar (*Schwark* Einl. § 88 Rdn. 5). Entgegen *Schwark* (aaO) schließt der Bußgeldtatbestand des § 90 Abs. 1 Nr. 3 BörsenG, der u. a. die Veröffentlichung nicht richtiger oder nicht vollständiger Tatsachen im Zwischenbericht (nur) als Ordnungswidrigkeit einordnet, die Anwendbarkeit von § 264 a nicht aus, sofern dessen weitere Voraussetzungen erfüllt sind, ebenso wie die entsprechende Ordnungswidrigkeit zu den Zulassungsprospekten (§ 90 Abs. 1 Nr. 2 i. V. m. § 44 Abs. 1 Nr. 3 BörsenG i. V. m. der BörsenzulassungsVO) § 264 a unberührt läßt. Die genannten Ordnungswidrigkeiten enthalten bloßes Ordnungsunrecht, das (erst) dann zum Kriminalunrecht wird, wenn die unrichtigen oder unvollständigen Angaben „erheblich" und „vorteilhaft" sind.

37 2. Der Begriff der **Darstellungen** hat keine technische Bedeutung (*Dreher/Tröndle* Rdn. 9; *Sch/Schröder/Cramer* Rdn. 21), sondern ist in einem umfassenden Sinn zu verstehen (BTDrucks. 10/318 S. 23; *Worms* S. 339 mit weit. Nachw.). Er bezieht daher auch Ton- und Bildträger sowie Abbildungen ein (vgl. § 11 Abs. 3, auf den allerdings nicht verwiesen wird). Ausreichend sind auch *mündliche* Darstellungen[37]; Einschränkungen ergeben sich aus dem Erfordernis eines größeren Adressatenkreises (unten Rdn. 44 ff). Ferner muß auch hier nach h. M. der Eindruck einer gewissen Vollständigkeit vermittelt werden[38]. Einzelne unrichtige mündliche oder schriftliche Erklärungen scheiden daher aus[39],

[36] *Gössel* BT 2 S. 475; *Kaligin* WPg **1987** 358; *Sch/Schröder/Cramer* Rdn. 19; *Worms* S. 339; auch *Schwark* Einl. § 88 Rdn. 5.

[37] *Cerny* MDR **1987** 274; *Dreher/Tröndle* Rdn. 9; *Gössel* aaO; *Lackner/Kühl* Rdn. 10; *Knauth* NJW **1987** 31; *Martin* S. 167; *Maurach/Schroeder/Maiwald* 1 § 41 III C 1 (Rdn. 182); *Otto* BT § 61 IV 4 b; *Pabst* S. 31; *Samson* SK Rdn. 25; *Schmidt-Lademann* WM **1986** 1241; *Sch/Schröder/Cramer* Rdn. 21; *Schwark* Einl. § 88 Rdn. 5; *Tiedemann* JZ **1986** 873; *Werner/Machunsky* S. 313; *Worms* S. 339.

[38] *Cerny* aaO; *Gössel* aaO; *Martin* aaO; *Maurach/Schroeder/Maiwald* aaO; *Möhrenschlager* wistra **1982** 206; *Otto* aaO; *Pabst* aaO; *Schmid* in: Müller-Gugenberger § 23 F II 2 a; *Werner/Machunsky* aaO; *Worms* aaO. — *Joecks* wistra **1986** 144 läßt unter diesem Aspekt (unter unrichtiger Berufung auf *Möhrenschlager* aaO) *Werbefilme* nur als Ergänzung eines schriftlichen Prospekts ausreichen (zust. *Kaligin* WPg **1987** 359).

[39] *Gössel* aaO; *Joecks* aaO; *Möhrenschlager* aaO; *Schlüchter* S. 159; *Worms* S. 339 f.

so daß insbesondere der Telefonhandel regelmäßig nicht erfaßt wird (**krit.** dazu *Martin* S. 166 ff und bereits *Worms* S. 339 f).

Nach h. M. ergänzt der Begriff der Darstellung denjenigen der Übersichten über den Vermögensstand (sogleich 3.) und dient dazu, weitere, insbesondere mündliche, Verbreitungsformen einzubeziehen[40]. Deshalb muß eine Darstellung „über den Vermögensstand" vorliegen, die Darstellung also auf den Vermögensstand bezogen sein. Hieraus ergibt sich das Erfordernis des Anspruchs auf eine gewisse Vollständigkeit (vgl. aber auch *Tiedemann* GmbH-Strafrecht § 82 Rdn. 146). **38**

3. Übersichten über den Vermögensstand sollen nach verbreiteter Ansicht Vermögensübersichten i. S. d. § 265 b sein[41]. Dies ist allerdings nicht wörtlich zu nehmen, da § 265 b Abs. 1 Nr. 1 a von den Vermögensübersichten Bilanzen sowie Gewinn- und Verlustrechnungen trennt, die nach ganz h. M. gerade auch unter § 264 a fallen[42]. Mit Vermögensstand ist der Stand des Vermögens des Emittenten – genauer: des aus dem Wertpapier oder dem Bezugsrecht Verpflichteten oder des Unternehmens, dessen Anteile vertrieben werden – gemeint; auf den Vermögensstand des oder der Prospektverantwortlichen (mag dieser auch mit Blick auf eine mögliche zivilrechtliche Prospekthaftung für eine Anlageentscheidung erheblich sein!) kommt es nicht an. – Das Erfordernis des Eindrucks einer gewissen Vollständigkeit ergibt sich bei der Übersicht bereits aus dem allgemeinen Wortsinn. Schriftform ist auch hier nicht erforderlich[43]. Auf Vollständigkeit angelegte mündliche Übersichten werden aber selten sein. **39**

V. Tathandlungen: Unrichtige und fehlende Angaben. Die Tathandlung besteht in dem Machen unrichtiger vorteilhafter Angaben oder in dem Verschweigen nachteiliger Tatsachen gegenüber einem größeren Kreis von Personen. Die *individuelle* Werbung und Beratung ist also durchgehend ausgeschlossen. Die Handlung oder Unterlassung muß im Zusammenhang mit dem Vertrieb von Wertpapieren usw. oder dem Angebot auf Erhöhung der Einlagen stehen und sich auf Umstände beziehen, die für die Entscheidung über die Kapitalanlage oder über die Beteiligung an der Kapitalerhöhung von Bedeutung sind. **40**

1. Vertrieb ist – wie in § 1 AuslandinvestmentG – die auf Absatz, also auf Veräußerung (*Samson* SK Rdn. 19), einer Vielzahl von Bezugsobjekten nach Abs. 1 Nr. 1 gerichtete Tätigkeit am Markt[44]. Angebots- und Werbeaktionen werden gleichermaßen erfaßt[45]. Nicht erforderlich ist, daß das vertriebene Bezugsobjekt bereits existiert. Daher ist die Werbung um den Beitritt zu Gesellschaften (*Knauth* NJW **1987** 31; *Samson* aaO) ebenso Vertrieb (von Anteilen an der Gesellschaft) wie die Anwerbung von Gründungsgesellschaftern oder von Erwerbern noch zu emittierender Aktien. **41**

---

[40] *Dreher/Tröndle* Rdn. 9; *Gössel* aaO; *Martin* S. 167; *Sch/Schröder/Cramer* Rdn. 21.

[41] BTDrucks. 10/318 S. 23; *Cerny* MDR **1987** 274; *Gössel* aaO; *Joecks* aaO; *Kaligin* WPg **1987** 358; *Knauth* NJW **1987** 31; *Lackner/Kühl* Rdn. 10; *Martin* S. 166; *Möhrenschlager* wistra **1982** 206; *Schmid* in: Müller-Gugenberger § 23 F II 2 a; *Sch/Schröder/Cramer* Rdn. 20; *Schwark* Einl. § 88 Rdn. 5.

[42] *Martin* S. 166 f; *Otto* BT § 61 IV 4 b; *Pabst* S. 31; *Samson* SK Rdn. 24; *Schmid* aaO; *Sch/Schröder/Cramer* aaO.

[43] *Cerny* MDR **1987** 274; *Schmid* in: Müller-Gugenberger § 23 F II 2 a; **aA** BTDrucks. 10/318 S. 23; *Maurach/Schroeder/Maiwald* 1 § 41 III C 1 (Rdn. 182); *Otto* aaO; *Samson* SK Rdn. 24; *Worms* S. 339.

[44] *Gössel* BT 2 S. 477; *Joecks* wistra **1986** 144; *Lackner/Kühl* Rdn. 7; *Möhrenschlager* wistra **1982** 206; *Otto* BT § 61 IV 4 a; *Schlüchter* S. 158; *Schmid* in: Müller-Gugenberger § 23 F II 1 b; *Worms* S. 335.

[45] *Knauth* NJW **1987** 30 f; *Lackner/Kühl* aaO; *Möhrenschlager* aaO; *Otto* aaO; *Samson* SK Rdn. 19; *Worms* aaO.

42 Das **Angebot, die Einlage zu erhöhen,** richtet sich an Personen, die bereits Anteile an Unternehmen i. S. d. Abs. 1 Nr. 1 haben. Wegen des Erfordernisses eines größeren Adressatenkreises (unten Rdn. 44) und des Ausschlusses von Individualaktionen geht es bei dem Erhöhungsangebot nach Abs. 1 Nr. 2 um massenhafte Angebote („Kapitalsammelmaßnahmen", BTDrucks. 10/318 S. 24). Als *Angebot* ist – wie in § 1 VerkaufsprospektG – nicht erst und nur der Vertragsantrag i. S. d. §§ 145 ff BGB zu verstehen, der nur noch angenommen werden muß, sondern auch die *invitatio ad offerendum*. Für diese weite Auslegung spricht bei § 264 a die besondere Schutzbedürftigkeit dessen, der das Kapital bereits angelegt hat und durch die Erhöhungsofferte unter besonderem Druck steht[46]. Dagegen ist ein „Vertrieb" hier nicht nötig (*Cerny* MDR **1987** 275).

43 Der erforderliche **Zusammenhang** ist als sachlicher und zeitlicher Bezug zu bestimmten Vertriebs- oder Angebotsmaßnahmen zu verstehen[47]. Er wird insbesondere nicht dadurch ausgeschlossen, daß der Emittent der Kapitalanlage und der Werbende nicht identisch sind[48]. Erfaßt werden also auch Mitglieder von Vertriebsgesellschaften und werbende Einzelpersonen (vgl. bereits oben Rdn. 17). Jedoch reichen allgemeine Mitteilungen und Meinungsäußerungen, namentlich die Informationstätigkeit des Wirtschaftsjournalismus (Börseninformationsdienste!) nicht aus[49].

44 **2.** Der **Adressatenkreis** erfordert zum Zwecke des Ausschlusses der Individualtäuschung ähnlich wie § 4 Abs. 1 UWG einen „größeren Kreis von Personen", nämlich entweder „öffentlich" gemachte Angebote gegenüber einem zahlenmäßig unbestimmten Personenkreis (Direktwerbung) oder aber Angebote gegenüber einem solch großen Kreis potentieller Anleger, daß deren Individualität gegenüber dem potentiell gleichen Interesse an der Kapitalanlage zurücktritt[50]. Gemeinsame Gruppenmerkmale, etwa die Zugehörigkeit zu einer Berufsgruppe, sind nicht erforderlich. Auch ist unerheblich, ob die Umworbenen tatsächlich an der Kapitalanlage interessiert sind oder nicht.

45 Typisch ist neben der erwähnten Direktwerbung das Auslegen von Prospekten in öffentlich zugänglichen Räumen[51]. Die Werbung kann – wie bei § 4 UWG (BGHSt **24** 272 ff) – aber auch in aufeinanderfolgenden Einzelaktionen, z. B. per *Telefon* oder *von Haus zu Haus*[52], erfolgen, wenn bestimmte, in ihrem sachlichen Gehalt gleichbleibende Aussagen wiederholt werden. Die angesprochenen Opfer sind hier dem Werbenden unmittelbarer und häufig wehrloser ausgesetzt als im Falle der schriftlichen Werbung (*Tiedemann* Wirtschaftsstrafrecht II S. 37 zu § 4 UWG).

46 Wendet sich die Werbemaßnahme nur an die Mandanten eines einzelnen Steuerberaters, so kommt § 264 a bei entsprechender Größe des Mandantenkreises in Betracht (*Pabst* S. 29; **zw.** *Joecks* wistra **1986** 144; *Samson* SK Rdn. 29). Die Abgrenzung kann sich an dem parallelen Merkmal der Öffentlichkeit bei der Geschäftslagetäuschung im Gesell-

---

[46] Dazu BTDrucks. 10/318 S. 24; *Cerny* MDR **1987** 275; *Pabst* S. 37; *Worms* S. 337.

[47] *Dreher/Tröndle* Rdn. 8; *Joecks* wistra **1986** 144; *Kaligin* WPg **1987** 360; *Lackner/Kühl* Rdn. 9; *Möhrenschlager* wistra **1982** 206; *Otto* BT § 61 IV 4 a; *Sch/Schröder/Cramer* Rdn. 16; *Worms* S. 335.

[48] *Dreher/Tröndle* aaO; *Möhrenschlager* aaO; *Sch/Schröder/Cramer* aaO; *Worms* S. 336.

[49] BTDrucks. 10/318 S. 24; *Lackner/Kühl* Rdn. 9; *Otto* aaO; *Samson* SK Rdn. 22; *Worms* S. 335 f.

[50] BTDrucks. aaO S. 23; *Dreher/Tröndle* Rdn. 13; *Gössel* BT 2 S. 477; *Joecks* wistra **1986** 144; *Lackner/Kühl* Rdn. 11; *Maurach/Schroeder/Maiwald* 1 § 41 III C 1 (Rdn. 181); *Möhrenschlager* wistra **1982** 206; *Otto* aaO; *Sch/Schröder/Cramer* Rdn. 33; *Tiedemann* JZ **1986** 873; **krit.** *Worms* S. 338. Enger *Cerny* MDR **1987** 274, der nur „massenhafte" Anlageangebote ausreichen lassen will.

[51] *Dreher/Tröndle* aaO; *Knauth* NJW **1987** 31; *Lackner/Kühl* aaO; *Möhrenschlager* aaO; *Pabst* S. 28; *Schmid* in: Müller-Gugenberger § 23 F II 3 a; *Sch/Schröder/Cramer* aaO; *Worms* aaO.

[52] *Dreher/Tröndle* aaO; *Knauth* aaO; *Lackner/Kühl* aaO; *Möhrenschlager* aaO; *Pabst* aaO; *Otto* BT § 61 IV 4 a; *Sch/Schröder/Cramer* aaO; *Schwark* Einl. § 88 Rdn. 9; *Tiedemann* JZ **1986** 873; *Worms* S. 338.

schaftsstrafrecht orientieren (dazu *Tiedemann* GmbH-Strafrecht § 82 Rdn. 140 ff mit Nachw.). In bezug auf Abs. 1 Nr. 2 führt die Eingrenzung auf einen unbestimmten Personenkreis allerdings dazu, daß Täuschungen praktisch nur bei Publikumsgesellschaften relevant werden[53].

3. Bezugspunkt: Anlageerhebliche Umstände. Die Vertriebs- und Werbeangaben und vor allem auch die verschwiegenen Tatsachen müssen sich auf Umstände beziehen, die für die Entscheidung über den Erwerb des Wertpapiers usw. oder die Erhöhung der Einlage **erheblich** sind. Die Unbestimmtheit dieser Gesetzesformulierung geht darauf zurück, daß der von § 264 a intendierte Anlegerschutz rechtsformunabhängig ist, so daß eine ausdrückliche oder konkludente Verweisung auf Voraussetzungen und Inhalt einzelner Handelsgesellschaftsgesetze (vgl. z. B. § 399 Abs. 1 AktG) nicht in Betracht kam (BTDrucks. 10/318 S. 24). Jedoch ergibt sich neben dem Spezialsektor der ausländischen Investmentanteile mit dem vorgeschriebenen Inhalt der Verkaufsprospekte (§ 3 AuslandinvestmentG) und den strengen Vorschriften der BörsenzulassungsVO für börsengängige Papiere nunmehr auch für alle übrigen Wertpapiere, die außerbörslich gehandelt werden, eine Aufzählung der Mindestangaben in Prospekten aus der *VerkaufsprospektVO* 1990. Zwar sind die in dieser VO genannten Einzelangaben nicht abschließend (vgl. bereits oben Rdn. 4). Jedoch wird sich bei Unterlassen weiterer Angaben allenfalls ausnahmsweise eine Strafbarkeit begründen lassen. Über die Kriterien der VO hinaus positiv gemachte Angaben werden dagegen häufig erheblich und müssen dann richtig sein. Für den Wertpapiersektor ist die Erheblichkeit der Vertriebs- und Werbeangaben damit im wesentlichen normativ (außerstrafrechtlich) festgelegt, wie es die Kritik an § 264 a seit langem gefordert hat (vgl. nur *Arzt/Weber* IV Rdn. 47). Auch auf den ersten Blick nur formelle Angaben, die von der VerkaufsprospektVO gefordert werden (z. B. Datum der Unternehmensgründung oder Nummer des Registereintrags, § 5 Nrn. 2 u. 5), sind erheblich (vgl. auch unten Rdn. 49 a.E.) und können bei Unrichtigkeit oder Verschweigen nur unter dem Gesichtspunkt konkret fehlender Vor- oder Nachteilhaftigkeit straflos gestellt werden (näher Rdn. 59 u. 61). **47**

Für Bezugsrechte und Unternehmensanteile, die nicht in einem Wertpapier verkörpert sind, ist die Erheblichkeit dagegen in gewisser Anlehnung an die Handhabung von § 265 b Abs. 1 (dazu *Tiedemann* LK Rdn. 84 u. 85) unter Rückgriff auf die für den Anlagebereich vor der Verkaufsprospektgesetzgebung entwickelten außerstrafrechtlichen Grundsätze und Kriterien zu konkretisieren. Zu berücksichtigen ist — mit nur geringen Einschränkungen — vor allem die Zivilrechtsprechung zur Prospekthaftung[54]; einschlägig sind aber auch die Checklisten und Prüfungskataloge (der Wirtschaftsprüfer) zu Kapitalanlagen als — nicht verbindliche — *Indizien* für die erforderliche *Gesamtwürdigung*[55]. Letzteres ist umstritten, da die Checklisten den einzelnen Daten häufig einen unterschiedlichen und nicht selten nur empfehlenden Stellenwert einräumen und zudem auch rein formale Mängel betreffen[56]. Jedoch ist diese Bandbreite für die Handhabung des § 264 a insgesamt **48**

---

[53] *Dreher/Tröndle* aaO; *Möhrenschlager* aaO; *Sch/Schröder/Cramer* aaO.

[54] BTDrucks. 10/5058 S. 31; *Brenner* Kriminalistik **1987** 68 f; *Cerny* MDR **1987** 277; D. *Geerds* S. 228 f; *Haft* BT S. 200; *Jaath* Dünnebier-Festschrift S. 608 f; *Joecks* wistra **1986** 146 f; *Kaligin* Wpg **1987** 362; *Lackner/Kühl* Rdn. 13; *Mutter* NStZ **1991** 421; *Sch/Schröder/Cramer* Rdn. 32 a.E.; *Tiedemann* JZ **1986** 873; *Worms* S. 332; **aA** *Samson* SK Rdn. 31 (aber auch Rdn. 37!) mit weit. Nachw.

[55] D. *Geerds* aaO; *Grotherr* DB **1986** 2588; *Jaath* aaO; *Kaligin* WPg **1987** 362; *Möhrenschlager* wistra **1982** 206; *Lackner/Kühl* aaO; *Schmid* in: Müller-Gugenberger § 23 F II 3 b und 4 a.E.; *Worms* aaO.

[56] *Cerny* aaO S. 277; *Gallandi* wistra **1987** 317; *Gäbhard* S. 71 f; *Joecks* wistra **1986** 145, 146; *Samson* SK Rdn. 38.

unschädlich, da es keineswegs um eine pauschale Übernahme der Checklisten und Prüfungsempfehlungen gehen kann. Für die strafrechtliche Beurteilung sind Formalien und Bagatellen auszuscheiden[57]. Darüber hinaus ist eine *restriktive Auslegung* in dem Sinne geboten, daß strafbares Unterlassen auf **eindeutig** erhebliche Umstände zu beschränken ist, bei denen Sachkundige nicht unterschiedlicher Meinung sein können[58].

49 Für die grundsätzliche Ausrichtung des Maßstabes wird einerseits mit BGHSt **30** 292 (zu § 265 b) auf das Urteil eines „verständigen, durchschnittlich vorsichtigen" Anlegers abgestellt, um diejenigen Umstände zu ermitteln, die Einfluß auf den Wert, die Chancen und Risiken der Kapitalanlage haben können[59]. Eine Gegenansicht will auf den Maßstab eines ordentlichen Vertreibers oder Vermittlers von Kapitalanlagen abstellen und weist u. a. darauf hin, daß – anders als beim Kreditgeschäft – mit der Kapitalanlage unterschiedliche Zwecke verfolgt werden und daß wegen der Unterschiedlichkeit der Risiken nicht auf einen durchschnittlich vorsichtigen Anleger, sondern auf die *Erwartungen des Kapitalmarkts* im Hinblick auf den jeweils angebotenen Anlagewert abzustellen sei[60]. – Beide Ansichten sind nicht so gegensätzlich wie es zunächst scheint. Ihre Verbindung ist schon in BTDrucks. 10/318 S. 24 angedeutet: Zunächst scheiden übereinstimmend alle Bagatellunrichtigkeiten und -risiken aus (oben Rdn. 48). Sodann sind sich die meisten Autoren darin einig, daß die Auslegung am Schutzzweck des § 264 a zu orientieren ist. Allerdings ergibt sich hieraus eine Zweiteilung der Auffassungen zur ausschließlichen Orientierung an Vermögensinteressen der Kapitalanleger einerseits und der zusätzlichen (oder primären) Ausrichtung am Schutz des Kapital(anlage)markts andererseits (vgl. oben Rdn. 13). In jedem Fall erscheint als sicher, daß sowohl der „durchschnittliche Kapitalanleger" als auch der „ordentliche Vertreiber von (und Werber für) Kapitalanlagen" Maßfiguren sind, deren praktische Handhabung zusätzliche Kriterien voraussetzt. Dabei neigt die rein vermögensrechtliche Auffassung dazu, alle konkreten Umstände des individuellen Einzelfalls einzubeziehen und auf dieser Grundlage die Werthaltigkeit der konkreten Beteiligung am jeweiligen Anlageobjekt zu prüfen[61]. Diese Auffassung verlagert die von § 263 bekannten Probleme (oben Rdn. 2) voll in den Tatbestand des § 264 a. Zutreffend ist es demgegenüber, zwar auf die Eigenart der konkreten Kapitalanlageform abzustellen (*Rössner/Worms* BB **1988** 94); so sind etwa bei Abschreibungsgesellschaften die Umstände, die für die zu erwartende Steuerersparnis ausschlaggebend sind, von besonderer Bedeutung (*Sch/Schröder/Cramer* Rdn. 32). Jedoch steht es der hier mit der h. M. bejahten Kapitalmarktschutzfunktion des Straftatbestandes entgegen, mit *Joecks* (wistra **1986** 146) jede Einlassung eines Beschuldigten daraufhin zu prüfen, „ob ein negativer Umstand im konkreten Fall wirklich bedeutsam war" (zutr. *Dreher/Tröndle* Rdn. 12). Das Merkmal der Erheblichkeit stellt vielmehr auf die *Eignung* zur Schadensherbeiführung, also zur Wertbeeinträchtigung, ab (oben Rdn. 16) und zielt – über die Marktwert- oder Vermögensrelevanz – auf die Richtigkeit und Vollständigkeit der Information über die Grundlagen der Anlageentscheidung. Hierzu können auch Umstände gehören, die als solche – wie z. B. der Sitz des Unternehmens, das Datum seiner Gründung usw. – keinen

---

[57] *Cerny* aaO; *Gäbhard* S. 104; D. *Geerds* S. 229; *Haft* BT S. 200; *Joecks* aaO S. 146; *Kaligin* Wpg **1987** 362; *Lackner/Kühl* Rdn. 13; *Otto* BT § 61 IV 3 c; *Rössner/Worms* BB **1988** 94; *Sch/Schröder/Cramer* Rdn. 30; *Schwark* Einl. § 88 Rdn. 8; *Tiedemann* JZ **1986** 873.

[58] *Cerny* aaO S. 275; *Joecks* aaO S. 145; *Lackner/Kühl* aaO; *Pabst* S. 20 ff; *Tiedemann* aaO.

[59] BTDrucks. 10/318 S. 24; *Dreher/Tröndle* Rdn. 12; *Gäbhard* S. 101; *Knauth* NJW **1987** 31; *Lackner/Kühl* aaO; *Maurach/Schroeder/Maiwald* 1 § 41 III C 1 (Rdn. 181); *Otto* BT § 61 IV 3 c; *Pabst* S. 21; *Pleyer/Hegel* ZIP **1987** 82; *Schwark* Einl. § 88 Rdn. 8.

[60] *Cerny* MDR **1987** 277; *Sch/Schröder/Cramer* Rdn. 32; *Worms* S. 334.

[61] *Cerny* aaO; *Joecks* wistra **1986** 146 ff; *Pabst* S. 22; *Samson* SK Rdn. 47; *Sch/Schröder/Cramer* Rdn. 32; dagegen ausführlich *Gäbhard* S. 85 ff.

unmittelbaren Vermögensbezug haben (*Gäbhard* S. 86 f). Die Erheblichkeit ergibt sich insoweit daraus, daß auch solche Umstände je nach Einzelfall – z. B. bei Sitzverlegung in ein für die Geschäftstätigkeit ungünstiges Land – vermögens- oder – z. B. in Gestalt der Nummer der Registereintragung oder der Anschrift der Unternehmensorgane – beweiserhebliche Bedeutung haben können. Anlageethische oder Minderheits-Ansichten zu außervermögensmäßigen (ideellen) Gesichtspunkten dürften allerdings erst dann „erheblich" sein, wenn sie kurs- bzw. marktrelevant werden (können).

Da sich die von § 264 a gemeinten Angaben ganz überwiegend nicht an ein fachkundiges, sondern an das allgemeine Publikum wenden, müssen Darstellungsstil und **Sprache** diesem Adressatenkreis entsprechen[62]. Daher reicht eine für Fachkundige einsichtige Verschlüsselung der Beurteilung ebensowenig aus (BGH[Z] NJW **1982** 2823, 2824) wie die Verwendung von Rechtsbegriffen, die im Ausland eine andere Bedeutung haben (*Pabst* S. 23 f; vgl. auch § 2 Abs. 1 Satz 3 VerkaufsprospektVO). Entsprechend dem genannten Adressatenkreis kann auch – insoweit trotz der Kapitalmarktschutzfunktion – nicht der Maßstab eines bilanzkundigen Lesers angelegt werden (*Gäbhard* S. 100 f; *Worms* S. 334; weitergehend möglicherweise BGH aaO). 50

Auf der anderen Seite kann der potentielle Anleger auch unter den genannten Rechtsgutsaspekten keine Aufklärung über allgemeine Marktrisiken erwarten. Sein Vertrauen wird vielmehr zunächst insoweit geschützt, als er verlangen kann, über atypische, spezielle Risiken der konkreten Anlageform aufgeklärt zu werden (D. *Geerds* S. 222; *Gäbhard* S. 102 ff). Wie die in Rdn. 47 zitierte VerkaufsprospektVO zeigt, ist die Aufklärungspflicht aber hierauf nicht beschränkt. Unter dem Vorbehalt zentraler Bedeutung und Berücksichtigung der konkreten Art der Kapitalanlage und unter erneutem Hinweis auf die Unterscheidung zwischen positiven Angaben und Verschweigen einzelner Umstände kann folgender **Kriterienkatalog** für die Konkretisierung der „erheblichen Umstände" im Hinblick auf wesentliche Umstände und spezielle Risiken wichtiger Prüffelder von Nutzen sein (wobei Hinweise auf einzelne Vorschriften über den Vertrieb von Wertpapieren selbstverständlich nur für diese Anlageform unmittelbar gelten): 51

Art der Kapitalanlage, insbesondere Angaben zum Anlageobjekt, zur finanziellen Konzeption und zum Stand der Realisierung (*Schmid* in: Müller-Gugenberger § 23 F II 4 c; eingehend *Gäbhard* S. 31 ff, 116 f, 150 ff); 52

Aufsichtsorgane: Darstellung einer angemessenen Kontrolle (*Gäbhard* S. 27, 138 ff) und jedenfalls des Fehlens einer Kontrolle der Mittelverwendung (D. *Geerds* S. 224); Angabe von Namen und Anschrift der Aufsichtsorgane nach § 10 Abs. 1 VerkaufsprospektVO;

Auslandsinvestition: Angabe der in § 3 AuslandinvestmentG genannten Umstände, jedoch mit Ausnahme von Bagatellen und Formalien; insbesondere Hinweis auf rechtliche oder steuerliche Spezialregelungen des Auslands (D. *Geerds* S. 225); **str.**: Hinweise zum Inflationsrisiko im Ausland (D. *Geerds* S. 224 mit Nachw.); weitergehend (Angabe auch zu den Absatzchancen und zur Auslandserfahrung des Managements) *Gäbhard* S. 38, 117, 165 f; *Knauth* NJW **1987** 31; Angabe der ausländischen Quellenabzugsteuer nach § 4 Nr. 2 VerkaufsprospektVO;

Ertragsfähigkeit mit realistisch-vorsichtiger Prognose auf der Grundlage inhaltlich richtiger Bilanzen (*Gäbhard* S. 36 ff; enger D. *Geerds* S. 225 u. *Grotherr* DB **1986** 2589); s. auch Rendite

---

[62] *Worms* S. 334 mit weit. Nachw. (auch zu Gegenansichten) Fußn. 432.

Firma des kapitalsuchenden Unternehmens, insbesondere unter Abgrenzung zu gleichen und ähnlichen Firmen (*Gäbhard* S. 26, 115, 119; § 5 Nr. 1 VerkaufsprospektVO);

Fremdfinanzierung bei Abweichung vom marktüblichen Verlauf (*Gäbhard* S. 30);

Geschäftsführungsorgane: Angabe von Namen und Anschrift erforderlich (§ 10 Abs. 1 VerkaufsprospektVO);

Geschichte des kapitalsuchenden Unternehmens mit Darstellung insbesondere von Umgründungen und Konzernzugehörigkeit (*Gäbhard* S. 26, 115, 160);

Gewinnausschüttung mit Angaben zu Nutzen und Ertrag der Anlage (*Gäbhard* S. 133 f; **str.**, vgl. D. *Geerds* S. 225 mit Nachw.; enger insbes. *Grotherr* aaO);

Immobilien: Hinweise auf besonders hohe Belastungen und/oder schwierige Vermietbarkeit erforderlich (D. *Geerds* S. 223 mit Nachw.; *Grotherr* aaO);

Innenprovision: keine Offenbarungspflicht jedenfalls dann, wenn aus der Sicht des Anlegers sinnvoll (z. B. wegen Ermöglichung einer höheren Verlustzuweisung; vgl. D. *Geerds* S. 226 f mit Nachw.);

Kapitalverhältnisse des Unternehmens (§ 6 VerkaufsprospektVO); s. auch wirtschaftliche Lage

Konzernzugehörigkeit mit Darstellung der Haftungsverhältnisse (*Gäbhard* S. 26 f, 115; § 5 Nr. 6 VerkaufsprospektVO);

Kontrolle s. Aufsichtsorgane

Kreditgewährung mit Klarstellung, ob zivilrechtlich gültig oder bloße Exspektanz (*Gäbhard* S. 30; *Schmid* aaO);

Liquidität: Schwierigkeiten müssen mitgeteilt werden (*Brenner* Kriminalistik **1987** 69 mit Nachw.); s. auch wirtschaftliche Lage

Nebenkosten: Angabe jedenfalls bei atypischer, eine seriöse Kalkulation überschreitender Höhe erforderlich (D. *Geerds* S. 227 f mit Nachw.);

Option s. Warentermingeschäfte

Rechtsform (§ 5 Nr. 3 VerkaufsprospektVO) und *Sitz* (§ 5 Nr. 1 VerkaufsprospektVO) des kapitalsuchenden Unternehmens (als Anhaltspunkt für die Sicherheit oder Risikoträchtigkeit der Kapitalanlage und für das Ausmaß der Haftung des Anlegers) sowie *Rechtsstellung* des Anlegers (Kündigungsmöglichkeiten und andere Fragen der Beendigung der Geschäftsbeziehung, Schwerpunkt im Bereich der Gewinnausschüttung oder der steuerbegünstigten Verluste, Übertragbarkeit der Anlage; vgl. *Gäbhard* S. 15 Fn. 13, S. 115, 128 ff, 134 ff, 159; D. *Geerds* S. 224 f; § 4 Nr. 3 VerkaufsprospektVO);

Registergericht mit Angabe der Eintragungsnummer (§ 5 Nr. 5 VerkaufsprospektVO);

Rendite: Korrekter finanzmathematischer Ausweis erforderlich (*Tiedemann* JZ **1986** 873);

Risiken spezieller Art (z. B. bei Auslandsinvestitionen oder in bestimmten Branchen; *Gäbhard* S. 38 f, 91 ff, 142 ff; *Knauth* aaO);

Sachverständige (Prüfer): Benennung für bestimmte Aussagen muß durch Kennzeichnung ihrer Vertrautheit mit den Umständen des Unternehmens ergänzt werden (*Gäbhard* S. 25); Angabe der Abschlußprüfer nach § 9 VerkaufsprospektVO;

Sicherheiten des kapitalsuchenden Unternehmens (*Knauth* aaO) mit Angaben zu Dauer, Wert und Umfang des Schutzes (*Gäbhard* S. 44 f, 55 f, 136 ff, 140 f); § 4 Nr. 11 VerkaufsprospektVO;

Treuhänder: Angaben zu Person, Berufserfahrung und sonstiger Qualifikation sowie Unparteilichkeit erforderlich (*Gäbhard* S. 43 f);

Verantwortliche (Vorstand, Repräsentant) des kapitalsuchenden Unternehmens (*Knauth* aaO), erforderlichenfalls mit Angabe zu strafrechtlichen Verurteilungen (*Gäbhard* S. 27 f, 147 ff; etwas enger D. *Geerds* S. 225; **zw.** *Tiedemann* aaO).;

Verflechtungen personeller und kapitalmäßiger Art ab einer bestimmten Einflußhöhe sowie bei Kontroll- und anderen Interessenkonflikten (*Gäbhard* S. 40 f, 116; D. *Geerds* S. 226; *Schmid* aaO b; *Tiedemann aaO);*

Vertragspartner: Angabe jedenfalls bei Maßgeblichkeit der Zusammenarbeit mit anderen Unternehmen und bei Ausfallbürgschaften sowie bei beabsichtigter Ertragsverteilung erforderlich (*Gäbhard* S. 30, 117, 162 ff; D. *Geerds* S. 225 f);

Verwendungsbindungen von Anlagekapital und Erträgen (*Knauth* aaO);

Warentermingeschäfte: jedenfalls keine Verharmlosung des Risikos (*Gäbhard* S. 39), aber auch keine umfassende Aufklärung über das hohe Risiko (D. *Geerds* S. 223 f);

Wirtschaftliche Lage des kapitalsuchenden Unternehmens: regelmäßig Offenlegung der wesentlichen Aktiva und Passiva i. S. d. § 266 HGB erforderlich (*Gäbhard* S. 28 f, 116, 160 ff; § 8 VerkaufsprospektVO); Darstellung nicht nur eines Umsatzjahres als besonders schlecht, wenn schon die Vorjahre schlechte Umsätze aufwiesen (*Brenner* aaO mit Nachw.).

4. Täuschung durch Tun: Unrichtige vorteilhafte Angaben. Die erste Handlungsalternative betrifft die Begehung durch Tun und entspricht derjenigen des § 265 b Abs. 1 Nr. 1 b (dazu *Tiedemann* LK Rdn. 86 ff). Allerdings ist das dort vorausgesetzte Merkmal der Schriftlichkeit für § 264 a nicht erforderlich (oben Rdn. 37 u. 39). Ebenso wie bei § 265 b (vgl. dort Rdn. 67) können sich auch hier die Angaben nicht nur auf Tatsachen (einschließlich innerer Tatsachen), sondern auch auf (Wert-)Urteile, Meinungsäußerungen und *Prognosen* beziehen[63]. Insbesondere Liquiditäts- und Finanzierungsberechnungen, Angaben zur Vermietbarkeit und andere Rentabilitätsaussagen werden daher unstreitig einbezogen. **53**

Unrichtig sind Angaben allgemein dann, wenn sie den objektiven Gegebenheiten nicht entsprechen, nämlich nicht vorhandene Umstände als vorhanden oder vorhandene Umstände als nicht vorhanden bezeichnen (BTDrucks. 10/318 S. 24; *Tiedemann* JZ **1986** 873). Bei Werturteilen und Prognosen, z. B. Renditeberechnungen, liegt Unrichtigkeit jedenfalls dann vor, wenn die der Beurteilung oder Zukunftserwartung zugrunde liegenden (gegenwärtigen) Tatsachen nicht zutreffen (*Tiedemann* LK § 265 b Rdn. 68). Darüber hinaus ist Unrichtigkeit aber auch anzunehmen, wenn die Bewertung schlechterdings nicht mehr vertretbar ist (z. B. prognostizierte Mietsteigerungen gesetzlich nicht durchsetzbar sind: *Werner/Machunsky* S. 312) oder zukunftsbezogene Angaben, z. B. zu Gewinnchancen oder erzielbarer Steuerersparnis, bei objektiver Beurteilung der Tatsachen nicht aus diesen gefolgert werden können (*Tiedemann* LK aaO mit Nachw.)[64]. Unvertretbar sind auch Prognosen, die nicht (hinreichend) auf Tatsachen gestützt sind. – Die Unrichtigkeit ist zwar objektiv zu bestimmen. Jedoch sind Auffassung und Verständnis des angesprochenen Personenkreises mit zu berücksichtigen (*Worms* S. 327 f mit **54**

[63] *Cerny* MDR **1987** 276; *Dreher/Tröndle* Rdn. 10; *Gössel* BT-2 S. 476; *Granderath* DB **1986** Beil. 18 S. 7; *Haft* BT S. 200; *Lackner/Kühl* Rdn. 12; *Sch/Schröder/Cramer* Rdn. 24 (zu den Vorbehalten vgl. sogleich im Text Rdn. 55); *Worms* S. 325; einschränkend *Otto* BT § 61 IV 3 a und WM **1988** 737, der einen „Tatsachenkern" verlangt.

[64] *Cerny* aaO; D. *Geerds* S. 215; *Gössel* aaO; *Grotherr* DB **1986** 2586; *Joecks* wistra **1986** 146; *Kaligin* WPg **1987** 361; *Pabst* S. 16; *Otto* BT § 61 IV 3 a; *Rössner/Worms* BB **1988** 94; *Sch/Schröder/Cramer* aaO.

Nachw.). Abzustellen ist auf das *Gesamtbild* der Angaben (BGH[Z] NJW **1982** 2823, 2824).

55 Einschränkend wollen *Sch/Schröder/Cramer* (Rdn. 24) – möglicherweise in Anknüpfung an die zivilrechtliche Prospekthaftung – solche Falschangaben für tatbestandslos erklären, die „nicht mit dem Anspruch besonderer Sachkunde vertreten werden“. Dieses Kriterium ist wenig praktisch, ruft unnötige Abgrenzungsschwierigkeiten hervor und ist daher für das Strafrecht abzulehnen. Die weitere Ausgrenzung solcher Angaben, deren Unrichtigkeit „auch für den Nichtfachmann durchschaubar“ ist (z. B. Rechenfehler), soll der Straflosigkeit „jeder Art Schönfärberei oder unberechtigter Anpreisung“ dienen (*Sch/Schröder/Cramer* aaO). Dieser Gedanke deckt aber von vornherein nicht den Ausschluß von (vorsätzlich eingefügten!) Rechenfehlern und orientiert sich im übrigen offenbar an dem Ausschluß bloßer Übertreibungen bei § 263, der die Strafbarkeit aber – anders als § 264 a – auf falsche Tatsachenbehauptungen beschränkt. Der Ausschluß positiver Falschangaben aus der Strafbarkeit mit dem Argument, die Unrichtigkeit sei auch für den Nichtfachmann erkennbar, nennt überdies keinen Maßstab („verständiger, durchschnittlich vorsichtiger“ Anleger?). Es erscheint daher insgesamt zutreffender, die einschlägigen Fragen – außerhalb der bereits oben Rdn. 54 behandelten Eingrenzung bei Wertungen und Prognosen – über die Tatbestandsmerkmale der Erheblichkeit und der Vor- bzw. Nachteilhaftigkeit zu lösen. Lediglich als solche erkennbare reklamehafte Anpreisungen ohne Tatsachenbezug scheiden aus § 264 a aus (*Worms* S. 327).

56 Umstritten ist, ob sich die Unrichtigkeit auch aus der **Unvollständigkeit** der Angaben ableiten läßt. Die überwiegende Ansicht sieht hier nur die zweite Handlungsalternative (Unterlassen, nämlich Verschweigen nachteiliger Tatsachen) als einschlägig an[65]. Dies ist wegen der Unsicherheiten dieser Alternative praktisch und wegen der Beschränkung der zweiten Alternative auf Tatsachen (unten Rdn. 63) auch theoretisch nicht unbedenklich (zutr. D. *Geerds* S. 217 ff). Unrichtigkeit ist daher auch anzunehmen, wenn bei positiven Angaben Teilaussagen weggelassen werden und dadurch ein falsches Gesamtbild entsteht. Durch die Beschränkung auf einzelne Teile wird der Sinn der Aussage entstellt (vgl. *Tiedemann* LK § 264 Rdn. 79, auch § 265 b Rdn. 69). Allerdings ist für die Vollständigkeit nicht auf das gesamte Anlageobjekt, sondern auf den teilweise angesprochenen Umstand abzustellen. So ist ein Prospekt über steuerliche Verlustzuweisungen falsch, wenn verschwiegen wird, daß die Anerkennung durch das Finanzamt fragwürdig ist (*Rössner/Worms* BB **1988** 94); ebenso ist die Nennung eines festen Termins als Baubeginn unrichtig, wenn zweifelhaft ist, ob zu diesem Zeitpunkt mit dem Bau überhaupt begonnen werden kann, weil der Grundstückserwerb noch offen, die erforderliche Genehmigung noch nicht erteilt oder die Finanzierung ungesichert ist (D. *Geerds* S. 218 f mit Nachw. aus der zivilrechtlichen Prospekthaftungsrechtsprechung). Dasselbe Ergebnis wird allerdings erreicht, wenn die (konkludente) Behauptung der Richtigkeit eines Urteils als Tatsache angesehen (so *Cerny* MDR **1987** 276) oder allgemein das Merkmal des „Anspruchs auf Verbindlichkeit“ einer Aussage bei fehlender Nachprüfbarkeit durch den Anleger eingeführt wird (so *Pabst* S. 13). In diesem Sinne geht auch die Zivilrechtsprechung davon aus, daß sich der Anleger hinsichtlich der günstigen Darstellung der Zukunftsaussichten eines Anlageprojektes in einem Prospekt darauf verlassen darf, daß es sich hierbei nicht um „bloße Mutmaßungen handelt, sondern um Schlußfolgerungen aus nachprüfbaren Tatsachen oder Wertfeststellungen, die auf einer sorgfältigen Analyse aller hierfür maßgebenden Voraussetzungen beruhen“ (BGH NJW **1982** 2823 ff).

---

[65] *Cerny* aaO; *Dreher/Tröndle* Rdn. 10; *Grotherr* aaO S. 2588; *Sch/Schröder/Cramer* Rdn. 24; offengelassen bei BTDrucks. 10/318 S. 24 (der „besonderen Hervorhebung der Unvollständigkeit“ wie bei § 265 b „bedarf es ... hier nicht“).

Unstreitig entfallen Unrichtigkeit und Unvollständigkeit dann, wenn der Täter auf die *Ergänzungsbedürftigkeit* des Prospektes, der Darstellung usw. hinweist oder deren Inhalt mündlich ergänzt (*Cerny* MDR **1987** 276). Unterbleiben derartige Hinweise und Ergänzungen, so dürfte den mit dem Vertreiber nicht identischen Emittenten eine **Garantenpflicht** (zu Rückruf oder Berichtigung) treffen, jedenfalls soweit es um die normativ garantierte Richtigkeit und Vollständigkeit von Verkaufsprospekten für Wertpapiere geht (vgl. oben Rdn. 47). **57**

Hinsichtlich des **Zeitpunktes** für die Beurteilung der Richtigkeit kommt es auf den gesamten Zeitraum des Vertriebs an. Soweit nach Erstellung des Prospekts bzw. der Darstellung Ereignisse eintreten, die Angaben unrichtig (oder unvollständig) erscheinen lassen oder den Gesamteindruck verändern, besteht zivilrechtlich bis zum Abschluß der Beitrittsverhandlungen eine Berichtigungsverpflichtung (*Grotherr* DB **1986**, 2586 f mit Nachw.). Eine entsprechende *Aktualisierungspflicht* gilt auch für das Strafrecht (*Pabst* S. 15). Dabei geht es dogmatisch nicht um ein (unechtes) Unterlassen, sondern um den Vertrieb (Abs. 1 Nr. 1) bzw. das Angebot (Abs. 1 Nr. 2) durch positives Tun. Lediglich dann, wenn der Vertreiber die Unrichtigkeit des Prospektes erst nach Tatvollendung feststellt (*Samson* SK Rdn. 52) oder der Vertrieb des Prospektes durch andere Personen (Unternehmen) als den Emittenten erfolgt, entsteht die Frage, ob eine Garantenpflicht (Verkehrssicherungspflicht) besteht, als unrichtig oder unvollständig erkannte Prospekte aus dem Verkehr zu ziehen oder zu aktualisieren. Dies ist mit *Samson* (aaO) zu bejahen (vgl. auch *Tiedemann* GmbH-Strafrecht § 82 Rdn. 95 ff). **58**

Vorteilhaft sind Angaben, die nach dem Maßstab und Urteil des verständigen durchschnittlichen Anlegers geeignet sind, die konkreten Aussichten für eine positive Anlageentscheidung des Anlegers zu verbessern[66]. Im Vergleich zur Erheblichkeit ist die Vorteilhaftigkeit der Angaben konkreter, nämlich in Bezug auf das angebotene Anlageobjekt zu verstehen (was jedenfalls für Wertpapiere zu einer zweistufigen Prüfung zwingt; vgl. bereits oben Rdn. 47 a.E.). Im Regelfall sind unrichtige Angaben in Bezug auf das konkrete Anlageobjekt vorteilhaft, wenn die wirtschaftlichen Verhältnisse günstiger dargestellt werden als sie in Wirklichkeit sind (*Cerny* MDR **1987** 276). Eine ungünstigere Darstellung kann dann für den Anleger vorteilhaft sein, wenn sie dazu dienen soll, günstigere Rahmenbedingungen zu schaffen (z. B. die Angabe eines zu niedrigen Zinssatzes; vgl. *Cerny* aaO). Angaben, die für die Anlageentscheidung irrelevant sind oder ihr sogar entgegenwirken (z. B. Boykottaufrufe oder abwertende Angaben), scheiden dagegen aus (BTDrucks. 10/318 S. 24; *Dreher/Tröndle* Rdn. 10). Entgegen *Worms* (S. 328) widerspricht die letztere Einschränkung nicht dem Kapitalmarktaspekt des von § 264 a intendierten Rechtsgüterschutzes. Boykottaufrufe und abwertende Angaben werden auch schwerlich „im Zusammenhang mit dem Vertrieb", nämlich mit einer auf Absatz (Veräußerung) gerichteten Tätigkeit (oben Rdn. 41) gemacht werden. **59**

Die *Angaben* sind *gemacht*, wenn sie dem „größeren Kreis von Personen" *zugegangen* sind (*Schwark* Einl. § 88 Rdn. 11; auch *Tiedemann* LK § 265 b Rdn. 88 ff). Kenntnisnahme ist entgegen *Samson* (SK Rdn. 51) nicht zu fordern. Der damit zugrunde gelegte frühe Vollendungszeitpunkt (zur tatsächlichen Beendigung unten Rdn. 45) macht die Versuchsstrafbarkeit entbehrlich. Für schriftliche Angaben ist bei Versendung Zugang, sonst Zugänglichmachen erforderlich. Bei nacheinander erfolgenden mündlichen Angaben (vgl. oben Rdn. 45) tritt **Vollendung** dagegen erst ein, wenn tatsächlich ein größerer Personenkreis angesprochen worden ist. **60**

[66] *Gössel* aaO; *Lackner/Kühl* Rdn. 12; *Otto* aaO; *Pabst* S. 17; *Rössner/Worms* BB **1988** 94; *Sch/Schröder/Cramer* Rdn. 25; vgl. auch *Tiedemann* LK § 265 b Rdn. 83. Enger *Samson* SK Rdn. 35.

61 **5. Täuschung durch Unterlassen: Verschweigen nachteiliger Tatsachen.** Ähnlich wie § 264 Abs. 1 Nr. 2 StGB und § 399 AktG stellt § 264 a das Unterlassen unter Strafe, wenn der Täter nachteilige anlageerhebliche Tatsachen verschweigt. Es handelt sich um ein **echtes Unterlassungsdelikt**[67], das von außerstrafrechtlichen Offenbarungs- und Mitteilungspflichten unabhängig ist (BTDrucks. 10/318 S. 24): Die Aufklärungspflicht folgt aus dem Straftatbestand selbst[68]. Damit kommt dem tatbestandseinschränkenden Erheblichkeitsmerkmal (oben Rdn. 47 ff) von Anfang an besondere Bedeutung zu (vgl. BTDrucks. 10/5058 S. 31): Es geht um (*nachteilige*) Tatsachen, deren Kenntnis geeignet ist, den Anlageinteressenten vom Erwerbsentschluß Abstand nehmen zu lassen (BTDrucks. 10/318 S. 24; *Tiedemann* JZ **1986** 873). Es müssen also vorbehaltlich der oben Rdn. 51 dargelegten Ausscheidung allgemeiner Marktrisiken alle Tatsachen mitgeteilt werden, die für die Anlageentscheidung erheblich sein können (*Samson* SK Rdn. 6 mit Nachw.). Auch und vor allem hier ist der **Gesamteindruck** maßgebend, der durch das Weglassen erheblicher Tatsachen für einen verständigen durchschnittlichen Anleger entsteht[69]. Seit dem 1.1.1991 konkretisiert die VerkaufsprospektVO die in Prospekten für Wertpapiere, die nicht an einer inländischen Börse gehandelt werden, zu machenden Mindestangaben als „erheblich" (oben Rdn 47). Jedoch können je nach Anlageform auch zusätzliche Angaben erforderlich sein (oben Rdn. 4), und nicht jede Nichtnennung von Umständen nach der VerkaufsprospektVO stellt ein strafbares Verschweigen „nachteiliger" Tatsachen dar. Für die konkrete Beurteilung von Kapitalanlagen ist der Markt- oder Vermögenswert unausweichlicher Bezugspunkt, mag er sich auch bis in Bereiche verflüchtigen, die von einer konkreten Vermögensgefährdung i. S. d. § 263 weit entfernt sind. So dient unter den Angaben über den Emittenten (§ 5 VerkaufsprospektVO) die Angabe des „Datums der Gründung" (aaO Nr. 2) vor allem auch der allgemeinen Erkenntnis, ob es sich um ein altes oder junges Unternehmen handelt (zur Insolvenzanfälligkeit je nach Alter der Unternehmen *Tiedemann* LK Rdn. 21 vor § 283). Jedoch wird es in aller Regel nicht „nachteilig" sein, wenn statt des genauen Datums nur das Jahr der Gründung angegeben wird. Im Einzelfall kann diese Unvollständigkeit aber z. B. für die steuerrechtliche Beurteilung des Anlageobjektes von Bedeutung sein. Diese Einzelfallrelevanz ist bei dem Merkmal der Nachteiligkeit zu prüfen (vgl. bereits Rdn. 47 a.E.). Die durch Rechtsprechung und Lehre vor 1991 entwickelten Gesichtspunkte sind somit durch die Verkaufsprospektgesetzgebung keineswegs überholt. Deren Inkrafttreten hat aber beispielsweise die schon früher herrschende Auffassung bestärkt, daß eine *Kompensation* nachteiliger Tatsachen und vorteilhafter Umstände angesichts der Natur des § 264 a als abstraktes Gefährdungsdelikt nicht möglich ist[70].

62 Spätestens seit der VerkaufsprospektVO sind die von *Sch/Schröder/Cramer* (Rdn. 28 ff) vertretenen Einschränkungen unhaltbar. *Cramer* will die Aufklärungspflicht auf den Zusammenhang mit solchen Umständen beschränken, über die in dem Prospekt (usw.) berichtet wird, da andernfalls der Vertreiber und Anbieter „in die Rolle des Anlageberaters" gedrängt würde; keinesfalls reiche die Offenbarungspflicht über § 263 hinaus (aaO Rdn. 29). Für eine solche Reduktion, die im wesentlichen mit der Erfassung unvollständiger Angaben identisch wäre (vgl. dazu oben Rdn. 56), ist insbesondere in der Ent-

[67] *Gössel* BT 2 S. 476; *Kaligin* WPg **1987** 361; *Lackner/Kühl* Rdn. 12; *Otto* BT § 61 IV 3 b; *Schwark* Einl. § 88 Rdn. 7; *Worms* S. 329; **aA** *Samson* SK Rdn. 50 (dazu grundsätzlich *Tiedemann* LK § 264 Rdn. 93).

[68] *Cerny* MDR **1987** 276; *Jaath* Dünnebier-Festschrift S. 607; *Kaligin* WPg **1987** 361; *Otto* aaO; *Pabst* S. 17; *Samson* SK Rdn. 6; *Schwark* aaO; *Worms* S. 328.

[69] *Grotherr* DB **1986** 2588; *Kaligin* aaO; *Lackner/Kühl* Rdn. 13; *Pabst* S. 18; *Schmid* in: Müller-Gugenberger § 23 F II 3 c a.E.

[70] D. *Geerds* S. 231; *Gäbhard* S. 86 f; *Gössel* BT 2 S. 477; *Worms* wistra **1987** 273; **aA** *Samson* SK Rdn. 44 ff.

stehungsgeschichte der Vorschrift nichts ersichtlich (vgl. BTDrucks. 10/318 S. 24). Zutreffend schrieb *Worms* (S. 331) schon zur alten Rechtslage: „§ 264 a StGB statuiert keine grundsätzlich neuen oder gar ungewöhnlichen Verpflichtungen, sondern schreibt lediglich den mittlerweile erreichten Stand des Anlegerschutzes fest." Auch sehen sich *Sch/Schröder/Cramer* (Rdn. 31) gezwungen, ihren engen Ausgangspunkt unter dem – offenbar an das von der h. M. als entscheidend erachtete „Gesamtbild" angelehnten – Gesichtspunkt der „Ausgewogenheit" zu ergänzen und „regelmäßig die Eckdaten des Anlagegeschäfts" für mitteilungspflichtig zu erklären, „etwa die Zusammensetzung der Gesamtaufwendungen, der Finanzierungsplan, das steuerliche und rechtliche Konzept, die Angaben über Vertragspartner usw., ohne die der Werbeträger noch nicht als Prospekt usw. erkennbar ist". Demgegenüber kann es richtigerweise nicht auf die Erkennbarkeit „als Prospekt usw.", sondern vor allem auf die seines wesentlichen Inhalts ankommen. Entsprechend verlangte die h. M. bereits vor Inkrafttreten der VerkaufsprospektVO zu Recht und in Übereinstimmung mit der Rechtsprechung zur zivilrechtlichen Prospekthaftung, sämtliche nachteilige Tatsachen zu offenbaren, die für die jeweilige Anlageform wesentlich und spezifisch sind[71].

Wegen des engen Begriffs der **Tatsachen** scheidet die Nichterwähnung negativer Gutachten aus (*Sch/Schröder/Cramer* Rdn. 27), aber nur soweit es um reine Bewertungen geht. Stellt etwa ein Sachverständigengutachten Mängel der Bausubstanz fest, so ist das Verschweigen dieses Gutachtens bei der Baubeschreibung in den Emissionsunterlagen für ein Modernisierungsobjekt tatbestandsmäßig (*Pabst* S. 17). Künftige Verhältnisse – wie die zukünftige Ertrags- und Liquidationslage – sind keine Tatsachen; mitteilungspflichtig sind aber die Prognosegrundlagen, sofern sie nachteilig sind[72]. Entgegen *Sch/Schröder/Cramer* (aaO) ist das Verschweigen allgemein ungünstiger Wirtschaftsfaktoren nicht wegen des Tatsachenbegriffs, sondern mangels Erheblichkeit tatbestandslos, da und soweit die Erheblichkeit im Wege einer Interessenabwägung allgemeine, bekannte oder ohne weiteres erkennbare Risiken ausschließt (vgl. oben Rdn. 51). **63**

Die Unterlassung ist **vollendet**, sobald der unvollständige Prospekt usw. dem größeren Personenkreis zugegangen oder sonst zugänglich gemacht worden ist (vgl. oben Rdn. 60). Die Pflicht zur Mitteilung überdauert aber diesen Zeitpunkt (Unterlassungsdauerdelikt) und entfällt frühestens mit der Leistungserbringung durch den Anleger. **64**

VI. Vorsatz und Irrtum

1. Der **Vorsatz beim Begehungsdelikt** (Absatz 1 erste Alternative) muß sich auf alle Merkmale des objektiven Tatbestandes beziehen (§ 16). Fahrlässigkeit (Leichtfertigkeit) reicht anders als in ausländischen Straftatbeständen (oben Rdn. 11) und AE § 188 Abs. 2 (für Emittenten in bezug auf eigene Angaben über ihr Unternehmen) nicht aus (zur Erklärung *Möhrenschlager* wistra **1982** 207). Entsprechend allgemeinen Grundsätzen genügt aber unstreitig *dolus eventualis*[73]. **65**

Die relativ zahlreichen normativen Tatbestandsmerkmale (Wertpapier, Bezugsrecht, Anteil, Erheblichkeit, Unrichtigkeit usw.) erschweren den Vorsatznachweis[74], an den nach **66**

---

[71] *Cerny* aaO; *Granderath* DB **1986** Beil. 18 S. 7; *Grotherr* DB **1986** 2587 f; *Joecks* wistra **1986** 146; *Schniewind/Hausmann* BB **1986** Beil. 16 S. 29; *Worms* S. 328 f, 331.

[72] *Granderath* aaO; *Grotherr* aaO S. 2588; *Pabst* S. 17.

[73] *Cerny* MDR **1987** 278; *Dreher/Tröndle* Rdn. 15; *Gössel* BT 2 S. 478; *Granderath* aaO; *Joecks* wistra **1986** 147; *Lackner/Kühl* Rdn. 15; *Möhrenschlager* wistra **1982** 207; *Otto* BT § 61 IV 5 und WM **1988** 739; *Pabst* S. 44; *Samson* SK Rdn. 53; *Schmid* in: Müller-Gugenberger § 23 F III a; *Sch/Schröder/Cramer* Rdn. 36; *Schniewind/Hausmann* BB **1986** Beil. 16 S. 31; *Worms* S. 343.

[74] *Cerny* aaO; *Sch/Schröder/Cramer* aaO; *Schwark* Einl. § 88 Rdn. 12; **aA** *Worms* S. 343 ff.

Lackner/Kühl (Rdn. 15) ähnlich strenge Anforderungen wie bei § 266 zu stellen sind. Zumindest teilweise ergeben sich aber bereits objektiv im Wege der Auslegung Einschränkungen (vgl. oben Rdn. 48), so daß im subjektiven Bereich meist nur noch vermeidbare Subsumtionsirrtümer relevant werden. Im übrigen muß der Täter bei den genannten Merkmalen deren sozialen Sinngehalt erfassen, was nicht mit Tatsachenkenntnis identisch ist; vielmehr kann sogar Kenntnis der rechtlichen Auslegung erforderlich sein (vgl. *Tiedemann* LK § 265 b Rdn. 98). Kenntnis der *Unrichtigkeit* der gemachten Angaben setzt dann, wenn die Unrichtigkeit auf Unvollständigkeit beruht (oben Rdn. 56), voraus, daß dem Täter bewußt war, ein unrichtiges Gesamtbild zu vermitteln; er muß daher den Soll-Zustand und damit im wesentlichen auch seine Verpflichtung zu dessen Herstellung kennen (vgl. *Tiedemann* aaO Rdn. 100 u. § 264 Rdn. 120 mit weit. Nachw.). Jedoch ist derselbe Irrtum im Rahmen der zweiten Alternative grundsätzlich nur Gebotsirrtum nach § 17 (vgl. unten Rdn. 68). Die oben Rdn. 56 dargestellte Unterscheidung von unvollständigen Angaben (durch Tun) und unterlassenen Angaben (Verschweigen) hat daher auch für die Irrtumsfragen Gewicht.

67 Schwierigkeiten des Vorsatznachweises werden sich auf dieser Grundlage insbesondere im Hinblick auf die *Arbeitsteiligkeit* bei Erstellung und Vertrieb der Prospekte usw. ergeben (*Worms* S. 343). Anlageberatern (z. B. auch in Banken), die sich auf eine ausdrückliche Bestätigung des Initiators verlassen haben, daß der Prospekt den gesetzlichen Anforderungen genüge, wird häufig kein Vorsatz hinsichtlich der Unrichtigkeit nachzuweisen sein[75]. Auch die Einschaltung kompetenter Prospektprüfer, denen der Sachverhalt vollständig mitgeteilt worden ist, wird in der Praxis meist strafbarkeitsentlastend wirken (*Pabst* S. 46).

68 2. Der **Vorsatz beim Unterlassungsdelikt** (Absatz 1 zweite Alternative) bezieht sich nur auf die Nichtmitteilung erheblicher nachteiliger Tatsachen. Tatbestandsirrtümer sind daher weitgehend ausgeschlossen; der Irrtum über den Tatsachenbegriff ist bloßer Subsumtionsirrtum. Vor allem stellt sich der Irrtum über die *Mitteilungspflicht* als bloßer Verbotsirrtum nach § 17 dar[76] und ist als solcher regelmäßig vermeidbar. Der Irrtum über die *Erheblichkeit* der unterlassenen Angabe, z. B. zur personellen Verflechtung von Initiator und Treuhänder, wegen der Annahme, die Angabe sei nicht anlageentscheidend, soll nach *Pabst* (S. 46 mit Nachw.) ebenfalls nur Verbotsirrtum sein. Jedoch ist die Erheblichkeit ebenso wie die Nachteiligkeit Tatbestandsmerkmal, das vom Vorsatz umfaßt sein muß (vgl. soeben Rdn. 66 zum Begehungsdelikt, bei dem eine entsprechende Irrtumskonstellation aber nur selten vorliegen wird). Besonderheiten ergeben sich daraus, daß es sich um ein Eignungsmerkmal handelt (oben Rdn. 49), also ausreichend ist, daß die (unrichtige oder) unvollständige Angabe die Entscheidung eines vernünftigen Anlegers beeinflussen *kann*. Verkennt der Täter dabei den Maßstab der „Vernünftigkeit", so ist die Annahme von Verbotsirrtum (Subsumtionsirrtum) auf der Grundlage der herrschenden Irrtumslehre zutreffend. Tatbestandsirrtum läge eindeutig nur vor, wenn die Erheblichkeit mit der Vermögensschädlichkeit i. S. d. § 263 identifiziert würde (vgl. oben Rdn. 49). Nach richtiger Ansicht ist ein Tatbestandsirrtum aber auch dann anzunehmen, wenn dem Täter die Bedeutung der verschwiegenen Umstände nicht klar geworden ist, weil er z. B. nicht bedacht hat, daß die Verlegung des Unternehmenssitzes in einen anderen Staat steuerrechtliche oder wirtschaftliche Nachteile mit sich bringt. Tatsachenkenntnis ist daher auch hier für den Vorsatz nicht ausreichend.

---

[75] *Schniewind/Hausmann* aaO; *Worms* in: Assmann/Schütze § 8, 94.

[76] *Dreher/Tröndle* Rdn. 15; *Gössel* BT 2 S. 478; *Lackner/Kühl* Rdn. 15; *Sch/Schröder/Cramer* aaO; *Worms* aaO.

69 **VII. Rechtfertigungs- und Entschuldigungsgründe, insbes. Geheimnisschutz.** Neben den (hier wenig praktischen) allgemeinen Rechtfertigungsgründen kommt für die Unterlassungsalternative die spezielle Konstellation in Betracht, daß der Täter nachteilige Tatsachen verschweigt, die einem normativ anerkannten **Geheimnisschutz** unterliegen (z. B. §§ 286 HGB, 203 Abs. 1 Nr. 3 StGB, 404 AktG, 85 GmbHG). Das Problem entsteht allerdings von vornherein insoweit nicht, als es um Vorgänge geht, die sich für den Anleger positiv auswirken (z. B. Zahlung von Innenprovisionen oder „kick-backs", oben Rdn. 52). Jedoch kann schon im Hinblick auf Kalkulationsgrundlagen des Emittenten oder Vertreibers, insbesondere dessen Gewinne, ein Interessenkonflikt auftreten, der jedenfalls dann Tatbestandsrelevanz erlangt, wenn Aufschläge, Gewinne usw. atypisch hoch sind und daher an sich mitgeteilt werden müssen; erst recht gilt dies für eine schlechte Liquiditäts- oder Ertragslage, hohe fällige Verbindlichkeiten und hohe nicht eintreibbare Außenstände (D. *Geerds* S. 227 f mit Nachw., insbes. zu Fällen der Kapitalerhöhung). Eine Lösung wird teilweise darin gesucht, daß jedenfalls die *Gesamtsituation* zutreffend dargestellt werden muß (*Grotherr* DB **1986** 2589) und andernfalls eine unrichtige, da unvollständige Angabe durch positives Tun (ohne Möglichkeit einer Rechtfertigung) vorliegt (D. *Geerds* S. 228 mit weit. Nachw.). Im übrigen und grundsätzlich gilt entsprechend der speziellen Rechtslage bei § 85 GmbHG (vgl. *Tiedemann* GmbH-Strafrecht § 85 Rdn. 21): Da und soweit § 264 a zur Offenlegung nachteiliger Tatsachen verpflichtet (oben Rdn. 61), erfolgt die Offenbarung eines etwaigen Geheimnisses nicht unbefugt; die Mitteilungspflicht aus *§ 264 a geht der Geheimhaltungspflicht vor.* – Die Schutzklausel des früheren § 160 Abs. 4 S. 2 AktG a.F. setzte voraus, daß sich der Täter ausdrücklich hierauf berief (*Geilen* Aktienstrafrecht § 400 Rdn. 118) und sperrte insoweit auch den Rückgriff auf § 34 (*Geilen* aaO). § 286 Abs. 3 Satz 2 HGB verlangt nunmehr ausdrücklich Berufung auf die heutige spezielle Schutzklausel des § 286 HGB Abs. 3 Nr. 2, die nur das Unterlassen von Angaben zu Konzernverhältnissen (§ 285 Nr. 11 HGB) im Bilanzanhang erlaubt, wenn die Angaben dem Täterunternehmen oder dem verbundenen Unternehmen erheblichen Nachteil zuzufügen geeignet wären. Weitergehend kommt lediglich in engen Grenzen für *Ausnahmefälle* rechtfertigender Pflichtenkollision eine Rechtfertigung nach § 34 oder eine Entschuldigung unter dem allgemeinen Gesichtspunkt der Unzumutbarkeit (bei Unterlassungsdelikten) in Betracht.

70 **VIII. Tätige Reue (Absatz 3).** Wegen der relativ weitgehenden Vorverlagerung der Deliktsvollendung (oben Rdn. 60 u. 64) sieht Abs. 3 einen **persönlichen Strafaufhebungsgrund** vor, der ähnlich wie §§ 264 Abs. 4, 265 b Abs. 2 konstruktiv der tätigen Reue entspricht (vgl. *Tiedemann* LK § 264 Rdn. 126, § 265 b Rdn. 104). § 24 greift nicht unmittelbar ein, da § 264 a keine Versuchsstrafbarkeit kennt. Jedoch ist Abs. 3 in der Formulierung an § 24 Abs. 1 angelehnt. Über den Wortlaut des Gesetzes hinaus wirkt – wie bei § 265 b (vgl. *Tiedemann* LK Rdn. 104) – nicht nur die Verhinderung der Leistungserbringung, sondern auch die *Berichtigung* der unrichtigen bzw. die Ergänzung der unvollständigen Angaben strafbefreiend, sofern sie vor Erbringung der Leistung erfolgt und dem Leistenden bekannt wird: Leistet er gleichwohl, so geschieht dies nicht „auf Grund der Tat"[77].

71 Der zeitliche **Anwendungsbereich** des Abs. 3 liegt zwischen dem Machen bzw. Verschweigen unrichtiger bzw. wesentlicher Angaben (Vollendung, oben Rdn. 60 u. 64) und der Erbringung der durch den Erwerb oder die Erhöhung bedingten Leistung. Hinsichtlich

---

[77] *Joecks* wistra **1986** 148; *Otto* BT § 61 IV 7 und WM **1988** 739; *Sch/Schröder/Cramer* Rdn. 40; *Werner/Machunsky* S. 314.

der beteiligten Personen ist maßgebend, daß die Leistung in die Verfügung des Täters gelangt sein muß, um die Anwendung des Abs. 3 auszuschließen. Erfolgt die Leistung gegenüber einem *Treuhänder*, den der Anleger zur Nichtweitergabe anweisen kann, so ist noch nicht geleistet (*Pabst* S. 48 mit Nachw.). Mit Blick auf die Vorbereitung der eigentlichen Leistungserbringung ist zu beachten, daß dieser regelmäßig eine *Zeichnung* des Anlagewerts vorausgeht (vgl. § 88 Abs. 1 Nr. 2 BörsenG a.F.; oben Rdn. 1). Ihr kommt die Natur eines obligatorischen Geschäfts zu (vgl. *Tiedemann* GmbH-Strafrecht § 82 Rdn. 111), nach dessen Abschluß die (dingliche) Leistung noch zu erbringen und daher „tätige Reue“ noch möglich ist[78]. Allerdings ergeben sich insoweit Friktionen mit § 263, als nach der Rechtsprechung in der Zeichnung bereits ein vollendeter *Eingehungsbetrug* gesehen wird. Nach richtiger Ansicht kann auf diese Figur nicht zurückgegriffen werden, um Wertungswidersprüche mit § 264 a Abs. 3 zu vermeiden (vgl. *Tiedemann* LK § 264 Rdn. 134, § 265 b Rdn. 105)[79]. Soweit dagegen versuchter (Erfüllungs-)Betrug gem. §§ 263, 22 vorliegt, wird das erfolgreiche Bemühen um Richtigstellung bzw. Ergänzung der unrichtigen bzw. unvollständigen Angaben vor Leistungserbringung stets zugleich einen strafbefreienden Rücktritt vom versuchten Betrug nach § 24 darstellen, sofern der Täter durch die Angaben gegenüber einzelnen Opfern bereits zur Verwirklichung dieses Tatbestandes angesetzt hatte (vgl. *Tiedemann* LK § 265 b Rdn. 105)[80]. Im übrigen ist der sachliche Anwendungsbereich des § 264 a Abs. 3 aber grundsätzlich auf diesen Tatbestand beschränkt; Abs. 3 ist nicht analog auf andere Delikte anwendbar (vgl. *Tiedemann* aaO). Jedoch wird man bei Eingreifen von Abs. 3 den Rückgriff auf § 4 UWG ausschließen müssen (*Pabst* S. 48 mit Nachw.).

72 Wird die Leistung ohne Zutun des Täters nicht erbracht (z. B. weil der Zeichner zahlungsunfähig wird), so ist nach Abs. 3 Satz 2 zu prüfen, ob sich der Täter **freiwillig und ernsthaft** bemüht hat, das Erbringen der Leistung zu verhindern. Die Regelung entspricht § 24 Abs. 1 Satz 2. Der Täter muß das nach seiner Kenntnis Notwendige und Mögliche tun (vgl. *Tiedemann* LK § 264 Rdn. 133). Ausreichend ist z. B., daß der Täter verhindert, daß das Opfer den obligatorischen Vertrag (Zeichnung der Anlage, soeben Rdn. 71) abschließt (*Sch/Schröder/Cramer* Rdn. 40).

73 Bei **Beteiligung mehrerer** sind für den „Rücktritt“ des einzelnen Beteiligten die Grundsätze des § 24 Abs. 2 entsprechend anzuwenden (vgl. *Tiedemann* LK § 264 Rdn. 127).

74 **IX. Täterschaft und Teilnahme.** Die weite gesetzliche Fassung des tauglichen Täterkreises und der bloße „Zusammenhang“ der Tathandlung mit dem Vertrieb von Kapitalanlagen bzw. dem Angebot zur Erhöhung einer Einlage führt zu Problemen bei der Abgrenzung zur Beihilfe. Prospekte (usw.) werden typischerweise von zahlreichen Personen arbeitsteilig erstellt (Sachbearbeiter des emittierenden Unternehmens, Angehörige beratender Berufe wie Rechtsanwälte, Steuerberater, Wirtschaftsprüfer usw.) und im Zusammenhang mit dem Vertrieb von Kapitalanlagen bzw. dem Angebot zur Erhöhung von Einlagen typischerweise von zahlreichen Personen gegenüber dem Anlegerpublikum verwendet (Mitarbeiter von Banken und Vermögensverwaltungsunternehmen, sonstige Anlageberater und -vermittler usw.).

---

[78] *Joecks* aaO; *Schniewind/Hausmann* BB **1986** Beil. 16 S. 32; *Sch/Schröder/Cramer* Rdn. 39; *Worms* in: Assmann/Schütze § 8, 95.

[79] Ebenso *Joecks* Kapitalanlagebetrug Rdn. 266; *Kaligin* WPg **1987** 363; wohl auch *Sch/Schröder/Cramer* aaO; **aA** *Lackner/Kühl* Rdn. 16; *Otto* BT § 61 IV 7 und WM **1988** 739; *Richter* wistra **1987** 120; *Worms* S. 347 und wistra **1987** 275.

[80] *Dreher/Tröndle* Rdn. 16; *Otto* Bankentätigkeit S. 102.

75 Für die Bestimmung von Täterschaft und Teilnahme ist im Ausgangspunkt an die Tathandlung des „Machens" von unrichtigen Angaben (oder des „Verschweigens" von nachteiligen Tatsachen) „in" Prospekten, Darstellungen oder Übersichten anzuknüpfen, und es sind die Grundsätze, die zu den ähnlichen Tathandlungen in § 265 b Abs. 1 Nr. 1 b (*Tiedemann* LK Rdn. 111) und § 264 Abs. 1 Nr. 1 (*Tiedemann* LK Rdn. 135 f) entwickelt wurden, entsprechend anzuwenden, da § 264 a konstruktiv insbesondere dem § 265 b nachgebildet ist (oben Rdn. 3). Dabei wäre es nur nach einer überholten extensiven (und subjektiven) Täterlehre angängig, die Täterschaft an das Kriterium der „schlichten Verursachung der Unrichtigkeit des Prospekts" (so – freilich nicht ausdrücklich für Täterschaft – *Joecks* wistra **1986** 148) zu knüpfen; der von *Joecks* angeführte (dolose) Setzer einer Druckerei macht schon nach dem allgemeinen Sprachgebrauch keine (eigenen) Angaben in einem Prospekt (anders allenfalls bei Eigenmacht). Auch die (durch § 13 VerkaufsprospektG teilweise überholte oder modifizierte) Zivilrechtsprechung zum Kreis der zivilrechtlich Prospektverantwortlichen vermag jedenfalls für die Tathandlung des „Machens" unrichtiger Angaben (zum Verschweigen unten Rdn. 79) lediglich Anhaltspunkte für die strafrechtliche Täterschaftsfrage zu liefern (zu Recht einschränkend *Schmidt-Lademann* WM **1986** 1242). Die Zivilrechtsprechung knüpft nämlich nicht an ein „Machen" von Angaben, sondern an typisiertes Vertrauen an, das Gründern, Initiatoren, Gestaltern und Hintermännern der Gesellschaft unabhängig von ihrer Befassung mit dem Prospekt und zusätzlich auch „Garanten" des Prospekts wie Rechtsanwälten und Wirtschaftsprüfern entgegengebracht wird, wenn durch deren Nennung ein besonderer Vertrauenstatbestand geschaffen worden ist; und die zivilrechtliche Haftung von Anlageberatern und -vermittlern wird allein an das diesen kraft Sachkunde und Ansehen persönlich entgegengebrachte besondere Vertrauen angeknüpft (vgl. nur *Palandt/Heinrichs* § 276 Rdn. 23 f mit Nachw.). Zu allgemein, als begrenzendes Kriterium freilich durchaus zutreffend ist auch die Formulierung von *Maurach/Schroeder/Maiwald* (1 § 41 III C 1 Rdn. 183), maßgeblich sei der „Zuständigkeitsbereich". Richtigerweise bedarf es eines strafrechtlich-autonomen **normativen Kriteriums der Täterschaftszurechnung**, das aus der Tatherrschaftslehre zu entwickeln und nach zwei Richtungen zu differenzieren ist: Zum einen hat Tatherrschaft über das Machen der unrichtigen Angaben, wer als „Konzeptionär" an der Konzeption des Prospekt(usw.)inhalts nicht nur untergeordnet mitgewirkt hat[81]; bildlich kann von „Konzeptionsherrschaft" gesprochen werden. Unerheblich ist hierbei, ob der Prospekt den „Konzeptionär" ausweist, der Prospektinhalt ihm also nach der Verkehrsanschauung als seine Erklärung zugerechnet wird, und ob der „Konzeptionär" nach der Verkehrsanschauung Vertrauen in Anspruch nimmt. Zum anderen macht (als Täter) unrichtige Angaben, wer – ohne „Konzeptionär" zu sein – sie sich in der Weise zu eigen macht, daß er selbst Verantwortung für die Richtigkeit der Angaben übernimmt. Dabei genügt es allerdings nicht, daß der Prospekt (usw.) nach zivil- oder urkundenrechtlichen Maßstäben und der Verkehrsauffassung dem Täter als dessen Erklärung zugerechnet wird; strafrechtlich ist vielmehr eine zurechnungsbegründende Handlung erforderlich, die auf Übernahme der Verantwortung nach außen abzielt. Diese liegt insbesondere in der Herausgabe des Prospekts durch den Emittenten (wobei es auf die Unterzeichnung – vgl. für den Wertpapierbereich § 2 Abs. 2 VerkaufsprospektVO – strafrechtlich nicht ankommt), in der ausdrücklichen Übernahme der Verantwortung im Prospekt durch Dritte (vgl. für den Wertpapierbereich § 3 VerkaufsprospektVO) sowie außerhalb des Prospekts darin, daß der Täter sich im Zusammenhang mit dem Vertrieb, etwa als Anlageberater und -vermittler, des Prospekts wie einer eigenen Erklärung bedient. – Im einzelnen verdient auch die straf-

[81] *Otto* BT 61 IV 6 a und WM **1988** 739; *Pabst* S. 40 ff.

rechtliche Dreiteilung der Tatmittel für die Abgrenzung von Täterschaft und Teilnahme Beachtung (*Otto* BT § 61 IV 6 u. WM **1988** 739). Auf dieser Grundlage ergibt sich:

76 Bei **Prospekten** ist „geborener" Täter der *Prospektherausgeber*, regelmäßig der Emittent. Ist dieser – wie fast stets – eine juristische Person oder ein Unternehmen, so richtet sich die Täterschaft natürlicher Personen entgegen *Pabst* (S. 40) nicht nach § 14, da diese Vorschrift eine rechtliche Sonderpflicht voraussetzt (*Schünemann* LK § 14 Rdn. 11 ff, 17), die bei § 264 a fehlt (oben Rdn. 17). Vielmehr sind nach den soeben entwickelten Grundsätzen die für die Konzeption (selbständig) Verantwortlichen, darüber hinaus nach den Grundsätzen von BGHSt **37** 106, 114 die Inhaber, Organe und gesetzlichen Vertreter Täter. Des (sachlich zweifelhaften) Rückgriffs auf eine mittelbare Täterschaft der Gründer, Initiatoren und beherrschenden (Mehrheits-)Gesellschafter kraft organisatorischen Machtapparats (so *Pabst* aaO) wird es hiernach regelmäßig nicht bedürfen. Aus der unternehmenstypischen und auch bei der Prospektkonzeption häufigen unternehmensinternen Arbeitsteilung dürften freilich spezifische Probleme des Vorsatznachweises vor allem hinsichtlich der Leitungsebene folgen, die – ähnlich wie bei § 265 b (*Tiedemann* LK § 265 b Rdn. 101 u. 111) – mittels Durchgriff auf den Teil-Informationsgeber der nachgeordneten Ebene in Verbindung mit den Grundsätzen der mittelbaren Täterschaft gelöst werden können. Jedoch besteht auf Leitungsebene eine Generalverantwortung zur Erfüllung der öffentlich-rechtlichen Pflicht aus § 264 a; eine Abgrenzung nach „Zuständigkeitsbereichen" kommt also nicht in Betracht (wobei aber die Grundsätze zur Majorisierung bei Kollegialentscheidungen[82] zu beachten sind).

77 Bei den rechtlichen, steuerlichen und wirtschaftlichen *Beratern* ebenso wie bei *Prospektprüfern* und *Treuhändern* fehlt es dagegen in der Regel an der Tatherrschaft bzw. am Täterwillen, so daß für sie zunächst nur Beihilfe in Betracht kommt[83]. Etwas anderes gilt, wenn sie als „Konzeptionäre" mitgewirkt haben (oben Rdn. 74) oder bei ihnen mittelbare Täterschaft kraft überlegenen Sachwissens vorliegt (dazu in diesem Zusammenhang *Schmidt-Lademann* WM **1986** 1243). Liefert der Treuhänder in einer Vertriebspräsentation oder auf individuelle Rückfrage ergänzende oder erläuternde Informationen zu den Prospekten, so macht er sich regelmäßig auch deren bisherigen Inhalt zu eigen und ist unter der Voraussetzung gleichmäßiger Tätigkeit gegenüber einem größeren Personenkreis (oben Rdn. 44 ff) Täter (*Pabst* S. 40 f). Für *Anlageberater und -vermittler* ist ebenfalls maßgebend, ob sie sich an der Prospektkonzeption beteiligt haben oder sich – was bei diesem Personenkreis seltener der Fall sein dürfte – den Prospektinhalt zu eigen machen[84]. Die Mitwirkung von dolosen *Bankangestellten* bei einer Wertpapier-(Aktien-)Emission dürfte angesichts der entscheidenden Rolle der Bank beim Vertrieb in der Regel Täterschaft begründen (*Jehl* DB **1987** 1775). Im übrigen wird die bloße Mitwirkung von *Kreditinstituten* (oder Versicherungsgesellschaften) an der Finanzierung einer Kapitalanlage allenfalls zu einer Beihilfe der dolosen Mitarbeiter führen (*Pabst* S. 42 f gegen *Richter* VG 9, 1312).

78 Bei Gehilfenschaft von Rechtsanwälten, Wirtschaftsprüfern, Steuerberatern oder Bankmitarbeitern stellt sich das allgemeine Problem, ob Beihilfe bei *berufsadäquatem Verhalten*, also Nichtüberschreitung der berufsmäßigen Rolle, strafbar ist, beispielsweise wenn sich die Mitwirkung der genannten Personen darauf beschränkt, das Inverkehrbrin-

[82] Dazu *Jakobs* in: Miyazawa-Festschrift (1995) S. 419 ff; *Suárez* in: Schünemann/Suárez S. 49, 55 f; *Tiedemann* GmbH-Strafrecht § 82 Rdn. 31 mit weit. Nachw.

[83] *Otto* BT § 61 IV 6 a und WM **1988** 739; *Pabst* S. 40 ff.

[84] *v. Heymann* DStR **1993** 843; *Kaligin* WPg **1987** 360; *Otto* WM aaO; weitergehend *Pabst* S. 42; *Sch/Schröder/Cramer* aaO; *Werner/Machunsky* S. 313; *Worms* aaO und in: Assmann/Schütze § 8, 92.

gen des erkanntermaßen unrichtigen oder unvollständigen Prospekts zu fördern, was als Beitrag zur Tat bis zu deren Beendigung (unten Rdn. 97) als Beihilfe strafbar sein kann. Bekanntlich löst die Lehre dieses Problem über Einschränkungen der objektiven Zurechnung (*Roxin* LK § 27 Rdn. 22 mit Nachw.), während die Rechtsprechung meist einen qualifizierten Gehilfenvorsatz verlangt, der nicht nur auf Erfüllung der Berufspflicht, sondern spezifisch auf Förderung der Haupttat gerichtet ist, und daher bloßen dolus eventualis nicht durchweg genügen läßt (*Tiedemann* GmbH-Strafrecht § 82 Rdn. 25 mit weit. Nachw.). – Ebenfalls allgemeiner Natur ist das Problem, ob ein dolos geleisteter Tatbeitrag auch außerhalb der tätigen Reue (Rdn. 70 ff) mit strafbefreiender Wirkung „zurückgezogen" werden kann. *Pabst* (S. 42) diskutiert das Beispiel, daß ein an der Konzeption des Prospekts dolos Beteiligter die Verwendung seines Beitrages als Teil des Prospekts untersagt, der Beitrag aber gleichwohl verwendet wird; es soll Straflosigkeit anzunehmen sein. Das dürfte zu weit gehen. Nach allgemeinen Grundsätzen trägt der Mittäter, der einen im Vorbereitungsstadium geleisteten Beitrag zurückzieht, das Vollendungsrisiko, wenn es ihm nicht gelingt, den Beitrag vollständig zu neutralisieren, und es verbleibt (zumindest) eine Gehilfenschaft (vgl. *Vogler* LK, 10. Aufl. § 24 Rdn. 154 ff mit Nachw.).

Bei **Darstellungen und Übersichten** gelten die vorstehenden Ausführungen entsprechend, soweit es um schriftliche, von dem Emittenten herausgegebene Informationsträger geht. Bei Anlageberatern und -vermittlern kommt Täterschaft auch dann in Betracht, wenn diese sich solcher Informationsträger bedienen, ohne deutlich zu machen, daß sie lediglich fremde Informationen weitergeben (*Otto* WM **1988** 739; i. Erg. übereinst. *Sch/Schröder/Cramer* Rdn. 38). Erst recht liegt Täterschaft vor, wenn die Anlageberater und -vermittler eigene Darstellungen und Übersichten fertigen, wie überhaupt Täter ist, wer die in Darstellungen und Übersichten enthaltenen unrichtigen Angaben – sei es auch nur in mündlicher Form (dazu oben Rdn. 37 u. 39) – selbst gegenüber einem größeren Kreis von Personen macht. **79**

Besonderheiten weist die Abgrenzung zwischen Täterschaft und Teilnahme bei der Tathandlung des **Verschweigens** nachteiliger Tatsachen auf. Da es um ein echtes (für sich pflichtenbegründendes) Unterlassungsdelikt geht, liegt es nahe, auch für das Strafrecht an die zivilrechtliche Prospektaufklärungspflicht und den dort betonten Gesichtspunkt des Vertrauens (oben Rdn. 75) anzuknüpfen (so *Worms* S. 342). Dies führt dazu, daß der Kreis tauglicher Täter weiter als bei der Begehungsalternative gezogen werden muß und insbesondere auch Personen umfaßt, die kraft besonderen Ansehens oder besonderer Sachkunde besonderes Vertrauen in Anspruch genommen haben (oben Rdn. 75), über die Initiatoren und Vertreiber hinaus also auch Anlageberater und -vermittler, unter den letzteren auch Rechtsanwälte, Steuerberater und Bankangestellte (*Worms* S. 342 f unter Hinweis auf § 189 AE). Eine solche Auffassung erscheint aber nicht nur im Ergebnis bedenklich, da die Eingrenzung der Täterschaft bei der Begehungsalternative, die bei Verschweigen nachteiliger Tatsachen häufig in der Form des Machens unvollständiger Angaben erfüllt sein wird (oben Rdn. 56), damit über die Unterlassungsalternative „aufgerollt" wird. Sie unterliegt auch in der Sache Bedenken, da die nachteiligen Tatsachen „in" einem Prospekt (usw.) verschwiegen werden müssen, so daß Unterlassungstäter nur derjenige sein kann, der in einem Prospekt täterschaftlich Angaben machen könnte. Daher ist richtigerweise die Täterschaftsfrage für die Unterlassungsalternative nicht anders als für die Begehungsalternative zu entscheiden. **80**

X. Konkurrenzen

81 **1. Innerhalb des § 264 a** Abs. 1 geht die Tathandlung der 1. Alternative (Tun) der 2. Alternative (Unterlassen) vor, wenn der Täter in einem Prospekt (usw.) unvollständige Angaben macht (**aA** *Dreher/Tröndle* Rdn. 18: Tateinheit); dies ist ebenso wie bei § 264 Abs. 1 (vgl. *Tiedemann* LK Rdn. 164) ein Tatbestands- und nicht erst ein Konkurrenzproblem (vgl. oben Rdn. 56). In bezug auf unterschiedliche Sachverhalte und Teilaussagen können beide Alternativen dagegen tateinheitlich (und tatmehrheitlich) zusammentreffen. Tateinheit zwischen Nr. 1 und Nr. 2 kommt bei Werbung für mehrere Anlagen in denselben Informationsträgern in Betracht (*Dreher/Tröndle* aaO). Vertriebsmaßnahmen, besonders aber nacheinander erfolgende mündliche Erklärungen gegenüber einem größeren Kreis von Personen sind nur eine Tat, bis dieses Tatbestandsmerkmal sukzessive verwirklicht ist. Die darüber hinausgehende, praktisch häufige fortgesetzte Begehung dürfte nach den Maßstäben von BGHSt **40** 138 (zu § 263) und 195 (zu § 370 AO) rechtlich nicht mehr als Fortsetzungszusammenhang zu erfassen sein (vgl. *Tiedemann* LK § 264 Rdn. 164).

82 2. Im **Verhältnis zu § 263** wirkt sich der oben Rdn. 13 dargestellte Streit zum Rechtsgut des § 264 a aus. Die Vertreter einer reinen Vermögensorientierung nehmen – auch im Hinblick auf die niedrigere Strafdrohung des § 264 a – Subsidiarität gegenüber dem Betrugstatbestand an[85]. Richtig ist demgegenüber auf der Grundlage einer auch die Kapitalmarktinteressen einbeziehenden Sichtweise – ähnlich wie bei § 265 b (*Tiedemann* LK Rdn. 115) – die Annahme von Idealkonkurrenz (§ 52)[86]. Da das Machen unrichtiger Angaben bzw. das Verschweigen nachteiliger Tatsachen bis zur Anlageentscheidung fortdauert und erst mit der Leistung des Anlegers beendet ist (oben Rdn. 71), kommt nicht etwa Realkonkurrenz (§ 53) in Betracht (**aA** *Haft* BT S. 200).

83 3. Das **Verhältnis zu anderen Straftatbeständen** betrifft zunächst den verwandten § 88 BörsenG (Kursbetrug), der eine gezielte Einwirkung des Täters auf den Börsen- oder Marktpreis von Wertpapieren usw. voraussetzt (oben Rdn. 2) und nicht etwa nur Wertpapiere usw. erfaßt, die zum Börsenhandel zugelassen sind (vgl. oben Rdn. 2; *Schwark* § 88 Rdn. 4). Insoweit liegt bei Identität der Tatobjekte wegen der Unterschiedlichkeit der Rechtsgüter (§ 88 BörsenG soll die ordnungsgemäße Preisbildung sichern!) nicht Gesetzeskonkurrenz[87], sondern Ideal- oder Realkonkurrenz vor[88]. § 89 BörsenG (Verleitung zu Börsenspekulationsgeschäften) kann mit § 264 a nicht zusammentreffen, wenn und soweit von dem letzteren Tatbestand mit einer verbreiteten Ansicht (oben Rdn. 32) Spekulationsgeschäfte ausgenommen werden; Tateinheit[89] ist dann nur möglich, wenn sowohl spekulative als auch normale Anlagen angeboten werden. Nach der hier vertretenen Auffassung fallen dagegen auch (Waren- und Wertpapier-)Termingeschäfte sowie Optionen auf solche Geschäfte, also Börsenspekulationsgeschäfte i. S. d. § 89 Abs. 2 BörsenG, unter § 264 a (oben Rdn. 32). Wegen des wucherähnlichen Charakters des § 89 BörsenG

---

85 *Dreher/Tröndle* Rdn. 3; *Granderath* DB **1986** Beil. 18 S. 7; *Joecks* wistra **1986** 148; *Lackner/Kühl* Rdn. 17; *Knauth* NJW **1987** 32; *Samson* SK Rdn. 57; *Worms* S. 351 f.

86 *Arzt/Weber* LH 4 Rdn. 51; *Cerny* MDR **1987** 278; D. *Geerds* S. 232; *Kaligin* WPg **1987** 363 f; *Maurach/Schroeder/Maiwald* 1 § 41 III C 1 (Rdn. 184); *Otto* BT § 61 IV 8 und WM **1988** 739 sowie Jura **1989** 31; *Pabst* S. 49; *Richter* wistra **1987** 120; *Sch/Schröder/Cramer* Rdn. 41; *Schwark* Einl. § 88 Rdn. 14; *Weber* NStZ **1986** 485; vgl. auch *Lackner/Kühl* aaO und *Knauth* aaO (für *versuchten* Betrug).

87 So aber *Dreher/Tröndle* Rdn. 18; *Sch/Schröder/Cramer* Rdn. 41; *Worms* S. 352.

88 *Lackner/Kühl* Rdn. 17; *Otto* BT § 61 IV 8 und WM **1988** 739; *Schlüchter* S. 161; *Schwark* Einl. § 88 Rdn. 14.

89 So *Otto* aaO; *Sch/Schröder/Cramer* aaO.

besteht im Verhältnis zu dem betrugsähnlichen § 264 a nicht Gesetzeskonkurrenz[90], sondern Tateinheit oder Tatmehrheit.

Relativ häufige Überschneidungen werden sich – bei positiven Falschangaben in Prospekten usw. – mit *§ 4 UWG* ergeben, da der Warenbegriff des UWG (§ 2) auch Wertpapiere und alle anderen im Verkehr handelbaren Güter umfaßt[91]. Für die in § 264 a genannten Tatobjekte ist dieser Straftatbestand aber lex specialis (im weiteren Sinne)[92]; beide Tatbestände schützen sowohl die individuelle Vermögenssphäre und die auf sie bezogene Dispositionsfreiheit als auch die wettbewerbliche Ordnung, § 264 a speziell die Ordnung des Kapitalmarkts. Tateinheit scheidet daher aus[93]. Jedoch bleibt § 4 UWG für Werbeformen, die nicht unter § 264 a fallen (oben Rdn. 35), anwendbar[94]. Dies betrifft unrichtige (irreführende) Angaben, die nicht in einem Prospekt oder einer Darstellung oder Übersicht über den Vermögensstand gemacht werden (BTDrucks. 10/318 S. 22)[95], sondern z. B. in einem einfachen Werbeschreiben (vgl. oben Rdn. 35). – Tateinheit ist im Verhältnis zu dem Straftatbestand des beharrlich wiederholten Vertriebes von Wertpapieren (sowie Bezugs- und Anteilscheinen auf Wertpapiere) im Reisegewerbe (*Verkauf an der Haustür*, vgl. *Tiedemann* Wirtschaftsstrafrecht II S. 136) anzunehmen (§ 148 Nr. 1 GewO i. V. m. §§ 56 Abs. 1 Nr. 1 h, 145 Abs. 2 Nr. 2 a GewO). Ein tateinheitliches Zusammentreffen mit § 38 WpHG (*Insider-Handelsverbot*) ist entgegen *Dreher/Tröndle* (Rdn. 18) allenfalls in der (kaum praktisch werdenden) Weise denkbar, daß ein Primärinsider i. S. d. § 13 Abs. 1 WpHG in Prospekten usw. unbefugt Insidertatsachen mitteilt. **84**

Ein Verhalten nach **Abs. 2**, das sich als Handeln im Rahmen eines Treuhandverhältnisses eines Unternehmens zu den Anlegern darstellt (oben Rdn. 30), kann bei Eintritt eines Vermögensnachteils bei den Anlegern eine (vollendete) *Untreue* darstellen. Für das Verhältnis von § 264 a Abs. 2 zu § 266 gelten die Aussagen zu § 263 (oben Rdn. 81) entsprechend (vgl. *Knauth* NJW **1987** 32; *Richter* wistra **1987** 120). **85**

XI. Internationales Strafrecht. Internationale Bezüge ergeben sich bei § 264 a vor allem daraus, daß der Tatbestand ausweislich der amtl. Begr. (BTDrucks. 10/318 S. 22) auch Anteile an ausländischen (Kapital-)Gesellschaften erfassen soll[96], für die das deutsche Gesellschaftsrecht keinen Schutz bietet (*Dreher/Tröndle* Rdn. 2). Neben ausländischen Unternehmen (dazu *Otto* Pfeiffer-Festschrift S. 71 f mit Nachw.) kommen auch ausländische Staaten und ausländische Städte, ferner internationale und supranationale Einrichtungen wie die Europäische Investitionsbank und die Weltbank als Emittenten in Betracht (*Sch/Schröder/Cramer* Rdn. 6). Das AuslandinvestmentG (§ 1 Abs. 1) spricht allgemein von Anteilen an einem ausländischem Recht unterstehenden Vermögen (dazu aus strafrechtlicher Sicht *Tiedemann* Wirtschaftsstrafrecht II S. 136 f). **86**

1. Der **Schutzbereich** des § 264 a bezieht sich ohne weiteres auch auf **ausländische Anleger** (im Ausland), da das deutsche Strafrecht Individualrechtsgüter – wie das Vermö- **87**

---

[90] So aber *Schwark* § 89 Rdn. 12.

[91] *Jaath* Dünnebier-Festschrift S. 594; *Kaligin* WPg **1985** 199; *Worms* S. 206; **zw.** *Schwark* BB **1979** 903 (zu *Rechten*) und Einl. § 88 Rdn. 14.

[92] BTDrucks. 10/318 S. 22; *Cerny* MDR **1987** 278; *Dreher/Tröndle* Rdn. 18; *Otto* BT § 61 IV 8 und WM **1988** 739; *Pabst* S. 49; *Richter* wistra **1987** 120; *Sch/Schröder/Cramer* Rdn. 41; *Worms* S. 352.

[93] **aA** *Gössel* BT 2 S. 478; *Joecks* Kapitalanlagebetrug Rdn. 269; *Lackner/Kühl* Rdn. 17.

[94] BTDrucks. 10/318 S. 22; *Dreher/Tröndle* Rdn. 18; *Pabst* S. 49; *Richter* wistra **1987** 118; *Worms* S. 352.

[95] Mißverstanden von (bzw. übereinstimmende Druckfehler bei) *Dreher/Tröndle* Rdn. 18 und *Sch/Schröder/Cramer* Rdn. 41.

[96] Ebenso *Granderath* DB **1986** Beil. 18 S. 6; *Kaligin* WPg **1987** 357; *Knauth* NJW **1987** 28; *Schmid* in: Müller-Gugenberger § 23 F II 1 a; *Sch/Schröder/Cramer* Rdn. 6; *Schwark* Einl. § 88 Rdn. 4.

gen – universell schützt, soweit die zusätzlichen Voraussetzungen der §§ 3 ff erfüllt sind (vgl. *Tiedemann* LK § 265 b Rdn. 117; zu §§ 7, 9 unten Rdn. 90, 91).

88 Soweit es dagegen um das zusätzliche überindividuelle Rechtsgut des Kapitalmarkts geht (oben Rdn. 13), verdient Beachtung, daß sowohl das WpHG (§§ 1 ff), das VerkaufsprospektG (§§ 1 ff) und die VerkaufsprospektVO (§ 1) einerseits und das BörsenG (§§ 36 ff) andererseits die normative Garantie und Institutionalisierung des Handels mit Wertpapieren, Unternehmensanteilen, Derivaten usw. auf den inländischen Markt beschränken, auf den auch die Überwachungskompetenzen des Bundesaufsichtsamtes (vgl. § 3 WpHG) und der Börsenaufsichtsbehörden (vgl. § 1 Abs. 2 BörsenG) begrenzt sind. Eine Einbeziehung ausländischer (geregelter) Kapitalmärkte in den Strafschutz des § 264 a kommt daher überhaupt nur für Mitgliedstaaten der **Europäischen Gemeinschaft** in Betracht, die das Kapitalmarktrecht sekundärrechtlich ähnlich weitgehend harmonisiert hat wie das Recht des Kreditwesens (vgl. dazu *Tiedemann* LK § 265 b Rdn. 119). Da § 264 a den Schutz des Kapitalmarkts an die (abstrakte) Gefährdung von Vermögensinteressen der Anleger bindet, der ausländische Anleger aber zweifelsfrei geschützt wird (soeben Rdn. 87), kann die Frage hier im übrigen offenbleiben.

89 **2.** Die sonstige international-strafrechtliche Geltung des § 264 a richtet sich nach den allgemeinen Regeln der §§ 3 bis 9:

90 **a) Inlandstaten** (§ 3) sind in jedem Fall strafbar (vgl. im einzelnen *Tiedemann* LK § 265 b Rdn. 121). Entscheidend ist der „Tätigkeitsort" i. S. d. § 9 Abs. 1. Dieser Ort liegt im Inland, sofern der Vertrieb[97], richtiger: die Werbeangabe, im Inland erfolgt, mag es sich auch um eine von einem ausländischen Emittenten oder Vertreiber angebotene ausländische Kapitalanlage handeln. Maßgebend wird damit (auch) der Sitz des Adressatenkreises. Entsprechendes gilt gemäß § 9 Abs. 1 für das Unterlassen (Verschweigen nachteiliger Tatsachen), da die Aufklärung eines im Inland ansässigen Adressaten (spätestens) im Inland hätte erfolgen müssen.

91 **b) Auslandstaten** im hier zu behandelnden Sinn sind praktisch darauf beschränkt, daß ausländische Anleger (oben Rdn. 86) im Ausland durch Deutsche getäuscht werden. In diesem Fall gilt gemäß § 7 Abs. 2 Nr. 1 § 264 a dann, wenn die konkrete Tat (unrichtige oder unvollständige Werbeangabe) im Ausland mit Strafe bedroht ist (z. B. als versuchter Betrug oder nach werberechtlichen Spezialvorschriften; vgl. oben Rdn. 11). Werden dagegen deutsche Kapitalanlagen durch Ausländer im Ausland mittels unrichtiger Werbeangaben gegenüber Ausländern vertrieben, so vermag § 264 a nicht einzugreifen.

XII. Strafverfolgung und Verjährung

92 **1.** Die Strafverfolgung nach § 264 a setzt keinen Strafantrag voraus, wird aber faktisch weitgehend von einer **Strafanzeige** abhängen. Systematische Überprüfungen der Werbung für Kapitalanlagen durch die Strafverfolgungsorgane von Amts wegen sind zwar wünschenswert (D. *Geerds* S. 326; *Tiedemann* Wirtschaftsstrafrecht II S. 141), jedoch selten (*Tiedemann* Verh. 49. DJT S. C 100; vgl. aber auch *Kaligin* WPg **1987** 365 mit weit. Nachw.). Ähnlich wie bei § 265 b (*Tiedemann* LK Rdn. 124) werden von den Opfern (Anlegern) regelmäßig erst bei erfolgter Schädigung (oder bei vermeintlicher Schädigung) Strafanzeigen erstattet. Daneben kommt allerdings auch Strafanzeigen durch Schutzverbände der Wirtschaft Bedeutung zu (*Schmid* in: Müller-Gugenberger § 23 F I).

---

[97] *Knauth* aaO; *Samson* SK Rdn. 51; *Worms* in: Assmann/Schütze § 8, 98.

Die grundsätzliche faktische Beschränkung von Strafanzeigen auf Fälle bereits eingetretener Schädigung ist bedauerlich, da sich § 264 a an dem Gedanken präventiver Ermittlungstätigkeit im Vorfeld der Vermögensschädigung orientiert und gerade in diesem Bereich (bis in die Phase versuchten Betruges nach § 263) Beweis- und Ermittlungserleichterungen nach § 154 a StPO bringt[98]. Bei erfolgtem Schadenseintritt muß dagegen ohne die Beschränkungsmöglichkeit nach § 154 a StPO (auch) wegen Betruges ermittelt werden (*Worms* S. 357). 93

Die an die Verletzteneigenschaft anknüpfende **Klageerzwingungsbefugnis** nach § 172 StPO kann bei § 264 a im Grundsatz aus dem individuellen Rechtsgutsaspekt (Vermögen bzw. vermögensbezogene Dispositionsfreiheit, oben Rdn. 13) hergeleitet werden, so daß Anleger als Verletzte und Klageerzwingungsbefugte in Betracht kommen. Schwierigkeiten ergeben sich freilich daraus, daß § 264 a mit Blick auf seine individualschützende Komponente nur (abstraktes oder abstrakt-konkretes) Gefährdungsdelikt ist. Zur Vermeidung von Popularklagen verneint insoweit die im Strafprozeßrecht h.L. die Verletzteneigenschaft des nur Gefährdeten (LR-*Rieß* § 172 Rdn. 58 mit Nachw.). Daher ist OLG Braunschweig wistra **1991** 31, 33 darin zuzustimmen, daß die Antragsbefugnis erst eingreifen kann, wenn der Anleger aufgrund des unrichtigen Prospekts (usw.) Anteile gezeichnet hat und somit seine vermögensbezogene Dispositionsfreiheit verletzt ist; darauf, ob die Anlage i. S. d. § 263 nicht hinreichend werthaltig und somit eine Vermögensgefährdung (ein Vermögensschaden) eingetreten ist, kommt es (insoweit entgegen OLG Braunschweig aaO) nicht an. Soweit *Zielinski* (wistra **1993** 6, 7) die Verletzteneigenschaft zeitlich noch weiter vorverlagern will, verkennt er bei einer nur im Ansatzpunkt zutreffenden rechtsgutsbezogenen Betrachtungsweise die strafprozessuale Eigenständigkeit des Verletztenbegriffs und muß im übrigen auf ein der strafprozessualen Rechtssicherheit abträgliches, äußerst unpraktikables Kriterium – das potentielle Opfer müsse „aufgrund der falschen Information ernsthafte Erwägungen über eine entsprechende Geldanlage angestellt" haben (aaO) – zurückgreifen. 94

2. Die **RiStBV** sehen in Nr. 236 bei der Bekämpfung von „Schwindelunternehmen" und Vermittlungsschwindel eine Zusammenarbeit der Strafverfolgungsorgane mit dem Deutschen Schutzverband gegen Wirtschaftskriminalität e.V. (DSW) und dem Ring Deutscher Makler (RDM) für Immobilien, Hypotheken und Finanzierungen e.V. vor. Diese Stellen gehen zivilrechtlich mit Unterlassungsverfügungen u. a. gegen unlautere Werbung vor, sammeln Daten, können Sachverständige benennen und erstellen selbst Gutachten (dazu *Müller/Wabnitz* S. 189 ff). 95

3. Gemäß § 74 c Abs. 1 Nr. 5 GVG ist für die Aburteilung des Kapitalanlagebetruges die **Wirtschaftsstrafkammer** zuständig, wenn die Staatsanwaltschaft wegen der besonderen Bedeutung des Falles gem. § 24 Abs. 1 Nr. 3 GVG Anklage zum **Landgericht** erhebt (§ 74 Abs. 1 GVG). Dies wird vor allem auch bei großer Schadenshöhe mit zahlreichen Beteiligten sowie besonderen Schwierigkeiten der Beweisführung zutreffen (vgl. auch *Tiedemann* LK § 265 b Rdn. 127). Zur Frage der Beschränkung der Beweisführung auf einen Bruchteil der Kapitalanleger BGH NJW **1983** 1917; *Tiedemann* R. Schmitt-Festschrift (1992) S. 147 f Fußn. 27 mit weit. Nachw. aus der unveröff. BGH-Rechtsprechung. 96

[98] Dazu *v. Heymann* DStR **1993** 843; *Worms* aaO § 8, 99.

97 **4.** Die Frist für die **Verjährung** der Strafverfolgung beträgt fünf Jahre (§ 78 Abs. 3 Nr. 4). Die kürzere Verjährungsfrist der *Landespressegesetze* bei der Veröffentlichung und Verbreitung von Druckwerken ist entsprechend BVerfGE **7** 29 grundsätzlich vorrangig, da § 264 a „Presseinhaltsdelikt" ist (BGHSt **40** 385, 387)[99]. Die gegenteilige Auffassung von S. *Cramer* WiB **1995** 305 (f), wonach die einschlägigen Werbedrucksachen (usw.) unmittelbar und ausschließlich gewerblichen Zwecken privatwirtschaftlicher Art dienen und es mithin um Gewerbe-, nicht um Pressefreiheit gehe, ist nicht haltbar, da der herrschende „formale" Pressebegriff (*Herzog* in: Maunz/Dürig Art. 5 Abs. I, II Rdn. 129) nur auf die (zur Verbreitung bestimmte) Vervielfältigung abstellt, den Inhalt bewußt ausklammert und insbesondere auch Werbeschriften umfaßt (BVerfGE **64** 108, 114; *Jarras/Pieroth* GG 2. Aufl. [1992] Art. 5 Rdn. 2, 21). Jedoch kennen die meisten Landespressegesetze ausdrückliche *Ausnahmen* für gewerbliche Druckschriften wie Werbedrucksachen, Geschäfts-, Jahres- und Verwaltungsberichte. Da hierzu auch Prospekte i. S. d. § 264 a zählen (BGHSt **40** 385), verbleibt es im Anwendungsbereich dieser Landespressegesetze bei der bundesrechtlichen fünfjährigen Verjährung.

98 Die Frist beginnt gem. § 78 a mit **Beendigung** der Tat zu laufen. Damit ist nach Ansicht der Rechtsprechung nicht die materielle Beendigung (Eintritt der Rechtsgutsverletzung) gemeint, als die sich hier die Erbringung der Leistung durch den Anleger darstellt[100], sondern der Abschluß der tatbestandsmäßigen Ausführungshandlung. Dies ist nicht der Vertrieb oder das Angebot, sondern an sich nur das „Machen" von Angaben. Da die Angaben aber einen bestimmten Adressatenkreis haben und diesen erreichen müssen, ist die Täuschung hiermit, also mit der „Täuschung der Öffentlichkeit", eingetreten (vgl. *Tiedemann* GmbH-Strafrecht § 82 Rdn. 192). Nicht etwa ist § 264 a als Dauerdelikt mit der Folge anzusehen, daß die Verjährung erst mit der Beendigung der Tätigkeit beginnen würde (zur Abgrenzung BGHSt **36** 255, 257 ff). Beim *Verschweigen* setzt der Lauf der Verjährungsfrist dagegen erst ein, sobald die Pflicht zur Aufklärung entfällt. Dies ist frühestens mit Erbringung aller Leistungen durch den Anleger anzunehmen (vgl. oben Rdn. 64).

XIII. Anhang: Auszug aus dem BörsenG, dem VerkaufsprospektG, der BörsenzulassungsVO und der VerkaufsprospektVO

99 **1. Börsengesetz** in der Fassung der Bekanntmachung der Neufassung v. 17. Juli 1996 (BGBl. I S. 1030)

§ 1 [Errichtung, Aufhebung, Aufsicht usw.]

(1) Die Errichtung einer Börse bedarf der Genehmigung der zuständigen obersten Landesbehörde (Börsenaufsichtsbehörde). Diese ist befugt, die Aufhebung bestehender Börsen anzuordnen.

(2) Die Börsenaufsichtsbehörde übt die Aufsicht über die Börse nach den Vorschriften dieses Gesetzes aus. Ihrer Aufsicht unterliegen auch die Einrichtungen, die sich auf den Börsenverkehr beziehen. Die Aufsicht erstreckt sich auf die Einhaltung der börsenrechtlichen Vorschriften und Anordnungen sowie die ordnungsgemäße Durchführung des Handels an der Börse und der Börsengeschäftsabwicklung.

(4) Die Börsenaufsichtsbehörde nimmt die ihr nach diesem Gesetz zugewiesenen Aufgaben und Befugnisse nur im öffentlichen Interesse wahr.

---

[99] Ebenso V. *Hoffmann* BB **1994** 2100; *Schmidt-Lademann* WM **1986** 1241.

[100] *Dreher/Tröndle* Rdn. 3; *Jehl* DB **1987** 1774; *Joecks* Kapitalanlagebetrug Rdn. 241; *Pabst* S. 49.

(5) Wertpapierbörsen im Sinne dieses Gesetzes sind Börsen, an denen Wertpapiere oder Derivate im Sinne des § 2 Abs. 1 und 2 des Wertpapierhandelsgesetzes gehandelt werden.

§ 36 [Zulassung]

(1) Wertpapiere, die mit amtlicher Feststellung des Börsenpreises (amtliche Notierung) an der Börse gehandelt werden sollen, bedürfen der Zulassung, soweit nicht in § 41 oder in anderen Gesetzen etwas anderes bestimmt ist.

(2) Die Zulassung ist vom Emittenten der Wertpapiere zusammen mit einem Kreditinstitut zu beantragen, das an einer inländischen Börse mit dem Recht zur Teilnahme am Handel zugelassen ist; ist der Emittent ein solches Kreditinstitut, so kann er den Antrag allein stellen.

(3) Wertpapiere sind zuzulassen, wenn

1. der Emittent und die Wertpapiere den Bestimmungen entsprechen, die zum Schutz des Publikums und für einen ordnungsgemäßen Börsenhandel gemäß § 38 erlassen worden sind,
2. dem Antrag ein Prospekt zur Veröffentlichung beigefügt ist, der gemäß § 38 die erforderlichen Angaben enthält, um dem Publikum ein zutreffendes Urteil über den Emittenten und die Wertpapiere zu ermöglichen, soweit nicht gemäß § 38 Abs. 2 von der Veröffentlichung eines Prospekts abgesehen werden kann, und
3. keine Umstände bekannt sind, die bei Zulassung der Wertpapiere zu einer Übervorteilung des Publikums oder einer Schädigung erheblicher allgemeiner Interessen führen.

(4) Der Prospekt ist zu veröffentlichen …

§ 38 [Ermächtigungsnorm]

(1) Die Bundesregierung wird ermächtigt, durch Rechtsverordnung mit Zustimmung des Bundesrates die zum Schutz des Publikums und für einen ordnungsgemäßen Börsenhandel erforderlichen Vorschriften zu erlassen über

1. die Voraussetzungen der Zulassung …
2. den Inhalt des Prospekts, insbesondere die zuzulassenden Wertpapiere und den Emittenten, dessen Kapital, Geschäftstätigkeit, Vermögens-, Finanz- und Ertragslage, Geschäftsführungs- und Aufsichtsorgane und dessen Geschäftsgang und Geschäftsaussichten sowie die Personen oder Gesellschaften, welche die Verantwortung für den Inhalt des Prospekts übernehmen …

§ 88 [Betrügerische Einwirkung auf den Börsen- oder Marktpreis]

Wer zur Einwirkung auf den Börsen- oder Marktpreis von Wertpapieren, Bezugsrechten, ausländischen Zahlungsmitteln, Waren, Anteilen, die eine Beteiligung an dem Ergebnis eines Unternehmens gewähren sollen, oder von Derivaten im Sinne des § 2 Abs. 2 des Wertpapierhandelsgesetzes

1. unrichtige Angaben über Umstände macht, die für die Bewertung der Wertpapiere, Bezugsrechte, ausländische Zahlungsmittel, Waren, Anteile oder Derivate erheblich sind, oder solche Umstände entgegen bestehenden Rechtsvorschriften verschweigt oder
2. sonstige auf Täuschung berechnete Mittel anwendet,

wird mit Freiheitsstrafe bis zu drei Jahren oder mit Geldstrafe bestraft.

§ 89 [Wucherische Verleitung zu Börsenspekulationsgeschäften]

(1) Wer gewerbsmäßig andere unter Ausnutzung ihrer Unerfahrenheit in Börsenspekulationsgeschäften zu solchen Geschäften oder zur unmittelbaren oder mittelbaren Beteiligung an solchen Geschäften verleitet, wird mit Freiheitsstrafe bis zu drei Jahren oder mit Geldstrafe bestraft.

(2) Börsenspekulationsgeschäfte im Sinne des Absatzes 1 sind insbesondere

1. An- oder Verkaufsgeschäfte mit aufgeschobener Lieferzeit, auch wenn sie außerhalb einer inländischen oder ausländischen Börse abgeschlossen werden,
2. Optionen auf solche Geschäfte, die darauf gerichtet sind, aus dem Unterschied zwischen dem für die Lieferzeit festgelegten Preis und dem zur Lieferzeit vorhandenen Börsen- oder Marktpreis einen Gewinn zu erzielen.

§ 90 [Ordnungswidrigkeiten]

(1) Ordnungswidrig handelt, wer vorsätzlich oder leichtfertig

1. einer vollziehbaren Anordnung nach § 1 a Abs. 1 Satz 1 oder § 8 b Abs. 1 Satz 2 Nr. 2 zuwiderhandelt,
2. ein Betreten entgegen § 1 a Abs. 1 Satz 2, auch in Verbindung mit Satz 5, nicht gestattet oder entgegen § 1 a Abs. 1 Satz 3, auch in Verbindung mit Satz 5, nicht duldet,
3. entgegen § 8 a Abs. 2 Satz 1 oder Abs. 3 einen Jahresabschluß, einen Prüfungsbericht, einen Vermögensstatus oder eine Erfolgsrechnung nicht, nicht vollständig oder nicht rechtzeitig vorlegt,
4. entgegen § 44 Abs. 1 Nr. 2, auch in Verbindung mit § 76, eine Zahl- und Hinterlegungsstelle oder eine Zahlstelle am Börsenplatz nicht benennt,
5. entgegen § 44 b Abs. 1, auch in Verbindung mit einer Rechtsverordnung nach § 44 b Abs. 2, einen Zwischenbericht nicht, nicht richtig, nicht vollständig, nicht in der vorgeschriebenen Form oder nicht rechtzeitig veröffentlicht oder
6. entgegen § 44 c Abs. 1, auch in Verbindung mit § 76, eine Auskunft nicht, nicht richtig oder nicht vollständig erteilt.

(2) Ordnungswidrig handelt auch, wer vorsätzlich oder leichtfertig einer Rechtsverordnung nach

1. § 38 Abs. 1 Nr. 3 oder
2. § 44 Abs. 2

zuwiderhandelt, soweit sie für einen bestimmten Tatbestand auf diese Bußgeldvorschrift verweist.

(3) Ordnungswidrig handelt ferner, wer entgegen § 51 Abs. 2 Preislisten (Kurszettel) veröffentlicht oder in mechanisch hergestellter Vervielfältigung verbreitet.

(4) Die Ordnungswidrigkeit kann in den Fällen des Absatzes 1 Nr. 1 bis 4 und 6, des Absatzes 2 Nr. 2 und des Absatzes 3 mit einer Geldbuße bis zu fünfzigtausend Deutsche Mark, in den Fällen des Absatzes 1 Nr. 5 und des Absatzes 2 Nr. 1 mit einer Geldbuße bis zu einhunderttausend Deutsche Mark geahndet werden.

2. Wertpapier-Verkaufsgesetz in der Fassung der Bekanntmachung der Neufassung v. 17. Juli 1996 (BGBl. I S. 1047)

§ 1 Grundregel

Für Wertpapiere, die erstmals im Inland öffentlich angeboten werden und nicht zum Handel an einer inländischen Börse zugelassen sind, muß der Anbieter einen Prospekt (Verkaufsprospekt) veröffentlichen, sofern sich aus den §§ 2 bis 4 nichts anderes ergibt.

§ 7 Prospektinhalt

(1) Ist für die öffentlich angebotenen Wertpapiere ein Antrag auf Zulassung zur amtlichen Notierung an einer inländischen Börse nicht gestellt, so muß der Verkaufsprospekt die Angaben enthalten, die notwendig sind, um dem Publikum ein zutreffendes Urteil über den Emittenten und die Wertpapiere zu ermöglichen.

(2) Die Bundesregierung wird ermächtigt, durch Rechtsverordnung mit Zustimmung des Bundesrates die zum Schutz des Publikums erforderlichen Vorschriften über den Inhalt des Verkaufsprospekts zu erlassen, insbesondere über

1. die Personen oder Gesellschaften, die für den Inhalt des Verkaufsprospekts die Verantwortung übernehmen,
2. die angebotenen Wertpapiere und
3. den Emittenten der Wertpapiere sowie sein Kapital und seine Geschäftstätigkeit, seine Vermögens-, Finanz- und Ertragslage, seine Geschäftsführungs- und Aufsichtsorgane und seine Geschäftsaussichten.

§ 8 Hinterlegungsstelle

Der Anbieter muß den Verkaufsprospekt vor seiner Veröffentlichung dem Bundesaufsichtsamt für den Wertpapierhandel (Bundesaufsichtsamt) übermitteln.

3. Börsenzulassungs-Verordnung. Verordnung über die Zulassung von Wertpapieren zur amtlichen Notierung an einer Wertpapierbörse (Börsenzulassungs-Verordnung – BörsZulV) in der Fassung der Bekanntmachung der Neufassung v. 17. Juli 1996 (BGBl. I S. 1052)

§ 13 Allgemeine Grundsätze

(1) Der Prospekt muß über die tatsächlichen und rechtlichen Verhältnisse, die für die Beurteilung der zuzulassenden Wertpapiere wesentlich sind, Auskunft geben und richtig und vollständig sein. Er muß in deutscher Sprache und in einer Form abgefaßt sein, die sein Verständnis und seine Auswertung erleichtert. Der Prospekt ist von den Antragstellern (§ 36 Abs. 2 des Börsengesetzes) zu unterzeichnen.

(2) Der Prospekt muß vorbehaltlich der Vorschriften der §§ 33 bis 42 insbesondere Angaben enthalten über

1. die Personen oder Gesellschaften, die für den Inhalt des Prospekts die Verantwortung übernehmen (§ 14);
2. die zuzulassenden Wertpapiere (§§ 15 bis 17);
3. den Emittenten der zuzulassenden Wertpapiere (§§ 18 bis 29);
4. die Prüfung der Jahresabschlüsse des Emittenten der zuzulassenden Wertpapiere und anderer Angaben im Prospekt (§ 30).

Soweit vorgeschriebene Angaben nicht der Tätigkeit oder der Rechtsform des Emittenten entsprechen, sind sie durch angepaßte gleichwertige Angaben zu ersetzen.

4. VerkaufsprospektVO. Verordnung über Wertpapier-Verkaufsprospekte vom 17. Dezember 1990 (BGBl. I S. 2869)

§ 1 Anwendungsbereich

Diese Verordnung ist auf den Verkaufsprospekt für Wertpapiere anzuwenden, für die ein Antrag auf Zulassung zur amtlichen Notierung an einer inländischen Börse nicht gestellt ist.

§ 2 Allgemeine Grundsätze

(1) Der Verkaufsprospekt muß über die tatsächlichen und rechtlichen Verhältnisse, die für die Beurteilung der angebotenen Wertpapiere notwendig sind, Auskunft geben und richtig und vollständig sein. Er muß mindestens die nach dieser Verordnung vorgeschriebenen Angaben enthalten. Er ist in deutscher Sprache und in einer Form abzufassen, die sein Verständnis und seine Auswertung erleichtert.

(2) Der Verkaufsprospekt ist mit dem Datum seiner Aufstellung zu versehen und vom Anbieter zu unterzeichnen.

(3) Sind vorgeschriebene Angaben dem nach § 8 Abs. 1 und 2 in den Verkaufsprospekt aufgenommenen Jahresabschluß unmittelbar zu entnehmen, so brauchen sie im Verkaufsprospekt nicht wiederholt zu werden.

§ 3 Angaben über Personen oder Gesellschaften, die für den Inhalt des Verkaufsprospekts die Verantwortung übernehmen

Der Verkaufsprospekt muß Namen und Stellung, bei juristischen Personen oder Gesellschaften Firma und Sitz, der Personen oder Gesellschaften angeben, die für seinen Inhalt die Verantwortung übernehmen; er muß eine Erklärung dieser Personen oder Gesellschaften enthalten, daß ihres Wissens die Angaben richtig und keine wesentlichen Umstände ausgelassen sind.

§ 4 Angaben über die Wertpapiere

Der Verkaufsprospekt muß über die Wertpapiere angeben

1. Art, Stückzahl und Gesamtnennbetrag der angebotenen Wertpapiere oder einen Hinweis darauf, daß der Gesamtnennbetrag nicht festgesetzt ist, sowie die mit den Wertpapieren verbundenen Rechte;
2. die Steuern, die in dem Staat, in dem der Emittent seinen Sitz hat oder in dem die Wertpapiere angeboten werden, auf die Einkünfte aus den Wertpapieren im Wege des Quellenabzugs erhoben werden; übernimmt der Anbieter die Zahlung dieser Steuern, so ist dies anzugeben;
3. wie die Wertpapiere übertragen werden können und gegebenenfalls in welcher Weise ihre freie Handelbarkeit eingeschränkt ist;
4. die organisierten Märkte, an denen die Wertpapiere gehandelt werden sollen;
5. die Zahl- und Hinterlegungsstellen;
6. die Einzelheiten der Zahlung des Zeichnungs- oder Verkaufspreises;
7. das Verfahren für die Ausübung von Bezugsrechten, ihre Handelbarkeit und die Behandlung der nicht ausgeübten Bezugsrechte;
8. die Stellen, die Zeichnungen des Publikums entgegennehmen, sowie die für die Zeichnung oder den Verkauf der Wertpapiere vorgesehene Frist und die Möglichkeiten, die Zeichnung vorzeitig zu schließen oder Zeichnungen zu kürzen;
9. die einzelnen Teilbeträge, falls das Angebot gleichzeitig in verschiedenen Staaten mit bestimmten Teilbeträgen erfolgt;
10. die Ausstattung ausgedruckter Stücke sowie die Einzelheiten und Fristen für deren Auslieferung;
11. die Personen oder Gesellschaften, welche die Wertpapiere übernehmen oder übernommen oder gegenüber dem Emittenten oder Anbieter ihre Unterbringung garantiert haben; erstreckt sich die Übernahme oder die Garantie nicht auf das gesamte Angebot, so ist der nicht erfaßte Teil des Angebots anzugeben;
12. den Ausgabepreis für die Wertpapiere oder, sofern er noch nicht bekannt ist, den Zeitplan für seine Festsetzung.

§ 5 Angaben über den Emittenten

Der Verkaufsprospekt muß über den Emittenten angeben

1. die Firma und den Sitz;

2. das Datum der Gründung und, wenn er für eine bestimmte Zeit gegründet ist, die Dauer;
3. die Rechtsform und die für den Emittenten maßgebliche Rechtsordnung;
4. den in der Satzung oder im Gesellschaftsvertrag bestimmten Gegenstand des Unternehmens;
5. das Registergericht des Sitzes des Emittenten und die Nummer, unter der der Emittent in das Register eingetragen ist;
6. eine kurze Beschreibung des Konzerns und der Stellung des Emittenten in ihm, falls der Emittent ein Konzernunternehmen ist.

§ 6 Angaben über das Kapital

(1) Der Verkaufsprospekt muß über das Kapital des Emittenten angeben

1. die Höhe des gezeichneten Kapitals, die Zahl und die Gattungen der Anteile, in die das Kapital zerlegt ist, unter Angabe ihrer Hauptmerkmale und die Höhe der ausstehenden Einlagen auf das gezeichnete Kapital;
2. den Nennbetrag der umlaufenden Wertpapiere, die den Gläubigern ein Umtausch- oder Bezugsrecht auf Aktien einräumen, unter Angabe der Bedingungen und des Verfahrens für den Umtausch oder Bezug.

(2) Für das Angebot von Aktien ist zusätzlich anzugeben

1. der Nennbetrag eines genehmigten oder bedingten Kapitals und die Dauer der Ermächtigung für die Kapitalerhöhung, der Kreis der Personen, die ein Umtausch- oder Bezugsrecht haben, sowie die Bedingungen und das Verfahren für die Ausgabe der neuen Aktien;
2. die Zahl und die Hauptmerkmale von Anteilen, die keinen Anteil am Kapital gewähren;
3. soweit sie dem Anbieter bekannt sind, die Aktionäre, die auf den Emittenten unmittelbar oder mittelbar einen beherrschenden Einfluß ausüben können.

§ 7 Angaben über die Geschäftstätigkeit des Emittenten

(1) Der Verkaufsprospekt muß über die Geschäftstätigkeit des Emittenten folgende Angaben enthalten:

1. die wichtigsten Tätigkeitsbereiche;
2. Angaben über die Abhängigkeit des Emittenten von Patenten, Lizenzen, Verträgen oder neuen Herstellungsverfahren, wenn sie von wesentlicher Bedeutung für die Geschäftstätigkeit oder Ertragslage des Emittenten sind;
3. Gerichts- oder Schiedsverfahren, die einen erheblichen Einfluß auf die wirtschaftliche Lage des Emittenten haben können;
4. Angaben über die wichtigsten laufenden Investitionen mit Ausnahme der Finanzanlagen.

(2) Ist die Tätigkeit des Emittenten durch außergewöhnliche Ereignisse beeinflußt worden, so ist darauf hinzuweisen.

§ 8 Angaben über die Vermögens-, Finanz- und Ertragslage des Emittenten

(1) Der Verkaufsprospekt muß über die Vermögens-, Finanz- und Ertragslage des Emittenten enthalten

1. den letzten offengelegten Jahresabschluß, dessen Stichtag höchstens achtzehn Monate vor der Aufstellung des Verkaufsprospekts liegen darf;
2. eine zwischenzeitlich veröffentlichte Zwischenübersicht.

(2) Ist der Emittent nur zur Aufstellung eines Konzernabschlusses verpflichtet, so ist dieser in den Verkaufsprospekt aufzunehmen; ist er auch zur Aufstellung eines Einzelabschlusses verpflichtet, so sind beide Arten von Jahresabschlüssen aufzunehmen. Die Aufnahme nur des Jahresabschlusses der einen Art ist ausreichend, wenn der Jahresabschluß der anderen Art keine wesentlichen zusätzlichen Aussagen enthält.

(3) Jede wesentliche Änderung nach dem Stichtag des letzten offengelegten Jahresabschlusses oder der Zwischenübersicht muß im Verkaufsprospekt beschrieben werden.

§ 9 Angaben über die Prüfung des Jahresabschlusses des Emittenten

Der Verkaufsprospekt muß den Namen, die Anschrift und die Berufsbezeichnung der Abschlußprüfer, die den Jahresabschluß des Emittenten nach Maßgabe der gesetzlichen Vorschriften geprüft haben, angeben. Ferner ist der Bestätigungsvermerk einschließlich zusätzlicher Bemerkungen aufzunehmen; wurde die Bestätigung des Jahresabschlusses eingeschränkt oder versagt, so müssen der volle Wortlaut der Einschränkungen oder der Versagung und deren Begründung wiedergegeben werden.

§ 10 Angaben über Geschäftsführungs- und Aufsichtsorgane des Emittenten

(1) Der Verkaufsprospekt muß den Namen und die Anschrift der Mitglieder der Geschäftsführungs- und Aufsichtsorgane und ihre Stellung beim Emittenten angeben.

(2) Für das Angebot von Aktien sind zusätzlich die den Mitgliedern der Geschäftsführungs- und Aufsichtsorgane für das letzte abgeschlossene Geschäftsjahr gewährten Gesamtbezüge (Gehälter, Gewinnbeteiligungen, Aufwandsentschädigungen, Versicherungsentgelte, Provisionen und Nebenleistungen jeder Art), für jedes Organ getrennt, anzugeben.

§ 11 Angaben über den jüngsten Geschäftsgang und die Geschäftsaussichten des Emittenten

Der Verkaufsprospekt muß allgemeine Ausführungen über die Geschäftsentwicklung des Emittenten nach dem Schluß des Geschäftsjahres, auf das sich der letzte offengelegte Jahresabschluß bezieht, sowie Angaben über die Geschäftsaussichten des Emittenten mindestens für das laufende Geschäftsjahr enthalten.

§ 12 Wertpapiere mit Umtausch- oder Bezugsrecht, Optionen

(1) Für das Angebot von anderen Wertpapieren als Aktien, die den Gläubigern ein Umtausch- oder Bezugsrecht auf Wertpapiere einräumen, hat der Verkaufsprospekt zusätzlich folgende Angaben zu enthalten:

1. die Art der zum Umtausch oder Bezug angebotenen Wertpapiere und der mit ihnen verbundenen Rechte;
2. die Bedingungen und das Verfahren für den Umtausch und den Bezug sowie die Fälle, in denen die Bedingungen für das Verfahren geändert werden können.

(2) Ist der Emittent nicht zugleich der Emittent der zum Umtausch oder Bezug angebotenen Wertpapiere, so sind die Angaben nach den §§ 5 bis 11 auch über den Emittenten der zum Umtausch oder Bezug angebotenen Wertpapiere aufzunehmen. Diese Angaben können entfallen, sofern die Wertpapiere an einer inländischen Börse zur amtlichen Notierung zugelassen sind.

(3) Für das Angebot von Wertpapieren, die das Recht auf Zahlung eines Differenzbetrages einräumen, der sich an der Wertentwicklung anderer Wertpapiere oder Rechte bemißt, sind in den Verkaufsprospekt zusätzlich Angaben über die Ermittlung des Differenzbetrages aufzunehmen.

§ 265

Versicherungsbetrug

(1) Wer in betrügerischer Absicht eine gegen Feuersgefahr versicherte Sache in Brand setzt oder ein Schiff, welches als solches oder in seiner Ladung oder in seinem Frachtlohn versichert ist, sinken oder stranden macht, wird mit Freiheitsstrafe von einem Jahr bis zu zehn Jahren bestraft.

(2) In minder schweren Fällen ist die Strafe Freiheitsstrafe von sechs Monaten bis zu fünf Jahren.

Schrifttum

Vgl. zunächst die Angaben bei §§ 263, 264.

Speziell zum Versicherungsbetrug *Arnold* Kriminalität und Versicherung (1992); *Ayasse* Betrug zu Lasten der Versicherungswirtschaft – kein Kavaliersdelikt, VersR **1989** 778; *Bach* (Hrsg.), Symposion gegen Versicherungsbetrug (1990); *Briel* Der Versicherungsbetrug des § 265 StGB und seine Reform, Diss. Tübingen 1937; *Bruch* Vorsätzliche Brandstiftungen (1983); *Farny* Das Versicherungsverbrechen (1959); F. *Geerds* Art. Versicherungsbetrug, HWiStR (1985); F. *Geerds* Betrügerische Absicht im Sinne des § 265 StGB, Jura **1989** 294; F. *Geerds* Versicherungsmißbrauch (1991); F. *Geerds* Versicherungsmißbrauch (§ 265 StGB), Welzel-Festschrift (1974) S. 841; *Heintzmann* Der Versicherungsbetrug nach geltendem und zukünftigem deutschen Strafrecht, Diss. Heidelberg 1930; *Helmer* Betrug zum Nachteil der Versicherung, in: Bundeskriminalamt (Hrsg.), Bekämpfung von Betrug und Urkundenfälschung (1956) S. 89; *Herold* Der Versicherungsbetrug im Rahmen der Strafrechtsreform, Zeitschrift für Versicherungswesen **1963** 680; *Kastner* Der Versicherungsbetrug (§ 265 StGB), Diss. Tübingen 1928; Arth. *Kaufmann* Der versicherte Lastzug, JuS **1987** 306; *Klingmüller/Deutsch* u. a. (Hrsg.), Betrug in der Kfz-Haftpflichtversicherung (1991); *König* Der Versicherungsbetrug (Zürich 1968); *Kohlhaas* Der Betrug in der Versicherung, VersR **1965** 1; *Kohlhaas* Der Versicherungsbetrug des § 265 StGB, VersR **1955** 465; *Krebs* Versicherungsbetrug und Betrug zum Nachteil einer Versicherung, VersR **1958** 742; *Kreuzhage* Der Versicherungsbetrug, Versicherungswirtschaft **1947** 189; *Kreuzhage* Der Versicherungsbetrug in juristischer, kriminalistischer und versicherungstechnischer Beleuchtung (1950); *Küper* Zur Problematik der „betrügerischen Absicht" (§ 265 StGB) in Irrtumsfällen, NStZ **1993** 313; *Langheid* Nachweis der Eigenbrandstiftung, VersR **1992** 13; *Langrock* Der kriminelle Mißbrauch der Kraftfahrzeug-Haftpflichtversicherung (1979); *Lichtblau* Versicherungsbetrug und Betrug an einer Versicherung, Kriminalistik **1963** 131; *Matschewsky* Der Versicherungsbetrug im künftigen Recht, Diss. Köln 1933; *Meurer* Betrügerische Absicht und Versicherungsbetrug (§ 265 StGB) – BGHSt 32, 137, JuS **1985** 443; *Nelken* Verbrechen und Versicherung (1928); *Oberhansberg* Der Versicherungsbetrug und sein Verhältnis zu Betrug, Brandstiftung und Sachbeschädigung nach geltendem und künftigem Recht, Diss. Köln 1930; *Ranft* Grundprobleme beim sog. Versicherungsbetrug (§ 265 StGB), Jura **1985** 393; *Rein* Der Versicherungsbetrug nach dem Reichsstrafgesetzbuch und den neuen Strafgesetzentwürfen, Diss. Tübingen 1932; *Reinhardt* Der Brandversicherungsbetrug, ArchKrim Bd. **102** (1938) S. 60; v. *Rintelen* Überindividuelle Rechtsgüter im Vorfeld des Betruges? Eine Untersuchung zu §§ 265 und 265 b StGB, Diss. Bonn 1993; *Schad* Betrügereien gegen Versicherungen, Diss. Kiel 1965; *v. Speßhardt* Der Versicherungsbetrug im Reichsstrafgesetzbuch, Diss. Marburg 1885; *Seier* Zum Rechtsgut und zur Struktur des Versicherungsbetrugs (§ 265 StGB), ZStW Bd. **105** (1993) S. 321; *Staab* Betrug in der Kfz-Haftpflichtversicherung (1991); *Suchan* Der Versicherungsmißbrauch – Erscheinungsformen und Strafrechtsreform, in: *Tiedemann* (Hrsg.), Die Verbrechen in der Wirtschaft, 2. Aufl. (1972) S. 83; *Tiedemann* Phenomenology of Economic Crime, in: Council of Europe (Hrsg.), Criminological aspects of economic crime (1978) S. 218, 240 ff; *Ulsenheimer* Art. Versicherungsaufsichtsgesetz (Straf- und Bußgeldvorschriften), HWiStR (1988); *Wagner* Subjektiver Tatbestand des Versicherungsbetrugs (§ 265 StGB) – Repräsentantenhaftung – BGH, NJW 1976, 2271, JuS **1978** 161; *Weck* Brandstiftung und Brandversicherungsbetrug, in: Wirtschaft und Recht der Versicherung (1926)

Nr. 3; *Weibel*, Versicherungsbetrug – Ein Kavaliersdelikt? Kriminalistik **1993** 141, 665; *Welzel* Zum Schadensbegrif bei Erpressung und Betrug, NJW **1953** 652; *Wersdörfer* Ist ein strafbefreiender Rücktritt beim Versicherungsbetrug möglich? AnwBl **1987** 74; *Wittkämper/Wulff-Nienhüser/Kammer* Versicherung und Kriminalität (1990).

Einschlägige außerstrafrechtliche Literatur (Auswahl) *Bach* Entwicklung eines differenzierten Repräsentantenbegriffs, VersR **1990** 235; *Boldt* Die Feuerversicherung, 7. Aufl. (1995); *Bruck/Möller/Sieg* Kommentar zum Versicherungsvertragsgesetz, Bd. I 8. Aufl. (1980), Bd. II 8. Aufl. (1961); *Deutsch* Versicherungsvertragsrecht, 3. Aufl. (1993); *Dreher* Die Mißstandsaufsicht über Versicherungsunternehmen nach dem VAG, WM **1995** 509; *Farny/Helten/Koch/Schmidt* (Hrsg.), Handwörterbuch der Versicherung (1988); *Feldmann/Hess* Einführung in die Industrie-Feuer-Versicherung, 2. Aufl. (1984); *Neugebauer* Versicherungsrecht vor dem Versicherungsvertragsgesetz (1990); *Prölss/Martin* u.a., Versicherungsvertragsgesetz, 25. Aufl. (1992); *Prüssmann/Rabe* Seehandelsrecht, 3. Aufl. (1992); *Ritter/Abraham* Das Recht der Seeversicherung, 2. Aufl. (1967); *Schirmer* Der Repräsentantenbegriff im Wandel der Rechtsprechung (1995); *Sieg* Allgemeines Versicherungsvertragsrecht, 3. Aufl. (1994); *Walder* Feuerversicherung (1995); *Weyers* Versicherungsvertragsrecht, 2. Aufl. (1995); *Wussow* Feuerversicherung, 2. Aufl. (1975).

Übersicht

1 **I. Entstehungsgeschichte und kriminalpolitischer Hintergrund; Auslandsrechte.** Der Straftatbestand war – von technischen Änderungen im Sanktionsbereich abgesehen – bereits im Reichsstrafgesetzbuch von 1871 enthalten und geht über den nahezu wortgleichen § 244 Preuß. StGB 1851 hinsichtlich des Feuerversicherungsbetruges bis auf das Preuß. ALR von 1794 zurück. Zum Seeversicherungsbetrug spielte in den Beratungen zum Preuß. StGB das Hannoversche StGB von 1840 eine besondere Rolle. Sein Art. 188 teilte das Verursachen der Strandung und des Versinkens eines Schiffes in zwei unterschiedliche Tatbestände auf, die durch das Merkmal der Gefahr für andere Personen oder deren Eigentum einerseits und „ohne Gefahr für andere Personen oder deren Vermögen“

durch die betrügerische Absicht gegenüber „einer Versicherung gegen Seegefahr" als „qualifizierter Betrug" andererseits differenziert wurden (Beratungs-Protokolle der Kommission des Staatsrats über den Zweiten Teil des Entwurfs des Strafgesetzbuchs, Zweite Abteilung, 1842, S. 445). Eine ähnliche Aufteilung fand sich für die Brandstiftung bereits im Preuß. ALR (v. *Speßhardt* S. 8) und allgemein noch im Reichsstrafgesetzbuch, das neben den Brandstiftungsdelikten in § 323 Strafe für denjenigen vorsah, der „vorsätzlich die Strandung oder das Sinken eines Schiffes bewirkt und dadurch Gefahr für das Leben eines anderen herbeiführt"; dem wurden dieselben Tathandlungen zum Zwecke des Betruges gegenüber der Feuer- und Seeversicherung gegenübergestellt. – Das Prinzip der gegenseitigen Unterstützung bei Brand und Schiffbruch sowie die kaufmännische (unternehmerische) Vorsorge gegenüber einschlägigen Großrisiken reichen mit dem Ursprung eines genossenschaftlichen Brandversicherungswesens in Deutschland und dem Entstehen eines Seeversicherungsrechtes in Italien und Spanien historisch weit zurück[1]. Staatliche Initiativen (öffentliche Brandkassen; obligatorische Gebäudefeuerversicherung!) und die seit etwa 1850 einsetzende Kommerzialisierung der Versicherungswirtschaft bestärkten deren Entwicklung und den **Vorrang der Feuer- und Seeversicherung** im 19. Jahrhundert (zusammenfassend *Neugebauer* S. 12 ff mit Nachw.). Internationale Schiffahrtswege und die Tätigkeit der Versicherungsunternehmen außerhalb ihres Sitzlandes fügten früh internationale Bezüge hinzu (*Neugebauer* S. 23 f; *Reischel* S. 235).

§ 265 beschränkt sich entsprechend der historischen Situation des Versicherungswe- 2
sens im 19. Jahrhundert auf die Feuer- und Seeversicherung als Teile der Sach- und Transportversicherung, wobei die Ausdehnung von der See- auf die Binnenschiffahrt eine nicht unerhebliche Ausweitung brachte (dazu *Neugebauer* S. 18). Die **Bezeichnung** als „Versicherungsbetrug" ist gleichwohl zu weit geraten. Der Tatbestand verlangt – anders als § 263 – keinen Vermögensschaden oder auch nur eine konkrete Gefährdung des Vermögens des betroffenen Versicherungsunternehmens. Zutreffender wäre daher insgesamt die Bezeichnung als „*Mißbrauch* der Feuer- und Seeversicherung"[2]. Wegen seiner volkswirtschaftlichen Bedeutung und der Schädigung einer Solidargemeinschaft von Versicherten (vgl. heute auch § 266 a!) wird § 265 häufig als *erstes Wirtschaftsdelikt* im StGB eingeordnet[3]. Die Seeversicherung war von vornherein („naturgemäß") auf *Kaufleute* beschränkt (*Neugebauer* S. 12; vgl. heute §§ 778 ff HGB u. unten Rdn. 17).

Mit der modernen Ausweitung der Versicherungswirtschaft auf zahllose Sparten und 3
Arten, von denen es heute ca. 150 gibt (vgl. *Rittner* Wirtschaftsrecht § 28 A I 3 Fußn. 3), ist der Betrug zum Nachteil von Versicherungsunternehmen inzwischen zu einem *Massendelikt* geworden. Wichtigste Zweige des modernen Versicherungsmassengeschäfts sind neben der Feuerversicherung vor allem die Kfz-, Lebens-, Kranken- und Hausratsversicherung. Alle diese Versicherungszweige sind Gegenstand von betrügerischen Handlungen, deren Umfang auf jährlich mehrere Milliarden DM geschätzt wird (*Wittkämper/Wulff-Nienhüser/Kammer* S. 50 f). Die **Schäden** betreffen weiterhin vorrangig die *Feuer-*

[1] Übersichten dazu bei *Neugebauer* S. 11 ff; v. *Rintelen* S. 1 ff; *Schad* S. 13 f. Zu den deutschen Ursprüngen der Feuer- und Brandversicherung *Ebel* Die Hamburger Feuerkontrakte und die Anfänge des deutschen Feuerversicherungsrechtes (1936); zum italienischen Ursprung der neueren Seeversicherung *Nehlsen-von Stryk* Die venezianische Seeversicherung im 15. Jahrhundert (1986); zur Ordonnanz von Barcelona (1435) und ihren kriminologischen Implikationen *Schad* S. 13 mit weit. Nachw. – Text der ersten deutschen Strafbestimmung gegen Feuerversicherungsbetrug (Feuerkassen-Reglement Friedrichs I. von 1705) bei *v. Speßhardt* S. 5.

[2] F. *Geerds* Welzel-Festschrift S. 845 ff (unter Hinweis auf die Wahl der Bezeichnung in § 256 E 62); *Langrock* S. 18; *Staab* S. 2 mit weit. Nachw.

[3] Vgl. nur D. *Geerds* S. 342; F. *Geerds* Welzel-Festschrift S. 854; *Otto* ZStW **96** (1984) S. 350; *Reischel* S. 233; *Schad* S. 110 ff; auch *Seier* ZStW **105** (1993) S. 326.

versicherung, von der angenommen wird, daß etwa 15% aller gemeldeten Fälle auf Brandstiftung (nicht stets in betrügerischer Absicht!) zurückgehen (*Tiedemann* Wirtschaftsstrafrecht II S.168 mit Nachw.), und bei denen auch ein Zusammenhang mit der Konjunktur festzustellen ist („warme Sanierung") (*Bruch* S. 77 f, 88 f mit Nachw.). Mit einer durchschnittlichen Einzelschadenssumme von ca. 100.000 DM liegt die Brandstiftung weiterhin an der Spitze aller Formen des Versicherungsbetruges (*Wittkämper/Wulff-Nienhüser/Kammer* S. 38). Insgesamt weist die Polizeiliche Kriminalstatistik jährlich ca. 8.000 Fälle von Betrug zum Nachteil von Versicherungen (nach § 263 und § 265) aus (Polizeiliche Kriminalstatistik 1995 S. 203), wobei auf § 265 aber weniger als 200 Verurteilungen entfallen (Strafverfolgung 1994 S. 24 f). Die Anonymität der Versicherungsunternehmen und das Denken in vermeintlichen Ansprüchen (auf Gegenleistung nach längerer Prämienzahlung) tragen mit zu der verbreiteten Einschätzung des Versicherungsbetruges (i.w.S., also einschließlich § 263) als Kavaliersdelikt bei[4].

4 Überlegungen zur **Reform** des § 265 zielen spätestens seit dem E 62 (§ 256) auf eine *Ausdehnung* des Tatbestandes auf alle Versicherungssparten. Aus heutiger Sicht erscheint § 265 mit seiner Beschränkung auf die Feuer- und Seeversicherung häufig als Anachronismus[5], Fossil[6] oder Torso[7]. Trotz der weiterhin herausragenden Einzelschäden bei der Feuer- und Seeversicherung könnte die Massenhaftigkeit des Versicherungsmißbrauchs (vgl. oben Rdn. 3) unter dem Gesichtspunkt der Kumulation für eine solche Ausweitung sprechen. Eine verbreitete Tendenz zur Generalisierung des Strafschutzes der Versicherungswirtschaft im Vorfeld der Vermögensschädigung will ferner folgerichtig – über § 256 E 62 hinaus – nicht nur die mißbräuchliche Herbeiführung des Versicherungsfalles, sondern auch die betrügerische Vertragsgestaltung, das betrügerische Ausnutzen und das betrügerische Vortäuschen eines Versicherungsfalles unter Strafdrohung stellen, wobei aber die betrügerische Vertragsgestaltung wegen hinreichender Selbstschutzmöglichkeiten der Versicherungsunternehmen gelegentlich ausgeklammert wird (D. *Geerds* S. 353 f; *Schad* S. 117 f). Eine gegenläufige, auch vom AE 1977 geteilte Auffassung plädiert demgegenüber für *Streichung* des § 265, da sich dessen eigentliche Tathandlung nur gegen eigene Interessen des Schädigers richte[8]. Die Gegenansicht wendet ein, daß das gezielte Auslösen des Schadensfalles mit einer gewissen psychologischen Zwangsläufigkeit über die Schadensanzeige zu einer Gefährdung der Versicherungsunternehmen führe (D. *Geerds* S. 348 f; *Wersdörfer* AnwBl **1987** 75) – eine Argumentation, die an die Annahme versuchter Steuerhinterziehung bereits durch Einreichen unrichtiger Umsatzsteuervoranmeldungen durch BGH BB **1980** 1032 mit der Begründung erinnert, der Steuerpflichtige lege sich damit praktisch bereits auf eine Hinterziehung der Umsatzsteuer (durch Abgabe einer unrichtigen Jahreserklärung) fest. Jedoch ist die Annahme einer Zwangsläufigkeit jedenfalls bei dem bloßen Inbrandsetzen zweifelhaft (vgl. auch § 310 und unten Rdn. 47), und ganz allgemein verläßt die bloße *Selbstschädigung* des Täters bei § 265 regelmäßig noch nicht dessen eigenen Interessenbereich (sofern der Täter seine eigene Sache in Brand setzt oder sein eigenes Schiff sinken oder stranden läßt). Auch müßte

[4] *Ayasse* VersR **1989** 779 f; *Gas* in: Bach S. 8 ff; D. *Geerds* S. 352; F. *Geerds* Welzel-Festschrift S. 847 f; *Langheid* VersR **1992** 13 f; *Schad* S. 34; *Suchan* in: Tiedemann S. 83, 97 f; *Weibel* Kriminalistik **1993** 142; *Wittkämper/Wulff-Nienhüser/Kammer* S. 6, 198, 206 f mit weit. Nachw.

[5] D. *Geerds* S. 344.

[6] *Gas* aaO S. 11; *Kohlhaas* VersR **1965** 3; *Suchan* aaO S. 98.

[7] Zusammenfassend F. *Geerds* Welzel-Festschrift S. 853; *Ranft* Jura **1985** 393; *Schad* S. 117; *Seier* ZStW **105** (1993) S. 324 spricht von einem „gesetzgeberischen Ausreißer".

[8] Alternativ-Entwurf BT „Straftaten gegen die Wirtschaft" (1977) S. 125; *Suchan* aaO S. 98 ff; *Tiedemann* Wirtschaftsstrafrecht II S. 170 und ZRP **1970** 261; zweifelnd *Nack* in: Müller-Gugenberger § 41 II.

bei einer Verallgemeinerung des Straftatbestandes zwingend seine Herabstufung zum *Vergehen* erfolgen, die auch bei Beibehaltung der lex lata im Vergleich zu §§ 264, 265 b dringend geboten ist. – Für die Reformdiskussion stellt sich im übrigen entsprechend einer zu § 265 b geäußerten Kritik (*Tiedemann* LK § 265 b Rdn. 19 mit Nachw.) auch die Frage einer Einbeziehung von Fällen des Mißbrauchs seitens der Versicherungswirtschaft (dazu z. B. *Langrock* S. 26 ff; *Weyers* S. 50 f). Ähnlich wie bei der Kreditwesenaufsicht besteht insoweit eine *Aufsicht* über (private) Versicherungsunternehmen nach dem VAG vom 12.5.1901 (mit zahlreichen Änderungen, auch des Titels), das auf historische Mißstände im Finanzgebaren von Versicherungsunternehmen zurückgeht (*Weyers* S. 53). Seine §§ 134 ff enthalten Straf- und Bußgeldvorschriften zum Schutz der Funktionen dieser Staatsaufsicht, aber auch der Versicherungsnehmer, Anteilseigner, Gläubiger und sonstiger Dritter (*Ulsenheimer* Art. Versicherungsaufsichtsgesetz, in: HWiStR).

Die neueren **Auslandsrechte** (zum älteren Recht v. *Speßhardt* S. 20 ff, 97 ff) spiegeln **5**
die oben Rdn. 4 dargelegten unterschiedlichen Möglichkeiten der Reform des deutschen Rechts deutlich wider. Unter den nordischen Strafgesetzbüchern bestraft das *finnische* auch in seiner Neufassung von 1990 (nur) das Inbrandsetzen feuerversicherten Eigentums (chapter 36 sec. 4 finnisches Strafgesetz), während der *schwedische* Brottsbalken (chapter 9 sec. 11), das *österreichische* StGB (§ 151 mit einer speziellen Subsidiaritätsklausel), der *italienische* Codice penale (Art. 642) und der *portugiesische* Código Penal (Art. 315) Tathandlungen und Schutzobjekte ausweiten. Letzteres gilt – wohl im Anschluß an das italienische und portugiesische Vorbild – auch für das *brasilianische* StGB (Art. 171 Abs. 5), während das *argentinische* den Strafschutz auf versicherte Sachen und Schiffe beschränkt, also die Personenversicherung ausnimmt und als Tathandlung neben der Inbrandsetzung auch sonstiges Zerstören ausreichen läßt. Der *englische* Theft Act 1968 stellt in sec. 16-2 (b) klar, daß ein geldwerter Vorteil beim Betrug auch in dem Abschluß eines Versicherungsvertrages liegen kann (Eingehungsbetrug!). Aufgrund einer ausführlichen Bestandsaufnahme der *schweizerischen* Diskussion kommt *König* (S. 122 ff) zu dem Ergebnis der Verneinung eines Bedürfnisses nach einem Sonderstrafschutz, dessen zweifelhafte Legitimität er auch mit dem Mißverhältnis zum Zeitpunkt eines strafbefreienden Rücktritts beim versuchten Betrug (dazu unten Rdn. 38) begründet. Auch der betont moderne *spanische* Código Penal von 1996 (dazu *Tiedemann* JZ **1996** 647 ff) hat die erst 1983 eingeführte und sehr weit gefaßte spezielle Qualifikation des Art. 529 Nr. 4 nicht übernommen, so daß der Versicherungsmißbrauch durch den allgemeinen Betrugstatbestand erfaßt wird; allerdings behält Art. 357 unter den Brandstiftungsdelikten den Sondertatbestand bei, daß die Inbrandsetzung eigener Sachen in der Absicht erfolgt, Dritte zu betrügen.

II. Geschütztes Rechtsgut und allgemeine Einordnung des Tatbestandes. Eine **6**
Minderansicht sieht durch § 265 allein das **Vermögen** der Versicherungsunternehmen, also ein individuelles Rechtsgut im Vorfeld der Schädigung, als geschützt an und bezeichnet die Straftat daher folgerichtig als Vorbereitungshandlung zum Betrug[9]. Diese Auffassung wird u. a. auf das Eigenschaftswort „betrügerisch" im subjektiven Tatbestand der Vorschrift gestützt (BGHSt **1** 209, 210). Sie sieht sich indessen – ebenso wie bei §§ 264, 264 a, 265 b und trotz der Parallele des § 142 – vor das Bedenken gestellt, daß eine lediglich abstrakte Vermögensgefährdung schwerlich geeignet ist, die Einordnung als Straftat

[9] BGHSt **1** 209, 210; *Bockelmann* BT 1 § 12 I; *Gössel* BT 2 S. 450 f; *Haft* BT S. 200; *Kohlhaas* VersR **1955** 465; *Maurach/Schroeder/Maiwald* § 41 IV A (Rdn. 196); *Samson* SK Rdn. 1; *Schmidhäuser* BT 11/41; auch *Küper* BT S. 11 und NStZ **1993** 315; *Ranft* Jura **1985** 399 (vgl. aber auch unten Fußn. 13).

und im Falle des § 265 sogar als Verbrechen zu legitimieren oder auch nur zu erklären. Die Unhaltbarkeit dieser auf Vermögensschutz beschränkten Auffassung ergibt sich zwingend daraus, daß die Regelstrafdrohung des § 265 (Abs. 1) schwerer ist als die des § 263, der überhaupt nur bei Vorliegen eines besonders schweren Falles die Strafdrohung des § 265 erreicht. Die herrschende Gegenauffassung stellt daher auf die soziale (volkswirtschaftliche) **Leistungsfähigkeit der** (Feuer- und See-)**Versicherungswirtschaft** ab und hält diese entweder für allein maßgebend[10] oder verbindet diese soziale (überindividuelle) Komponente mit dem individuellen Gedanken der Vermögensgefährdung[11]. Diese Deutung begegnet weniger Einwänden, sieht sich aber vor die Schwierigkeit gestellt, daß die Leistungsfähigkeit anderer Versicherungszweige auch unter kriminologischen Gesichtspunkten der Deliktshäufigkeit und -schwere ebenso schutzwürdig wie die der Feuer- und Seeversicherung ist (z. B. bandenmäßig „gestellte" Kfz-Unfälle; Provokation eines Flugzeugabsturzes) und daß weitere, von § 265 nicht erfaßte Begehungsformen des Versicherungsmißbrauchs (vor allem das betrügerische Ausnutzen eines Versicherungsfalles; vgl. oben Rdn. 4) für das von den Feuer- und Seeversicherern verwaltete Sozialvermögen ähnlich schädlich sind wie die Beschädigung oder Zerstörung der gegen dieses Risiko versicherten Sachen. Einige Autoren fügen daher mit Blick gerade auf den Schutz der Feuer- und Seeversicherung einen **gemeingefährlichen** Ansatz hinzu, der zwar nicht stets[12], wohl aber regelmäßig die Tathandlung mit präge[13].

7 Der letztgenannte Ansatz kann in der Tat nicht vernachlässigt werden, um die Verbrechensnatur des § 265 und die Sonderbehandlung der Feuer- und Seeversicherung zu erklären (ebenso *Lackner* Voraufl. Rdn. 1). Allerdings verlangt der Wortlaut des Gesetzes keine Gefahr für Leben oder Eigentum Dritter, und die historische legislatorische Ausgliederung aus den gemeingefährlichen Straftaten (oben Rdn. 1) spricht gegen die interpretatorische (Wieder-)Einführung eines solchen Aspektes. Es geht nach dieser historischen Entwicklung in Wahrheit nicht um eine Frage des geschützten Rechtsgutes (oder des Tatobjektes), sondern um das **Tatmittel** (vgl. bereits *Kohlrausch/Lange* Anm. I): Der Einsatz von Feuer und (freiem) Wasser bedeutet im Rahmen der Tathandlung des § 265 eine typischerweise nicht beherrschbare (elementare) Gefährdung, die als unternehmerisches und allgemeines Lebensrisiko regelmäßig schwerer wiegt als (vermeidbare) Unfälle im Kfz-Verkehr, aber auch als individuelle Krankheiten und Todesfälle, die Teil der natürlichen Entwicklung und des Schicksals und daher letztlich unabwendbar sind. Die „Gemeingefahr" besteht somit nicht so sehr in der Unbeherrschbarkeit der Gefahr für unbestimmt viele Personen oder bedeutende Sachwerte Dritter als vielmehr im Sinne eines *Einsatzes von Elementargewalten* gegenüber Sachen, die als Gebäude und (ursprünglich: See-)Schiffe typischerweise von *hohem Wert* sind (zu letzterem Gesichtspunkt bereits *v. Speßhardt* S. 27). Dem ist im Wege der *Auslegung* Rechnung zu tragen, um die von *Lackner* (in Voraufl. aaO) für unauflösbar gehaltenen Widersprüche abzumildern oder auszuräumen. *Schroeder* JR **1975** 73 f beruft sich insoweit auf eine verfassungs-

---

[10] BGHSt **25** 261, 262 mit Anm. *Schroeder* JR **1975** 71 ff; BGH wistra **1993** 224, 225; *Boldt* DR **1941** 1147; *Dreher/Tröndle* Rdn. 2; D. *Geerds* S. 263; F. *Geerds* Welzel-Festschrift S. 853; *Otto* BT § 61 I 1 und Jura **1989** 28; *Schad* S. 107 f; *Welzel* § 54 VII 1; auch RGSt **67** 108, 109.

[11] BGHSt **11** 398, 399; *Arzt/Weber* LH 2 Rdn. 190; *Blei* II § 62 I S. 241; Arth. *Kaufmann* JuS **1987** 307; *Krey* BT 2 Rdn. 506; *Lackner/Kühl* Rdn. 1; *Sch/Schröder/Lenckner* Rdn. 1 und 2; *Wessels* BT 2 § 15 I 1 Rdn. 618.

[12] So der Einwand von BGHSt **11** 399 f; *Arzt/Weber* LH 2 Rdn. 191; D. *Geerds* S. 262; *Seier* aaO S. 328 mit weit. Nachw.

[13] *Dreher/Tröndle* aaO; *Kohlrausch/Lange* Anm. I; *Maurach/Schroeder/Maiwald* § 41 IV A Rdn. 199; *Ranft* Jura **1985** 399; *Schad* S. 108; *Schroeder* JR **1975** 74; v. *Speßhardt* S. 26, 87 f, 93 f (unter Bezugnahme auf *Merkel*); auch BGH wistra **1993** 224, 225 und *Gössel* BT 2 S. 451.

konforme Auslegung (ebenso *Maurach/Schroeder/Maiwald* § 41 IV A), die hier allerdings nicht so sehr unter dem von *Schroeder* primär herangezogenen Gesichtspunkt der Gleichheit als vielmehr unter dem der Verhältnismäßigkeit (*Gössel* BT 2 S. 450 f) und des Schuldprinzips sinnvoll ist, damit freilich auf sehr allgemeine Maßstäbe verweist und in ihrer Praktikabilität zweifelhaft ist. Richtiger erscheint nach dem Kriterium der Auslegung nach der *Höhe der Strafandrohung*, das insbesondere auch bei §§ 211, 229, 239 a, 239 b eingesetzt wird, eine **restriktive Rechtsanwendung**, die alle Fälle außerhalb der Risikovorsorge für besonders wertvolle Kapitalien gegenüber den unbeherrschbaren Naturgewalten von Feuer und Wasser in den Bereich der minder schweren Fälle nach Abs. 2 verweist. Hierzu gehört die Versenkung eines leeren Paddelbootes in der Absicht, die Versicherungssumme zu erlangen, ebenso wie das Verbrennen eines versicherten wertvollen Buches an einer gegen Übertragung des Brandes völlig gesicherten Stelle (vgl. im einzelnen unten Rdn. 43).

Insgesamt und *zusammengefaßt* geht es bei dem geschützten Rechtsgut des § 265 also mit der h. M. um die soziale Leistungsfähigkeit der (Feuer- und See-)Versicherungswirtschaft. Deren Finanzvermögen erscheint ähnlich wie das der Kreditwirtschaft bei § 265 b (vgl. *Tiedemann* LK § 265 b Rdn. 9 ff) als untergeordneter, wenn auch wesentlicher Bestandteil des übergeordneten Schutzgesichtspunktes der Leistungsfähigkeit der Versicherungswirtschaft[14]. Der „gemeingefährliche" Aspekt des Einsatzes von Elementargewalten dient außerhalb der Rechtsgutsbestimmung der restriktiven Auslegung des Absatzes 1 und eröffnet Absatz 2 einen erheblichen Anwendungsbereich. **8**

Unstreitig fordert § 265 weder eine Täuschungshandlung (gegenüber dem Versicherer[15]) noch den Eintritt eines Vermögensschadens (vgl. bereits oben Rdn. 2). Es geht also um ein **Gefährdungsdelikt**. Durch das Erfordernis einer Beschädigung oder Vernichtung der versicherten Sache wird § 265 nicht zum Erfolgsdelikt. Allerdings ist die Bezeichnung als **abstraktes Gefährdungsdelikt**[16] nur im Hinblick auf den untergeordneten Zweck des Schutzes des Vermögens des jeweiligen Versicherers zutreffend. Für die Feuer- und Seeversicherung als leistungsfähigen, für die Volkswirtschaft wichtigen Wirtschaftszweig (dazu hier nur *Weyers* S. 18 f) stellt der einzelne Versicherungsmißbrauch vielmehr eine Gefährdung dar, die durch die Merkmale „abstrakt" oder „konkret" nicht zutreffend erfaßt, wohl aber für den Versicherungsnehmer als Täter durch den Gedanken der Pflichtverletzung ergänzt wird (vgl. *Tiedemann* LK § 264 Rdn. 17): Die vorsätzliche Herbeiführung einer Fallgestaltung, die nur äußerlich dem Versicherungsfall entspricht und in Wirklichkeit außerhalb des versicherten Risikos liegt, stellt für die Versicherungswirtschaft auch abgesehen von dem Phänomen der massenhaften Häufung von Mißbrauchsfällen (oben Rdn. 3), also der Kumulation, eine Gefährdung dar. **9**

III. Täterkreis. § 265 ist nach heute unbestrittener Auffassung **kein Sonderdelikt** (*Seier* ZStW **105** [1993] S. 336; **aA** früher v. *Speßhardt* S. 36). Täter kann der Versicherte, aber auch jeder Dritte sein, der in betrügerischer Absicht – zugunsten des Versicherungsnehmers – handelt (vgl. nur RGSt **23** 427 f; *Dreher/Tröndle* Rdn. 3). Für die von *Binding* (I S. 368 f) favorisierte Einschränkung auf Vertreter (des Versicherten) besteht kein Anlaß. Die im Wege der Auslegung erfolgende Zurechnung des Verhaltens bestimmter Personen („Repräsentanten", „wahrer wirtschaftlich Versicherter") gegenüber dem Versicherungsnehmer (unten Rdn. 30 ff) hat nicht für die rechtliche Möglichkeit der **10**

---

[14] Zutreffend *Otto* BT § 61 I 1; zweifelnd *Lackner* Voraufl. Rdn. 1.

[15] *Dreher/Tröndle* Rdn. 2; *Otto* BT § 61 I 3 a; *Schad* S. 109.

[16] *Gössel* BT 2 S. 450; *Küper* BT S. 11 und NStZ **1993** 315; *Lackner* Voraufl. Rdn. 2; v. *Speßhardt* S. 25 f, 88, 93 f; vgl. auch *Schroeder* aaO.

Begehung der tatbestandsmäßigen Handlung, sondern erst für das Entfallen des Anspruchs auf die Versicherungsleistung und damit für das (subjektive) Merkmal der betrügerischen Absicht Bedeutung. Die Aussage, daß der Tatbestand eine verselbständigte Beihilfe zum Betrug unter Strafe stelle (so RG aaO), ist schon deshalb unrichtig, weil sowohl der gutgläubige als auch der an der Herbeiführung des Schadensfalles unbeteiligte Versicherungsnehmer gegenüber seinem Versicherer mit der Geltendmachung des Ersatzanspruches keinen Betrug begeht. Umgekehrt folgert *Seier* (aaO S. 330 ff) aus der angeblichen Gehilfenstellung dessen, der nicht selbst eine Täuschung des Versicherers vornimmt, daß Täter des § 265 als eines unvollkommen zweiaktigen Deliktes nur sein könne, wer darauf abzielt, die Täuschung nach § 263 in einer Täterschaftsform des § 25 vorzunehmen (ähnlich schon *Binding* I S. 368; v. *Speßhardt* S. 34). *Seier* wendet sich damit bewußt gegen die von RGSt **23** 352, 354 postulierte „Selbständigkeit" des § 265. Eine solche unter Gesichtspunkten allgemeiner Täterlehren unternommene Reduktion des § 265 ist methodisch unzulässig (dazu allgemein *Tiedemann* Baumann-Festschrift S. 17 ff; näher unten Rdn. 39).

IV. Die Tathandlung und ihr Gegenstand

11 1. a) Beim **Feuerversicherungsmißbrauch** meint das Erfordernis einer brandversicherten **Sache** als Tatobjekt des § 265 jeden körperlichen Gegenstand im Sinne des § 90 BGB[17]. Umfaßt sind also sowohl unbewegliche (z. B. Gebäude, BGHR § 265 I Betrugsabsicht 4) als auch bewegliche (z. B. Kraftfahrzeuge, OLG Celle SJZ **1950** 682 f; OLG Düsseldorf wistra **1982** 116 f) Gegenstände. Nichtkörperliche Gegenstände (z. B. Computerprogramme) scheiden als solche aus und können nur dadurch erfaßt werden, daß ihr Träger in Brand gesetzt wird. Die von *Maurach/Schroeder/Maiwald* (§ 41 IV B 1) vertretene Beschränkung auf Objekte der §§ 306, 308 ist mit der h. M. abzulehnen, da die durch diese Vorschriften bezweckte Verhinderung einer (Feuer-)Gefahr für die Allgemeinheit und die von § 265 intendierte Verhinderung der Herbeiführung von nur scheinbaren Versicherungsfällen unterschiedliche Schutzzwecke darstellen, die eine unterschiedliche Auswahl der Tatobjekte bedingen und vor allem die Einbeziehung beweglicher Brandstiftungsobjekte durch § 308 in ihrer Auswahl als für § 265 ungeeignet, ja willkürlich erscheinen lassen. Ohne Bedeutung für die Tatbestandsmäßigkeit sind auch die Eigentumsverhältnisse an der Sache (*Sch/Schröder/Lenckner* Rdn. 5; *Wessels* BT 2 § 15 I 2 Rdn. 619) und ihr Wert (OLG Koblenz NJW **1966** 1669), freilich mit der selbstverständlichen Einschränkung, daß bei völliger Wertlosigkeit der versicherten Sache ein Ersatzanspruch entfällt und damit das subjektive Absichtsmerkmal des § 265 – außer bei Irrtum des Täters – nicht erfüllt sein kann. Der *Wert* der Sache und ihre *Größe* können aber für die Anwendung von Abs. 2 eine Rolle spielen (vgl. bereits oben Rdn. 7 und unten Rdn. 43).

12 Die Sache ist „gegen Feuersgefahr **versichert**", wenn ein förmlicher Feuerversicherungsvertrag über sie abgeschlossen und bis zur Tatzeit nicht rechtsgeschäftlich aufgehoben ist. Dabei löst sich die h. M. unter dem Gesichtspunkt des oben Rdn. 6 beschriebenen Rechtsgüterschutzes teilweise von der zivilrechtlichen Beurteilung und bejaht die Anwendbarkeit des § 265 auch dann, wenn der Vertrag z. B. wegen absichtlicher Überversicherung nach § 51 Abs. 3 VVG *nichtig* ist (BGHSt **8** 343, 344 f) oder wenn infolge Nichtzahlung der ersten Prämie bei Eintritt des Versicherungsfalles der Versicherer gem.

[17] *Arzt/Weber* LH 2 Rdn. 194; *Blei* II § 62 I 1 a S. 241; *Dreher/Tröndle* Rdn. 4; *Gössel* BT 2 S. 452; *Lackner* Voraufl. Rdn. 2; *Lackner/Kühl* Rdn. 2; *Ranft* Jura **1985** 395; *Sch/Schröder/Lenckner* Rdn. 5.

§ 38 Abs. 2 VVG von der Leistung frei ist (BGHSt **35** 261 f mit Anm. *Ranft* StV **1989** 301) oder wenn wegen Verzuges mit der Prämienzahlung unter den Voraussetzungen des § 39 VVG sonstige *Leistungsfreiheit* des Versicherers eingreift (RGSt **67** 108, 109 f)[18]. Während das RG die von der sachlichen Gültigkeit des Versicherungsvertrages unabhängige Anwendung des § 265 zunächst mit den Unterschieden der partikularrechtlichen Rechtslage vor Inkrafttreten des VVG vom 30.5.1908 begründet hatte (vgl. BGHSt **8** 344), sind weitere kriminalpolitische Begründungen der Rechtsprechung nicht unbedenklich: Zirkulär und überdies kriminologisch zweifelhaft ist die Argumentation bei BGH aaO, daß die betrügerische Überversicherung die weitaus häufigste Form des Versicherungsbetruges darstelle und daher nicht außerhalb des § 265 bleiben könne; übertrieben subjektiv ausgerichtet ist die Aussage, der Schutz des Feuerversicherungswesens sei am besten gewährleistet, wenn möglichst alle Fälle, in denen die Absicht, rechtswidrig eine Brandentschädigung zu erlangen, „Triebfeder der Brandlegung war" und daher vom Strafgesetz „in seiner ganzen Schärfe erfaßt werden" solle (RGSt **67** 109). Das zusätzliche und zentrale Argument der h. M., die zum Ausschluß des Anspruchs auf die Versicherungsleistung führenden Umstände seien für den Versicherer häufig nicht von vornherein überschaubar, so daß die Gefahr einer zu Unrecht erfolgenden Versicherungsleistung bestehe (vgl. nur BGHSt **35** 261, 262), wird zutreffend von *Sch/Schröder/Lenckner* (Rdn. 7) jedenfalls für die Fallgestaltungen in Zweifel gezogen, in denen die Sach- und Rechtslage für den Versicherer offensichtlich ist wie im Falle der Leistungsfreiheit bei Nichtzahlung der ersten Prämie (und Fehlen abweichender vertraglicher Vereinbarungen wie Stundung oder vorläufige Deckungszusage). Mit *Ranft* (Jura **1985** 395) gilt dasselbe aber auch für die Leistungsfreiheit des Versicherers wegen Prämienrückstandes (ebenso *Otto* BT § 61 I 2). Ein kriminalpolitisches Bedürfnis zur Bestrafung wegen des Verbrechens nach § 265 besteht in beiden Fällen der Leistungsfreiheit schon deshalb nicht, weil der mit betrügerischer Absicht, also in Verkennung der Rechtslage, handelnde Täter wegen Versuches strafbar bleibt (vgl. unten Rdn. 26) und die von RG aaO hervorgehobene sozialwidrige Motivation auf diese Weise hinreichend erfaßt wird. Der Einwand, daß § 265 gegen die *Vortäuschung* der Voraussetzungen eines Versicherungsfalles schützen will (BGHSt **32** 137, 138) und daher das auf Täuschung angelegte Herbeiführen einer *äußerlich* dem Versicherungsfall entsprechenden Lage eine abstrakte Gefahr für das geschützte Rechtsgut darstelle (*Lackner* Voraufl. Rdn. 2), trifft zwar ebenso zu wie der Hinweis von *Arzt/Weber* (LH 2 Rdn. 195) darauf, daß „erst recht" die Leistungsfreiheit des Versicherers wegen vorsätzlicher oder grob fahrlässiger Herbeiführung des Versicherungsfalles durch den Versicherungsnehmer (§ 61 VVG) nicht der Anwendbarkeit des § 265 entgegensteht. Indessen löst sich die letztere Konstellation jedenfalls für die erste Alternative des § 265 schon unter zeitlichen Gesichtspunkten unproblematisch auf, da Inbrandsetzen und Beschädigung oder Untergang der Sache in aller Regel nicht zusammenfallen und folglich die Leistungsfreiheit erst mit der Schadensrealisierung, also regelmäßig erst nach Vornahme der tatbestandsmäßigen Handlung, relevant wird. Insoweit ist auch der Hinweis von OLG Koblenz (NJW **1966** 1669) bedeutsam, daß (erst) bei Totalverlust der versicherten Sache die Verhältnisse vom Versicherer *schwer aufzuklären* sind. Dagegen ist in den vorgenannten Fällen sonstiger Leistungsfreiheit des Versicherers infolge des *Zahlungsverhaltens des Versicherungsnehmers* in einem Zeitalter höchster Modernisierung des unbaren Zahlungsverkehrs und der sonstigen Informationsübermittlung die (abstrakte) Gefährdung des Versicherers und damit die Vollendung des § 265 wegen zumutbaren

---

[18] *Arzt/Weber* aaO Rdn. 195; *Blei* aaO (I 1 b); *Dreher/Tröndle* Rdn. 4 a; *Gössel* BT 2 S. 453; *Kreuzhage* S. 4; *Küper* BT S. 133; *Lackner/Kühl* Rdn. 2; *Maurach/Schroeder/Maiwald* § 41 IV B 1 (Rdn. 201); *Wessels* BT 2 § 15 I 2 Rdn. 619.

Opferselbstschutzes zu verneinen und das Tatbestandsmerkmal „versicherte Sache" daher teleologisch zu reduzieren. Anderes gilt bei Nichtigkeit des Vertrages: Die Bejahung des Merkmals „versicherte Sache" bei nichtigem Vertrag, insbesondere im Falle des § 51 Abs. 3 VVG, wird grundsätzlich durch die faktische Betrachtungsweise des Strafrechts – wiederum aus teleologischen Gründen – getragen, wenngleich Hervorhebung verdient, daß es an die Wortlautgrenze der Auslegung stößt, den – z. B. wegen § 104 BGB – eindeutigen Fall der Totalnichtigkeit des Vertrages noch als Fall der „Versicherung" (einer Sache) zu bezeichnen. Im Ergebnis sollte hier ebenfalls nach dem *Grund der Nichtigkeit* entsprechend dem Grad der Gefährdung des Versicherers differenziert werden (zutr. *Ranft* aaO S. 394). Die Schwierigkeit der Grenzziehung wird praktisch dadurch entschärft, daß die Nichtgefährdung des Versicherers im Sinne einer *Evidenz* der Nichtigkeit feststehen muß (allgemein dazu *Tiedemann* Tatbestandsfunktionen S. 165 ff).

13 Unbeachtlich ist es im übrigen, ob neben der Feuerversicherung für dieselbe Sache eine *weitere* (eventuell: verbundene) *Versicherung* besteht, die andere Risiken abdeckt (vgl. nur BGHSt **35** 325, 327 mit Nachw.). Allerdings muß der Täter dann bei der Inbrandsetzung gerade handeln, um (auch) die Feuerentschädigung zu erhalten (BGH aaO und bereits **32** 138). Vgl. im einzelnen dazu Rdn. 27.

14 **b)** Das **Inbrandsetzen** als Tathandlung des § 265 wird von der ganz h. M. mit dem in §§ 306 ff verwendeten Begriff gleichgesetzt[19]. Danach ist das Delikt bereits dann *vollendet*, wenn die Sache so vom Feuer erfaßt ist, daß ein selbständiges Weiterbrennen – ohne Fortwirken des Zündstoffes – möglich ist (vgl. im einzelnen *Wolff* LK, 10. Aufl. § 306 Rdn. 2). Hierfür spricht neben dem Wortlaut des Tatbestandes die systematische Auslegung, wobei allerdings die Besonderheit des 27. Abschnitts („Gemeingefährliche Straftaten") Beachtung verdient. Intrasystematisch, nämlich für die Gleichbehandlung der beiden Tatbestandsalternativen des § 265, ist die damit verbundene weite Vorverlegung der Strafbarkeit bei der Feuerversicherung allerdings vor allem deshalb nicht überzeugend, weil bei der zweiten Alternative ein weitergehender Erfolg (dazu unten Rdn. 18 u. 19) erforderlich ist und auch bei der ersten Alternative erst der Eintritt eines solchen Erfolges (der Sachvernichtung) die oben Rdn. 12 genannten Beweisschwierigkeiten hervorruft. Letztlich sollte allerdings die vom Gesetzgeber offensichtlich gewollte und historisch eindeutige Anlehnung an die Tathandlung der §§ 306 ff ausschlaggebend bleiben.

15 Eine andere Tathandlung als das Inbrandsetzen, insbesondere die Herbeiführung einer *Explosion*, ist für § 265 erst relevant, wenn sie zum Brennen der versicherten Sache führt (weitergehend *Binding* I S. 368); das Herbeiführen des Einsturzes eines brandversicherten Gebäudes infolge der Explosion kann also allenfalls einen Versuch des § 265 darstellen[20]. Entsprechendes gilt, wenn zunächst eine *andere* als die versicherte *Sache* in Brand gesetzt wird, um das Feuer auf die versicherte Sache zu übertragen (z. B. Inbrandsetzen eines nicht versicherten Gebäudes, um auf diese Weise auch das versicherte Mobiliar anzuzünden[21]). Nicht tatbestandsmäßig ist das Inbrandsetzen einer nicht versicherten Sache (z. B. Packmaterial), um die versicherte (in casu: Tonerzeugnisse) erst durch das anschließend

[19] BGHSt **8** 343, 345; *Arzt/Weber* aaO Rdn. 193; *Blei* aaO (I 1 a); *Dreher/Tröndle* Rdn. 5; *Gössel* aaO; *Kreuzhage* aaO; *Küper* aaO; *Lackner* Voraufl. Rdn. 3; *Lackner/Kühl* aaO; *Meurer* JuS **1985** 444; *Otto* BT § 61 I 2; *Samson* SK Rdn. 5; *Sch/Schröder/Lenckner* Rdn. 8; *Wessels* BT 2 § 15 I 3 Rdn. 621.

[20] BGH MDR **1965** 841; *Dreher/Tröndle* aaO; *Sch/Schröder/Lenckner* Rdn. 8.

[21] BGHR § 265 I Inventarversicherung 1; RGSt **60** 129 f und DJ **1936** 824 sowie JW **1933** 779 mit Anm. *Grünhut*; *Dreher/Tröndle* aaO; *Küper* BT S. 133; *Sch/Schröder/Lenckner* aaO.

eingesetzte Löschwasser zu vernichten[22], oder das Anzünden einer brandversicherten Sache, um sie später als gestohlen zu melden und die Diebstahlversicherung in Anspruch zu nehmen[23]. Bei Vorliegen einer verbundenen Versicherung (oben Rdn. 13: Feuer- und Diebstahlversicherung) betrifft und schützt § 265 also nur das Brandrisiko[24]: „Die Beschädigung oder Zerstörung der Sache durch Inbrandsetzung muß das durch die Versicherung abgedeckte Schadensrisiko sein" (BGHSt **32** 137, 139). Durch § 265 nicht erfaßt wird daher auch das Anzünden einer Gaststätte, um eine Entschädigung für die durch das Feuer ausgelöste Betriebsunterbrechung zu erhalten, denn Gegenstand der Feuer-Betriebsunterbrechungsversicherung ist der Betrieb als solcher, der keine Sache im Sinne des § 265 darstellt[25]. Jedoch ist der Straftatbestand dann erfüllt, wenn der Täter bei Bestehen einer Kfz-Vollkaskoversicherung den Pkw anzündet, um „Sachbeschädigung und versuchten Diebstahl" zu melden, er also die Diebstahlversicherung – alternativ – nur in Anspruch nehmen will, wenn er mit seiner (primären!) Täuschung über die Brandursache keinen Erfolg hat[26]. Zusammenfassend spricht *Ranft* (Jura **1985** 396) zutreffend davon, daß die Schadensursache objektiv *und* nach der vom Täter geplanten Sachdarstellung gegenüber dem Versicherer im Deckungsbereich gerade der Feuerversicherung gründen muß und daß sich der erstrebte Vorteil als Ersatz für den Verlust oder die Beschädigung einer gegen das Brandrisiko versicherten Sache darstellen soll („**Deckungsgleichheit**" zwischen tatbestandlich geschütztem Versicherungsrisiko und erstrebter Versicherungsleistung; ebenso und zust. *Küper* BT S. 11; *Sch/Schröder/Lenckner* Rdn. 13).

2. Für den **Seeversicherungsmißbrauch** ist ein Schiff geeignetes **Tatobjekt**, wenn es als solches oder in seiner Ladung oder seinem Frachtlohn versichert ist. Die h. M. hält die Größe des Schiffes ebenso wie die mit dem Untergang (usw.) verbundene Gefahr für Personen oder Sachen Dritter für irrelevant[27], während *Schroeder* – ähnlich wie bei dem Feuerversicherungsmißbrauch – nur Objekte einbeziehen will, deren Untergang (usw.) Gefahren für Leib und Leben oder fremde Sachen von bedeutendem Wert mit sich bringt[28]. Neben den von *Schroeder* angeführten allgemeinen Erwägungen spricht auch eine intrasystematische Auslegung des § 265 dafür, nur **größere Schiffe** einzubeziehen, die versicherbare Ladungen transportieren können und mit denen Frachtlohn verdient werden kann[29]. Jedoch eröffnet im Ergebnis auch hier Absatz 2 des § 265 den richtige(re)n Weg für die Behandlung von Fällen, die außerhalb der Typik des Absatzes 1 liegen (vgl. oben Rdn. 7 u. unten Rdn. 43). 16

Die **Versicherung** muß als sog. Seeversicherung gegen die besonderen Gefahren der See- oder Binnenschiffahrt abgeschlossen sein, und zwar entweder als sog. Kaskoversicherung für das Schiff, als sog. Güterversicherung für die Ladung oder als sog. Frachtver- 17

[22] Vgl. den Fall BGHSt **6** 251; dazu unten Rdn. 27; wie hier *Blei* II § 62 I 1 a; *Maurach/Schroeder/Maiwald* § 41 IV B 2 (Rdn. 203); *Sch/Schröder/Lenckner* Rdn. 13; **aA** *Meurer* JuS **1985** 446 und *Ranft* Jura **1985** 397 (da der Löschschaden an der versicherten Sache wegen der Schadenseindämmungspflicht des Versicherten einem Brandschaden gleichstehe).

[23] BGHSt **25** 261, 263 sowie StV **1983** 504; OLG Düsseldorf wistra **1982** 116; OLG Zweibrücken VRS **81** (1991) S. 437 f; LG Braunschweig NJW **1956** 962; *Dreher/Tröndle* Rdn. 5; F. *Geerds* Jura **1989** 296 Fußn. 28; *Otto* Jura **1989** 28; *Sch/Schröder/Lenckner* aaO.

[24] BGHSt **25** 261 ff; OLG Düsseldorf aaO S. 117; *Dreher/Tröndle* aaO; *Küper* BT S. 10 f; *Maurach/Schroeder/Maiwald* aaO.

[25] BGHSt **32** 137 ff mit Anm. *Keller* JR **1984** 433; *Ranft* aaO; *Sch/Schröder/Lenckner* aaO; **aA** *Meurer* JuS **1985** 446.

[26] BGHSt **35** 325, 326 f mit Anm. *Ranft* StV **1989** 303 und Bspr. F. *Geerds* Jura **1989** 294 ff; OLG Zweibrücken aaO S. 438; *Sch/Schröder/Lenckner* aaO.

[27] OLG Koblenz NJW **1966** 1669; *Dreher/Tröndle* Rdn. 6; *Gössel* BT 2 S. 452; *Sch/Schröder/Lenckner* Rdn. 5; zweifelnd *Lackner/Kühl* Rdn. 2.

[28] *Schroeder* JR **1975** 73 f; *Maurach/Schroeder/Maiwald* § 41 IV B 1 (Rdn. 200).

[29] Vgl. LG Koblenz bei *Ranft* Jura **1985** 396.

sicherung für den Frachtlohn. Eine „Schiffsunfallversicherung" (so BGHSt **25** 261, 262 f; *Gössel* BT 2 S. 453; *Sch/Schröder/Lenckner* Rdn. 6) gibt es weder im zivilrechtstechnischen noch im seeversicherungswirtschaftlichen Sprachgebrauch. Zu den besonderen und bei Kasko(schiffs)versicherungsverträgen mitversicherten Gefahren der Seeschiffahrt gehört zivilrechtlich auch das Abhandenkommen durch *Diebstahl* oder Seeraub (vgl. § 820 Abs. 2 Nr. 4 HGB). Gleichwohl soll, wer ein Schiff sinken oder stranden macht, um einen Schiffsdiebstahl vorzutäuschen, nach h. M. (BGH aaO; *Dreher/Tröndle* Rdn. 6) nicht nach § 265 strafbar sein, da gerade ein auf Sinken oder Stranden beruhender Versicherungsfall vorgetäuscht werden müsse. Dies überzeugt weder teleologisch, da die Seeversicherung auch bei Vortäuschung eines (mitversicherten) Diebstahls mißbraucht wird, noch logisch-systematisch (insoweit **aA** *Schroeder* JR **1975** 73), da § 265 beim Seeversicherungsmißbrauch – anders als beim Feuerversicherungsmißbrauch (oben Rdn. 15 mit Nachw.; vgl. bereits LG Braunschweig NJW **1956** 962) – nicht verlangt, das Schiff (usw.) müsse gerade gegen die Gefahr des Sinkens oder Strandens versichert sein, und eine Spartentrennung in Schiffsunfall- und -diebstahlversicherung nicht besteht. Bei Seeversicherungen ist daher eine teleologische Reduktion unter dem Gesichtspunkt des Schutzzweckzusammenhanges nicht angebracht. Soweit es im übrigen bei § 265 auf *zivilrechtliche Vorfragen* des Seeversicherungsrechts – insbesondere zur Wirksamkeit des Versicherungsvertrages und zur Leistungsfreiheit des Versicherers (oben Rdn. 12, unten Rdn. 29) – ankommt, beantworten sich diese nicht vorrangig nach der gesetzlichen Regelung der §§ 778–900 HGB, die „praktisch totes Recht" sind (*Prüssmann/Rabe* Anm. zu §§ 778–900). Vielmehr legt die Rechtspraxis die aus dem Jahre 1919 stammenden Allgemeinen Deutschen Seeversicherungsbedingungen (ADS, abgedruckt in: *Schaps/Abraham* Das Seerecht in der Bundesrepublik Deutschland, Seehandelsrecht Teil II, 4. Aufl. Anh. zu § 900) zugrunde, in die das zwingende Gesetzesrecht eingearbeitet ist und die durch sog. Kaskoklauseln ergänzt werden. Im Verhältnis zum VVG bestehen überwiegend Gemeinsamkeiten, aber auch Unterschiede: Bei Nichtzahlung der Prämie wird der Seeversicherer nur frei, wenn gemahnt worden ist und der Schaden vor Zahlung der Prämie eintritt (§ 17 ADS). Die Überversicherung führt zur Teilnichtigkeit, soweit die Versicherungssumme den Versicherungswert übersteigt, und bewirkt Totalnichtigkeit, wenn der Versicherungsnehmer von vornherein beabsichtigt, sich einen rechtswidrigen Vermögensvorteil zu verschaffen (§ 9 ADS; vgl. § 786 Abs. 3 HGB). Die Leistungspflicht des Seeversicherers kann bereits dann entfallen, wenn statt der versicherten eine andere Reise angetreten wird (§§ 23, 24 ADS; vgl. §§ 813, 814 HGB) oder das Schiff nicht seetüchtig ist (§ 58 ADS; vgl. § 821 Nr. 1 HGB). Schließlich läßt bereits einfach fahrlässige Schadensverursachung die Leistungspflicht entfallen, es sei denn, es liegt nur einfaches sog. nautisches Verschulden bei der Schiffsführung vor (§ 33 ADS; vgl. § 821 Nr. 4 HGB).

18 Die *Tathandlung* des Seeversicherungsmißbrauchs kann zum einen in der Herbeiführung des **Sinkens** bestehen. Hierzu ist ein völliges Versinken nicht erforderlich (*Sch/Schröder/Lenckner* Rdn. 9). Diese früher von RGSt **35** 399 f für das gemeingefährliche Verbrechen des § 323 a.F. (oben Rdn. 1) unter Bezugnahme auf die Gefährdung von Menschenleben entwickelte Auffassung ist auch auf § 265 zu übertragen. Es reicht daher aus, daß wesentliche Teile des Schiffes, die hierfür nicht bestimmt sind, unter die Wasseroberfläche geraten, wobei jedoch zusätzlich Verlust der Lenkbarkeit erforderlich ist (RGSt **2** 86 [f]; *Wessels* BT 2 § 15 I 3 Rdn. 622).

19 Zum anderen reicht als Tathandlung das Bewirken des Strandens aus. **Stranden** bedeutet Verlust der Bewegungsfähigkeit des Schiffes zunächst dadurch, daß es auf Strand gerät (*Gössel* BT 2 S. 454; *Sch/Schröder/Lenckner* Rdn. 9). „Strand" in diesem Sinne setzt eine flache Küste bzw. ein flaches Ufer voraus, schließt aber neben dem Meer auch Seen und Flüsse ein (RGSt **2** 86; *Prüssmann/Rabe* § 706 Anm. D 6 b mit weit. Nachw.). Sodann versteht sowohl der allgemeine als auch der seeversicherungsrechtliche Sprachgebrauch (vgl. § 853 HGB) „Stranden" weitergehend auch als Vorgang des – z. B. in einer Untiefe – auf Grund Laufens und so Festgeratens. Strandung ist in diesem Sinne auch auf offener See möglich, etwa durch Auflaufen auf Felsen oder Riffe im Meer oder auf eine Steilküste. Sandbänke vor dem eigentlichen Strand sind ohnehin schon nach gewöhnlichem Sprachgebrauch einzubeziehen (*Schaps/Abraham* aaO, oben Rdn. 17, § 706 Rdn. 14). – Der weite seeversicherungsrechtliche Sprachgebrauch ist auch für § 265 maßgebend, da dieser Straftatbestand (auch) die Seeversicherer schützt und an die seeversicherungsrechtliche Rechtslage anknüpft. – Wird das Schiff aus eigener Kraft, wenn auch nur mit Hilfe der späteren Flut, in absehbarer Zeit wieder manövrierfähig, so ist es nicht gestrandet.

Wegen der Gleichwertigkeit beider Tathandlungen ist *Wahlfeststellung* zulässig (*Dreher/Tröndle* Rdn. 6). Die Gleichwertigkeit wirkt sich auch im subjektiven Tatbestand aus (dazu unten Rdn. 24). **20**

Ähnlich wie bei der Feuerversicherung muß auch hier *Deckungsgleichheit* gegeben sein (vgl. oben Rdn. 15). § 265 betrifft nur die durch die Seeversicherung (Kasko-, Güter- und Frachtversicherung) abgedeckten besonderen Gefahren der Seeschiffahrt. Diese umfassen freilich nicht nur die auf Seeunfällen und Stranden oder Sinken beruhenden Gefahren, sondern auch Seeraub, Piraterie, Krieg u. a. m. (vgl. § 820 HGB). Gleichwohl ist nach h.M. erforderlich, daß das Schiff sinken oder stranden gemacht wird, um die Versicherungsleistung durch Vortäuschen gerade eines Seeunfalles und des Strandens oder Sinkens zu erlangen; dies überzeugt nicht (Rdn. 17 mit Nachw.). **21**

3. Tatbegehung durch **Unterlassen** ist strafbar, wenn eine Garantenstellung besteht und der Garant vorsätzlich nicht die Möglichkeit zur Verhinderung des Brandes oder zur Eindämmung desselben nutzt bzw. das Sinken oder Stranden des Schiffes nicht verhindert. Der bei §§ 306 ff bekannte Streit um die Ausdehnung der Tathandlung des Inbrandsetzens auf die Erweiterung oder Intensivierung des Brandes (vgl. *Wolff* LK, 10. Aufl. § 306 Rdn. 2 mit Nachw.) erlangt für die Begehung durch Unterlassen bei dem Feuerversicherungsmißbrauch besondere Bedeutung in allen Fällen, in denen der Täter das Feuer nicht selbst legt und von dem Brandstiftungsvorhaben Dritter nichts weiß, aber den Brand rechtzeitig bemerkt. Die für § 306 vorherrschende Ausdehnung ist auch für § 265 zu bejahen. **22**

Eine *Garantenstellung des Versicherungsnehmers* gegenüber dem Versicherer wird von der h. M. aus den Besonderheiten des Versicherungsverhältnisses abgeleitet, das eine „Gefahrengemeinschaft" begründe[30]. *Ranft* (Jura **1985** 395) kritisiert hieran, daß unklar bleibe, zwischen wem diese Gemeinschaft bestehen soll (etwa als Gemeinschaft der Versicherten insgesamt?), und schlägt daher den auch im versicherungsrechtlichen Schrifttum benutzten Ausdruck „Risikoverwaltung" (vgl. nur *Weyers* S. 140) vor: Der Versicherungsnehmer hat gem. §§ 23, 25, 62 VVG den versicherten Gegenstand, der ganz in seinem Einflußbereich bleibt, erforderlichenfalls nach den Weisungen des Versicherers und im übrigen gefahrabschirmend sowie schadensmindernd zu betreuen, so daß die wirtschaftliche Überantwortung des Vermögenswertes an ihn durch den Versicherer insge- **23**

[30] BGH NJW **1951** 204 f; RGSt **64** 273, 276 ff mit Anm. *Oetker* JW **1931** 1581 ff (für § 306, aber mit Ausführungen, die jedenfalls für § 265 das Richtige treffen); RG JW **1935** 945 und HRR **1934** Nr. 1172; *Dreher/Tröndle* Rdn. 7; *Lackner* Voraufl. Rdn. 3; *Lackner/Kühl* Rdn. 2; *Wessels* BT 2 § 15 I 3 Rdn. 621; zweifelnd *Sch/Schröder/Lenckner* Rdn. 8. Für eine Garantenstellung aus Vertrag *Gössel* BT 2 S. 454.

samt unter der Auflage der Schadensbegrenzung erfolgt. Unabhängig von dieser terminologischen Klarstellung ist inhaltlich in der Tat die eigenartige Ausgestaltung des Versicherungsverhältnisses zwischen Versicherer und Versicherungsnehmer ausschlaggebend, die eine Gefahren- oder Risikogemeinschaft in dem Sinne bilden, daß der eine über die Sache tatsächlich verfügt, während der andere das Risiko für Beschädigung und Untergang trägt. Derartige Konstellationen sind zwar zivilrechtlich auch sonst bekannt, aber meist nur als Risikoverteilung unter typischerweise kurzen Zeitaspekten, z. B. des Transportes einer gekauften Sache (vgl. § 447 BGB). Als auf Dauer angelegte und ausdrücklich gewollte *Aufteilung von Sachherrschaft und Risiko* begründet daher das Versicherungsverhältnis eine Übernahme der Gewähr für die Integrität der Sache jedenfalls „in gewissem Umfang" (RGSt **64** 273, 277 f). Es liegt hier also anders als bei dem allgemeinen Schuldverhältnis, auf das etwa § 283 (Abs. 1) für Fallgestaltungen abstellt, in denen der Täter wirtschaftlich gesehen ebenfalls mit fremdem Vermögen arbeitet (dazu *Tiedemann* LK § 283 Rdn. 37).

V. Vorsatz und betrügerische Absicht

24 **1.** Der für den subjektiven Tatbestand erforderliche **Vorsatz** kann auch in der Form des dolus eventualis vorliegen. Er muß vor allem die Tatsache umfassen, daß die Sache oder das Schiff (als solches, in seiner Ladung oder in seinem Frachtlohn) *versichert*, also ein Versicherungsvertrag über das Brand- oder Schiffahrtsrisiko abgeschlossen ist. Da die h. M. für den objektiven Tatbestand den „förmlichen" Abschluß dieses Vertrages ausreichen läßt und alle Unwirksamkeitsgründe für unbeachtlich erklärt (oben Rdn. 12), vermag die irrige Annahme oder Beurteilung dieser Gründe den Vorsatz des Täters nach h. M. nicht auszuschließen. Allerdings wird es bei einer solchen Annahme regelmäßig an der betrügerischen Absicht (unten Rdn. 25 ff) fehlen. – Zusätzlich ist Kenntnis davon erforderlich, daß die Handlung des Täters zur Inbrandsetzung der versicherten Sache bzw. zum Erfolg des Sinkens oder Strandens des Schiffes führt. Das Stranden aufgrund einer auf Versenkung abzielenden Handlung stellt aber entgegen RGSt **61** 226, 227 nur eine unwesentliche Abweichung des tatsächlichen Kausalverlaufs vom vorgestellten Kausalverlauf dar[31].

25 **2. Betrügerische Absicht und Irrtum über den Anspruch auf die Versicherungsleistung.** Die betrügerische Absicht braucht nicht schon bei Abschluß des Versicherungsvertrages bestanden zu haben, sondern muß zur Zeit der Tathandlung vorliegen. Sie bedeutet zielgerichtetes Handeln nur im Hinblick auf die Erlangung der Versicherungsleistung, während im Hinblick auf deren Rechtswidrigkeit dolus eventualis ausreicht[32].

26 In Anlehnung an § 263 definiert die h. M. das Merkmal „betrügerische Absicht" als Absicht, sich oder einem Dritten einen rechtswidrigen Vermögensvorteil zu verschaffen, auf den nämlich der Täter oder der Dritte, also der Versicherungsnehmer, *keinen* (oder nur einen teilweise begründeten) *Anspruch* hat[33]. Hierfür kommt es nach h. M. allein auf die

---

[31] *Dreher/Tröndle* Rdn. 6; *Grünhut* JW **1933** 779; *Lackner* Voraufl. Rdn. 4; *Sch/Schröder/Lenckner* Rdn. 10; **aA** *Olshausen* Anm. 2 b; vgl. auch oben Rdn. 20.

[32] BGH NJW **1976** 2271, 2272 mit Anm. *Gössel* JR **1977** 391 und Bspr. *Wagner* JuS **1978** 161 ff; RGSt **55** 257, 260; *Gössel* JR **1977** 391 und BT 2 S. 457 f; *Küper* BT S. 10 f; *Lackner/Kühl* Rdn. 3; *Ranft* Jura **1985** 401 und StV **1989** 303; *Sch/Schröder/Lenckner* Rdn. 11; *Wagner* JuS **1978** 162; *Wessels* BT 2 § 15 I 4 Rdn. 624.

[33] BGHSt **1** 209 (f); NStZ **1986** 314 (f); NJW **1992** 1635, 1636; RGSt **69** 1; **62** 297, 298; **59** 220; JW **1927** 2701 mit Anm. *Grünhut*; *Bockelmann* SJZ **1950** 683; *Dreher/Tröndle* Rdn. 3; *Gössel* aaO und BT 2 S. 456; *Küper* BT S. 11; *Lackner* Voraufl. Rdn. 5; *Lackner/Kühl* Rdn. 3; *Maurach/Schroeder/Maiwald* § 41 IV B 2 (Rdn. 202); *Otto* BT § 61 I 3 a; *Sch/Schröder/Lenckner* Rdn. 11; *Wessels* BT 2 § 15 I 4 Rdn. 623.

Vorstellung des Täters an[34]. Daher soll Vollendung des § 265 auch dann anzunehmen sein, wenn sich der Täter bei Vornahme der Tathandlung **irrig** vorstellt, der Versicherte habe keinen Anspruch auf die Versicherungssumme[35], z. B. weil die Sachen erheblich – aber ohne betrügerische Absicht – über ihrem Wert versichert sind (RGSt **59** 220, 221; *Ranft* Jura **1985** 401). Daß dies nur bei einem Irrtum über Tatumstände gelten soll, kann *Otto* (BT § 61 I 3 c) und *Ranft* (aaO S. 402) nicht zugegeben werden; es liegt bei einem rechtlichen Bewertungsirrtum nicht etwa stets ein Wahndelikt vor (so aber auch *Schmidhäuser* BT Kap. 11/42 S. 128): Der Irrtum über das Bestehen des Anspruchs auf die Leistung schließt als Bewertungsirrtum ebenso wie bei §§ 242, 263 stets den Vorsatz aus. Dagegen begründet die irrige Annahme des Nichtbestehens des Anspruchs unabhängig von dem Grund des Irrtums mit der Rechtsprechung zu §§ 242, 263 nicht Vollendung, sondern nur untauglichen Versuch (*Lackner* Voraufl. Rdn. 6; *Wessels* BT 2 § 15 I 4 Rdn. 625; im Erg. zutr. *Küper* NStZ **1993** 315 f mit weit. Nachw., der allerdings bei der Koordinierung der Lösung mit § 263 nicht berücksichtigt, daß dieser Tatbestand zusätzlich eine Täuschung über Tatsachen verlangt).

Im Sinne der oben Rdn. 15 genannten *Deckungsgleichheit* muß sich die betrügerische Absicht gerade auf die Erlangung der (Feuer-)Versicherungsleistung für die angezündete Sache (bzw. der Seeversicherungsleistung für das versenkte Schiff usw.) beziehen, also der Schadensfall objektiv *und* nach der geplanten Sachdarstellung gegenüber dem Versicherer im Bereich des versicherten Risikos liegen[36]. Es genügt folglich nicht, daß der Täter eine Leistung für anderweitig versicherte Gegenstände (**aA** BGHSt **6** 252, 257) oder eine solche aus der Diebstahlversicherung (BGHSt **25** 261, 263; vgl. aber oben Rdn. 17) erstrebt (übereinstimmend *Sch/Schröder/Lenckner* Rdn. 13, die mit *Ranft* Jura **1985** 393 zutreffend darauf hinweisen, daß es entgegen BGHSt **6** 252 in dem dort behandelten Fall nicht darauf ankommt, ob die in Brand gesetzte Holzwollunterlage der durch das Löschwasser zerstörten Tonwaren selbst versichert war oder nicht). **27**

Die Maßgeblichkeit des **zivilrechtlichen Anspruchs** auf die erstrebte Versicherungsleistung führt im subjektiven Bereich nicht selten zu Schwierigkeiten der richtigen Feststellung laienhafter (Parallel-)Wertungen. Gleichwohl ist dieser rechtsnormative Maßstab gegenüber dem früher verbreiteten faktischen Kriterium des (eigenen) *wirtschaftlichen Interesses* (z. B. als künftiger Hoferbe)[37] insgesamt vorzugswürdig. Angesichts des Wortlautes und der systematischen Stellung des § 265 liegt die Anlehnung des subjektiven Tatbestandes an § 263 nicht nur nahe; vielmehr würde die Einordnung eines zivilrechtlich berechtigten Erwerbsstrebens als „betrügerisch" trotz des damit angestrebten vermeintlich besseren Schutzes der sozialen Leistungsfähigkeit der Versicherungswirtschaft geradezu einen Verstoß gegen Art. 103 Abs. 2 GG darstellen[38]. Die Ausdrucksweise des Gesetzes schließt nämlich nach dem Sprachsinn ein Täuschungselement ein, das entgegen OLG **28**

---

[34] BGH MDR **1988** 1002, 1003 und NStZ **1986** 314, 315; *Arzt/Weber* LH 2 Rdn. 196; *Dreher/Tröndle* Rdn. 3; *Gössel* BT 2 S. 458; *Maurach/Schroeder/Maiwald* aaO; *Otto* aaO; zweifelnd *Lackner/Kühl* aaO.

[35] BGHR § 265 I Betrugsabsicht 4; NStZ **1987** 504, 505 und **1986** 315; RGSt **68** 430, 435 f; *Gössel* aaO; *Lackner* Voraufl. Rdn. 8; *Maurach/Schroeder/Maiwald* aaO; *Samson* SK Rdn. 10; *Sch/Schröder/Lenckner* Rdn. 14; *Wagner* JuS **1978** 161; **aA** *Jagusch* LK, 8. Aufl. Anm. 6.

[36] BGHSt **35** 325, 326 f; **25** 261, 262 f; NStZ **1987** 505 f und **1986** 314; NJW **1976** 2271; RGSt **69** 1, 2; **62** 298; DJ **1936** 824; *Dreher/Tröndle* Rdn. 3 (a.E.); *Gössel* BT 2 S. 455; *Küper* BT S. 10 f; *Ranft* Jura **1985** 396 f; *Sch/Schröder/Lenckner* Rdn. 13.

[37] RGSt **75** 60, 61 (unter der Nichtgeltung des Analogieverbotes); OLG Celle SJZ **1950** 682 f mit abl. Anm. *Bockelmann*; *Blei* II § 62 I 1 c und JA **1977** 45; *Boldt* DR **1941** 1147; *Kohlrausch/Lange* Anm. III; *Welzel* § 54 VII 1 und NJW **1953** 653 (der die Rechtswidrigkeit auf die Tathandlung beziehen wollte).

[38] Zutreffend *Bockelmann* aaO; *Ranft* aaO S. 398 f; *Sch/Schröder/Lenckner* Rdn. 11; *Wagner* aaO S. 163; vgl. allgemein BVerfGE **92** 1, 12 ff.

Celle SJZ **1950** 682, 683 nicht allein auf die Brandursache (usw.) bezogen werden kann, sondern mit dem gesetzestechnischen Ausdruck „betrügerisch" auch die Berechtigung zur Inanspruchnahme der Leistung betrifft[39]. § 265 kann daher keine „materiellen" Schädigungen der Versicherung einbeziehen, die für das Zivilrecht (Versicherungsrecht) irrelevant sind. Nicht haltbar ist insbesondere die Ansicht *Bleis* (II § 62 I 1 c), es reiche aus, daß der dem Versicherungsnehmer zuwachsende Vermögensvorteil „im Ursprung" rechtswidrig sei, weil ohne die Auslösung des Versicherungsfalles (durch einen Dritten) die Sache dem Versicherungsnehmer erhalten geblieben und nicht ihr Wert zu ersetzen gewesen wäre. Hiergegen spricht, daß die Schadensversicherung gerade auch gegen das Risiko rechtswidriger Schädigung Schutz gewähren soll (*Lackner* Voraufl. Rdn. 6; *Wagner* JuS **1978** 163). Ebenso kann de lege lata die Bindung an die zivilrechtliche Beurteilung entgegen *Boldt* (DR **1941** 1147) nicht allein durch die „verbrecherische Absicht" des an der Tat wirtschaftlich Interessierten überspielt werden. Vorbehaltlich einer betrügerischen Überversicherung (dazu sogleich Rdn. 29) ist es daher auch unbeachtlich, ob die erstrebte Versicherungsleistung den Wert der versicherten Sache oder den angerichteten Schaden übersteigt (*Sch/Schröder/Lenckner* Rdn. 11 a.E.).

29 Unproblematisch ist daher die Anwendung des § 265 zunächst in den Fällen, in denen die Sache von Anfang an betrügerisch *überversichert* und der Versicherungsvertrag daher gem. § 51 Abs. 3 VVG nichtig ist (oben Rdn. 12); der Täter (Versicherungsnehmer oder Dritter) muß hier allerdings die Auszahlung einer den Sachwert übersteigenden Versicherungssumme anstreben (RGSt **62** 297, 299; **59** 220 f). Weiter besteht nach § 61 VVG kein Anspruch auf die Versicherungsleistung, wenn der *Versicherungsnehmer* als Täter oder Teilnehmer den *Versicherungsfall* vorsätzlich (mit) *herbeigeführt* hat, insbesondere wenn Dritter (Täter) und Versicherungsnehmer einverständlich zusammenwirken (vgl. nur BGH NStZ **1986** 314). Bei Gesamthandsverhältnissen wie einer OHG führt bereits die vorsätzliche Herbeiführung des Versicherungsfalles durch einen Gesamthänder zum Entfallen des Zahlungsanspruchs, da der Täter zu der ganzen versicherten Sache in einer rechtlichen Beziehung steht (BGHR § 265 I Betrugsabsicht 5 mit Nachw.; anders bei Miteigentum: BGHR § 265 I Betrugsabsicht 1). Ferner ist die Rechtslage nach § 61 VVG auch dann eindeutig, wenn der Versicherungsnehmer zwar nicht an der Tat beteiligt ist, wohl aber nach zivilrechtlichen Maßstäben durch *grobe Fahrlässigkeit* den Versicherungsfall (mit) verursacht hat. Der Anspruch auf die Versicherungsleistung entfällt nach § 62 VVG schließlich auch dann, wenn der Versicherungsnehmer es vorsätzlich oder grob fahrlässig *unterläßt*, bei Eintritt des Versicherungsfalles den Schaden abzuwenden oder zu begrenzen (Unterlassen von Löscharbeiten, um die Versicherungsleistung zu erhalten: *Sch/Schröder/Lenckner* Rdn. 12 a.E.; vgl. auch oben Rdn. 22 f). Ferner ist der Übergang des Versicherungsverhältnisses auf den Käufer nach § 69 Abs. 1 VVG und der Rechtsprechung zum Gefahrübergang zu beachten (BGH NJW **1992** 1635, 1636 mit Nachw.).

30 Schwieriger zu beurteilen ist die Konstellation, daß der zivilrechtliche Anspruch des Versicherungsnehmers auf die Versicherungsleistung deshalb entfällt, weil sich der Versicherungsnehmer aus sonstigen Gründen die Tathandlung eines Dritten **zurechnen** lassen muß. Wie eigenes Verschulden zu vertreten hat der Versicherungsnehmer nach der zivilrechtlichen Handhabung des § 61 VVG zunächst das Verhalten und Verschulden seines *gesetzlichen Vertreters*, jedenfalls sofern dieser die tatsächliche Risikoverwaltung übernommen hat[40]. Entsprechendes gilt für das Verhalten und Verschulden des „*wahren wirtschaftlichen Versicherten*". Diese Rechtsfigur gründet sich darauf, daß Gegenstand der

---

[39] Vgl. insbes. BGHSt **1** 209, 210; RGSt **62** 297, 298; *Bockelmann* aaO S. 685; *Ranft* aaO S. 399; auch *Lackner* Voraufl. Rdn. 6; *Otto* BT § 61 I 3 a.

[40] BGHSt **6** 252, 257; RGZ **66** 181, 184; *Lackner* Voraufl. Rdn. 6; *Ranft* Jura **1985** 400 (unter Betonung der tatsächlichen Risikoverwaltung).

Schadensversicherung nicht die versicherte Sache, sondern das versicherte Interesse als objektiver Wert der Beziehung zwischen einer Person und einer Sache ist (vgl. nur RGZ **149** 69, 73). Als wahrer wirtschaftlicher Versicherter gilt allerdings nicht schon jeder am Eintritt des Versicherungsfalles wirtschaftlich Interessierte (vgl. oben Rdn. 28), vor allem nicht bei bloßen Hoffnungen und Erwartungen, etwa als künftiger Erbe des Versicherten[41]. Vielmehr müssen die wirtschaftlichen Interessen in einer entsprechenden Rechtsposition verfestigt sein, wie vor allem bei dem Treugeber im Verhältnis zum Treuhänder oder bei dem Alleingesellschafter (bzw. Inhaber sämtlicher Anteile), der an der Leitung oder Geschäftsführung der versicherten AG oder GmbH nicht beteiligt ist (*Ranft* Jura **1985** 401; *Sch/Schröder/Lenckner* Rdn. 12). Sicherungsgeber bei der Sicherungsübereignung und Vorbehaltskäufer beim Eigentumsvorbehalt sind dagegen trotz ihres vertragsrechtlich abgesicherten wirtschaftlichen Interesses an der Sache nicht ohne weiteres wahre wirtschaftliche Versicherte, da und soweit die eingegangene Versicherung gerade gegen die Risiken schützen soll, die daraus entstehen, daß die Sache beim Sicherungsgeber bleibt bzw. bereits dem Vorbehaltskäufer übergeben wird (*Ranft* aaO mit weit. Nachw.).

Darüber hinaus (und oberbegrifflich) rechnet die h. M. dem Versicherungsnehmer das Verhalten seines **Repräsentanten** zu. Bevor auf Einzelheiten, insbesondere der Abgrenzung zu bloßen Erfüllungsgehilfen, einzugehen ist, sei hervorgehoben, daß diese zivilrechtlich anerkannte, aber im einzelnen durchaus unsichere Ausweitung, die ähnlich wie das Abstellen auf den wahren wirtschaftlichen Versicherten jedenfalls aus strafrechtlicher Sicht als Analogie (zu § 61 VVG) erscheint (*Ranft* aaO S. 399), nach den zutreffenden Maßstäben von BVerfGE **78** 205, 212 ff nicht gegen Art. 103 Abs. 2 GG verstößt, da es hier nicht so sehr um die an dieser Verfassungsgarantie zu messende Tathandlung (oder Täterbestimmung) als vielmehr vorwiegend um die Beschreibung des Schutzobjektes (i.w.S.) geht. In diesem Rahmen sind zivilrechtliche Analogieschlüsse, Beweisvermutungen usw. – ähnlich wie bei §§ 242, 170 b usw. – hinzunehmen (*Tiedemann* Verfassungsrecht und Strafrecht, 1991, S. 40). 31

Als *Repräsentant in diesem Sinne* gilt derjenige, der mit Willen des Versicherungsnehmers im Hinblick auf das versicherte Risiko an die Stelle des Versicherungsnehmers tritt, weil er in einem Geschäftsbereich von einiger Bedeutung, zu dem das versicherte Risiko gehört, aufgrund eines Vertretungs- oder ähnlichen Verhältnisses selbständig für den Versicherungsnehmer handelt[42]. Bei der für § 265 einschlägigen Sachversicherung setzt dies jedenfalls voraus, daß dem Repräsentanten die erforderliche *Obhut* über die versicherte Sache – mit einigem Entscheidungsspielraum – übertragen worden ist[43]. Weitergehend wird insbesondere aus strafrechtlicher Sicht auch darauf abgestellt, daß der Repräsentant selbständig für den Versicherungsnehmer handeln und dabei auch dessen Rechte und Pflichten als Versicherungsnehmer wahrnehmen soll[44]. Streitig ist somit vor allem, ob über die faktische Betreuung des versicherten Risikos („Risikoverwaltung") hinaus auch eine Befugnis zum selbständigen rechtsgeschäftlichen Handeln, eventuell sogar mit der rechtlichen Befugnis zur Wahrnehmung der Rechte und Pflichten aus dem Versicherungsvertrag („Vertragsverwaltung") oder ob sogar ein Bedürfnis für Repräsentanz vorliegen muß. Die neuere Zivilrechtsprechung scheint einen beweglichen Ansatz zu vertreten, der je nach Gewicht bereits einzelne Elemente, die für den Repräsentantenbegriff in Betracht 32

41 BGHSt **1** 209 ff; *Ranft* Jura **1985** 401; *Sch/Schröder/Lenckner* Rdn. 12; **aA** *Welzel* aaO.

42 Zusammenfassend – aus versicherungsrechtlicher Sicht – *Weyers* S. 139 (Rdn. 367).

43 BGHZ **122** 250, 252 ff; **107** 229, 232; *Bach* VersR **1990** 235; *Weyers* S. 139 f.

44 BGH(St) NJW **1976** 2271 und **1992** 1635; *Arzt/Weber* LH 2 Rdn. 199; Arth. *Kaufmann* JuS **1987** 306 f; *Küper* BT S. 11; *Lackner* Voraufl. Rdn. 6; *Otto* BT § 61 I 3 a; *Ranft* Jura **1985** 400; *Sch/Schröder/Lenckner* Rdn. 12; *Wessels* BT 2 § 15 I 4 Rdn. 627.

kommen, ausreichen läßt (vgl. nur *Weyers* S. 140 mit Nachw.). Klassisch und auch strafrechtlich anerkannt ist vor allem der Fall des *Ehemannes*, der die Geschäfte des im Eigentum seiner Frau stehenden Betriebes tatsächlich (neben und mit ihr) leitet[45], aber auch der Fall des Lebensgefährten, der die Aufgaben eines Betriebsinhabers „zu einem wesentlichen Teil" tatsächlich wahrnimmt und mit dieser Wahrnehmung tatsächlich geduldet wird (BGHR § 265 I Betrugsabsicht 2) sowie schließlich der Fall des Sohnes, der das seiner Mutter gehörende Unternehmen selbständig leitet (*Bockelmann* SJZ **1950** 687 mit Nachw.). Auch für den flexibel erweiterten Repräsentantenbegriff genügt dagegen nicht bereits jedes wirtschaftliche Interesse oder die allgemeine familienrechtliche Verbundenheit von Ehegatten (auch wenn der Nicht-Versicherungsnehmer sich z. B. dem Um- und Ausbau des versicherten Hauses widmet: BGHR § 265 I Betrugsabsicht 1) oder die bloße Stellung als *Pächter* oder Mieter eines Gebäudes, da die Sache trotz Verpachtung oder Vermietung in der Regel (auch) in der Obhutssphäre des Versicherungsnehmers bleibt[46]. Im Hinblick auf die Schwierigkeiten der zivilrechtlichen Beurteilung bedürfen die Feststellungen zum (zumindest) bedingten Vorsatz des Repräsentanten in bezug auf das Nichtbestehen des Anspruchs auf die Versicherungsleistung besonderer Sorgfalt (zutr. *Gössel* JR **1977** 391; *Wagner* JuS **1978** 162). Vgl. im übrigen zur Beweiswürdigung (Motivation des Täters) BGHR Beweiswürdigung 1.

VI. Vollendung, Versuch und Rücktritt vom Versuch

33 **1.** Wie bereits oben Rdn. 14 erwähnt, ist der Zeitpunkt der **Vollendung** beim Feuerversicherungsmißbrauch infolge der Anlehnung an die Beschreibung der Tathandlung bei §§ 306 ff erheblich vorverlegt: Es reicht aus, daß die versicherte Sache – selbständig, also unabhängig vom Zündstoff – brennt. Die betrügerische Absicht braucht nicht in einer weiteren Handlung des Täters zur Ausführung zu kommen (*Sch/Schröder/Lenckner* Rdn. 15). Insbesondere ist weder eine Täuschung noch eine Schädigung des Versicherers erforderlich (RGSt **60** 129; **68** 430, 435; oben Rdn. 9). Beim garantenpflichtwidrigen *Unterlassen* des Löschens ist nach allgemeinen Lehren Vollendung gegeben, wenn der Täter nach außen seinen Entschluß manifestiert, nicht zur Eindämmung des Brandes tätig zu werden (vgl. *Tiedemann* LK § 283 Rdn. 151 mit Nachw.). Dies wird bei Fehlen anderer Indizien regelmäßig dann anzunehmen sein, wenn Löschmaßnahmen nach dem normalen Lauf der Dinge aussichtslos sind oder werden.

34 Beim Seeversicherungsmißbrauch ergibt sich eine gewisse Vorverlegung der Vollendung daraus, daß völliges Versinken des Schiffes nicht erforderlich ist (vgl. bereits Rdn. 18). Dagegen kann für das Stranden je nach den Umständen (Flut!) eine gewisse Zeitdauer für die Vollendung erforderlich sein (oben Rdn. 19).

35 **2.** Ein **Versuch** ist nach heute unbestrittener Auffassung möglich und strafbar, auch soweit § 265 als bloße Vorbereitung zum Betrug angesehen wird (vgl. oben Rdn. 6; **aA** früher *Frank* Anm. V). Die formelle (und „bis zu einem gewissen Grade auch materielle") Verselbständigung der Deliktsumschreibung (*Lackner* Voraufl. Rdn. 8) verbietet den Rückgriff auf Figuren des Allgemeinen Teils zum Zwecke der inhaltlichen Deutung und Veränderung der Typen des Besonderen Teils (*Tiedemann* Baumann-Festschrift S. 17; vgl. bereits oben Rdn. 10).

---

[45] So der Fall BGH NJW **1976** 2271 mit Anm. *Gössel* JR **1977** 391 ff und Bspr. *Wagner* JuS **1978** 161 ff. Zu einem weiteren Fall (Teilnahme an den Kaufvertragsverhandlungen und an der Erhöhung der Versicherungssumme) BGH NJW **1992** 1635, 1636 f.

[46] BGHZ **107** 230 ff mit krit. Bspr. *Bach* VersR **1990** 235 ff; *Kalischko* MDR **1990** 215 f; *Sch/Schröder/Lenckner* Rdn. 12 mit weit. Nachw.

Versuch liegt beim Feuerversicherungsmißbrauch vor, wenn der Täter in betrügerischer Absicht i. S. d. § 22 unmittelbar dazu ansetzt, die versicherte Sache anzuzünden. Dies kann bereits in dem Ausschütten des als Zündstoff dienenden Benzins liegen (BGHR § 265 I Versuch 1), sofern das Anzünden zeitlich sogleich folgen soll. Ausreichend ist auch das Inbrandsetzen nicht versicherter Sachen, wenn das Feuer nach dem Täterplan selbständig auf versicherte Sachen übergreifen soll (BGH **1** StR 530/69 vom 13. 1. 1970; RG JW **1927** 2701 u. **1933** 779 mit Anm. *Grünhut*; zur Behandlung von Löschschäden oben Rdn. 15). *Untauglicher* Versuch kommt in Betracht, wenn der Täter die in Brand gesetzte (oder zu setzende) Sache irrig für versichert hält (*Schad* S. 86; *Sch/Schröder/Lenckner* Rdn. 15) oder irrig annimmt, der Versicherte habe keinen Anspruch auf die Versicherungssumme (oben Rdn. 26). Leistungsausschlußgründe (z. B. Prämienrückstand) beseitigen nach h. M. nicht das Vorliegen des Merkmals „versicherte Sache" (oben Rdn. 12); ihre Unkenntnis führt nach h. M. zum Vorliegen von „betrügerischer Absicht", also zur Annahme einer vollendeten Tat (RGSt **67** 108, 109 f; *Lackner* Voraufl. Rdn. 8), nicht dagegen nur zum untauglichen Versuch (so aber *Jagusch* LK 8. Aufl. Anm. 6). **36**

Beim Seeversicherungsmißbrauch wird Versuch eines Täters, der sich nicht auf dem versicherten Schiff befindet, nicht selten zeitlich früher anzunehmen sein. Insbesondere erfüllt nach allgemeinen Grundsätzen schon das Verstecken einer Bombe (mit Zeitzünder) auf dem Schiff den Tatbestand des Versuchs, wenn der Täter mit dieser Handlung das Geschehen aus der Hand gibt, also nach seinem Plan keine weiteren Handlungen des Täters mehr erforderlich sind (anders also bei Fernzündung durch den Täter! Vgl. zu diesen Fallgestaltungen RGSt **66** 141 ff; *Roxin* JuS **1973** 329 f). **37**

3. Rücktritt vom Versuch ist nach h. M. nur möglich, solange die versicherte Sache noch nicht in Brand gesetzt oder das versicherte Schiff (usw.) noch nicht gesunken bzw. gestrandet ist (RG JW **1933** 779). Sind diese tatbestandsmäßigen Erfolge dagegen bereits eingetreten, so ist nach h. M. auch § 310 wegen der ausdrücklichen Beschränkung seines Anwendungsbereichs auf die Brandstiftung nicht (analog) anwendbar[47]. Die Gegenauffassung[48] verweist auf die modernen Regelungen der §§ 264 Abs. 4, 265 b Abs. 2 (und § 151 Abs. 2 österreichisches StGB, wonach nicht bestraft wird, „wer, bevor die Versicherungsleistung erbracht worden ist und bevor eine Behörde von seinem Verschulden erfahren hat, freiwillig von der weiteren Verfolgung seines Vorhabens Abstand nimmt"). Da die Rechtsgutsverletzung bei § 265 in noch größere Ferne als bei §§ 306 ff gerückt sei, will diese Gegenauffassung *§ 310 analog* anwenden. Dem widerspricht – da es nicht um eine analoge Heranziehung des § 24 geht – die Verselbständigung dieses Straftatbestandes nicht (vgl. *Tiedemann* Baumann-Festschrift S. 18 mit Nachw.). Auch greift der Einwand von *Horn* (SK § 310 Rdn. 9) nicht durch, daß damit zu Unrecht nach § 265 straflos gestellt wird, wer die versicherte Sache in Brand setzt und den Brand unter den Voraussetzungen des § 310 wieder löscht, um gleichwohl anschließend die Versicherungsleistung in Anspruch zu nehmen. Insoweit weisen *Sch/Schröder/Lenckner* (Rdn. 15) zutreffend darauf hin, daß dieses Ergebnis hingenommen werden kann, da der Täter nach § 263 strafbar bleibt, wenn er den Brand als Versicherungsfall meldet. Die besseren Gründe sprechen daher in der Tat für eine analoge Anwendung des § 310. **38**

---

[47] RGSt **56** 95 f; *Dreher/Tröndle* Rdn. 5; *Gössel* BT 2 S. 459; *Horn* SK § 310 Rdn. 9; *Kohlrausch/Lange* Anm. V; *Lackner* Voraufl. Rdn. 9; *Meurer* JuS **1985** 444; *Wersdörfer* AnwBl **1987** 74 ff.

[48] *Arzt/Weber* LH 2 Rdn. 187; *Otto* Jura **1986** 52; *Sch/Schröder/Cramer* § 310 Rdn. 9; *Sch/Schröder/Lenckner* Rdn. 15.

39 **VII. Täterschaft und Teilnahme**. Da § 265 kein Sonderdelikt darstellt (oben Rdn. 10), kann Täter jeder sein, der die tatbestandsmäßige Handlung vornimmt und dabei in der Absicht handelt, sich oder einem Dritten (insbesondere dem Versicherungsnehmer) eine Versicherungsleistung zu verschaffen, auf die kein zivilrechtlicher Anspruch besteht. Insbesondere ist für die Täterschaft kein Plan (Vorsatz) einer eigenen Täuschungshandlung gegenüber dem Versicherer erforderlich (**aA** *Seier* ZStW **105** [1993] S. 330 ff). Die Abgrenzung der einzelnen Beteiligungsformen erfolgt daher nach den allgemeinen Kriterien der §§ 25 ff. Wer allerdings ohne die betrügerische Absicht handelt, kann von vornherein nur Teilnehmer (Anstifter oder Gehilfe) sein. Aus §§ 26, 27 folgt, daß der (Teilnahme-)Vorsatz entfällt, wenn ein Beteiligter irrig annimmt, der Versicherungsnehmer habe einen wirksamen Anspruch auf die Versicherungsleistung.

40 Unterläßt der Versicherungsnehmer garantenpflichtwidrig und in betrügerischer Absicht die Löschung oder Eindämmung des Brandes (vgl. oben Rdn. 23), so ist er im allgemeinen (Mit- oder Neben-)Täter (insoweit zutr. *Seier* aaO S. 337; auch *Ranft* Jura **1985** 396; **aA** *Dreher/Tröndle* Rdn. 7: Beihilfe). Die Zahlung einer Belohnung durch den Versicherungsnehmer zwecks Durchführung der Brandstiftung oder Schiffsversenkung (usw.) durch einen Dritten begründet aufgrund der sonderpflichtähnlichen Struktur des Tatbestandes (oben Rdn. 9) ebenfalls (Mit-)Täterschaft. Weiß der Dritte nicht, daß die Sache versichert ist oder daß der Versicherungsnehmer keinen Anspruch auf die Versicherungsleistung hat (oder daß er den angeblichen Versicherungsfall dem Versicherer melden will), so liegt mittelbare Täterschaft des Versicherungsnehmers kraft Irrtumsherrschaft vor. Bloße Beihilfe ist dagegen anzunehmen, wenn der Versicherungsnehmer vorsätzlich nicht verhindert, daß ein auf eigene Initiative handelnder Dritter die Tathandlung zugunsten des Versicherungsnehmers vornimmt.

VIII. Strafdrohung und Strafbemessung, insbesondere die minder schweren Fälle

41 **1.** Die Mindeststrafe des Abs. 1 – Freiheitsstrafe nicht unter einem Jahr – begründet die Verbrechensnatur des Versicherungsmißbrauchs (vgl. § 12 Abs. 1). Sie wird – vor allem auch im Vergleich zu § 263 Abs. 3 – heute allgemein als unangemessen empfunden (zust. *Sch/Schröder/Lenckner* Rdn. 17). Dieser **Regelstrafrahmen** ist unter den Voraussetzungen des § 47 Abs. 2 durch Verhängung einer Geldstrafe in Höhe von mindestens 360 Tagessätzen ersetzbar. Neben eine Freiheitsstrafe wird gemäß § 41 regelmäßig Geldstrafe treten, wenn Täter der Versicherungsnehmer ist; durch die Tat versucht dieser nämlich, sich zu bereichern – auch wenn § 265 im technischen Sinne noch keinen Versuch (des Betruges nach §§ 263, 22) darstellt.

42 **2. Minder schwere Fälle** sind mit Freiheitsstrafe von mindestens 6 Monaten bedroht. Diese Änderung des Strafrahmens beseitigt nicht den Verbrechenscharakter der Tat. Es geht um sog. unbenannte Strafänderungsgründe, über deren Vorliegen allein der Strafrichter entscheidet.

43 Im einzelnen handelt es sich vor allem um gegenüber gewöhnlichen Fällen gemindertes Unrecht oder insoweit geminderte Schuld. *Minderung des Unrechts* ist entsprechend der oben Rdn. 7 vorgeschlagenen Auslegung insbesondere bei Fehlen „gemeingefährlicher" Aspekte der Tat anzunehmen, wenn also eine Gefährdung anderer Objekte bei der Brandstiftung bzw. von Menschen bei der Versenkung oder dem Stranden des Schiffes fehlt. Diese Tatmittelrelevanz ist für die Strafzumessung spiegelbildlich bei den zahlreichen benannten besonders schweren Fällen des § 243 Abs. 1, aber in der Form der besonderen Gefährlichkeit der angewendeten Mittel auch bei § 263 Abs. 3 anerkannt (vgl. nur

Lackner LK, 10. Aufl. § 263 Rdn. 337). Sie begründet eine erhebliche Abweichung vom (typischen) Durchschnittsfall. Die Relevanz des Wertes (und der Größe) der Sache (oben Rdn. 11 u. 16) entspricht § 243 Abs. 2. Auch wenn entgegen oben Rdn. 12 bestimmte Fälle des Leistungsausschlusses und der Vertragsnichtigkeit für im Rahmen des Abs. 1 irrelevant gehalten werden, liegt jedenfalls die Anwendung von Abs. 2 nahe. *Minderung der Schuld* ist vor allem bei Handeln aus wirtschaftlicher Not anzunehmen, aber auch bei anderen Konfliktlagen. Einschlägig ist auch das Absehen von betrügerischem Vorgehen gegen den Versicherer sowie das Löschen des Brandes usw., soweit hier entgegen oben Rdn. 38 nicht bereits Straflosigkeit entsprechend § 310 angenommen wird.

Im Falle der *Beihilfe* ist eine weitere Strafmilderung nach § 49 geboten (BGHR **44**
§ 265 II Strafrahmenwahl 1; *Sch/Schröder/Lenckner* Rdn. 17).

IX. Konkurrenzen

1. Innerhalb des § 265 können die einzelnen **Tatbestandsalternativen** z. B. dadurch **45**
zusammentreffen, daß ein versichertes Schiff – etwa durch Herbeiführung einer Explosion oder durch direktes Anzünden – in Brand gesetzt und dadurch versenkt (manövrierunfähig, oben Rdn. 18) wird. Ebenso kann sowohl das Schiff als auch die Fracht gegenüber Verlust versichert sein. Entprechendes gilt für die Versicherung von Haus und Mobiliar, Ware und Verpackung usw. gegen Brand. In derartigen Fällen ist nach allgemeinen Grundsätzen nur *eine Tat* nach § 265 gegeben.

2. Im Verhältnis zu den **gemeingefährlichen** Straftaten (§§ 306 ff, 311, 315) sowie zur **46**
Sachbeschädigung (§§ 303, 305) liegt Tateinheit vor[49]. Dies ergibt sich daraus, daß die einschlägigen Tathandlungen zeitlich im wesentlichen zusammenfallen, Unrechtsgehalt und Rechtsgüter sich aber nur teilweise decken. Insbesondere erfordert § 265 keine eigentliche Gemeingefahr (oben Rdn. 7) und erfaßt auch die Beschädigung sowie Zerstörung eigener Sachen. Bei der mit Einwilligung des Eigentümers der versicherten Sache erfolgenden Inbrandsetzung oder Versenkung (usw.) der fremden Sache entfallen §§ 303, 305 bereits wegen Fehlens der Rechtswidrigkeit. Stiehlt der Täter vor der Inbrandsetzung eines Gebäudes darin befindliche Gegenstände, so liegt im Verhältnis des § 242 zu §§ 265, 306 Tatmehrheit vor (BGH NStZ **1986** 314 [f]).

3. Kommt es zum (zumindest versuchten) **Betrug gegenüber dem Versicherer**, so **47**
besteht nach h. M. regelmäßig *Realkonkurrenz* von § 265 und § 263[50]. Dies ist zutreffend und ergibt sich einerseits aus dem zeitlichen Auseinanderfallen der jeweiligen Tathandlungen, andererseits aus der (jedenfalls teilweisen) Verschiedenheit der geschützten Rechtsgüter (oben Rdn. 6). Demgegenüber wollen *Arzt/Weber* (LH 2 Rdn. 206) und *Sch/Schröder/Lenckner* (Rdn. 16) Idealkonkurrenz annehmen, da das Merkmal der betrügerischen Absicht in § 265 die äußerlich getrennten Handlungen zu einer Bewertungseinheit verbinde. Diese in der Sache naheliegende Überlegung findet jedoch in der allgemeinen Konkurrenzlehre eine Stütze nur in der Überlegung, § 265 stelle ein unvollständig zweiaktiges Delikt dar (vgl. bereits oben Rdn. 10), bei dem die Verwirklichung der Absicht noch mit zur Tatbegehung gehöre. Jedoch wird auch bei derartigen Delikten eine Einheit nur

[49] BGHSt **1** 209; RGSt **60** 129 f; *Arzt/Weber* aaO Rdn. 205; *Blei* II § 62 I 5; *Gössel* BT 2 S. 459; *Maurach/Schroeder/Maiwald* § 41 IV C; *Schmidhäuser* BT 11/43; *Sch/Schröder/Lenckner* Rdn. 16.

[50] BGHSt **11** 398 ff und NJW **1951** 204 f; *Bockelmann* BT II 1 S. 104; *Dreher/Tröndle* Rdn. 8; *Gössel* aaO; *Haft* BT S. 200; Arth. *Kaufmann* JuS **1987** 308; *Kohlhaas* VersR **1955** 466; *Kohlrausch/Lange* Anm. I und VII; *Krey* BT 2 Rdn. 510; *Lackner/Kühl* Rdn. 6; *Maurach/Schroeder/Maiwald* aaO; *Otto* BT § 61 I 4 und Jura **1989** 28; *Ranft* Jura **1985** 402.

innerhalb desselben Tatbestandes (z. B. bei den unterschiedlichen Alternativen des § 267) und erst über diese Idealkonkurrenz im Verhältnis zu selbständigen weiteren Straftaten (z. B. der ersten Alternative des § 267 zu § 263) angenommen (vgl. etwa BGH JZ **1952** 89 u. GA **1955** 246). Gewicht hat auch die – weithin der Auffassung der Rechtsprechung korrespondierende – Überlegung *Lackners* (Voraufl. Rdn. 11), bei § 265 bedürfe es nach Herbeiführung des scheinbaren Versicherungsfalles „regelmäßig einer sorgfältigen Prüfung" des Täters, ob die weitere Ausführung des Gesamtplans noch aussichtsreich ist; dieser Typik eines neuen Entschlusses zur Ausführung des Betruges würde die Annahme von Handlungseinheit nicht gerecht. Ebenso würde die (von der Höhe der Strafandrohung her nahegelegte) *Exklusivität* des § 265[51] im Urteilsausspruch offen lassen, ob der Versicherungsbetrug erfolgreich war oder nur vorbereitet wurde.

X. Internationales Strafrecht

48 **1.** Die Anwendbarkeit des § 265 auf Sachverhalte mit Auslandsberührung richtet sich zunächst nach dem **Schutzbereich** des Straftatbestandes (*Sch/Schröder/Eser* Rdn. 13 vor §§ 3 ff mit Nachw.). Hierin einbezogen sind jedenfalls im Inland versicherte Tatobjekte, mögen sie sich auch im Ausland (oder in internationalen Gewässern) befinden. Im Ausland versicherte Tatobjekte sind dagegen nur dann zweifelsfrei in den Schutzbereich einbezogen, wenn mit einer Minderansicht (vgl. oben Rdn. 6) nur (oder vorrangig) das Vermögen des Versicherers für das geschützte Rechtsgut gehalten wird (so *Gössel* BT 2 S. 450), da das deutsche Strafrecht Individualrechtsgüter als sog. inländische Rechtsgüter unabhängig von ihrer Belegenheit im In- oder Ausland schützt. Wenn dagegen – wie hier (oben Rdn. 6 ff) – ein vor- oder gleichrangiges Schutzgut der (Feuer- und Schiffs-)Versicherung anerkannt wird, kann fraglich erscheinen, ob § 265 auch die ausländische Versicherungswirtschaft schützt. BGHR § 265 I Versicherungsvertrag 2 bejaht dies mit der Begründung, neben der Verhütung einer bei Taten nach § 265 typischerweise drohenden Gemeingefahr sei die Vermeidung des allgemeinen sozialen Schadens, dessen Entstehung drohe, wenn die entsprechende Versicherung ungerechtfertigt in Anspruch genommen werde, nach den Maßstäben von BGHSt **18** 333, 334, **21** 277, 280 und **29** 86, 87 ein allen zivilisierten Rechtsstaaten gemeinsames und deshalb auch vom deutschen Strafrecht geschütztes Rechtsgut. Wenn auch die Gemeingefahr das Tatmittel und nicht das Rechtsgut betrifft (oben Rdn. 7), ist dem hinsichtlich des Sozialschadens im Ergebnis zuzustimmen. Der Unterschied zu § 265 b (*Tiedemann* LK § 265 b Rdn. 118) liegt darin, daß jene Vorschrift an die Begriffe und den Schutzbereich des KWG (vgl. dessen § 53!) anknüpft; demgegenüber kennt § 265 eine vergleichbare Anknüpfung an und Beschränkung durch das – gem. Art. 7 ff EGVVG ohnehin nicht zwingend auf Versicherungsverträge mit deutschen Versicherungen anwendbare – VVG (bzw. für die Seeversicherung das HGB) und das VAG nicht. Zumindest muß angesichts der weitreichenden Harmonisierung des Versicherungs(aufsichts)rechts durch Akte der EG (zusammenfassend dazu *Weyers* S. 45 ff) jedes Versicherungsunternehmen mit Sitz in der *Europäischen Gemeinschaft* in den Schutzbereich einbezogen werden (vgl. zur entsprechenden Rechtslage bei § 265 b *Tiedemann* LK Rdn. 119).

49 **2.** Im übrigen gelten **§§ 3–9**. Ob die Tat im In- oder Ausland begangen worden ist, richtet sich nach dem Handlungs- oder Erfolgsort des Inbrandsetzens (usw.), nicht danach,

---

[51] Dafür im Anschluß an *Binding* I S. 369 (mit Nachw. zum älteren Schrifttum) *Blei* II § 62 I 5 und *Jescheck* GA **1959** 76.

wo die betrügerische Absicht verwirklicht werden soll bzw. das Versicherungsunternehmen belegen ist (vgl. *Tröndle* LK, 10. Aufl. § 9 Rdn. 4; *Dreher/Tröndle* § 9 Rdn. 3). Bei *Auslandstaten* gegen im Inland versicherte Tatobjekte dürfte § 7 Abs. 1 („gegen einen Deutschen begangen") anwendbar sein, da der überindividuelle Schutz des Versicherungswesens (oben Rdn. 6) doch auch dem einzelnen und damit bestimmbaren (vgl. BGHSt **39** 54, 60) inländischen Versicherungsunternehmen zugute kommt. Soweit § 7 eine Auslandsstrafbarkeit voraussetzt, genügt es, daß die konkrete Tat im Ausland überhaupt strafbar ist, sei es auch unter einem anderen rechtlichen Gesichtspunkt (vgl. *Tröndle* LK, 10. Aufl. § 7 Rdn. 4 b), insbesondere als Gemeingefährdungsdelikt (vgl. oben Rdn. 5). Im Rahmen des § 9 Abs. 2 Satz 2 kommt es dagegen auf die Auslandsstrafbarkeit nicht an; deshalb sieht BGH wistra **1993** 224, 225 im Falle einer in Berlin durch einen Deutschen begangenen Anstiftung, sein in Schweden gelegenes und dort gegen Feuergefahr versichertes (zur Schutzbereichsfrage soeben Rdn. 48) Ferienhaus in Brand zu setzen, die Tat zutreffend als unabhängig von der schwedischen Strafrechtslage nach §§ 265, 26 strafbar an (ähnlich zu § 265 b BGH wistra **1994** 25, 27; vgl. *Tiedemann* LK § 265 b Rdn. 122). Wegen § 4 unterfällt auch das Sinken- oder Strandenmachen eines unter deutscher Flagge fahrenden Schiffes in ausländischen Gewässern unabhängig von der Auslandsstrafbarkeit dem Tatbestand des § 265.

3. Richtet sich der Versicherungsvertrag – sei es mit einem inländischen, sei es mit **50** einem in den Schutzbereich des § 265 einbezogenen ausländischen Versicherer (oben Rdn. 48) – nach ausländischem Recht (vgl. Art. 7 ff EGVVG), so bestimmen sich auch im Rahmen des § 265 die Wirksamkeit des Vertrages (oben Rdn. 12) und die objektive Rechtswidrigkeit des erstrebten Vorteils (oben Rdn. 28) hiernach (sog. **Fremdrechtsanwendung**; *Sch/Schröder/Eser* Rdn. 23 vor §§ 3–7). Soweit freilich bei der betrügerischen Absicht mit der h. M. ausschließlich auf die Vorstellung des Täters abgestellt wird (oben Rdn. 26), spielt die objektive Fremdrechtslage im Ergebnis keine Rolle. Handelt beispielsweise der Täter als „Repräsentant" des Versicherten, so ist er nach h. M. unabhängig davon, ob das ausländische Recht eine „Repräsentantenhaftung" (oben Rdn. 31 f) kennt, nach § 265 strafbar, wenn er dies annimmt, und straflos, wenn er dies nicht annimmt.

XI. Strafanzeige und Strafverfolgung

1. Die Strafverfolgung wegen § 265 ist auch in Bagatellfällen an kein Strafantragser- **51** fordernis gebunden (anders § 263 Abs. 4!), wird aber häufig faktisch von einer **Strafanzeige** des Versicherers abhängen. Hiervon wird meist – vor allem in kleineren Fällen – dann abgesehen, wenn der Versicherer durch eigene Ermittlungen sein primäres Ziel der Leistungsfreiheit erreicht hat (vgl. *König* S. 163, 173 f; krit. *Ayasse* VersR **1989** 780). Insbesondere – aber keineswegs ausschließlich – das versicherungswirtschaftliche Schrifttum wirft der Strafverfolgung nicht selten „Versicherungsfeindlichkeit" im Sinne von Desinteresse und Tendenz zur Verfahrenseinstellung vor (*Langrock* S. 25; *Wittkämper/Wulff-Nienhüser/Kammer* S. 226 mit weit. Nachw.). Der *Interessengegensatz* ergibt sich in der Tat jedenfalls daraus, daß eigene Ermittlungen der Versicherer primär auf Leistungsfreiheit abzielen (*Farny* S. 66 f) und die Versicherer bei Erreichung dieses Zieles vor allem, wie bereits erwähnt, in kleineren Fällen keine Strafanzeige erstatten (*Wittkämper/Wulff-Nienhüser/Kammer* S. 227). Zur Notwendigkeit einer Zusammenarbeit von Versicherern und Ermittlungsbehörden (Polizei und/oder Staatsanwaltschaft) jedenfalls in größeren und in internationalen Fällen sowie zur Einrichtung von Betrugsermittlungsstellen bei den Versicherungsunternehmen *Ayasse* aaO; *König* S. 161 ff; *Weibel* Kriminalistik **1993** 142 f.

52 **2.** Die **RiStBV** erwähnen den Versicherungsbetrug bzw. Versicherungsmißbrauch (§ 265) nicht (mehr), obwohl insbesondere für den Feuerversicherungsmißbrauch reiche kriminalistische Erfahrung und ein umfängliches einschlägiges Schrifttum vorliegen (zusammenfassend dazu *Groß/Geerds* Handbuch der Kriminalistik, 10. Aufl. Bd. 1 S. 326 ff, 720 ff, Bd. 2 S. 389 ff; *Langheid* VersR **1992** 15 ff mit weit. Nachw.). *Reinhardt* (ArchKrim Bd. **102** 62 ff) vermutet unter den Brandstiftungsdelikten mehr Versicherungsmißbräuche als allgemein angenommen wird und legt besonderen Wert auf Motivforschung, insbesondere im landwirtschaftlichen Bereich, aber auch auf den Zusammenhang mit der Konjunktur- und Wirtschaftslage. – Nr. 242 RiStBV a.F. sah vor, daß Versicherungsunternehmen auf Verlangen Auskunft darüber gegeben werden soll, ob und gegen wen aus Anlaß eines Brandfalles ein Strafverfahren anhängig ist bzw. welchen Ausgang es genommen hat (usw.). Die Vorschrift, die der oben Rdn. 51 geforderten Zusammenarbeit von Versicherern und Strafjustiz Rechnung trug, wurde 1986 gestrichen. Sie wird seither durch die allgemeinen strafprozessualen Regeln über *Auskunfts- und Akteneinsichtsrechte des Verletzten* (§§ 406 d ff StPO) ersetzt (zur Praxis *Lenhard* in: Bach S. 39 f). Daß der einzelne Versicherer auch bei überindividueller Ausrichtung des geschützten Rechtsgutes als Verletzter anzusehen ist, wurde bereits oben Rdn. 49 dargelegt und gilt für den weiten Verletztenbegriff der StPO erst recht.

53 **3.** Für die Aburteilung des Versicherungsmißbrauchs besteht keine besondere **Zuständigkeit**. § 74 c GVG sieht § 265 nicht als Wirtschaftsstraftat an, sondern bezeichnet nur den allgemeinen Betrugstatbestand als zur Zuständigkeit der Wirtschaftsstrafkammer gehörig, „soweit zur Beurteilung des Falles besondere Kenntnisse des Wirtschaftslebens erforderlich sind" (§ 74 c Abs. 1 Nr. 6 GVG). Dies kann im Einzelfall für den Versicherungsbetrug nach § 265 zutreffen.

54 **Anhang: Auszug aus dem Versicherungsvertragsgesetz** (Gesetz über den Versicherungsvertrag, VVG) vom 30. Mai 1908 (RGBl. S. 263, zuletzt geändert durch das 3. Durchführungsgesetz/EWG zum VAG vom 21.7.1994, BGBl. I S. 1630, ber. S. 3134, und das Einführungsgesetz zur Insolvenzordnung vom 5.10.1994, BGBl. I S. 2911).

§ 23 Gefahrerhöhung nach Vertragsabschluß

(1) Nach dem Abschluß des Vertrags darf der Versicherungsnehmer nicht ohne Einwilligung des Versicherers eine Erhöhung der Gefahr vornehmen oder deren Vornahme durch einen Dritten gestatten.

(2) Erlangt der Versicherungsnehmer Kenntnis davon, daß durch eine von ihm ohne Einwilligung des Versicherers vorgenommene oder gestattete Änderung die Gefahr erhöht ist, so hat er dem Versicherer unverzüglich Anzeige zu machen.

§ 25 Leistungsfreiheit wegen Gefahrerhöhung

(1) Der Versicherer ist im Fall einer Verletzung der Vorschrift des § 23 Abs. 1 von der Verpflichtung zur Leistung frei, wenn der Versicherungsfall nach der Erhöhung der Gefahr eintritt.

(2) Die Verpflichtung des Versicherers bleibt bestehen, wenn die Verletzung nicht auf einem Verschulden des Versicherungsnehmers beruht. Der Versicherer ist jedoch auch in diesem Fall von der Verpflichtung zur Leistung frei, wenn die in § 23 Abs. 2 vorgesehene Anzeige nicht unverzüglich gemacht wird und der Versicherungsfall später als einen Monat nach dem Zeitpunkt, in welchem die Anzeige dem Versicherer hätte zugehen müssen, eintritt, es sei denn, daß ihm in diesem Zeitpunkt die Erhöhung der Gefahr bekannt war.

(3) Die Verpflichtung des Versicherers zur Leistung bleibt auch dann bestehen, wenn zur Zeit des Eintritts des Versicherungsfalls die Frist für die Kündigung des Versicherers abgelaufen und eine Kündigung nicht erfolgt ist oder wenn die Erhöhung der Gefahr keinen Einfluß auf den Eintritt des Versicherungsfalls und auf den Umfang der Leistung des Versicherers gehabt hat.

§ 38 Verspätete Zahlung der ersten Prämie

(1) Wird die erste oder einmalige Prämie nicht rechtzeitig gezahlt, so ist der Versicherer, solange die Zahlung nicht bewirkt ist, berechtigt, vom Vertrag zurückzutreten. Es gilt als Rücktritt, wenn der Anspruch auf die Prämie nicht innerhalb von drei Monaten vom Fälligkeitstage an gerichtlich geltend gemacht wird.

(2) Ist die Prämie zur Zeit des Eintritts des Versicherungsfalls noch nicht gezahlt, so ist der Versicherer von der Verpflichtung zur Leistung frei.

§ 39 Fristbestimmung für Folgeprämie

(1) Wird eine Folgeprämie nicht rechtzeitig gezahlt, so kann der Versicherer dem Versicherungsnehmer auf dessen Kosten schriftlich eine Zahlungsfrist von mindestens zwei Wochen bestimmen; zur Unterzeichnung genügt eine Nachbildung der eigenhändigen Unterschrift. Dabei sind die Rechtsfolgen anzugeben, die nach den Absätzen 2, 3 mit dem Ablauf der Frist verbunden sind. Eine Fristbestimmung, die ohne Beachtung dieser Vorschriften erfolgt, ist unwirksam.

(2) Tritt der Versicherungsfall nach dem Ablauf der Frist ein und ist der Versicherungsnehmer zur Zeit des Eintritts mit der Zahlung der Prämie oder der geschuldeten Zinsen oder Kosten im Verzuge, so ist der Versicherer von der Verpflichtung zur Leistung frei.

(3) Der Versicherer kann nach dem Ablauf der Frist, wenn der Versicherungsnehmer mit der Zahlung im Verzuge ist, das Versicherungsverhältnis ohne Einhaltung einer Kündigungsfrist kündigen. Die Kündigung kann bereits bei der Bestimmung der Zahlungsfrist dergestalt erfolgen, daß sie mit Fristablauf wirksam wird, wenn der Versicherungsnehmer in diesem Zeitpunkt mit der Zahlung im Verzuge ist; hierauf ist der Versicherungsnehmer bei der Kündigung ausdrücklich hinzuweisen. Die Wirkungen der Kündigung fallen fort, wenn der Versicherungsnehmer innerhalb eines Monats nach der Kündigung oder, falls die Kündigung mit der Fristbestimmung verbunden worden ist, innerhalb eines Monats nach dem Ablauf der Zahlungsfrist die Zahlung nachholt, sofern nicht der Versicherungsfall bereits eingetreten ist.

(4) Soweit die in den Absätzen 2, 3 bezeichneten Rechtsfolgen davon abhängen, daß Zinsen oder Kosten nicht gezahlt worden sind, treten sie nur ein, wenn die Fristbestimmung die Höhe der Zinsen oder den Betrag der Kosten angibt.

§ 51 Überversicherung

(1) Ergibt sich, daß die Versicherungssumme den Wert des versicherten Interesses (Versicherungswert) erheblich übersteigt, so kann sowohl der Versicherer als auch der Versicherungsnehmer verlangen, daß zur Beseitigung der Überversicherung die Versicherungssumme, unter verhältnismäßiger Minderung der Prämie mit sofortiger Wirkung, herabgesetzt wird.

(2) Ist die Überversicherung durch ein Kriegsereignis oder durch eine behördliche Maßnahme aus Anlaß eines Krieges verursacht oder ist sie die unvermeidliche Folge eines Krieges, so kann der Versicherungsnehmer das Verlangen nach Absatz 1 mit Wirkung vom Eintritt der Überversicherung ab stellen.

(3) Schließt der Versicherungsnehmer den Vertrag in der Absicht, sich aus der Überversicherung einen rechtswidrigen Vermögensvorteil zu verschaffen, so ist der Vertrag nichtig; dem Versicherer gebührt, sofern er nicht bei der Schließung des Vertrags von der Nichtigkeit Kenntnis hatte, die Prämie bis zum Schluß der Versicherungsperiode, in welcher er diese Kenntnis erlangt.

§ 61 Schuldhafte Herbeiführung des Versicherungsfalls

Der Versicherer ist von der Verpflichtung zur Leistung frei, wenn der Versicherungsnehmer den Versicherungsfall vorsätzlich oder durch grobe Fahrlässigkeit herbeiführt.

§ 62 Abwendung und Minderung des Schadens

(1) Der Versicherungsnehmer ist verpflichtet, bei dem Eintritt des Versicherungsfalls nach Möglichkeit für die Abwendung und Minderung des Schadens zu sorgen und dabei die Weisungen des Versicherers zu befolgen; er hat, wenn die Umstände es gestatten, solche Weisungen einzuholen. Sind mehrere Versicherer beteiligt und sind von ihnen entgegenstehende Weisungen gegeben, so hat der Versicherungsnehmer nach eigenem pflichtmäßigen Ermessen zu handeln.

(2) Hat der Versicherungsnehmer diese Obliegenheiten verletzt, so ist der Versicherer von der Verpflichtung zur Leistung frei, es sei denn, daß die Verletzung weder auf Vorsatz noch auf grober Fahrlässigkeit beruht. Bei grobfahrlässiger Verletzung bleibt der Versicherer zur Leistung insoweit verpflichtet, als der Umfang des Schadens auch bei gehöriger Erfüllung der Obliegenheiten nicht geringer gewesen wäre.

§ 265 a

Erschleichen von Leistungen

(1) Wer die Leistung eines Automaten oder eines öffentlichen Zwecken dienenden Fernmeldenetzes, die Beförderung durch ein Verkehrsmittel oder den Zutritt zu einer Veranstaltung oder einer Einrichtung in der Absicht erschleicht, das Entgelt nicht zu entrichten, wird mit Freiheitsstrafe bis zu einem Jahr oder mit Geldstrafe bestraft, wenn die Tat nicht in anderen Vorschriften mit schwererer Strafe bedroht ist.

(2) Der Versuch ist strafbar.

(3) Die §§ 247 und 248 a gelten entsprechend.

Schrifttum

Vgl. zunächst die Angaben zu §§ 242, 263, 263 a.

Speziell zum Erschleichen von Leistungen *Achenbach* Die „kleine Münze" des sog. Computer-Strafrechts — Zur Strafbarkeit des Leerspielens von Geldspielautomaten —, Jura **1991** 225; *Ahrens* Automatenmißbrauch und Rechtsschutz moderner Automatensysteme (1985); *Albrecht* Bedienungswidrig herbeigeführter Geldauswurf bei einem Glücksspielautomaten OLG Stuttgart NJW 1982, 1659, JuS **1983** 101; *Alwart* Über die Hypertrophie eines Unikums (§ 265 a StGB), JZ **1986** 563; *Bilda* Zur Strafbarkeit des „Schwarzfahrens" zu Lasten von Verkehrsbetrieben, MDR **1969** 434; *Brauner/Göhner* Die Strafbarkeit „kostenloser Störanrufe", NJW **1978** 1469; *Bühler* Die strafrechtliche Erfassung des Mißbrauchs von Geldspielautomaten (1995); *Caesar* Der strafrechtliche Automatenschutz nach geltendem und künftigem Recht, Diss. Köln 1931; *Dylla-Krebs* Die falsche Namensangabe - Betrugsproblematik bei sog. Schwarzfahrern, NJW **1990** 888; *Ehmke* Zur rechtlichen Beurteilung von Telefonbelästigungen, Die Polizei **1981** 247; *Etter* Noch einmal: Systematisches Entleeren von Glückspielautomaten, CR **1988** 1021; *Falkenbach* Die Fahrgeldprellerei, ArchKrim **173** (1984), 83; *Falkenbach* Die Leistungserschleichung (§ 265 a StGB) (1983); *Fischer* „Erschleichen" der Beförderung bei freiem Zugang? NJW **1988** 1828; *Füllkrug* Manipuliertes Glück – Spiele an Geldautomaten, Kriminalistik **1988** 587, 609; *Füllkrug/Schnell* Die Strafbarkeit des Spielens an Geldspielautomaten bei Verwendung von Kenntnissen über den Programmablauf, wistra **1988** 177; *Gerns/Schneider* Die Bedienung von Parkuhren mit ausländischem Geld, NZV **1988** 129; *Hauf* Schwarzfahren im modernen Massenverkehr – strafbar nach § 265 a StGB? DRiZ **1995** 15; *Herzberg/Seier* Examensklausur Strafrecht, Jura **1985** 49; W. *Herzog* Telefonterror (fast) straflos? GA **1975** 257; *Huff* Die Strafbarkeit im Zusammenhang mit Geldautomaten, NStZ **1985** 438; *Kolping* Die Leistungserschleichung (§ 265 a StGB), Diss. Köln 1937; *Krause/Wuermeling* Mißbrauch von Kabelfernsehanschlüssen, NStZ **1990** 526; *Lochner* Die Münzautomaten im Strafrecht, Diss. München 1967; *Mahnkopf* Probleme der unbefugten Telefonbenutzung, JuS **1982** 885; *Martos Nuñez* Art. Polizonaje, in: Nueva Enciclopedia Jurídica Bd. XIX (1989) S. 998; U. *Meyer* Das Erschleichen einer Leistung nach dem schweizerischen Strafgesetzbuch (Art. 151 StGB), Diss. Bern 1973; *Ory* Rechtsfragen des Abonnementfernsehens, ZUM **1988** 225; *Ranft* Strafrechtliche Probleme der Beförderungserschleichung, Jura **1993** 84; L. *Schäfer* Die Einzelheiten der Strafgesetznovelle vom 28. Juni 1935, DJ **1935** 994; *Schall* Der Schwarzfahrer auf dem Prüfstand des § 265 a StGB, JR **1992** 1; *Schenkel* Funkstrafrecht (1929); *Schienle* Die Leistungserschleichung (§ 265 a StGB), StrafrAbh. 384 (1938); *Schlüchter* Zweckentfremdung von Geldspielgeräten durch Computermanipulationen, NStZ **1988** 53; *Schmitt* Strafrechtliche Probleme als Folge von Neuerungen im Bankwesen, Jura **1987** 640; *Schroth* Der Diebstahl mittels Codekarte, NJW **1981** 729; *Schulz* „Leistungserschleichung" bei Spielautomaten, NJW **1981** 1351; *Steinke* Dem Glück auf die Sprünge geholfen – Die Überlistung computerisierter Spielautomaten, Kriminalistik **1988** 565; *Tiedemann* Computerkriminalität und Mißbrauch von Bankautomaten, WM IV **1983** 1326; *Trenczek* Subsidiarität des Jugendstrafrechts – Programm oder Leerformel? ZRP **1993** 184; *Wiechers* Strafrecht und Technisierung im Zahlungsverkehr, JuS **1979** 847; *Wiechert/Schmidt* Fernmelderecht Entscheidungen (1983 ff); *Zeiler* „Münzfernsprecherbetrug", JW **1935** 476.

Aus der nichtstrafrechtlichen Literatur (Auswahl) *Aubert/Klingler* Fernmelderecht/Telekommunikationsrecht, 4. Aufl. Bd. 2 (1990); *Hartstein/Ring* Rundfunkstaatsvertrag, 2. Aufl. (1995); *Herrmann* Rundfunkrecht (1994).

Übersicht

1 **I. Entstehungsgeschichte und kriminalpolitischer Hintergrund; Auslandsrechte.** Der Straftatbestand wurde mit dem wesentlichen Inhalt seiner Absätze 1 und 2 im Anschluß an frühere Entwürfe (*Caesar* S. 35 ff) durch Gesetz vom 28. 6. 1935 (RGBl. I S. 839) eingeführt (dazu L. *Schäfer* DJ **1935** 994, 997 f) und durch das 1. WiKG 1976 auf den Mißbrauch von Leistungen öffentlicher Fernmeldenetze erstreckt. In seiner heutigen Form erfaßt § 265 a **vier Gruppen der Erschleichung von Leistungen**: Automatenmißbrauch, Mißbrauch öffentlicher Fernmeldenetze, Erschleichung der Personenbeförderung, Erschleichung des Zutritts zu Einrichtungen und Veranstaltungen. Abs. 3 geht hinsichtlich des Antragserfordernisses bei einer Tat gegen Angehörige auf das Gesetz vom 4. 8. 1953 (BGBl. I S. 735) zurück. Das EGStGB 1974 ergänzte diese Regelung um die Behandlung der Bagatellfälle und führte eine im gesamten Vermögensbereich vereinheitlichte Gestaltung der Bagatelldelikte ein.

2 Die Notwendigkeit für die Schaffung des speziellen und ausdrücklich als subsidiär ausgestalteten Straftatbestandes liegt zum einen in der **modernen technischen Entwicklung**, nämlich dem Aufkommen von Automaten aller Art und der Entwicklung der Fernmeldetechnik bis hin zum Kabelfernsehen und Pay-TV begründet. Zum anderen geht es um den Ausbau (und ebenfalls die Technisierung) des Beförderungsangebotes beim (öffentlichen) Personenverkehr, der sich seit der Erfindung der Dampfmaschine und der Einführung der Schienenbahnen zum *modernen Massenverkehr* entwickelt hat. Auch das Automaten- und Fernmeldewesen sowie öffentliche Veranstaltungen werden weithin durch das Erbringen von Massenleistungen charakterisiert. Für das Betrugsstrafrecht ist in allen diesen Bereichen der Wegfall menschlich-individueller Kontrollen und damit das Entfallen eines (menschlichen) Irrtums, aber auch schon einer Täuschungshandlung im Sinne des § 263 entscheidend (zusammenfassend *Falkenbach* S. 70 f mit Nachw.).

3 Die **Gesetzeslücke**, die durch § 265 a geschlossen werden soll, betrifft zum einen (und vor allem) das Betrugsstrafrecht, zum anderen aber auch allgemein das Vermögens- bis hin zum Eigentumsstrafrecht. Sie wurde durch das Urteil des Reichsgerichts vom 18. 12. 1933 (RGSt **68** 65 ff) evident, welches unmittelbar zu der oben Rdn. 1 genannten Novelle führte: Die beiden Angeklagten hatten in Berlin über mehrere Monate hinweg Münzfernsprecher dadurch mißbräuchlich benutzt, daß sie jeweils anstelle des vorgeschriebenen Zehnpfennigstücks eine für diesen Zweck durch Breitklopfen hergerichtete Zweipfennigmünze zur Zahlung verwendeten; der Anschluß wurde jedenfalls in einer Reihe von Fällen ohne Einschaltung von Bediensteten der Post, also allein auf mechanischem Wege, hergestellt. Das RG verneinte in den letzteren Fällen eine Strafbarkeit wegen Betruges, „weil … keine Person getäuscht und zu einer Vermögensverfügung veranlaßt worden ist" (aaO S. 66), aber auch eine solche wegen Stromentziehung (§ 248 c) und Münzfälschung (§ 146) sowie anderer Straftatbestände, insbesondere wegen gemeinschädlicher Sachbeschädigung (§ 304). Das Betrugsstrafrecht versagt freilich nicht nur bei automatisierten Vorgängen, sondern auch bei der Erschleichung von Massenleistungen und unzulänglicher Kontrolle. So fehlt nach der Rechtsprechung ein Irrtum „der Eisenbahnverwaltung, d. i. der sie vertretenden Beamten", wenn diese von der Anwesenheit des Täters im Zug „überhaupt keine Vorstellung erlangt" haben (RGSt **42** 40, 41; auf welche Weise der Passagier in den Zug gelangt war, blieb in der Entscheidung offen). Auch ist der Vermögensschaden nicht unzweifelhaft (unten Rdn. 14). Dieses Problem des „blinden Passagiers" hatte schon seit der zweiten Hälfte des 19. Jahrhunderts Rechtsprechung und Schrifttum beschäftigt (vgl. nur *v. Bar* GS **XL** [1888], 481, 490 ff mit Nachw.). Das Eigentumsstrafrecht (§§ 242, 246) gewährt — mit der Ausnahme des elektrischen Stroms (§ 248 c) — nichtgegenständlichen Leistungen keinen Schutz (vgl. auch unten Rdn. 16).

Die amtl. Begr. zum **1. WiKG** wies 40 Jahre später auf die weiter fortschreitende Automatisierung des öffentlichen Fernmeldenetzes und sein Zusammenwachsen mit den Auslandsverbindungen zu einem umfassenden internationalen Fernmeldesystem und auf den Anreiz hin, die einschlägigen Gebührenerfassungseinrichtungen durch technische Manipulationen zu umgehen, insbesondere durch Geräte und Methoden zur Simulation der Schaltsignale zur Steuerung der Übertragungs- und Vermittlungssysteme. Solche Eingriffe in den Ablauf von Vermittlungs-, Steuerungs- und Übertragungsvorgängen seien ohne Verletzung des Analogieverbotes insbesondere durch § 265 a nicht zu erfassen, da nicht die Leistung einzelner Automaten, sondern die des gesamten Fernmeldenetzes erschlichen wird (BTDrucks. 7/3441 S. 29; *Laufhütte* Prot. 7 S. 2735). Eine ähnliche Strafbarkeitslücke bestehe bei dem illegalen Anschluß von Fernsprechapparaten an Schaltpunkten des öffentlichen Fernsprechnetzes ohne Eintritt der in § 317 vorgesehenen Folgen (BTDrucks. aaO S. 29 f; *Laufhütte* aaO). **4**

Die **praktische Bedeutung** von § 265 a ist erheblich, auch wenn sich die oben Rdn. 1 genannten vier Fallgruppen in der Statistik unterschiedlich niederschlagen. Im Vordergrund steht insoweit eindeutig die Beförderungserschleichung, die auch in der Reformdiskussion unter dem Stichwort des „Schwarzfahrens" eine besondere Rolle spielt (unten Rdn. 7). Der Wegfall von Zu- und Abgangssperren und der weitgehende Verzicht auf regelmäßige Kontrollen vor allem im Personennahverkehr hat zu einer fast explosionsartigen Steigerung der unbefugten Inanspruchnahme von (insbesondere öffentlichen) Verkehrsmitteln geführt. Die Polizeiliche Kriminalstatistik nennt für die Berichtsjahre 1994 und 1995 jährlich mehr als 100.000 Fälle der Leistungserschleichung, und zwar mit einer Aufklärungsquote von 98 %. Diese deutet darauf hin, daß es um selektierte Fälle der Strafanzeige von Verkehrsbetrieben gegen rückfällige Täter oder solche, die die Zahlung verweigern, geht. Die Feststellung von Personen ohne gültigen Fahrausweis beläuft sich schon in einzelnen Großstädten auf ein Mehrfaches der genannten Zahl (vgl. etwa *Alwart* JZ **1986** 583 Fußn. 2). Eine weitere Vervielfachung (bis zum Wert 1:50) wird für das Verhältnis der entdeckten zu den unentdeckten Fällen angenommen, für das Verhältnis der geschätzten Dunkelziffer zu den von den Strafverfolgungsbehörden registrierten (angezeigten) Fällen bis zu 600:1 (*Falkenbach* ArchKrim **173** 87). Abgeurteilt wurden dagegen im Jahre 1994 nur gut 27.000 Personen (Strafverfolgung 1994 S. 24). – Demgegenüber ist der Mißbrauch von Automaten durch technische Sicherungen zunehmend eingedämmt worden (*Falkenbach* aaO S. 84). Verläßliche Zahlenangaben liegen insoweit aus neuerer Zeit ebensowenig vor wie im Hinblick auf den Mißbrauch des öffentlichen Fernmeldenetzes und die Erschleichung des Zutritts zu Einrichtungen und Veranstaltungen (ältere Zahlenangaben zum Automatenmißbrauch bei *Caesar* S. 12 f). **5**

Die **Kritik** an § 265 a konzentriert sich seit langem darauf, daß sachlich ähnliche Fälle der Leistungserschleichung nach unterschiedlichen Straftatbeständen des StGB geahndet werden (vgl. bereits *Schienle* S. 101 f, der den Wegfall der Subsidiaritätsklausel forderte). *Sieber* (Informationstechnologie S. 43) schlägt daher vor, den Mißbrauch von Computern und Automaten als „Mißbrauch technischer Geräte" gemeinsam in Anlehnung an § 263 zu regeln. In der Tat wird seit Einführung des § 263 a durch das 2. WiKG 1986 die bisherige Aufteilung in Waren- und Leistungsautomaten (mit der Anwendung von § 242 oder § 265 a, vgl. unten Rdn. 21) ergänzt durch die weitere Aufteilung in Automaten mit mechanischer und solche mit elektronischer Steuerung (*Sch/Schröder/Lenckner* Rdn. 1); die letzteren werden durch den strengeren § 263 a geschützt. Die unterschiedliche Behandlung des Automatenmißbrauchs nach § 265 a und § 263 a entspricht allerdings der unterschiedlichen technischen Ausgestaltung und der bei § 263 a regelmäßig größeren Raffinesse der Täter; diesen Faktoren müßte bei einem einheitlichen Straftatbestand späte- **6** stens im Wege der Strafzumessung Rechnung getragen werden. Und die Ausgliederung der Warenautomaten aus § 265 a mittels einer dogmatisch durchaus angreifbaren Bejahung des § 242 (vgl. unten Rdn. 22) ist eher ein Problem dieses als jenes Tatbestandes. Angesichts des meist nicht besonders hohen Wertes der aus Automaten entnommenen Waren wäre insgesamt in der Tat mit dem Wegfall der Subsidiaritätsklausel bei gleichzeitiger mäßiger Anhebung des Strafrahmens viel gewonnen.

7 In **kriminalpolitischer** Hinsicht steht die Bestrafung des *Schwarzfahrens* im Vordergrund der Kritik. Gerügt wird zum einen die tatbestandliche Einbeziehung von Bagatellfällen und die private Selektion durch die Strafanzeigepraxis der öffentlichen Verkehrsbetriebe (vgl. soeben Rdn. 5), zum anderen und vor allem das fehlende Strafbedürfnis wegen hinreichender (und nicht wahrgenommener) Selbstschutzmöglichkeiten des Opfers. Zusammenfassend sieht *Schall* (JR **1992** 5 f) in der Bestrafung des Schwarzfahrens eine strafrechtliche Sanktionierung bloßen Vertragsbruches, wenn und soweit es an einer zusätzlichen, die kriminelle Energie manifestierenden Verhaltensweise wie der Umgehung von Kontroll- oder Sicherungsvorkehrungen fehlt (dazu de lege lata unten Rdn. 45 ff). Das Strafrecht wird dann nach einem häufig geäußerten Vorwurf zum Vollstreckungsmittel im finanziellen Interesse der Verkehrsbetriebe degradiert. Zusätzlich wird kritisiert, daß die Strafverfolgung vorwiegend kriminologische Problemgruppen (Jugendliche, Heranwachsende, Randständige) betrifft (*Trenczek* ZRP **1993** 186). Nicht selten plädiert die Literatur daher für eine teilweise Streichung des § 265 a (in bezug auf das „Schwarzfahren") oder jedenfalls für seine Beschränkung auf öffentlichen Massenverkehr (und Mißbrauch öffentlicher Fernmeldenetze: *Falkenbach* S. 374), vereinzelt auch nur für eine Beseitigung der Doppelreaktion von strafrechtlicher und außerjustizieller Reaktion durch Erhebung erhöhter Beförderungsentgelte (eingehend *Falkenbach* S. 352 ff). Neuere *Gesetzentwürfe* sehen daher eine Beschränkung der Strafbarkeit der Beförderungserschleichung auf Fälle der Wiederholung und der Umgehung von Kontrollmaßnahmen vor; „einfache" Verstöße sollen insoweit als Ordnungswidrigkeit geahndet werden (vgl. etwa *Dreher/Tröndle* Rdn. 1; *Hauf* DRiZ **1995** 15 Fußn. 3). Diese Ende 1996 noch im Gesetzgebungsverfahren befindlichen Vorschläge werden auch mit der hohen sozialen Akzeptanz einer Entkriminalisierung der Beförderungserschleichung begründet (*Trenczek* aaO S. 189) und können sich auf ausländische Regelungen (unten Rdn. 9 ff) berufen. Die Hessische Kommission „Kriminalpolitik" zur Reform des Strafrechts empfiehlt, die Tatbestandsalternative der Beförderungserschleichung um das Erfordernis der Täuschung und des Irrtums einer Kontrollperson zu ergänzen (*Albrecht/Hassemer/Voß* [Hrsg.], Rechtsgüterschutz durch Entkriminalisierung, 1992, S. 59 ff). Dabei bleibt allerdings unklar, worin dann noch ein signifikanter Unterschied zu § 263 bestehen soll. Radikaler sind die Empfehlungen der Niedersächsischen Kommission zur Reform des Strafrechts und Strafverfahrensrechts, die den Tatbestand des Leistungsmißbrauchs ganz streichen und dies mit der angeblich geringen Bedeutung und dem Bagatellcharakter der übrigen Tatbestandsalternativen rechtfertigen will (*Albrecht/Beckmann/Frommel/Goy/Grünwald/Hannover/Holtfort/Ostendorf* Strafrecht — ultima ratio, 1992, S. 33 f); vgl. demgegenüber aber bereits die quantitativen Angaben bei L. *Schäfer* DJ **1935** 997 und heute *Ahrens* S. 10 f sowie *Falkenbach* S. 34 f, 74 f, 132 ff.

8 Im **ausländischen Recht** finden sich teils ähnliche Regelungen wie im deutschen Strafrecht, teilweise aber auch abweichende Modelle, die insbesondere in die Richtung der auch in Deutschland angestrebten Reform (oben Rdn. 7) weisen (ältere Übersicht bei *Caesar* S. 32 ff und *Kolping* S. 35 f):

9 Das **österreichische** StGB erfaßt in § 149 Abs. 1 das Erschleichen der Beförderung durch öffentliche Massenverkehrsmittel sowie des Zutritts zu einer Aufführung, Ausstel-

lung oder anderen Veranstaltung bzw. Einrichtung. Vorausgesetzt wird aber eine Täuschung über Tatsachen. Bei fehlender Täuschung liegt – im Falle der Beförderungserschleichung – eine Verwaltungsübertretung vor, die bei Zahlung des Fahrpreises mit einem Aufschlag straflos bleibt (*Falkenbach* S. 290 f mit Nachw.). Dies ist im Zusammenhang mit dem Gedanken des § 167 zu sehen, der die Schadenswiedergutmachung als allgemeinen Strafaufhebungsgrund anerkennt (vgl. dazu *Tiedemann* ZStW **107** [1995], 929 ff mit Nachw.). § 149 Abs. 2 stellt den Mißbrauch von Leistungsautomaten unter Strafe, ohne daß eine Täuschung erforderlich wäre (*Falkenbach* S. 291, dort auch zum Fernmeldemißbrauch). Art. 151 **schweizerisches** StGB bestraft generalklauselartig jedes Erschleichen einer entgeltlichen Leistung, „namentlich" der Fahrt auf einer Eisenbahn usw., des Zutritts zu einer Aufführung, Ausstellung oder ähnlichen Veranstaltung sowie einer Leistung, „die ein Automat vermittelt". Der Grund für die Vorschrift wird auch im schweizerischen Schrifttum darin gesehen, daß in diesen Fällen in der Regel weder ein Irrtum noch ein Vermögensschaden vorliegt (*Trechsel* Schweizerisches StGB Art. 151 Rdn. 1). Unter den Tatbestand fällt auch die unbefugte Verwendung von Telefonautomaten (*Meyer* S. 78; *Trechsel* aaO Rdn. 2; zur Praxis bei der Ahndung von Beförderungserschleichung *Falkenbach* S. 293 f). Auch die **skandinavischen** Strafgesetzbücher kennen Sonderregelungen für das Erschleichen von Beförderung oder Eintritt, wobei vom Straftatbestand auch das Schwarzfahren erfaßt wird (vgl. § 298 Nr. 4 *dänisches* Strafgesetz, § 403 *norwegisches* Strafgesetz und Kap. 9 § 2 Abs. 2 *schwedischer* Brottsbalken; *Falkenbach* S. 298 ff mit Angaben auch zur Praxis). *Finnland* sanktioniert in einem Spezialgesetz die unbefugte Inanspruchnahme von Beförderungsleistungen nur durch Androhung eines erhöhten Beförderungsentgelts. Allein das schwedische Strafrecht stellt aufgrund seiner generalklauselartigen Fassung auch den Automatenmißbrauch unter Strafe.

Im *romanischen* Rechtskreis ist das **französische** Modell der „filouterie" (Schwinde- **10**
lei) klassisch. Art. 313-5 Code pénal 1994 bestraft die Erschleichung von Leistungen ohne die Absicht oder die Möglichkeit des Täters zur Erbringung des Entgelts, z. B. für Taxi- und Hotelleistungen. Die Auswahl der strafschutzwürdigen Anbieter ist vom Gesetzgeber unter dem Gesichtspunkt getroffen worden, ob diese nach der Geschäftssitte vorzuleisten haben, ohne sich der Zahlungsfähigkeit des Kunden zu vergewissern. Das Nebenstrafrecht kennt die „filouterie" in bezug auf den Personenbeförderungsverkehr auf Schienen als Übertretung, die tatbestandlich nur die Benutzung des Verkehrsmittels ohne Fahrausweis voraussetzt und Abwendung der Strafverfolgung durch Zahlung einer pauschalierten Geldstrafe an den das Protokoll aufnehmenden Beamten erlaubt (*Merle/Vitu* Traité de Droit Criminel Droit Pénal Special Bd. II, 1982, Nr. 2361; auch *Falkenbach* S. 304). Als Vergehen schwerer bestraft wird die „filouterie de transport maritime", wenn sich der Täter heimlich Zugang zu einer Fern- oder internationalen Schiffsreise verschafft (ausführlicher *Martos Nuñez* in: Nueva Enciclopedia Jurídica Bd. XIX S. 1000 f). Der **portugiesische** *Código penal* folgt diesem Modell im Ausgangspunkt, bezieht aber die Beförderungserschleichung in den Straftatbestand der Zechprellerei (usw.) ein. Art. 220 *C.p.* stellt insoweit auf die Benutzung von Transportmitteln mit dem Wissen ab, daß die Zahlung eines Preises erforderlich ist, den der Täter nicht zu bezahlen beabsichtigt. Zwei Gesetzesdekrete ergänzen diesen Strafschutz durch Übertretungstatbestände, die fahrlässig verwirklicht werden können (*Gonçalves* Código Penal Português, 9. Aufl. [1996] Art. 220 Anm. 5). Vergleichbar ist die **spanische** Rechtslage, nach der das Schwarzfahren („polizonaje") keinen Vermögensschaden begründet und daher ein Betrug nach der Rechtsprechung nur vorliegen soll, wenn der Täter mittellos ist oder sich tatsächlich weigert zu zahlen (*Martos Nuñez* aaO S. 1008 mit Nachw.). Im Nebenstrafrecht wurde bis 1992 der

„polizonaje" bei Auslandsschiffsreisen und wird bis heute dieses Verhalten bei Flugreisen unter Strafe gestellt, während die unbefugte Benutzung sonstiger Beförderungsmittel nur ein Verwaltungsdelikt ist (*Rodriguez Devesa/Serrano Gomez* Derecho Penal Español, Parte Especial, 16. Aufl. [1993] S. 500 f). Daneben bestraft der spanische *Código penal* von 1996 in Art. 255 die „Betrügerei" durch Benutzung von elektrischem Strom, Gas, Wasser usw. oder Mitteln der Telekommunikation mittels besonders installierter Mechanismen, Änderung der Gebührenzähler oder anderer heimlicher Mittel, allerdings als Vergehen nur bei einem Schaden von über 50.000 Peseten. Art. 256 inkriminiert mit derselben Wertgrenze die unbefugte Benutzung jeder Art von Endanschluß von Mitteln der Telekommunikation. Auch in **Italien** ergänzt ein spezieller Straftatbestand im *Codice penale* (Art. 641) den allgemeinen Betrugstatbestand für Vertragsabschlüsse unter Verheimlichung der Zahlungsunfähigkeit („scrocco"), und das Nebenstrafrecht bedroht die Beförderungserschleichung je nach benutztem Transportmittel (*Martos Nuñez* aaO S. 1001 f).

11 Im **englischen** Strafrecht ist für die Erschleichung von Leistungen der Theft Act nicht einschlägig. Für die Beförderungserschleichung greift vielmehr der Transport Act von 1962 bzw. der Railway Act von 1977 ein; auffällig ist dabei der ausdrückliche Ausschluß der Möglichkeit von Verkehrsunternehmen, Bußgelder in Form eines erhöhten Fahrpreises zu erheben (zusammenfassend *Falkenbach* S. 314 f mit Nachw.). Mißbräuche von Fernmeldenetzen werden nach dem Post Office Act in der Fassung von 1968 geahndet (vgl. BTDrucks. 7/3441 S. 30; *Falkenbach* S. 315).

12 **II. Geschütztes Rechtsgut und allgemeine Einordnung des Tatbestandes.** Die tatbestandliche Zusammenfassung von vier Erschleichungshandlungen auf unterschiedlichen Gebieten der Erbringung von Leistungen erschwert die Rechtsgutsbestimmung insbesondere seit der Reform von 1976 (oben Rdn. 4), da sich die Erschleichung der Leistung von Fernmeldenetzen nur auf solche bezieht, die **öffentlichen** Zwecken dienen. Die Beförderungserschleichung betrifft zwar faktisch ebenfalls nahezu ausschließlich öffentliche Verkehrsmittel (für eine entsprechende Beschränkung des Strafschutzes daher die Entwürfe bis 1927; vgl. *Falkenbach* S. 88). Jedoch ist dies rechtlich ebensowenig erforderlich wie öffentliche Zugänglichkeit der Automaten, Einrichtungen oder Veranstaltungen. – Ein (überindividueller) Schutz der Allgemeinheit wird vor allem von *Falkenbach* (S. 34, auch S. 341 f, 348) vertreten, der hier „Gemeinschaftsinteressen" berührt sieht und bei dem Mißbrauch von Fernmeldenetzen das Interesse der Allgemeinheit an einem funktionierenden Kommunikationsvorgang ganz in den Vordergrund stellt (S. 374, 400). Die im Vergleich zu § 263 niedrige Strafdrohung und die ausdrückliche Subsidiarität des § 265 a sprechen allerdings entscheidend dagegen, Belange des öffentlichen Personenverkehrs und/oder des öffentlichen Fernmeldeverkehrs als (mit) geschützt anzusehen. Es geht insoweit nur um wichtige Tatobjekte in besonderer Gefährdungslage.

13 Vielmehr ist nach ganz h. M. allein das **Vermögen** der Betreiber von Automaten, Fernmeldenetzen, Verkehrsmitteln und Einrichtungen oder Veranstaltungen geschützt[1]. *Lackner* folgerte dies daraus, daß § 265 a nur vermögenswerte Leistungen betrifft (Voraufl. Rdn. 1; dazu unten Rdn. 17) – eine Betrachtung, die allerdings auch §§ 264, 264 a, 265, 265 b zu reinen Vermögensdelikten erklären müßte. Letztlich stellt die h. M. (und

---

[1] BayObLG NJW **1986** 1504 (f) und in: *Wiechert/Schmidt* 3.4 Nr. 22/23; AG Lübeck NJW **1989** 467; *Dreher/Tröndle* Rdn. 1 (a.E.); *Gössel* BT 2 S. 433; *Krey* 2 Rdn. 511; *Lackner/Kühl* Rdn. 1; *Maurach/Schroeder/Maiwald* 1 § 41 V A; *Otto* BT § 52 II; *Sch/Schröder/Lenckner* Rdn. 1; *Wessels* BT 2 § 15 II 1 Rdn. 631.

mit ihr *Lackner* aaO) auf die historisch eindeutige Auffang- und Lückenschließungsfunktion des § 265 a ab und leitet hieraus ab, daß bei § 265 a ebenso wie bei § 263 (nur) das Vermögen geschütztes Rechtsgut ist[2].

§ 265 a ist als **Erfolgsdelikt** konstruiert (*Gössel* BT 2 S. 434), da die vermögenswerten Leistungen vom Täter erlangt werden müssen. Nicht jedem Zweifel entzogen ist es aber, ob § 265 a auch als *Vermögensverletzungsdelikt* verstanden werden kann. Die Vorschrift setzt den Nachweis des Eintritts eines Vermögensschadens nicht ausdrücklich voraus (*Falkenbach* S. 337). Dessen Eintritt wird etwa bei der Beförderungserschleichung mit der Überlegung in Frage gestellt, daß der Leistende bei nur halb voller Eisenbahn durch Mehrbeförderung eines weiteren Passagiers „nicht eigentlich ärmer wird" (*Alwart* JZ **1986** 564 mit Nachw.; *Samson/Günther* SK § 263 Rdn. 177; vgl. auch oben Rdn. 9 f zu ähnlichen Ansichten im ausländischen Schrifttum). In der Tat tritt bei Massenleistungen, die nicht individuell zur Verfügung gestellt, sondern allgemein bereitgestellt werden und die der einzelne Benutzer gleichsam abruft, kein meßbarer Aufwandschaden des Leistenden und ein Gewinnentgang eindeutig nur dann ein, wenn ein zahlungsfähiger und -williger Benutzer abgewiesen werden muß (vgl. aus zivilrechtlicher Sicht BGHZ **55** 128, 129 mit Anm. *Canaris* JZ **1971** 560 ff). Dann wäre § 265 a folgerichtig als abstraktes Vermögensgefährdungsdelikt (so *Falkenbach* S. 341, 344), genauer: als Kumulationsdelikt zu verstehen, da bei massenhafter Leistungserschleichung Vermögensschäden entstehen, wenn die Gemeinkosten des Leistenden nicht mehr gedeckt sind. **14**

Demgegenüber hat bereits RGSt **42** 40, 41 (vgl. zuvor RGSt **4** 295) darauf hingewiesen, daß die Erschleichung einer vermögenswerten Leistung ohne Erbringung der Gegenleistung einen Vermögensschaden darstellt. Diese Auffassung entspricht der im Strafrecht h. M.[3]; ihr wird freilich entgegengehalten, daß keine auf die Gegenleistung des zahlungsunwilligen Täters bezogene „Gewinnaussicht", also keine wirtschaftlich vermögenswerte Exspektanz bestehe (*Samson/Günther* aaO; vgl. ferner *Alwart* aaO S. 564 f, der die Heranziehung des personalen Vermögensbegriffs für erforderlich hält; auch *Falkenbach* S. 73). Dieser Einwand vermag nicht zu überzeugen: Nach im Zivilrecht h. M. begründet die (zumindest:) offene Inanspruchnahme einer Leistung, die verkehrstypisch nur gegen Entgelt gewährt wird, zwar nicht nach der überwundenen Lehre vom „faktischen Vertrag", wohl aber nach der allgemeinen Rechtsgeschäftslehre ein konkludent geschlossenes Vertragsverhältnis, und der fehlende Rechtsbindungs- und Zahlungswille des Leistungserschleichers bleibt als bloßer innerer Vorbehalt unbeachtlich (und wäre es sogar als geäußerter Vorbehalt: protestatio facto contraria!) (vgl. nur *Palandt/Heinrichs* Rdn. 25 ff vor § 145 mit Nachw.; **krit.** *Fikentscher* Schuldrecht, 8. Aufl. [1992] Rdn. 63). Daher läßt sich der Schaden (auch bei rechtlicher Möglichkeit der Nachleistung des Entgelts) nach den Grundsätzen des (Erfüllungs- oder) Eingehungsbetrugs begründen: Der Leistende wird zur Leistung verpflichtet und ist leistungswillig, erbringt seinerseits sogar die Leistung, während der rechtlich bestehende Anspruch gegen den zahlungsunwilligen Leistungserschleicher wirtschaftlich wertlos ist. Problematisch bleiben auf dieser Grundlage die Fälle vertragsloser Leistungserschleichung, etwa bei heimlicher, nicht als Vertragsschluß zu deutender Leistungsinanspruchnahme (vgl. *Palandt/Heinrichs* aaO Rdn. 27: heimliches Einschleichen in ein Flugzeug) oder bei Minderjährigkeit des Erschleichers. Soweit nicht gesetzliche Ansprüche nach § 12 EVO (für die Deutsche Bahn AG) oder § 9 **15**

[2] So insbesondere *Krey* aaO; *Lenckner* aaO; *Wessels* aaO.

[3] RGSt **53** 225; BayObLG NJW **1986** 1504; *Dreher/Tröndle* Rdn. 37; *Gössel* BT 2 S. 434; *Lackner* LK, 10. Aufl., § 263 Rdn. 181; *Sch/Schröder/Cramer* § 263 Rdn. 139; je mit weit. Nachw.

VO-ABB (für Omnibusunternehmen) gegeben sind (vgl. dazu *Palandt/Heinrichs* § 11 AGBG Rdn. 30 mit Nachw.), greift das Zivilrecht auf Bereicherungsrecht (§§ 812 ff BGB) zurück (BGHZ **55** 128). Dabei entspricht der Bereicherung des Empfängers der wirtschaftlich wertvollen Leistung notwendig eine Entreicherung des Leistenden als Eingriff in eine diesem „zugewiesene" Rechtsposition, die somit normativ verfestigt und deshalb jedenfalls strafrechtlich als (beschädigter) Vermögensbestandteil anzusehen ist (ähnlich *Lackner* LK, 10. Aufl., § 263 Rdn. 181).

16 Inwieweit § 265 a ein *betrugsähnliches* Delikt ist (so die Annahme der amtlichen Strafrechtskommission, vgl. *Kolping* S. 32 mit Nachw.), unterliegt ebenfalls Zweifeln, obwohl die Beschreibung der Tathandlung als Erschleichen die Annahme von Täuschungsähnlichkeit nahelegt (eingehend dazu unten Rdn. 34 ff). Zunächst kehrt die gesetzliche Konstruktion des Tatbestandes im Verhältnis zu § 263 die Merkmale des objektiven und des subjektiven Tatbestandes um: § 265 a verlangt objektiv die Erlangung eines Vermögensvorteils und nach dem Wortlaut nur subjektiv eine Schädigungsabsicht, während § 263 objektiv einen Schadenseintritt und subjektiv die Absicht der Vorteilserlangung verlangt. Dieser Gegensatz – den *Haft* (BT S. 200) pointiert und eine Begründung für ihn vermißt – wird allerdings dadurch entschärft, daß mit der Leistungserlangung stets ein Schaden des Leistenden verbunden ist (soeben Rdn. 15). Gleichwohl tritt bei § 265 a der (teilweise auch für § 263 betonte) Charakter als **Vermögensverschiebungs- und Bereicherungsdelikt** stärker in den Vordergrund. Schädigende Vermögensverschiebung ist freilich von vornherein mehr als ein bloßer Vertragsbruch i. S. d. oben Rdn. 7 berichteten Kritik. Daß ein Schaden allein durch fehlenden Zahlungswillen bewirkt werden kann, ist im Rahmen des § 263 beim Eingehungsbetrug, z. B. in der Form des Kreditbetruges, anerkannt. Deshalb ist § 265 a entgegen *Alwart* (JZ **1986** 566 f) keineswegs ein „Unikum", das neben der Erschleichungshandlung „in einzigartiger Weise eine tatbestandliche Unterlassungsintention enthält". Wie *Alwart* (aaO) selbst sieht, beinhaltet auch der Zechbetrug (und beinhalten die meisten Fälle des Eingehungsbetrugs) eine Täuschung mit dem Willen, die erbrachte Leistung nicht zu bezahlen. Vielmehr prägt die (vorgängige!) Absicht, das Entgelt nicht zu entrichten, nach überwiegender Auffassung auch den Inhalt der Tathandlung des „Erschleichens" mit, das in der unentgeltlichen Inanspruchnahme der Leistung liegt (vgl. hier nur AG Lübeck NJW **1989** 467 mit Nachw.; unten Rdn. 19 und erneut 34 ff). Objektiver und subjektiver Tatbestand wirken also enger zusammen als bei § 263, und die Absicht, das Entgelt nicht zu entrichten, ist für das **Handlungsunrecht** von Bedeutung, das ohne diese Absicht allerdings nur in einem schlichten Vertragsbruch bestehen würde (vgl. insoweit allerdings auch § 266 b!). Auch im übrigen löst sich § 265 a auf der Handlungsseite des „Erschleichens" von § 263, indem ein nicht personengerichtetes Verhalten die für den Betrug erforderliche Täuschung einer Person durch eine potentiell zum Irrtum führende Handlung ersetzt. Zwar hat die Rechtsprechung etwa beim Betrug im Massenverkehr die Anforderungen an Täuschung, Irrtum und Kausalität weitgehend ausgedünnt. Dies wird aber mit Recht als betrugsinadäquat kritisiert (*Lackner*, LK, 10. Aufl., § 263 Rdn. 18, 78, 91). Es wäre deshalb eine petitio principii anzunehmen, das Erschleichen sei „Täuschungssurrogat" (so aber *Alwart* aaO). Selbstverständlich muß das Tatbestandsmerkmal des Erschleichens „ernstgenommen" (*Alwart* aaO) werden, da es Teil der durch Art. 103 Abs. 2 garantierten gesetzlichen Beschreibung der Begehungsweise ist. Jedoch lassen der Vermögensverschiebungscharakter des § 265 a, die teilweise gegebene Nähe zum (Trick-)Diebstahl (Warenautomaten! vgl. unten Rdn. 21 f) und die historische Verbindung zu Leistungsentziehungsdelikten, insbesondere zu § 248 c (oben Rdn. 3), auch ein Verständnis des § 265 a zu, das diesen in die Nähe von Sachentziehungsdelikten wie (Trick-)Diebstahl oder Unterschlagung rückt, allerdings bezogen auf nichtgegenständliche Leistungen (so deutlich Teile des spanischen Schrifttums zum „polizonaje"; vgl. *Martos Nuñez* in: Nueva Enciclopedia Jurídica Bd. XIX S. 1007; auch *Otto* JZ **1985** 21, 23). Bereits *Kolping* (S. 33) sprach von einem „Leistungsdelikt" sui generis. Daher ist es durchaus möglich, unter „Erschleichen" die nur ordnungswidrige Leistungserlangung zu verstehen, ähnlich wie bei § 248 c das „Entziehen" des Stroms „mittels eines (ordnungswidrigen) Leiters" genügt und ähnlich wie die List bei § 235 nicht voraussetzt, daß der Täter den Sorgeberechtigten überlistet, vielmehr ausreicht, daß der Täter die Anwendung eines mit Klugheit gewählten Mittels verbirgt (BGHSt **10** 376, 378 f), mag auch der offene „Diebstahl" des Kindes nicht genügen (*Sch/Schröder/Eser* § 235 Rdn. 12). Die Frage ist letztlich auch im System des Betrugsstrafrechts offen: Dieses kennt auch im übrigen nur „ordnungswidrige" Verhaltensweisen, die im Grunde keinen Erklärungswert haben (vgl. nur § 264 Abs. 1 Nr. 2: pflichtwidrige Nichtmitteilung subventionserheblicher Tatsachen); und daß im Rahmen des § 263 a für die „unbefugte" Datenverwendung ein Täuschungswert i. S. d. § 263 verlangt wird (vgl. nur *Dreher/Tröndle* § 263 a Rdn. 8 mit Nachw.), erklärt sich aus der insgesamt betrugsparallelen Tatbestandskonstruktion, die bei § 265 a – wie dargelegt – nicht in gleicher Weise gegeben ist.

III. Die Tathandlung und ihr Gegenstand

1. Entgeltlichkeit der Leistung. Der objektive Tatbestand bezeichnet als Gegenstand der Leistung diejenige eines Automaten oder eines öffentlichen Zwecken dienenden Fernmeldenetzes, die Beförderung durch ein Verkehrsmittel oder den Zutritt zu einer Veranstaltung oder Einrichtung. Aus der Einordnung als Vermögensdelikt (oben Rdn. 13) und aus dem subjektiven Tatbestand schließt die h. M., daß für alle vier Tatbestandsalternativen nur **entgeltliche** vermögenswerte Leistungen in Betracht kommen[4]. Dies ist zutreffend, auch wenn ein solches Erfordernis bei § 263 nicht besteht. § 265 a ist insoweit enger und vermeidet die beim Betrugstatbestand hinsichtlich der ohne Gegenleistung zu erbringenden Leistungen bekannten Probleme. Damit ist nicht nach § 265 a strafbar, wer sich als Außenstehender in eine geschlossene Veranstaltung einschleicht, für die kein Eintrittsgeld verlangt wird (*Wessels* BT 2 § 15 II 1 Rdn. 633; aber § 123 !). Ein positives Beispiel (von *Dreher/Tröndle* Rdn. 3) ist das Vortäuschen der Vereinszugehörigkeit, die zum Eintritt berechtigt. In teleologischer Reduktion wird der Tatbestand aufgrund seiner Ergänzungsfunktion (*Sch/Schröder/Lenckner* Rdn. 2), richtiger wohl schon im Hinblick auf die Legaldefinition des § 11 Abs. 1 Nr. 9, ferner dann für unanwendbar gehalten, wenn das Entgelt nicht aus (erwerbs)wirtschaftlichen Gründen, sondern deshalb gefordert wird, weil auf diese Weise die Inanspruchnahme der Leistung oder Einrichtung beschränkt werden soll, z. B. beim Zutritt zum Bahnsteig gegen Lösung einer Bahnsteigkarte (*Sch/Schröder/Lenckner* aaO; OLG Hamburg NJW **1981** 1281 f mit Anm. *Schmid* JR **1981** 391 verneint insoweit dagegen das Vorliegen einer „Einrichtung"; vgl. unten Rdn. 33). Der Vermögensvorteil ist hier keine Gegenleistung im Sinne des § 11 Abs. 1 Nr. 9. Dagegen stellt seit der Neufassung des § 6 a Abs. 6 und 7 StVG im Jahre 1980 das Entgelt bei Benutzung einer *Parkuhr* keine bloße Verwaltungs-, sondern (auch) eine Benutzungsgebühr für die Inanspruchnahme des Parkraumes dar (vgl. BayObLG JR **1991** 433, 434 mit Anm. *Graul* mit weit. Nachw.; **aA** *Gössel* BT 2 S. 446); jedoch ist insoweit die Anwendbarkeit des § 265 a aus anderen Gründen umstritten und im Ergebnis zu ver- 17

[4] OLG Hamburg NJW **1981** 1281, 1282; *Ahrens* S. 50 f; *Falkenbach* S. 81; *Gössel* BT 2 S. 434; *Lackner* Voraufl. Rdn. 1; *Maurach/Schroeder/Maiwald* aaO; *Otto* BT § 52 II 1 b; *Sch/Schröder/Lenckner* Rdn. 2; *Wessels* BT 2 § 15 II 1 Rdn. 633; auch *Dreher/Tröndle* Rdn. 3.

neinen (vgl. unten Rdn. 33). Streitig ist schließlich, ob die *Rundfunkgebühr* eine Gegenleistung ist. Die rundfunkrechtliche Literatur sieht in ihr eine Abgabe sui generis mit beitragsartigen Elementen (*Hartstein/Ring* § 11 Rdn. 9) bzw. einen öffentlich-rechtlichen Beitrag zu den Kosten des öffentlich-rechtlichen Rundfunks in Deutschland (*Herrmann* § 31 Rdn. 47 f); BVerfGE **31** 314, 330 stellt ausdrücklich fest, daß die Rundfunkgebühr „nicht Gegenleistung für eine Leistung, sondern … Mittel zur Finanzierung der Gesamtveranstaltung" sei. Jedoch betont die abweichende Meinung der Richter *Geiger, Rinck* und *Wand* mit Nachdruck den zwar extrem pauschalierten, aber materiellen Charakter als Entgelt. Die Frage braucht hier wegen der Spezialität der Ordnungswidrigkeit für das Schwarzhören und -sehen (unten Rdn. 58) nicht vertieft zu werden. Denn der Entgeltcharakter für die Inanspruchnahme des Breitbandverteilnetzes der Telekom (unten Rdn. 44) ist jedenfalls unstreitig (OLG Braunschweig in: *Wiechert/Schmidt* 3.3 Nr. 12; *Aubert/Klingler* S. 327 f).

18 Leistung und Entgelt müssen in einem synallagmatischen Zusammenhang stehen, der aber nicht zu eng verstanden werden darf. Es kommt auf den Gesamtzusammenhang an, innerhalb dessen die Leistung erbracht wird. Die Frage hat zunächst Bedeutung für die unberechtigte Betätigung von *Bankomaten* (Bargeldauszahlungsautomaten), z. B. durch unbefugte Benutzung einer fremden Codekarte. Die überwiegende Ansicht verneint insoweit – unabhängig von der Subsidiaritätsklausel – die Anwendbarkeit des § 265 a, da die Leistung (Auszahlung von Bargeld) durch die Banken nicht gegen Entgelt erfolge[5]; selbstverständlich fließen die der Bank entstehenden Kosten aber in die Gebühren ein, die der Kontoinhaber zu entrichten hat. Die Leistung ist daher eine entgeltliche. Eine ähnliche Frage ergibt sich sodann bei der strafrechtlichen Behandlung von sog. *Störanrufen*, bei denen der Täter lediglich das Rufzeichen ertönen läßt, ohne eine Gesprächsverbindung zu beabsichtigen. Da die deutschen Fernmeldenetzbetreiber im Inlandsverkehr eine Gebühr erst erheben, wenn eine entsprechende Verbindung hergestellt worden ist, nimmt die h. M. an, daß das Rufzeichen mangels Entgelts hierfür keine Leistung i. S. d. § 265 a ist (vgl. nur *Ahrens* S. 58 mit Nachw.). Dies ist zutreffend. Zusammengefaßt ist das im objektiven Tatbestand ungeschriebene Merkmal der Entgeltlichkeit der Leistung weit zu verstehen und von der außerstrafrechtlichen Rechtslage abhängig. Richtig nach dem zur Tatzeit geltenden Gebührenrecht hat daher BayObLG (in: *Wiechert/Schmidt* 3.4 Nr. 22/23) das eigenmächtige Anschließen und Betreiben einer Nebenstellenanlage an das öffentliche Fernsprechnetz als nach § 265 a strafbar erklärt, auch wenn die Anschluß- und Grundgebühren nicht nach der tatsächlichen Nutzung berechnet wurden (ebenso LG Landshut in: *Wiechert/Schmidt* 3.3 Nr. 8).

19 Wird das erforderliche Entgelt tatsächlich (vor Inanspruchnahme der Leistung) bezahlt, so fehlt es schon am objektiven Tatbestand[6]. Daran ändert sich auch nichts durch den Umstand, daß der Täter die Tatsache der Zahlung nicht ordnungs- oder vertragsgemäß **beweisen** kann (Beispiele: Der Fahrgast unterläßt es entgegen den Tarifbestimmungen, einen neuen Fahrschein zu kaufen, obwohl er die ordnungsgemäß gelöste und bezahlte Monats- oder Tagesfahrkarte bei der Fahrt nicht bei sich führt[7]; der Täter verschafft sich die Leistung unter Umgehung von Sicherungsvorkehrungen, die gegen unbefugte Inan-

[5] *Arzt/Weber* LH 3 Rdn. 186; *Bieber* WA Beil. 6/87, 15; *Dreher/Tröndle* Rdn. 3; *Lenckner/Winkelbauer* wistra **1984** 84; *Sch/Schröder/Lenckner* aaO; *Schroth* NJW **1981** 730; *Sieber* JZ **1977** 412; *Steinhilper* GA **1985** 116; *Wiechers* JuS **1979** 849; dagegen zutreffend *Herzberg/Seier* Jura **1985** 52.

[6] BayObLG NJW **1986** 1504 (f); AG Lübeck NJW **1989** 467; *Sch/Schröder/Lenckner* Rdn. 2.

[7] BayObLG aaO; AG Lübeck aaO; *Gössel* BT 2 S. 433 f; *Sch/Schröder/Lenckner* aaO (a.E.). Als Frage des subjektiven Tatbestandes wird das Beispiel dagegen von *Lackner/Kühl* Rdn. 7 und wohl auch von *Dreher/Tröndle* Rdn. 3 eingeordnet.

spruchnahme getroffen sind, weil er seinen Ausweis, der die Berechtigung dokumentiert, verloren hat: *Sch/Schröder/Lenckner* Rdn. 2). Die etwa bei der Kontrolle fällig werdende Bearbeitungsgebühr hat keinen Entgeltcharakter.

2. Als **Leistung eines Automaten** wird die selbsttätige und zwangsläufige Erbringung einer Leistung durch ein technisches Gerät bezeichnet, welches über ein mechanisches oder elektronisches Steuersystem verfügt und durch Entrichtung des vorgeschriebenen Entgelts oder mittels einer Code- oder Wertkarte in Funktion gesetzt wird (vgl. *Schienle* S. 5). Die Leistung kann allgemein in der Abgabe bestimmter Gegenstände (Waren, Bargeld, Fahrkarten, sonstige Berechtigungs- und Gutscheine) bestehen (sog. **Warenautomaten**) oder in der Erbringung sonstiger, *unkörperlicher Leistungen* (Vorteile) liegen (sog. **Leistungsautomaten**). Beispiele für Leistungsautomaten sind neben Fernsprechautomaten, die seit 1976 aber auch unter die speziellere zweite Alternative fallen, insbesondere Spiel-, Musik- und Wiegeautomaten. **20**

Der Wortlaut des Tatbestandes umfaßt beide Klassen von Automaten. Jedoch schließt die h. M. die Warenautomaten aus dem Anwendungsbereich des § 265 a bereits tatbestandlich aus, da bei körperlichen Leistungsgegenständen §§ 242, 246 einschlägig sind (vgl. schon RGSt **34** 45 ff) und insoweit die historisch gewollte **Auffangfunktion des § 265 a** (oben Rdn. 3) dessen Eingreifen von vornherein überflüssig macht (zusammenfassend *Ahrens* S. 52; *Schulz* NJW **1981** 1352; zu weiteren Argumenten aus inzwischen beseitigten Brüchen im System der Eigentums- und Vermögensdelikte *Lackner* Voraufl. Rdn. 2)[8]. § 265 a beschränkt sich somit nach h. M. auf Leistungsautomaten, die keine beweglichen Sachen, sondern sonstige vermögenswerte Leistungen anbieten. Allerdings kann hiergegen eingewandt werden, daß die Subsidiaritätsklausel dieses Tatbestandes der Auffangfunktion sogar förmlich Rechnung trägt, also kein Bedürfnis für eine interpretatorische Einschränkung bereits des objektiven Tatbestandes besteht. Jedoch werden aus der Ergänzungsfunktion auch andere tatbestandliche Einschränkungen abgeleitet (vgl. bereits Rdn. 17), so daß sich die tatbestandliche Ausscheidung der Warenautomaten systematisch in die sonstige Handhabung der Vorschrift einfügt. Freilich tritt damit die Bestimmung der Leistung des Automaten in den Vordergrund. So wollen *Sch/Schröder/Lenckner* (Rdn. 4) schon aus dem Wortlaut des § 265 a ableiten, daß Warenautomaten keine von der Vorschrift erfaßten Automaten seien, weil *Leistungsgegenstand* insoweit allein die Sache, nicht aber eine „um ihrer selbst willen produzierte" Leistung sei (im Anschluß an *Ahrens* S. 53 ff). Dies ist allerdings nicht unbedingt zwingend, da die „Leistung" des Warenautomaten gerade (auch) in der Übergabe der Sache besteht, wobei allerdings das Entgelt in der Tat meist nicht auch für den Übergabeakt, sondern allein für den Sachwert erbracht wird – es sei denn, daß der Verkaufspreis bei Warenbezug über einen Automaten höher angesetzt ist als der übliche Verkaufspreis auf der Endabnehmerstufe oder daß der Verkaufspreis auf dieser Stufe teilweise als Entgelt für die Verkäufer„leistung", nämlich (auch) das Vorrätighalten und die Übergabe, also für die Betriebskosten, angesehen wird. *Ahrens* (aaO) will insoweit auf die Sicht des Benutzers abstellen und auf diese Weise entsprechend der Zweckbestimmung des Automaten auch den Betriebskostenaufschlag als irrelevant ausscheiden. **21**

---

[8] BGH MDR **1952** 563 mit abl. Anm. *Dreher*; BayObLG NJW **1987** 664; OLG Koblenz NJW **1984** 2424, 2425; OLG Köln OLGSt § 242 S. 51; OLG Zweibrücken OLGSt § 265 a S. 1; LG Freiburg NJW **1990** 2635, 2636; LG Ravensburg StV **1991** 214, 215 mit Anm. F. *Herzog*; *Ahrens* S. 52 ff; *Blei* II S. 244 f; *Gössel* BT 2 S. 435 f; *Lackner/Kühl* Rdn. 2; *Maurach/Schroeder/Maiwald* § 41 V B 1; *Samson/Günther* SK Rdn. 3; *Sch/Schröder/Lenckner* Rdn. 4; *Welzel* S. 379; **aA** *Bockelmann* II/1 S. 117; *Dreher* aaO; *Dreher/Tröndle* Rdn. 1 a; AG Lichtenfels NJW **1980** 2206 f mit abl. Anm. *Seier* JA **1980** 681 f und abl. Bspr. *Schulz* NJW **1981** 1351 f sowie abl. Bspr. *Otto* JZ **1985** 21, 23.

22 Praktische Folgen ergeben sich aus der Streitfrage einer Ausscheidung von Warenautomaten schon über den Tatbestand oder erst über die Subsidiaritätsklausel nicht (es sei denn, daß mit einer älteren Mindermeinung der Literatur oder im Anschluß an die neuere BGH-Rechtsprechung zum Bankomaten das Eingreifen von §§ 242, 246 bei funktionsgerechter Nutzung von Warenautomaten verneint wird[9]). Ohnehin tritt zu dieser „klassischen" Zweiteilung von Waren- und Leistungsautomaten mit alternativer Anwendung von § 242 oder § 265 a die bereits oben Rdn. 6 erwähnte Aufteilung in mechanische und elektronische Automaten mit der Folge der Anwendung von § 265 a oder § 263 a. Zusätzlich ist bei Fernsprechautomaten die schon Rdn. 4 angedeutete Anwendung der zweiten Tatbestandsalternative des § 265 a zu beachten; diese tritt bei den modernen Fernsprechautomaten mit elektronischer Werterfassung wiederum gegenüber § 263 a zurück. Für die (unterschiedlich strenge) Strafbarkeit ist damit die – aus der Sicht des Strafrechts jedenfalls teilweise eher zufällige – technische Gestaltung maßgebend, deren Relevanz allerdings auch von anderen Straftatbeständen her bekannt ist. Auch kann derselbe Automat durch mehrere Strafvorschriften geschützt sein. So fällt der (Geld-)Spielautomat hinsichtlich der *eigentlichen Leistung*, dem mit einer Gewinnchance verknüpften Spielvergnügen, unter § 265 a bzw. § 263 a, hinsichtlich der Geldausgabe- und Geldrückgabefunktion dagegen unter §§ 242, 246[10]. Erfüllen Automaten als Folge der modernen Technik mehrere Funktionen (z. B. Autowaschanlage, die sowohl die Leistungen des Reinigens und Trocknens als auch die „Waren" Wasser und Reinigungsmittel erbringt), so kann entweder – trotz der Subsidiaritätsklausel – Tateinheit mit § 242 angenommen werden (so *Ahrens* S. 80 ff), oder es wird darauf abgestellt, ob die von dem Automaten abgegebene Sache nur dienende Funktion hat (z. B. Wasser und Reinigungsmittel beim Waschautomaten, Fotopapier bei einem Fotoautomaten usw.) – mit der Folge, daß es sich um einen Leistungsautomaten handelt (so *Falkenbach* S. 82; *Sch/Schröder/Lenckner* Rdn. 4). Zutreffend ist die letztere Annahme (in Anlehnung an die Behandlung des Benzindiebstahls beim Kfz-Diebstahl).

23 Unter den so bestimmten Begriff des Leistungsautomaten fallen nach h. M. außer den bereits oben Rdn. 20 a.E. genannten Beispielen im einzelnen: Münzzähler bei Fernsehgeräten, die auf Abzahlung gekauft sind und bis zur vollen Entrichtung des Kaufpreises nur gegen Einwurf einer Münze benutzt werden dürfen (OLG Stuttgart MDR **1963** 236); Münzkassiergeräte an Gas- und Stromanlagen (BGH bei Holtz MDR **1985** 795; BayObLG JR **1961** 270); automatische Ferngläser an Aussichtspunkten (*Lackner* Voraufl. Rdn. 2); Filmautomaten (*Sch/Schröder/Lenckner* Rdn. 4). Dagegen werden *Parkuhren* nicht erfaßt, weil sie als Leistung – anders als mechanische Schranken, die den Parkraum zugänglich machen – nicht die tatsächliche Möglichkeit des Parkens bieten, sondern nur das rechtliche Parkverbot befristet aufheben[11]. Zur Frage des Eingreifens der vierten Tatbestandsalternative insoweit vgl. unten Rdn. 33.

---

[9] So *Arzt/Weber* LH 3 Rdn. 186; *Bockelmann* aaO; *Dreher* MDR **1952** 563; *Otto* BT § 52 II 1 a (in Übertragung der BGH-Rechtsprechung zum Mißbrauch von Geldautomaten); auch *Herzberg/Seier* Jura **1985** 52.

[10] BayObLG NJW **1981** mit Anm. *Meurer* JR **1982** 292; OLG Koblenz NJW **1984** 2424, 2425; OLG Köln OLGSt § 242 S. 51; auch OLG Stuttgart NJW **1982** 1659 mit Anm. *Seier* JR **1982** 509 ff und Bspr. *Albrecht* JuS **1983** 101 ff; OLG Zweibrücken OLGSt § 265 a S. 1; LG Freiburg NJW **1990** 2635, 2636 mit Anm. *Hildner* NStZ **1990** 598 und *Otto* CR **1990** 797 f; LG Ravensburg StV **1991** 214, 215 mit Anm. F. *Herzog*; *Otto* JuS **1985** 23; *Ranft* JA **1984** 6; *Sch/Schröder/Lenckner* Rdn. 4; *Schulz* NJW **1981** 1351 f; **krit.** *Otto* JZ **1993** 570.

[11] BayObLG JR **1991** 433, 434 mit Anm. *Graul*; OLG Koblenz NStE Nr. 4; OLG Saarbrücken DAR **1989** 233, 234; *Falkenbach* S. 82 Fußn. 332; auch *Gössel* BT 2 S. 436 f; **aA** *Gern/Schneider* NZV **1988** 130.

3. Die **Leistung eines öffentlichen Zwecken dienenden Fernmeldenetzes** besteht in der Eröffnung der Möglichkeit, durch Datenübertragungssysteme Nachrichten zu übermitteln und zu empfangen. Zu eng wollen insbesondere *Sch/Schröder/Lenckner* (Rdn. 5) nur Fernsprech- und Fernschreibnetze einbeziehen. Demgegenüber hebt die amtliche Begründung ausdrücklich hervor, daß über diese Netze hinaus alle – auch künftigen – öffentlichen Datenübertragungssysteme erfaßt werden sollen (BTDrucks. 7/3441 S. 30). Auch ist zu bedenken, daß sich das Fernmelderecht insgesamt mit seiner Begrifflichkeit im Umbruch befindet (J. *Lampe* in: Erbs/Kohlhaas F 55 § 1 FAG Rdn. 3; *Scherer* NJW **1996** 2953, 2956). Sprachgebrauch und Auslegung des § 317, an dessen Formulierung sich § 265 a anlehnt, sind daher ebensowenig ausschlaggebend wie der Inhalt des § 1 FAG a.F. und des § 3 TKG, der von „Telekommunikation" und „Telekommunikationsnetzen" spricht (vgl. Anhang Rdn. 62). **24**

Als **Fernmeldenetz**, das öffentlichen Zwecken dient, ist wegen seiner besonderen Bedeutung für die öffentliche Kommunikation vor allem das *Telefonnetz* anzusehen, wie für § 317 einhellig anerkannt ist (vgl. BGHSt **25** 370 mit zust. Anm. *Krause* JR **1975** 380). Allerdings wählt § 265 a einen teilweise anderen Sprachgebrauch, um deutlich zu machen, daß es nicht auf die Zweckbestimmung der einzelnen Anlage, sondern auf die des Fernmeldenetzes insgesamt ankommt (vgl. BTDrucks. aaO). Die amtliche Begründung (aaO) stellt vor allem klar, daß auch Manipulationen der Endanschlüsse des Telefonnetzes erfaßt werden sollen. Entsprechendes gilt für *Fernschreiber*, die auch in § 1 FAG a.F. ausdrücklich angeführt wurden. **25**

Fraglich ist angesichts des Wortlautes die Einbeziehung der drahtlosen Nachrichtenübermittlung durch Funk, also insbesondere der Strafschutz der *Rundfunk-* und *Fernsehnetze*. *Sch/Schröder/Lenckner* (Rdn. 5) wollen die Leistungen von Rundfunk und Fernsehen aus § 265 a ausschließen, da diese Einrichtungen nicht zum Fernmeldenetz gehören, und *Lackner/Kühl* (Rdn. 3) beziehen nur Breitbandkabelnetze zur Verteilung von Fernseh- und Hörfunkprogrammen ein (unklar *Dreher/Tröndle* Rdn. 1 b). Jedoch ist die daraus ersichtliche Beschränkung auf Leistungen des Kabelnetzbetreibers zweifelhaft. Vor allem und zunächst kann es für das Vorliegen eines „Netzes" nicht darauf ankommen, ob die zu einer Gesamtheit verbundenen Anlagen ganz oder teilweise durch einen körperlichen Leiter (Drahtnachrichtentechnik!) verbunden sind (zutr. *Gössel* BT 2 S. 439 f). Dies belegt auch die bisher nicht angezweifelte Einbeziehung der durch Richtfunk erfolgenden Gesprächsübermittlung im Fernsprechverkehr in den Straftatbestand (vgl. zum Autotelefon AG Mannheim CR **1986** 341 f; zum schnurlosen Telefon J. *Lampe* aaO Rdn. 12). Weiter schloß das FAG (§ 1 Abs. 1 a.F.) ebenso wie jetzt § 3 Nr. 22 TKG Funk als Mittel der Übertragung von Nachrichten ausdrücklich ein (vgl. auch *Falkenbach* S. 85). Fernsprech-, Rundfunk- und Fernsehnetze sind aber auch weder technisch noch sprachlich wesentlich voneinander verschieden und dienen gemeinsam der Übertragung und dem Empfang von Nachrichten und Daten. Zweifelsfrei unter den Tatbestand fällt der **Rundfunk**, der in § 2 Abs. 1 Rundfunkstaatsvertrag 1991 als „für die Allgemeinheit bestimmte Veranstaltung und Verbreitung von Darbietungen aller Art ... unter Benutzung elektrischer Schwingungen ohne Verbindungsleitung oder ... mittels eines Leiters" definiert wird und als Fernmeldeanlage i. S. d. § 1 FAG a.F. anerkannt war[12], aber auch ein Fernmeldenetz darstellt[13]. Heute spricht § 3 Nr. 21 TKG vom „Telekommunikationsnetz". Entgegen *Falkenbach* (aaO) ist vor allem die Tatsache nicht relevant, daß Rundfunk und **26**

[12] *Aubert/Klingler* S. 228; *Dreher/Tröndle* § 317 Rdn. 1; *Lackner/Kühl* § 317 Rdn. 2; J. *Lampe* in: Erbs/Kohlhaas F 55 § 1 Rdn. 11 f; *Wolff* LK, 10. Aufl., § 317 Rdn. 2.

[13] *Aubert/Klingler* S. 238 Fußn. 215; *Krause/Wuermeling* NStZ **1990** 528 Fußn. 36; *Otto* BT § 52 II 2.

Fernsehen (als „verteilende Telekommunikation") Nachrichten einseitig an viele Empfänger aussenden. Dies stellt weder das Vorliegen von Fernmelde- oder Nachrichtentechnik (vgl. bereits *Schenkel* S. 23) noch die Existenz eines „Netzes" in Frage; als solches kommt nämlich neben einem Vermittlungs- auch ein Verteilnetz in Betracht (OLG Braunschweig in: *Wiechert/Schmidt* 3.3 Nr. 12). Zur Tathandlung des Schwarzhörens und -sehens näher unten Rdn. 44.

27 **Öffentlichen Zwecken** dient ein Fernmeldenetz, wenn seine Benutzung ausschließlich oder überwiegend im Interesse der Allgemeinheit liegt, insbesondere das Netz für die Benutzung durch die Allgemeinheit eingerichtet worden ist (vgl. *Sch/Schröder/Lenckner* Rdn. 5; RGSt **29** 244). Dies ist für das Telefon- und Telegrafennetz unstreitig. Angesichts der Bedeutung der Rundfunk- und Fernsehnetze als Informationsträger in der modernen Gesellschaft kann aber auch deren öffentlicher Zweck nicht verneint werden (vgl. bereits Rdn. 26; *Krause/Wuermeling* NStZ **1990** 527 mit weit. Nachw.). Auch der Fernmeldeverkehr zwischen öffentlichen Behörden wird erfaßt (*Sch/Schröder/Lenckner* Rdn. 5, die mangels erwerbswirtschaftlicher Zwecksetzung aber die Entgeltlichkeit verneinen; ebenso *Gössel* BT 2 S. 440).

28 Die **Entgeltlichkeit** entfällt im Sinne der Darlegungen oben Rdn. 17 nicht deshalb, weil insbesondere die Rundfunkgebühren keine eigentliche Gegenleistung darstellen (*Ory* ZUM **1988** 229). Zur Frage der Entgeltlichkeit der Leistung bei (gebührenfreien) Störanrufen oben Rdn. 18.

29 Bedeutung vor allem für die Erschleichung von Leistungen des Fernsehens und Rundfunks kommt schließlich noch der Frage zu, ob die **Leistung** des Fernmeldenetzes nur die Vermittlungsleistung oder auch der Inhalt der Leistung ist. *Ory* (aaO) schließt aus den übrigen Tatbestandsalternativen, insbesondere der Leistung des (Leistungs-)Automaten, aber auch der Inanspruchnahme von Veranstaltungen, daß auch der Genuß der übermittelten Werke und Inhalte vom Strafschutz umfaßt sei. Dies entspricht nicht nur der natürlichen, sondern auch der zivilrechtlichen Betrachtungsweise. Offenbar hat der frühere Spezialtatbestand des § 15 FAG verhindert, daß die Einzelheiten des Strafschutzes von Rundfunk und Fernsehen nach § 265 a im strafrechtlichen Schrifttum näher erörtert worden sind (zum älteren Schrifttum *Kolping* S. 23 mit Nachw.). Als strafbar nach § 15 FAG wurde – als Betreiben einer Fernmeldeanlage – insbesondere auch das Halten von Rundfunkempfangsgeräten angesehen (J. *Lampe* aaO § 15 Rdn. 7). Die Rechtsprechung hat daher zutreffend den eigenmächtigen Anschluß eines *Fernsehempfängers* an das Breitbandverteilnetz der Deutschen Bundespost als strafbar nach § 265 a angesehen (OLG Braunschweig in: *Wiechert/Schmidt* 3.3 Nr. 12; zust. *Aubert/Klingler* S. 237 f).

30 **4. Beförderung durch ein Verkehrsmittel** ist jeder (entgeltliche) Transport von *Personen* oder Sachen[14]. Es kommt nach h. M. für den Tatbestand nicht darauf an, ob es sich um Massenleistungen (z. B. Eisenbahn) oder Individualleistungen (z. B. Taxi) handelt; auch die öffentliche oder private Natur des Verkehrsmittels soll unbeachtlich sein (zust. zur Voraufl. *Sch/Schröder/Lenckner* Rdn. 6). Die von der Entstehungsgeschichte und damit dem historischen Zweck der Vorschrift (oben Rdn. 3) nahegelegte interpretatorische Beschränkung auf *öffentliche Massenverkehrsmittel* (dafür *Falkenbach* S. 88) wird zwar von der h. M. nicht geteilt, liegt aber aufgrund der auch in der Subsidiaritätsklausel des § 265 a zum Ausdruck kommenden Auffangfunktion des Tatbestandes nahe und ist

[14] *Gössel* BT 2 S. 442; *Kolping* S. 20 f; *Lackner/Kühl* Rdn. 4; *Sch/Schröder/Lenckner* Rdn. 6; enger *Falkenbach* S. 87 f mit weit. Nachw.

angesichts durchgehender Reduktion des Straftatbestandes auf diese Funktion (vgl. bereits oben Rdn. 21) zutreffend.

Verbotenes Verhalten (z. B. das Sichanhängen eines Rollschuhfahrers an das Verkehrsmittel oder früher das Mitfahren auf dem Trittbrett wegen Überfüllung der Eisenbahn oder Straßenbahn) ist kein möglicher Vertragsinhalt und stellt daher im Rechtssinne keine Beförderungsleistung dar (*Falkenbach* S. 88 mit Nachw.). Einseitig vertragswidriges Verhalten beseitigt dagegen den Leistungscharakter der erschlichenen Beförderung nicht; die Beförderung in der ersten Klasse mit einem Fahrschein für die zweite Klasse der Eisenbahn ist daher tauglicher Gegenstand einer Beförderungserschleichung (**aA** *Falkenbach* S. 88 f mit weit. Nachw.). **31**

5. Zutritt zu einer Veranstaltung oder Einrichtung erfordert körperliche Anwesenheit in diesen. Der von außen das Spektakel genießende „Zaungast" fällt also nicht unter den Straftatbestand (*Falkenbach* S. 90 Fußn. 384). **32**

Veranstaltungen sind vorübergehender Art, **Einrichtungen** als Sachgesamtheit auf Dauer angelegt, ohne daß eine exakte Abgrenzung erforderlich wäre (*Schienle* S. 60). Zu den ersteren zählen Theater-, Lichtspiel- und Zirkusvorstellungen, Konzerte, Sportveranstaltungen, Vorträge und Feiern, zu den zweiten Bibliotheken, Kurparks, Schwimmbäder, Tiergärten, Parkhäuser, Museen und Schlösser (*Schienle* aaO). BGHSt **31** 1 f spricht bei der Einrichtung allgemein von einer Gesamtheit von Personen und (oder) Sachen, die einem bestimmten Zweck zu dienen bestimmt ist, für § 265 a von Gebäuden oder „Stätten", die der Allgemeinheit zugänglich sind, und lehnt das oben genannte Kriterium der Dauer ab. Jedenfalls sind entsprechend dem Schutzzweck des Tatbestandes (oben Rdn. 13) nur solche Veranstaltungen und Einrichtungen gemeint, bei denen ein Eintrittspreis erhoben wird und dieser Entgeltcharakter hat (vgl. nur OLG Hamburg NJW **1981** 1281 mit Anm. *Schmid* JR **1981** 391 f). Dies fehlt beim Bahnsteig, der nur mit einer Bahnsteigkarte benutzt werden darf; er dient dem Zugverkehr und dem Zugang zu diesem (mit einer gültigen Fahrkarte), nicht dagegen der Befriedigung der Schaulust, dem Einkauf am Kiosk oder der Begleitung von Reisenden (OLG Hamburg aaO). Anders als Parkhäuser sind auch öffentliche Parkflächen mit Parkuhren keine Einrichtungen, deren Zutritt erschlichen werden könnte. Unter „Zutritt" wird nämlich sprachlich nur ein Eintreten oder Hineingehen verstanden und damit eine räumliche Abgegrenztheit erforderlich: Der Kraftfahrer, der sein Fahrzeug auf einer öffentlichen Parkfläche mit Parkuhr anhält, gelangt „nicht in eine besondere Sachgesamtheit. Er tritt (fährt) nicht in eine gesonderte Stätte ein, sondern befindet sich, wie vor seinem Anhalten, auf der Einrichtung öffentliche Straße" (BayObLG JR **1991** 433, 434 mit Anm. *Graul*; ebenso *Dreher/Tröndle* Rdn. 2; *Sch/Schröder/Lenckner* Rdn. 7). Nicht haltbar ist daher auch die Ansicht von *Dreher/Tröndle* (Rdn. 4), daß *Schwarzhörer* des Rundfunks den Zutritt „zum Kreise der Radiohörer" erschleichen (abl. bereits *Lackner* Voraufl. Rdn. 15). Der Rundfunk kann zwar durchaus als Einrichtung oder Veranstaltung bezeichnet werden (vgl. bereits oben Rdn. 26); jedoch hat er – abgesehen von den Gebäuden der Rundfunkanstalt – keinen körperlich abgegrenzten Bereich, zu dem der „Zutritt" erschlichen werden könnte. Allerdings deutet das Beispiel von *Dreher/Tröndle* an, daß der allgemeine Sprachgebrauch das Wort „Zutritt" in einer übertragenen Bedeutung zu benutzen bereit ist, wie sie bei dem (vom Gesetzgeber nicht benutzten Wort) „Zugang" ganz anerkannt ist (Zugang zur Universität; Zugang zu einem codierten Fernsehprogramm; Zugang oder möglicherweise auch bereits „Zutritt" des Computerbenutzers zu bestimmten computergespeicherten Daten über ein Kennwort). **33**

34 **6. Erschleichen der Leistung bzw. des Zutritts.** Die Tathandlung des Erschleichens setzt unstreitig Erlangung der Leistung voraus und bedeutet weiterhin (ebenfalls unstreitig) Nichtoffenlegung der Absicht des Täters, das Entgelt zu entrichten (näher zu dem letzteren Erfordernis Rdn. 45). Die so bestimmte Handlung bezieht sich auf alle vier Tatbestandsalternativen, kann aber inhaltlich nicht ohne differenzierenden Blick auf diese bestimmt werden. Nach der von *Lackner* (Voraufl. Rdn. 6) vorgeschlagenen Formel ist sie zur Erreichung des kriminalpolitischen Zwecks der Lückenausfüllung (oben Rdn. 3) *weit auszulegen,* darf aber nicht jede einschränkende Wirkung verlieren. Zwei extreme Ansichten stehen sich bei der abschließenden Inhaltsbestimmung gegenüber: Die eine, vor allem früher vertretene, läßt jede *unbefugte* Inanspruchnahme der Leistung genügen[15]; die andere fordert die Anwendung *täuschungsähnlicher Manipulationen*[16] oder aber *heimliches*, die wahren Absichten verbergendes Verhalten[17].

35 Die erstere Auffassung stützt sich darauf, daß mangels eines menschlichen Täuschungsadressaten jede Ordnungswidrigkeit bei der Benutzung ausreichen müsse. Dies ist im Ansatz zutreffend, da die Nichtoffenlegung der Absicht, das Entgelt nicht zu entrichten, das im Begriff des Erschleichens enthaltene Element des Verbergens abdeckt. Allerdings geht diese Ansicht mit der Einbeziehung jeder nicht offengelegten Inanspruchnahme der Leistung ohne Entrichtung des Entgelts recht weit. Dies ist vom historischen Gesetzgeber gewollt, der auch denjenigen erfassen wollte, der „offen durch die Sperre (!) geht, sich dabei aber so benimmt, als habe er das Eintrittsgeld entrichtet" (*Kolping* S. 24 mit Nachw.). Über die grundsätzliche Ablehnung der letztgenannten Variante besteht dagegen heute weitgehend Einigkeit: Ähnlich wie bei § 242 ist heimliches Verhalten keine Tatbestandsvoraussetzung (vgl. nur *Dreher/Tröndle* Rdn. 3). Jedoch stellt gerade der allgemeine Wortsinn des Erschleichens, wie bereits angedeutet, darauf ab, daß etwas *verborgen* wird, was dem Täter bekannt und dem Berechtigten unbekannt ist (*Ahrens* S. 59; *Schienle* S. 79). Dieser richtige Kern wird im folgenden zu berücksichtigen sein. — Das Erfordernis von „Manipulationen", das in zahlreichen Auslandsrechten bereits eine enge Fassung der Täuschungshandlung beim Betrug sicherstellt (Vorbem. vor § 263), ist zwar anschaulich und stellt bei technischen Geräten ein Äquivalent zur Täuschung (durch Erklärung) dar, ist aber jedenfalls im Hinblick auf Massenleistungen schwerlich überzeugend, auch wenn von dem Grundsatzproblem der größeren Nähe zum Betrug oder zum Diebstahl (oben Rdn. 16) zunächst noch abgesehen wird: Was „Manipulation" ist, wird weitgehend, wenn nicht sogar ausschließlich, vom (ordnungsgemäßen) Normalzustand (auch des technischen Gerätes) bestimmt. So verstand die Rechtsprechung zu § 15 FAG a.F. als „Betreiben" bzw. „Errichten" einer Funkanlage schon das bloße Halten des Funkapparates, sofern dieser „ohne besondere Schwierigkeiten" empfangsbereit gemacht werden konnte[18]. Das Anbringen einer Antenne oder Erdleitung war damit für § 15 FAG a.F. strafbegründend und könnte für § 265 a als Manipulation angesehen werden, welche die Erschleichung der Leistung des Fernmeldenetzes begründet. Werden die Funkgeräte jedoch bereits mit einer funktionstüchtigen Antenne verkauft und geliefert, so wäre die Inbetriebnahme durch den Käufer zweifelsfrei keine Manipulation. Entsprechendes gilt

[15] OLG Stuttgart MDR **1963** 236; *Lochner* S. 52; *Maurach/Schroeder/Maiwald* § 41 V B 2, D a; *Otto* BT § 52 II 1 b; *Schienle* S. 77; *Sch/Schröder/Cramer*[18] Rdn. 5; wohl auch *Blei* II S. 246 („jede Handlung, mit der sich der Täter der Entrichtung des Entgelts entzieht"); **aA** OLG Stuttgart NJW **1990** 924; *Sch/Schröder/Lenckner*[24] Rdn. 8. Ebenso zum schweizerischen Strafrecht *Meyer* S. 29.

[16] *Samson* SK Rdn. 9.

[17] *Ahrens* S. 59; *Bockelmann* II/1 § 13 II 1; *Gössel* BT 2 S. 434; *Kolping* S. 24; *Triebler* S. 37; *Welzel* S. 379 („jedes hinterlistige Handeln"). Eine „gewisse" Heimlichkeit verlangt teilweise auch die schweizerische Rechtsprechung und Literatur zu Art. 151 StGB (vgl. *Trechsel* Rdn. 3 mit Nachw.).

[18] OLG Breslau HRR **1928** Nr. 2252; OLG Hamburg DJZ **1933** 103 und bereits DRZ **1923** Nr. 385.

für Fernsehapparate, bei denen besondere Programme bereits bei Lieferung oder Montage der Apparate und Antennen zugänglich sein oder nachträglich decodiert werden können. Die technische Zufälligkeit der „Manipulation" löst sich also bei näherer Betrachtung in eine Abweichung vom normalen oder *ordnungsgemäßen* Zustand auf und wird zur „Ordnungswidrigkeit" des Verhaltens. Der erforderliche Unterschied zu einem nur unbefugten Verhalten, das rein normativ nach den Grundsätzen des Zivil- und Öffentlichen Rechts bestimmt und meist mit der Nichtentrichtung des Entgelts identifiziert wird, ergibt sich in diesem Sinne nach der insbesondere in der Rechtsprechung vorherrschenden Ansicht daraus, daß das äußere Verhalten mit dem *Anschein der Ordnungsmäßigkeit* umgeben wird, wofür unauffälliges oder unbefangenes und sogar untätiges Verhalten genügen soll[19].

Allerdings erlangt auch der „Anschein der Ordnungsmäßigkeit" seine Bedeutung und seinen Inhalt erst aus der (subjektiven) Kenntnis von der fehlenden Berechtigung, sofern nicht bereits das äußere Verhalten (z. B. Überklettern von Zäunen) auf diese hinweist. Das nur scheinbar ordnungsmäßige Verhalten weicht äußerlich gerade nicht vom normalen Verhalten ab und ist prozessual in seiner Eigenart als solches überhaupt nicht feststellbar, läuft also letztlich wieder auf die bloße Unbefugtheit der Inanspruchnahme der Leistung hinaus. Für eine betrugsähnliche Auslegung ist demgegenüber an den Irrtum dessen, der die Leistung erbringt, anzuknüpfen, wobei bei Massenleistungen die bereits oben Rdn. 16 berichtete (und kritisierte) Verdünnung zu der Vorstellung „alles ist in Ordnung" in der Rechtsprechung vorherrscht. Auf der Täterseite entspricht dem teilweise ein aktives Tun (z. B. Bedienung des Automaten mit Falschgeld; vgl. sogleich Rdn. 37), meist aber die bloße Nichtaufklärung bzw. ein sonstiges Nichttun. Dies erscheint als zu weitgehend. Richtiger ist die von der Nähe zum Diebstahl (oben Rdn. 16) ausgehende Auslegung, die § 265 a als Leistungsentziehungsdelikt begreift. Entsprechend der Lehre vom – generalisierten – Einverständnis beim Diebstahl (Warenautomaten!) ist damit auf objektive, äußerlich erkennbare Kriterien abzustellen; die bloße (verborgene) Absicht, das Entgelt nicht zu entrichten, reicht für die Strafbarkeit nicht aus. Das zusätzlich erforderliche äußere Verhalten muß vielmehr nach den äußeren Umständen erkennen lassen, daß der Täter etwas verbergen will. Dies kann vor allem in der Ausschaltung oder Umgehung von **Sicherungsvorkehrungen** liegen (*Lackner/Kühl* Rdn. 6; *Sch/Schröder/Lenckner* Rdn. 8 mit weit. Nachw.). Dies darf nicht zu eng – etwa im Sinne technischer Sperren – verstanden werden. Ist etwa die Sekretärin eines privaten Golfclubs oder der Kassierer einer Tankstelle gezielt so plaziert, daß der Zugang zum Golfplatz oder die Entnahme von Benzin vom Personal beobachtet werden kann, so reicht dies als Sicherungsvorkehrung aus. Der clubexterne Golfspieler, der mit seinem Gerät zum ersten Abschlag schreitet, und der Kraftfahrer, der an der Zapfsäule Benzin entnimmt, erschleichen daher den Zugang zu einer Einrichtung bzw. die Leistung (Ware), indem beide sich „unauffällig" verhalten. Das trifft auch dann zu, wenn das Sekretariat des Golfclubs über die Mittagszeit nicht besetzt und am Eingang zum Gelände ein Hinweis aufgestellt ist, daß Greenfees im Clubhaus zu entrichten sind: Strafbarkeit jedenfalls dann, wenn der externe Spieler gezielt die Mittagspause zum Zutritt ausnutzt oder mit dem Abschlag an dem vom Clubhaus entfernten Loch 3 beginnt. Das Beispiel zeigt, daß insgesamt eine an den äußeren Umständen orientierte subjektiv-finale (Ziel-)Richtung des Verbergens oder Umgehens für die Erschleichung konstitutiv ist: Dasselbe äußere Verhalten kann je nach Intention des Täters Erschleichen sein oder nicht. Ähnliche Kriterien sind von der „Umgehung" gewährender Normen, die 36

[19] Vgl. (insbesondere zur Beförderungserschleichung) BayObLG NJW **1969** 1042, 1043; OLG Hamburg NJW **1987** 2688 und NStZ **1991** 587 mit Bspr. *Schall* JR **1992** 1; OLG Stuttgart NJW **1990** 924 (f); ebenso *Ahrens* S. 59; *Dreher/Tröndle* Rdn. 3; *Gössel* BT 2 S. 443; *Lackner* Voraufl. Rdn. 8.

ebenfalls als „Erschleichung" bezeichnet wird, bekannt (vgl. *Tiedemann* LK § 264 Rdn. 117 f mit Nachw.). Für die einzelnen Tatbestandsalternativen bedeutet dies:

37 **a) Beim Automatenmißbrauch** (erste Alternative, vgl. oben Rdn. 1) besteht das Erschleichen in der mißbräuchlichen Benutzung der technischen Vorrichtung (*Lackner* Voraufl. Rdn. 7) mit der Wirkung, daß die Leistung unentgeltlich erbracht wird. Die bloße Verursachung dieses Erfolges reicht ebensowenig aus (*Ahrens* S. 59) wie gewaltsames Vorgehen, z. B. Aufbrechen des Automaten[20], oder eine äußere Manipulation (z. B. der Gewinnstellung von Walzen eines Glücksspielautomaten mittels Einführens eines Drahtes durch ein Loch im Boden des Gerätes: BayObLG JR **1982** 291, 292 mit insoweit zust. Anm. *Meurer*), also „außerhalb der spielregelentsprechenden Einwirkungsmöglichkeiten" (*Blei* II S. 245). Als Tathandlung ist jedenfalls und vor allem das „Überlisten" der technischen Sicherungen gegen eine unentgeltliche Inanspruchnahme tatbestandsmäßig (*Sch/Schröder/Lenckner* Rdn. 9, die den Automatenmißbrauch hierauf beschränken wollen). Einschlägig und „klassisch" ist z. B. das Einwerfen von Falschgeld oder Metallstücken (BGH bei Holtz MDR **1985** 795; OLG Stuttgart MDR **1963** 236; *Bühler* S. 68).

38 Umstritten ist dagegen, ob auch die Ausnutzung von bereits vorhandenen **Gerätemängeln** (technischen Fehlern), die eine Benutzung ohne Entgelt oder mehrfache Benutzung bei einmaliger Entrichtung des Entgelts ermöglichen, den Tatbestand erfüllt. Die bejahende Ansicht[21] verdient grundsätzlich den Vorzug, da sich der Täter auch hier bedingungswidrig und nur scheinbar ordnungsmäßig verhält. Dies gilt jedenfalls dann, wenn er auf Nichtentdeckung, also Verheimlichung, achtet. Erklärt er etwa umstehenden Personen sinngemäß, der Automat funktioniere nicht richtig und gebe gratis Leistungen ab, so entfällt ein Erschleichen (vgl. zur Offenlegung bereits oben Rdn. 34). Gibt der Automat nach erbrachter Leistung das ordnungsgemäß entrichtete Entgelt zurück und nimmt der Benutzer das eingeworfene Geld wieder an sich, so fehlt es für § 265 a jedenfalls an der subjektiven Tatseite; in diesem Fall liegt Unterschlagung vor (*Falkenbach* S. 84). Da der *Münzspeicher* nach seiner Funktion nicht als Leistungs-, sondern als Warenautomat zu behandeln ist (oben Rdn. 22), fällt seine „Überlistung" – z. B. durch sofortige Betätigung des Rückgabeknopfes nach Einwerfen von Geldbeträgen – auch nach h. M. nicht unter § 265 a, sondern unter § 242, da der Täter hier nicht „spielt", sondern einen technischen Defekt ausnutzt, um an den Bargeldbestand des Gerätes zu gelangen (OLG Koblenz NJW **1984** 2424, 2425 mit Nachw.; *Füllkrug* Kriminalistik **1988** 588).

39 Am ordnungswidrigen Gebrauch oder illegalen Einwirken auf den Mechanismus des Automaten fehlt es demgegenüber nach ganz h. M. bei Ausnutzung der Kenntnis des Programms, sofern der Automat im übrigen ordnungsgemäß bedient und die Leistung daher unter den vorgegebenen technischen Bedingungen erlangt wird – so beim **Leerspielen eines Glücksspielautomaten** durch einen Spieler mit Systemkenntnissen (unter Verwendung von Computerprogrammen, Datenlisten usw., die den Mechanismus bzw. das Computerprogramm des Automaten berechenbar machen)[22]. Durch die Manipulationen, die § 263 a und/oder § 17 UWG erfüllen können, soll hier nicht verhindert werden, daß ein

---

[20] BGH bei *Holtz* MDR **1985** 795; *Dreher/Tröndle* Rdn. 3; *Falkenbach* S. 83; *Gössel* BT 2 S. 439; *Lackner/Kühl* Rdn. 6 a; *Otto* BT § 52 II 1 b.

[21] *Kolping* S. 18 ff; *Lackner* Voraufl. Rdn. 7; *Lochner* S. 53; *Maurach/Schroeder/Maiwald* § 41 V B 2 (Rdn. 217); *Wessels* BT 2 § 15 II 2 a Rdn. 636; **aA** *Ahrens* S. 60; *Blei* II S. 245; *Falkenbach* S. 84; *Samson/Günther* SK Rdn. 9; *Schmidhäuser* BT S. 129; *Schulz* NJW **1981** 1351; vgl. auch *Gössel* BT 2 S. 439.

[22] BGHSt **40** 331 ff; LG Freiburg NJW **1990** 2635; LG Göttingen NJW **1988** 2489; LG Ravensburg StV **1991** 214, 215; LG Stuttgart NJW **1991** 441; *Achenbach* Jura **1991** 227; *Bühler* S. 141 ff, 165 ff; *Etter* CR **1988** 1022; *Füllhorn/Schnell* wistra **1988** 180; *Schlüchter* NStZ **1988** 58; *Sch/Schröder/Lenckner* Rdn. 9; **aA** E.-J. *Lampe* JR **1988** 437, 438; *Scheu/Kohler* Münzautomat **1987** H. 5 S. 68; *Steinke* Kriminalistik **1988** 566.

Entgelt entrichtet wird (*Bühler* S. 165, 167 mit Nachw.). Das Verhalten wird auch nicht bereits dadurch ordnungswidrig, daß der Täter die Zufallskomponente ausschaltet (vgl. aber auch *Bühler* NStZ **1991** 344 für § 263 a) oder er den Zutritt zur Spielhalle usw. ordnungswidrig erreicht (vgl. *Bühler* S. 166 gegen *Scheu/Kohler* Münzautomat **1987** H. 5 S. 56, 68). Die Ordnungswidrigkeit ist vielmehr auf die Tathandlung der Inanspruchnahme der Leistung zu beziehen (zutr. *Herzberg/Seier* Jura **1985** 52). Daher handelt der „Spieler mit Systemkenntnissen" funktions- und insoweit auch ordnungsgemäß; er handelt nicht ohne Einverständnis, sondern verstößt nur gegen die Motive des Herstellers oder Aufstellers (*Bühler* S. 165 mit Nachw.). Wird unabhängig vom Spielergebnis der Münzspeicher mittels Manipulation geleert, so greift auch hier nicht § 265 a, sondern § 242 ein, da die einschlägige Funktion des Automaten insoweit nicht in einer Leistung besteht (vgl. soeben Rdn. 38; *Sch/Schröder/Lenckner* Rdn. 9). – Im einzelnen ist es beim Leerspielen von Glücksspielautomaten allerdings nicht unbedenklich, wenn § 265 a mit der Begründung abgelehnt wird, daß es dem Täter „allein auf den auszuschüttenden Gewinn ankam" (so LG Ravensburg StV **1991** 214 f mit zust. Anm. F. *Herzog*): Die Leistung – Spielvergnügen mit Gewinnchance (oben Rdn. 22) – wird nicht dadurch zur Ware (Bargeld), daß der Täter nur um des Gewinnes willen spielt. Etwas differenzierter tritt hier nach LG Freiburg NJW **1990** 2635, 2636 (mit Anm. *Bühler* NStZ **1991** 343 ff und *Otto* CR **1990** 797 f) „der Spielaspekt derart in den Hintergrund, daß der Glücksspielautomat vom Beschuldigten nicht mehr als Spiel- und damit als Leistungsautomat, sondern nur noch als Geldauszahlungsstelle und damit als Warenautomat benutzt" wird. Auch diese Versubjektivierung, der das LG freilich die Hilfserwägung regelgerechter Bedienung nachschiebt, überzeugt nicht. Die Unterscheidung von Waren- und Leistungsautomat kann nur nach Zivilrecht und Verkehrsanschauung, nicht dagegen nach der Vorstellung und Zielsetzung des Benutzers vorgenommen werden.

Auch die *Betätigung eines Bankomaten* durch nichtberechtigte Dritte mittels der dafür **40**
vorgesehenen (z. B. entwendeten) Codekarte oder durch den Berechtigten selbst (in bankvertragswidriger Weise) fällt nicht unter § 265 a[23], ganz abgesehen davon, daß kein Leistungsautomat und nach h. M. angeblich auch keine entgeltliche Leistung vorliegt (oben Rdn. 18). Es fehlt auch hier an einer ordnungswidrigen (einverständniswidrigen) Betätigung des Automaten, wenn die Original-Codekarte in den Automaten eingeführt wird (vgl. aber § 263 a und dazu BGHSt **38** 120 ff!). Bei Übertragung (Fotokopie) des Magnetstreifens der Codekarte auf einen anderen Träger und Einführung dieses Trägers in den Bankomaten erscheint dieses Ergebnis allerdings zweifelhaft; nach der Rechtsprechung liegt aber auch in diesem Fall nur und jedenfalls § 263 a vor.

b) Das **Erschleichen der Leistung eines Fernmeldenetzes** (zweite Alternative, vgl. **41**
oben Rdn. 1) erfordert ebenfalls eine ordnungswidrige oder sonstwie mißbräuchliche Einflußnahme auf technische Vorgänge. Die nur unbefugte Benutzung eines fremden Privattelefons fällt schon deshalb nicht unter § 265 a, weil sie der technischen Manipulation in ihrer kriminellen Energie nicht vergleichbar ist (*Mahnkopf* JuS **1982** 887) und sich das Merkmal des Entgelts nicht auf Ersatz- oder Ausgleichsansprüche des Inhabers des privaten Anschlusses gegenüber einem unbefugten Benutzer, sondern auf die Gegenleistung für die Leistung des Betreibers bezieht (*Lackner* Voraufl. Rdn. 7).

[23] OLG Hamburg NJW **1987** 336; OLG Schleswig NJW **1986** 2652; AG München wistra **1986** 268; *Dreher/Tröndle* Rdn. 3; *Huff* NStZ **1985** 440 f; *Lackner/Kühl* Rdn. 6 a; *Sch/Schröder/Lenckner* Rdn. 9; *Schroth* NJW **1981** 731; *Steinhilper* GA **1985** 116; *Wiechers* JuS **1979** 849 f; aber auch *Herzberg/Seier* Jura **1985** 52.

42 Die zweite Alternative erfaßt damit entgegen *Dreher/Tröndle* (Rdn. 1 b) zunächst – als lex specialis – den Mißbrauch eines Telefonautomaten, der früher (nur) unter die erste Alternative fiel. Typische Erschleichungshandlungen sind insoweit die zur ersten Alternative genannten Verhaltensweisen, z. B. das Einwerfen von Falschgeld oder die Benutzung einer gefälschten Telefonkarte (*Ahrens* S. 60). Erschlichene (entgeltliche!) Leistung soll insoweit nach h. M. nicht schon das Ertönen des Rufzeichens im Wege der sog. *Störanrufe* sein (vgl. oben Rdn. 18); jedenfalls fehlt es hier bei einer an sich ordnungsgemäßen Inbetriebnahme der Fernsprecheinrichtung am „Erschleichen" (*Dreher/Tröndle* aaO; *Sch/Schröder/Lenckner* Rdn. 10; **aA** *Ehmke* Die Polizei **1981** 248 f). Zu Unrecht nimmt W. *Herzog* GA **1975** 262 unter Hinweis auf AG Leipzig DJ **1938** 341 das unbefugte Ausnutzen eines „Bauartmangels" und daher ein Erschleichen an.

43 Seit dem 1. WiKG soll der Tatbestand jedenfalls zwei zusätzliche Fallgruppen des Mißbrauchs ahnden. An den früher genannten Bereich knüpft die Benutzung eines Fernsprechapparates an, der gebührenmäßig nicht oder zu Lasten eines anderen Fernsprechteilnehmers erfaßt wird und an Schaltpunkte des Fernsprechnetzes angeschlossen ist (vgl. BTDrucks. 7/3441 S. 29 f). Ferner geht es um die Umgehung von Gebührenerfassungseinrichtungen durch technische Manipulationen, die in die Vermittlungs-, Steuerungs- und Übertragungsvorgänge eingreifen (BTDrucks. aaO S. 29). Strafbar sind aber auch die Manipulation des Arbeitsprogramms der Anlage, z. B. des Kennungsspeichers eines Autotelefons (AG Mannheim CR **1986** 341 f), und die Fälschung von Mobiltelefon-Chipkarten, die mittels eines geheimen Teilnehmerschlüssels den Anschlußinhaber im Funknetz ausweisen und bei Kenntnis der Systematik des Verschlüsselungscodes das Telefonieren zu Lasten der Gebührenkonten der rechtmäßigen Kunden ermöglichen; dabei ist gleichgültig, ob die zur Manipulation der Mobiltelefon-Chipkarten notwendigen Kenntnisse der Systematik des Verschlüsselungscodes von Mitarbeitern der Netzbetreibergesellschaft verraten wurden oder ob der Code von dem Täter selbst entschlüsselt wurde.

44 Für weitere Erschleichungsfälle, auch im Bereich von Rundfunk- und Fernsehnetzen, verdient Hervorhebung, daß nicht nur die Umgehung von Gebührenerfassungseinrichtungen einschlägig ist. Vielmehr ist jede Ausschaltung von Sicherungseinrichtungen (z. B. durch Aufbrechen einer Plombe) ausreichend, die gegen unerlaubte Benutzung geschaffen sind – z. B. bei Systemen wohnungsbezogener Selektion an den Verteilpunkten des *Kabelfernsehens* (*Krause/Wuermeling* NStZ **1990** 528) oder die Codierung von Fernsehprogrammen beim sog. *Pay-TV* (*Ory* ZUM **1988** 229). Dagegen reicht das unbefugte, nämlich nicht genehmigte Betreiben von Rundfunk- und Fernsehempfängern als solches nicht. Schlichtes **Schwarzhören** und **Schwarz(fern)sehen** ist daher nicht nach § 265 a strafbar (zutr. *Gössel* BT 2 S. 441 f), sondern stellt eine Ordnungswidrigkeit nach § 9 Abs. 1 Rundfunkgebührenstaatsvertrag (Anhang Rdn. 62) dar.

45 c) **Beförderungsleistungen** und der **Zutritt zu Veranstaltungen oder Einrichtungen** werden **erschlichen**, wenn sich der Täter die Leistung ordnungswidrig verschafft, indem er Kontrollmaßnahmen umgeht oder ausschaltet oder sich in äußerlich erkennbarer Weise „mit dem Anschein der Ordnungsmäßigkeit umgibt" (*Lackner* Voraufl. Rdn. 8). Unstreitig ist, daß die *offene* Beanspruchung der Leistung als unentgeltlich – z. B. unter Mitführung eines Transparentes zwecks Demonstration für den Null-Tarif – kein Erschleichen darstellt (vgl. bereits oben Rdn. 34; aber § 123!)[24], so wie die Offenlegung künstlicher Sachverhaltsgestaltung bei der Beantragung von Subventionen keine Subven-

[24] BayObLG NJW **1969** 1072; *Falkenbach* S. 89; *Gössel* BT 2 S. 434, 444; *Lackner* Voraufl. Rdn. 8; *Sch/Schröder/Lenckner* Rdn. 11.

tionserschleichung durch Umgehung ist (*Tiedemann* LK § 264 Rdn. 118). Ebenso besteht Einigkeit darüber, daß das Betreten auf *unüblichen* Wegen, das Überklettern von Zäunen, die Umgehung von Aufsichtspersonen, das Sichverstecken vor Kontrollpersonen u. ä. m. tatbestandsmäßig ist[25]. Durch derartige Handlungen manifestiert der Täter seine Absicht, das Entgelt nicht zu entrichten, nach außen und läßt das generalisierte Einverständnis des Veranstalters entfallen.

Umstritten ist zum einen der Spezialfall der *Bestechung* einer Kontrollperson zwecks Erlangung von Zutritt oder Beförderung. Die Strafbarkeit bejahende Ansicht[26] kann sich darauf stützen, daß auch die Einschaltung einer solchen Person der Sicherung gegen unbefugten Zugang dient und daß diese Sicherung durch Bestechung ausgeräumt und das Einverständnis des Berechtigten beseitigt wird. Die Gegenansicht[27] orientiert sich zu sehr an § 263 und müßte zumindest (in umgekehrter Weise) die von § 264 her bekannte Unterscheidung einführen, ob die Kontrollperson Entscheidungsbefugnisse hat oder nicht (vgl. dazu *Tiedemann* LK § 264 Rdn. 23). **46**

Vor allem aber ist zum anderen die als **Schwarzfahren** bezeichnete Konstellation im Streit, daß die (Beförderungs-)Leistung zwar unbefugt ohne Entrichtung des Entgelts, aber ohne Überwindung oder Ausschaltung von Sicherungs- und Kontrollvorkehrungen in Anspruch genommen wird. Einschlägig ist insbesondere der massenhafte Personennahverkehr mit öffentlichen Verkehrsmitteln in Ballungsräumen. Während die Rechtsprechung (der Oberlandesgerichte) von einer Strafbarkeit nach § 265 a ausgeht, da sich der Täter mit dem Anschein der Ordnungsmäßigkeit umgebe[28], lehnt eine im Schrifttum zunehmende Ansicht die Strafbarkeit ab[29]. Daß der bloße Anschein der Ordnungsmäßigkeit unabhängig von den äußeren Umständen nicht ausreicht, um eine Erschleichung zu begründen, wurde bereits oben Rdn. 36 dargelegt. Bei „Einrichtungen" und „Veranstaltungen" wird es insoweit auch kaum an einem Minimum von Kontrollmaßnahmen fehlen, wenn der Betreiber wirklich Wert auf die Entrichtung von Entgelt legt. Das Phänomen des Personenmassenverkehrs hat dagegen zum nahezu totalen Abbau von Kontrollen und Sicherungen gegen Mißbrauch geführt, und die Betreiber nehmen dies – unter Einsatz außerstrafrechtlicher Sanktionsmaßnahmen – bewußt in Kauf (vgl. bereits oben Rdn. 7). Es liegt hier also entgegen *Sch/Schröder/Lenckner* (Rdn. 11) anders als beim Ausnutzen eines Gerätedefektes (oben Rdn. 38), der dem Hersteller oder Betreiber in aller Regel nicht bekannt ist (zu diesem Erfordernis oben Rdn. 35) oder auf dessen Nichtentdeckung durch die Benutzer der Betreiber zumindest spekuliert. Zutreffend verlangt *Lenckner* (aaO) aber ein Minimum an Kontrolle oder Sicherung gegen unbefugte Inanspruchnahme, um von einem „Erschleichen" sprechen zu können (vgl. auch die oben Rdn. 35 angeführte amtl. Begr., die immerhin von einer „Sperre" spricht, durch die der Täter offen hindurchgeht). Das bloße Einsteigen in einen Zug (usw.) ohne gültigen Fahrschein reicht als solches nicht aus; es liegt insoweit nicht anders als beim Schwarzhören und -sehen (oben Rdn. 44). Wohl aber ist der Zwang zu einer äußerlich erkennbaren Legitimation, z. B. durch Aufstellen von Automaten zwecks Markierung (Entwertung) der Fahrscheine in Omnibussen oder U-Bahnen oder durch Verpflichtung, den erforderlichen Berechtigungs- **47**

---

[25] *Falkenbach* S. 90; *Lackner* aaO; *Sch/Schröder/Lenckner* aaO.

[26] *Lackner* aaO; *Wessels* BT 2 § 15 II 2 b Rdn. 637.

[27] *Falkenbach* S. 89; *Samson* SK Rdn. 9; *Sch/Schröder/Lenckner* Rdn. 11.

[28] BayObLG NJW **1969** 1042; OLG Hamburg NJW **1987** 2688 mit Bspr. *Albrecht* NStZ **1988** 222; OLG Stuttgart NJW **1990** 924; ebenso *Dreher/Tröndle* Rdn. 3; *Gössel* BT 2 S. 433, 442 f (mit dem ideologisch präjudizierenden Fallbeispiel eines „Heinrich Hund"); *Lackner* Voraufl. Rdn. 8; *Maurach/Schroeder/Maiwald* § 41 V D a (Rdn. 223); *Samson* SK Rdn. 9; *Wessels* BT 2 § 15 II 2 b Rdn. 637.

[29] *Albrecht* aaO; *Alwart* JZ **1986** 567 ff; *Fischer* NJW **1988** 1828; *Lackner/Kühl* Rdn. 6 a; *Sch/Schröder/Lenckner* Rdn. 11; ebenso AG Hamburg NStZ **1988** 221.

schein (z. B. Skipaß) sichtbar an der Kleidung anzubringen, als äußerlich erkennbare Kontrolle des Zugangs ausreichend. Wer an einem Fahrscheinautomaten vorbeischreitet, ohne im Besitz eines Fahrscheins zu sein, mag damit gegenüber Mitreisenden (soweit anwesend!) den Eindruck erwecken, er besitze einen Fahrschein; als äußerlich erkennbare Zugangskontrolle genügt eine derartige „Sozialkontrolle" aber nicht. Für derartige und andere Fälle völlig fehlender Sicherung liegt es beim Gesetzgeber, Abhilfe zu schaffen, indem z. B. für einmaliges oder erstmaliges Schwarzfahren ein Bußgeldtatbestand eingeführt und dieser erst für Wiederholungstäter zur Straftat qualifiziert wird (vgl. oben Rdn. 7). Unberührt hiervon bleiben Fälle, in denen – grundsätzlich hinreichende Kontrolle vorausgesetzt – der „Anschein der Ordnungsmäßigkeit" nach den Umständen in einem besonderen äußeren Tatverhalten besteht, z. B. wenn sich der Täter unter eine größere Personengruppe mischt, die unentgeltlich Zutritt zu einer Veranstaltung hat und in der er nicht auffällt (zutr. *Sch/Schröder/Lenckner* aaO).

IV. Vorsatz und Absicht

48 **1.** Der **Vorsatz** muß sich gemäß § 16 Abs. 1 auf alle Tatbestandsmerkmale, also insbesondere auch auf die Entgeltlichkeit der Leistung (oben Rdn. 17 ff), erstrecken. Fahrlässigkeit reicht in keiner Hinsicht aus (zur Häufigkeit von Berufung auf Vergeßlichkeit oder Unkenntnis von Benutzungsbedingungen des öffentlichen Personennahverkehrs *Falkenbach* S. 93). Jedoch genügt entsprechend allgemeinen Grundsätzen *dolus eventualis* (unstr.). Der Vorsatz muß z. Zt. des Erschleichens vorliegen; erfährt der Täter daher erst nach Erlangung des Zutritts von der Entgeltlichkeit der Veranstaltung, so bleibt er straflos (*Falkenbach* S. 97).

49 **2.** Die irrige Annahme, der Zutritt zu einer Veranstaltung sei unentgeltlich, stellt einen **Tatbestandsirrtum** dar[30], der nach § 16 Abs. 1 den Vorsatz ausschließt. Ein Irrtum über die Funktionsweise des (Leistungs-)Automaten – der Täter nimmt elektronische Steuerung des Systems an, während der Automat in Wirklichkeit rein mechanisch funktioniert –, ist irrelevant, da sich die Alternativität von § 265 a und § 263 a (oben Rdn. 6) nur über die Subsidiaritätsklausel und nicht schon aus dem Tatbestand des § 265 a ergibt. Die irrige Meinung, der Tatbestand des § 265 a erfasse auch Warenautomaten, ist dagegen ebenso bloßer Subsumtionsirrtum (Wahndelikt) wie die Annahme, das Schwarzhören sei bereits als solches Erschleichen der Leistung des Rundfunknetzes. Der Schwarzfahrer, der ideologisch für den Null-Tarif bei öffentlichen Verkehrsmitteln ist, handelt wegen seiner Kenntnis der abweichenden Wertung durch die Gemeinschaft allenfalls in einem vermeidbaren Verbotsirrtum (so *Falkenbach* S. 96), nach richtiger Ansicht dagegen überhaupt nicht irrtumsbefangen.

50 **3.** Die **Absicht**, das Entgelt nicht zu entrichten, ist neben dem Vorsatz erforderlich (**aA** *Falkenbach* S. 95) und erfordert den zielgerichteten Willen zur Nichtzahlung des Entgelts; es muß dem Täter also auf diesen Erfolg ankommen (*Dreher/Tröndle* Rdn. 3; *Sch/Schröder/Lenckner* Rdn. 12). Ob daneben noch andere Beweggründe vorliegen oder weitere Zwecke verfolgt werden, ist unerheblich[31]. Der Umstand, daß bereits der Vorsatz die Entgeltlichkeit der Leistung erfassen muß (soeben Rdn. 48), macht entgegen *Falkenbach* (aaO) die Absicht der Nichtentrichtung des Entgelts nicht überflüssig. Diese Absicht fehlt

---

[30] *Falkenbach* S. 96; *Lackner* Voraufl. Rdn. 9; *Sch/Schröder/Lenckner* Rdn. 12.

[31] BayObLG NJW **1969** 1042; *Dreher/Tröndle* Rdn. 3; *Lackner* Voraufl. Rdn. 9; *Lackner/Kühl* Rdn. 7.

aber beim „Leerspielen" von Glücksspielautomaten, wenn und soweit der Täter das Entgelt für die Inbetriebnahme entrichtet und nicht ausgeschlossen werden kann, daß sich das eingeworfene Geld nicht unter dem als Gewinn ausgeworfenen befindet (*Bühler* S. 167 mit Nachw.). Sie fehlt ebenfalls bei nur vertragswidrigem Nichtbeisichführen eines Dauerfahrscheins, für den das Entgelt entrichtet wurde (*Lackner/Kühl* Rdn. 7; oben Rdn. 19).

V. Vollendung, Beendigung und Versuch

1. Die **Bestimmung der Vollendung** der Straftat stößt teilweise auf Schwierigkeiten, 51
soweit es nämlich um die Inanspruchnahme einer Leistung geht, deren Erbringung sich über einen bestimmten Zeitraum erstreckt. Während der „Zutritt" zu einer Einrichtung mit dem Eintreten in ihren räumlichen Bereich vollendet ist (*Lackner* Voraufl. Rdn. 10), soll es nach verbreiteter Ansicht im übrigen auf den *Beginn* der eigentlichen Leistung ankommen[32]. Dies ist einerseits zu eng, andererseits zu weit. Zu eng ist die genannte Auffassung bei der Erschleichung des Zutritts zu einer *Veranstaltung*: Hier ist der Zutritt erschlichen, auch wenn das Konzert noch nicht begonnen hat. Das Gesetz stellt nämlich auf den „Zutritt" und nicht entscheidend auf die Veranstaltung ab (zutr. *Kolping* S. 29 f). Der Konzertbesucher, der den Zutritt ohne Entrichtung des Entgelts erreicht hat, „erschleicht" die Leistung nicht erst in dem Augenblick, in dem die ersten Takte der Musik erklingen, nachdem er vielleicht bereits 15 Minuten auf dem Konzertsessel gewartet hat. Angesichts des zivilrechtlich geschuldeten Leistungsinhalts und der Parallelität zu § 263 geht es dagegen zu weit, beim *Automaten* Vollendung der Leistungserschleichung schon mit „aufklingender Musik" anzunehmen (so aber *Lackner* Voraufl. Rdn. 10; *Sch/Schröder/Lenckner* Rdn. 13). Die Leistung des Musikautomaten besteht nämlich in der Wiedergabe des gesamten Musikstücks, für dessen Genuß der Benutzer das Entgelt zu entrichten hat. Wegen der Strafbarkeit auch des Versuchs (Abs. 2) besteht keinerlei kriminalpolitische Notwendigkeit zur Annahme vorzeitiger Vollendung. Bei der Inanspruchnahme von *Beförderung* liegt ein Erschleichen dagegen bereits mit Beginn, nicht erst mit Abschluß der Beförderung vor (*Gössel* BT 2 S. 443). Auch beim *Fernmeldenetz* besteht die Leistung schon im Herstellen der Telefon-Verbindung[33] bei wechselseitiger Telekommunikation und im Beginn des Empfangs bei einseitig-verteilender Telekommunikation (vgl. oben Rdn. 26); die während der Dauer des Gesprächs bzw. der Sendung fortgesetzte Inanspruchnahme der Leistung führt zur Annahme einer *Dauerstraftat*[34].

2. **Beendet** ist die Tat mit dem Ende der Leistungserbringung bzw. dem Verlassen der 52
Einrichtung. Bei der Beförderungserschleichung liegt Beendigung (entsprechend den Vertragsbedingungen über die Aufbewahrung der Fahrscheine) erst mit Verlassen des Bahnhofs bzw. der Haltestelle, der Hafenanlage, des Flugplatzes usw. vor (*Falkenbach* S. 101 f).

3. **Versuch** ist nach Abs. 2 strafbar. Ein Ansetzen zur Tatbestandsverwirklichung 53
i. S. d. § 22 liegt z. B. im Einwerfen von Metallstücken in den Automaten (*Falkenbach* S. 100; *Sch/Schröder/Lenckner* Rdn. 13) oder in dem Einsteigen in das Verkehrsmittel (*Falkenbach* S. 101; *Gössel* BT 2 S. 448). Die technisch meist aufwendige Installation von Geräten zwecks Erschleichung einer Fernmeldeverbindung kann dagegen als solche

---

[32] *Falkenbach* S. 100 ff; *Lackner* Voraufl. Rdn. 10; *Sch/Maurach/Schroeder/Maiwald* § 41 V D b; *Sch/Schröder/Lenckner* Rdn. 13.

[33] Ebenso *Falkenbach* S. 101; *Kolping* S. 28 f; *Sch/Schröder/Lenckner* aaO.

[34] *Bilda* MDR **1969** 435; *Gössel* BT 2 S. 448; *Lackner* Voraufl. Rdn. 10; *Sch/Schröder/Lenckner* aaO.

entgegen *Falkenbach* (aaO) nicht bereits schlechthin als Versuch angesehen werden; es kommt vielmehr auf den Zeitpunkt der geplanten Inbetriebnahme an.

54 Einen **untauglichen** *Versuch* stellt die Erschleichung der Leistung bzw. des Zutritts in der irrigen Annahme dar, die Veranstaltung sei entgeltlich[35]. Demgegenüber ist es ein strafloses Wahndelikt, wenn der Benutzer eines Verkehrsmittels, der seinen ordnungsgemäß erworbenen Dauerfahrschein vergessen hat, davon ausgeht, er mache sich wegen Nichteinhaltung der Tarifbedingungen nach § 265 a strafbar (BayObLG NJW **1986** 1504, 1505; *Sch/Schröder/Lenckner* Rdn. 13). Vgl. dazu bereits Rdn. 19.

VI. Konkurrenzen

55 **1. Innerhalb des Tatbestandes** nach Abs. 1 überschneiden sich bei Erschleichung der Leistung eines Telefonautomaten die erste und zweite Alternative. Im Anschluß an die amtl. Begr. (BTDrucks. 7/3441 S. 30) nehmen *Sch/Schröder/Lenckner* Rdn. 4 zutreffend Spezialität der letzteren an (zust. auch *Falkenbach* S. 107), während sich *Lackner* (Voraufl. Rdn. 12) für das Vorliegen gleichwertiger Begehungsformen mit der Folge aussprach, daß nur eine einzige Gesetzesverletzung vorliegt (ebenso *Brauner/Göhner* NJW **1978** 1471; *Dreher/Tröndle* Rdn. 4, letztere jedoch im Widerspruch zu Rdn. 1 b). Im Falle des „Schwarzhörens" kommt entgegen *Dreher/Tröndle* (Rdn. 4) kein Erschleichen des Zutritts („zum Kreise der Radiohörer") in Betracht. Vielmehr ist nur die zweite Alternative einschlägig, setzt allerdings im Hinblick auf die Tathandlung des Erschleichens mehr als nur „Schwarzhören" voraus (vgl. oben Rdn. 44 und sogleich Rdn. 58).

56 **2.** Im **Verhältnis zu anderen Straftaten** ist § 265 a gemäß Abs. 1 **subsidiär,** nach ganz h. M. entsprechend dem Zweck der Vorschrift (oben Rdn. 3) aber nur gegenüber anderen *Vermögensdelikten*[36]. Dies ist zutreffend. Da § 265 a eine Vermögensverletzung oder -verschiebung zum Gegenstand hat (oben Rdn. 13 ff), wäre es unverständlich, wenn der Umstand der Verletzung weiterer Rechtsgüter nicht im Urteilsspruch zum Ausdruck käme (*Lackner* Voraufl. Rdn. 13). Daher liegt insbesondere beim Automatenmißbrauch **Tateinheit** mit Geldfälschung und bei den übrigen Tatbestandsalternativen Tateinheit mit Hausfriedensbruch und Sachbeschädigung (besonders beim Erschleichen des Zutritts), aber auch Urkundenfälschung (z. B. beim Herstellen falscher Eintrittskarten) vor[37].

57 Die **Hauptbedeutung der Subsidiaritätsklausel** liegt klassischerweise im Verhältnis zum *Betrug*, wie sich bereits aus der Entstehungsgeschichte (oben Rdn. 3) ergibt: Bei Täuschung des Berechtigten oder seines Beauftragten greift nur § 263 ein (vgl. z. B. OLG Düsseldorf JZ **1983** 465). Gleiches gilt im Verhältnis zur Teilnahme an § 263 oder einem anderen Vermögensdelikt (näher *Lackner* Voraufl. Rdn. 14). Angesichts der weitreichenden Ausstattung von Automaten und Fernmeldenetzen mit elektronischen (Schalt- und Prüf-)Geräten, EDV-Programmen usw. kommt heute zusätzlich der Subsidiarität im Verhältnis zum *Computerbetrug* (§ 263 a) zentrale Bedeutung zu. Im Verhältnis zu anderen Straftatbeständen entfällt dagegen häufig bereits die Tatbestandsmäßigkeit — so bei der *Stromentziehung* (§ 248 c), welche die Verwendung eines Leiters voraussetzt, oder beim *unbefugten Fahrzeuggebrauch* (§ 248 b), der die eigenmächtige Benutzung des Fahrzeugs

---

[35] *Dreher/Tröndle* Rdn. 5; *Falkenbach* S. 96 f; *Lackner* Voraufl. Rdn. 10; *Sch/Schröder/Lenckner* aaO.

[36] *Gössel* BT 2 S. 449; *Lackner/Kühl* Rdn. 8; *Maurach/Schroeder/Maiwald* § 41 V E; *Otto* BT § 52 II 6; *Samson* SK Rdn. 11; *Sch/Schröder/Lenckner* Rdn. 14; *Welzel* S. 379; *Wessels* BT 2 § 15 II 1 Rdn. 631; **aA** *Schienle* S. 89.

[37] OLG Hamburg NJW **1981** 1281 (zu § 123); *Blei* II S. 246 (zu § 123); *Falkenbach* S. 105 f, 108 f; *Gössel* aaO; *Lackner* Voraufl. Rdn. 13; *Lackner/Kühl* Rdn. 8; *Maurach/Schroeder/Maiwald* aaO; *Sch/Schröder/Lenckner* aaO; *Welzel* S. 380 (zu § 123).

im ganzen betrifft (vgl. *Lackner* Voraufl. Rdn. 15 mit Nachw.). Gegenüber *Diebstahl* gewinnt die Subsidiaritätsklausel nur dann Bedeutung, wenn entgegen dem historischen Sinn des § 265 a auch Warenautomaten unter seinen Tatbestand gebracht werden (dazu bereits oben Rdn. 21).

3. Wird **Schwarzhören** oder Schwarzfernsehen mittels Erschleichens (durch technische Manipulationen) begangen (Mißbrauch von Kabelfernsehanschlüssen, eigenmächtige Inanspruchnahme des Pay-TV), so ist die zweite Tatbestandsalternative verwirklicht (oben Rdn. 44). Das schlichte Schwarzhören erfüllt den Tatbestand einer Ordnungswidrigkeit nach Art. 9 Abs. 1 Rundfunkgebührenstaatsvertrag 1991 in Verbindung mit den Zustimmungsgesetzen der Länder (vgl. *Dreher/Tröndle* Rdn. 4; Anhang unten Rdn. 62). Die Ordnungswidrigkeit tritt gegenüber § 265 a nach § 21 OWiG zurück. **58**

VII. Internationales Strafrecht. Internationale Bezüge kann der Straftatbestand vor allem im Hinblick auf ausländische Verkehrsmittel sowie ausländische und/oder internationale Fernmeldenetze gewinnen, im letzteren Bereich insbesondere bei Online-Diensten und -Datenbanken sowie beim Internet, soweit es sich um entgeltliche Leistungen handelt. Da sich der Schutzbereich der Vorschrift nach h. M. allein auf das individualrechtliche Vermögen bezieht (oben Rdn. 13), ergeben sich für die Rechtsanwendung, auch in Verbindung mit §§ 3 ff, keine Schwierigkeiten (vgl. *Tiedemann* LK § 265 b Rdn. 117). **59**

VIII. Strafantrag und Strafverfolgung

1. Abs. 3 sieht für die (häufigen) Fälle der Geringwertigkeit der Leistung sowie für Taten gegen Betreuer, Vormünder und Hausgenossen das Erfordernis eines **Strafantrags** vor, das im Falle des besonderen öffentlichen Interesses an der Strafverfolgung entsprechend § 248 a durch eine einschlägige Erklärung der Strafverfolgungsbehörde ersetzt werden kann. Die gesamte Regelung entspricht § 263 Abs. 4, soweit sich dieser auf § 247, 248 a bezieht. Vgl. daher die Erläuterungen zu § 263 Abs. 4. Ein Einschreiten von Amts wegen trotz Geringwertigkeit der Leistung wird bei § 265 a vor allem bei dem Mißbrauch öffentlichen Zwecken dienender Fernmeldenetze häufig und legitim sein (*Falkenbach* S. 99). Bei der Beförderungserschleichung erscheint das Strafantragserfordernis als problematisch, da es zum Druckmittel der Verkehrsbetriebe bei der Forderung nach Bezahlung einer Mindestpauschale werden kann (*Falkenbach* aaO). Da dies die Wirksamkeit des Strafantrages selbst bei Stellung durch öffentliche Betriebe nicht beseitigt (*Tiedemann* GA **1964** 353, 358), kann eine Korrektur insoweit seitens der Strafverfolgungsorgane nur über § 153 StPO vorgenommen werden. **60**

2. Insbesondere bei der Beförderungserschleichung wird die Strafverfolgung faktisch weitgehend von einer **Strafanzeige** der Beförderungsbetriebe abhängen (vgl. bereits oben Rdn. 5). Wenn sich diese durchweg auf Rückfalltäter beschränken, so liegt hierin nicht stets eine mehr oder weniger willkürliche private Selektion (vgl. oben Rdn. 7). Vielmehr wird auf diese Weise auch naheliegenden Einwendungen und häufigen Schutzbehauptungen Rechnung getragen (vgl. *Falkenbach* S. 93). **61**

IX. Anhang: Auszug aus dem Gesetz über Fernmeldeanlagen (§§ 1, 15 a.F.), **dem Telekommunikationsgesetz 1996 und dem Rundfunkgebührenstaatsvertrag 1991** **62**

1. Gesetz über Fernmeldeanlagen (FAG) vom 6. April 1892 (RGBl. S. 467) in der Fassung der Bekanntmachung vom 3. Juli 1989 (BGBl. I S. 1455), zuletzt geändert durch das Markenrechtsreformgesetz vom 25.10.1994 (BGBl. I S. 3082, 3124) und das Telekommunikationsgesetz vom 25.7.1996 (BGBl. I S. 1120). § 1 Abs. 1–3 und § 15 FAG wurden durch § 99 Abs. 1 Nr. 1 a und Nr. 3 Telekommunikationsgesetz *aufgehoben*.

§ 1 [Fernmeldehoheit]

(1) Das Recht, Fernmeldeanlagen, nämlich Telegrafenanlagen für die Vermittlung von Nachrichten, Fernsprechanlagen und Funkanlagen zu errichten und zu betreiben, steht den aus dem Teilsondervermögen Deutsche Bundespost TELEKOM hervorgegangenen Nachfolgeunternehmen (Nachfolgeunternehmen der Deutschen Bundespost TELEKOM) und Wettbewerbern zu. Funkanlagen sind elektrische Sendeeinrichtungen sowie elektrische Empfangseinrichtungen, bei denen die Übermittlung oder der Empfang von Nachrichten, Zeichen, Bildern oder Tönen ohne Verbindungsleitungen oder unter Verwendung elektrischer, an einem Leiter entlang geführter Schwingungen stattfinden kann.

(2) Wer Übertragungswege einschließlich der zugehörigen Abschlußeinrichtungen sowie Funkanlagen errichtet oder betreibt, bedarf einer Verleihung durch den Bundesminister für Post und Telekommunikation. Der Bundesminister für Post und Telekommunikation verleiht hiermit dem Nachfolgeunternehmen der Deutschen Bundespost TELEKOM bis zum Auslaufen des Netzmonopols das ausschließliche Recht, Übertragungswege einschließlich der zugehörigen Abschlußeinrichtungen zu errichten und zu betreiben (Netzmonopol) sowie Funkanlagen zu errichten und zu betreiben.

(3) Zugelassene Endeinrichtungen darf jedermann im Rahmen der zur Gewährleistung eines ordnungsgemäßen Fernmeldeverkehrs festgelegten Bedingungen errichten und betreiben. Endeinrichtungen im Sinne dieses Gesetzes sind auch Funkanlagen und Satellitenfunkanlagen, die an das öffentliche Telekommunikationsnetz angeschlossen werden sollen.

...

§ 15 [Strafvorschrift]

(1) Wer entgegen den Vorschriften dieses Gesetzes eine Fernmeldeanlage errichtet oder betreibt und dadurch Leib und Leben eines anderen oder fremde Sachen von bedeutendem Wert gefährdet, wird mit Freiheitsstrafe bis zu fünf Jahren oder mit Geldstrafe bestraft. Der Versuch ist strafbar.

(2) Mit Freiheitsstrafe bis zu zwei Jahren oder mit Geldstrafe wird bestraft, wer

a) (weggefallen)

b) (aufgehoben)

c) entgegen § 5 a Abs. 1 ohne Befugnis die tatsächliche Gewalt über Sendeanlagen ausübt,

d) entgegen § 5 d Abs. 1 Satz 1 eine Sendeanlage einem anderen überläßt oder

e) entgegen § 5 e Abs. 1 dort bezeichnete Sendeanlagen herstellt, vertreibt, einführt oder sonst in den Geltungsbereich dieses Gesetzes verbringt.

(3) Handelt der Täter fahrlässig, so ist die Strafe Freiheitsstrafe bis zu einem Jahr oder Geldstrafe. Die Tat wird nur auf Antrag des Bundesministers für Post und Telekommunikation oder der von ihm hierzu ermächtigten Behörden verfolgt.

2. Telekommunikationsgesetz (TKG) vom 25. Juli 1996 (BGBl. I S. 1120)

§ 3 Begriffsbestimmungen

Im Sinne dieses Gesetzes ...

4. sind „Funkanlagen" elektrische Sende- oder Empfangseinrichtungen, zwischen denen die Informationsübertragung ohne Verbindungsleitungen stattfinden kann,

12. ist „öffentliches Telekommunikationsnetz" die Gesamtheit der technischen Einrichtungen (Übertragungswege, Vermittlungseinrichtungen und sonstige Einrichtungen, die zur Gewährleistung eines ordnungsgemäßen Betriebs des Telekommunikationsnetzes unerläßlich sind), an die über Anschlußeinrichtungen Endeinrichtungen angeschlossen werden, und die zur Erbringung von Telekommunikationsdienstleistungen für die Öffentlichkeit dient,

16. ist „Telekommunikation" der technische Vorgang des Aussendens, Übermittelns und Empfangens von Nachrichten jeglicher Art in der Form von Zeichen, Sprache, Bildern oder Tönen mittels Telekommunikationsanlagen,

17. sind „Telekommunikationsanlagen" technische Einrichtungen oder Systeme, die als Nachrichten identifizierbare elektromagnetische oder optische Signale senden, übertragen, vermitteln, empfangen, steuern oder kontrollieren können,

21. ist „Telekommunikationsnetz" die Gesamtheit der technischen Einrichtungen (Übertragungswege, Vermittlungseinrichtungen und sonstige Einrichtungen, die zur Gewährleistung eines ordnungsgemäßen Betriebs des Telekommunikationsnetzes unerläßlich sind), die zur Erbringung von Telekommunikationsdienstleistungen oder zu nichtgewerblichen Telekommunikationszwecken dient.

§ 65 Mißbrauch von Sendeanlagen

(1) Es ist verboten, Sendeanlagen zu besitzen, herzustellen, zu vertreiben, einzuführen oder sonst in den Geltungsbereich dieses Gesetzes zu verbringen, die ihrer Form nach einen anderen Gegenstand vortäuschen oder die mit Gegenständen des täglichen Gebrauchs verkleidet sind und auf Grund dieser Umstände in besonderer Weise geeignet sind, das nichtöffentlich gesprochene Wort eines anderen von diesem unbemerkt abzuhören. Das Verbot, solche Sendeanlagen zu besitzen, gilt nicht für denjenigen, der die tatsächliche Gewalt über eine solche Sendeanlage

1. als Organ, als Mitglied eines Organs, als gesetzlicher Vertreter oder als vertretungsberechtigter Gesellschafter eines Berechtigten nach Absatz 2 erlangt,

2. von einem anderen oder für einen anderen Berechtigten nach Absatz 2 erlangt, sofern und solange er die Weisungen des anderen über die Ausübung der tatsächlichen Gewalt über die Sendeanlage auf Grund eines Dienst- oder Arbeitsverhältnisses zu befolgen hat oder die tatsächliche Gewalt auf Grund gerichtlichen oder behördlichen Auftrags ausübt,

3. als Gerichtsvollzieher oder Vollzugsbeamter in einem Vollstreckungsverfahren erwirbt,

4. von einem Berechtigten nach Absatz 2 vorübergehend zum Zwecke der sicheren Verwahrung oder der nicht gewerbsmäßigen Beförderung zu einem Berechtigten erlangt,

5. lediglich zur gewerbsmäßigen Beförderung oder gewerbsmäßigen Lagerung erlangt,

6. durch Fund erlangt, sofern er die Anlage unverzüglich dem Verlierer, dem Eigentümer, einem sonstigen Erwerbsberechtigten oder der für die Entgegennahme der Fundanzeige zuständigen Stelle abliefert,

7. von Todes wegen erwirbt, sofern er die Sendeanlage unverzüglich einem Berechtigten überläßt oder sie für dauernd unbrauchbar macht,

8. erlangt, die durch Entfernen eines wesentlichen Bauteils dauernd unbrauchbar gemacht worden ist, sofern er den Erwerb unverzüglich der Regulierungsbehörde schriftlich anzeigt, dabei seine Personalien, die Art der Anlage, deren Hersteller- oder Warenzeichen und wenn die Anlage eine Herstellungsnummer hat, auch diese angibt sowie glaubhaft macht, daß er die Anlage ausschließlich zu Sammlerzwecken erworben hat.

§ 86 Abhörverbot, Geheimhaltungspflicht der Betreiber von Empfangsanlagen

Mit einer Funkanlage dürfen Nachrichten, die für die Funkanlage nicht bestimmt sind, nicht abgehört werden. Der Inhalt solcher Nachrichten sowie die Tatsache ihres Empfangs dürfen, auch wenn der Empfang unbeabsichtigt geschieht, auch von Personen, für die eine Pflicht zur Geheimhaltung nicht schon nach § 85 besteht, anderen nicht mitgeteilt werden.

Strafvorschriften

§ 94

(1) Mit Freiheitsstrafe bis zu zwei Jahren oder mit Geldstrafe wird bestraft, wer entgegen § 65 Abs. 1 dort genannte Sendeanlagen

1. besitzt oder
2. herstellt, vertreibt, einführt oder sonst in den Geltungsbereich dieses Gesetzes verbringt.

(2) Handelt der Täter in den Fällen des Absatzes 1 Nr. 2 fahrlässig, so ist die Strafe Freiheitsstrafe bis zu einem Jahr oder Geldstrafe.

§ 95

Mit Freiheitsstrafe bis zu zwei Jahren oder mit Geldstrafe wird bestraft, wer entgegen § 86 Satz 1 oder 2 eine Nachricht abhört oder den Inhalt einer Nachricht oder die Tatsache ihres Empfangs einem anderen mitteilt.

3. Rundfunkgebührenstaatsvertrag (Art. 4 des Staatsvertrages über den Rundfunk im vereinten Deutschland) vom 31. August 1991 nebst Zustimmungsgesetzen der Bundesländer (Baden-Württemberg Gesetz v. 19.11.1991 [GBl. S. 745], Bayern Gesetz v. 18.12.1991 [GVBl. S. 451]; Berlin Gesetz v. 19.12.1991 [GVBl. S. 309]; Brandenburg Gesetz v. 6.12.1991 [GVBl. S. 580]; Bremen Gesetz v. 17.9.1991 [BremGBl. S. 273]; Hamburg Gesetz v. 16.12.1991 [GVBl. S. 425]; Hessen Gesetz v. 13.12.1991 [GVBl. I S. 367]; Mecklenburg-Vorpommern Gesetz v. 5.12.1991 [GVOBl. M-V S. 494]; Niedersachsen Gesetz v. 26.11.1991 [Nds. GVBl. S. 311]; Nordrhein-Westfalen Gesetz v. 20.11.1991 [GV. NW. S. 408]; Rheinland-Pfalz Gesetz v. 10.12.1991 [GVBl. S. 369]; Saarland Gesetz v. 29.10.1991 [Amtsbl. S. 1290]; Sachsen Gesetz v. 19.12.1991 [SächsGVBl. S. 425]; Sachsen-Anhalt Gesetz v. 12.12.1991 [GVBl. LSA. S. 478]; Schleswig-Holstein Gesetz v. 12.12.1991 [GVOBl. Schl.-H. S. 596]; Thüringen Gesetz v. 18.12.1991 [GVBl. S. 635]).

§ 3 Anzeigepflicht

(1) Beginn und Ende des Bereithaltens eines Rundfunkempfangsgerätes zum Empfang sind unverzüglich der Landesrundfunkanstalt anzuzeigen, in deren Anstaltsbereich der Rundfunkteilnehmer wohnt, sich ständig aufhält oder ständig ein Rundfunkempfangsgerät zum Empfang bereithält. Entsprechendes gilt für einen Wohnungswechsel. …

§ 9 Ordnungswidrigkeiten

(1) Ordnungswidrig handelt, wer vorsätzlich oder fahrlässig

1. das Bereithalten eines Rundfunkempfangsgerätes zum Empfang entgegen § 3 nicht innerhalb eines Monats anzeigt;
2. ein Rundfunkempfangsgerät zum Empfang bereithält und die fällige Rundfunkgebühr länger als sechs Monate ganz oder teilweise nicht leistet.

(2) Die Ordnungswidrigkeit kann mit einer Geldbuße geahndet werden.

(3) Die Ordnungswidrigkeit wird nur auf Antrag der Landesrundfunkanstalt verfolgt. Die Rundfunkanstalt ist vom Ausgang des Verfahrens zu benachrichtigen.

(4) Daten über Ordnungswidrigkeiten sind ein Jahr nach Abschluß des jeweiligen Verfahrens zu löschen.

§ 265 b

Kreditbetrug

(1) Wer einem Betrieb oder Unternehmen im Zusammenhang mit einem Antrag auf Gewährung, Belassung oder Veränderung der Bedingungen eines Kredites für einen Betrieb oder ein Unternehmen oder einen vorgetäuschten Betrieb oder ein vorgetäuschtes Unternehmen

1. über wirtschaftliche Verhältnisse
   a) unrichtige oder unvollständige Unterlagen, namentlich Bilanzen, Gewinn- und Verlustrechnungen, Vermögensübersichten oder Gutachten vorlegt oder
   b) schriftlich unrichtige oder unvollständige Angaben macht, die für den Kreditnehmer vorteilhaft und für die Entscheidung über einen solchen Antrag erheblich sind oder

2. solche Verschlechterungen der in den Unterlagen oder Angaben dargestellten wirtschaftlichen Verhältnisse bei der Vorlage nicht mitteilt, die für die Entscheidung über einen solchen Antrag erheblich sind,

wird mit Freiheitsstrafe bis zu drei Jahren oder mit Geldstrafe bestraft.

(2) Nach Absatz 1 wird nicht bestraft, wer freiwillig verhindert, daß der Kreditgeber auf Grund der Tat die beantragte Leistung erbringt. Wird die Leistung ohne Zutun des Täters erbracht, so wird er straflos, wenn er sich freiwillig und ernsthaft bemüht, das Erbringen der Leistung zu verhindern.

(3) Im Sinne des Absatzes 1 sind

1. Betriebe und Unternehmen unabhängig von ihrem Gegenstand solche, die nach Art und Umfang einen in kaufmännischer Weise eingerichteten Geschäftsbetrieb erfordern;

2. Kredite Gelddarlehen aller Art, Akzeptkredite, der entgeltliche Erwerb und die Stundung von Geldforderungen, die Diskontierung von Wechseln und Schecks und die Übernahme von Bürgschaften, Garantien und sonstigen Gewährleistungen.

Schrifttum

Vgl. zunächst die Angaben über die **Materialien** und die **allgemeine Literatur** zum 1. WiKG bei § 264 sowie die speziellen Schrifttumsnachweise zu §§ 264, 265; zusätzlich Bundesminister der Justiz (Hrsg.), Tagungsberichte der Sachverständigenkommission zur Bekämpfung der Wirtschaftskriminalität Bd. V (1974) (zitiert: Tagungsberichte Bd. V).

Speziell zum Kreditbetrug *Bockelmann* Kriminelle Gefährdung und strafrechtlicher Schutz des Kreditgewerbes, ZStW **79** (1967) S. 28; *Brodmann* Probleme des Tatbestandes des Kreditbetrugs (§ 265 b StGB), Diss. Köln 1984; *Burchardt* Täuschung und Rechtswidrigkeit beim Kreditbetrug (1937); *Frühauf* Scheckbetrug, eine Erscheinungsform des Geldkreditbetrugs, in: Poerting (Hrsg.), Wirtschaftskriminalität Teil I (1983) S. 169; *Geerds* Banken als Opfer von Kreditbetrügereien, FLF (Finanzierung, Leasing, Factoring) **1988** 95, 152; *Gehm* Bekämpfung des Kreditbetrugs aus der Sicht des Bundeskriminalamtes, FLF **1988** 155; *Goldschmidt* Beiträge zur Lehre vom Kreditbetrug, ZStW **48** (1928) S. 149; *Haft* Die Lehre vom bedingten Vorsatz unter besonderer Berücksichtigung des wirtschaftlichen Betrugs, ZStW **88** (1976) S. 365; *Herold* Der Kreditbetrug nach dem Strafgesetzentwurf, Creditreform **1961** Heft 2 S. 39; *Kießner* Kreditbetrug – § 265 b (1985); *Lampe* Der Kreditbetrug (§§ 263, 265 b) (1980); *Lanzi* La tutela penale del credito (Padua 1979); *Otto* Bankentätigkeit und Strafrecht (1983); *Otto* Bargeldloser Zahlungsverkehr und Strafrecht (1978); *Otto* Probleme des Kreditbetrugs (usw.), Jura **1983** 16; *Prost* „Krediterschleichung", ein Vorfeldtatbestand des Betruges, sowie verstärkte Prophylaxe im Gesetz über das Kreditwesen als Mittel zur Bekämpfung der Wirtschaftskriminalität, JZ **1975** 18; *Schüppen* Systematik und Auslegung des Bilanzstrafrechts (1993); *Tiedemann/Cosson* Straftaten und Strafrecht im deutschen und französischen Bank- und Kreditwesen (1973); *Tiedemann/Sasse* Delinquenzprophylaxe, Kreditsicherung und Datenschutz in der Wirtschaft (1973); *Tiemann* Der praktische Fall – Strafrecht: Eine mißglückte Existenzgründung, JuS **1994** 138.

Aus der nichtstrafrechtlichen Literatur *Bähre/Schneider* KWG-Kommentar, 3. Aufl. (1986); *Beck* Gesetz über das Kreditwesen, 3 Bde. (Stand: 1995); *Büschgen* Bankbetriebslehre, 4. Aufl. (1993); *Canaris* Bankvertragsrecht, 3. Aufl. (1988); *Eilenberger* Bankbetriebswirtschaftslehre, 6. Aufl. (1996); *Everding* Früherkennung von Kreditbetrug mit Hilfe bankmäßiger Kreditwürdigkeitsprüfungen (1996); *Falter* (Hrsg.), Die Praxis des Kreditgeschäfts, 14. Aufl. (1994); *Forstmann* Geld und Kredit I (1952); *Frysch* Kontrollabbau in Kreditinstituten (1995); *v. Hagenmüller/Diepen* Der Bankbetrieb, 13. Aufl. (1993); *Jährig/Schuck* Handbuch des Kreditgeschäfts, 5. Aufl. (1989); *Kümpel* Bank- und Kapitalmarktrecht (1995); *Reischauer/Kleinhans* Kreditwesengesetz, 2 Bde. (Stand: 1995); *Obst/Hinter* Geld-, Bank- und Börsenwesen, 39. Aufl. (hrsg. von v. Kloten/v. Stein, 1993); *Schönle* Bank- und Börsenrecht, 2. Aufl. (1976); *Schork* Gesetz über das Kreditwesen (Kommentar), 19. Aufl. (1995); *v. Szagunn/Wohlschieß* Gesetz über das Kreditwesen (Kommentar), 5. Aufl. (1990).

Übersicht

I. Entstehungsgeschichte und kriminalpolitischer Hintergrund; Auslandsrechte. Der Straftatbestand wurde durch das 1. WiKG 1976 eingeführt. Er ist aber nicht ohne Vorläufer. Vielmehr enthielt das **Gesetz über das Kreditwesen** (KWG) vom 5.12.1934 (RGBl. I S. 1203), ergangen auf Grund der Erfahrungen mit der großen Banken- und Wirtschaftskrise von 1931, ebenso wie die späteren Fassungen dieses Gesetzes[1] in seinem § 50 einen subsidiären Straftatbestand der Krediterschleichung. Dieser drohte Gefängnis- und (oder) Geldstrafe demjenigen an, der *„vorsätzlich zur Erlangung oder Erweiterung eines Kredits oder Erzielung günstigerer Kreditbedingungen unwahre Bilanzen, Gewinn- und Verlustrechnungen oder Vermögensübersichten einem Kreditinstitut einreicht oder einem solchen gegenüber wissentlich falsche Erklärungen über seine wirtschaftlichen Verhältnisse abgibt, auch wenn es nicht zur Kreditgewährung kommt"*. 1

Der Schaffung dieses KWG-Spezialtatbestandes lagen die intensiven, auch im einschlägigen Schrifttum zum Ausdruck gekommenen Bemühungen der späten 20er und frühen 30er Jahre um einen effektiven Kreditschutz sowie die Ausbreitung neuartiger Kreditierungsformen zugrunde (Beteiligung der Banken an der Teilzahlungsfinanzierung insbesondere von Autokäufen, Gründung spezieller Teilzahlungsfinanzierungsinstitute und der „Schutzgemeinschaft für allgemeine Kreditsicherung"; „Berliner" und „Königsberger" System, heute sog. B- und A-Geschäft)[2]. Die „Krediterschleichung als Gefährdung der Volkswirtschaft"[3] verdeutlichte eine Sicht, die über die Beschränkung auf einzelne Gläubigerinteressen hinausreichte und in Übereinstimmung mit der Stellungnahme der Spitzenverbände von Handel und Industrie, insbesondere des Centralverbandes des Deutschen Bank- und Bankiersgewerbes, im Hinblick auf einen verbesserten Strafrechtsschutz nachdrücklich postuliert wurde. Der 1934 eingeführte strafrechtliche Spezialtatbestand wurde daher auch als Korrelat zu der Verpflichtung der Kreditinstitute, bei größeren Krediten die Offenlegung der wirtschaftlichen Verhältnisse des Kreditnehmers zu verlangen, verstanden (F. *Müller* Das Reichsgesetz über das Kreditwesen [1935] § 50 Anm. A). 2

---

[1] § 48 KWG v. 25.9.1939 (RGBl. I S. 1955), nicht geändert durch die Novellen v. 23.7.1940 (RGBl. I S. 1047) und v. 18.9.1944 (RGBl. I S. 211).

[2] Dazu *Burchardt* S. 2 mit Nachw.; auch *Culemann* Schutz gegen Kreditbetrug (1934); *Göhler/Wilts* DB **1976** 1657. – Ausführlicher zur geschichtlichen Entwicklung *Brodmann* S. 3 ff und *v. Rintelen* S. 94 ff.

[3] So der gleichbetitelte Aufsatz von *Fischer* Bank-Archiv **29** (1929/30) S. 55 ff.

Anläßlich der Schaffung des KWG vom 10.7.1961 (BGBl. I S. 881) wurde der Spezial-Straftatbestand ohne erkennbare Begründung nicht übernommen, nachdem er in der Praxis offenbar keine besondere Bedeutung erlangt hatte.

3 Insbesondere auf Grund der Klagen der Strafverfolgungsbehörden über die Schwierigkeiten des Nachweises der subjektiven Tatseite beim Betrug, aber auch auf Anregung der Teilzahlungskreditinstitute und der Strafrechtslehre, wurden sodann seit Ende der 60er Jahre Forderungen nach (Wieder-)Einführung eines einschlägigen Straftatbestandes zum Schutz gegen Krediterschleichung erhoben[4]. Neben den zunächst vorrangigen Gesichtspunkt einer Verbesserung der Praktikabilität des Strafrechtsschutzes trat dabei das angesichts der wachsenden Unternehmensverflechtung zusätzliche und insoweit neuartige Bedürfnis nach erhöhtem Schutz des **volkswirtschaftlich wichtigen Kreditwesens**, wäre doch die seit dem Wiederaufbau nach dem 2. Weltkrieg traditionell schwach mit Eigenkapital ausgestattete deutsche Volkswirtschaft ohne ein umfängliches Kreditierungssystem nicht funktionsfähig (*Tiedemann/Sasse* S. 2 mit Nachw.). Ähnlich wie die Konkursstraftat führt auch die Krediterschleichung typischerweise zu schädlichen Wirkungen, die über die unmittelbar betroffenen (Geld-)Kreditgeber hinaus gehen (vgl. *Tiedemann* LK Rdn. 54 ff vor § 283).

4 Hinzugetreten ist in jüngerer Zeit das Bedürfnis nach einem verstärkten — auch strafrechtlichen — Schutz des **Waren- oder Lieferantenkredits**, da die Kreditgeber hier anders als die gewerblichen Kreditinstitute die Kreditwürdigkeit der Kreditnehmer durch Selbstauskünfte nicht hinreichend überprüfen können (*Tiedemann/Cosson* S. 24 f). Angesichts der rechtlichen Beschränkung der Einholung von Fremdauskünften durch das BundesdatenschutzG v. 20.12.1990 (BGBl. I S. 2954) hat dieser kriminalpolitische Gesichtspunkt zusätzliches Gewicht erhalten.

5 Die Gesetz gewordene Fassung des § 265 b geht im wesentlichen auf den **Vorschlag der Sachverständigenkommission zur Bekämpfung der Wirtschaftskriminalität** auf ihrer 5. Arbeitssitzung im November 1973 zurück (Tagungsberichte Bd. V S. 96 ff). Die Kommission stellte aber — ebenso wie die ersten Referentenentwürfe des Bundesministeriums der Justiz — ausschließlich auf die durch Kreditinstitute gewährten Geldkredite ab. Vom schließlichen Regierungsentwurf des 1. WiKG unterscheidet sich § 265 b nur geringfügig und redaktionell, wenn man von dem Wegfall der Anordnung einer entsprechenden Anwendung der §§ 247, 248 a absieht (dazu unten Rdn. 15). Demgegenüber wollte der Alternativ-Entwurf „Straftaten gegen die Wirtschaft" (§ 187 mit Begr. S. 69) den Strafschutz einerseits auf Handelskredite von mehr als 20 000 DM (vgl. auch den im Anhang unten Rdn. 128 abgedruckten § 18 KWG!) beschränken (zust. dazu *Lampe* S. 44 ff) und andererseits auf mündliche Falschangaben erweitern, da diese in der heutigen Kreditierungspraxis eine erhebliche Rolle spielen (*Tiedemann* Wirtschaftsstrafrecht II S. 57). Dabei erblickt der AE „das eigentliche Bedürfnis nach einem speziellen Strafschutz im Vorfeld des Kreditbetruges nicht so sehr im Bereich der Banken und sonstigen Kreditinstitute, die entweder regelmäßig gut gesichert sind oder aber mehr oder weniger gezielt Risikogeschäfte eingehen, als vielmehr in dem erwähnten Bereich des Warenkredits" (aaO). Dieser Waren- oder Lieferantenkredit übertrifft in seinem wirtschaftlichen Umfang und in seiner geldpolitischen Bedeutung den vergleichbaren kurzfristigen Bankkredit in der Tat erheblich (*Tiedemann/Sasse* S. 3 f; *Wilts* Prot. 7 S. 2749).

6 Außer Streit war demgegenüber die Nichteinbeziehung des **Teilzahlungs- oder Kundenkredits** in den Schutzbereich des § 265 b: Die Schäden ergeben sich hier erst aus der

---

[4] Zusammenfassend RegE BTDrucks. 7/3441 S. 17 f = BRDrucks. 5/75 S. 17 f; *Tiedemann* Verh. 49. DJT (1972) Bd. I S. C 66 f mit Nachw.; *Wilts* Prot. 7 S. 2750.

Summierung der für sich genommen eher bagatellhaften Handlungen (RegE Begr. S. 30, wo aber insoweit zu Unrecht und nicht zwingend allein auf „das Funktionieren der Kreditwirtschaft" abgestellt wird, zu der selbstverständlich auch der Teilzahlungskredit gehört; richtig dagegen aaO S. 32: „Sicherung des Kreditverkehrs von einer gewissen Größenordnung an"[5]). Der Bericht des Sonderausschusses (BTDrucks. 7/5291 S. 14 f) ging dagegen davon aus, daß hier die für arbeitsteilige Betriebe typischen Beweisschwierigkeiten entfallen und die Vermögensverhältnisse des Kreditsuchers insgesamt besser als im geschäftlichen Bereich zu überschauen sind. So ergibt sich die insgesamt wenig befriedigende Situation, daß diejenigen Kreditinstitute, die einen besonderen Strafschutz (gegen Teilzahlungskreditschwindel) wünschten und für erforderlich hielten, diesen nicht erhalten haben, während die allgemeinen Geschäftsbanken, denen § 265 b unmittelbar zugute kommt, diesen Strafschutz gar nicht wollten, übrigens über die Einbeziehung der sog. Nostroverpflichtungen in den Darlehensbegriff des Absatzes 3 Nr. 2 (unten Rdn. 40) selbst unter eine schärfere strafrechtliche Kontrolle geraten sind.

Bewußt nicht erfaßt wird durch § 265 b schließlich auch die durch Täuschung herbeigeführte Gewährung von Krediten zu Zwecken der **Kapitalanlage** (RegE Begr. S. 30). Die Erwägung in der Begründung zum 1. WiKG, daß auch hier eine Gefährdung der Kreditwirtschaft nicht vorliege, ist wenig überzeugend, da die Versorgung der Wirtschaft mit langfristigen Geldern weitgehend durch den Appell an private Kreditgeber, nämlich durch das Mittel der Wertpapieremission, erfolgt und diese Form der Kapitalaufbringung schwerlich aus dem allgemeinen Begriff der Kreditwirtschaft ausgeschieden werden kann. Richtigerweise wurde der Schutz des Kapitalanlegers vor Schwindel aber einer besonderen Regelung vorbehalten, weil es insoweit um *andere Tathandlungen* geht, die seit dem 2. WiKG 1986 durch § 264 a umschrieben werden. Zu dem Verhältnis beider Straftatbestände *Tiedemann* LK § 264 a Rdn. 3. 7

Unter den neueren **Auslandsrechten** ist neben dem vergleichbaren **polnischen** Straftatbestand der Kredit- und Subventionserschleichung von 1994 (*Tiedemann* LK § 264 Rdn. 10) und dem mit § 265 b weitgehend übereinstimmenden **portugiesischen** Straftatbestand des Kreditbetruges im Gesetzesdekret Nr. 28 von 1984 der in **Italien** eingeführte Sondertatbestand der Lüge (*mendacio*) und der internen Unregelmäßigkeit (*falso interno*) im Bankwesen von Interesse. Art. 137 des italienischen Bank- und Kreditwesengesetzes (Gesetzesdekret Nr. 385 von 1993) stellt vorsätzlich unrichtige Angaben über die wirtschaftliche oder finanzielle Situation eines Unternehmens im Zusammenhang mit einem Kreditantrag für ein Unternehmen oder für den Täter selbst unter Strafe (Abs. 1) und verbindet damit eine Strafandrohung gegen Bankangestellte, die ihnen bekannte unrichtige Daten bei der Entscheidung über die Vergabe oder Kündigung eines Kredites verwenden oder diese Daten nicht offenlegen (Abs. 2). Entgegen der Darstellung bei *Maurach/Schroeder/Maiwald* 1 § 41 III D 3 (Rdn. 195) werden durch den „mendacio bancario" reine Privatkredite nicht erfaßt (vgl. nur *Antolisei/Conti* Manuale di Diritto Penale Bd. I, 9. Aufl. [1994] S. 168; *Lanzi* S. 161 ff). Zwar ist der Tatbestand — ebenso wie § 265 b (unten Rdn. 24) — kein Sonderdelikt. Jedoch müssen sich die Falschangaben stets auf die wirtschaftliche Situation oder die Vermögensverhältnisse eines Unternehmens beziehen, das an der Kreditgewährung „irgendwie interessiert" ist. Beide Absätze des Art. 137 enthalten eine ausdrückliche Subsidiaritätsklausel. Das 1996 in Kraft getretene **spanische** Strafgesetzbuch von 1995, das fast ganz auf Sondertatbestände des Betruges verzichtet und in Art. 250 Abs. 1 schwere Fälle des Betruges aufzählt, die zugleich die Anwendbar- 8

[5] Kritisch zu der für das 1. WiKG insgesamt uneinheitlichen Bestimmung des Begriffes der Wirtschaftsstraftat *Lampe* Prot. 7 S. 2513 f, 2517 f; *Tiedemann* ZStW **87** (1975), S. 262 ff und Wirtschaftsstrafrecht I S. 58 f.

keit des Grundtatbestandes klarstellen sollen, ordnet den Mißbrauch unternehmerischer oder beruflicher Kreditwürdigkeit (*credibilidad empresarial o profesional*) in Nr. 7 als solchen schweren Fall ein. Ähnlich erwähnen vom früheren französischen Code pénal beeinflußte Rechtsordnungen die Vorspiegelung eines nicht vorhandenen Kredits (*crédit imaginaire*) als Beispiele für qualifizierte Täuschungen beim Betrug (zuletzt Art. 496 **luxemburgisches** Strafgesetzbuch auch in der Neufassung von 1993). Als Entsprechung zu § 265 b versteht *Muñoz Conde* (Derecho Penal Parte Especial, 11. Aufl. [1996] S. 462) Art. 290 span. Código Penal, der Geschäftsleiter unter Strafe stellt, die in Bilanzen oder anderen Dokumenten unrichtige Angaben über die wirtschaftliche Situation des Unternehmens machen (näher zu diesem Straftatbestand *Tiedemann* LK § 264 a Rdn. 11 mit weit. Nachw.). Im **dänischen Recht** wird der Kreditbetrug mit der Folge, daß dadurch ein Vermögensverlust entsteht, in § 298 Nr. 1 Strafgesetz gesondert geregelt; darüber hinaus ist jede wissentlich unrichtige Angabe über die wirtschaftliche Lage einer Gesellschaft in Urkunden oder Geschäftsbriefen selbständig strafbar (§ 297 dänisches Strafgesetz). – Von den älteren ausländischen Regelungen[6] verdient sec. 13 des weiterhin in Kraft befindlichen, aber auf **England** beschränkten Debtors Act 1869 Erwähnung, der unter der Überschrift *Fraudulently obtaining credit* in der Absicht des Betruges zum Nachteil der Gläubiger vorgenommene Vermögensverringerungen (durch Geschenke, Übertragungen usw.) sowie Vermögensbelastungen („charge on his property") pönalisiert, also Verhaltensweisen aus dem Bereich der Insolvenzdelikte (vgl. *Tiedemann* LK Rdn. 214, 216 vor § 283) und des Betruges kombiniert. In der Rechtsprechung wird der Zechbetrug hierunter subsumiert; dagegen ist streitig, ob auch die Gelderlangung gegen das Versprechen späterer Warenlieferung oder Dienstleistung als „obtaining credit" anzusehen ist (*Halsbury's* Statutes, 4. Aufl. Bd. 4 [1987] S. 666 mit Nachw.). Der *Theft Act* 1968 definiert in sec. 16 die Gewährung von Überziehungskredit als vermögenswerten Vorteil, der Gegenstand eines Betruges sein kann. Daneben erfaßt der Theft Act 1978 (sec. 2-1 b) gesondert den Stundungsbetrug und den betrügerisch erlangten Forderungsverzicht. § 265 b entspricht am ehesten sec. 17-1 b Theft Act 1968, der die unrichtige (usw.) Buchführung und ihren Gebrauch, aber auch die Vorlage einzelner Buchführungselemente „in furnishing information for any purpose" unter Strafandrohung (Freiheitsstrafe bis zu 7 Jahren!) stellt. Die Absicht der Gläubigertäuschung qualifiziert den Tatbestand bei Veröffentlichung der Mitteilung durch Organe von Handelsgesellschaften (sec. 19).

9 **II. Geschütztes Rechtsgut und allgemeine Einordnung des Tatbestandes**. § 265 b schützt nach der Intention des Gesetzgebers **nicht nur das Vermögen** der jeweiligen Kreditgeber (sowie weiterer Individualpersonen, z. B. der Gläubiger der Kreditgeber), sondern auch das **Funktionieren der Kreditwirtschaft** als solcher[7].

10 Es ist allerdings mißverständlich, wenn die Begr. des RegE (S. 18) und der Bericht des Sonderausschusses (S. 14) diese Aussage vor allem mit der Größe einzelner Schädigungen begründen wollen (zumal gegen § 187 AE die Relevanz der Schadenshöhe für das typische Unrecht ausdrücklich geleugnet wird). Ähnlich wie etwa bei den Münzdelikten,

---

[6] Näher dazu E. *Kohlmann* Mat. Bd. II S. 349 (363).

[7] RegE Betr. S. 17, 18; Sonderausschuß Bericht S. 14; ebenso OLG Celle wistra **1991** 359 (f); *Arzt/Weber* LH 4 Rdn. 63; *Blei* Prot. 7 S. 2505; D. *Geerds* S. 233 ff; F. *Geerds* FLF **1988** 96; *Kießner* S. 55 f; *Lackner/Kühl* Rdn. 1; *Lampe* S. 37 ff; *Otto* BT § 61 III 1 und Jura **1983** 23 sowie **1989** 29; *Reischel* S. 5, 218 ff; *Sch/Schröder/Lenckner* Rdn. 3; *Tiedemann* Wirtschaftsstrafrecht I S. 86 und Prot. 7 S. 2472; *Wessels* BT 2 § 16 III Rdn. 661; *Wilts* Prot. 7 S. 2752; **aA** *Dreher/Tröndle* Rdn. 6; *Gössel* BT 2 S. 479; *Krey* BT 2 Rdn. 529; *Maurach/Schröder/Maiwald* 1 § 41 III (Rdn. 166); *Samson* SK Rdn. 2; *Schmidhäuser* BT 11/100; *Schubarth* ZStW **92** (1980), 91 f; offengelassen von BGHSt **36** 130 ff mit Anm. *Kindhäuser* JR **1990** 520 (der letzteren Auffassung zuneigend); differenzierend (nach den Täuschungsmitteln) *Schüppen* S. 120.

die das Bargeld als Tauschgut und Kaufkraftträger zum Gegenstand haben, gilt der strafrechtliche Schutz des Kredites – ähnlich wie der strafrechtliche Schutz des unbaren Zahlungsverkehrs – vielmehr seiner Funktion als **Instrument des Wirtschaftsverkehrs** (zust. *Sch/Schröder/Lenckner* Rdn. 3): Der Mißbrauch dieses Instrumentes wird unabhängig davon geahndet, ob er im Einzelfall das volkswirtschaftliche Korrelat dieses Instrumentes, die Kreditwirtschaft, beeinträchtigt (zust. *Schüppen* S. 117). Die gegenteilige, von der Flüchtigkeit der Begründung in den Materialien genährte Ansicht übersieht den gerade für den überindividuellen (sozialen) Bereich des Strafrechts fundamentalen Unterschied zwischen Rechtsgut und Tatobjekt (näher unten Rdn. 13).

Gelegentlich wird auch geleugnet, daß den von der Begr. RegE eindringlich, aber miß- **11**
verständlich, geschilderten tatsächlichen Auswirkungen der Krediterschleichung Relevanz für die Bestimmung der in Frage stehenden Rechtsgüter zukommt (so z. B. *Samson* SK Rdn. 2 unter Hinweis auf die Parallele des § 265). Oder es wird bestritten, daß „die Kreditwirtschaft" rechtlich etwas anderes sei als die Summe der in casu betroffenen Vermögensinteressen der Kreditgeber[8].

Diese Fragen einer **exakten Rechtsgutsbestimmung** werden nicht nur für einzelne **12**
Auslegungsprobleme im Rahmen der Strafvorschrift sowie für ihr Konkurrenzverhältnis zu § 263 erheblich (dazu sogleich Rdn. 14). Vielmehr sind sie bereits für die strafrechtspolitische Legitimation des Tatbestandes und für seine allgemeine dogmatische Einordnung ausschlaggebend. Insbesondere die verbreitete Kennzeichnung des § 265 b als **abstraktes Gefährdungsdelikt**[9] ist nämlich allenfalls als abkürzende Bezeichnung haltbar, wäre doch die Beschränkung des Strafgrundes auf eine lediglich abstrakte Gefährdung der Gläubigervermögensinteressen trotz der Parallele in § 142 eine denkbar schwache, ja kaum haltbare Begründung für den Sondertatbestand. Meist wird die Einordnung als abstraktes Gefährdungsdelikt ohnehin nur negativ gewonnen, da der Sondertatbestand nicht nur von einer Irrtumserregung und einer Kreditgewährung als Vermögensverfügung, sondern vor allem von einem Schadenseintritt, ja selbst von einer schadensgleichen konkreten Gefährdung des Rückzahlungsanspruches absieht und somit kein Erfolgsdelikt darstellt. (Die **Bezeichnung** als Kredit**betrug** ist daher wenig glücklich; vgl. bereits *Blei* II § 62 III 2. Richtiger würde von *Krediterschleichung* gesprochen: *Brodmann* S. 25.)

Dieser Betrachtungsweise ist mit parallelen Beispielen des Bilanz- und Wettbewerbs- **13**
strafrechts oder des Kartellordnungswidrigkeitenrechts, aber z. B. auch des Urkundenstrafrechts, entgegenzuhalten, daß strafrechtliche Sondertatbestände zwar häufig aus dem praktischen Ungenügen des Betrugstatbestandes entstehen und insofern historisch auf Vermögensschutz „im Vorfeld" (der Vermögensschädigung) abzielen. Jedoch tragen sie damit ebenso häufig zugleich *neuen Schutzbedürfnissen* Rechnung und haben folglich neue Rechtsgüter zum Gegenstand, die mediatisiert, nämlich gegenüber dem letztendlichen Bezug auf das materielle Wohlergehen des Einzelnen in abhebbare Zwischenziele mit relativer Selbständigkeit abgeschichtet sind (vgl. *Tiedemann* Tatbestandsfunktionen im Nebenstrafrecht [1969] S. 119 f). Wenn Wirtschaften heute nur bei Einhaltung bestimmter rechtlicher Garantien und bei Benutzung bestimmter Institutionen möglich ist, so wird das allgemeine (gesellschaftliche) **Vertrauen** – etwa in die Ordnungsmäßigkeit von Bilanzen, in die Richtigkeit der Angaben bei Gesellschaftsgründungen usw. – Inhalt

[8] *Lackner/Kühl* Rdn. 1 und 10; *v. Rintelen* S. 141; grundsätzlich dazu bereits *Tiedemann* Wirtschaftsstrafrecht I S. 83 ff und *Lampe* S. 38 f.

[9] *Berz* BB **1976** 1438; *Brodmann* S. 26; *Dreher/Tröndle* Rdn. 6; F. *Geerds* aaO; *Göhler/Wilts* DB **1976** 1657; *Gössel* BT 2 S. 479; *Jung* JuS **1976** 759; *Krey* BT 2 Rdn. 531; *Lackner/Kühl* aaO; *Lampe* S. 41 ff; *Lohmeyer* S. 68, 71; *Maurach/Schroeder/Maiwald* aaO (Rdn. 159); *Nack* in: Müller-Gugenberger § 41 II 1; *Otto* aaO; *Samson* aaO Rdn. 28; *Schmidhäuser* aaO; *Sch/Schröder/Lenckner* Rdn. 4; *Wessels* aaO; *Wilts* aaO S. 2751.

und Voraussetzung des Funktionierens der Wirtschaftsordnung. Dieses Vertrauen wird damit selbst schutzwürdig (übereinstimmend etwa LG Mannheim wistra **1985** 158) und bereits durch die „bloße" Täuschung verletzt (zust. *Brodmann* S. 22). Es geht also im überindividuellen Bereich des § 265 b nicht nur um abstrakte Gefährdung des finanziellen Vermögens Einzelner, sondern um die Gefährdung des Kreditwesens und um die Verletzung der hierauf bezogenen Verkehrspflichten (vgl. auch *Tiedemann* LK § 283 Rdn. 7). Dabei ist nach allgemeinen Grundsätzen der Gesichtspunkt des Vertrauens im überindividuell-wirtschaftlichen Bereich bei den einzelnen Straftatbeständen durch das Bezugsobjekt zu konkretisieren, um der Gefahr pauschaler und nicht hinreichend spezifischer Kennzeichnung zu entgehen. Es empfiehlt sich daher, bei dem Rechtsgut des § 265 b von dem **Funktionieren der Kreditwirtschaft als solcher** oder von der Verletzung ihrer Funktionsbedingungen zu sprechen (vgl. auch *Bottke* in: Schünemann/Suárez S. 112). Wenn demgegenüber BGHSt **36** 130, 131 f meint, eine Gefährdung der Kreditwirtschaft setze „bei betrügerischem Vorgehen des Täters zu demselben Zeitpunkt ein, in dem das Vermögen der Bank geschädigt wird", so kann dies nur in einem faktischen Sinne zutreffen; unter normativen Gesichtspunkten des Rechtsgutes ist die Aussage dagegen problematisch: Ein Mord mag faktisch die Sicherheit der Gesellschaft gefährden; normativ ist dagegen — nur — das Rechtsgut Leben verletzt. Keine Zustimmung verdient auch die These *Kindhäusers* (JR **1990** 522), Vertrauen könne nicht Schutzgut von Straftatbeständen sein. Die Rechtsprechung des BVerfG ist insoweit ebenfalls anderer Ansicht (vgl. unten Rdn. 17). Auch wenn strafschutzwürdiges Vertrauen „normativ vermittelt" werden muß, läßt sich eine solche normative Vermittlung bei § 265 b doch gerade aus dem KWG entnehmen (unten Rdn. 16).

14 Hieraus folgt: Da weder die Verletzung des abstrakten Vertrauens in die Richtigkeit von Kreditunterlagen noch die Beeinträchtigung des Funktionierens der Kreditwirtschaft als solcher mit der Schädigung des konkreten Vermögens einzelner Kreditgeber identisch ist, besteht bei erfolgter Kreditausreichung trotz des niedrigeren Strafrahmens des § 265 b im **Verhältnis zu § 263** nicht etwa Gesetzeskonkurrenz mit Vorrang des § 263[10], sondern **Tateinheit**[11].

15 Die Nichtidentität der von § 263 und von § 265 b geschützten Rechtsgüter ergibt sich des weiteren aus der **Unanwendbarkeit der §§ 247, 248 a,** die mit ihrem Antragserfordernis typischerweise auf individuelle (Vermögens-)Rechtsgüter zugeschnitten sind. Wenig zwingend will der Bericht des Sonderausschusses (aaO) die Nichtanwendbarkeit des § 248 a mit der (im Tatbestand nicht ausgesprochenen und auch sonst konstruktiv nicht erreichten!) „Begrenzung des Kreditvolumens nach unten hin" rechtfertigen. Der Bericht des Sonderausschusses (S.16) begründet die Rechtslage schließlich aber auch und vor allem mit der Vorrangigkeit des überindividuellen Rechtsgutes der Kredit- und Volkswirtschaft in § 265 b. Insoweit ist *Dreher/Tröndle* (Rdn. 6) zwar zuzugeben, daß § 263 keineswegs nur „individuelle Vermögensinteressen" schützt, sondern den Schutz des Vermögens überindividueller (sozialer) Einrichtungen jedenfalls überall dort mit umfaßt, wo leges speciales fehlen. Jedoch hat § 263 nach heute nahezu unbestrittener Ansicht eben

[10] So aber BGHSt **36** 130 ff m. Anm. *Kindhäuser* JR **1990** 520; *Blei* II § 62 III 2 (mit Zweifeln); *Dreher/Tröndle* Rdn. 6; *Gössel* BT 2 S. 485; *Heinz* GA **1977** 226; *Krey* BT 2 Rdn. 534; *Lackner/Kühl* Rdn. 10; *Maurach/Schroeder/Maiwald* aaO (Rdn. 164); *Samson* SK Rdn. 28; *Sturm* Prot. 7 S. 2765.

[11] *Arzt/Weber* LH 4 Rdn. 63; *Brodmann* S. 31 (f); F. *Geerds* FLF **1988** 98 f; *Müller-Emmert/Maier* NJW **1976** 1662; *Otto* BT § 61 III 5; *Reischel* S. 5; *Sch/Schröder/Lenckner* Rdn. 51; *Tiedemann* Prot. 7 S. 2482; *Wessels* BT 2 § 16 III Rdn. 661; *Wilts* Prot. 7 S. 2772; Tagungsberichte Bd. V S. 45. Für den nur versuchten Betrug sowie für „Inkongruenz zwischen Tathandlungen und Vermögensschaden" wird Tateinheit auch von *Lackner/Kühl* aaO angenommen.

nur das Vermögen, nicht aber das in § 265 b mitgeschützte allgemeine Vertrauen (in die Richtigkeit der Kreditunterlagen usw.) oder das Funktionieren der (Kredit-)Wirtschaft zum Gegenstand. Der niedrigere Strafrahmen und das im Vergleich zu § 263 geringere Unrecht erklärt sich zwanglos aus der Einsicht, daß es im überindividuellen Rechtsgüterbereich nicht um primäre Verantwortungssituationen des Einzelnen, sondern um sekundäre Pflichten ohne handfeste Eingriffe in tatobjektgleiche Güter geht[12].

Jenseits, aber auch innerhalb, des bisher mehr intern-strafrechtsdogmatischen Streites ist schließlich für die Rechtsgutsfrage **entscheidend**, daß nach heutiger Auffassung von Wirtschafts- und Wirtschaftsverwaltungswissenschaft der Kredit als Kapitallenkungsmittel gewichtige volkswirtschaftliche Funktionen hat, deren Sicherstellung und Garantie das KWG und die Kreditwesenaufsicht dienen, soweit der Geldkredit in Frage steht (vgl. nur *Forstmann* S. 243 f; *Tiedemann/Sasse* S. 2 f). Diese **gesamtwirtschaftliche Sicht des Kreditwesens**, dessen Schwächung oder Erschütterung geradezu zwangsläufig die Volkswirtschaft als solche in Mitleidenschaft ziehen muß, prägte anerkanntermaßen auch das Schutzgut des § 48 bzw. § 50 KWG a.F. (vgl. *v. Rintelen* S. 101; *Schüppen* S. 119). Allein durch den eher aus pädagogischen Gründen erfolgten Wechsel der äußeren Lozierung des Straftatbestandes und durch die Einbeziehung des geldpolitisch fundamentalen Lieferantenkredits, dessen institutionelle Bedeutung schon das RG betont hat, kann sich hieran nichts geändert haben. Vielmehr stimmt die Beschränkung sowohl des KWG als auch des § 265 b auf vollkaufmännische Betriebe (dazu näher unten Rdn. 32 ff) und die terminologische Anknüpfung des § 265 b an das KWG voll mit der hier vertretenen Deutung überein. 16

Die in der neueren Literatur recht verbreitete **Kritik** an § 265 b kann sich jedenfalls nicht auf *verfassungsrechtliche* Gründe stützen (allgemein hierzu J. *Vogel* StV **1996** 110 ff). Das Kreditwesen ist auch in verfassungsrechtlicher Sicht ein strafschutzwürdiger elementarer Wert des Gemeinschaftslebens (BVerfGE **90** 145, 204), und rechtlich garantierte Vertrauenstatbestände – wie bei § 265 b das Vertrauen in richtige und vollständige Kreditanträge – sind in verfassungsrechtlicher Beurteilung unabhängig vom Gesichtspunkt des Vermögensschutzes strafrechtlich schutzwürdig (BVerfG NStZ **1985** 173 mit zust. Anm. *Koch* ZLR **1985** 144). Wenn *Kindhäuser* (in: Schünemann/Suárez S. 129) meint, das Interesse am Funktionieren des Kreditwesens sei nicht größer als dasjenige am Funktionieren des Autohandels oder des Immobilienmarktes, so verkennt diese Ansicht neben der historischen Entwicklung (oben Rdn. 2) bereits die einfache Tatsache, daß für den größten Teil der Bevölkerung ohne Kreditaufnahme weder Auto- noch Immobilienkäufe möglich wären. 17

Demgegenüber wurden schon früh *kriminalpolitische* Einwände gegen die Spezialvorschrift erhoben[13]. Sie stützten und stützen sich insbesondere darauf, daß die Geschäftsbanken mit ihrer notorischen Zurückhaltung bei der Erstattung von Strafanzeigen den Strafschutz nicht wollen (vgl. bereits oben Rdn. 6) und ihn wegen hinreichender Möglichkeiten zum Selbstschutz durch Offenlegung der Vermögensverhältnisse des Kreditsuchers möglicherweise auch nicht verdienen. Der letztere *viktimologische* Gesichtspunkt vernachlässigt allerdings von vornherein die überindividuelle Schutzkomponente sowie den anerkannten Ausgangspunkt jeder Kriminalpolitik, daß der Gesetzgeber die Strafwürdigkeit und Strafbedürftigkeit nicht von zumutbaren Selbstschutzmaßnahmen des Opfers abhängig machen muß (vgl. nur *Bottke* in: Schünemann/Suárez S. 121 mit Nachw.). Und der 18

[12] Vgl. *Tiedemann* Tatbestandsfunktionen im Nebenstrafrecht (1969) S. 107 f mit Nachw., insbes. auch S. 126 ff; *Welzel* JZ **1957** 133.

[13] Vgl. Voraufl. Rdn. 3 und 5 mit Nachw.; ferner *Brodmann* S. 193 f; *Schubarth* ZStW **92** (1980) S. 90 f.

erstgenannte Gesichtspunkt läßt außer acht, daß das Kreditgewerbe aus volks- und betriebswirtschaftlichen Gründen in ganz außergewöhnlichem Maße auf Vertrauen angewiesen ist, dessen Vorhandensein durch Erstattung häufiger Strafanzeigen leicht gefährdet werden könnte (vgl. auch *Arzt/Weber* IV Rdn. 56; *v. Rintelen* S. 103). Das Strafbedürfnis entfällt daher durch die Zurückhaltung bei der Erstattung von Strafanzeigen nicht (zutr. *Lampe* S. 36 f).

19 Sieht man von kriminalpolitischen Richtungen ab, die das Strafrecht in eher altliberaler Manier ganz auf den Schutz individueller Belange beschränken wollen[14] und gegen die neben allen modernen Einsichten in das Verhältnis von Staat und Gesellschaft bereits historische und rechtsvergleichende Gründe sowie die höchst praktische Frage nach möglichen Alternativen sprechen, so bleiben nur wenige *dogmatisch* faßbare Gründe der Kritik an (sowie der Analyse von) § 265 b übrig. Daß der Gesetzgeber des § 265 b ein neues Rechtsgut der Kreditwirtschaft „erfunden" habe (so etwa *Hillenkamp* in: Recht und Wirtschaft Bd. 1 S. 235) oder diese Denkweise „wolkig" (so *Hassemer* JuS **1990** 850) oder „luftig" sei (so *Weigend* Triffterer-Festschrift S. 699), ist angesichts der evidenten Anknüpfung des Straftatbestandes an das KWG mit seiner primär überindividuellen Zwecksetzung (vgl. nur BGHZ **74** 144, 146 ff) eine schwer nachvollziehbare Behauptung (zust. *Schüppen* S. 111). Gewichtiger scheint das sog. Inkonsequenz-Argument zu sein: Insbesondere *Kindhäuser* (JR **1990** 522) meint, der Tatbestand des § 265 b lasse jedenfalls in seiner gegenwärtigen Gestalt kein legitimierendes überindividuelles Schutzinteresse erkennen, sondern liege „nach seiner tatbestandlichen Konstruktion vollständig im Vorfeld des Betruges" (aaO S. 521). Damit soll kritisiert werden, daß § 265 b nicht auch die leichtfertige Kreditvergabe (durch Kreditinstitute) erfaßt (vgl. bereits *Samson* SK Rdn. 2; *Schubarth* ZStW **92** [1980] S. 91 f). Zu Unrecht zeigt sich auch BGHSt **36** 130, 131 von dieser Argumentation beeindruckt. Zunächst einmal macht nämlich diese Lücke im Strafschutz der Kreditwirtschaft den Spezialtatbestand des § 265 b weder unwirksam noch unanwendbar, da insbesondere kein Verstoß gegen das Willkürverbot vorliegt (*Brodmann* S. 23; *v. Rintelen* S. 126). Zu Recht führen *Sch/Schröder/Lenckner* (Rdn. 3) aus, daß „es ja wohl immer noch der unredliche Kreditnehmer ist, von dem der Kreditwirtschaft die wesentlich größeren Gefahren drohen": Die Einreichung falscher Bilanzen usw. zwecks Krediterlangung verletzt in eklatanter Weise die Funktionsbedingungen, von denen die Kreditgewährung abhängig gemacht wird und deren Einhaltung Grundlage des Vertrauens im Kreditverkehr ist (*Bottke* aaO S. 122; *Reischel* S. 211). Daß der Strafgesetzgeber diese Verletzung in den Rang von Kriminalunrecht erhoben und nicht als bloße Ordnungswidrigkeit ausgestaltet hat (für eine solche wohl *Kindhäuser* aaO S. 522), kann weder als Überschreitung des gesetzgeberischen Ermessens gedeutet werden noch dazu führen, daß der Rechtsgutsbestimmung des Gesetzgebers der Gehorsam versagt wird (zutr. *Lampe* S. 37; *v. Rintelen* S. 124 f). Vor allem ist für die erforderliche Gesamtbetrachtung zu berücksichtigen, daß der Gesetzgeber (des KWG) die leichtfertige Vergabe größerer Geldkredite jedenfalls als Ordnungswidrigkeit ahndet (vgl. BGHSt **31** 264, 289 und unten Anhang Rdn. 128). Die Bestrafung des unredlichen Kreditsuchers und die „Bebußung" des sorglosen Kreditgebers fügen sich kriminalpolitisch zu einem System, das die Funktionsfähigkeit der (Geld-)Kreditwirtschaft in vertretbarer Weise sicherstellt, indem § 265 b Angriffe von außen erfaßt und die Bußgeldtatbestände des KWG von innen kommende Verletzungsweisen sanktionieren (zur Zusammenfassung dieser Sicht in einem einzigen Tatbestand mit zwei Absätzen durch das italienische Recht oben Rdn. 8). — Zur

[14] Darstellung dieser Richtungen (und zutreffende Kritik an ihnen) bei *Kuhlen* GA **1994** 347 ff und JZ **1994** 1142 ff sowie *Schünemann* GA **1995** 201 ff und in: Schünemann/Suárez S. 268 ff; vgl. auch *Tiedemann*, in: Miyazawa-Festschrift (1995) S. 683 mit weit. Nachw.

Ablehnung der Auffassung schließlich, daß die Pönalisierung von „abstrakten" Gefährdungen das Tatschuldprinzip verletze, vgl. hier nur *Kuhlen* GA **1994** 362 f und Vorbem. vor § 263.

Zusammengefaßt wird § 265 b durch die volkswirtschaftliche Bedeutung des Kreditwesens und seiner rechtlichen Garantie im KWG hinreichend legitimiert (zust. *Brodmann* S. 21) sowie hinsichtlich der Rechtsgutsbestimmung festgelegt. Die zusätzliche Einbeziehung des Waren- oder Lieferantenkredits in den Tatbestand macht diesen nicht illegitim (**krit.** insoweit *Schüppen* S. 119 f). Auch gibt die perfektionistische sowie mit normativen Merkmalen überfrachtete Gesetzestechnik zwar Anlaß zur Kritik (zusammenfassend *Sch/Schröder/Lenckner* Rdn. 2 mit Nachw.). Diese führt aber bereits nach ihrer eigenen Intention weder zur Verfassungswidrigkeit noch zur grundsätzlichen Einschränkung des Tatbestandes im Wege der Auslegung (vgl. BGHSt **30** 285, 286 ff. mit Anm. *Lampe* JR **1982** 430). Eine *restriktive Auslegung* ist auch nicht etwa unter dem Gesichtspunkt der Vorverlegung der Strafbarkeit (im Vergleich zu § 263) und der Pönalisierung einer nur „abstrakten" Gefährdung geboten (vgl. Vorbem. vor § 263 und *Tiedemann* Delitala-Gedächtnisschrift S. 2151 ff sowie in: Belke/Oehmichen S. 27 ff und Dünnebier-Festschrift S. 533 f). **20**

Die **Praxis** der Strafjustiz begrüßt nach empirischen Erhebungen die Funktion des § 265 b als *Aufgreiftatbestand* im Vorfeld einer Verurteilung wegen (Kredit-)Betruges nach § 263 (*Kießner* S. 222; *Schüppen* S. 118 mit weit. Nachw.). Diese prozeßerleichternde (Aufgreif-)Funktion des § 265 b wird nicht nur durch die Polizeiliche Kriminalstatistik (1995: 564 Fälle), sondern auch durch die Anwendung dieses Tatbestandes gerade in den größten Kreditbetrugsfällen der letzten Jahre eindrucksvoll belegt. Eine solche (auch) *prozessuale Funktion* des Straftatbestandes ist keineswegs illegitim (zust. *Brodmann* S. 194 mit Nachw.). Sie überwindet insbesondere die Schwierigkeit, daß nach ganz h. M. für die Vorspiegelung der Zahlungsfähigkeit nach § 263 dolus eventualis nicht ausreicht, sondern dolus directus nachgewiesen werden muß (RGSt **30** 333, 336; Voraufl. Rdn. 7 mit weit. Nachw.). Entgegen *Otto* (Jura **1989** 30 f) liegt bei vorhandener Strafwürdigkeit (oben Rdn. 18) in der prozessualen Verwendung des § 265 b als Aufgreiftatbestand ebenso wenig ein Mißbrauch des materiellen Rechts wie in der Verurteilung wegen eines Buchführungsmangels nach § 283 b bei Nichterweislichkeit eines Bankrotts. Die – selbstverständlich nur für die Verurteilung (!) geltenden – Stichwörter von der Beweisvermutung und der Verdachtsstrafe (vgl. *Hillenkamp* in: Recht und Wirtschaft Bd. 1 S. 235 u. 239 mit Nachw.) zeigen allerdings deutlich an, daß das Verhältnis von materiellem Strafrecht, Kriminalpolitik und Strafprozeßrecht weiterhin und erneut ungeklärt ist[15]. Hierzu kann an dieser Stelle nur angedeutet werden, daß nach anerkannter, auch verfassungsrechtlich zutreffender Ansicht die Lehre vom Rechtsgüterschutz effektive und praktikable Straftatbestände verlangt (vgl. nur SK-*Rudolphi* Rdn. 13 vor § 1; BVerfGE **90** 145, 210 ff – abw. Meinung *Graßhof*). Geringe Verurteilungszahlen sprechen ebensowenig wie ein hohes Dunkelfeld gegen die Legitimation eines Straftatbestandes, da hiermit nichts über seine generalpräventive Wirkung ausgesagt wird. Die vorwiegend prozessuale Rolle eines Straftatbestandes führt auch nicht etwa zu einem nur „symbolischen" Strafrecht, da ein solcher Vorwurf im wesentlichen nur den Fall trifft, daß der Gesetzgeber ein Verhalten strafbar stellt, das faktisch nicht verfolgt wird. Hiervon kann jedenfalls dann keine Rede sein, wenn die Strafverfolgung in ihrem zeitlichen Verlauf von § 265 b auf den schwereren Vorwurf des Betruges nach § 263 übergeht. **21**

---

[15] Dazu allgemein zuletzt *Vest* ZStW **103** (1991) S. 584 ff; in unserem Zusammenhang insbes. *Hillenkamp* in: Recht und Wirtschaft Bd. 1 S. 242 ff und *Volk* JZ **1982** 90 f, je mit weit. Nachw.

22 **III. Täterkreis und Begriff des Betriebskredites (Anwendungsbereich des Tatbestandes).** Neben den oben Rdn. 6, 7 und 15 erwähnten negativen Ausgrenzungen bestimmter Kreditarten (Konsumentenkredit, Kapitalanlage, Geldkredit zwischen Privaten) ergibt sich der positive Anwendungsbereich des § 265 b aus dem Begriff des **Betriebskredites**. Das Gesetz umschreibt seinen Gegenstand in Absatz 1 als „Kredit für einen Betrieb oder ein Unternehmen", wobei aus kriminalpolitischen Gründen – Erfassung von Schein- und Schwindelfirmen! – dem wirklichen der vom Täter nur vorgetäuschte Betrieb und das nur vorgetäuschte Unternehmen gleichgestellt werden (ähnlich § 187 Abs. 2 AE). Jedoch muß der Betrieb bzw. das Unternehmen bereits im Zeitpunkt der Antragstellung bestehen (oder als bestehend vorgetäuscht werden); die Beantragung von Krediten zwecks Unternehmens*gründung* reicht nicht aus, vor allem weil insoweit die mit der Kreditwürdigkeitsprüfung von Großbetrieben verbundenen Schwierigkeiten nicht oder nur in sehr viel geringerem Maße bestehen[16]. Neben dem Empfänger-(Nehmer-) Kreis auf der Seite des Kreditantragstellers (Kreditsuchers) schränkt § 265 b auch den Opfer-(Geber-)Kreis auf Betriebe und Unternehmen ein. Für beide Seiten verlangt die Legaldefinition des Absatzes 3 Nr. 1 weiter einengend, daß die Betriebe und Unternehmen „unabhängig von ihrem Gegenstand ... nach Art und Umfang einen in kaufmännischer Weise eingerichteten Geschäftsbetrieb erfordern".

23 Dieser Beschränkung durch **Ausscheidung der Kleinbetriebe** auf beiden Seiten liegt wohl nicht so sehr das Rechtsgut der funktionierenden Kreditwirtschaft zugrunde (so jedoch *Maurach/Schroeder/Maiwald* 1 § 41 III 1 [Rdn. 160]), denn dieses wird auch durch Krediterschleichungen von seiten der Kleinbetriebe (und der Privatleute jedenfalls beim Konsumentenkredit) in Mitleidenschaft gezogen (grundsätzliche Erwägungen dazu bei *Tiedemann/Cosson* S. 9 f). Entscheidend war für den Gesetzgeber vielmehr offenbar der zugleich kriminologische und dogmatische Gesichtspunkt eines engen sonderpflichtigen Personenkreises, der in seinem Kern bereits durch handels-, gewerbe- und steuerrechtliche Vorschriften als Träger erhöhter sozialer Verantwortung ausgewiesen ist: Wirtschaftsstrafrecht wird neben dem speziellen Rechtsgutsbezug durch spezifische Verkehrspflichten konstituiert (*Tiedemann* Tatbestandsfunktionen S. 109 ff, 126 f). Daß die an §§ 2 S. 1, 4 Abs. 1 HGB angelehnte tatbestandliche Grenzziehung kriminalpolitisch nicht voll befriedigt, nämlich teils zu viel, teils zu wenig erfaßt, ist im Wege der Auslegung nur beschränkt zu korrigieren.

24 **1.** Dogmatisch steht zunächst außer Frage, daß § 265 b – anders als der Tatbestandsvorschlag der Sachverständigenkommission (Tagungsberichte Bd. V S. 38 ff) – im technischen Sinn **kein Sonderdelikt** darstellt (ebenso ausdrücklich *Lackner/Kühl* Rdn. 4; *Maurach/Schroeder/Maiwald* aaO). **Täter** kann vielmehr **jedermann** sein, vorausgesetzt, daß er in sachlichem und zeitlichem „Zusammenhang" mit einem Kreditantrag „für einen Betrieb oder ein Unternehmen" handelt. Neben dem Kreditnehmer ist etwa an seinen Vertreter (i.w.S.), also insbesondere an Angestellte, oder an Bürgen (*Blei* II § 62 III 2), aber auch z. B. an einen an der Kreditgewährung interessierten Geschäftspartner (*Gössel* BT 2 S. 483) sowie an Gutachter (Bewertungsgutachten!) und Berater (*Mühlberger* DStR **1978** 212) zu denken. Dies stimmt grundsätzlich mit der früheren Rechtsprechung zu § 48 KWG a.F. überein (BGH NJW **1957** 1288 mit Nachw.) und führt zu einer sachgerechten Erweiterung des bei Sonderdelikten über § 14 (bes. Absatz 2!) sehr beschränkten Täterkreises (*Tiedemann* ZStW **87** [1975] S. 263). Wie weit die Konsequenzen aus der Auflö-

[16] BayObLG NJW **1990** 1677 mit zust. Bspr. *Hassemer* JuS **1990** 850; *Gössel* BT 2 S. 481; *Krey* BT 2 Rdn. 533; *Lackner/Kühl* Rdn. 2; *Marxen* EWiR **1990** 601; *Sch/Schröder/Lenckner* Rdn. 5; *Tiemann* JuS **1994** 139; *Wessels* BT 2 § 16 III Rdn. 660.

sung des persönlichen Zusammenhanges von Täuschendem (Täter) und Kreditantragsteller reichen, zeigt das zutreffende Beispiel bei *Sch/Schröder/Lenckner* Rdn. 28: Der Inhaber oder Angestellte einer Handelsauskunftei macht auf Anfrage einer Bank (oder eines Warenlieferanten) anläßlich eines Kreditantrages (z. B. Stundungsgesuch) falsche Angaben über den potentiellen Kreditnehmer.

Falls der Täter als Vertreter eines Betriebes oder Unternehmens handelt, ist zivil- oder öffentlich-rechtliche **Vertretungsmacht** im übrigen schon deshalb **nicht erforderlich**, weil es ausreicht, daß er überhaupt nur für ein (z. B. auch: mündlich) vorgetäuschtes Unternehmen oder für ein Unternehmen, hinsichtlich dessen die Voraussetzungen des Absatzes 3 Nr. 1 vorgespiegelt werden, handelt: Es kommt allein auf das tatsächliche Verhalten, nicht auf die rechtlichen Voraussetzungen an. Folglich ist darauf abzustellen, ob der Täter ausdrücklich oder konkludent angibt, für einen Betrieb oder ein Unternehmen zu handeln. **25**

2. Überwiegend faktisch zu bestimmen ist auch, ob der beantragte Kredit **für den Betrieb** oder aber für den Antragsteller (oder eine andere Person) als **Privatmann** gewährt, belassen oder in den Bedingungen verändert werden soll (Beispiel: Hausbaudarlehen an den Inhaber eines kleinen Betriebes). Die *Zweckbestimmung* wird sich häufig, aber nicht stets, aus dem Inhalt, dem Ziel oder der Geschäftsgrundlage des – angebahnten – Darlehensvertrages ergeben. Sie kann dann aber auch aus den sonstigen Umständen und vor allem aus dem erklärten *Willen des Kreditnehmers* folgen. Nach *Dreher/Tröndle* (Rdn. 7) soll allerdings „der Kreditgeber ... Klarheit ... schaffen". Dies ist zwar nützlich und wird im eigenen Interesse des Kreditgebers liegen. Maßgebend kann der (geäußerte) Wille des Kreditgebers aber nur werden, wenn insoweit vom Kreditnehmer nicht widersprochen wird. **26**

Ein *Indiz* für die Zweckbestimmung wird im übrigen auch die Art der etwa bestellten oder ins Auge gefaßten Sicherheiten abgeben. Zu beachten ist aber, daß Banken die Gewährung von Betriebskrediten nicht selten von zusätzlichen privaten Sicherheiten (z. B. auch Bürgschaften) abhängig machen; in solchen Fällen ist für die Indizwirkung kein Raum. **27**

Ergibt sich die Zweckbestimmung als Betriebskredit nicht hinreichend deutlich aus dem Kreditantrag, dem Darlehensvertrag oder dem „Zusammenhang" mit der Antragstellung, so entfällt § 265 b. Bei **mehreren Zwecken** kommt es auf den (auch für den Täter) erkennbaren Hauptzweck an, der von den Nebenzwecken regelmäßig bereits auf Grund quantitativer Kriterien unterschieden werden kann (z. B. Einrichtung einer kleineren Privatwohnung in einem auf dem Betriebsgrundstück erstellten Geschäftsgebäude). Innerhalb mehrerer betrieblicher Zwecke sind vorsätzliche und eigenmächtige Abweichungen dagegen erst über die Tathandlung nach Absatz 1 Nr. 1 b relevant. (Beispiel: Der Betriebsinhaber will einen zu Investitionszwecken beantragten Kredit in Wirklichkeit zur Tilgung fälliger Betriebsschulden verwenden.) Ist die Art der Verwendung des Kredites dem Kreditgeber – z. B. im Hinblick auf einfach zu verwertende und ausreichende Sicherheiten – gleichgültig, so entscheidet die vom Täter zur Zeit der Tathandlung gewollte Verwendung. **28**

Sonderprobleme sowohl für die Geber- als auch für die Nehmerseite bietet die Behandlung **„durchlaufender"** Kredite und der **Weiterleitungskredite** (Durchleitungskredite), die etwa ein Kreditinstitut als Hausbank aus öffentlichen Mitteln (ERP-Sondervermögen!) oder als Sammelstelle privater Kapitalien (z. B. der Versicherungsunternehmen) ausreicht (vgl. *Rösler* in: Jährig/Schuck S. 322 f) oder die ein Privatmann im eigenen Namen, aber letztlich zugunsten seines Betriebes aufnimmt und verwendet. Die Frage hat auch für Kre- **29** ditvermittler Bedeutung. – *Sch/Schröder/Lenckner* (Rdn. 5) wollen hier auf Grund einer „wirtschaftlichen Betrachtungsweise“ stets materiell, unter Durchgriff auf die „wahren“ Verhältnisse und Zwecke, entscheiden (zust. *Lackner/Kühl* Rdn. 2). Dies entspricht teilweise durchaus der bankwirtschaftlichen Sicht, die sich freilich insbesondere an Haftungs- und Finanzierungsfragen orientiert (bei Schuldscheindarlehen kann die Bank übrigens entweder als Treuhänderin oder als bloße Vermittlerin für die Plazierung der Darlehensteilforderungen auftreten; die Kreditgewährung unter Einsatz von ERP-Mitteln erfolgt zwar überwiegend durch Hausbanken, zum Teil aber auch direkt durch die Kreditanstalt für Wiederaufbau als Zentralkreditinstitut[17]). Jedoch sollte strafrechtlich um der Rechtssicherheit willen die interpretatorische Loslösung von rechtlichen Begriffen in Grenzen gehalten werden: Auch ein von einem Betrieb oder Unternehmen nur treuhänderisch vergebener Kredit aus öffentlichen Mitteln ist ein Kredit dieses Betriebes oder Unternehmens, sofern der Betrieb oder das Unternehmen das Darlehen jedenfalls *im eigenen Namen* gewährt (bei Kreditsubventionen also Tateinheit mit § 264 möglich, vgl. dort Rdn. 163!). Unrichtige Angaben im Zusammenhang mit der Beantragung eines derartigen Kredites sind daher nach § 265 b strafbar, auch wenn und gerade weil dieser Tatbestand – anders als § 264 Abs. 1 Nr. 1 – nicht zwischen dem „eigentlich“ kreditierenden Betrieb oder Unternehmen und einem in die Kreditvergabe nur „eingeschalteten“ Betrieb oder Unternehmen unterscheidet; maßgebend ist der *Vertragspartner im rechtlichen Sinne* (vgl. auch *Szagunn/Wohlschieß* § 1 Rdn. 30, § 19 Rdn. 1). Umgekehrt ist der Antrag auf Kreditgewährung „für“ einen Betrieb oder ein Unternehmen nur dann gestellt, wenn der Betrieb oder das Unternehmen *erkennbar Destinatär* sein soll, was nicht ohne weiteres mit dem letztlich Begünstigten identisch sein muß (Beispiele: ERP-Haftungsfondsdarlehen an Kreditgarantiegemeinschaften, die auf diese Weise in die Lage versetzt werden, der gewerblichen Wirtschaft Ausfallbürgschaften zur Verfügung zu stellen; Darlehen der Kreditanstalt für Wiederaufbau zur Refinanzierung von Beteiligungen, wobei Kreditnehmer die Beteiligungsgesellschaft, eigentlich Begünstigter jedoch das Unternehmen ist, an dem die Beteiligung übernommen wird). Diese Grundsätze entsprechen dem Grundgedanken der §§ 164 ff BGB und werden bestätigt durch einen Gegenschluß aus § 19 Abs. 2 Nr. 3 KWG (abgedruckt im Anhang unten Rdn. 128), der als Ausnahmeregelung zum Zwecke der Erfassung von Umgehungsgeschäften (Einschaltung von Strohmännern!) im Jahre 1976 eingeführt wurde und kraft ausdrücklicher Regelung *beide* Personen bzw. Unternehmen als (einen) Kreditnehmer i. S. d. KWG ansieht (dazu *Bähre/Schneider* § 19 Anm. 10 e).

30 Handeln **Kreditvermittler** nicht im eigenen Namen, so sind sie entsprechend nur dann als Kreditgeber anzusehen, wenn sie selbst das Kreditrisiko übernehmen und insoweit ein Garantiegeschäft i. S. v. Rdn. 50, 51 vorliegt; andernfalls werden sie durch § 265 b nicht erfaßt und nicht geschützt, auch wenn sie in Inseraten „sofortige Auszahlung“ der Kredite versprechen (vgl. BGH WM **1969** 1106; *Reischauer/Kleinhans* § 1 Anm. 22). Unberührt bleibt allerdings die Möglichkeit mittelbarer Täterschaft (allgemein dazu unten Rdn. 112). – Grundsätzlich zu den Grenzen der „wirtschaftlichen Betrachtungsweise“ *Tiedemann* Wirtschaftsstrafrecht I S. 173 ff und NJW **1977** 779 f mit weit. Nachw.

31 3. Die **Begriffe des Betriebes und des Unternehmens** sind ebenso weit wie in §§ 11 Abs. 1 Nr. 4 b, 14 Abs. 2, 264 Abs. 6 zu verstehen, so daß im Ausgangspunkt jede nicht nur vorübergehende, vielmehr auf eine gewisse Dauer angelegte Organisation mit dem

---

[17] Vgl. *Pauker* Das ERP-Sondervermögen (1987) S. 183 ff; *Sinz* Die staatliche Wirtschaftsförderung im Gebiet der neuen Bundesländer (1993) S. 153 f.

Zweck der Hervorbringung von Gütern oder Erbringung von Leistungen materieller oder immaterieller Art ausreicht (vgl. *Tiedemann* LK § 264 Rdn. 39). Da es für § 265 b ausdrücklich auf den „Gegenstand" des Betriebes oder Unternehmens nicht ankommen soll, werden auch *nichtkaufmännische* Unternehmen wie solche der Land- und Forstwirtschaft, der sonstigen Urproduktion sowie die freien Berufe, aber auch Theater, Krankenhäuser, Forschungseinrichtungen u. ä. m. erfaßt. Ausgeschieden werden primär nur die privaten Haushalte. Einbezogen sind insbesondere auch *öffentliche* Betriebe und Unternehmen (z. B. Sparkassen, öffentlich-rechtlich organisierte Verkehrsbetriebe, die Kreditanstalt für Wiederaufbau, die Deutsche Ausgleichsbank, die Deutsche Siedlungs- und Landesrentenbank, die Bayerische Landesanstalt für Aufbaufinanzierung), auch wenn eine dem § 264 Abs. 6 S. 2 entsprechende Klausel in § 265 b fehlt (unstr., vgl. nur *Dreher/Tröndle* Rdn. 7; *Sch/Schröder/Lenckner* Rdn. 8). Es wäre wenig sinnvoll, identische Täuschungshandlungen bei der Kreditaufnahme gegenüber öffentlichen Sparkassen und privaten Banken im Hinblick auf die dadurch möglichen und durchaus äquivalenten Gefährdungen des Kreditwesens unterschiedlich zu behandeln. Zu den Gründen für die ausdrückliche (deklaratorische) Gleichstellung in § 264 vgl. dort Rdn. 40. – Angesichts des mit der verwaltungsrechtlichen Terminologie übereinstimmenden Sprachgebrauchs des § 14 Abs. 2 (S. 3!) wird man dagegen **Behörden** (vgl. auch § 11 Abs. 1 Nr. 7) und andere Stellen der öffentlichen Verwaltung mit reiner Aufsichtsfunktion nicht als Betriebe oder Unternehmen ansehen können, so daß z. B. die Vorlage falscher Bilanzen gegenüber dem Bundesaufsichtsamt für das Kreditwesen oder für das Versicherungswesen oder gegenüber dem Bundesminister der Finanzen als Verwalter des ERP-Sondervermögens auch dann nicht tatbestandsmäßig ist, wenn auf Grund der amtlichen Prüfung Kredite erlangt oder belassen werden (z. B. Schuldscheindarlehen der Lebensversicherer an Industrie- und Versorgungsunternehmen, Interbankgeldgeschäfte und andere durch Kreditinstitute „aufgenommene Gelder"; zum Adressatenproblem und zur Möglichkeit der Tatbegehung in mittelbarer Täterschaft unten Rdn. 62 und 112). Entgegen dem Anschein der sogleich Rdn. 32 zu behandelnden Einschränkung können schließlich auch die Bundesrepublik Deutschland und die Bundesländer Kreditgeber sein, da der Unternehmensbegriff auch insoweit hinreichend weit ist (näher *Tiedemann* LK § 264 Rdn. 40; **krit.** *Kießner* S. 58). Bedeutung hat diese Auslegung für zahlreiche **Kreditsubventionen**, insbesondere für *öffentliche Ausfallbürgschaften*, die meist nur vertraglich (und nicht gesetzlich) geregelt sind und dann durch § 264 nicht erfaßt werden (vgl. *Tiedemann* LK § 264 Rdn. 63 a.E.).

Dieser weite Ausgangspunkt wird durch das Erfordernis eines **„in kaufmännischer Weise eingerichteten Geschäftsbetriebes"** eingeschränkt. Der Gesetzgeber sucht auf **32**
diese Weise über den Kleinbetrieb auch den Kleinkredit aus dem Anwendungsbereich des § 265 b auszuschließen. Freilich ist dies bloßes Motiv des Gesetzgebers für die Tatbestandsgestaltung geblieben, so daß im Einzelfall – bei Vorliegen der übrigen Voraussetzungen – § 265 b auch bei Kleinkrediten (z. B. beim Lieferantenkredit) eingreift (Sonderausschuß Bericht S. 15; *Sch/Schröder/Lenckner* Rdn. 20). Nur bei der Strafzumessung wird de lege lata die (geringe) Höhe des Betriebskredits relevant.

Wie Absatz 3 Nr. 1 – insoweit in Übereinstimmung mit §§ 2 S. 1, 4 Abs. 1 HGB – **33**
ergibt, kommt es nicht darauf an, ob der Betrieb tatsächlich in kaufmännischer Weise eingerichtet, sondern ob eine solche Einrichtung **erforderlich** ist. Hierfür sollen „Art" und „Umfang" des Betriebes bzw. Unternehmens ausschlaggebend sein. Maßgebend sind damit nicht rechtliche Normen und Anforderungen, sondern ist die in betriebswirtschaftlichen und kaufmännischen Grundsätzen konkretisierte Verkehrsauffassung, welche üblicherweise mit der Vorstellung vom (Voll-)Kaufmann eine Reihe bestimmter Merkmale verbindet (vgl. §§ 238 ff HGB): kaufmännische Korrespondenz und deren Aufbewahrung;

kaufmännische Buch- und Kassenführung einschließlich regelmäßiger Aufstellung von Inventar und Bilanz; Geben und Nehmen von Kredit; Beschäftigung von ausgebildetem Personal. Dabei besteht insbesondere hinsichtlich der „kaufmännischen" (nicht: steuerlichen!) Buchführung, aber im Rahmen des § 265 b auch bezüglich der Kreditierungsfragen, die Gefahr eines Zirkelschlusses. Um dieser Gefahr zu begegnen, sind – wie auch sonst üblich – zusätzliche quantitative Kriterien heranzuziehen, deren Feststellung isoliert gesehen einfacher ist, deren Bewertung jedoch nicht schematisch, sondern nur in ihrem Zusammenwirken – im Sinne eines „Gesamtbildes"[18] – erfolgen darf: Höhe des Umsatzes, Größe des Anlage- und Betriebskapitals, Zahl der Beschäftigten und der Betriebsstätten, Vielfalt der Erzeugnisse oder Leistungen sowie der Geschäftsbeziehungen, Umfang der Korrespondenz, Form des Kredites (z. B. Kontokorrent- und Wechselkredit)[19].

34 Im einzelnen braucht also z. B. bei einfachen, mehr oder weniger gleichförmig wiederkehrenden Tätigkeiten selbst großer Umsatz nicht eine kaufmännische Einrichtung zu erfordern (Beispiel: Bundeswehr-Kantine mit 500 000 DM Jahresumsatz, OLG Celle BB **1963** 324), während die Notwendigkeit komplizierter Abrechnungen und ihrer genauen Überwachung auch bei geringem Umsatz für das Erfordernis einer kaufmännischen Einrichtung sprechen kann (Beispiel: Optikerbetrieb mit 170 000 DM Jahresumsatz, ca. 2000 Kunden und Abrechnungsverkehr mit Krankenkassen, OLG Hamm DB **1969** 386). Als Faustregel gilt: Aus dem Vorhandensein einer kaufmännischen Einrichtung kann häufig auf ihre Notwendigkeit geschlossen werden; der Schluß aus dem Fehlen auf ihre Entbehrlichkeit wäre dagegen unrichtig[20].

35 Insgesamt ist die **Feststellung** im Einzelfall **schwierig**, da die Grenzen fließend sind und die Beurteilung von unterschiedlichen Maßstäben abhängt[21]. Unter dem Gesichtspunkt hinreichender *Bestimmtheit des Strafgesetzes* (Art. 103 Abs. 2 GG) ist dem dadurch Rechnung zu tragen, daß § 265 b nur bei einem nach *allen* ernsthaft in Betracht kommenden Beurteilungsmaßstäben feststehenden Erfordernis (voll)kaufmännischer Einrichtung angewandt werden darf[22]. Theoretisch und praktisch bedeutet dies, daß ein Betrieb oder Unternehmen im Sinne des § 2 HGB noch oder schon vollkaufmännisch sein mag, während das Erfordernis (voll)kaufmännischer Einrichtung für § 265 b verneint werden kann. Dies ist vor allem gegenüber Begutachtungen durch wirtschaftliche Sachverständige zu beachten.

36 Übrigens benutzt auch § 1 Abs. 1 S. 1 KWG (vgl. Anhang unten Rdn. 128) das Kriterium der kaufmännischen Einrichtung zur Umschreibung des Begriffes des Kreditinstitutes (dazu etwa OVG Berlin NJW **1967** 1052 f mit weit. Nachw.). Die Praxis neigt im Rahmen des KWG dazu, beim Kreditgeschäft (§ 1 Abs. 1 S. 2 Nr. 2 KWG) das Erfordernis kaufmännischer Organisation bereits bei relativ bescheidenem Umfang der Geschäfte zu bejahen, nämlich z. B. bei Kreditgewährung in mehr als 10 Einzeldarlehen über eine

---

[18] BGH BB **1960** 917; *Hopt* Handelsgesetzbuch mit Nebengesetzen § 2 Rdn. 3 mit Nachw.; *Sch/Schröder/Lenckner* Rdn. 10.

[19] Dazu im einzelnen bereits *Eggert* Handwerk und Handelsregister, Diss. Freiburg i. Br. 1964; *Greitemann* in: Möhring-Festschrift (1965) S. 43 ff.

[20] BGH aaO; *Brüggemann* in: Großkommentar zum HGB Bd. I § 2 Rdn. 7 ff; *Heymann/Emmerich* § 2 Rdn. 7 ff; *Schlegelberger/Hildebrandt* Handelsgesetzbuch (Kommentar) Bd. I § 2 Rdn. 7 und 8; *Sch/Schröder/Lenckner* Rdn. 10.

[21] Zustimmend *Nack* in: Müller-Gugenberger § 41 II 2; ebenso *Dreher/Tröndle* Rdn. 7; *Lampe* S. 53; *Schröder* Prot. 7 S. 2537; *Wilts* Prot. 7 S. 2766.

[22] In diesem Sinne allgemein bereits *Schlüchter* Der Grenzbereich zwischen Bankrottdelikten und unternehmerischen Fehlentscheidungen (1977) S. 127 f; *Tiedemann* Wirtschaftsstrafrecht I S. 197 ff mit weit. Nachw. und LK Rdn. 117 vor § 283; zustimmend *Kießner* S. 58 und *Sch/Schröder/Lenckner* Rdn. 2 a. Vgl. nunmehr auch BVerfGE **92** 1, 16, 18 (zur Auslegung des Gewaltbegriffs bei § 240 StGB, aber mit Anspruch auf allgemeine Geltung).

Summe von insgesamt mehr als 50 000 DM[23]. Im Hinblick auf die Grenzziehung durch § 18 KWG (vgl. Anhang Rdn. 128; auch § 187 AE, vgl. oben Rdn. 5) wird man diese Praxis insbesondere auch bei dem Lieferantenkredit berücksichtigen können.

4. Der **Begriff des Kredites** ist in Absatz 3 Nr. 2 in Anlehnung an § 19 KWG rechtlich abschließend definiert. Abweichungen vom KWG ergeben sich insbesondere aus der Einbeziehung des Waren- oder Lieferantenkredits sowie aus der Ausscheidung gesellschaftsrechtlicher Beteiligungen in § 265 b (zust. *Sch/Schröder/Lenckner* Rdn. 12). Zweifelhaft ist die Abgrenzung der rechtlich häufig als Darlehensgewährung zu qualifizierenden „Einlagen", die § 1 Abs. 1 S. 2 Nr. 1 KWG ausdrücklich aufführt und von der Kreditgewährung (aaO Nr. 2) trennt, § 265 b Abs. 3 Nr. 2 StGB dagegen nicht erwähnt. (Die genannten Bestimmungen des KWG sind im Anhang unten Rdn. 128 abgedruckt.) 37

a) Die Legaldefinition stellt scheinbar generalklauselartig **Gelddarlehen aller Art** voran. Hierunter ist allgemein zunächst jegliches rechtsgeschäftliche Zurverfügungstellen von Geld mit der Verpflichtung zur Rückzahlung als Geld nach Ablauf einer Frist zu verstehen. Zurverfügungstellen ist dabei, wie bereits Absatz 1 ergibt, nicht nur das Gewähren, sondern auch das (zeitweise) Belassen von Geldmitteln. 38

Die ausdrückliche gesetzliche Beschränkung auf **Geld**darlehen engt § 265 b im Vergleich zu § 607 BGB, der auch andere vertretbare Sachen umfaßt, deutlich ein. Ob andererseits der Darlehensbegriff des § 265 b im Hinblick auf den Zusatz „aller Art" über das zivilrechtliche Verständnis *hinausgeht* und etwa im bankwirtschaftlich oder gar volkswirtschaftlich weiten Sinne von „Kredit" zu verstehen ist[24], muß schon angesichts der abweichenden Systematik des § 1 Abs. 1 Nr. 2 und 3 KWG (vgl. Anhang unten Rdn. 128) bezweifelt werden, sind dort doch erst Gelddarlehen und Akzeptkredite zum „Kreditgeschäft" zusammengefaßt (vgl. auch sogleich b!) und dem „Ankauf von Wechseln und Schecks" als dem „Diskontgeschäft" gegenübergestellt. Die Bankbetriebslehre unterscheidet demgegenüber zwischen Geldleih- und Kreditleihgeschäften, wobei auch der Diskontkredit und selbst der Leasing-Kredit häufig zum „Geldleihgeschäft" gerechnet werden (*Hagenmüller/Diepen* S. 411, 531 ff). Angesichts der ausdrücklichen Erwähnung zusätzlicher Kreditarten besteht insgesamt kein Anlaß, den Begriff des Darlehens in § 265 b anders als zivilrechtstechnisch zu verstehen[25]. Mit Gelddarlehen „aller Art" sind daher alle Darlehen über Geld gemeint, diese aber unabhängig von ihrer Bezeichnung, von Höhe, Terminierung, Sicherung, Geber- und Nehmerkreis sowie Auszahlungsart (z. B. Kontokorrentkredit in wechselnder Höhe bis zu einem bestimmten Limit; Lombardkredit als festterminierte, kurzfristige Beleihung wertbeständiger Objekte, insbesondere Effekten; Hypothekarkredit als langfristige Kreditgewährung, auch im Industriegeschäft; Schuldscheindarlehen insbesondere im Zusammenhang mit Lebensversicherungsgeldern). Abweichend von § 19 KWG (vgl. Anhang Rdn. 128 und dazu insoweit *Bähre/Schneider* § 19 Anm. 3) wird man für § 265 b auch einen Vertragsschluß i. S. d. § 607 BGB verlangen müssen. Daher ist die Einbeziehung von Forderungen aus Rückschecks und Rückwechseln, kurzfristigen Kontoüberziehungen, Usancekrediten im Wertpapierkommissionsgeschäft, beim Scheckeinzug und im Lastschrift-Einzugsverkehr zweifelhaft und von der Ausgestaltung der Geschäftsbedingungen im Einzelfall abhängig (vgl. für den Scheck- 39

[23] Vgl. *Bähre/Schneider* § 1 Anm. 6; *Szagunn/Wohlschieß* § 1 Rdn. 8; *Tiedemann* Wirtschaftsstrafrecht II S. 47. Die im Text genannten Maßstäbe sind allerdings nicht starr zu handhaben: BVerwG GewArch **1981** 70 ff.

[24] Vgl. *Bähre/Schneider* § 1 Anm. 8, § 19 Anm. 2; *Fuhrmann* in: Erbs/Kohlhaas, Bd. 2 (K 183), KWG § 19 Anm. 1.

[25] Vgl. *Reischauer/Kleinhans* § 19 Anm. 2; wohl auch *Schönle* § 9 I S. 132 f und *Szagunn/Wohlschieß* § 19 Rdn. 5, je für das KWG.

einzug näher unten Rdn. 49). Die vorläufige Gutschrift, die der (angebliche) Gläubiger erhält, sobald er die *Lastschriften* der Inkassobank vorlegt, ist trotz des Vorbehalts „E.v." (Eingang vorbehalten) ein Kredit im Sinne des § 265 b, wenn dem Gläubiger mit der Gutschrift der entsprechende Betrag zur freien Verfügung gestellt wird. Dem steht nicht entgegen, daß der Forderungseinzug mittels Lastschrift bankrechtlich nicht als Kredit-, sondern als Zahlungsverkehrsgeschäft anzusehen ist und daß – wie auch beim Einzug von Schecks – die Gutschrift zivilrechtlich als abstraktes Schuldversprechen unter einer (aufschiebenden) Bedingung erteilt wird[26]. Zu dem Antragserfordernis in diesem Zusammenhang unten Rdn. 57 a.E.; zu der (zweifelhaften) Anwendbarkeit von §§ 263, 266 bei Angabe fingierter Forderungen im Lastschrift-Einzugsverkehr *Lackner* LK[10] § 263 Rdn. 44, 249; *Otto* Bargeldloser Zahlungsverkehr S. 109 ff sowie Bankentätigkeit S. 140 f und Art. Lastschriftbetrug in: HWiStR.

40 Für den Anwendungsbereich des Tatbestandes wichtig ist auch die Abgrenzung der Darlehen von den **Einlagen**, die bei unmittelbarem Eigeninteresse der Kreditinstitute an der Hereinnahme der Gelder rechtlich durchaus als Darlehen i.e.S. qualifiziert werden. Spareinlagen, Festgelder (Termingelder) und sog. Kündigungsgelder werden rechtlich ebenso als Darlehen angesehen wie Forderungen an Bausparkassen aus Bausparverträgen und sog. Nostroverpflichtungen der Banken, nämlich bei anderen Kreditinstituten, Kapitalsammelstellen und öffentlichen Haushalten aufgenommene Gelder (*Schönle* § 7 I S. 65 ff mit Nachw.). Die Abgrenzung von Einlage und Darlehen nach dem wirtschaftlichen Zweck der Geldhingabe, dem Interesse oder der Initiative des Gebers oder Nehmers und damit schließlich die Einschränkung des zivilrechtlichen Begriffes durch einen speziell bankrechtlichen Begriff des Darlehensvertrages ist strafrechtlich unerheblich (zust. *Nack* in: Müller-Gugenberger § 41 II 2 b). Nur uneigentliche Verwahrungsverträge i. S. d. § 700 BGB (z. B. Einlagen auf dem laufenden Konto) scheiden aus § 265 b aus. Für die Abgrenzung werden häufig die Vertragsbedingungen Hinweise geben. Entscheidend für die Abgrenzung ist letztlich das Kriterium der *Fälligkeit* (*Kümpel* Rdn. 3.24 mit Nachw.). – Speziell zur Einbeziehung von (Kreditzusagen bei) *Devisentermingeschäften Reischauer/Kleinhans* § 19 Anm. 5.

41 **b) Akzeptkredite** sind Wechselkredite, die folglich technisch jedenfalls nicht notwendigerweise in der Hingabe von Geld bestehen. Sie werden meist in der Weise gewährt, daß eine Bank einen Wechsel akzeptiert (vgl. Art. 25 WG), den ihr Kunde (als Akzeptkreditnehmer) auf sie gezogen hat. Der Kunde kann dieses Bankakzept entweder seinem Lieferanten in Zahlung geben oder es von einer anderen Bank oder aber – so heute der Regelfall – von der eigenen, das Akzept gebenden Bank diskontieren lassen (*Büschgen* S. 335 f; *Hagenmüller/Diepen* S. 580). Der Akzeptkredit ist besonders kostengünstig, dient zur kurzfristigen Finanzierung des Warenumschlags (Rembourskredit im Außenhandel!) und wird regelmäßig nur Kunden von unzweifelhafter Bonität gewährt. Die zivilrechtliche Konstruktion (Darlehens- oder Geschäftsbesorgungsvertrag) ist streitig (vgl. BGHZ **19** 282, 288 ff mit Nachw.), für § 265 b aber unerheblich, da Absatz 3 Nr. 2 diese Form der Kreditgewährung ausdrücklich aufführt. Bankwirtschaftlich wird der Akzeptkredit übrigens bei Ankauf des Akzepts durch dieselbe Bank als echte Darlehensgewährung, bei Weitergabe an den Lieferanten oder Diskontierung durch eine andere Bank dagegen als Kreditleihe (Geschäftsbesorgungsvertrag) eingeordnet (vgl. etwa *Kümpel* Rdn. 5. 227; *Reischauer/Kleinhans* § 19 Anm. 7, § 1 Anm. 20).

---

[26] Dazu *Engel* Rechtsprobleme um das Lastschriftverfahren (1966) S. 31; *Fallscheer-Schlegel* Das Lastschriftverfahren (1977) S. 30 ff; *Martinek* in: Staudingers Kommentar zum BGB (usw.) § 675 Rdn. B 32 ff mit weit. Nachw.

Soweit in der Praxis gelegentlich auch die Überlassung der **Aussteller**unterschrift der Bank als Akzeptkredit im weiteren Sinne verstanden wird (vgl. *Bähre/Schneider* § 1 Anm. 8, § 19 Anm. 3), geht dies über den denkbaren, zivilrechtlich festgelegten Sinn des Wortes „Akzept" hinaus und ist daher im Hinblick auf Art. 103 Abs. 2 GG im Rahmen des § 265 b nicht zu berücksichtigen, auch wenn dadurch Lücken des Strafrechtsschutzes – insbesondere bei der Teilzahlungsfinanzierung – entstehen mögen (zutr. *Sch/Schröder/Lenckner* Rdn. 13; vgl. BVerfGE **92** 1, 16). Von § 265 b erfaßt werden dagegen die sog. Privatdiskonten als besondere Art von Bankakzepten (dazu eingehend *Rösler* in: Jährig/Schuck S. 127 ff). 42

c) Der **entgeltliche Erwerb von Geldforderungen** ist zivilrechtlich ein Kaufgeschäft (vgl. § 437 BGB). Wirtschaftlich betrifft er neben dem Ankauf von Teilzahlungsforderungen eines Teilzahlungskreditinstitutes zur Refinanzierung und dem sog. unechten Pensionsgeschäft (dazu § 27 VO über die Rechnungslegung der Kreditinstitute 1992, BGBl. I S. 203 i. d. F. d. ÄnderungsVO 1993, BGBl. I S. 924) vor allem das sog. **Factoring**: Das Factorunternehmen („Factor") kauft von einem anderen Unternehmen dessen (Buch-)Forderungen aus Warenlieferungen oder Dienstleistungen gegenüber dem Drittschuldner und zieht diese Forderungen ein. Beim echten Factoring übernimmt der Factor (Erwerber) das Risiko der Zahlungs(un)fähigkeit des Drittschuldners (Delkredererisiko). Insoweit geht es also eher um ein Umsatz- als um ein Kreditgeschäft, auch wenn der Kaufpreis aus dem Factoring-Vertrag erst mit Fälligkeit der abgetretenen Forderung oder erst bei deren Erfüllung fällig wird und der „Factor" zunächst nur einen Vorschuß leistet. Übernimmt der Factor (z. B. spezielle Factoring-Institute mit umfassendem Service) dagegen das Delkredererisiko nicht, so handelt es sich um echte Kreditgewährung[27]. Entsprechend der Neufassung des § 19 (Abs. 1 Nr. 5!) KWG (abgedruckt im Anhang unten Rdn. 128) wird man *beide* Fälle als Kreditgeschäft i. S. d. § 265 b Abs. 3 Nr. 2 ansehen müssen[28]. Die Unterscheidung spielt jedoch für die Frage, wer Kreditnehmer i. S. d. Absatzes 1 ist, eine Rolle (vgl. § 19 Abs. 3 KWG). 43

Das Factoring ist eine Art der Warenfinanzierung, und zwar insbesondere mit der Zwecksetzung, mittelständische Unternehmen von dem Rechnungseinzug – vor allem auch bei Außenhandelsgeschäften und gegenüber wiederkehrenden Abnehmern – zu entlasten. Hier wie auch sonst beim entgeltlichen Erwerb von Geldforderungen kann die Abtretung offen oder verdeckt sein. Sie darf jedoch nicht nur als Einziehungsermächtigung oder als Sicherungsabtretung gemeint sein (dann aber eventuell „Gelddarlehen"! so auch *Sch/Schröder/Lenckner* Rdn. 14). 44

d) Die **Stundung von Geldforderungen** stellt sich als Hinausschieben des Zeitpunktes der Fälligkeit von Geldforderungen auf Grund vertraglicher Vereinbarung von Gläubiger und Schuldner dar. Die Vereinbarung kann bei Abschluß des Vertrages, dessen Teil die Geldforderung ist, oder später getroffen werden und geht meist auf eine bestimmte Zeit. Einzelheiten des Stundungsbegriffes sind im Zivilrecht, das für die Begriffsbestimmung maßgebend ist, umstritten (*Palandt/Heinrichs* § 271 Rdn. 12 ff mit Nachw.). 45

Im Rahmen des § 265 b hat die Stundung vor allem für Geldforderungen aus dem Verkauf von Waren und der Erbringung von Dienstleistungen, also für den Bereich des 46

---

[27] BGH NStZ **1989** 72, 73; *Kümpel* Rdn. 5. 240; *Klein* in: Tagungsberichte Bd. V Anl. 5 S. 23 ff; *Otto* Bankentätigkeit S. 124. – Allgemein dazu *Bette* Das Factoring-Geschäft (1971); R.M. *Schmitt* Das Factoring-Geschäft (1968).

[28] Zutr. *Dreher/Tröndle* Rdn. 11; *Kießner* S. 59; *Sch/Schröder/Lenckner* Rdn. 14.

Waren- und Lieferantenkredits Bedeutung[29]: Bei dem Verkauf von Waren (an Zwischenhändler, Verarbeitungsbetriebe usw.) wird der Kaufpreis bis zum Absatz der Ware – bis zu 6 Monaten und länger – gestundet. Technisch geschieht dies meist in der Form des Buchkredits, seltener in der des Akzeptkredits (*Tiedemann/Sasse* S. 1 f mit Nachw.). Wirtschaftlich ist diese Kreditart für solche kleineren und jungen Unternehmen unverzichtbar, die den Sicherheitsanforderungen der Kreditinstitute nicht genügen. Angesichts des damit offenbaren, durch zivilrechtliche Sicherungsformen nur teilweise herabzumindernden Risikos der Kreditierung und des meist unangemessen hohen Aufwandes der Kreditwürdigkeitsprüfung im Verhältnis zur Kreditsumme ist die Einbeziehung des Lieferantenkredits in den speziellen Schutz des § 265 b kriminalpolitisch sinnvoll (zust. *Kießner* S. 59), auch wenn bei dieser Kreditart die vom Gesetzgeber intendierte typische Beschränkung auf größere Kreditsummen zweifelhaft wird (vgl. oben Rdn. 32; **krit.** daher *Dreher/Tröndle* Rdn. 12). In Bagatellfällen muß § 153 StPO, im übrigen die Ausnutzung des Strafrahmens bei der Strafzumessung helfen, um die gesetzgeberischen Mängel der Unrechtstypisierung zu korrigieren.

47 e) Die **Diskontierung von Wechseln und Schecks** ist der Ankauf eines noch nicht fälligen Wechsels oder – praktisch selten! – Schecks, wobei der Käufer (meist ein Kreditinstitut) die aus dem Papier ersichtliche Geldsumme unter Abzug des Diskontes (Zwischenzinses bis zum Zeitpunkt der Fälligkeit) und der Unkosten sowie einer Provision zahlt[30]. Rechtlich liegt auch hier ein Kaufgeschäft über eine Geldforderung (sowie das Wertpapier) vor. Wirtschaftlich handelt es sich dagegen jedenfalls beim Wechseldiskont um Kreditgewährung (zust. *Brodmann* S. 85), da dem Verkäufer seine noch nicht fällige Forderung gegen seinen Schuldner bereits im Zeitpunkt der Diskontierung bevorschußt wird. Eine gewisse Besonderheit ergibt sich daraus, daß dieser Kredit nicht von dem Kreditnehmer, sondern einem Dritten, nämlich dem Schuldner der Grundforderung, getilgt wird. Da sich das rechtliche Kauf- und das wirtschaftliche Kreditverhältnis aber im eigentlichen Sinne auf Käufer und Verkäufer des Wertpapieres beschränkt (**aA** *Szagunn/Wohlschieß* § 19 Rdn. 14), brauchen ähnlich wie beim Factoring (oben Rdn. 43) nur diese Parteien, nicht dagegen die sonstigen Beteiligten (z. B. der Hauptschuldner aus dem Grundgeschäft), die Anforderungen des Absatzes 3 Nr. 1 zu erfüllen.

48 Der kurzfristige, meist auf 3 Monate beschränkte **Wechseldiskontkredit** dient ebenfalls in erster Linie der Finanzierung des Warenumschlags. Der Erwerber des Wechsels kann sich durch Weiterverkauf des Wechsels an Dritte – bei anderen Banken oder bei der Deutschen Bundesbank – refinanzieren, was der Leichtigkeit und damit auch dem Umfang des Kreditflusses zugute kommt. Diese Möglichkeit besteht uneingeschränkt allerdings nur bei „guten Handelswechseln" (§ 19 Abs. 1 Nr. 1 BundesbankG). Diese Handels- oder Warenwechsel zeichnen sich dadurch aus, daß ihnen im Gegensatz zu den sog. Finanz- oder Gefälligkeitswechseln ein Waren- oder Dienstleistungsgeschäft zugrunde liegt; hieraus erhalten sie ihren wirtschaftlichen Wert, wird doch nach Nr. 15 II AGB (Geschäftsbanken) bei der Diskontierung die Forderung aus dem Grundgeschäft mit übertragen. Die Täuschungshandlung nach Absatz 1 wird sich daher häufig auf die Art des

---

[29] *Arzt/Weber* LH 4 Rdn. 58; *Dreher/Tröndle* Rdn. 12; F. *Geerds* FLF **1988** 96; *Kießner* S. 59; *Lackner/Kühl* Rdn. 3; *Maurach/Schroeder/Maiwald* 1 § 41 III D 1; *Nack* in: Müller-Gugenberger § 41 II 2; *Sch/Schröder/Lenckner* Rdn. 15.

[30] Vgl. § 1 Abs. 1 Nr. 3 KWG, abgedruckt im Anhang unten Rdn. 128; *Baumbach/Hefermehl* Wechselgesetz und Scheckgesetz mit Nebengesetzen Art. 11 WG Rdn. 13 ff; *Kümpel* Rdn. 5. 157 ff; *Schönle* § 13 II S. 193 ff.

Wechsels beziehen[31], wobei es in der Hand des Wechselkäufers liegt, die nach Absatz 1 Nr. 1 b für den Strafschutz erforderliche Schriftlichkeit der Erklärung herbeizuführen.

Insbesondere für den Scheckverkehr ist es wichtig, daß der bloße **Einzug von Schecks** (aber auch von **Wechseln**) durch ein Kreditinstitut keine Diskontierung darstellt (*Canaris* Rdn. 740; *Schönle* § 13 I 1 b S. 189, 2 S. 190 f). Jedoch kann in der Gutschrift des Betrages vor Einzug – üblicherweise mit dem Vermerk „Eingang vorbehalten" – die Gewährung eines „Gelddarlehens" liegen, wenn und soweit der Gläubiger (Bankkunde) befugt ist, über den gutgeschriebenen Betrag sogleich zu verfügen[32]; in diesem Fall ist § 265 b somit grundsätzlich anwendbar[33]. Von einem Scheckinkasso im eigentlichen Sinne wird daher auch nur gesprochen, wenn der Scheckbetrag erst nach Eingang des Gegenwertes ausgezahlt oder gutgeschrieben wird[34]. 49

f) Die **Übernahme von Bürgschaften, Garantien und sonstigen Gewährleistungen** ist für die Auslegung ebenfalls in enger Bindung an die zivilrechtlichen Begriffe zu verstehen, auch wenn dieses „Garantiegeschäft" (vgl. den im Anhang unter Rdn. 128 abgedruckten § 1 Abs. 1 Nr. 8 KWG) wirtschaftlich einer Kreditzusage gleichsteht. Gemeint sind rechtlich alle Versprechen, für die potentielle Schuld eines Dritten einzustehen. Die Erwähnung der *sonstigen Gewährleistungen* hat dabei nur insoweit Bedeutung, als eine Abgrenzung zur Garantieübernahme, die zivilrechtlich ohnehin auch als Gewährsvertrag bezeichnet wird (*Palandt/Thomas* Rdn. 16 vor § 765), im Rahmen des § 265 b letztlich überflüssig ist. Beispiele für die Gewährübernahme im Bankgeschäft sind insbesondere die Wechsel- und Scheckbürgschaft (Art. 30 ff WG, Art. 25 ff ScheckG), der Kreditauftrag nach § 778 BGB, die im Auslandszahlungsverkehr zentrale Akkreditiveröffnung und -bestätigung sowie die Indossamentsverpflichtungen nach Wechsel- und Scheckrecht (mit Ausnahme der zu Refinanzierungszwecken erfolgten Weitergabe angekaufter Wechsel, vgl. *Bähre/Schneider* § 19 Anm. 6 mit Nachw.). Nicht erfaßt werden dagegen nach h. M. zu § 19 KWG die aus der **Scheckkarten**ausgabe entstehenden Gewährleistungen[35]. – Zu der Gefahr ungewollter *Ausuferung* des Straftatbestandes (infolge Nichtbeschränkung der Gewährleistungen auf Geldschulden) *Dreiss/Eitel-Dreiss* S. 91. 50

Beispiele für **Garantien** im Bankwesen sind Liefer- und Leistungs- sowie Anzahlungsgarantien insbesondere im Auslandsgeschäft und Ausschreibungs- oder Bietungsgarantien bei Ausschreibungen (Submissionen) und Versteigerungen (vgl. *Canaris* Rdn. 1105; *Szagunn/Wohlschieß* § 1 Rdn. 61 f). Die Abgrenzung der im BGB nicht geregelten Garantieübernahme zur nachfolgend erwähnten Bürgschaft ist im einzelnen insbesondere bei Forderungen schwierig, kann aber für § 265 b ebenfalls offenbleiben. (Kennzeichen des Garantievertrages ist das von der zu sichernden Schuld unabhängige Versprechen, für einen Erfolg, insbesondere für ein untypisches Risiko, einzustehen, der bzw. das dem Vertragspartner aus einem künftigen Ereignis erwachsen kann: *Canaris* Anh. nach § 357 Rdn. 502, 514 mit Nachw.) 51

Die **Bürgschaft** i. S. d. § 765 BGB schließlich ist ein durch Vertrag mit dem Gläubiger eines Dritten begründetes Schuldverhältnis, das die Verpflichtung des Bürgen enthält, für 52

---

[31] Vgl. (zu § 263) BGH NJW **1976** 2028; *Lampe* S. 59; *Nack* in: Müller-Gugenberger § 40 II 1; *Otto* Bankentätigkeit S. 119; *Tiedemann* Wirtschaftsstrafrecht II S. 60 ff mit weit. Nachw.; Tagungsberichte Bd. XIII S. 83 ff.

[32] *Bähre/Schneider* § 19 Anm. 4; *Canaris* Rdn. 746 mit weit. Nachw.; vgl. auch oben Rdn. 39.

[33] Zustimmend *Brodmann* S. 85; *Kießner* S. 60; *Sch/Schröder/Lenckner* Rdn. 16; auch *Otto* Bankentätigkeit S. 117 und 121, der aber mit *Lampe* S. 70 darauf hinweist, daß die sonstigen Tatbestandsmerkmale nicht erfüllt seien (dazu unten Rdn. 69).

[34] *Büschgen* S. 406; *Hagenmüller/Diepen* S. 229, 235 ff.

[35] Zustimmend *Dreher/Tröndle* Rdn. 14; *Kießner* S. 60; *Nack* in: Müller-Gugenberger § 41 II 2 b; vgl. auch Tagungsberichte Bd. XIII S. 97 f.

die Erfüllung der Verbindlichkeit des Dritten einzustehen. Die zahlreichen Bürgschaftsformen der Zivilistik (Mitbürgschaft, Nachbürgschaft, Zeitbürgschaft, selbstschuldnerische Bürgschaft u. a. m.) werden im Bankgeschäft durch den Sammelbegriff des Avalkredites überlagert[36].

53 **IV. Die Tathandlungen und ihr Gegenstand.** Absatz 1 umschreibt die eigentliche Tathandlung in Nr. 1 als positives Tun und fügt in Nr. 2 eine speziell unter Strafe gestellte Konstellation echten Unterlassens an. Beide Tatbestandsalternativen der **Täuschung** werden – vor allem aus Gründen der Beweissicherung und damit der Beweiserleichterung (*Göhler/Wilts* DB **1976** 1658) – ausschließlich auf schriftliche Angaben und schriftliche Unterlagen bezogen. Die Tathandlung muß außerdem in zeitlichem und sachlichem Zusammenhang mit einem „Antrag auf Gewährung, Belassung oder Veränderung der Bedingungen eines Kredites" stehen.

54 **1.** Dieses **Erfordernis eines Kreditantrages**, wie abkürzend und zusammenfassend formuliert werden darf (die Auffächerung des Begriffes im Gesetz dient allein Klarstellungszwecken: RegE Begr. S. 31; *Wilts* Prot. 7 S. 2766), bedeutet nicht, daß irgendeine Förmlichkeit eingehalten werden müßte. Insbesondere ist keine Schriftform (vgl. § 126 BGB) vorgesehen, sondern mündliche Erklärung ausreichend (zust. *Dreher/Tröndle* Rdn. 15). Mit der Umschreibung als Kredit*antrag* soll vielmehr zum Ausdruck gebracht werden, daß vor allem ein Antrag i. S. d. § 145 BGB auf Abschluß eines Darlehens- (oder sonstigen Kredit-)Vertrages in Betracht kommt, also eine mit Zugang wirksam und bindend werdende Willenserklärung, die zwar auch durch schlüssiges Handeln abgegeben werden kann, aber doch eindeutig und ernsthaft („fest") auf Kreditgewährung, Kreditbelassung usw. gerichtet sein muß. Erforderlich ist somit der – notfalls im Wege der Auslegung vom Empfängerhorizont her zu ermittelnde – Wille zur rechtsgeschäftlichen Bindung.

55 Folglich reichen einerseits Erkundigungen, Sondierungsgespräche, Kontaktaufnahmen und Vorverhandlungen über die Frage, ob ein Kreditantrag überhaupt Aussicht auf Erfolg hat, nicht aus[37]. Unabhängig von den Abgrenzungs- und Auslegungsschwierigkeiten im Einzelfall ist das Eingreifen des § 265 b daran gebunden, daß jedenfalls zu irgendeinem Zeitpunkt (der noch im Zusammenhang mit der Täuschungshandlung steht) ein Kreditantrag **tatsächlich gestellt** worden ist: Täuschungen ohne (nachfolgenden, vorausgehenden oder gleichzeitigen) Kreditantrag sind tatbestandslos bzw. werden allenfalls über §§ 263, 22 strafrechtlich relevant[38]. Nach dem Bericht des Sonderausschusses (S. 14) besteht sogar generell, also wohl auch im Hinblick auf einen Betrugsversuch, „noch keine begründete" Gefahr, solange kein Kreditantrag gestellt ist. In der Tat spielen sich Täuschungen ohne Bezug auf einen tatsächlich gestellten Kreditantrag sehr weit im Vorfeld der Kreditgewährung ab, und der Täter hat hier den von seinem eigenen Willen abhängigen entscheidenden Schritt zur Beeinträchtigung der Kreditwirtschaft und zur Gefährdung des Gläubigervermögens noch nicht getan.

56 Andererseits wird man in mehrfacher Hinsicht für § 265 b keinen Antrag im strengen Sinne des § 145 BGB verlangen dürfen. So wollen auch *Sch/Schröder/Lenckner* (Rdn. 25)

[36] Dazu im einzelnen *Bähre/Schneider* § 1 Anm. 14, § 19 Anm. 6; *Hagenmüller/Diepen* S. 582 ff; *Rösler* in: Jährig/Schuck S. 157 ff; *Schönle* § 27 V S. 338 f.

[37] *Berz* BB **1976** 1439; *Dreher/Tröndle* Rdn. 15; *Gössel* BT 2 S. 481; *Kießner* S. 61 f; *Müller-Emmert/Maier* NJW **1976** 1662 mit Nachw.; *Nack* in: Müller-Gugenberger § 41 II 2 c (1); *Samson* SK Rdn. 13; *Sch/Schröder/Lenckner* Rdn. 25.

[38] Zutreffend *Lackner/Kühl* Rdn. 4; *Otto* BT § 61 III 3 a; *Sch/Schröder/Lenckner* Rdn. 27; anscheinend weitergehend *Samson* SK Rdn. 13, der nur „eine gewisse Konkretisierung" der Verhandlungen verlangt.

aus der ratio legis schließen, daß es ausreiche, wenn der potentielle Kreditnehmer den Kreditgeber z. B. durch die Aufforderung, ein für *diesen* verbindliches und nur noch der Annahme bedürftiges Angebot abzugeben, zu einer rechtsgeschäftlichen Erklärung veranlaßt (noch weitergehend *Samson* SK Rdn. 12, der als Kreditantrag schlechthin auch den „Antrag des zukünftigen Kreditgebers" ausreichen lassen will, womit die Abgrenzung zu den „Einlagen" und damit zum Kapitalanlagegeschäft noch weiter erschwert würde; vgl. oben Rdn. 40). Hieran ist grundsätzlich zutreffend, daß die für den Kreditantrag erforderliche Nachhaltigkeit des Kreditbegehrens und die Erkennbarkeit des Bindungswillens auch auf andere Weise als durch das den Kreditnehmer bindende Angebot zum Abschluß eines Darlehensvertrages in Erscheinung treten können. Vor allem sollte auch die rechtstechnische Zufälligkeit, ob das zivilrechtliche Vertragsangebot letztlich vom Kreditgeber oder vom Kreditnehmer ausgeht, für die Strafbarkeit nicht entscheidend sein. Jedoch setzt der Kreditantrag eben voraus, daß der Antragsteller selbst (und nicht erst der Kreditgeber) durch seine Erklärung bereits gebunden ist, wobei die Beurteilung von § 145 BGB nur insoweit abzulösen und strafrechtlich-selbständig zu gestalten ist, als Willensmängel, Beschränkungen der Geschäftsfähigkeit und vergleichbare zivilistische Defekte in Frage stehen, die auch sonst im Strafrecht eine eigenständige Bewertung erfahren (ebenso im Ergebnis *Kießner* S. 62).

Der Antrag kann auch **konkludent** oder (und) gemeinsam mit anderen Erklärungen **57**
gestellt werden. In der Vorlage von *Lastschriften* unter Angabe fingierter Forderungen ist ebenso wie bei der Einreichung von *Schecks* zum Einzug bei der Bank ein derartiger Antrag regelmäßig zu sehen, da und soweit die sofortige Gutschrift des einzuziehenden Betrages bereits bei der Zulassung des Gläubigers (Bankkunden) zum Lastschrift- bzw. Scheckverkehr vereinbart wurde (vgl. oben Rdn. 39; zust. OLG Zweibrücken WM **1992** 1604, 1608 und *Kießner* S. 62).

Der **Inhalt** des Antrages ergibt sich hinreichend deutlich aus dem Gesetz: Der Antrag **58**
muß sich entweder auf die *Gewährung* eines Kredites richten, also auf die (erstmalige) Erbringung der gewünschten Kreditleistung durch Abschluß eines der in Absatz 3 Nr. 2 genannten Geschäfte (z. B. auch: Stundung!). Oder der Antrag bezieht sich auf das **Belassen**, also auf die Verlängerung eines bereits ausgereichten Kredits unter Verzicht auf die rechtlich mögliche sofortige Rückforderung der Leistung (OLG Frankfurt StV **1990** 213). Endlich kann der Antrag auch die *Veränderung der Kreditbedingungen* (z. B. Zinssatz, Kündigungs- und Tilgungsmodalitäten, Sicherheiten, Zweckbindungen) betreffen.

2. Für die Beurteilung des **Zusammenhanges** zwischen Kreditantrag und Täuschungs- **59**
handlung ist ausweislich der Genese der Gesetzesformulierung primär an die Fallgestaltung gedacht, daß der Kreditantrag selbst (oder seine Anlagen) die unrichtigen oder unvollständigen Angaben usw. enthält (enthalten), also Kreditantragstellung und Täuschungshandlung zusammenfallen. Da jedoch entsprechend der gesetzgeberischen Ausgestaltung des Täterkreises (oben Rdn. 24) auch andere Personen als der Antragsteller in strafrechtlich relevanter Weise täuschen können (z. B. der Bürge oder der Angestellte einer Auskunftei) und zudem falsche Unterlagen auch noch nach Antragstellung (z. B. auf Aufforderung der Bank hin) in strafwürdig erscheinender Weise vorgelegt werden können, wurde schließlich die Formulierung „im Zusammenhang mit" gewählt (wohl enger AE § 187 Abs. 1: „bei dem Begehren").

Die Täuschungshandlung muß daher bei, vor oder nach der Kreditantragstellung erfol- **60**
gen und **sachlichen Bezug** zu ihr haben. Dies bedeutet nicht, wie das Gesetz es in anderem Zusammenhang ausdrückt, daß die falschen Angaben usw. für die Entscheidung über den Kreditantrag erheblich sein *müssen*. Für die Feststellung des Zusammenhangs von

Kreditantrag und Täuschung (bei Auseinanderfallen beider Handlungen) ist vielmehr maßgebend, ob die Angaben und Unterlagen für die Entscheidung erheblich sein *sollen*[39], also „erkennbar als Grundlage für die Entscheidung über den Kreditantrag dienen sollen, so daß bei einer auf Grund selbständigen Entschlusses nachfolgenden Antragstellung der Täter zumindest konkludent auf die Unterlagen usw. *Bezug* nehmen muß" (*Sch/Schröder/Lenckner* Rdn. 27). Kein Zusammenhang mit einer früheren Antragstellung, jedenfalls keine „vorteilhafte" Falschangabe liegt vor, wenn der Täter mit seinen unrichtigen oder unvollständigen schriftlichen Angaben nur eine unberechtigte Kündigung und Kürzung des Kredits durch den Kreditgeber rückgängig machen, also das Einhalten der Kreditzusage erreichen will (OLG Frankfurt StV **1990** 213; *Lackner/Kühl* Rdn. 4); ein „Belassen" des Kredits ist insoweit mangels möglicher Rückforderung der Leistung nicht gegeben (oben Rdn. 58 mit Nachw.).

61 **3.** Während der Adressat des Kreditantrages im Gesetz selbst eingangs der Tatbestandsbeschreibung eindeutig genannt ist, ergibt sich der **Adressat der Täuschungshandlung** erst im Wege der Auslegung:

62 Der Tatbestand ist zweifellos erfüllt, wenn die unrichtigen Unterlagen usw. dem (potentiell) kreditgebenden Betrieb oder Unternehmen vorgelegt bzw. die falschen Angaben ihm gegenüber gemacht werden. Entsprechend der Aufspaltung des Täterkreises (oben Rdn. 24) ist aber auch eine *Aufteilung* des Adressatenkreises der Tathandlung denkbar, indem insbesondere beim Lieferanten- oder *Warenkredit* die schriftlichen falschen Angaben usw. nicht gegenüber dem kreditierenden Lieferanten, sondern etwa gegenüber einer Handelsauskunftei, die der Lieferant beauftragt hat, gemacht werden. Dabei ist es sowohl möglich, daß der Abnehmer (Kreditsucher) im Wege der Selbstauskunft „Eigenaufschlüsse" gegenüber der Handelsauskunftei gibt, als auch denkbar, daß Dritte (z. B. frühere Vertragspartner des Abnehmers, frühere Auskunftsempfänger) Fremdauskünfte über den Abnehmer erteilen (*Tiedemann/Sasse* S. 42 ff). Insbesondere für den letzteren Fall ergäbe sich bei Bejahung der Täterschaft nach § 265 b eine weitreichende Ausdehnung der Strafbarkeit, zumal dolus eventualis hinsichtlich der Unrichtigkeit der Angaben und hinsichtlich des Vorliegens oder der künftigen Stellung eines Kreditantrages ausreicht (unten Rdn. 97). Außerhalb des Lieferanten- oder Warenkredites stellt sich das Problem z. B. auch bei Refinanzierungsdarlehen aus ERP-Mitteln; hier gewährt zwar die Hausbank im eigenen Namen und auf eigene Rechnung den Kredit, jedoch liegt die Beurteilung der Kreditwürdigkeit bei der Kreditanstalt für Wiederaufbau, gelegentlich auch bei dem zuständigen Bundesminister, teils zusammen mit anderen öffentlichen Stellen und Gremien. — *Sch/Schröder/Lenckner* (Rdn. 23) wollen hier aus dem „Sinn" des § 265 b schließen, daß die Täuschungshandlung **unmittelbar** gegenüber dem (potentiellen) Kreditgeber erfolgen müsse[40], räumen aber die Möglichkeit mittelbarer Täterschaft ein. Die letztere Möglichkeit ist freilich gerade in dem hier einschlägigen Fragenbereich nur beschränkt praktikabel, sind doch Tatherrschaft und Täterwille insbesondere bei der mit dolus eventualis gegebenen falschen Fremdauskunft nur schwer feststellbar, von den Vorstellungen des Auskunftsuchenden ganz zu schweigen. Aber auch im übrigen und grundsätzlich befriedigt die enge, vom Wortlaut keineswegs gebotene Lösung kriminalpolitisch nicht (wohl zust. *Kießner* S. 63). Infolge der notorisch geringen Publizitätsbereitschaft der Unternehmen und ihrer (sowie der Banken!) sehr eingeschränkten Informationsbereitschaft sind Selbst- und Fremdauskünfte gegenüber Dritten, insbesondere gegenüber Han-

---

[39] *Dreher/Tröndle* Rdn. 16; *Kießner* S. 62; *Lackner/Kühl* Rdn. 4.

[40] Ebenso *Dreher/Tröndle* Rdn. 18; *Nack* aaO; *Samson* SK Rdn. 10.

delsauskunfteien, für das Funktionieren des Lieferanten- oder Warenkredits praktisch unentbehrlich (zusammenfassend *Tiedemann/Sasse* S. 38 ff mit weit. Nachw.). Wird in diesem Bereich das Mittel der schriftlichen Täuschung eingesetzt, so wird das in Frage stehende Rechtsgut nachhaltig gefährdet. Die weite Auslegung verdient daher den Vorzug, wobei jedoch das Erfordernis des Zusammenhanges der Tathandlung mit einem konkreten Kreditantrag Hervorhebung verdient (vgl. dazu auch die unten Rdn. 90 a.E. dargelegte Konstellation, die hier sinngemäß gilt). Da der Täter das Vorliegen des Kreditantrages zumindest im Sinne des dolus eventualis kennen muß, wird er regelmäßig auch in dem Bewußtsein handeln, daß die Auskunft an den Kreditgeber weitergereicht wird. Dieser subjektive Nexus trägt die Anwendung des § 265 b auch in den Fällen, in denen mittelbare Täterschaft nicht angenommen werden kann.

4. Die **Mittel der Täuschung** sind Unterlagen und schriftliche Angaben über wirtschaftliche Verhältnisse. **63**

a) Mit der in Nr. 1 b zur Vermeidung von Beweisschwierigkeiten vorgenommenen Beschränkung auf **schriftliche** Erklärungen scheiden mündliche Angaben, jedoch auch z. B. vom Kreditsucher zur Verfügung gestellte Tonträger und EDV-gespeicherte Daten, weiter aber auch Bestätigungsvermerke des Kredit*gebers* aus Nr. 1 b aus. Diese und vergleichbare Augenscheinsobjekte – wie z. B. auch Modelle und Fotografien – werden durch Nr. 1 a erfaßt (zutr. *Samson* SK Rdn. 16), da die Verkörperung insoweit die bei Nr. 1 b durch die Schriftlichkeit gewährleistete bessere Beweisbarkeit sicherstellt und die **Unterlagen** durch die Beispiele der Bilanzen, Vermögensübersichten usw. keineswegs auf schriftliche Erklärungen beschränkt werden. **64**

Eine genaue Abgrenzung der „Unterlagen" in Nr. 1 a von den schriftlichen „Angaben" in Nr. 1 b ist im übrigen nicht erforderlich, da Nr. 1 b bei Schriftlichkeit des Mitgeteilten praktisch als Auffangtatbestand wirkt. Immerhin können grundsätzlich i. S. d. Nr. 1 a „Unterlagen" auch fremde Erklärungen sein oder enthalten, während für Nr. 1 b nur eigene Angaben des Täters in Betracht kommen. Eine Unterschrift oder die Eignung als Beweismittel (so *Lackner/Kühl* Rdn. 5; wohl auch *Gössel* BT 2 S. 482) ist in beiden Fällen nicht erforderlich; es muß bei Nr. 1 b nur erkennbar sein, daß die schriftliche Erklärung dem Täter zuzurechnen ist. Werden mündliche Angaben des Kreditsuchers, z. B. eine Selbstauskunft, von einem durch den Kreditgeber beauftragten Dritten, z. B. einer Handelsauskunftei, in Schriftform gebracht und sodann dem Kreditgeber von dem Dritten vorgelegt, so ist der Dritte Täter, soweit er für die unrichtigen oder unvollständigen Angaben einstehen will (*Dreher/Tröndle* Rdn. 21). Auf den Kreditsucher wendet RegE Begr. S. 31 die Grundsätze mittelbarer Täterschaft an. – Bringt dagegen der Kreditgeber selbst die mündlichen Angaben des Kreditsuchers in Schriftform, so kann § 265 b nur erfüllt sein, wenn der Kreditsucher die Erklärung unterzeichnet oder bei voller Kenntnis des Inhalts durch einen von ihm Beauftragten unterzeichnen läßt. **65**

Da schriftlichen Mitteilungen, auch abgesehen von ihrem höheren Beweiswert, häufig aber auch mit Rücksicht auf diesen höheren Beweiswert, größeres Gewicht als mündlichen Mitteilungen beigelegt wird, ist die Schriftlichkeit bei § 265 b durchaus für die Unrechtsvertypung erheblich und folglich echtes **Tatbestandsmerkmal** (zutr. *Sch/Schröder/Lenckner* Rdn. 37 gegen *Wilts* Prot. 7 S. 2769). Entsprechend muß sich der Vorsatz gerade auf den Inhalt der schriftlich fixierten Erklärung beziehen. Hieran kann es insbesondere dann fehlen, wenn der Kreditsucher oder die von ihm beauftragte Person eine Erklärung unterschreibt, die der Kreditgeber oder ein Dritter mit Hilfe von Formulartexten oder unter Bezugnahme auf Allgemeine Geschäftsbedingungen (AGB) formuliert hat. Der **66** von *Dreiss/Eitel-Dreiss* S. 98 hierzu empfohlenen „sinngemäßen" Heranziehung der Rechtspraxis zu den AGB bedarf es allenfalls im prozessualen Sinne, nämlich als Hilfsmittel zur Feststellung der tatsächlichen Kenntnis des Täters vom vollen Inhalt der ihm zugeschriebenen Erklärung.

67 **b)** Im einzelnen können Gegenstand der Unterlagen und schriftlichen Angaben – mit dem Vorbehalt der Entscheidungserheblichkeit und Vorteilhaftigkeit (dazu unten Rdn. 82 ff) – nicht nur Tatsachen, sondern auch (Wert-)**Urteile**, insbesondere Bewertungen und Prognosen, sein[41]. Diese in Nr. 1 a durch die Einbeziehung der „Gutachten" zum Ausdruck gebrachte, auch für Nr. 1 b gültige Abweichung von §§ 263, 264 folgt kriminalpolitisch aus der besonderen Bedeutung, welche künftige Ereignisse und insbesondere der Zukunftsertrag als Wert einer Unternehmung für die Bewertung und damit für die Kreditwürdigkeit des Kreditsuchers haben (vgl. unten Rdn. 70 sowie *Tiedemann* Schröder-Gedächtnisschrift [1978] S. 297 ff mit Nachw.). Aber auch die Voraussage einzelner Ereignisse, z. B. die Erwartung einer Erbschaft vor Fälligkeit der Rückzahlungsverpflichtung, reicht angesichts der grundsätzlichen Ausdehnung des Mitteilungsinhaltes auf die Zukunft aus (*Dreher/Tröndle* Rdn. 21).

68 **c)** Erhebliche Schwierigkeiten macht insbesondere bei diesen zukunftsbezogenen Angaben die Feststellung der **Unrichtigkeit**. Unrichtigkeit ist hier jedenfalls dann anzunehmen, wenn die der Erwartung zugrunde liegenden (gegenwärtigen) Tatsachen nicht zutreffen. Darüber hinaus reicht es aus, daß die zukunftsbezogenen Angaben bei objektiver Beurteilung der Tatsachen nicht aus den Tatsachen gefolgert werden können. Das verfassungsrechtliche Gebot der Tatbestandsbestimmtheit (Art. 103 Abs. 2 GG) führt aber auch hier dazu, daß § 265 b nur bei eindeutig feststehender Unrichtigkeit eingreift (vgl. bereits oben Rdn. 35). Dies ist nur dann der Fall, wenn „eine gegenteilige Auffassung ... schlechterdings nicht mehr vertretbar erscheint"[42]. Bedeutung hat diese Einschränkung vor allem für die in Nr. 1 genannten Gutachten, aber auch für alle sonstigen Bewertungen und insbesondere für die Bilanzen (dazu näher unten Rdn. 74). Für Prognosen und hierauf aufbauende Bewertungen ist auch zu beachten, daß sich die Unrichtigkeit durch Zeitablauf herausstellen kann, also im (nachträglichen) Strafverfahren häufig bereits feststehen wird. Die ex post-Betrachtung wird hier jedenfalls dann nicht durch die mehr oder weniger unsichere ex ante-Schätzung ersetzt werden dürfen, wenn die tatsächliche Entwicklung für den Täter günstiger als vorausgesagt verlaufen ist; denn die ex ante-Schätzung hat nur Hilfsfunktion, auf deren Einsatz verzichtet werden muß, wenn feststeht, daß das Täterverhalten für die in Frage stehenden Rechtsgüter in Wahrheit ungefährlich war (*Tiedemann* LK Rdn. 159 vor § 283 und Schröder-Gedächtnisschrift [1978] S. 302 ff).

69 **Unvollständig** sind solche Angaben und Erklärungen, die einen einheitlichen Lebenssachverhalt nur teilweise wiedergeben, nämlich in Beziehung auf ihren Gegenstand Einzelheiten, die nach der Verkehrsauffassung oder nach dem erkennbaren Willen der Beteiligten für die Entscheidung über den Kreditantrag erheblich sind, weglassen (vgl. D. *Geerds* S. 237 mit Nachw.). Eine gewisse Eingrenzung des Bezugsgegenstandes wird durch das Erfordernis der Schriftlichkeit erreicht (*Wilts* Prot. 7 S. 2769; *Göhler/Wilts* DB **1976** 1658: Aufstellung der Außenstände ohne Angabe der Schulden ist keine unvollständige Erklärung). Jedoch bleibt die Strafbarkeit nicht nur in Grenzfällen zweifelhaft (der Ehemann teilt nicht mit, daß das zu finanzierende Haus auf dem im Eigentum der Ehefrau stehenden Grundstück erbaut werden soll; der Kreditsucher ist zwar Eigentümer des Be-

[41] Zustimmend *Dreher/Tröndle* Rdn. 21; *Kießner* S. 63; *Lackner/Kühl* Rdn. 5; *Sch/Schröder/Lenckner* Rdn. 39; **krit.** *Lampe* S. 47.

[42] *Sch/Schröder/Lenckner* Rdn. 39; ebenso *Kießner* S. 64; *Lackner/Kühl* Rdn. 5; vgl. auch *Dreher/Tröndle* Rdn. 21.

triebsgebäudes, jedoch besteht an diesem ein Nießbrauch seiner Kinder). Einen Anhalt für das Vorliegen einer Unvollständigkeit i. S. d. Nr. 1 b gibt das Kriterium, ob eine entsprechende Offenlegung bilanzrechtlich (vgl. Nr. 1) im Anhang (§ 284 HGB) erfolgen müßte. – Beim *Scheckinkasso* ist bei Fehlen ausdrücklicher Angaben zur Bonität der beteiligten Unternehmen und Personen in den Bankauftragsformularen eine Strafbarkeit auf der Linie der neueren Rechtsprechung (BGHSt **39** 392, 398 ff mit Nachw.) zumindest zweifelhaft, da die Banken das Risiko der Kreditgewährung durch Einräumung eines (vorläufigen) Kredites (oben Rdn. 49) offenbar wegen der Möglichkeit einer Stornobuchung (vgl. Nr. 8 Abs. 1 AGB-Banken) in Kauf nehmen. Allerdings betrifft die erwähnte Rechtsprechung Fälle der Fehlüberweisung, die ohne Zutun des Bankkunden entstanden sind und vor die Frage eines reinen Unterlassens (der Aufklärung) stellen. Auch hebt BGHSt **39** 400 die Besonderheit hervor, daß in casu die Geschäftsverbindung mit der Bank nur kurze Zeit bestand. Jedoch stellt die Entscheidung (aaO S. 398) maßgeblich auf den Grundsatz der Risikoverteilung ab, die auch für die Annahme einer Täuschung durch unvollständige Angaben Bedeutung hat (vgl. nur *Tiedemann* Klug-Festschrift S. 407 ff).

d) Einigermaßen gesicherte Maßstäbe zur Beurteilung der Unrichtigkeit und Unvollständigkeit bestehen insbesondere für **Bilanzen** (Bestände- oder Vermögensbilanzen, vor allem Jahresabschlußbilanzen) sowie für **Gewinn- und Verlustrechnungen** (Erfolgsrechnungen), die sich von den sonstigen Vermögensübersichten auch durch bestimmte Mindestanforderungen hinsichtlich der Form unterscheiden. Neben dem durch Bilanz und Erfolgsrechnung ausgewiesenen Periodengewinn (Vermögens- und Ertragslage) spielen allerdings auch weitere, mehr zukunftsbezogene Daten, wie sie etwa unter dem Stichwort des Finanzplanes und der Kapitalflußrechnung diskutiert werden, in der heutigen Kreditierungspraxis eine erhebliche Rolle (*Tiedemann* Wirtschaftsstrafrecht II S. 59 sowie Prot. 7 S. 2472; *Wilts* Prot. 7 S. 2753). Ohne hier eine Einführung in Bilanzrecht und Bilanzkunde geben oder auch nur einen detaillierten Überblick über das **Bilanzstrafrecht** liefern zu können, seien – unter Verweis auf *Tiedemann* LK § 283 Rdn. 110 ff, 135 ff – folgende Grundprobleme hervorgehoben: **70**

Bereits bei den Beratungen des 1. WiKG wurde, wenn auch in anderem Zusammenhang, die für § 265 b wichtige Frage gestellt, ob das Gesetz die Handelsbilanz, die Steuerbilanz oder eine Vermögensbilanz („Status") meine (vgl. z. B. *Hintzen* Prot. 7 S. 2528; *Biener* ebda S. 2588). Insoweit ist daran zu erinnern, daß es grundsätzlich als „Bilanz" überhaupt nur eine **Handelsbilanz** gibt, die unter Berücksichtigung des erforderlichen Gläubigerschutzes u.a. dem Zweck der (vorsichtigen) Gewinnermittlung dient (§§ 238 ff HGB). Bei der steuerlichen Gewinnermittlung ist der Gedanke des Gläubigerschutzes dagegen unerheblich: es soll der reale Gewinn eines bestimmten Zeitraumes so genau wie möglich angegeben werden („Ertragssteuerbilanz"). Infolgedessen wäre es zwar denkbar (und ist es im Ausland auch vielfach üblich), zwei völlig verschiedene Gewinnermittlungen vorzunehmen. Demgegenüber haben aber jahrzehntelange Auseinandersetzungen zwischen Rechtsprechung und Finanzverwaltung zu dem heute anerkannten und in § 5 EStG ausgesprochenen Prinzip der *Maßgeblichkeit der Handelsbilanz* für die (aus ihr abgeleitete) Steuerbilanz geführt. Auch der Steuerpflichtige hat danach grundsätzlich eine Handelsbilanz vorzulegen; diese muß aber korrigiert sein, soweit ihre Ansätze den steuerrechtlichen Bestimmungen (vgl. bes. §§ 5, 6 EStG) widersprechen[43]. Diskrepanzen treten insoweit – neben formalen Gliederungsfragen – materiell vor allem auf, wenn von dem handelsrechtlich zugelassenen relativ weiten Spielraum bei der Bewertung der Bilanzposi- **71**

[43] *Grossfeld* Bilanzrecht, 2. Aufl. (1990), S. 26 ff; G. *Vogler* Bilanzen, 2. Aufl. (1977) S. 24; *Wöhe* Einführung in die Allgemeine Betriebswirtschaftslehre, 18. Aufl. (1993), S. 1106 ff.

tionen insbesondere auch durch Inanspruchnahme der Bilanzierungs- und Bewertungswahlrechte Gebrauch gemacht wird, kennt doch das Steuerrecht einen entsprechenden Spielraum nur in der engen Form zwischen Anschaffungswert und niedrigerem Teilwert. – Gibt es folglich theoretisch überhaupt nur „die" Handelsbilanz, welche erforderlichenfalls für steuerliche Zwecke korrigiert wird, so stellen allerdings in der Praxis im wesentlichen nur noch Aktiengesellschaften und andere publizitätspflichtige Unternehmen eine Handelsbilanz auf. Die übrigen Kaufleute erstellen meist lediglich eine **Steuerbilanz**, die dann gleichzeitig als Handelsbilanz gilt („Maßgeblichkeit der Steuerbilanz für die Handelsbilanz", *Wöhe* Betriebswirtschaftliche Steuerlehre I, 2. Halbbd., 7. Aufl. [1992] S. 65 ff mit Nachw.). Die Vorlage einer Bilanz durch diesen Personenkreis wird daher mangels anderer Anhaltspunkte und Erklärungen konkludent die Behauptung einschließen, es handele sich um die Steuerbilanz.

72 Die **Unvollständigkeit der Bilanz** stellt im Regelfall vor keinerlei Probleme, da die Bilanz – als Gegenüberstellung von Aktiva und Passiva – auf der *Aktivseite* die gesamte art- und wertmäßige Zusammensetzung des Vermögens und auf der *Passivseite* sämtliche Finanzierungsmittel (Kapital) nach Art und Herkunft ausweisen, also die Vermögens- und Kapitalstruktur des Unternehmens offenlegen muß. Damit sind alle in dem fraglichen Zeitabschnitt eingetretenen Geschäftsvorfälle zu erfassen („Vollständigkeitsprinzip"; vgl. § 246 Abs. 1 HGB und dazu *Tiedemann* LK § 283 Rdn. 137). Gesetzliche Ausweisvorschriften regeln z. T. ausdrücklich, wo und welche Positionen aufzuführen sind. Sie formulieren Bilanzierungsgebote, die Aktivierungs- und Passivierungspflichten enthalten (vgl. z. B. §§ 152, 158 AktG, 264 ff HGB).

73 Die **Unrichtigkeit der Bilanz** wird dagegen meist schwieriger festzustellen sein, vor allem soweit es um Bewertungsfragen geht. Dies wird bereits daraus deutlich, daß Handels- und Steuerbilanzen selten die Verkehrswerte ausweisen, die für die Kreditgewährung im Vordergrund stehen. Da ein objektiver Wert ohnehin auch in der Betriebswirtschaft(slehre) nicht existiert, können selbst ausdrückliche und einigermaßen genaue gesetzliche Bewertungsvorschriften bei dem Wertansatz lediglich Hilfsmittel sein, deren Anwendung nur insofern zu dem „richtigen" Wert führt, als die Wertermittlung eben damit den gesetzlichen Vorschriften entspricht. Es gibt also nur eine **relative Bilanzwahrheit**. Auf die „wahren" (Verkehrs-)Werte stellt dagegen die *Vermögens- oder Überschuldungsbilanz* (besser: der Überschuldungsstatus) i. S. d. §§ 92 Abs. 2 S. 2 AktG, 64 Abs. 1 S. 1 GmbHG ab (vgl. *Tiedemann* GmbH-Strafrecht § 84 Rdn. 49 mit Nachw.).

74 Die Bilanzwahrheit wird konstituiert durch die **Grundsätze ordnungsmäßiger Buchführung**. Sie sind nach richtiger Ansicht keine Rechtssätze, sondern konkretisieren an Hand der anerkannten kaufmännischen Verkehrsübung den im gesamten Handelsrecht anzutreffenden Maßstab des ordentlichen (sorgfältigen) Kaufmanns (*Tiedemann* LK § 283 Rdn. 111 mit weit. Nachw.). Bereits aus dieser Verweisung auf außerrechtliche Wertungen folgt erneut, daß Verstöße im Hinblick auf das Erfordernis gesetzlicher Tatbestandsbestimmtheit (Art. 103 Abs. 2 GG) strafrechtlich nur dann relevant sein können, wenn es sich um zweifelsfrei gesicherte, allgemein vorhandene Wertungen handelt (oben Rdn. 68; *Tiedemann* Wirtschaftsstrafrecht I S. 197 ff; zust. *Sch/Schröder/Lenckner* Rdn. 2 a).

75 Für eine Aufzählung und **Typisierung der Verstöße** kann an die Darstellungen zum Bilanzstrafrecht angeknüpft werden[44]. Dabei ist allerdings zu beachten, daß die sog.

---

[44] Dazu insbes. *Leffson* Die Grundsätze ordnungsmäßiger Buchführung, 2. Aufl. (1970) S. 132 sowie bereits *Kalveram* in: Ertel (Hg.), Wirtschaftsprüfung Bd. I (1938) S. 87 ff; *Schüppen* S. 18 ff mit weit. Nachw.

Bilanzverschleierung (Verstoß gegen die Bilanzklarheit, nämlich gegen die formale Richtigkeit der Bilanz im Sinne ihrer Übersichtlichkeit) offenbar als solche nicht von § 265 b erfaßt werden soll und folglich nur dann zu einer für § 265 b tatbestandsmäßigen **Bilanzfälschung** (Verstoß gegen die Bilanzwahrheit) wird, wenn die Unklarheit zur Unrichtigkeit führt (vgl. auch *Sch/Schröder/Lenckner* Rdn. 40). Grenzfälle – z. B. die Zusammenziehung gesetzlich vorgeschriebener Positionen – können dem in § 265 b Abs. 1 Nr. 1 ausdrücklich hervorgehobenen Begriff der Unvollständigkeit der Information überlassen werden.

Sieht man von dem Kapitalanlage- und Beteiligungsschwindel, der von § 265 b grund- **76**
sätzlich nicht erfaßt wird (oben Rdn. 7), ab, so stehen im Vordergrund der Bilanzdelikte **Überbewertungen** und **Unterbewertungen** von Vermögensgütern, und zwar entweder um drohende Verluste und Zusammenbrüche zu verheimlichen oder um stille Reserven zu bilden[45]. Beispiele aus der frühen Rechtsprechung zum Aktien- und Konkursstrafrecht bieten RGSt **14** 80 und **38** 196 (Ausweis dubioser Außenstände zum Nennwert). BGHSt **30** 285, 293 f betrifft u. a. die zu niedrige Angabe von Verbindlichkeiten gegenüber Lieferanten. Soweit allerdings – wie auch in diesen Beispielen – Schätzungen und Prognosen erforderlich sind, können tatbestandsmäßig nur evidente, nämlich unvertretbare Wertansätze sein, die sich als „offenbare Willkür" darstellen[46].

Einfacher liegt der Sachverhalt beim **Einstellen fiktiver Beträge**, etwa in der Form **77**
der Aktivierung von Gegenständen, die dem Unternehmen nicht gehören (vgl. RGSt **43** 416: hoch belastete Grundstücke im Eigentum einer anderen Gesellschaft werden als unbelastetes Eigentum der bilanzierenden Aktiengesellschaft ausgewiesen; RGSt **67** 350: nicht vorhandene und bereits verkaufte Waren werden als Aktivposten aufgeführt), oder von nicht (mehr) existenten Forderungen gegen Kunden (BGHSt **30** 285, 286) und bei **Falschbezeichnungen**, die nicht nur gegen die Bilanzklarheit verstoßen (z. B. RGSt **62** 357, 360: Ausweis von aufgelösten stillen Reserven als Einnahmen aus laufendem Geschäftsbetrieb).

Da das **Weglassen einzelner Posten** der Bilanz, also das Nichtaufführen bestimmter **78**
Vermögenswerte (vgl. etwa RGSt **62** 357, 359: Nichterwähnung von Waren, Forderungen und Zweigstellen), die Bilanz bereits unvollständig (und insoweit ebenfalls unrichtig) macht (vgl. oben Rdn. 72), bleibt vor allem noch die ungenau so bezeichnete Gruppe **erfolgswirksamer Umgehungshandlungen** unter Einschluß von Scheingeschäften und „Schiebungen" zu erwähnen (*Sch/Schröder/Lenckner* Rdn. 40). Demgegenüber ist aber grundsätzlich darauf hinzuweisen, daß jedenfalls im Anwendungsbereich der weitgehend formalisierten gesellschaftsrechtlichen Bilanzierungsvorschriften regelmäßig kein Raum für strafrechtlich relevante *Gesetzesumgehungen* bleibt. Insbesondere wird der Schutz der Aktionäre (als der Mitglieder und Anteilseigner der Aktiengesellschaft) und des Aufsichtsrates (als des Kontrollorgans vor allem im Hinblick auf die Geschäftsführung des Vorstandes) sowie der Gläubiger durch die Vorschriften über die Rechnungslegung sowie über die Aufbringung und Erhaltung des Grundkapitals in einer strengen und abschließenden Weise gewährleistet (vgl. zu einem einschlägigen Konzernrechtsfall mit „künstlicher" Aufspaltung der Anschaffungskosten *Tiedemann* v. Caemmerer-Festschrift [1978] S. 643 ff). Bei **Scheingeschäften** ist zu beachten, daß die auf eine im Ausgangspunkt durchaus übereinstimmende Rechtslage (§ 41 Abs. 2 AO) gestützte Steuerrechtspraxis bei

---

[45] Vgl. J. *Nelles* Aktienrechtliche Bilanzdelikte, Diss. Münster 1974, S. 65 ff; *Tiedemann* Wirtschaftsstrafrecht II S. 146 f sowie in: Würtenberger-Festschrift (1977) S. 254 ff; auch *Schüppen* S. 25.

[46] RGZ **120** 363, 367; *Tiedemann* LK § 283 Rdn. 138; vgl. auch bereits oben Rdn. 68; ferner *Cobet* Fehlerhafte Rechnungslegung (1991) S. 60; *Kießner* S. 64; *Klug* Aktienstrafrecht § 400 Anm. 11; *Sch/Schröder/Lenckner* Rdn. 40.

der Annahme von Scheingeschäften und anderen Scheinhandlungen wesentlich weiter geht als die auch für das Strafrecht maßgebende zivilistische Lehre; vor allem in der steuerlichen Betriebsprüfungspraxis finden sich – ähnlich wie im ausländischen Recht – häufig fließende Übergänge zum Umgehungsgeschäft und zur sog. wirtschaftlichen Betrachtungsweise (zusammenfassend J. *Vogel* in: Schünemann/Suárez S. 156 ff mit Nachw.). Demgegenüber hat bereits der Reichsfinanzhof das Erfordernis einer Trennung von Schein- und Umgehungsgeschäft hervorgehoben und darauf hingewiesen, daß das Vorhandensein der Absicht der (Steuer-)Umgehung gerade für die Ernstlichkeit und damit Wirksamkeit der vorgenommenen Geschäfte und Vertragsgestaltungen spricht (vgl. nur RFH **5** 247, 260; **6** 118, 120). Zu den Einzelheiten vgl. *Tiedemann* LK § 264 Rdn. 107.

79 **5.** Allgemeiner **Bezugspunkt aller Täuschungsmittel** bei § 265 b Abs. 1 sind die **wirtschaftlichen Verhältnisse.** Dabei zeigt auch hier das Beispiel des Gutachtens in Nr. 1 a, daß die Bewertung eines einzelnen Vermögensgegenstandes ausreicht, also nicht nur das Vermögen als Ganzes Gegenstand der Täuschung sein kann (RegE Begr. S. 31). Wortlaut und Sinn des Gesetzes ergeben darüber hinaus eindeutig, daß es sich keineswegs um wirtschaftliche Verhältnisse des Kreditsuchers (oder des Täters) handeln muß, mögen diese auch im Vordergrund des Anwendungsbereiches der Vorschrift stehen (RegE Begr. aaO; *Lackner/Kühl* Rdn. 5; enger AE § 187 Abs. 1). In Betracht kommen vielmehr insbesondere auch die wirtschaftlichen Verhältnisse eines in Aussicht genommenen Bürgen oder die der Schuldner (Abnehmer!) des Kreditsuchers[47].

80 Damit wird das Merkmal der wirtschaftlichen Verhältnisse außerordentlich weit, zumal eine Beziehung der Verhältnisse auf eine Person im Gesetz ganz fehlt (**krit.**, aber recht pauschal, dazu *Haft* ZStW **88** [1976] S. 369). Fraglich ist vor allem, ob die von einer einzelnen Person und von einem individuellen Betrieb unabhängige wirtschaftliche Lage ganz allgemein oder doch die Lage einer bestimmten Branche ausreicht. Den richtigen Weg für eine sachgerechte Auslegung und für die Beantwortung dieser Frage zeigt zunächst der Vorbehalt der Entscheidungserheblichkeit der Unterlagen und Angaben: Wesentlicher Gegenstand der Täuschung ist die Summe der Voraussetzungen für die Krediterlangung auf Grund des Kreditantrages, nämlich die **Kreditwürdigkeit** des Kreditsuchers (zust. D. *Geerds* S. 239 mit Nachw.). Die Kreditwürdigkeit wird nun in der Tat nicht nur von Umständen aus der individuellen Sphäre des Kreditsuchers – wie Vermögens-, Erfolgs- und Liquiditätslage –, sondern durchaus auch von der Branchen- und Konjunkturlage mitbestimmt (*Jährig* S. 140; *Tiedemann/Sasse* S. 5 mit weit. Nachw.). Alle diese Umstände sind daher grundsätzlich auch tauglicher Gegenstand einer Täuschung (zust. *Gössel* BT 2 S. 482); unrichtige Angaben zur Lage der betreffenden Branche können sich z. B. in einem Gutachten finden, das der Kreditsucher vorlegt (zust. *Brodmann* S. 116 f; vermittelnd D. *Geerds* S. 240). Ähnlich weit definiert *Otto* (BT § 61 III 3 b aa) die wirtschaftlichen Verhältnisse als „Umstände, die für die Sicherheit des Kredits von Belang sein können". Demgegenüber wollen *Sch/Schröder/Lenckner* (Rdn. 30) den Tatbestand ganz auf **individuelle** Vermögensverhältnisse begrenzen, da der Kreditgeber nur insoweit mangels hinreichender Überschaubarkeit auf fremde Information angewiesen sei. Jedoch würde damit in die strafrechtliche Beurteilung ein Kriterium eingeführt, das folgerichtig auch an anderen Stellen der Tatbestandsauslegung berücksichtigt werden müßte. Sollte wirklich die Angewiesenheit des Kreditgebers auf fremde Information im Einzelfall oder für typische Fallgruppen von Bedeutung sein, so müßten für § 265 b vor allem neben den

[47] *Dreher/Tröndle* Rdn. 19; *Kießner* S. 64; *Sch/Schröder/Lenckner* Rdn. 31; **aA** *Nack* in: Müller-Gugenberger § 41 II 2 c (3 a).

nichtindividuellen (generellen) auch solche individuellen Vermögensumstände ausscheiden, die der Kreditgeber selbst ähnlich einfach ermitteln kann. (Übrigens sind die allgemeinen Branchen- und Wirtschaftsverhältnisse oft weitaus schwerer zu überblicken als die individuellen.) Auch bei Vermögens- und Ertragsbewertungen lassen sich ja individuelle und generelle wirtschaftliche Aspekte (wie etwa bestimmte Planungsmaßnahmen des Unternehmers und die Marktlage einer Branche) meist nicht wirklich trennen. Angesichts dieser Ausweitung bedarf der Hervorhebung, daß der Begriff der Kreditwürdigkeit selbstverständlich nur zur Erläuterung und Konkretisierung, nicht dagegen zur Ersetzung des Merkmals „wirtschaftliche Verhältnisse" heranzuziehen ist. Gewiß sind für die Kreditwürdigkeit eines Unternehmers auch persönliche Daten wie Vorstrafen, Erkrankungen, Privatleben, eventuell sogar politische oder religiöse Überzeugungen von Bedeutung. Diese persönlichen Umstände sind jedoch keine wirtschaftlichen Verhältnisse, selbst wenn sie – gerade über etwaige Kreditanträge – mittelbar auch wirtschaftlich bedeutsam werden können. Persönliche Daten sind vielmehr nur dann und insoweit von Bedeutung, als sie nach der Auffassung des (Kredit-)Verkehrs generell zugleich *unmittelbar* wirtschaftliche Umstände oder Verhältnisse darstellen (z. B. Höhe des Einkommens und der Schulden, etwa auch der Unterhaltsverpflichtungen; Familienstand, auch im Hinblick auf die Steuerklasse usw.). Für die Abgrenzung ist der (generelle) Funktionszusammenhang der in Frage stehenden Daten beachtlich. Eine gewisse Parallele bieten die rechtspolitische Diskussion um die Differenzierung von höchstpersönlichen, personenbezogenen und unternehmensrelevanten Daten im Rahmen des § 3 Abs. 1 BDSG (vgl. *Tiedemann/Sasse* S. 46 ff, 131 ff) sowie die Umschreibung des Gegenstandes der Berichts- und Prüfungspflicht bei juristischen Personen des Wirtschaftslebens (vgl. §§ 160, 336 AktG, § 53 GenG).

Angesichts der Ablösung vom Tatsachenbegriff der §§ 263, 264 zählen zu den wirt- **81**
schaftlichen Verhältnissen schließlich auch **künftige Entwicklungen** sowie die hierauf gegründeten Erwartungen und Einschätzungen (vgl. bereits oben Rdn. 67). Neben der künftigen Ertragslage, etwaigen Fusionsabsichten, Investitionsmöglichkeiten und -überlegungen wird man auch die geplante Art der Verwendung des nachgesuchten Kredites zu den wirtschaftlichen Verhältnissen zählen müssen (sofern dieser Umstand für die Entscheidung über den Kreditantrag erheblich ist; dazu unten Rdn. 84). Da die Verwendung des Kredites notwendigerweise auf das Vermögen als Ganzes oder auf einzelne Vermögensteile (z. B. Anlagegüter) einwirkt, ist jedenfalls ein zur Tatzeit bereits vorhandener Entschluß, den Kredit in bestimmter Weise zu verwenden, als persönlicher, aber unmittelbar auf das Wirtschaften bezogener Umstand ebenso ein „wirtschaftliches Verhältnis" wie z. B. die allgemeine Absicht, den Betrieb zu modernisieren (zust. *Lackner/Kühl* Rdn. 5). Einschränkend ist nur zu fordern, daß die in Aussicht genommene Maßnahme nicht nur subjektiv vorgestellt, sondern objektiv zumindest möglich, also nicht irreal ist[48]. Entsprechend werden üblicherweise auch bei der Unternehmensbewertung in die Schätzung der künftigen Erlöse die bekannten Absichten und Pläne des Unternehmers einbezogen (vgl. *Tiedemann* LK Rdn. 160 vor § 283). Die (schriftliche) **Täuschung über den Verwendungszweck** des Kredits wird daher durch § 265 b erfaßt.

[48] Enger *Sch/Schröder/Lenckner* Rdn. 32; wie hier BGH NJW **1957** 1288 zu § 48 KWG a.F.; auch *Reichardt* Das Gesetz über das Kreditwesen vom 25. September 1939 (1942) § 48 Anm. 5 mit weit. Nachw. – Zu § 263 wird die Täuschung über den Verwendungszweck von der ganz h. M. als relevant anerkannt: BGH JZ **1979** 75 f; OLG Stuttgart NJW **1971** 632 f mit Bspr. *Lenckner* S. 599 ff; *Burchardt* S. 7; *Goldschmidt* ZStW **48** (1928), 156 ff; *Lackner* LK[10] § 263 Rdn. 37 und 214; *Sch/Schröder/Cramer* § 263 Rdn. 31.

82 **6.** Die Täuschung über die wirtschaftlichen Verhältnisse muß nach dem ausdrücklichen Gesetzeswortlaut für den Kreditnehmer (zu diesem Begriff BGHSt **31** 264, 289) **vorteilhaft** und für die Entscheidung über den Kreditantrag **erheblich** sein, braucht aber nicht zu einem Irrtum des potentiellen Kreditgebers zu führen.

83 Die **Vorteilhaftigkeit** der falschen Angaben und Unterlagen ist identisch mit ihrer Eignung, die konkrete Aussicht auf Gewährung, Belassung oder Veränderung der Bedingungen des Kredites zu verbessern. Dies wird zwar objektiv und ex ante[49], aber unter Berücksichtigung der individuellen Verhältnisse des Kreditgebers zu beurteilen sein. Durch das Merkmal der Vorteilhaftigkeit soll vor allem die Strafbarkeit wegen solcher Falschangaben ausgeschlossen werden, die dem Täter ungünstig sind (Bericht Sonderausschuß S. 25 zu der entsprechenden Fassung des § 264) – eine Restriktion, die wohl schon aus der Interpretation des § 265 b im übrigen folgen würde[50]. Dient die ungünstige Darstellung allerdings dem Zweck, bessere Kreditbedingungen zu erreichen (z. B. Senkung des Zinssatzes oder der Tilgungsraten), so ist dies ebenfalls strafbar[51]. Dagegen kommt es in keiner Hinsicht auf die wirtschaftliche Vertretbarkeit der Kreditgewährung an[52].

84 Für die **Erheblichkeit** der falschen Angaben und Unterlagen soll nach dem Bericht des Sonderausschusses (S. 16) ausschlaggebend sein, „was nach der Art des Geschäfts im konkreten Fall von einem verständigen, durchschnittlich vorsichtigen Dritten für erheblich gehalten wird"[53]. Dies wird vom Sonderausschuß aaO mit dem Hinweis auf das geschützte Rechtsgut begründet, demzufolge es nicht entscheidend sein könne, was der jeweilige Kreditgeber für erheblich hält. Diese Aussage: daß die „Beurteilung der Erheblichkeit nicht der Disposition der Vertragspartner unterworfen wird" (*Wilts* Prot. 7 S. 2770), kann jedoch nur im Ausgangspunkt richtig sein und im übrigen nur unter dem eine zu großzügige Kreditvergabepraxis korrigierenden Gesichtspunkt erheblich werden, daß alle tatsächlich vorgelegten Unterlagen und Angaben mangels abweichender Vertragsbestimmungen objektiv zu beurteilen sind. Insoweit reicht in der Tat der Schutz des Rechtsgutes des Funktionierens der Kreditwirtschaft weiter als der des einzelnen Kreditgebers. Dies ändert aber nichts daran, daß es, solange und soweit der Grundsatz der Vertragsfreiheit für Kreditverträge Gültigkeit hat, innerhalb bestimmter Grenzen, die etwa aus der Sittenwidrigkeit des Rechtsgeschäfts (§ 138 Abs. 1 BGB) oder aus der übermäßigen Höhe der verlangten Gegenleistung (§ 138 Abs. 2 BGB) folgen, den Parteien freigestellt ist, von welchen Umständen sie den Vertragsschluß oder die Änderung der Vertragsbedingungen abhängig machen wollen (vgl. grundsätzlich auch *Lüntenbusch* Die privatrechtlichen Auswirkungen des Gesetzes über das Kreditwesen auf Einlagen- und Kreditgeschäfte [1968] S. 58 ff). Insoweit ist hier die Lage anders als bei der (in der Regel öffentlich-rechtlich einseitig normierten) Subventionierung (§ 264; vgl. dort Rdn. 54 ff); nur bei öffentlichen Krediten ist die rechtliche Situation u. U. vergleichbar. Daß die einseitige Willkür des privaten Kreditgebers bei der Statuierung der Kreditvergabevoraussetzungen strafrechtlich selbstverständlich nicht zu Lasten des Kreditsuchers gehen kann, ergibt sich schon aus dem Erfordernis, daß der Vorsatz des Täters sich auch auf die Erheblichkeit der Falschangaben für die Kreditentscheidung zu beziehen hat. Daß dagegen zweiseitige *Übereinkunft*

---

[49] *Kießner* S. 65; *Samson* SK Rdn. 22; *Sch/Schröder/Lenckner* Rdn. 41.

[50] AE „Straftaten gegen die Wirtschaft" Begr. S. 71; *Göhler* Prot. 7 S. 2678; *Tiedemann* Prot. 7 S. 2479.

[51] *Kießner* S. 65; *Sch/Schröder/Lenckner* Rdn. 41; wohl auch *Nack* in: Müller-Gugenberger § 41 II 2 c (3 a) und *Otto* BT § 61 III 3 b aa.

[52] *Kießner* aaO; *Sch/Schröder/Lenckner* aaO gegen die teleologische Reduktion von *Lampe* S. 49.

[53] Übereinstimmend RegE Begr. S. 31; BGHSt **30** 285, 291 ff; *Dreher/Tröndle* Rdn. 23; F. *Geerds* FLF **1988** 98; D. *Geerds* S. 240 ff; *Gössel* BT 2 S. 482; *Lackner/Kühl* Rdn. 5; *Sch/Schröder/Lenckner* Rdn. 42; **krit.** *Lampe* S. 49 f und *Kießner* S. 65 (zu dessen Kritik an BGHSt **30** 285 ff bereits Voraufl. Rdn. 68).

das Merkmal der Erheblichkeit (der Unrichtigkeit oder Unvollständigkeit) entfallen lassen muß, zeigt das praktische Bedürfnis nach Heranziehung vorläufiger Bilanzen, bei denen ein Schutz gegen Unrichtigkeit und Unvollständigkeit von den Parteien häufig nicht gewollt ist (vgl. auch *Samson* SK Rdn. 21 für das vereinbarte Weglassen einzelner Umstände sowie *Sch/Schröder/Lenckner* Rdn. 42 a.E.). Praktisch bedeutet diese Rechtslage, daß der Kreditgeber im Zweifel – ähnlich wie der Subventionsgeber bei § 264 – ausdrücklich mitteilen muß, was er für erheblich hält (Abg. *Eyrich* und *Penner* Prot. 7 S. 2771). Da sich dann zur Vermeidung späterer Beweisschwierigkeiten weiterhin zugleich Schriftlichkeit dieser Mitteilung empfiehlt, läuft die Regelung letztlich auf eine Formalisierung hinaus, deren Praktikabilität zweifelhaft ist (abw. daher § 187 Abs. 1 AE). Die Praktikabilität würde weiter verschlechtert durch die hier abgelehnte objektivierende Auslegung, nach der unerheblich alle „unsachlichen Gesichtspunkte" sind, von denen sich der Kreditgeber im Einzelfall leiten läßt (so aber *Göhler/Wilts* DB **1976** 1658): Hieraus ergäben sich umgekehrt auf der Seite des Tätervorsatzes selbst bei ausdrücklichen Mitteilungen des Kreditgebers zusätzliche weitgehende Entlastungen durch die wirklich oder angeblich irrige Annahme der Unsachlichkeit dieser Gesichtspunkte.

Einigkeit im Hinblick auf die Auslegung des Merkmals „erheblich" besteht daher nur, **85**
soweit es um die Ausscheidung bloßer **Bagatellunrichtigkeiten** geht (BGHSt **30** 285, 292 mit Nachw.). Aus dem Merkmal der Erheblichkeit ergibt sich aber auch, daß Täuschungshandlungen **nach Ergehen der Kreditentscheidung** nicht unter § 265 b fallen. Dieses Ergebnis erscheint jedenfalls in den Fällen als kriminalpolitisch unerwünscht, in denen der Kredit in einzelnen Raten gewährt (und z. B. vor Auszahlung der letzten Rate getäuscht) wird; zur Vermeidung der Straflosigkeit hier einen konkludenten fortlaufenden Antrag „auf Belassung eines Kredites" zu fingieren, geht allerdings nicht an. Auch bei der Kreditierung in Form einer Bürgschaftsübernahme sind Täuschungen nach Abschluß des Bürgschaftsvertrages (dazu unten Rdn. 107) tatbestandslos.

7. Die **Vorlage von Unterlagen** und das **Machen von (schriftlichen) Angaben** als **86**
eigentliche Tathandlungen nach Absatz 1 Nr. 1 führen zu einem relativ frühen Vollendungszeitpunkt, da das Gesetz nicht nur vom Eintritt eines Irrtums und eines Schadens (Kreditgewährung) sowie von dem Erfordernis der Kausalität zwischen beiden Ereignissen absieht, sondern nicht einmal Kenntnis des Kreditgebers von den unrichtigen oder unvollständigen Unterlagen und Angaben fordert (vgl. BGHSt **30** 285, 291; *Maurach/Schroeder/Maiwald* 1 § 41 IV D).

Die **Vorlage** der unrichtigen oder unvollständigen Unterlagen wird in der Regel **87**
dadurch erfolgen, daß der Kreditsucher die Unterlagen dem Kreditgeber oder einem für diesen Handelnden übergibt oder übersendet. Für die Übersendung ist wichtig, daß die Tat erst, aber auch schon, mit *Zugang* vollendet ist (vgl. auch § 130 Abs. 1 S. 1 BGB)[54]. Dies ist der Fall, sobald die Unterlagen auf Veranlassung des Absenders in den Machtbereich des Empfängers gelangt sind (*Lackner/Kühl* Rdn. 5; *Otto* BT § 61 III 3 b aa) und nach den Umständen zu erwarten ist, daß dieser von ihnen Kenntnis nimmt. Zur Auslegung sind im einzelnen die Kommentierungen des § 130 BGB zu beachten. Danach ist bei Übergabe an einen für den Kreditgeber Handelnden Zugang zu bejahen, wenn der Handelnde zur Annahme für den Kreditgeber nach der Verkehrsanschauung als ermächtigt gilt – auch wenn der Empfangsbote die Unterlagen verspätet oder gar nicht weitergibt (*Palandt/Heinrichs* § 130 Rdn. 9 mit Nachw.).

---

[54] BGHSt **30** 285, 291; BayObLG NJW **1990** 1677, 1678; *Kießner* S. 68; *Lackner/Kühl* aaO; *Maurach/Schroeder/Maiwald* 1 § 41 IV D; *Nack* aaO; *Otto* aaO; *Sch/Schröder/Lenckner* Rdn. 43.

88 Soweit der Kreditsucher die schriftlichen Unterlagen im eigenen Betrieb zur Einsicht offenlegt, kommt es auf die tatsächliche Einsichtnahme durch den Kreditgeber oder seine Hilfspersonen an (vgl. auch Rdn. 91). Zu Unrecht meinen *Dreiss/Eitel-Dreiss* (S. 99), daß hier § 265 b nicht einschlägig sei, da die Vorlage stets eine Übertragung der dokumentierten Information auf den Kreditgeber verlange. Wortlaut und Zweck des Gesetzes fordern in keinem Fall eine Eigentums- oder Besitzübertragung an den Unterlagen (*Sch/Schröder/Lenckner* Rdn. 43). – Sofern sich die Unterlagen umgekehrt bereits im Besitz des Kreditgebers befinden (z. B. aufgrund eines früheren Kreditantrages oder Übergabe bei noch unverbindlichen Erkundigungen), reicht es aus, daß der Täter auf die Unterlagen verweist (*Sch/Schröder/Lenckner* Rdn. 43, die für das „Vorlegen" zutreffend nicht auf den körperlichen Akt der Übergabe, sondern auf das Verwenden des geistigen Inhalts der Unterlage abstellen).

89 Entsprechendes gilt für die schriftlichen **Angaben.** Da der Versuch einer Tat nach § 265 b nicht strafbar ist, kommt es auch hier entscheidend auf den **Zugang** an (*Dreher/Tröndle* Rdn. 21; *Sch/Schröder/Lenckner* Rdn. 43). Daß zivilrechtlich für die Abgabe einer Willenserklärung bereits die Absendung der schriftlichen Erklärung genügt (*Palandt/Heinrichs* aaO), ist für das Strafrecht unerheblich.

90 Zweifelhaft kann die Lage schließlich im Hinblick auf **veröffentlichte** Unterlagen und Angaben (vgl. z. B. § 82 Abs. 2 Nr. 2 GmbH) sowie bei solchen Angaben sein, die in einem **amtlichen Verfahren** (z. B. der Kreditwesenaufsicht) gemacht wurden und dem Kreditgeber (z. B. einer Bank im Verhältnis zu einer anderen Bank) unmittelbar oder mittelbar zur Verfügung stehen. Das Erfordernis eines Zusammenhanges der Vorlage von Unterlagen (usw.) mit einem konkreten (!) Kreditantrag schließt es hier regelmäßig aus, die Vorlage gegenüber Dritten oder gegenüber der Öffentlichkeit als ausreichend anzusehen, auch wenn es sich um typische Kreditunterlagen (z. B. Bilanzen) handelt. Etwas anderes gilt, wenn vom Täter im Zusammenhang mit einem Kreditantrag auf derartige Unterlagen ausdrücklich oder konkludent Bezug genommen wird (ebenso *Sch/Schröder/Lenckner* Rdn. 43). Eventuell kommt Absatz 1 Nr. 2, wohl häufiger Betrug(sversuch) durch Unterlassen in Betracht (vgl. unten Rdn. 94).

91 Für beide Tathandlungen ist bei Einschaltung von **Hilfspersonen** zusätzlich zu beachten: Bereits im Hinblick auf § 16 ist es unentbehrlich, daß der Täter zumindest Kenntnis von der erfolgenden Vorlage bzw. Angabe hat. Die Frage, inwieweit diese Kenntnis innerhalb größerer (arbeitsteiliger!) Betriebe konkretisiert sein muß, ist kein spezifisches Problem des § 265 b, wird bei diesem Straftatbestand aber dadurch entschärft, daß hier grundsätzlich jeder, der die Unterlagen vorlegt bzw. die Angaben macht, selbst Täter ist (vgl. auch unten Rdn. 110). – Auf der Empfänger-(Kreditgeber-)Seite ist für Hilfspersonen eine Ermächtigung zur Entgegennahme erforderlich; für deren Vorliegen ist die Verkehrsauffassung entscheidend (vgl. *Palandt/Heinrichs* § 130 Rdn. 9). Auf die zivilrechtliche Wirksamkeit der Bestellungsakte kommt es nicht an.

92 **8.** Die **unterlassene Mitteilung der Verschlechterung der wirtschaftlichen Verhältnisse** ist in Absatz 1 Nr. 2 für den Fall strafbar gestellt, daß erhebliche Verschlechterungen der in den Unterlagen oder Angaben dargestellten wirtschaftlichen Verhältnisse **bei der Vorlage** nicht aufgedeckt werden (weitergehend AE § 187 Abs. 1 S. 2 mit Begr. S. 71; unrichtig *Dreiss/Eitel-Dreiss* S. 194). Damit wird nur der relativ seltene Fall erfaßt, daß die in den Unterlagen und Angaben tatsächlich gegebenen (!) speziellen Darstellungen der wirtschaftlichen Verhältnisse in der Zeit zwischen Erstellung der Unterlage und ihrer Vorlage unrichtig geworden sind (*Dreher/Tröndle* Rdn. 26 mit Nachw.).

a) Es reicht also für den **Anwendungsbereich der Vorschrift** insbesondere **nicht** aus, daß die Darstellung unvollständig geworden ist (zust. OLG Zweibrücken WM **1992** 1604, 1608). Auch ist ein Unrichtigwerden von Angaben im Sinne des Absatzes 1 Nr. 1 b überhaupt nur denkbar, wenn **mehrfach Angaben** gemacht werden. RegE S. 32 nennt als Beispiel für den im wesentlichen verbleibenden Bereich der **Unterlagen** (Absatz 1 Nr. 1 a) Wertgutachten, die nicht ohne Hinweis auf die seit ihrer Anfertigung eingetretenen Veränderungen (z. B. wertmindernde Unfälle) vorgelegt werden dürfen; andererseits führe das auch hier maßgebende Erfordernis der Entscheidungserheblichkeit dazu, daß im Rahmen des Üblichen liegende Schwankungen des Geschäftsstandes regelmäßig keine Verschlechterungen darstellen, die bei Vorlage einer Bilanz mitgeteilt werden müßten. **93**

Während Nr. 2 damit Fälle regelt, die nach richtiger Ansicht ganz überwiegend bereits als konkludente Täuschungshandlungen erfaßt werden können[55], bleiben die sonstigen, eher unklaren und regelungsbedürftigen Fälle entscheidungserheblicher Verschlechterungen der wirtschaftlichen Verhältnisse des Kreditsuchers (oder dritter Personen) offen. Hier, insbesondere für Verschlechterungen im Zeitraum zwischen Vorlage und Entscheidung über den Kredit bzw. Gewährung des Kredits, greifen gegebenenfalls die Grundsätze unechter Unterlassung mit der Folge der (alleinigen) Strafbarkeit aus § 263 ein[56]. Auch insoweit hat der Gesetzgeber die Chance nicht genutzt, den Betrugstatbestand von unklaren und ungeschriebenen Ausdehnungen zu befreien. **94**

Trotz des Wortlautes des § 265 b ist Nr. 2 entgegen *Sch/Schröder/Lenckner* (Rdn. 47), *Otto* (BT § 61 III 3 b bb) und *Lackner/Kühl* (Rdn. 6, die ihre Auffassung aber als zweifelhaft einschränken) auch auf den Fall auszudehnen, daß die erhebliche **Verschlechterung** zwar vor der Vorlage eintritt, **dem Täter aber erst nach der Vorlage bekannt** wird. Zwar ist zuzugeben, daß das Gesetz mit dem Zeitpunkt der Vorlage eine Grenze zieht, die nicht nur objektiv, sondern auch subjektiv (§§ 15, 16) Geltung beansprucht (vgl. RegE Begr. S. 31). Jedoch eröffnet die ausweitende Auslegung der Nr. 2 als Unterlassungsdelikt neben den meist einschlägigen konkludenten Täuschungshandlungen nach Nr. 1 einen eigenen sinnvollen Anwendungsbereich, und es entspricht grundsätzlichen Erwägungen sowie der Rechtsprechung zu den echten Unterlassungsdelikten, daß die Rechtspflicht zum Tätigwerden als Nachholungspflicht einen vom Gesetz festgelegten Zeitraum überdauert (vgl. im einzelnen *Tiedemann* Tatbestandsfunktionen S. 381 bes. Fußn. 152 mit weit. Nachw.). Die Mitteilungspflicht besteht in diesem Sinne bis zur Entscheidung über den Kredit fort. Sie bezieht sich dagegen nicht etwa auch auf solche Unterlagen, die – z. B. in Form veröffentlichter Bilanzen oder Informationen von Kreditinstituten an Stellen der Kreditwesenaufsicht – dem Kreditgeber zwar zugänglich sind und als Entscheidungsgrundlage (mit) herangezogen werden, vom Täter aber weder vorgelegt noch in Bezug genommen werden (vgl. oben Rdn. 90). **95**

b) Täter des Unterlassungsdeliktes kann nur sein, wer die Unterlagen vorlegt oder die Angaben macht[57]. Es handelt sich um ein **Sonderdelikt** (*Dreher/Tröndle* Rdn. 26; *Otto* aaO), dessen Begehung durch andere Personen nur gemäß § 14 möglich ist. Zu Unrecht meint *Samson* (SK Rdn. 25), daß diese sinnvolle und anerkannte Begrenzung des Täterkreises nur zu erreichen sei, wenn Nr. 2 als Begehungsdelikt aufgefaßt werde. Auch wenn Nr. 2, wie mehrfach ausgeführt, häufig (konkludente) Täuschungshandlungen nach Nr. 1 **96**

---

[55] Vgl. *Arzt/Weber* LH 4 Rdn. 61; F. *Geerds* FLF **1988** 98; *Kießner* S. 69; *Lackner/Kühl* Rdn. 6; *Lampe* S. 50; *Sch/Schröder/Lenckner* Rdn. 44; *Wilts* Prot. 7 S. 2771; **aA** D. *Geerds* S. 238.

[56] *Arzt/Weber* aaO; *Dreher/Tröndle* Rdn. 26; *Lackner/Kühl* Rdn. 6; *Samson* SK Rdn. 24; dazu *Lackner* LK[10] § 263 Rdn. 64.

[57] RegE Begr. S. 31; *Dreher/Tröndle* aaO; *Kießner* S. 69; *Lackner/Kühl* aaO; *Müller-Emmert/Maier* NJW **1976** 1662; *Otto* aaO.

betreffen wird und es durchaus denkmöglich ist, diesen Tatbestand als Verbot der Vorlage unrichtig gewordener Unterlagen ohne gleichzeitige Aufklärung zu lesen, weist die gesetzgeberische Ausgestaltung das Delikt doch als (echtes) Unterlassen, nämlich als Nicht-Mitteilen, aus. Hierauf liegt auch der Schwerpunkt des Strafwürdigen. Das Gesetz (Gebotsnorm) fordert primär ein bestimmtes Handeln, dessen Nichtvornahme unmittelbar den Tatbestand erfüllt. Die innere Verbindung der Unterlassung mit der Vorlage stellt konstruktiv eine Begrenzung der Strafbarkeit dar, macht dagegen aus der Tat kein positives Tun (vgl. zu der Abgrenzung allgemein *Sch/Schröder/Stree* Rdn. 139 vor § 13 mit Nachw.; *Tiedemann* Tatbestandsfunktionen S. 375 ff). Die Umdeutung in das Verbot einer bestimmten Handlung, zu der *Samson* übrigens auch im Steuerstrafrecht neigt (vgl. bereits *Samson* GA **1970** 321 ff), ist abzulehnen (näher *Tiedemann* Wirtschaftsstrafrecht I S. 224 f mit weit. Nachw.).

V. Vorsatz und Irrtum

97 **1.** Der **Vorsatz beim Begehungsdelikt** (Absatz 1 Nr. 1) muß sich auf alle Tatbestandsmerkmale erstrecken (§ 16). Fahrlässigkeit, etwa auch in der Form der Leichtfertigkeit (vgl. etwa § 264 Abs. 3), reicht nicht aus. Jedoch genügt entsprechend allgemeinen Grundsätzen **dolus eventualis**, dessen Abgrenzung zur bewußten Fahrlässigkeit in der Praxis wohl meist zuungunsten der letzteren ausfallen wird: Wer im Zusammenhang mit einem Kreditantrag unrichtige oder unvollständige Unterlagen vorlegt oder unrichtige oder unvollständige Angaben macht und dabei die Möglichkeit der Unrichtigkeit oder Unvollständigkeit erkennt, wird regelmäßig jedenfalls dann mit bedingtem Vorsatz handeln, wenn der Vorlegende (usw.) selbst der Kreditnehmer ist.

98 **a)** Die zahlreichen **normativen Merkmale** des gesetzlichen Tatbestandes (Betriebs-, Unternehmens- und Kreditbegriff, aber insbesondere auch das Erfordernis vollkaufmännischer Einrichtung im Sinne des Absatzes 3; Unrichtigkeit, Unvollständigkeit sowie Erheblichkeit der Unterlagen und Angaben) erfordern auf seiten des Täters eine Erfassung ihres sozialen Sinngehaltes, die hier nicht selten mit der Kenntnis der rechtlichen Auslegung zusammenfallen wird („Parallelwertung in der Laiensphäre"). Dieses Erfordernis erschwert den Nachweis des Vorsatzes[58]. Wenn *Dreher/Tröndle* (Rdn. 27) meinen, bei Kenntnis von Unrichtigkeit bzw. Unvollständigkeit und Vorteilhaftigkeit der Vorlagen oder Angaben werde regelmäßig Vorsatz auch hinsichtlich der Entscheidungserheblichkeit vorliegen (vgl. auch *Haft* ZStW **88** [1976] S. 390 ff), so erscheint dies nur theoretisch richtig, wird dagegen in der Praxis wahrscheinlich in solcher Allgemeinheit nicht nachweisbar sein – es sei denn, der Kreditgeber habe rechtzeitig (§ 16!) die erheblichen Umstände als solche ausdrücklich bezeichnet (vgl. oben Rdn. 84).

99 Soweit es um **Bewertungen**, Schätzungen, Prognosen und Gutachten geht, sind die Schwierigkeiten bei der Feststellung ihrer Richtigkeit oder Unrichtigkeit nicht erst ein Problem des Vorsatzes (**aA** anscheinend *Dreher/Tröndle* Rdn. 20). Vielmehr ist zunächst objektiv zu ermitteln, ob die einschlägigen Äußerungen eindeutig, nämlich nach jeder ernsthaft in Betracht kommenden Ansicht, falsch sind (vgl. oben Rdn. 68 u. 74). Erst auf den so festgestellten Kern der Unrichtigkeit ist der Vorsatz zu beziehen. Ein etwa weitergehender Vorsatz, z. B. bei Wertangaben im Rahmen des Jahresabschlusses, ist strafrechtlich unerheblich, wobei angesichts der Straflosigkeit des Versuchs offen bleiben kann, ob in diesem Fall ein untauglicher Versuch oder ein Wahndelikt vorliegt.

[58] Zustimmend *Kießner* S. 69 und S. 73; ebenso F. *Geerds* aaO S. 98; *Lampe* S. 55; *Sch/Schröder/Lenckner* Rdn. 48.

Die Kenntnis der Unrichtigkeit und Unvollständigkeit kann vor allem dort zweifelhaft und schwierig nachweisbar sein, wo **Rechtsnormen** (z. B. gesetzliche Bewertungsvorschriften) oder **Verkehrsübungen** (z. B. GoB) einen bestimmten Inhalt oder eine bestimmte Form der Darstellung verlangen. Diesbezügliche Fehleinschätzungen und fehlende Vorstellungen des Täters können keineswegs pauschal als „bloße" Verbotsirrtümer i. S. d. § 17 eingeordnet werden. Da Absatz 1 Nr. 1 ein Fälschungsdelikt i.w.S. darstellt („schriftliche Lüge"), muß der Täter vielmehr die einschlägigen Normen und ihre Auslegung bzw. Handhabung kennen, um vorsätzlich zu handeln: Der Tatbestand inkriminiert, wie jedes Fälschungsdelikt, die Abweichung von dem hypothetischen Vergleichsgegenstand richtiger und vollständiger Unterlagen und Angaben, so daß subjektiv Kenntnis dieses Vergleichsgegenstandes vorausgesetzt wird (*Tiedemann* Wirtschaftsstrafrecht I S. 201 f mit Nachw.). Der Unrechtsimpuls, den die Tatbestandsverwirklichung dem Täter vermitteln soll, folgt eben nicht bereits aus der bloßen Kenntnis der Vorlage von Unterlagen und aus dem Machen von Angaben im Zusammenhang mit einem Kreditantrag als rechtlich neutralen, sozialadäquaten Handlungen. Erst die subjektiv vorgestellte Abweichung des Täters von dem gebotenen und damit gleichsam normalen Inhalt der Unterlagen und Angaben vermag ihm vielmehr den inneren Appell zu vermitteln, daß er möglicherweise Unrecht tut: „Einer vorsätzlichen Fälschung ist also immer nur derjenige schuldig, der sich bewußt gewesen ist, etwas Verbotenes zu tun" (*zu Dohna* Recht und Irrtum [1925] S. 29). Dieses Ergebnis stimmt nicht nur mit der (überholten) Rechtsprechung des RG überein, welches hier einen Irrtum über außerstrafrechtliche Normen und folglich Vorsatzausschluß angenommen hätte, sondern entspricht auch der Judikatur des BGH und anderer Obergerichte zur Lebensmittelfälschung (vgl. bereits BGH GA **1962** 25; BayObLGSt **1957** 254, 259; OLG Saarbrücken NJW **1966** 116). **100**

b) Schwierigkeiten wird der Vorsatznachweis in der Strafrechtspraxis auch im Hinblick auf die **Arbeitsteiligkeit** der Betriebe und Unternehmen bereiten, zumal der Tatbestand vollkaufmännisch eingerichtete Betriebe mit entsprechendem Personal usw. (vgl. oben Rdn. 33) voraussetzt. Die in Absatz 1 Nr. 1 angesprochenen Informationen entstehen in der Realität des Wirtschaftslebens meist erst aus einer Fülle von Teil- und Einzelinformationen, deren Richtigkeit und Vollständigkeit der Täter im Sinne des § 265 b keineswegs stets überblickt (dazu allgemein und grundsätzlich *Gracia Martín* in: Schünemann/Suárez S. 13 ff). Auch wenn der Betriebsinhaber selbst Kreditnehmer ist und die Unterlagen usw. selbst vorlegt (oder vorlegen läßt, dazu unten Rdn. 111), würde es zu weit gehen, hierin die Übernahme der strafrechtlichen Verantwortung für die Richtigkeit und Vollständigkeit zu sehen, ihm also etwaige Unrichtigkeiten und Unvollständigkeiten auch ohne konkrete Kenntnis generell zuzurechnen. Vielmehr erlaubt das geltende Recht lediglich eine gewisse Ausdehnung des Täterkreises auf der unteren Ebene der Teilinformationsgeber (vgl. unten Rdn. 110 ff). Der Rückschluß auf eine Strafbarkeit des (unvorsätzlich handelnden) Betriebsinhabers bzw. seines Geschäftsführers, Zweigstellen- oder Abteilungsleiters usw. (vgl. § 14 Abs. 2) wegen dieses strafbaren Verhaltens der von ihm Abhängigen und Beaufsichtigten kann nur de lege ferenda diskutiert werden (dazu Tagungsberichte Bd. XIV [1978] S. 30 ff; ferner § 130 OWiG: Aufsichtspflichtverletzung als Ordnungswidrigkeit!). **101**

2. Der **Vorsatz beim Unterlassungsdelikt** (Absatz 1 Nr. 2) verlangt **Kenntnis** von der entscheidungserheblichen Verschlechterung der dargestellten wirtschaftlichen Verhältnisse. Dolus eventualis reicht auch hier aus. **102**

Ob für den (Unterlassungs-)Vorsatz zusätzliche (voluntative) Elemente erforderlich sind, ist in der allgemeinen Verbrechenslehre umstritten (vgl. *Jescheck/Weigend* § 59 VI **103**

2 b und 3 mit Nachw.). Nach heute h. M. ist aber keine Kenntnis der Handlungs- (hier: Mitteilungs-)Pflicht erforderlich[59]. Dies bedeutet, daß der Irrtum über die (ebenso wie das Nichtwissen von der) Mitteilungspflicht Verbotsirrtum, genauer: **Gebotsirrtum** im Sinne des § 17 ist (*Dreher/Tröndle* Rdn. 27; *Sch/Schröder/Lenckner* Rdn. 48). Dies kann vor allem bei Erlangung der Kenntnis von der Unrichtigkeit *nach* Vorlage der Unterlagen praktisch werden. Erkennt der Täter die Unrichtigkeit dagegen erst nach der Entscheidung über den Kreditantrag, so ist er objektiv nicht (mehr) zur Mitteilung verpflichtet (vgl. oben Rdn. 95); die irrige Annahme einer solchen Verpflichtung wäre nach h. M. strafloses Wahndelikt und auch nach der Gegenauffassung mangels Strafbarkeit des Versuches nach § 265 b irrelevant. Der Irrtum über die Unrichtigkeit der Darstellung, über die Entscheidungserheblichkeit der Verschlechterung und über andere normative Tatbestandsmerkmale ist dagegen auch hier Tatbestandsirrtum i. S. d. § 16 (vgl. oben Rdn. 98).

104 **VI. Tätige Reue (Absatz 2).** Da § 265 b den Versuch nicht unter Strafe stellt (vgl. § 23 Abs. 1), kommt ein Rücktritt im technischen Sinne nicht in Betracht. Mit Rücksicht darauf jedoch, daß die **Vollendung** der Tat nach Absatz 1 relativ weit vorverlegt ist (oben Rdn. 86 ff), enthält Absatz 2 bei „tätiger Reue" für diese Tat einen **Strafaufhebungsgrund.** Entgegen dem wenig glücklichen Wortlaut des Gesetzes wirkt nicht nur die Verhinderung der Kreditgewährung strafbefreiend. Vielmehr hat auch die Berichtigung der unrichtigen bzw. die Ergänzung der unvollständigen Angaben entlastende Wirkung: Wird der Kredit gleichwohl gewährt, dann geschieht dies nicht „auf Grund der Tat".

105 Die strafbefreiende Wirkung betrifft unmittelbar nur die Strafbarkeit nach § 265 b. Die Strafbarkeit nach anderen Vorschriften – z. B. § 267 StGB, § 400 AktG, § 370 AO – bleibt unberührt. Ein (erfolgreiches) Bemühen um Richtigstellung oder Ergänzung der unrichtigen oder unvollständigen Angaben vor Kreditgewährung wird aber stets zugleich einen strafbefreienden **Rücktritt vom versuchten Kreditbetrug** gemäß §§ 263, 22, 24 darstellen, sofern der Täter durch Vorlage der Unterlagen usw. bereits zur Verwirklichung dieses Tatbestandes „angesetzt" hatte[60]. Soweit durch Erteilung einer Kreditzusage vor der eigentlichen Leistung (dazu sogleich Rdn. 107) bereits ein vollendeter *Eingehungsbetrug* vorliegt, kann zur Vermeidung von Wertungswidersprüchen nicht auf diese Figur zurückgegriffen werden (vgl. *Tiedemann* LK § 264 Rdn. 134). Eine analoge Anwendung von Absatz 2 auf andere Unternehmensdelikte und Delikte mit ähnlich frühem Vollendungsstadium scheidet dagegen aus (**str.**).

106 Schriftlichkeit, wie sie § 265 b im übrigen voraussetzt, wird für die tätige Reue nicht gefordert (*Dreher/Tröndle* Rdn. 28); mündliche und fernmündliche Bemühungen reichen aus. Auch „Reue" wird ebenso wie „Tätigkeit" keineswegs notwendigerweise verlangt. Da die Vorschrift insgesamt parallel zu der des § 264 Abs. 4 ausgestaltet ist, kann hinsichtlich der Einzelheiten auf Rdn. 126 ff zu § 264 verwiesen werden mit der Maßgabe, daß im Rahmen des § 265 b an die Stelle der Subventionsgewährung die **Erbringung der „beantragten Leistung"** tritt. Dieses Ereignis ist sachlich und zeitlich von der Art des beantragten Kredites (im Sinne des Absatzes 3 Nr. 2) abhängig:

107 *Gelddarlehen* werden grundsätzlich durch Barauszahlung der Darlehenssumme oder durch Gutschrift auf einem Konto derart, daß der Empfänger darüber verfügen kann, gewährt (vgl. zum letzteren Fall BGHSt **6** 116 f; *Lackner* LK[10] § 263 Rdn. 249 mit weit.

[59] BGHSt **19** 297 ff; *Schroeder* LK § 16 Rdn. 216 mit Nachw.; **krit.** *Tiedemann* Tatbestandsfunktionen S. 373 ff, je mit weit. Nachw.

[60] Ebenso *Dreher/Tröndle* Rdn. 28; *Kießner* S. 69; *Lackner/Kühl* Rdn. 8; *Lampe* S. 26; auch *Otto* Bankentätigkeit S. 102 und *Sch/Schröder/Lenckner* Rdn. 49. Zu möglichen Folgerungen für die grundsätzliche Behandlung des Kreditbetruges nach § 263 (nur Erfüllungsbetrug?) *Lampe* und *Otto*, je aaO (gegen beide *Reischel* S. 224 ff).

Nachw.). Der *Akzeptkredit* als Fall der sog. Kreditleihe ist dagegen bereits „gewährt", wenn dem Kreditnehmer der von der Bank akzeptierte Wechsel zur Verfügung gestellt wird (zust. *Sch/Schröder/Lenckner* Rdn. 49), mag auch die Bank wirtschaftlich gesehen damit nur eine Eventualverbindlichkeit eingegangen sein; bei Diskontierung des Wechsels durch dieselbe Bank ist der Zeitpunkt der Kreditgewährung von Geschäftsorganisation und Geschäftsbedingungen abhängig. Erwerb und Stundung von Geldforderungen als Kreditgewährung sind auch für den Zeitpunkt ihres Wirksamwerdens allein nach zivilrechtlichen Grundsätzen der Rechtsgeschäftslehre zu beurteilen, während bei der Diskontierung von Wechseln und Schecks die „Leistung" des Kreditgebers wiederum erst erbracht ist, wenn der rechtlich als Kaufpreis zu qualifizierende Betrag bar ausgezahlt oder zur Verfügung des Kreditnehmers (Verkäufers) diesem gutgeschrieben ist; die bankbetrieblicherseits häufig bereits als Einräumung eines Diskontkredites bezeichnete Diskontzusage (dazu *Hagenmüller/Diepen* S. 533 f) reicht nicht, da sie die Leistungserbringung nur vorbereitet. Die Übernahme von Bürgschaften, Garantien und sonstigen Gewährleistungen endlich ist mit dem Abschluß des entsprechenden schuldrechtlichen Vertrages „gewährt", auch wenn es hier wirtschaftlich (und z. T. auch rechtlich) nur um die Begründung von zukunftgerichteten Zusagen geht (ebenso *Sch/Schröder/Lenckner* aaO). – Belassung eines Kredits und Veränderung der Kreditbedingungen sind erneut nach zivilrechtlichen Grundsätzen zu beurteilen, wobei das AGBG v. 9.12.1976 Beachtung verdient.

Angesichts zivilrechtlich bedingter Vorverlegungen der Wirksamkeit der Leistungserbringung unabhängig von der tatsächlichen Kenntnis des Kreditnehmers ist es denkbar, daß sich dieser (bzw. der sonstige Täter) in der **irrigen Annahme**, die *Leistung* sei noch *nicht erbracht*, um Verhinderung der Kreditgewährung usw. bemüht. Dieses Bemühen beseitigt entgegen dem ursprünglichen RegE (§ 265 b Abs. 4) und entsprechend allgemeinen Lehren die Strafbarkeit nicht (zust. *Kießner* S. 70); die Vorsätzlichkeit ist nur auf die Handlung des Täters zu beziehen, mag auch die Leistungserbringung (z. B. Kreditgewährung) gleichsam als Eintritt des Erfolges wirken. Da selbst bei den eigentlichen Erfolgsdelikten das vergebliche Bemühen des vorsätzlich handelnden Täters um nachträgliche Verhinderung des Erfolgseintritts den Täter nicht entlastet (es sei denn der wirkliche Kausalzusammenhang zwischen Handlung und Erfolg ist wesentlich anders als vorgestellt), kann das Ergebnis für § 265 b allenfalls dann als unbefriedigend empfunden werden, wenn die Erbringung der Leistung nicht auf die Falschangaben des Täters zurückgeht, weil z. B. der Kreditgeber die Unrichtigkeit der Angaben durchschaut hat und den Kredit gleichwohl, etwa im Hinblick auf ausreichende Sicherheiten, gewährt. Die Rechtsfolge der Strafbarkeit auch in diesem Fall ist vom Gesetzgeber ausdrücklich in Kauf genommen (vgl. die ausführliche Grundsatzdiskussion Prot. 7 S. 2785 ff). Im Hinblick auf den Schwerpunkt der Tat im Handlungsunrecht der Täuschung und der Pflichtverletzung (oben Rdn. 23) ist das Ergebnis folgerichtig, auch wenn dem Täter andererseits kraft ausdrücklicher Anordnung des Gesetzgebers (Absatz 2 S. 2) sein ernsthaftes und freiwilliges Bemühen zur Leistungsverhinderung mit strafbefreiender Wirkung stets zugute kommt, sofern der **Kreditantrag** – aus welchen Gründen auch immer – **abgelehnt** wird. Völlige Gerechtigkeit und innere Gleichmäßigkeit läßt sich insoweit, ähnlich wie in sonstigen Fällen tätiger Reue (dazu *Tiedemann* Wirtschaftsstrafrecht I S. 228 f mit Nachw.), offenbar nicht herstellen. **108**

Aus den allgemeinen strafrechtlichen Lehren und der Darstellung zu § 264 (vgl. dort Rdn. 126) sei hier abschließend nur wiederholt, daß auch Absatz 2 als Strafaufhebungsgrund **persönlich** wirkt, also bei *mehreren Beteiligten* nur demjenigen zugute kommt, der selbst freiwillig die Leistungserbringung verhindert bzw. sich – im Falle des Absatzes 2 **109**

S. 2 – freiwillig und ernsthaft darum bemüht. Wie die enge Anlehnung der Formulierung von Absatz 2 an § 24 Abs. 1 andeuten soll, gilt § 24 Abs. 2 entsprechend (Sonderausschuß Bericht S. 16; *Sch/Schröder/Lenckner* Rdn. 49).

110 **VII. Täterschaft und Teilnahme**. Die weite gesetzliche Ausdehnung des Täterkreises durch Absatz 1 Nr. 1 (vgl. oben Rdn. 24 ff) läßt die Abgrenzung zur Teilnahme insbesondere im Verhältnis von Mittäterschaft (§ 25 Abs. 2), Nebentäterschaft und Beihilfe (§ 27) unsicher werden:

111 Grundsätzlich begeht die Straftat nach Absatz 1 Nr. 1 als Täter „selbst", wer die Unterlagen einem Betrieb oder Unternehmen vorlegt oder diesem gegenüber die (sonstigen) schriftlichen Angaben macht. Außer dem Kreditnehmer kommen, wie mehrfach ausgeführt, als Täter insbesondere seine Angestellten, aber auch Bürgen, Wirtschaftsprüfer, Steuerberater, Inhaber und Angestellte von Auskunfteien in Betracht. Der Bote, der die Unterlagen lediglich überbringt, legt sie allerdings nicht selbst vor (*Gössel* BT 2 S. 483), und falsche Angaben macht nicht selbst, wer nur die Erklärung eines anderen übermittelt. Angestellte des Kreditnehmers (oder eines Dritten), die auf **Weisung** hin die unrichtigen Unterlagen vorlegen oder die unrichtigen Angaben machen, sind im Hinblick auf die Neufassung des § 25 auch bei Bösgläubigkeit des Kreditnehmers (oder des Dritten) Täter und nicht nur Gehilfen[61]; im Einzelfall kann allerdings die Weisung einen solchen Druck erzeugen, daß der Ausführende entschuldigt ist. – Auf Grund einer betont subjektiven Täter- und Teilnahmelehre bejaht LG Mannheim wistra **1985** 158 bloße Beihilfe eines *Steuerberaters*, der die falschen Bilanzen (usw.) z. T. selbst den Banken vorlegte, die Abschlüsse aber mit einem Negativtestat versah, wonach er die Wertansätze und Unterlagen auftragsgemäß nicht zu prüfen gehabt habe. Zutreffend ist dagegen die Annahme von Beihilfe durch BGH wistra **1984** 25, 26 f in einem Fall, in dem ein GmbH-Geschäftsführer für die bezogene GmbH Wechsel unterschrieb, die von zwei Betrügern gegenüber Banken als Beweis für fingierte internationale Handelsgeschäfte vorgelegt wurden (zust. *Sch/Schröder/Lenckner* Rdn. 50).

112 Läßt jemand durch eine *gutgläubige* Mittelsperson (z. B. seinen Angestellten) die Unterlagen vorlegen oder die Angaben machen, so liegt regelmäßig Begehung der Straftat „durch einen anderen" (mittelbare Täterschaft) vor; dies hat vom Standpunkt der h. M. (oben Rdn. 62) insbesondere auch für Angaben gegenüber einer Handelsauskunftei Bedeutung. Soweit der Gutgläubige die Information als solche (z. B. unrichtige Bilanz) allerdings nicht an den potentiellen Kreditgeber weiterleiten, sondern selbst eine (Teil-)Prüfung der Kreditwürdigkeit des Kreditsuchers vornehmen soll (z. B. Bundesaufsichtsamt für das Versicherungswesen im Hinblick auf die Jahresabschlüsse der Schuldscheindarlehensnehmer, vgl. § 54 a Abs. 5 VAG und bereits oben Rdn. 31), ist eine Strafbarkeit aus § 265 b insoweit nur denkbar, wenn der prüfende Dritte selbst ein Betrieb oder Unternehmen ist (oben Rdn. 31).

113 Kennt oder erkennt der Kreditnehmer die Unrichtigkeit der von einem anderen gutgläubig vorgelegten Unterlagen oder gemachten Angaben, so kommt täterschaftliche Begehung von Absatz 1 **Nr. 2** nur dann in Betracht, wenn der andere (z. B. Angestellter) infolge seiner Weisungsbindung und Abhängigkeit von dem Kreditnehmer nicht selbst Täter, als Vorlegender vielmehr der Kreditnehmer anzusehen ist. Läßt der Kreditnehmer allerdings ohne konkrete eigene Initiative lediglich zu, daß ein gutgläubiger Dritter (z. B. Angestellter) die unrichtigen Unterlagen vorlegt (usw.), so kommt **Unterlassens**täter-

[61] **aA** *Sch/Schröder/Lenckner* Rdn. 50; vgl. aber *Roxin* LK § 25 Rdn. 47 ff, 71 und *Tiedemann* Art. Weisung, in: HWiSt 1988, S. 2 mit weit. Nachw.

schaft des Kreditnehmers nach Absatz 1 **Nr. 1** in Betracht, wenn den Kreditnehmer eine Garantenstellung (z. B. als Betriebsinhaber, vgl. *Sch/Schröder/Lenckner* Rdn. 43, oder aus Ingerenz, etwa infolge bösgläubiger Benennung einer Auskunftsperson) trifft.

Erkennt der **Kreditgeber** die Unrichtigkeit der Unterlagen oder Angaben, so bleibt er **114** nach ganz h. M. auch bei Gewährung (usw.) des Kredits grundsätzlich straflos, selbst wenn die Kreditgewährung wirtschaftlich nicht vertretbar ist (hierzu *Dreher/Tröndle* Rdn. 25 a.E.). Im Hinblick auf das Schutzgut der Kreditwirtschaft (oben Rdn. 9) ist dieses Ergebnis zwar problematisch und kann auch nicht ohne weiteres auf den Gedanken der notwendigen Teilnahme gestützt werden, da und soweit der Gesetzgeber anderweitig (im KWG) eine Mitverantwortung des Kreditgebers anerkannt hat (vgl. Rdn. 19). Es ist jedoch dogmatisch haltbar, wenn und soweit die Vollendung des Kreditbetruges (Vorlage der Unterlagen, Machen der Angaben usw.) zugleich als dessen Beendigung verstanden wird und die Kreditvergabe erst nach diesem Zeitpunkt erfolgt. In diesem Fall kommt allenfalls Begünstigung (§ 257) des Kreditnehmers durch den Kreditgeber in Betracht, jedenfalls wenn als Schutzgut des § 257 mit der h. M. nicht (nur) das Vermögen des Geschädigten, sondern (auch) die Rechtspflege oder andere Allgemeininteressen angesehen werden. Wirken Kreditgeber und Kreditnehmer – insbesondere vor Beendigung des Kreditbetruges – **kollusiv** zusammen, so fehlt es weiterhin regelmäßig bereits an der Entscheidungserheblichkeit der unrichtigen Unterlagen usw. (vgl. *Göhler* Prot. 7 S. 2754 f; auch *Sch/Schröder/Lenckner* Rdn. 42 a.E.), sofern nicht die äußersten Grenzen der Dispositionsfreiheit der Kreditvertragsparteien überschritten sind (oben Rdn. 84). Im Hinblick auf die Strafbarkeit von **Angestellten** (z. B. Kreditsachbearbeitern) sowie von Organen (z. B. Vorstandsmitgliedern) des potentiellen Kreditgebers ist zu unterscheiden (teilweise abw. Voraufl. Rdn. 88): Wirken diese vor Beendigung des Kreditbetruges vorsätzlich an der Vorlage der Unterlagen usw. mit, so kommt nach allgemeinen Grundsätzen eine Beteiligungsstrafbarkeit in Betracht, sofern die Angestellten oder Organe nicht eine Position innehaben, die eine Wissenszurechnung gegenüber dem potentiellen Kreditgeber begründet (hierzu *Tiedemann* Klug-Festschrift S. 413 f) und deshalb die Entscheidungserheblichkeit der unrichtigen Unterlagen usw. entfallen läßt. Nach Beendigung des Kreditbetruges kommt dagegen auch für Angestellte oder Organe eine Beteiligungsstrafbarkeit nicht mehr in Betracht. Unberührt hiervon bleibt die Strafbarkeit der Angestellten oder Organe wegen *Untreue* zum Nachteil des Kreditgebers (§ 266, eventuell durch Unterlassen; vgl. Voraufl. Rdn. 88 sowie *Wilts* Prot. 7 S. 2754). Sie setzt neben dem Eintritt eines Nachteils voraus, daß die Angestellten oder Organe dem Kreditgeber nach allgemeinen Grundsätzen vermögensbetreuungspflichtig sind. Dies ist bei vertretungs- und geschäftsführungsbefugten Organen stets und bei entscheidungsbefugten Angestellten in der Regel der Fall, bei nicht entscheidungsbefugten hingegen nur dann, wenn z. B. die Überprüfung der Richtigkeit und Vollständigkeit der Unterlagen (usw.) im Vermögensinteresse des potentiellen Kreditgebers wesentlicher und typischer Inhalt ihrer Pflichtenstellung ist.

VIII. Konkurrenzen. Wie bereits oben Rdn. 14 im Hinblick auf das durch § 265 b **115** geschützte **Rechtsgut** darlegt, besteht bei einer auf Grund der Täuschung erfolgten Kreditgewährung im Verhältnis zu § 263 nicht Gesetzeskonkurrenz, sondern Idealkonkurrenz (§ 52). Das gilt auch, wenn der Betrug nach § 263 nur versucht wurde (insgesamt übereinstimmend *Sch/Schröder/Lenckner* Rdn. 51 mit Nachw.). – Ideal- oder Realkonkurrenz liegt auch im Verhältnis zu §§ 246, 266 vor, wobei erneut zu beachten ist, daß §§ 247, 248 a im Rahmen des § 265 b wegen der zusätzlichen überindividuellen Schutzrichtung nicht entsprechend anwendbar sind (Sonderausschuß Bericht S. 16; oben Rdn. 15). Dient die Fälschung und Vorlage der Bilanz auch der Steuerhinterziehung, so ist ebenfalls Tateinheit oder Tatmehrheit mit § 370 AO anzunehmen.

116 Im Falle von Kreditsubventionen kann Tateinheit mit § 264 gegeben sein (*Tiedemann* LK § 264 Rdn. 163). Auch gegenüber den Bilanzstraftatbeständen der §§ 331 ff HGB, 400 AktG, 82 GmbHG, 147 GenG besteht Tateinheit oder Tatmehrheit (ebenso *Sch/ Schröder/Lenckner* Rdn. 51), da jene Tatbestände zwar z. T. ebenfalls die Richtigkeit von Bilanzen und anderen Vermögensübersichten gegenüber schriftlichen Lügen schützen, dabei aber zusätzliche Schutzfunktionen zugunsten anderer Beteiligter als der Kreditgeber verfolgen.

IX. Internationales Strafrecht

117 **1.** Inwieweit § 265 b auf Sachverhalte mit Auslandsberührung anwendbar ist, entscheidet sich zunächst nach der Vorfrage des **Schutzbereichs** der Vorschrift (*Sch/Schröder/ Eser* Rdn. 13 vor §§ 3 ff). Insoweit ergeben sich für diejenigen Autoren und Ansichten, die durch § 265 b nur oder doch vorrangig das Vermögen des Kreditgebers als geschützt ansehen, also die Kreditwirtschaft nur für die Summe aller Kreditgeber und -nehmer halten (so *Lackner/Kühl* § 265 b Rdn. 1) oder aber den Vermögensschutz bei § 265 b unmittelbar-individuell verstehen (so *Dreher/Tröndle* § 265 b Rdn. 6), keine prinzipiellen Einschränkungen, da das deutsche Strafrecht Individualrechtsgüter als sog. inländische Rechtsgüter unabhängig von ihrer Belegenheit im In- oder Ausland schützt (vgl. auch *Tiedemann* LK § 265 Rdn. 48).

118 **a)** Wenn dagegen – wie hier (oben Rdn. 9) – ein vor- oder gleichrangiges überindividuelles Schutzgut der Kreditwirtschaft anerkannt wird, so erscheint fraglich, ob § 265 b nur die inländische oder auch die ausländische Kreditwirtschaft schützt. OLG Stuttgart NStZ **1993** 545 (bemerkenswerterweise zust. *Dreher/Tröndle* und *Lackner/Kühl*, je aaO) beschränkt den Schutzbereich auf das **inländische Kreditwesen** und stellt zur Begründung maßgeblich auf das KWG (vor allem dessen § 53) ab, an das § 265 b anknüpfe: Der Strafschutz könne angesichts der Subsidiarität des Strafrechts nicht weiter reichen als der Schutz durch das KWG; dies gelte um so mehr, als der in casu Geschädigte eine schweizerische Kreditanstalt gewesen sei und die Schweiz keinen Strafrechtsschutz für ihr Kreditwesen vorsehe. Dem ist unter dem (auch von OLG Stuttgart aaO genannten) Gesichtspunkt des Gegenschlusses aus § 6 (Nr. 8) StGB zuzustimmen.

119 **b)** Allerdings müssen bei einer am KWG orientierten Betrachtungsweise auch (rechtlich unselbständige) *Zweigstellen* von ausländischen Kreditunternehmen im Inland in den Schutzbereich des § 265 b einbezogen werden. Rechtlich selbständige *Tochterunternehmen* mit Sitz im Inland unterliegen ohnehin deutschem Recht. Ob darüber hinaus jedes Kreditunternehmen mit Sitz in der **Europäischen Gemeinschaft** geschützt wird, hat OLG Stuttgart aaO offen gelassen. Das primäre Gemeinschaftsrecht zwingt zu einer dahingehenden erweiternden Auslegung nicht, da eine Assimilierungsverpflichtung nach Art. 5, 209 a EGV nur mit Blick auf Rechtsgüter der Europäischen Gemeinschaft besteht (*Tiedemann* NJW **1993** 23 ff). Wohl aber spricht die sekundärrechtliche Harmonisierung des Kreditwesenrechts durch die Zweite Bankrechtskoordinierungsrichtlinie vom 15.12.1989 (ABlEG Nr. L 386 S. 1) für eine weite Auslegung, die hier befürwortet wird: Wenn die Zulassungsvoraussetzungen für Kreditinstitute harmonisiert und diese Institute EU-weit anerkannt werden, folglich der freie Dienstleistungsverkehr gerade im Geldkreditwesen EG-rechtlich geschützt ist, sollte sich das Strafrecht dieser Entwicklung nicht versagen. Offen ist schließlich, ob die von OLG Stuttgart aaO angestellten Erwägungen auch für die

Gewährung von Waren- oder Lieferantenkredit gelten, der im KWG nicht geregelt ist. Die EG-rechtlich geschützte Freiheit des Warenverkehrs spricht für eine strafrechtliche Gleichbehandlung mit dem Geldkredit.

2. Im übrigen richtet sich die international-strafrechtliche Geltung des § 265 b nach den allgemeinen Regeln der §§ 3–9: **120**

a) Inlandstaten sind stets strafbar, gleichviel, ob sie von einem In- oder Ausländer oder gegenüber einem In- oder (vorbehaltlich von Schutzbereichserwägungen, oben Rdn. 117) Ausländer begangen werden. Entscheidend ist allein, ob der „Tätigkeitsort" i. S. d. § 9 Abs. 1 (vgl. *Tröndle* LK[10] § 9 Rdn. 37) im Inland liegt. Tätigkeitsort in diesem Sinne ist nicht nur der Ort, von welchem aus die Unterlagen vorgelegt, die Angaben gemacht oder die Richtigstellung unterlassen worden ist, sondern auch der Ort, an dem der tatbestandlich erforderliche Zugang (oben Rdn. 87 u. 89) erfolgt ist oder hätte erfolgen müssen. Deshalb unterliegen auch (von Ausländern und) vom Ausland aus gestellte Kreditanträge § 265 b, wenn sie an ein inländisches Unternehmen gerichtet sind und ihm im Inland zugehen. **121**

b) Auslandstaten kommen also praktisch nur in Betracht, wenn Kreditanträge im Ausland gegenüber einem Kreditgeber mit Sitz im Ausland gemacht werden. Soweit die Strafbarkeit nicht ohnehin unter Schutzbereichserwägungen ausscheidet (oben Rdn. 117), kommt es nach § 7 darauf an, ob der Täter Deutscher oder die Tat gegen ein deutsches Unternehmen im Ausland gerichtet ist *und* die konkrete Tat im Ausland mit Strafe bedroht ist, z. B. als Betrug oder Fälschung (weitergehend die Strafbarkeit einer im Ausland begangenen Beihilfe zu einer Inlandstat nach § 265 b: BGH wistra **1984** 25, 27). **122**

X. Strafverfolgung

1. Die Strafverfolgung setzt in keinem Fall – auch nicht bei geringer Höhe des Kredits oder einem Angehörigen als potentiellem Kreditgeber – einen Strafantrag voraus (vgl. bereits oben Rdn. 15). **123**

Dagegen wird die Strafverfolgung faktisch weitgehend von einer **Strafanzeige** des (potentiellen) Kreditgebers abhängen, da eine Straftat nach § 265 b von Außenstehenden nur im Konkursfall erkannt werden wird. Es liegt in der Praxis nahe, daß Kreditgeber nur bei erfolgter Schädigung Strafanzeige erstatten; § 265 b würde dann im wesentlichen als Auffangtatbestand bei nicht hinreichendem Nachweis eines (Kredit-)Betruges nach § 263 wirken. Da dieser Auffangtatbestand allerdings mit zahlreichen normativen Tatbestandsmerkmalen überfrachtet ist (vgl. demgegenüber § 187 AE!), bleibt die Praktikabilität des Tatbestandes zweifelhaft. Bei fehlender Schädigung werden sich die (potentiellen) Kreditgeber mit der Erstattung von Strafanzeigen vermutlich noch stärker als bei betrügerischer Schädigung zurückhalten oder aber – in Einzelfällen – die Strafanzeige aus besonderen Beweggründen (z. B. zum Zwecke der Druckausübung auf den Kunden oder mit dem Ziel der Entlastung eines Bankverantwortlichen von dem Verdacht der Untreue im Zusammenhang mit der Kreditgewährung) erstatten. Die etwaige Unlauterkeit der Motivation ist hier wie auch sonst prozessual unerheblich, da die Strafanzeige zwar Prozeßhandlung, aber an keinerlei Wirksamkeitserfordernis gebunden ist (*Tiedemann* GA **1964** 353, 357). Dagegen ist der Einfluß des Bankverhaltens auf Strafbarkeit und Strafverfolgung bei § 265 b insgesamt grundsätzlich schwächer als bei § 263, weil die nachträgliche Einräumung einer Kreditlinie hier das Unrecht in keiner Weise berührt oder gar beseitigt. **124**

125 Die Gründe für die notorische **Zurückhaltung der Kreditinstitute** und der Kreditwesenaufsicht bei der Erstattung von Strafanzeigen (dazu F. *Geerds* FLF **1988** 152 ff; *Tiedemann/Cosson* S. 3 ff) sind durch § 265 b nur zum geringen Teil beseitigt worden, bedingt doch vor allem das Tatbestandsmerkmal der Erheblichkeit weiterhin eine zumindest partielle Offenlegung der Kreditierungspraxis im Strafverfahren. Außerdem verlangt der Nachweis des idealkonkurrierenden Betruges volle Klärung der Irrtums- und Kausalitätsfragen insbesondere bei Risikogeschäften (vgl. aber § 154 a StPO!). – Gleichwohl sollte die Zurückhaltung des Kreditgewerbes gegenüber der Strafrechtspflege vor allem zum Zwecke der Erfassung von *Berufstätern* aufgegeben werden (vgl. F. *Geerds* aaO S. 154 und *Gehm* FLF **1988** 159; grundsätzlich dazu *Tiedemann* Wirtschaftskriminalität und Wirtschaftsstrafrecht in den USA und in der Bundesrepublik Deutschland [1978] S. 30 f). Im Bereich des Waren- und Lieferantenkredits mit seinen komplizierten und z. T. künstlichen Kreditsicherungsformen könnte § 265 b darüber hinaus weitgehend die bisherige Funktion der §§ 246, 266 übernehmen. Aber auch im Kreditgewerbe sollte § 265 b nicht nur bei Konkurs des Kreditschuldners von Banken, sondern insbesondere auch bei riskanten und dubiosen Verhaltensweisen bei der Begründung von Nostroverpflichtungen und bei der Hereinnahme von Einlagen als Darlehen durch Banken (vgl. oben Rdn. 40) eingesetzt werden.

126 **2.** Die **RiStBV** erwähnen in Nr. 238 unter der irreführenden Überschrift „Betrügerische Bankgeschäfte" lediglich den Spezialfall des Straftatverdachts gegen Geschäftsleiter von Kreditinstituten und schreiben insoweit möglichst frühzeitige Kontaktaufnahme mit der zuständigen Aufsichtsbehörde vor. § 265 b ist insoweit zwar durchaus einschlägig (oben Rdn. 114); jedoch dürfte es meist um Untreuehandlungen im Sinne des § 266 gehen (dazu auch *Tiedemann* Wirtschaftsstrafrecht II S. 68 ff).

127 **3.** Gemäß § 74 c Abs. 1 Nr. 5 GVG fällt der Kreditbetrug (§ 265 b) in die **Zuständigkeit der Wirtschaftsstrafkammer**. Angesichts der geringen Höhe der Strafdrohung des Tatbestandes (vgl. § 74 Abs. 1 S. 2 GVG) wird dies jedoch nur praktisch werden, wenn die Staatsanwaltschaft wegen der – im Vergleich zu ähnlichen Fällen mittlerer Schwere – besonderen Bedeutung des Falles gemäß § 24 Abs. 1 Nr. 3 GVG Anklage zum **Landgericht** erhebt. Im Hinblick auf § 74 c Abs. 1 Nr. 6 GVG dürfen bei der Beurteilung der besonderen Bedeutung hier auch besondere Schwierigkeiten der Beweisführung berücksichtigt werden.

128 **XI. Anhang: Auszug aus dem Gesetz über das Kreditwesen** in der Fassung der Bekanntmachung vom 22. Januar 1996 (BGBl. I. S. 64, ber. S. 519; zuletzt geändert durch das 5. KWG-ÄnderungsG vom 28.09.1994, BGBl. I S. 2735 und Art. 10 Ges. zur Bereinigung des Umwandlungsrechts v. 28.10.1994, BGBl. I S. 3210).

§ 1 Begriffsbestimmungen

(1) Kreditinstitute sind Unternehmen, die Bankgeschäfte betreiben, wenn der Umfang dieser Geschäfte einen in kaufmännischer Weise eingerichteten Geschäftsbetrieb erfordert. Bankgeschäfte sind

1. die Annahme fremder Gelder als Einlagen ohne Rücksicht darauf, ob Zinsen vergütet werden (Einlagengeschäft);
2. die Gewährung von Gelddarlehen und Akzeptkrediten (Kreditgeschäft);
3. der Ankauf von Wechseln und Schecks (Diskontgeschäft);
4. die Anschaffung und die Veräußerung von Wertpapieren für andere (Effektengeschäft);
5. die Verwahrung und die Verwaltung von Wertpapieren für andere (Depotgeschäft);

6. die in § 1 des Gesetzes über Kapitalanlagegesellschaften bezeichneten Geschäfte (Investmentgeschäft);
7. die Eingehung der Verpflichtung, Darlehensforderungen vor Fälligkeit zu erwerben;
8. die Übernahme von Bürgschaften, Garantien und sonstigen Gewährleistungen für andere (Garantiegeschäft);
9. die Durchführung des bargeldlosen Zahlungsverkehrs und des Abrechnungsverkehrs (Girogeschäft).

Der Bundesminister der Finanzen kann nach Anhörung der Deutschen Bundesbank durch Rechtsverordnung weitere Geschäfte als Bankgeschäfte bezeichnen, wenn dies nach der Verkehrsauffassung unter Berücksichtigung des mit diesem Gesetz verfolgten Aufsichtszweckes gerechtfertigt ist.

(2) Geschäftsleiter im Sinne dieses Gesetzes sind diejenigen natürlichen Personen, die nach Gesetz, Satzung oder Gesellschaftsvertrag zur Führung der Geschäfte und zur Vertretung eines Kreditinstituts in der Rechtsform einer juristischen Person oder einer Personenhandelsgesellschaft berufen sind. In Ausnahmefällen kann das Bundesaufsichtsamt für das Kreditwesen (§ 5) auch eine andere mit der Führung der Geschäfte betraute und zur Vertretung ermächtigte Person widerruflich als Geschäftsleiter bezeichnen, wenn sie zuverlässig ist und die erforderliche fachliche Eignung hat; § 33 Abs. 2 ist anzuwenden. Wird das Kreditinstitut von einem Einzelkaufmann betrieben, so kann in Ausnahmefällen unter den Voraussetzungen des Satzes 2 eine von dem Inhaber mit der Führung der Geschäfte betraute und zur Vertretung ermächtigte Person widerruflich als Geschäftsleiter bezeichnet werden. Beruht die Bezeichnung einer Person als Geschäftsleiter auf einem Antrag des Kreditinstituts, so ist sie auf Antrag des Kreditinstituts oder des Geschäftsleiters zu widerrufen.

(3) Finanzinstitute sind Unternehmungen, die nicht Kreditinstitute im Sinne des Absatzes 1 sind und deren Haupttätigkeit darin besteht,

1. Beteiligungen zu erwerben,
2. Geldforderungen entgeltlich zu erwerben,
3. Leasingverträge abzuschließen,
4. Kreditkarten oder Reiseschecks auszugeben oder zu verwalten,
5. ausländische Zahlungsmittel für eigene Rechnung oder im Auftrag von Kunden zu handeln oder zu wechseln (Sortengeschäft),
6. mit Wertpapieren für eigene Rechnung zu handeln,
7. mit Terminkontrakten, Optionen, Wechselkurs- oder Zinssatzinstrumenten für eigene Rechnung oder im Auftrag von Kunden zu handeln,
8. an Wertpapieremissionen teilzunehmen und damit verbundene Dienstleistungen zu erbringen,
9. Unternehmen über die Kapitalstruktur, die industrielle Strategie und die damit verbundenen Fragen zu beraten sowie bei Zusammenschlüssen und Übernahmen von Unternehmen diese zu beraten und ihnen Dienstleistungen anzubieten,
10. Darlehen zwischen Kreditinstituten zu vermitteln (Geldmaklergeschäfte) oder
11. in Wertpapieren oder in Instrumenten nach Nummer 7 angelegtes Vermögen für andere zu verwalten oder andere bei der Anlage in diesen Vermögenswerten zu beraten.

Der Bundesminister der Finanzen kann nach Anhörung der Deutschen Bundesbank durch Rechtsverordnung weitere Unternehmen als Finanzinstitute bezeichnen, um welche die Liste im Anhang der Richtlinie 89/646/EWG vom 15. Dezember 1989 zur Koordinierung der Rechts- und Verwaltungsvorschriften über die Aufnahme und Ausübung der Tätigkeit der Kreditinstitute und zur Änderung der Richtlinie 77/780/EWG – ABl. EG Nr. L 386 S. 1 – (Zweite Bankrechtskoordinierungsrichtlinie) erweitert wird.

(4) Herkunftsmitgliedstaat ist ein Mitgliedstaat der Europäischen Wirtschaftsgemeinschaft, in dem die Hauptniederlassung eines Kreditinstituts zugelassen ist.

(5) Aufnahmemitgliedstaat ist ein Mitgliedstaat der Europäischen Wirtschaftsgemeinschaft, in dem ein Kreditinstitut außerhalb des Herkunftsmitgliedstaates eine Zweigstelle unterhält oder Dienstleistungen erbringt.

(6) Mutterunternehmen sind Unternehmen, die als Mutterunternehmen im Sinne des § 290 des Handelsgesetzbuchs gelten, ohne daß es auf die Rechtsform und den Sitz ankommt.

(7) Tochterunternehmen sind Unternehmen, die als Tochterunternehmen im Sinne des § 290 des Handelsgesetzbuchs gelten, ohne daß es auf die Rechtsform und den Sitz ankommt.

(8) Eine Kontrolle besteht, wenn ein Unternehmen im Verhältnis zu einem anderen Unternehmen als Mutterunternehmen gilt oder wenn zwischen einer natürlichen oder einer juristischen Person und einem Unternehmen ein gleichartiges Verhältnis besteht.

(9) Eine bedeutende Beteiligung besteht, wenn unmittelbar oder mittelbar über ein oder mehrere Tochterunternehmen mindestens zehn vom Hundert des Kapitals oder der Stimmrechte eines Unternehmens gehalten werden oder wenn auf die Geschäftsführung des Unternehmens, an dem eine Beteiligung besteht, ein maßgeblicher Einfluß ausgeübt werden kann. Für die Berechnung des Anteils der Stimmrechte gilt Artikel 7 Satz 1 der Richtlinie 88/627/EWG vom 12. Dezember 1988 über die bei Erwerb und Veräußerung einer bedeutenden Beteiligung an einer börsennotierten Gesellschaft zu veröffentlichenden Informationen (ABl. EG Nr. L 348 S. 62). Die mittelbar gehaltenen Beteiligungen sind dem mittelbar beteiligten Unternehmen in vollem Umfang zuzurechnen.

§ 2 Ausnahmen

(1) Als Kreditinstitut im Sinne dieses Gesetzes gelten vorbehaltlich der Absätze 2 und 3 nicht

1. die Deutsche Bundesbank;
2. (aufgehoben)
3. die Kreditanstalt für Wiederaufbau;
4. die Sozialversicherungsträger und die Bundesanstalt für Arbeit;
5. private und öffentlich-rechtliche Versicherungsunternehmen;
6. (weggefallen)
7. (weggefallen)
8. Unternehmen des Pfandleihgewerbes, soweit sie dieses durch Hingabe von Darlehen gegen Faustpfand betreiben;
9. Unternehmen, die auf Grund des Gesetzes über Unternehmensbeteiligungsgesellschaften vom 17. Dezember 1986 (BGBl. I S. 2488) als Unternehmensbeteiligungsgesellschaften anerkannt sind.

§ 13 Großkredite

(1) Kredite an einen Kreditnehmer, die insgesamt fünfzehn vom Hundert des haftenden Eigenkapitals des Kreditinstituts übersteigen (Großkredite), sind unverzüglich der Deutschen Bundesbank anzuzeigen; dies gilt nicht für Großkredite, bei denen der zugesagte oder in Anspruch genommene Betrag nicht höher ist als fünfzigtausend Deutsche Mark, es sei denn, daß der Großkredit fünfzig vom Hundert des haftenden Eigenkapitals des Kreditinstituts übersteigt. Bereits angezeigte Großkredite sind erneut anzuzeigen, wenn sie um mehr als zwanzig vom Hundert des zuletzt angezeigten Betrages erhöht werden oder fünfzig vom Hundert des haftenden Eigenkapitals übersteigen. Die Deutsche Bundesbank leitet die Anzeigen mit ihrer Stellungnahme an das Bundesaufsichtsamt weiter; dieses kann auf die Weiterleitung bestimmter Anzeigen verzichten. Das Bundesaufsichtsamt kann von den Kreditinstituten fordern, ihm und der Deutschen Bundesbank jährlich einmal eine Sammelaufstellung der anzeigepflichtigen Großkredite einzureichen.

(2) Kreditinstitute in der Rechtsform einer juristischen Person oder einer Personenhandelsgesellschaft dürfen unbeschadet der Wirksamkeit des Rechtsgeschäftes Großkredite nur auf Grund eines einstimmigen Beschlusses sämtlicher Geschäftsleiter gewähren. Der Beschluß soll vor der Kreditgewährung gefaßt werden. Ist dies im Einzelfall wegen der Eilbedürftigkeit des Geschäftes nicht möglich, so ist der Beschluß unverzüglich nachzuholen. Der Beschluß ist aktenkundig zu machen. Ist der Großkredit ohne vorherigen einstimmigen Beschluß sämtlicher Geschäftsleiter gewährt worden, so ist dem Bundesaufsichtsamt und der Deutschen Bundesbank innerhalb eines Monats anzuzeigen, ob und mit welchem Ergebnis die Beschlußfassung nachgeholt worden ist. Wird ein bereits gewährter Kredit durch Verringerung des haftenden Eigenkapitals zu einem Großkredit, ist die Weitergewährung dieses Großkredits unbeschadet der Wirksamkeit des Rechtsgeschäftes nur auf Grund eines unverzüglich nachzuholenden einstimmigen Beschlusses sämtlicher Geschäftsleiter zulässig; die Sätze 4 und 5 gelten entsprechend.

(3) Es dürfen

1. (weggefallen)
2. alle Großkredite zusammen das Achtfache des haftenden Eigenkapitals des Kreditinstituts unbeschadet der Wirksamkeit des Rechtsgeschäftes nicht übersteigen. In Satz 1 Nr. 2 sind die zugesagten, aber noch nicht in Anspruch genommenen Kredite nicht zu berücksichtigen.

(4) Der einzelne Großkredit darf unbeschadet der Wirksamkeit des Rechtsgeschäftes fünfzig vom Hundert des haftenden Eigenkapitals des Kreditinstituts nicht übersteigen.

(5) Kredite, die Zentralkreditinstitute über die ihnen angeschlossenen Zentralkassen oder Girozentralen oder über die diesen angeschlossenen eingetragenen Genossenschaften oder Sparkassen an Endkreditnehmer leiten, sind in den Absätzen 3 und 4 bei den Zentralkreditinstituten nur in Höhe des dem einzelnen Endkreditnehmer gewährten Kredits zu berücksichtigen, wenn die Kreditforderungen an das Zentralkreditinstitut zur Sicherheit abgetreten werden.

(6) Bei der Errechnung der Großkredite sind Bürgschaften, Garantien und sonstige Gewährleistungen, mit Ausnahme der Gewährleistungen für Kredite im Sinne des § 19 Abs. 1 Satz 1 Nr. 1 bis 3 und 7, sowie Kredite aus dem Ankauf von bundesbankfähigen Wechseln nur zur Hälfte anzusetzen.

(7) Die Absätze 1 und 2 gelten auch für Zusagen von Kreditrahmenkontingenten mit der Maßgabe, daß die Anzeigen nach Absatz 1 an Stichtagen zu erstatten sind, die vom Bundesaufsichtsamt bestimmt werden.

(8) Als haftendes Eigenkapital im Sinne der vorstehenden Absätze gelten die Eigenkapitalbestandteile nach § 10 Abs. 2 bis 4, 5, 6 und 7 Satz 1 und 2; Verluste sind abzuziehen. Kapital, das gegen Gewährung von Genußrechten eingezahlt ist, ist dem haftenden Eigenkapital nur zuzurechnen, soweit es fünfundzwanzig vom Hundert des haftenden Eigenkapitals nach § 10 Abs. 2 und 3, ohne einen Zuschlag nach § 10 Abs. 2 Satz 1 Nr. 3, nicht übersteigt.

§ 14 Millionenkredite

(1) Die Kreditinstitute haben der Deutschen Bundesbank bis zum Fünfzehnten der Monate Januar, April, Juli und Oktober diejenigen Kreditnehmer anzuzeigen, deren Verschuldung bei ihnen zu irgendeinem Zeitpunkt während der dem Meldetermin vorhergehenden drei Kalendermonate drei Millionen Deutsche Mark oder mehr betragen hat. Zugleich haben sie für ihnen nachgeordnete Unternehmen im Sinne des § 13 a Abs. 2 mit Sitz in einem anderen Staat, die § 1 entsprechende Bankgeschäfte betreiben, deren Kreditnehmer im Sinne des entsprechend anzuwendenden Satzes 1 anzuzeigen. Satz 1 gilt bei Gemeinschaftskrediten von drei Millionen Deutsche Mark und mehr auch dann, wenn der Anteil des einzelnen Kreditinstituts drei Millionen Deutsche Mark nicht erreicht. Aus der Anzeige muß die Höhe der Verschuldung des Kreditnehmers am Ende des der Anzeige vorangegangenen Monats ersichtlich sein. § 13 Abs. 1 Satz 3 gilt entsprechend.

(2) Ergibt sich, daß einem Kreditnehmer von mehreren Kreditinstituten oder Unternehmen im Sinne des Absatzes 1 Satz 2 Kredite der in Absatz 1 bezeichneten Art gewährt worden sind, so hat die Deutsche Bundesbank die beteiligten Kreditinstitute zu benachrichtigen. Die Benachrichtigung darf nur Angaben über die Gesamtverschuldung des Kreditnehmers und über die Anzahl der beteiligten Kreditinstitute umfassen. Die Verschuldung bei den beteiligten Kreditinstituten ist in der Benachrichtigung aufzugliedern in Verbindlichkeiten aus

1. Krediten, die frühestens vier Jahre nach der Entstehung rückzahlbar sind oder einer regelmäßigen Tilgung unterliegen, die sich über mindestens vier Jahre erstreckt;
2. Krediten, die in weniger als vier Jahren nach der Entstehung rückzahlbar sind;
3. Wechselkrediten, bei denen der Kreditnehmer einen Anspruch gegen andere Wechselverpflichtete hat;
4. Bürgschaften, Garantien und sonstigen Gewährleistungen sowie aus der Haftung aus der Bestellung von Sicherheiten für fremde Verbindlichkeiten und aus Verpflichtungen, für die Erfüllung entgeltlich übertragener Geldforderungen einzustehen oder sie auf Verlangen des Erwerbers zurückzuerwerben;
5. Krediten, die in den Nummern 1 bis 4 erfaßt sind und die vom Bund, von einem Sondervermögen des Bundes, einem Land, einer Gemeinde oder einem Gemeindeverband verbürgt oder von diesen in anderer Weise gesichert sind;
6. Krediten, die in den Nummern 1 bis 4 erfaßt sind und die Voraussetzungen des § 20 Abs. 2 Nr. 1, 2 oder 5 erfüllen.

(3) Gelten nach § 19 Abs. 2 mehrere Schuldner als Kreditnehmer, so ist in den Anzeigen nach Absatz 1 auch die Verschuldung der einzelnen Schuldner anzugeben. Bei der Benachrichtigung nach Absatz 2 ist die Gesamtverschuldung der als ein Kreditnehmer geltenden Schuldner mitzuteilen. Die Verschuldung einzelner Schuldner ist nur denjenigen Kreditinstituten mitzuteilen, die selbst oder deren nachgeordnete Unternehmen im Sinne des Absatzes 1 Satz 1 diesen Schuldnern Kredite gewährt haben.

(4) Nach dem Abschluß von zwischenstaatlichen Vereinbarungen oder nach dem Inkrafttreten einer Richtlinie der Europäischen Wirtschaftsgemeinschaft über Kreditmeldungen im Sinne dieser Vorschrift ist die Deutsche Bundesbank befugt, die Anzeigen nach Absatz 1 in der nach Absatz 2 Satz 2 und 3 vorgesehenen Zusammenfassung an die in der zwischenstaatlichen Vereinbarung oder in der Richtlinie der Europäischen Wirtschaftsgemeinschaft vorgesehenen Stellen zur Benachrichtigung der beteiligten Unternehmen mit Sitz in einem anderen Staat weiterzuleiten sowie die beteiligten Kreditinstitute gemäß Absatz 2 über die Verschuldung von Kreditnehmern bei Unternehmen mit Sitz in einem anderen Staat zu benachrichtigen.

§ 18 Kreditunterlagen

Von Kreditnehmern, denen Kredite von insgesamt mehr als einhunderttausend Deutsche Mark gewährt werden, hat sich das Kreditinstitut die wirtschaftlichen Verhältnisse, insbesondere durch Vorlage der Jahresabschlüsse, offenlegen zu lassen. Das Kreditinstitut kann hiervon absehen, wenn das Verlangen nach Offenlegung im Hinblick auf die gestellten Sicherheiten oder auf die Mitverpflichteten offensichtlich unbegründet wäre. Satz 1 gilt nicht für einen Kredit auf Grund des entgeltlichen Erwerbs einer Forderung aus nicht bankmäßigen Handelsgeschäften, wenn Forderungen gegen den jeweiligen Schuldner laufend erworben werden, der Veräußerer der Forderung nicht für ihre Erfüllung einzustehen hat und die Forderung innerhalb von drei Monaten, vom Tage des Ankaufs an gerechnet, fällig ist.

§ 19 Begriff des Kredits und des Kreditnehmers

(1) Als Kredite im Sinne der §§ 13 bis 18 sind anzusehen

1. Gelddarlehen aller Art, entgeltlich erworbene Geldforderungen, Akzeptkredite sowie Forderungen aus Namensschuldverschreibungen mit Ausnahme der auf den Namen lautenden Pfandbriefe und Kommunalschuldverschreibungen;
2. die Diskontierung von Wechseln und Schecks;
3. Geldforderungen aus sonstigen Handelsgeschäften eines Kreditinstituts, ausgenommen die Forderungen aus Warengeschäften der Kreditgenossenschaften, sofern diese nicht über die handelsübliche Frist hinaus gestundet werden;
4. Bürgschaften, Garantien und sonstige Gewährleistungen eines Kreditinstituts sowie die Haftung eines Kreditinstituts aus der Bestellung von Sicherheiten für fremde Verbindlichkeiten;

5. die Verpflichtung, für die Erfüllung entgeltlich übertragener Geldforderungen einzustehen oder sie auf Verlangen des Erwerbers zurückzuerwerben;
6. Beteiligungen eines Kreditinstituts an dem Unternehmen eines Kreditnehmers; als Beteiligung gilt jeder Besitz des Kreditinstituts an Aktien, Kuxen oder Geschäftsanteilen des Unternehmens, wenn er mindestens ein Viertel des Kapitals (Nennkapital, Zahl der Kuxe, Summe der Kapitalanteile) erreicht, ohne daß es auf die Dauer des Besitzes ankommt;
7. Gegenstände, über die ein Kreditinstitut als Leasinggeber Leasingverträge abgeschlossen hat, abzüglich solcher Posten, die wegen der Erfüllung oder der Veräußerung von Forderungen aus diesen Leasingverträgen gebildet werden; ein solcher Posten kann nur bis zum Buchwert des ihm zugehörigen Leasinggegenstandes abgezogen werden.

Zugunsten des Kreditinstituts bestehende Sicherheiten sowie Guthaben des Kreditnehmers bei dem Kreditinstitut bleiben außer Betracht.

(2) Im Sinne der §§ 10, 13 bis 18 gelten als ein Kreditnehmer

1. alle Unternehmen, die demselben Konzern angehören oder durch Verträge verbunden sind, die vorsehen, daß das eine Unternehmen verpflichtet ist, seinen ganzen Gewinn an ein anderes Unternehmen abzuführen, sowie in Mehrheitsbesitz stehende Unternehmen mit den an ihnen mit Mehrheit beteiligten Unternehmen oder Personen, ausgenommen die in § 20 Abs. 1 Nr. 1 genannten Gebietskörperschaften und Sondervermögen;
2. Personenhandelsgesellschaften und ihre persönlich haftenden Gesellschafter;
3. Personen und Unternehmen, für deren Rechnung Kredit aufgenommen wird, mit demjenigen, der den Kredit im eigenen Namen aufnimmt.

Hält ein Kreditinstitut als Treuhänder die Mehrheit der Kapitalanteile an einer Kommanditgesellschaft, die ihr Vermögen ausschließlich in inländischen Grundstücken anlegt, und gewährt das Kreditinstitut dieser Gesellschaft Gelddarlehen zur Zwischenfinanzierung des Erwerbs oder der Bebauung der Grundstücke, so gilt insoweit die Gesellschaft bei der Einhaltung der Grenze des § 13 Abs. 4 nicht als ein Unternehmen im Sinne des Satzes 1 Nr. 1. Bei Anwendung des § 13 gilt Satz 1 nicht für Kredite innerhalb einer Kreditinstitutsgruppe nach § 13 a Abs. 2 an Unternehmen, die in die Zusammenfassung nach § 13 a Abs. 3 einbezogen sind.

(3) Bei dem entgeltlichen Erwerb von Geldforderungen nach Absatz 1 Nr. 1 ist der Veräußerer der Forderung als Kreditnehmer im Sinne der §§ 13 bis 18 anzusehen, wenn er für die Erfüllung der übertragenen Forderung einzustehen oder sie auf Verlangen des Erwerbers zurückzuerwerben hat; andernfalls ist der Schuldner der Verbindlichkeit als Kreditnehmer anzusehen.

§ 53 Zweigstellen von Unternehmen mit Sitz in einem anderen Staat

(1) Unterhält ein Unternehmen mit Sitz in einem anderen Staat eine Zweigstelle im Geltungsbereich dieses Gesetzes, die Bankgeschäfte in dem in § 1 Abs. 1 bezeichneten Umfang betreibt, so gilt die Zweigstelle als Kreditinstitut. Unterhält das Unternehmen mehrere Zweigstellen im Sinne des Satzes 1, so gelten sie als ein Kreditinstitut.

§ 56 Ordnungswidrigkeiten

(1) Ordnungswidrig handelt, wer

...

4. vorsätzlich oder leichtfertig der Pflicht zur Anzeige nach § 2 b Abs. 1 Satz 1 bis 4 oder 6 oder Abs. 4, § 10 Abs. 8 Satz 1 oder 2, § 12 a Abs. 1 Satz 3, § 13 Abs. 1 Satz 1, Abs. 2 Satz 5 oder 6, Abs. 4 Satz 2, § 13 a Abs. 4 Satz 1, § 14 Abs. 1, auch in Verbindung mit § 53 b Abs. 3 Satz 1, § 15 Abs. 4 Satz 4 zweiter Halbsatz, § 16 Satz 1 oder 2, § 24 Abs. 1, 3 oder 3 a Satz 1 oder 3, Abs. 1 Nr. 6 bis 9, auch in Verbindung mit § 53 b Abs. 3 Satz 1, § 24 a Abs. 1 oder 3, auch in Verbindung mit einer Rechtsverordnung nach § 24 a Abs. 4, § 28 Abs. 1 Satz 1 oder § 53 a nicht, nicht rechtzeitig oder nicht vollständig nachkommt oder in einer solchen Anzeige unrichtige Angaben macht ...

…

6. vorsätzlich oder leichtfertig einer Vorschrift … des § 18 Satz 1 … über Kreditunterlagen zuwiderhandelt,

…

(2) Die Ordnungswidrigkeit kann mit einer Geldbuße bis zu hunderttausend Deutsche Mark geahndet werden.

Nachtrag

1. Ergänzung des § 264 StGB

Seit dem 22.9.1998 gilt § 264 in der folgenden Fassung (BGBl II S. 2322 – Ergänzungen und Veränderungen in *Kursivdruck* –); Abs. 3 wurde bereits mit Wirkung zum 1.4.1998 durch das 6. StrafrechtsreformG eingefügt (BGBl I S. 164 [179]):

§ 264
Subventionsbetrug

(1) Mit Freiheitsstrafe bis zu fünf Jahren oder mit Geldstrafe wird bestraft, wer

1. **einer für die Bewilligung einer Subvention zuständigen Behörde oder einer anderen in das Subventionsverfahren eingeschalteten Stelle oder Person (Subventionsgeber) über subventionserhebliche Tatsachen für sich oder einen anderen unrichtige oder unvollständige Angaben macht, die für ihn oder den anderen vorteilhaft sind,**
2. ***einen Gegenstand oder eine Geldleistung, deren Verwendung durch Rechtsvorschriften oder durch den Subventionsgeber im Hinblick auf eine Subvention beschränkt ist, entgegen der Verwendungsbeschränkung verwendet,***
3. **den Subventionsgeber entgegen den Rechtsvorschriften über die Subventionsvergabe über subventionserhebliche Tatsachen in Unkenntnis läßt oder**
4. **in einem Subventionsverfahren eine durch unrichtige oder unvollständige Angaben erlangte Bescheinigung über eine Subventionsberechtigung oder über subventionserhebliche Tatsachen gebraucht.**

(2) In besonders schweren Fällen ist die Strafe Freiheitsstrafe von sechs Monaten bis zu zehn Jahren. Ein besonders schwerer Fall liegt in der Regel vor, wenn der Täter

1. **aus grobem Eigennutz oder unter Verwendung nachgemachter oder verfälschter Belege für sich oder einen anderen eine nicht gerechtfertigte Subvention großen Ausmaßes erlangt,**
2. **seine Befugnisse oder seine Stellung als Amtsträger mißbraucht oder**
3. **die Mithilfe eines Amtsträgers ausnutzt, der seine Befugnisse oder seine Stellung mißbraucht.**

(3) § 263 Abs. 5 gilt entsprechend.

(4) Wer in den Fällen des Absatzes 1 Nr. 1 *bis 3* leichtfertig handelt, wird mit Freiheitsstrafe bis zu drei Jahren oder mit Geldstrafe bestraft.

(5) Nach den Absätzen 1 und 3 wird nicht bestraft, wer freiwillig verhindert, daß auf Grund der Tat die Subvention gewährt wird. Wird die Subvention ohne Zutun des Täters nicht gewährt, so wird er straflos, wenn er sich freiwillig und ernsthaft bemüht, das Gewähren der Subvention zu verhindern.

(6) Neben einer Freiheitsstrafe von mindestens einem Jahr wegen einer Straftat nach den Absätzen 1 und 2 kann das Gericht die Fähigkeit, öffentliche Ämter zu bekleiden, und die Fähigkeit, Rechte aus öffentlichen Wahlen zu erlangen, aberkennen (§ 45

Abs. 2). Gegenstände, auf die sich die Tat bezieht, können eingezogen werden; § 74 a ist anzuwenden.

(7) Subvention im Sinne dieser Vorschrift ist

1. eine Leistung aus öffentlichen Mitteln nach Bundes- oder Landesrecht an Betriebe oder Unternehmen, die wenigstens zum Teil

a) ohne marktmäßige Gegenleistung gewährt wird und

b) der Förderung der Wirtschaft dienen soll;

2. *eine Leistung aus Mitteln der Europäischen Gemeinschaften, die wenigstens zum Teil ohne marktmäßige Gegenleistung gewährt wird.*

Betrieb oder Unternehmen im Sinne des Satzes 1 *Nr. 1* ist auch *ein* öffentliches Unternehmen.

(8) Subventionserheblich im Sinne des Absatzes 1 sind Tatsachen,

1. die durch Gesetz oder auf Grund eines Gesetzes von dem Subventionsgeber als subventionserheblich bezeichnet sind oder

2. von denen die Bewilligung, Gewährung, Rückforderung, Weitergewährung oder das Belassen einer Subvention oder eines Subventionsvorteils gesetzlich abhängig ist.

Schrifttum

Dannecker Die Entwicklung des Strafrechts unter dem Einfluß des Gemeinschaftsrechts, Jura **1998** 79; *Delmas-Marty* (Hrsg.), Corpus Juris der strafrechtlichen Regelungen zum Schutz der finanziellen Interessen der Europäischen Union (Einführung *Sieber*) (1998); *Gröblinghoff* Die Verpflichtung des deutschen Gesetzgebers zum Schutz der Finanzinteressen der Europäischen Gemeinschaften (1996); *Otto* Die Haftung für kriminelle Handlungen im Unternehmen, Jura **1998** 409; *Tiedemann* Grunderfordernisse des Allgemeinen Teils für ein europäisches Sanktionenrecht, ZStW **110** (1998) S. 497; *Tiedemann* Täterschaft und Teilnahme im europäischen Strafrecht, Nishihara-Festschrift (1998) S. 496; *Zieschang* Das Übereinkommen zum Schutz der finanziellen Interessen der EG und seine Auswirkungen auf das deutsche Strafrecht, EuZW **1997** 78; *Zieschang* Diskussionsbericht, ZStW **108** (1996) S. 609.

1 Die ergänzende Neufassung des § 264 aus dem Jahre 1998 wurde hinsichtlich der bandenmäßigen Begehung (Abs. 3) durch das 6. StrafrechtsreformG und im übrigen (Abs. 1 Nr. 2 sowie Abs. 7 Satz 1 Nr. 2) durch das EG-FinanzschutzG eingeführt. Das letztere Gesetz diente der Ratifizierung und Umsetzung des **Übereinkommens über den Schutz der finanziellen Interessen der Europäischen Gemeinschaften** vom 26. Juli 1995 (ABlEG v. 27.11.1995 Nr. C 316/49 ff; dazu bereits *Tiedemann* LK § 264 Rdn. 10 mit weit. Nachw.). Das Übereinkommen ist auf den früheren, durch den Vertrag von Amsterdam geänderten Art. K. 3 (II lit. c) EUV a. F. gestützt. – Zum besseren Schutz der EG-Finanzinteressen wird § 264 in seinem Anwendungsbereich (Abs. 7 Satz 1 Nr. 2) schlechthin auf *EG-Subventionen* ausgedehnt, auch wenn diese nicht der Wirtschaftsförderung dienen; die bisherige verklausulierte (und nicht unstreitige sowie für EG-Subventionen zweifelhafte und zufällige) Strafbarkeit der *Zweckentfremdung* von Subventionen nach § 264 Abs. 1 Nr. 2 a. F. in Verbindung mit § 3 Abs. 2 SubvG (*Tiedemann* LK § 264 Rdn. 93) wird durch den neuen Abs. 1 Nr. 2 eindeutig statuiert, der vor allem bereits die zweckwidrige Verwendung als solche und nicht erst das Unterlassen ihrer Anzeige an den Subventionsgeber unter Strafe stellt. Insoweit ist § 264 n. F. vertragskonform. Dasselbe gilt für die Neufassung von Abs. 7, der weitergehend als durch Art. 280 EGV verlangt, alle EG-Subventionen nicht nur demselben, sondern einem schärferen Schutz unterstellt als nationale Subventionen, die bei fehlendem Zweck der Wirtschaftsförderung nur durch § 263 geschützt werden (dazu *Tiedemann* LK § 264 Rdn. 13 mit Nachw.).

Vertragskonform ist im Prinzip auch der beibehaltene Grundtatbestand (Abs. 1 Nr. 1), der von jedem objektiven Schadens- und Vorteilserfordernis absieht und daher sogar strenger ist als Art. 1 des Übereinkommens es verlangt (vgl. aber auch unten Rdn. 4). – *Zweifelhaft* könnte dagegen die Erfüllung der Verpflichtung nach Art. 1 Abs. 3 sein, bereits die vorsätzliche **Herstellung** oder Bereitstellung **unrichtiger Erklärungen** (usw.) unter Strafe zu stellen, sofern diese Handlung nicht als Beihilfe zum Betrug oder als *Versuch* eines solchen strafbar ist; allerdings soll auch hier erforderlich sein, daß die Folge der unrechtmäßigen Erlangung oder Zurückbehaltung von Gemeinschaftsmitteln eintritt. Dies ist unklar (objektive Strafbarkeitsbedingung?). Da ein Versuch nach h.M. erst mit der Absendung oder Übergabe der Erklärung beginnt, ist das bloße Herstellen oder Bereitstellen nach bisherigem Recht straflos bzw. wird erst strafbar, wenn der Subventionsantrag abgesandt oder übergeben wird. Eine Strafbarkeit unmittelbar aus Art. 1 Abs. 3 des Übereinkommens scheidet aus[1]. Zwar könnte eine gemeinschaftsfreundliche Auslegung (der §§ 22, 23) möglicherweise dazu führen, hier bereits zeitlich früher Betrugsversuch anzunehmen (dazu näher Rdn. 3 a. E.). Jedoch liegt es – auch wegen des unklaren Erfordernisses eines Erfolgseintritts – näher, den Gesetzgeber zu der gebotenen Umsetzung aufzufordern. Diese sollte wohl in Anlehnung an § 379 Abs. 1 AO lediglich in Gestalt einer Ordnungswidrigkeit erfolgen (sofern der Mindestbetrag der Subvention nicht 50000 ECU übersteigt: Art. 2 Abs. 1 Satz 2 Übereinkommen). Diese materiell sinnvolle Einordnung als *Verwaltungsunrecht* läßt es letztlich auch als unzutreffend erscheinen, für diese Fallgestaltung die im neueren deutschen Strafrecht anerkannten Versuchsgrundsätze zu durchbrechen: Es geht um Vorbereitungshandlungen, die im Sinne eines umfassenden Schutzes der EG-Finanzinteressen durch eine legislatorische Ergänzung pönalisiert werden sollten. Auch der Erläuternde Bericht des Rates der EG zum Übereinkommen (ABlEG Nr. C 191 v. 23.6.1997 S. 1, 5) schlägt die Einführung spezieller Tatbestände vor, wenn und soweit die Handlungen des Herstellens und Bereitstellens nicht als Versuch, Beihilfe oder Mittäterschaft geahndet werden können. 2

Nicht ausdrücklich *umgesetzt* wurde ferner die in Art. 3 des Übereinkommens vereinbarte **Strafbarkeit von Unternehmensleitern**, Entscheidungsträgern und Trägern von Kontrollbefugnissen von und in Unternehmen, wenn ihnen unterstellte Personen Subventionsbetrügereien zum Nachteil der EG begehen[2]. Die Bundesregierung hat die in dem Übereinkommen enthaltene Verweisung auf die „Grundsätze des innerstaatlichen Rechts des Mitgliedstaats" als Fehlen jeglicher Umsetzungspflicht interpretiert, nämlich als „großen Ermessensspielraum, um die strafrechtliche Verantwortung der Führungskräfte zu begründen" (BTDrs. 13/10425 S. 18): Es gehe nur darum, die Führungskräfte „nicht automatisch von jeglicher Form der strafrechtlichen Verantwortung freizustellen", wenn eine ihnen unterstellte Person für das Unternehmen einen Betrug zum Nachteil der EG-Interessen begeht (aaO). In der Denkschrift zum Übereinkommen führt die Bundesregierung aus, daß die Leiter, Ent- 3

[1] Vgl. EuGH Slg. **1987** 2545 ff – Pretore di Salo; **1987** 3969 ff – Kolpinghuis Nijmegen BV; *Dannecker* Strafrecht der Europäischen Gemeinschaft (1995) S. 61 f; *Gröblinghoff* S. 156.

[2] Art. 3 des Übereinkommens bestimmt unter der Überschrift „Strafrechtliche Verantwortung der Unternehmensleiter": *Jeder Mitgliedsstaat trifft die erforderlichen Maßnahmen, damit die Leiter, Entscheidungsträger oder Träger von Kontrollbefugnissen von Unternehmen bei betrügerischen Handlungen zum Nachteil der finanziellen Interessen der Europäischen Gemeinschaften gemäß Artikel 1, die eine ihnen unterstellte Person zum Vorteil des Unternehmens begeht, nach den Grundsätzen des innerstaatlichen Rechts des Mitgliedsstaats für strafrechtlich verantwortlich erklärt werden können.*

scheidungsträger und Träger von Kontrollbefugnissen von Unternehmen „bereits nach bestehendem Recht gemäß den Regeln der Beteiligung an einer Straftat zur Verantwortung gezogen werden" können (BTDrs. aaO S. 12). Damit wird allerdings zum einen der zentrale Zweck des Übereinkommens mißverstanden, die Strafbarkeit wegen Subventionserschleichung zum Nachteil der EG EU-weit zu harmonisieren (mit den Worten des Regierungsentwurfs aaO S. 1: „eine größere Kompatibilität zwischen den Rechtsordnungen der Mitgliedstaaten sicherzustellen"). Gerade im Bereich der *Unterlassungs*strafbarkeit von Unternehmensleitern usw. sind die Unterschiede der nationalen Lösungen in der EU extrem divergierend und reichen von einer Strafhaftung ohne Verschulden (England über die Figur der *vicarious liability*, auch Frankreich mit der *responsabilité du fait d'autrui*) über eine (umstrittene) Vorsatzstrafbarkeit (Deutschland) bis zur bloßen Anerkennung einer solchen Strafbarkeit im Kapitalgesellschaftsrecht (Italien) und zur völligen Ablehnung unechter Unterlassungsstrafbarkeit in diesem Bereich (Österreich, Spanien).[3] Zwar spricht der Erläuternde Bericht (oben Rdn. 2) ebenfalls von einem „großen Ermessenspielraum" der Mitgliedstaaten bei der Begründung der Strafbarkeit von Unternehmensleitern, bezieht dies aber (nur) auf die Art der Begründung (aaO S. 6) und gibt dafür Beispiele (aaO S. 7). In diesem Sinne bedeutet die Verweisung auf die Grundsätze des innerstaatlichen Rechts der Mitgliedstaaten richtigerweise – im Sinne von „Systemgerechtigkeit" (*Tiedemann* LK § 264 Rdn. 10) –, daß die Bundesrepublik Deutschland nicht gezwungen werden soll und kann, entgegen ihrem Verfassungsverständnis eine Strafbarkeit ohne Verschulden (strict liability) einzuführen. – Auch hier hat die Nichtumsetzung von Art. 3 des Übereinkommens in deutsches Recht zwar keine unmittelbaren Folgen für Unternehmensleiter usw., die also nicht etwa direkt nach Art. 3 strafbar sind (vgl. bereits oben Rdn. 2). Jedoch ist die nationale Strafbarkeit wegen „Geschäftsherrenhaftung" (*Lackner* § 13 Rdn. 14 mit Nachw.) bekanntlich – nicht nur für Subventionserschleichungen – sehr umstritten (ablehnend z. B. *Jescheck* LK § 13 Rdn. 45)[4]. Gegenüber der sibyllinischen Formulierung in der Denkschrift der Bundesregierung zum Übereinkommen, die Unternehmensleiter usw. könnten „bereits nach bestehendem Recht gemäß den Regeln der Beteiligung an einer Straftat zur Verantwortung gezogen werden" (aaO S. 12), wird man aufgrund des Prinzips einer *gemeinschaftsfreundlichen Auslegung* (Art. 10 EGV) von § 13 StGB folgern müssen, daß die – nach den Grundsätzen des deutschen Strafrechts über unechte Unterlassung mögliche – Strafbarkeit von Unternehmensleitern usw. im Sinne einer Mindestharmonisierung mit anderen Rechtsordnungen von Mitgliedstaaten der EU vom Strafrichter anerkannt werden muß (auch wenn die Assimilierungsverpflichtung nach Art. 280 Abs. 1 EGV nur eine Parallelbehandlung der EG-Interessen mit nationalen Finanzinteressen, also für den EG-Subventionsbetrug keine schärfere Strafbarkeit als für den nationalen Subventionsbetrug verlangt). Dies ergibt sich aus der in den Präambeln des Übereinkommens und des deutschen Vertragsgesetzes niedergelegten Zwecksetzung dieser Akte, strafrechtliche Mindestbedingungen für eine wirksame und EU-weit kompatible Bekämpfung der EG-Betrügereien zu schaffen. Allgemein zur gemeinschaftsfreundlichen Auslegung *Dannecker*

[3] Vgl. den Überblick bei *Tiedemann* Nishihara-Festschrift S. 506; eingehend (zu England, Frankreich, Spanien, Österreich und Deutschland) *Stein* Täterschaft und Teilnahme im europäischen Strafrecht, Diss. Freiburg 1999. – In Österreich ist allerdings der für jedermann geltende echte Unterlassenstatbestand des § 286 öStGB zu beachten.

[4] Befürwortend dagegen *Tiedemann/Vogel* JuS **1988** 295, 299; Gesamtübersicht auf neuestem Stand bei *Otto* Jura **1998** 409, 413 mit zahlreichen Nachw.

Jura **1998** 84 und *Heise* Europäisches Gemeinschaftsrecht und nationales Strafrecht (1998) S. 49 ff, je mit weit. Nachw.; zum Zweck des Übereinkommens *Zieschang* EuZW **1997** 79 mit Nachw.

Hält man diesen Weg – etwa mit Blick auf die auch verfassungsrechtlich relevante Personenautonomie – nicht für gangbar, so bleibt hervorzuheben, daß der Erläuternde Bericht des Rates der EG (aaO S. 7) als mögliche Begründung einer strafrechtlichen Geschäftsherrenhaftung auch die (grobe) Fahrlässigkeit (des Unternehmensleiters usw.) anführt. Insoweit ist § 264 Abs. 4 einschlägig, der durch Inkriminierung der *Leichtfertigkeit* gerade auch der modernen betrieblichen Arbeitsteilung Rechnung tragen und insbesondere Fälle der bewußten Fahrlässigkeit des Unternehmensleiters (usw.) erfassen will (*Tiedemann* LK § 264 Rdn. 123). Damit ist auch die Konstellation gemeint, daß der untergeordnete Angestellte selbst Täter ist (*Tiedemann* aaO mit Nachw.) Eine dogmatisch angemessene (Hilfs-) Lösung des durch Art. 3 des Übereinkommens aufgeworfenen Strafbarkeitsproblems ist dies allerdings für die Gegner der oben Rdn. 3 entwickelten Konzeption kaum, da auch die Leichtfertigkeit eine Garantenstellung voraussetzt, soweit es um Unterlassen geht; insbesondere bei einem vorsätzlich handelnden Angestellten fällt der Gesichtspunkt der Personenautonomie ins Gewicht. Eine Strafbarkeit des Unternehmensleiters wegen Leichtfertigkeit kann aber auch an ein Tun (z. B. fehlerhafte Auswahl) anknüpfen. Insgesamt läßt das deutsche Strafrecht jedoch weder eine leichtfertige Teilnahme noch eine Teilnahme an leichtfertiger Tat zu; um die Strafbarkeit nach § 264 Abs. 3 auszulösen, muß der Geschäftsherr daher selbst Täter sein, nämlich „Angaben machen". Dies tut auch ein Geschäftsherr, der sich von anderen gemachte Angaben zu eigen macht, indem er beispielsweise den in einer untergeordneten Abteilung gefertigten Antrag unterzeichnet. 4

Auch durch eine gemeinschaftsfreundliche *Auslegung* nicht mit § 264 zu erfassen sind weiterhin (vgl. bereits *Tiedemann* LK § 264 Rdn. 63 a. E.) die in der EG-Praxis häufigen **Vertragssubventionen**, bei denen eine gesetzliche Regelung i. S. d. Abs. 8 (auch Nr. 2!) – z. B. in Gestalt einer gemeinschaftsrechtlichen Verordnung – fehlt und ganz durch vertragliche Vereinbarungen ersetzt wird. Die bloße Existenz eines Haushaltstitels stellt keine hinreichende Rechtsgrundlage für die Bezeichnung dar (vgl. auch § 264 Rdn. 63). Zwar fallen auch entsprechende nationale Subventionen nur unter § 263, der auch auf die EG-Vertragssubventionen anzuwenden ist; Art. 280 EGV ist daher nicht verletzt. Jedoch verlangt Art. 1 des Übereinkommens für *alle* EG-Subventionen einen dieser Norm entsprechenden Schutz. Ob dieser durch § 263 in Verb. mit §§ 22, 23 hinreichend gewährt wird, ist zweifelhaft und mit der Begr. zum EG-FinanzschutzG (BTDrs. 13/10425 S. 6) jedenfalls für die Fälle der Zweckentfremdung, darüber hinaus deshalb zu verneinen, weil § 263 weitergehend als Art. 1 Abs. 1 objektiv Schadenseintritt und subjektiv Bereicherungsabsicht verlangt; auf beides verzichtet das Übereinkommen (*Zieschang* EuZW **1997** 80 f.). § 264 Abs. 8 Nr. 2 ist daher *völkerrechtswidrig* zu eng gefaßt. Eine Strafbarkeit kann sich auch hier nicht unmittelbar aus dem Übereinkommen, wohl aber im Einzelfall hinsichtlich der Zweckentfremdung nach § 266 ergeben, der freilich nicht typisch ist (weil der Subventionsnehmer kein Geschäft des Subventionsgebers besorgt). 5

Nicht ausdrücklich umgesetzt worden ist vom deutschen Gesetzgeber trotz entsprechender völkerrechtlicher Verpflichtung schließlich auch Art. 1 Abs. 4 des Übereinkommens, nach dem der **vorsätzliche** Charakter einer Handlung oder Unterlassung im Sinne der Abs. 1 und 3 „aus den objektiven Tatumständen geschlossen werden" kann. Hiermit kann – entsprechend dem historischen *dolus ex re* – zunächst eine objektive, also verschuldensunabhängige Strafbarkeit gemeint sein, wie sie im 6 englischen und französischen Recht weiterhin bekannt ist[5]. Da eine solche Rechtsauffassung nach deutschem Verfassungsverständnis zwingend ausgeschlossen ist (und allenfalls die Annahme einer widerlegbaren Vermutung in Betracht kommen dürfte), wird man die genannte Klausel des Übereinkommens nur als – im deutschen Recht selbstverständliche – Zulassung des prozessualen *Indizienbeweises* interpretieren müssen[6]. Allerdings bleibt auch hier die Frage offen, ob nicht eine gemeinschaftsfreundliche Auslegung des neu gefaßten § 264 die Zulassung widerlegbarer Vermutungen rechtfertigt (vgl. auch *Tiedemann* ZStW **110** [1998] S. 513 f.). Das Problem dürfte letztlich kaum praktisch werden, da die Leichtfertigkeitsklausel des § 264 Abs. 3 Ergebnisse ermöglicht, die von einer (widerlegbaren) Vorsatzvermutung nicht weit entfernt sind (vgl. *Tiedemann* LK § 264 Rdn. 123 mit Nachw.; nunmehr auch BGHSt **43** 158, 168).

7 Über seine Umsetzungsverpflichtung hinausgegangen ist nach seiner eigenen Begründung (BTDrs. 13/10425 S. 7) der deutsche Gesetzgeber dagegen insoweit, als nunmehr für alle EG-Subventionen (und nicht nur für EG-Wirtschaftssubventionen) als Schuldform der Erschleichung **Leichtfertigkeit** nach § 264 Abs. 4 ausreicht (vgl. bereits oben Rdn. 1 a. E.). Dies gilt insbesondere auch für die neu eingefügte Strafbarkeit wegen Zweckentfremdung der Subvention (§ 264 Abs. 1 Nr. 2 n. F.). Der Gesetzgeber begründet diese Ausdehnung der Strafbarkeit zutreffend mit der besonderen Sorgfaltspflicht von Subventionsempfängern gegenüber dem Staat und der EG, wie sie der (beschränkten) Einführung der Leichtfertigkeitsstrafbarkeit durch das 1. WiKG zugrundelag (aaO S. 7).

8 Im einzelnen bestraft Abs. 1 Nr. 2 nunmehr die nachträgliche **zweckwidrige Verwendung** einer (rechtmäßig erlangten) (nationalen oder EG-) Subvention unabhängig von etwaigen Aufklärungs- und Mitteilungspflichten des Subventionsnehmers, vor allem auch weil es solche Anzeigepflichten flächendeckend nicht auf EG-Ebene gibt (BTDrs. 13/10425 S. 6; *Zieschang* EuZW **1997** 82). Es kann daher im Ergebnis hier offen bleiben, was Art. 1 Abs. 1 lit. a des Übereinkommens mit dem „Verschweigen einer Information unter Verletzung einer spezifischen Pflicht" allgemein intendiert[7]; die Frage hat allerdings Bedeutung für die Erschleichung nicht-subventiver EG-Haushaltsmittel im Rahmen des § 263. Innerhalb des § 264 geht es insoweit aber nicht um Abs. 1 Nr. 2, sondern um Nr. 3, dessen unveränderte Beibehaltung (wieder: mit Ausnahme der Vertragssubventionen, oben Rdn. 5) vertragskonform ist. Die **Verwendungsbeschränkung** im Sinne des Abs. 1 Nr. 2 kann alternativ auf einer Rechtsvorschrift, einem Verwaltungsakt oder einem Vertrag mit dem Subventionsgeber beruhen (BTDrs. aaO). Nach der Begründung des Regierungsentwurfs (aaO) können je nach Fassung der Verwendungsbeschränkung unter Umständen auch Fälle bestraft werden, in denen Subventionsbeträge ohne Zweckbindung und ohne Wertsicherung in ein zentrales cash-management eingebracht werden oder auch, um Zinsen zu ziehen oder Liquidität zu halten, auf einem Konto stehengelassen werden. Eine *ausdrückliche* Verwendungsbeschränkung dürfte – ähnlich wie bei Abs. 8 Nr. 2

[5] Vgl. *Tiedemann* Nishihara-Festschrift S. 504 ff; näher zum französischen Recht nunmehr *Walter* Betrugsstrafrecht in Frankreich und Deutschland, Diss. Freiburg 1999. – Nach dem Erläuternden Bericht zum Übereinkommen (ABlEG Nr. C 191 v. 23.6.1997 S. 5) stammt die Formel des Art. 1 Abs. 4 aus Art. 3 Abs. 3 der Wiener Konvention der Vereinten Nationen über den Verkehr mit Betäubungsmitteln und psychotropen Substanzen v. 16.12.1988 sowie Art. 1 der Geldwäsche-Richtlinie des Rates v. 10.6.1991.

[6] Vgl. – im einzelnen differenzierend – *Dannecker, Hirsch, Hünerfeld, Jescheck* und *Weigend* bei *Zieschang* ZStW **108** (1996) S. 609, 624 ff.

[7] Dazu (**str.**) *Dannecker, Hirsch, Jescheck* und *Weigend* bei *Zieschang* aaO S. 627.

– nicht erforderlich, vielmehr dürfte ausreichend sein, daß sich die Verwendungsbeschränkung im Wege der Auslegung *eindeutig* aus den Vergabenormen ergibt. Der **Irrtum** über die Verwendungsbeschränkung ist Tatbestandsirrtum, der den Vorsatz ausschließt, aber Raum für Abs. 4 läßt. – Insgesamt findet der neue untreueähnliche Straftatbestand (vgl. bereits *Tiedemann* LK § 264 Rdn. 5 mit Nachw.) für seine Auslegung eine gewisse Parallele in § 392 Abs. 2 RAO a. F., nach dem Steuerhinterziehung beging, „wer Sachen, für die ihm Steuerbefreiung oder Steuervorteile gewährt sind, zu einem Zweck verwendet, der der Steuerbefreiung oder dem Steuervorteil ... nicht entspricht" (wobei allerdings zusätzlich auf das Unterlassen einer vorherigen Anzeige gegenüber dem Finanzamt abgestellt wurde, insoweit also entsprechend § 3 Abs. 2 SubvG in Verb.mit § 264 Abs. 1 Nr. 3 n. F. für bundesrechtliche Subventionen). *Rechtsvorschriften* im Sinne der neuen Nrn. 2 und 3 des Abs. 1 können auch solche der Europäischen Gemeinschaften und anderer Mitgliedstaaten im Zusammenhang mit der Vergabe von EG-Subventionen sein (vgl. § 6 Nr. 8 StGB und BTDrs. aaO S. 6 f). Anders als bei Nr. 1 und Nr. 3 reicht für Nr. 2 auch eine vertragliche (oder einseitige individuelle) Regelung (*Verwaltungsakt!*) („durch den Subventionsgeber") aus (BTDrs. aaO S. 6).

2. Neufassung des § 265 StGB

Seit dem 1.4.1998 gilt folgende Neufassung des § 265 (BGBl I S. 164 [179]):

§ 265
Versicherungsmißbrauch

(1) Wer eine gegen Untergang, Beschädigung, Beeinträchtigung der Brauchbarkeit, Verlust oder Diebstahl versicherte Sache beschädigt, zerstört, in ihrer Brauchbarkeit beeinträchtigt, beiseite schafft oder einem anderen überläßt, um sich oder einem Dritten Leistungen aus der Versicherung zu verschaffen, wird mit Freiheitsstrafe bis zu drei Jahren oder mit Geldstrafe bestraft, wenn die Tat nicht in § 263 mit Strafe bedroht ist.

(2) Der Versuch ist strafbar.

Schrifttum:

Allgemeine Literatur zum 6. StrafrechtsreformG *Hörnle* Jura **1998** 169; *Kreß* NJW **1998** 633; *Kudlich* JuS **1998** 468; *Sander/Hohmann* NStZ **1998** 273; *Schlüchter* (Hrsg.), Bochumer Erläuterungen zum 6. Strafrechtsreformgesetz (1998); *Stächelin* StV **1998** 98; *Wolters* JZ **1998** 397.

Spezielle Literatur zum Versicherungsmißbrauch *Geppert* Versicherungsmißbrauch (§ 265 StGB n.F.), Jura **1998** 382; *Rönnau* Der neue Straftatbestand des Versicherungsmißbrauchs – eine wenig geglückte Gesetzesregelung, JR **1998** 441; *Wolff* Die Neuregelung des Versicherungsmißbrauchs (§ 265, § 263 Abs. 3 Satz 2 Nr. 5 StGB), Diss. Freiburg 1999.

Die Neufassung ist aufgrund einer Anregung des Bundesrates (BTDrs. 13/8587 S. 65) durch das 6. StrafReformG vom 26.1.1998 (BGBl. I S. 164) eingeführt worden. Sie war in den Gesetzentwürfen der Regierungsfraktionen (BTDrs. 13/7164) 1 und – gleichlautend – der Bundesregierung (BTDrs. 13/8587) nicht enthalten. Der neue Tatbestand stuft entsprechend alten Reformforderungen (*Tiedemann* LK § 265 Rdn. 2 ff) das frühere Verbrechen zum **Vergehen** mit einer geringeren Strafdrohung als beim Betrug herunter und ist insoweit, also in bezug auf die Feuer- und Seeversicherung, ebenso wie § 263 Abs. 3 Satz 2 Nr. 5 n.F. *lex mitior* i. S. d. § 2 Abs. 3. Die früheren Begehungsweisen finden sich in moderner Form als Regelbeispiele in dem gleichzeitig neu eingefügten § 263 Abs. 3 S. 2 Nr. 5. Entsprechend der hier (LK Rdn. 2) erhobenen Forderung ist die Deliktsbezeichnung von „Versicherungsbetrug" in „Versicherungsmißbrauch" geändert worden – was allerdings die Bedenken gegenüber der Bezeichnung der §§ 264, 264 a, 265 b fortbestehen läßt (vgl. auch *Hettinger* JuS **1998** H. 6 S. XLVIII ff).

2 Gegenüber der früheren, historisch bedingten Fassung bringt § 265 entsprechend der heutigen Ausdehnung des Versicherungswesens eine erhebliche *Ausweitung* der Tatobjekte und Tathandlungen: Erfaßt werden nunmehr alle Arten der **Sachversicherung**. Damit bleiben einerseits die Lebens- und Körperversicherungen (z. B. Unfallversicherungen) und andererseits die Schadensüberhöhung bei der Sachversicherung ausgenommen. Für den ersteren Bereich enthielt schon § 256 Abs. 1 E 62 ein einschlägiges Regelungsmodell, das aber zu schwierigen Abgrenzungsfragen führte und den Gedanken der poena naturalis nicht berücksichtigte. Der zweite Bereich wird erst relevant, wo der Betrugsversuch gegenüber dem Versicherer beginnt. – Die Neufassung lehnt sich an § 256 Abs. 2 E 62 an und findet ihren Anlaß darin, daß die oben Rdn. 1 genannte Bundesratsinitiative im Zusammenhang mit dem aktuellen Problem der Organisierten Kriminalität erging und auf das Beispiel internationaler Kraftfahrzeugverschiebungen abhob, bei denen der Eigentümer nicht selten mit professionellen Tätern zusammenarbeite (vgl. dazu *Sieber/Bögel* Logistik der Organisierten Kriminalität, 1993, S. 90, 299; *Werle* Kriminalistik **1995** 78 ff, 153 ff).

3 Für die Bestimmung der tauglichen **Tatobjekte** ist davon auszugehen, daß das Erfordernis des Bestehens eines **Versicherungsvertrages** für die (versicherte!) Sache weiter gilt. Entgegen *Geppert* (Jura **1998** 384; abl. *Wolff* Kap. 2 II 1 b) trifft es nicht zu, daß es nunmehr unerheblich wäre, ob die Versicherung im Versicherungsfall leisten muß oder nicht. Wie auch die Formulierung des § 263 Abs. 3 Satz 2 Nr. 5 belegt, hat für § 265 n.F. in verstärktem Maße die Erwägung von BGHSt **32** 137, 138 (zum alten Recht) Gültigkeit, daß § 265 die Vortäuschung einer äußerlich dem Versicherungsfall entsprechenden Lage betrifft und die damit gegebene abstrakte Gefahr für das geschützte Rechtsgut bekämpfen will. Wegen dieser abstrakten Gefährdung erfaßt § 265 weiterhin auch grundsätzlich die Fälle, in denen der Versicherungsvertrag nichtig oder der Versicherer von seiner Leistung frei ist. Evidente Fälle der Nichtgefährdung sollten aber mit der Begründung von *Tiedemann* LK § 265 Rdn. 12 weiterhin vom Strafschutz ausgenommen werden.

4 Keine Rolle spielt es auch für das Versichertsein einer Sache, daß ein *Selbstbehalt* vereinbart ist oder daß bestimmte Formen des Unterganges, der Beschädigung usw. von dem Versicherungsschutz ausgenommen sind (siehe auch Rdn. 5 zu Bagatellschäden). Grenzfälle sind beispielsweise die neuerdings angebotenen *persönlich beschränkten Kfz-Vollkaskoversicherungen*, bei denen der Kaskoschutz nur besteht, wenn bestimmte Personen (insbesondere der Halter und seine Ehefrau, nicht aber Dritte) den Versicherungsfall herbeiführen. Hier entsteht die Frage, ob das Kfz auch dann „versichert" ist, wenn eine andere Person den Versicherungsfall herbeiführt. Die Frage wird dann praktisch, wenn der Dritte von der Personenbeschränkung nichts weiß und den Versicherungsfall herbeiführt, um dem Versicherungsnehmer einen Vorteil zu verschaffen: § 265 ist subjektiv erfüllt und hängt objektiv nur mehr davon ab, ob die Sache als „versichert" gelten kann. Dies ist wohl zu bejahen. Ein anderer Grenzfall betrifft die häufigen *Sachgesamtheitsversicherungen*, wenn bestimmte Sachen vom Versicherungsschutz ausgenommen sind (beispielsweise Hausratversicherungen, bei denen häufig Glasgegenstände ausgenommen sind): Hier sind die ausgenommenen Gegenstände nicht „versichert".

Die **Tathandlungen** sind entsprechend der Formulierung des § 283 Abs. 1 Nr. 1 ausgeweitet (vgl. dazu *Tiedemann* LK § 283 Rdn. 25f, 46ff): Die Begriffe des *Beschädigens* und des *Zerstörens* sind ebenso auszulegen wie in § 303 (BTDrs. IV/650 S. 428; *Geppert* Jura **1998** 384). Für die Beschädigung ist zu beachten, daß bloße Bagatellschäden, für welche die Versicherung nicht aufkommt, ausscheiden (*Wolff* Kap. 2 II 2a mit Nachw.); jedoch kommt Versuchsstrafbarkeit in Betracht, wenn der Täter irrig davon ausgeht, auch Bagatellschäden würden vom Versicherer ersetzt. **5**

Die Beeinträchtigung der *Brauchbarkeit* der versicherten Sache stellt nach der amtl. Begründung zu § 256 E 62 (BTDrs. IV/650 S. 428) gerade auf das durch die Versicherung geschützte Maß der Brauchbarkeit ab. Diese Einschränkung gilt für alle Tatmodalitäten: Sämtliche Tathandlungen sind teleologisch auf ein Verhalten zu reduzieren, durch welches gerade das *versicherte Risiko* tangiert, nämlich der Versicherungsfall ausgelöst werden soll[1]. **6**

Das *Beiseiteschaffen* setzt voraus, daß die versicherte Sache der Verfügungsmöglichkeit des Berechtigten räumlich entzogen wird (BTDrs. IV/650 S. 428; *Geppert* Jura **1998** 384). Die Begr. zu § 256 E 62 (aaO) wollte den Begriff restriktiv verstanden wissen. Jedoch läßt die überwiegende Meinung zur Vermeidung von Strafbarkeitslücken bereits das Verbergen der Sache ausreichen[2]. Weitergehend wird bei § 283 (vgl. *Tiedemann* LK Rdn. 25 mit Nachw.) als Beiseiteschaffen auch die Veränderung der rechtlichen Lage erfaßt, soweit dadurch der Gläubigerzugriff vereitelt oder erschwert wird. Diese Ausdehnung auch bei § 265 vorzunehmen besteht kein Anlaß, soweit durch die rechtliche Veränderung (z. B. Belastung) der Sache deren Brauchbarkeit für den Versicherungsnehmer nicht beeinträchtigt wird. – Als „Berechtigter" ist neben dem Eigentümer auch der Versicherer anzusehen (*Otto* BT § 61 I 2; **zw.** *Rönnau* JR **1998** 443f). Andernfalls könnte der Versicherungsnehmer nicht Täter dieser Tatbestandsalternative sein. **7**

Die *Überlassung* der versicherten Sache an einen anderen als Übertragung des Besitzes oder der Gebrauchsmöglichkeit betrifft vor allem den oben Rdn. 2 genannten Fall der dolosen Kfz-Verschiebung, bei der die Tat folglich bereits vollendet ist, sobald der Versicherungsnehmer die Sache einem anderen übergibt, um den Versicherungsfall auszulösen (*Geppert* Jura **1998** 384 mit Nachw.). Für diesen Fall des dolosen Zusammenwirkens mit Dritten ist das Überlassen lex specialis des Beiseiteschaffens. – Der Dritte ist notwendiger Teilnehmer, sofern er sich auf den Empfang der Sache beschränkt (*Rönnau* JR **1998** 444). Entgegen *Rönnau* (aaO) ist damit die oben Rdn. 2 genannte Fallgestaltung im kriminalpolitisch relevanten Regelfall keineswegs straflos, da der Tatentschluß des Eigentümers (Versicherungsnehmers) erst durch die Zusage des Dritten, das Kraftfahrzeug über die Grenze ins Ausland zu verbringen und damit für die Versicherung möglichst unauffindbar zu machen, ge- **8**

---

[1] Bericht Rechtsausschuß BTDrs. 13/9064 S. 19; *Geppert* Jura **1998** 384; *Kreß* NJW **1998** 643; *Wolff* Kap. 2 II 2b.

[2] *Geppert* Jura **1998** 384 Fußn. 22; *Schlüchter* Bochumer Erläuterungen § 265 Rdn. 7; *Wolff* Kap. 2 II 2c.

weckt oder gefestigt wird; durch diese Zusage geht der Verschieber über seine Rolle als notwendiger Teilnehmer hinaus und ist daher wegen Anstiftung strafbar. Er schafft das Kfz aber auch selbst beiseite (zur regelmäßig fehlenden Absicht aber sogleich Rdn. 9).

9 Änderungen weist auch der **subjektive Tatbestand** auf: Die Absicht, sich oder einem Dritten Leistungen aus der Versicherung zu verschaffen, braucht nicht mehr die Rechtswidrigkeit dieser Leistungen, also das Fehlen eines Rechtsanspruchs auf sie, zu umfassen. Damit soll der Versicherungsmißbrauch vom Betrug abgekoppelt werden (Begr. Rechtsausschuß BTDrs. 13/9064 S. 19 f; *Rönnau* JR **1998** 441; *Wolters* JZ **1998** 399). Der Täter macht sich also auch dann strafbar, wenn das Einfordern der Versicherungsleistung durch den Versicherungsnehmer kein Betrug ist (unrichtig *Kudlich* JuS **1998** 469: „Vorbereitung des Betrugs an einer Versicherung"). *Zweck*[3] des neuen Straftatbestandes ist damit vor allem die Vermeidung von Schädigungen der Versicherer gegen die künstliche, an sich vom versicherten Risiko umfaßte, Herbeiführung von Versicherungsfällen durch vorsätzliches Schädigungsverhalten Dritter (§ 826 BGB!). Damit werden die § 265 Rdn. 28 ff erörterten „Hoferbenfälle" (usw.) strafbar gestellt. Auch die Herbeiführung des Versicherungsfalls durch den Versicherungsnehmer bleibt aber strafbar; mangels Anspruchs auf die Versicherungsleistung (vgl. § 61 VVG) liegt nur in diesem Fall eine Vorbereitung zum Betrug vor. – Absicht ist wie bisher (§ 265 Rdn. 25) zielgerichtetes Handeln. Sie fehlt bei dem professionellen Kraftfahrzeugverschieben (oben Rdn. 2), der um des Erlöses aus dem Kfz-Verkauf im Ausland willen handelt und daher nur Gehilfe zu § 265 ist (es sei denn daß er das Kfz so lange aufbewahren soll, bis der Eigentümer den Versicherungsfall abgewickelt hat). Entscheidend ist durchgehend das subjektive Vorstellungsbild. Dabei reicht *dolus eventualis* nicht aus: Der Dieb oder der Randalierer, der es für möglich hält, daß die entwendete oder beschädigte Sache versichert ist, macht sich nur nach § 242 bzw. § 303, nicht nach § 265 n.F. strafbar. Neben der Absicht des Täters muß aber stets Vorsatz bezüglich des objektiven Tatbestandes vorliegen, der Täter also insbesondere wissen, daß die Sache „versichert" ist.

10 Die Beibehaltung der **Versuchsstrafbarkeit** (Abs. 2) ist vor allem im Hinblick auf die einseitige Privilegierung der Sachversicherer (oben Rdn. 2), aber auch wegen der perfektionistischen Ausweitung der Tathandlungen (oben Rdn. 3) kriminalpolitisch bedenklich, jedoch vom Rechtsanwender hinzunehmen (**krit.** auch *Kudlich* JuS **1998** 469: „per se völlig ungefährliche Handlungen"). Meist wird die Kritik darauf gestützt, daß bereits Abs. 1 eine erhebliche (und durch Abs. 2 weiter gesteigerte) Vorverlagerung der Strafbarkeit wegen Betrugs bedeute (vgl. nur *Stächelin* StV **1998** 100). Diese Sicht trifft nicht ohne weiteres zu:

11 Die Gesamtausgestaltung des § 265 n.F. läßt diesen Tatbestand stärker als in der früheren Fassung zu einer Straftat gegen die **soziale Leistungsfähigkeit der Versicherer** und somit zu einem Wirtschaftsdelikt werden (*Otto* BT § 61 I 1; vgl. auch *Wolff* Kap. 2 I 2, der auf die gezielte Schädigung der Versicherung abstellt). Diese über die zivilrechtliche Situation hinausgehende Etablierung des Straf- und Rechtsgüterschutzes widerspricht nicht dem ultima ratio-Prinzip[4]. Vielmehr wurde ein vergleichbarer Schutz der Versicherer gegen (Vorbereitung der) Schädigung schon vom E 1934 und einem Teil der älteren Rechtsprechung (OLG Celle SJZ **1950** 683 mit

[3] *Geppert* aaO S. 386; *Hörnle* Jura **1998** 176; *Wolff* Kap. 2 IV 5.

[4] **aA** *Geppert* aaO S. 386; **zw.** *Hörnle* aaO S. 176; **krit.** auch *Rönnau* JR **1998** 446.

Anm. *Bockelmann*) für richtig gehalten. Es ist daher unzutreffend, wenn insbesondere *Geppert* (Jura **1998** 383) aus der Herabstufung der Strafandrohung und unter Berufung auf den Bericht des Rechtsausschusses (BTDrs. 13/9064 S. 19f) folgern will, geschütztes Rechtsgut sei (allein) das *Vermögen* der Versicherer (so auch *Rengier* I § 15, 2), und der Tatbestand enthalte im Vergleich zum Betrug eine Vorverlagerung des Strafrechtsschutzes, da „meist, doch nicht zwingend ein Betrug zum Nachteil der Versicherung nachfolgt". Vielmehr werden weiterhin neben dem *Vermögen des Versicherers* (gegen abstrakte Gefährdung) auch das Interesse der Allgemeinheit an der Leistungsfähigkeit der (Sach-)Versicherer und die Solidargemeinschaft der Versicherten geschützt (zutr. *Rönnau* JR **1998** 445; *Schlüchter* Rdn. 5). Die Leistungsfähigkeit und das Solidarvermögen werden nämlich ebenso wie durch Betrug auch durch künstliche Herbeiführung der Verwirklichung des versicherten Risikos (oben Rdn. 9) beeinträchtigt: Die Schädigung ist hier materiell rechtswidrig, freilich von der (formellen) Rechtswidrigkeit innerhalb des Vertragsverhältnisses Versicherer/Versicherungsnehmer gelöst. Die *Subsidiaritätsklausel* des § 265 n.F. fügt sich zwar nicht bruchlos in diese Sicht ein. Jedoch steht es dem Gesetzgeber frei, einen Straftatbestand mit abstrakter Vermögensgefährdung und zusätzlichem überindividuellen (sozialen) Bezug gegenüber einem anderen Tatbestand mit massiver Vermögensverletzung für nachrangig zu erklären (vgl. BGHSt **36** 130, 131 f).

Die Neufassung schwächt im übrigen das frühere Problem der **Deckungsgleichheit** zwischen versichertem Risiko und erstrebter Versicherungsleistung ab (vgl. nur *Geppert* Jura **1998** 383). Jedoch muß die erstrebte Leistung weiterhin aus der tatbestandlich geschützten Versicherungssparte stammen[5]. **12**

Unverändert geblieben ist die Rechtslage im Hinblick auf den **Rücktritt**, der trotz Vorverlegung des Vollendungszeitpunktes weiterhin nach diesem Zeitpunkt nicht möglich ist. Dies ist kriminalpolitisch bedauerlich und verfassungsrechtlich bedenklich. Die von *Geppert* (Jura **1998** S. 385) befürwortete analoge Anwendung von § 306e trifft aber in der Sache auf dieselben Bedenken wie nach früherem Recht[6] und nunmehr zusätzlich auf den Einwand, daß keine planwidrige Gesetzeslücke vorliegt (*Rönnau* JR **1998** 446). Auch eine verfassungskonforme Auslegung des § 265 hilft nicht weiter. Jedoch wird man mit Blick auf den Verfassungsgrundsatz der Verhältnismäßigkeit annehmen müssen, daß eine *Verfahrenseinstellung* nach § 153 StPO geboten ist, wenn der Täter nach Zerstörung (usw.) der Sache von einer Schadensmeldung an den Versicherer absieht. **13**

Die vom Gesetz angeordnete **Subsidiarität** gilt auch für die *Teilnahme am Betrug*, so daß bei nachfolgendem Betrug(sversuch) durch den Versicherungsnehmer gegenüber seinem Versicherer der Dritte, der die Sachen zerstört (usw.) hat, nur nach §§ 263 Abs. 1 (in Verb. mit Abs. 3 Satz 2 Nr. 5), 27 strafbar ist (*Rengier* I § 15, 12). **14**

---

[5] *Geppert* aaO S. 384; *Schlüchter aaO* Rdn. 8; *Wolff* Kap. 2 IV 3

[6] Zutreffend *Schlüchter* Rdn. 5; *Schroth* Bes. Teil S. 134; *Wolff* Kap. 5 I 1.

3. Änderung des § 265 a StGB

Seit dem 24.12.1997 (BGBl I S. 3108 [3114]) gilt § 265 a in folgender Fassung (Änderung in *Kursivdruck*):

§ 265 a

Erschleichen von Leistungen

(1) Wer die Leistung eines Automaten oder eines öffentlichen Zwecken dienenden *Telekommunikationsnetzes*, die Beförderung durch ein Verkehrsmittel oder den Zutritt zu einer Veranstaltung oder einer Einrichtung in der Absicht erschleicht, das Entgelt nicht zu entrichten, wird mit Freiheitsstrafe bis zu einem Jahr oder mit Geldstrafe bestraft, wenn die Tat nicht in anderen Vorschriften mit schwererer Strafe bedroht ist.

(2) Der Versuch ist strafbar.

(3) Die §§ 247 und 248 a gelten entsprechend.

Schrifttum (zum TKG):

Büchner/Ehmer/Geppert (Hrsg.), Telekommunikationsgesetz (Kommentar) (1997); *Etling-Ernst* TKG, Telekommunikationsgesetz (Kommentar) (1996); *Fangmann* Das neue Telekommunikationsgesetz (1997); *Lammich* Telekommunikationsgesetz (Kommentar) (1997)

1 Das BegleitG vom 17.12.1997 (BGBl 1997 I S. 3108) zum TelekommunikationsG (TKG, vgl. § 265 a Rdn. 62 Nr. 2) hat in § 265 a das Wort „Fernmeldenetzes" durch das Wort „Telekommunikationsnetzes" ersetzt. Damit wird der bereits in § 265 a Rdn. 24 hervorgehobene Wandel der (Technik und) *Terminologie*, wie er sich durch die Definition des § 3 TKG außerstrafrechtlich bereits seit dem Jahr 1996 vollzogen hatte, für das Strafrecht nachgeholt. Es handelt sich also um eine Anpassung an den Sprachgebrauch des TKG (BRDrs. 369/97 S. 49).

2 **Telekommunikation** ist nach der auch für das Strafrecht maßgeblichen Definition des § 3 Nr. 16 TKG nicht nur die zweiseitige Kommunikation, sondern – neben dem Empfang – auch das einseitige Aussenden und Übermitteln von „Nachrichten jeglicher Art...mittels Telekommunikationsanlagen". Auch nach neuem Recht fallen daher neben den Telefonnetzen insbesondere Rundfunk- und Fernsehnetze unter § 265 a (zum bisherigen Recht § 265 a Rdn. 26). Auch das Wort „Netz" ist nach der Definition des § 3 Nr. 21 TKG *weit* zu verstehen (vgl. bereits § 265 a Rdn. 26 mit Nachw.).

Stichwortregister

(Die fetten Zahlen verweisen auf die Paragraphen, die mageren auf die Randnummern)

www.ingramcontent.com/pod-product-compliance
Lightning Source LLC
LaVergne TN
LVHW010550300926
849162LV00002B/297